PUBLIC HEALTH LAW OF CHINA

中国公共卫生法

汪建荣　著

法律出版社 LAW PRESS · CHINA
北京

图书在版编目(CIP)数据

中国公共卫生法 / 汪建荣著. -- 北京 : 法律出版社, 2023
ISBN 978-7-5197-7624-4

Ⅰ. ①中… Ⅱ. ①汪… Ⅲ. ①卫生法-研究-中国
Ⅳ. ①D922.164

中国国家版本馆CIP数据核字(2023)第035192号

中国公共卫生法
ZHONGGUO GONGGONG WEISHENGFA

汪建荣 著

责任编辑 陶玉霞
装帧设计 贾丹丹

出版发行 法律出版社
编辑统筹 法规出版分社
责任校对 张红蕊
责任印制 耿润瑜
经　　销 新华书店

开本 710毫米×1000毫米 1/16
印张 35　　**字数** 650千
版本 2023年6月第1版
印次 2023年6月第1次印刷
印刷 三河市兴达印务有限公司

地址:北京市丰台区莲花池西里7号(100073)
网址:www.lawpress.com.cn
投稿邮箱:info@lawpress.com.cn
举报盗版邮箱:jbwq@lawpress.com.cn

销售电话:010-83938349
客服电话:010-83938350
咨询电话:010-63939796

书号:ISBN 978-7-5197-7624-4
定价:95.00元

凡购买本社图书,如有印装错误,我社负责退换。电话:010-83938349

序　言

卫生最基本的任务是防病和治病。以预防和医疗为划分标准，卫生可以分为预防性卫生和医疗性卫生。本书所称的公共卫生，主要是指预防性卫生。公共卫生的本意是公共健康或公众健康。之所以用公共卫生概括预防性卫生，是因为“公共卫生”一词既突出了预防的公共特征，又体现了预防的卫生性质，而且准确地诠释了预防的公共健康目的。

在我国早期卫生法中，“公共卫生”一词的使用频率并不高，直到20世纪80年代后期才有所改变，真正深入人心是始于2003年的《突发公共卫生事件应急条例》。在现行的卫生法律、行政法规中，“公共卫生”一词的使用比较灵活，有时是抽象的，有时是具体的，有时又是抽象和具体并用，没有对公共卫生进行明确定义，导致“公共卫生”在不同的语境中有不同的含义。

本书从狭义和广义两个角度对公共卫生概念进行了探讨。认为广义的公共卫生，就是纳入公共财政的卫生，也就是政府职责范围的卫生。公共卫生与非公共卫生之间没有绝对的界限，其区分标准不是卫生本身，而是有没有纳入公共财政。

经过几十年的努力，我国公共卫生法的框架结构基本形成，内容体系也日臻完善。本书将公共卫生法体系分为九个部分，即传染病防治法、妇幼卫生法、慢性病防治法、职业卫生法、食品安全法、公共卫生应急法、环境卫生法、学校卫生法和放射卫生法。认为随着慢性病防治法立法不断发展，内容丰富时，也可以将精神卫生法单独成为公共卫生法的一个部分。

本书从预防性卫生角度，全面回顾了公共卫生法的发展历程，对各个阶段公共卫生法立法成果进行了梳理，重点介绍了公共卫生法的主要内容，并结合有关条文和背景对一些实践和理论问题进行了阐释，希望有助于读者多方面了解我国公共卫生法的全貌。

限于篇幅，有些内容本书没有展开讨论或者专门介绍，如卫生监督、公共卫生法律责任等。读者若有兴趣，类似内容可以参阅笔者在法律出版社出版的《中国医疗法》。有关法律责任的条文，请查阅具体的法律、行政法规等。这里补充的是，20世纪80年代初和90年代前期，卫生部门曾两次尝试起草卫生监督条例和卫生监督法，但几经努力未成。究其原因，主要是因为卫生监督是卫生行政管理的一种形式，其职责来自具体的卫生法律、行政法规等。有关卫生监督的程序，国家有统一规定的应当依统一规定，没有统一规定的可以制定部门规章等规范性文件。

对于书中的谬误和疏漏，敬请读者以及专家学者批评指正。

汪建荣

2023年5月于新德街

目　　录

第一篇　绪　　论

第五篇　职业卫生法

第六篇 食品安全法

第七篇 公共卫生应急法

第八篇 环境卫生法

第九篇　学校卫生法

第十篇 放射卫生法

第一篇

绪　论

第一章　公共卫生法概说

第一节　公共卫生与公共卫生法

公共卫生法的概念，涉及公共卫生法的性质、公共卫生法的范围以及公共卫生法与卫生法其他部门法的关系等。顾名思义，公共卫生法以公共卫生关系为调整对象，从这个意义上说，公共卫生法的概念取决于对公共卫生的界定。

一、公共卫生

（一）公共卫生的概念

公共卫生的含义是发展变化的，其本意是公共健康或者公众健康。除此之外，现在的公共卫生，还可以从狭义和广义两个角度进行理解。

狭义的公共卫生是相对于医疗性卫生而言的，是指预防性卫生。卫生的总目标是改进和增进全人群的健康状态，但其最基本的任务还是防病和治病。因此，从防病和治病出发，卫生可以简单地划分为两大部分：预防性卫生和医疗性卫生，即通常所称的预防和医疗。防病主要属于预防性卫生的任务，治病主要属于医疗性卫生的任务。这里的预防性卫生，就是所谓的公共卫生。也就是说，公共卫生是卫生的一部分。之所以用公共卫生概括预防性卫生，是因为“公共卫生”一词既突出了预防的公共特征，又体现了预防的卫生性质，而且准确地诠释了预防的公共健康目的。

广义的公共卫生是相对于非公共卫生而言的。确切地说，是相对于没有纳入公共财政的卫生而言的。公共卫生与非公共卫生之间没有绝对的界限，其区分标准不是卫生本身，而是卫生有没有纳入公共财政。按照一般经济学原理，纳入公共财政的卫生，为公共卫生；反之，则为非公共卫生。纳入公共财政的卫生，属于政府职责。所以，公共卫生也指纳入政府职责范围的卫生。这里的公共卫生，包括预防性卫生和医疗性卫生两大方面。实践中，为了强调医疗性卫生的公共性，广义公共卫生也表述为公共卫生医疗或者公共医疗卫生。其现在也被称为基本医疗卫生。

（二）法律、行政法规上的公共卫生

1. 公共卫生已是法律常用专业术语

在我国早期卫生法中，“公共卫生”一词的使用频率并不高，直到20世纪80年代后期才有所改变，现在已是法律常用的专业术语，而且在其他领域的法律、行政法规中也不鲜见。如1989年《城市居民委员会组织法》规定，居民委员会的任务之一是“协助人民政府或者它的派出机关做好与居民利益有关的公共卫生、计划生育、优抚救济、青少年教育等项工作”；并要求“居民委员会根据需要设人民调解、治安保卫、公共卫生等委员会”。

在现行的卫生法律、行政法规中，“公共卫生”最先是以搭档“设施”的形式出现的。1991年国务院批准、卫生部发布的《传染病防治法实施办法》第10条第1款规定：“地方各级政府应当有计划地建设和改造公共卫生设施。”第2款规定：“城市应当按照城市环境卫生设施标准修建公共厕所、垃圾粪便的无害化处理场和污水、雨水排放处理系统等公共卫生设施。”虽然这里规定的“公共卫生设施”范围十分局限，主要是指环境卫生设施，但“公共卫生”的到来，让人耳目一新。

“公共卫生”作为专业术语深入人心，始于2003年的《突发公共卫生事件应急条例》。虽然该条例没有对“公共卫生”的含义作出解释，但通过对“突发公共卫生事件”的定义，使全社会对“公共卫生”重要性的认识达到了前所未有的高度。之后相继出台的卫生法律、行政法规都不失时机地将“公共卫生”作为必要内容，置于重要位置。2004年修订的《传染病防治法》不仅在第14条延续了《传染病防治法实施办法》第10条第1款的规定，而且还在第1条将保障“公共卫生”作为立法目的之一。

“公共卫生”的影响力早已超越了卫生法律、行政法规。1997年修订的《刑法》，在第2编第6章“妨害社会管理秩序罪”中增设第五节内容，将妨害传染病防治罪，传染病菌种、毒种扩散罪，妨害国境卫生检疫罪，非法组织卖血罪，强迫卖血罪，非法采集、供应血液、制作、供应血液制品罪，采集、供应血液、制作、供应血液制品事故罪，医疗事故罪，非法行医罪，非法进行节育手术罪，逃避动植物检疫罪等，统称为“危害公共卫生罪”。

2. 公共卫生可以有多种解读

何谓公共卫生，目前无论是法律还是行政法规都没有给出明确定义。究其原因，主要是因为“公共卫生”一词在不同的语境中可以有不同的含义。也就是说，“公共卫生”的含义，要根据有关“公共卫生”的具体条文所处的位置、不同的搭配、前后的关系等，进行相应的解读。例如，《传染病防治法》规定的立法目的是“为了预防、控制和消除传染病的发生与流行,保障人体健康和公共卫生”,由于“人体健康”已经明确为保障目标了,这里的“公共卫生”不应再理解为公共健康,而应当理解为“有利于传染病防治的卫生状态”。又如,《政府信息公开条例》将“环境保护、公共卫生、安全生产、食品药品、产品质量的监督检查情况”列为行政机关应当主动公开的政府信息之一,这里的“公共卫生”应当理解为卫生行政部门主管的依法纳入监督检查范围的卫生,包括预防和医疗两个方面。

在现行的卫生法律、行政法规中,“公共卫生”一词的使用比较灵活,有时是抽象的,有时是具体的,有时又是抽象和具体并用,导致“公共卫生”一词所包含的范围有大有小,甚至前后不一,需要注意把握。例如,《传染病防治法》为了强调传染病防治,将新闻媒体应当无偿开展的公益宣传内容分为“传染病防治和公共卫生教育”;《护士条例》为了突出疾病预防控制工作,将“公共卫生和疾病预防控制工作”并列;《突发公共卫生事件应急条例》为了便于基层明确具体任务,将街道、乡镇以及居民委员会、村民委员会协助卫生行政部门和其他有关部门、医疗卫生机构的工作,细化为“疫情信息的收集和报告、人员的分散隔离、公共卫生措施的落实”以及“向居民、村民宣传传染病防治的相关知识”等。

最接近公共卫生本意的是《突发公共卫生事件应急条例》中突发公共卫生事件的概念。该条例虽然没有对公共卫生进行定义,但明确了突发公共卫生事件的范围。根据规定,突发公共卫生事件是指突然发生,造成或者可能造成社会公众健康严重损害的重大传染病疫情、群体性不明原因疾病、重大食物和职业中毒以及其他严重影响公众健康的事件。通过这一概念不难发现:公共卫生保护的是包括每一个人在内的公众健康,防止的是造成和可能造成的健康损害,包括疾病、伤害和死亡等。

我国参加的《国际卫生条例》也没有对公共卫生作出定义,但该条例对“公共卫生观察”和“公共卫生危害”进行了解释。所谓公共卫生观察,是指为了确定疾病传播的危险性在一段时间内监测旅行者的健康状况;所谓公共卫生危害,是指具有损及人群健康可能性的事件,特别是可在国际上传播或者构成严重和直接危险的事件。由此可以看出,这里的“公共卫生”所指向的主要是国际上的健康损害事件,尤其是传染性疾病。

3. 公共卫生主要采取列举式定义

公共健康或者公众健康是公共卫生的最好解释。现代意义上的公共卫生可以分为许多层次,因而公共卫生的概念或者内涵和外延具有动态性。公共卫生的内涵和外延的变化,取决于人的需要和经济社会以及科学技术的发展水平。

在诸多公共卫生概念中，最有影响力的是耶鲁大学教授温斯洛（Charles - Edward A. Winslow）在20世纪初提出的定义。温斯洛被誉为美国现代公共卫生的创始人。他认为：公共卫生是防治疾病、延长寿命、改善身体健康和功能的科学和实践。他指出，公共卫生通过有组织的社会努力，改善环境卫生，控制传染性疾病，开展卫生知识教育，对疾病进行早期诊断和治疗，并建立一套社会体制，保障社会中的每一个成员都享有维持身体健康的生活水准，并实现他们健康地出生和长寿。很显然，温斯洛定义的公共卫生是广义的。

在2003年召开的全国卫生工作会议上，卫生部曾对公共卫生进行了定义：公共卫生就是组织社会共同努力，改善环境卫生条件，预防控制传染病和其他疾病流行，培养良好卫生习惯和文明生活方式，提供医疗服务，达到预防疾病，促进人民身体健康的目的。毫无疑问，我国的公共卫生定义也是广义的。

对公共卫生概念既可以采取概括式定义，也可以采取列举式定义，还可以采取概括式和列举式相结合的定义。概括式定义有利于明确职责范围，而列举式定义则有助于推动具体工作。世界卫生组织认为，公共卫生是通过有组织的各种努力（从地方到全球）来防止死亡、疾病和伤害并提高人口健康水平。同时，世界卫生组织将传染病控制、食品安全、烟草、环境、药品的可及、卫生服务、食品保障和营养、生物技术等新出现的问题等，确定为公共卫生问题。

我国对公共卫生主要采取列举式定义。1950年政务院（现在的国务院，下同）批准发布的《关于健全和发展全国卫生基层组织的决定》规定，县卫生院除担任医疗任务外，并负责办理及指导全县公共卫生工作（包括防疫、保健、妇幼卫生、卫生宣传及初级卫生人员之训练）。1951年卫生部根据政务院《医院诊所管理暂行条例》制定的《医院诊所管理暂行条例施行细则》，将该条例第10条规定的医院诊所“担任预防工作的责任”细化为十一个方面：（1）传染病防治工作；（2）妇幼卫生检查与指导；（3）工厂矿山或交通机关的卫生工作；（4）学校卫生检查与指导；（5）一般居民的健康检查；（6）指导或担负卫生人员的训练；（7）广泛进行一般卫生宣传教育；（8）结核、性病、砂眼及地方病的防治工作；（9）推进环境卫生工作；（10）药物、食品、饮水或其他必要的卫生检验工作；（11）其他有关公共卫生事项。

2000年财政部、国家计委、卫生部联合印发的《关于卫生事业补助政策的意见》，将各级财政对公共卫生事业机构的经费补助确定为向社会提供的公共卫生服务项目，主要包括：（1）国务院卫生行政主管部门认定的甲类和部分乙类传染病，以及对人群健康危害严重的其他传染病的监测、控制和疫情处理；（2）政府指令性计划免疫；（3）卫生突发事件处理和重大灾害防疫；（4）卫生标准、规范的研究制定；

(5)与健康相关产品、药品的检测检验;(6)保障人群健康的环境卫生、放射卫生、食品卫生、学校卫生、职业卫生的监测与预防;(7)对人群健康危害严重的慢性传染病、地方病、寄生虫病的监测与控制;(8)妇幼保健工作;(9)健康教育;(10)政府指导性计划免疫;(11)部分慢性非传染性疾病的监测与预防;(12)预防医学应用研究等。

2009年开始的新一轮医改,对"基本公共卫生服务"也是采取列举式定义。《基本医疗卫生与健康促进法》肯定了这一做法。该法第16条规定,国家采取措施,保障公民享有安全有效的基本公共卫生服务。并明确,国家基本公共卫生服务项目由国务院卫生健康主管部门会同国务院财政部门、中医药主管部门等共同确定;省、自治区、直辖市人民政府可以在国家基本公共卫生服务项目基础上,补充确定本行政区域的基本公共卫生服务项目。

二、公共卫生法

(一)公共卫生法的概念

公共卫生法,简言之,是指有关公共卫生方面的法。具体来说,公共卫生法是指以公共卫生关系为调整对象的所有法律规范的总称。这里的公共卫生关系是指因公共卫生而产生的权利义务关系。从法律意义上讲,公共卫生关系广泛存在于经济社会活动之中,而且这种关系是不以人的意志为转移的。

公共卫生法有实质上的卫生法和形式上的卫生法之分。实质上的公共卫生法,是指一切有关公共卫生的法律规范;形式上的公共卫生法,是指以公共卫生法为名称的法律或者经立法程序编纂的、系统化的公共卫生法典。我国目前既没有一部以公共卫生法为名称的法律,也没有一部以公共卫生法为名称的法典,但有大量的以公共卫生关系为调整内容的法律规范。

作为卫生法的重要组成部分,公共卫生法主要调整的是狭义的公共卫生,也就是国家、社会和家庭必须予以优先发展、优先保证的预防性卫生。因此,公共卫生法也可以说是旨在规范预防性卫生的法律。

预防医学根据疾病发生、发展过程中不同阶段所采取的措施,将预防分为一级预防、二级预防和三级预防。一级预防主要是在疾病易感期,无病防病;二级预防主要是在症状前期和临床早期,早查早治;三级预防主要是在临床中后期和终末期,既病防残。显而易见,医学上的预防伴随人的全生命周期。不同的人生阶段或者疾病阶段,有不同的预防重点。但无论是哪一个阶段,所采取的措施都是跨专业的,而且是综合性的。在实践中,预防和医疗是不能截然分开的。这也是公共卫生法中有不少医疗法内容,医疗法中有不少公共卫生法内容的主要原因。

（二）公共卫生法的特点

公共卫生法是卫生法的主要组成部分。因此，公共卫生法具有卫生法的一般特征，同时还拥有自己的显著特点。具体表现在以下几个方面：

1. 公共卫生法以健康为目的

健康是人全面发展的基础，也是经济社会发展成果的主要体现之一。公共卫生法肩负着将经济社会发展成果转化为健康成果的使命，也肩负着将健康成果转化为经济社会发展动力的重任。在公共卫生法中，无论具体的法律或者行政法规调整的对象是什么，都有一个共同目标，就是保障人民群众的健康。健康有狭义和广义之分。狭义健康是指身心健康，即身体和心理的良好状态；广义健康除身心健康外，还包括行为健康，即社会适应的良好状态，也就是能够比较好地适应经济社会生活。世界卫生组织将健康定义为：健康是身体、心理和社会适应的完好状态，而不仅是没有疾病和虚弱。影响健康的因素很多，除卫生因素外，还包括教育、就业、收入、住房等“非卫生”因素。虽然个人对自己的健康负有不可推卸的责任，但公共卫生法一直致力于公众对健康的社会归属感。因为没有社会对人群健康的守护，个人对自己的健康很难“独善其身”。事实上，许多实质性的健康指标的提高需要通过经济社会和科技的发展来实现。

2. 公共卫生法以防病为主线

健康的基本前提是没有疾病。所以，防病是公共卫生最根本、最基础性的工作。这里的疾病是广义的，是指健康的相反状态。除疾病外，还包括各种原因引起的不适、疼痛、残疾以及死亡等不正常状态。防病最能体现一个国家的公共卫生水平，因为防病的成效实际上反映的是一个国家公共卫生方面的资源配置效率和科技成果转化能力，以及公共卫生组织管理效率和突发公共卫生事件应急能力等。引起疾病的原因是多方面的，除传统的生物性病因外，还有后来居上的化学性、物理性病因以及经济性、社会性病因等。这些致病因子不仅存在于生活、工作等环境中，还存在于产品、服务等商品中。因此，与医疗法的价值理念、运行逻辑和实施机制等明显不同的是，公共卫生法致力于建立环境、宿主（包括产品）、病原等并重的预防理念，通过卫生、行政、经济、法律、教育等手段，既有针对性又有系统性地消除产生或者可能产生致病因子问题的根源，以防止健康损害结果的发生，或者将发生的健康损害结果降到最低程度。

3. 公共卫生法以干预为平台

通常危害健康因素的最终表现形式是疾病。但从干预角度而言，危害健康因素都是可以防止的。为此，公共卫生法着力于聚焦各种危害健康因素，尤其是常见的、多发的危害健康因素，在不同环节、不同阶段建立起一道道防病屏障，以预防、控制和消除健康危害因素，防止健康损害结果的发生及发展。防病屏障是由一系列干预措施构成的。这些干预措施从性质上大致可以分为三种类型：公共卫生管理、公共卫生服务和公共卫生运动。公共卫生管理，主要是由卫生等行政机关通过履行管理职责向社会提供公共卫生秩序；公共卫生服务，主要是由卫生等专业机构通过开展业务活动向社会提供公共卫生保护；公共卫生运动，主要是由政府、企事业单位、社区以及非政府组织等通过有组织、有计划、有目的地开展群众性卫生活动向社会提供公共卫生环境。公共卫生法希望通过综合运用多层次的、各种类型的干预措施，达到干预的最佳效果，实现公共卫生的最终目标，即预防疾病、延长寿命和促进健康。

4. 公共卫生法以专业为基础

公共卫生法主要是医学尤其是预防医学与法学相结合的产物。这一结合是公共卫生自身发展的需要。公共卫生既需要医学提供方法上的专业支持，也需要法学提供规制上的专业支持。虽然公共卫生可以有多种评价体系，而且经济社会发展水平对公共卫生起了决定性作用，但专业性是公共卫生取得事半功倍成效的保证。人类所取得的公共卫生成就，包括公共卫生方面的任何主张，都是包括医学和法学在内的与公共卫生相关学科，如流行病学、生物统计学、人口统计学、卫生经济学、社会科学等，快速发展紧密联系在一起的。可以这样说，公共卫生法的生命力就在于医学和法学等相关学科对公共卫生提供的源源不断的专业支持。作为国家与社会沟通公共卫生的重要渠道，公共卫生法始终坚持和维护公共卫生的专业性。为了便于社会知悉、领会和遵循，公共卫生法对于那些不得不使用的专业术语，都尽可能接近日常用语，也就是采用通俗易懂的表达方式和措辞，以确保公共卫生法最大限度地发挥法律功能。这是由公共卫生法的任务所决定的。

5. 公共卫生法以参与为动力

公共卫生起源于同传染性疾病的斗争，但公共卫生从来不专属于卫生部门或者卫生行业。因为公共卫生无处不在，也无所不至。无论是经济方面的领域，还是社会方面的领域，都存在公共卫生问题。随着经济社会的发展，一方面公共卫生的使命将不断扩大，另一方面公共卫生的领域也将不断延伸，尤其是公共卫生职责进一步分散化，公共卫生越来越需要跨部门、跨地区、跨领域的合作。无论是作为公共卫生的管理者还是作为公共卫生的服从者，无论是作为公共卫生的提供者还是作为公共卫生的受益者，都是公共卫生的参与者。公共卫生法要求全社会行动起来，共同参与公共卫生。以行为是否特定，可以将参与分为特定参与和一般参与。特定参与,通常由法律、行政法规或者规章特别规定,具有义务性;一般参与,不需要法律、行政法规或者规章进行专门规定,通常是自愿的。但无论是特定参与还是一般参与,公共卫生法都要求参与者在相关公共卫生上,保持政策的一致性、措施的协调性和目标的契合性。

6. 公共卫生法以公平为取向

健康是人充分参与经济社会生活的重要条件,而公共卫生直接关系每一个人的健康。为了促进人的健康,满足人对健康的需求,政府有责任组织和管理公共卫生。公共卫生对于人而言,其基本价值不仅在于权利公平,还在于机会公平。所以,公共卫生法所追求的价值目标,不仅是每个人享有公共卫生服务的权利,而且是每个人享有公共卫生服务的机会。由于人在经济社会中所处的位置不完全相同,所以表现在公共卫生上的能力也不完全相同。因此,公共卫生法不强调个人在公共卫生上的权利义务的对等性,而是突出公共卫生利益的整体性,并且强调建立一种相互信任的公共卫生关系。这是由公共卫生的性质和特点所决定的。公共卫生法致力于实现公共卫生均等化,将缩小直至消除人在公共卫生上的差距作为奋斗目标。公共卫生法要求各级人民政府将公共卫生纳入国民经济和社会发展计划,妥善解决城乡之间、地区之间以及区域之间公共卫生事业发展不平衡问题,对边远地区、少数民族地区和特殊人群实行政策倾斜。

第二节 公共卫生法的体系

一、公共卫生法体系的概念

所谓公共卫生法体系,是指公共卫生法的组成和结构。

公共卫生有领域之分,调整公共卫生的法律规范也有领域之分。这些分属不同领域的法律规范达到一定规模,并且具有相对稳定的结构后,就形成了各自的法律部门。这些法律部门虽然具有一定的独立性,但相互之间因为公共卫生而保持内在的联系性,同时还因为公共卫生相关领域之间需要相互支持而保持内在的协调性。换句话说,它们都是体系化的有机整体的组成部分。

现行的公共卫生法是一个由公共卫生方面的法律、行政法规和规章等组成的规范体系。从理想角度说,公共卫生法应当是由一部以“公共卫生法”为名称的法律起统领作用,各领域的专门法律为骨干,相关行政法规为配套,系列部门规章为补充,结构合理、内容全面的规范体系。目前距离这个目标还有相当长的路要走。

二、公共卫生法体系的内容

根据公共卫生法的编制体例,结合我国现行公共卫生方面的法律、行政法规以及其他方面的法律、行政法规有关公共卫生的内容，大致可以将我国公共卫生法划分为以下九个部分：

（一）传染病防治法

传染病防治法是有关传染病防治的法律规范的总称。主要包括传染病的预防、控制、诊治及其保障措施、监督管理、法律责任等法律规范。目前，传染病防治法的主要代表是《传染病防治法》及其实施办法、《国境卫生检疫法》及其实施细则、《疫苗管理法》有关预防接种部分和《国内交通卫生检疫条例》、《病原微生物实验室生物安全管理条例》、《艾滋病防治条例》、《血吸虫病防治条例》等。

（二）妇幼卫生法

妇幼卫生法是有关妇幼卫生的法律规范的总称。主要包括婚前保健、孕产期保健、婴儿保健、计划生育技术服务及其监督管理、法律责任等法律规范。目前，妇幼卫生法的主要代表是《母婴保健法》及其实施办法、《人口与计划生育法》等。

（三）慢性病防治法

慢性病防治法是有关慢性病防治的法律规范的总称。主要包括慢性病的预防、控制、诊疗及其保障措施、监督管理、法律责任等法律规范。目前，慢性病防治法的主要代表是《精神卫生法》《食盐加碘消除碘缺乏危害管理条例》《残疾预防和残疾人康复条例》等。

（四）职业卫生法

职业卫生法是有关职业卫生的法律规范的总称。主要包括职业卫生保护、职业病预防、职业病诊断、职业病病人保障及其监督管理、法律责任等法律规范。目前，职业卫生法的主要代表是《职业病防治法》《使用有毒物品作业场所劳动保护条例》《女职工劳动保护特别规定》等。

（五）食品卫生法（食品安全法）

食品卫生法，即食品安全法，是有关食品安全的法律规范的总称。主要包括食品安全风险监测、食品安全风险评估、食品安全标准、食品生产经营、食品检验、食品进出口、食品安全事故处置及其监督管理、法律责任以及食品营养等法律规范。目前，食品卫生法的主要代表是《食品安全法》及其实施条例、《乳品质量安全监督管理条例》等。

（六）公共卫生应急法

公共卫生应急法是有关公共卫生应急的法律规范的总称。主要包括公共卫生的应急范围、应急准备、应急处理、应急信息管理以及法律责任等法律规范。目前，公共卫生应急法的主要代表是《突发公共卫生事件应急条例》等。

（七）环境卫生法

环境卫生法是有关环境卫生的法律规范的总称。主要包括公共场所卫生、化妆品卫生、生活饮用水卫生、医疗废物处置、消毒等方面的法律规范。目前，环境卫生法的主要代表是《公共场所卫生管理条例》《医疗废物管理条例》《化妆品监督管理条例》等。

（八）学校卫生法

学校卫生法是有关学校卫生的法律规范的总称。主要包括学校卫生要求、学校卫生管理、学校卫生监督和学校卫生法律责任等法律规范。目前，学校卫生法的主要代表是《学校卫生工作条例》等。

（九）放射卫生法

放射卫生法是有关放射卫生的法律规范的总称。主要包括放射性同位素与射线装置的许可和备案、安全和防护、辐射事故应急处理、监督检查、法律责任等法律规范。目前，放射卫生法的主要代表是《放射性同位素与射线装置安全和防护条例》。

第三节 公共卫生法的渊源

一、公共卫生法渊源的概念

所谓公共卫生法渊源，是指公共卫生法的表现形式。具体来说，公共卫生法渊源就是构成公共卫生法的法律规范的各种具体表现形式。

公共卫生法是由公共卫生方面的法律规范所组成的，而公共卫生方面的法律规范都是以一定的表现形式存在的，如法、条例、办法等。这些具体表现形式的法律规范处于不同的法律层次，因而产生的法律效力也不相同。但从适用上说，只要法律规范具有法律效力，都应当得到遵守和执行。

二、公共卫生法渊源的主要表现形式

（一）宪法中的公共卫生法律规范

宪法是国家的根本法，具有最高的法律效力，是公共卫生法的立法依据。我国现行宪法是1982年制定的，之后经过多次修正。《宪法》第21条第1款规定：“国家发展医疗卫生事业，发展现代医药和我国传统医药，鼓励和支持农村集体经济组织、国家企业事业组织和街道组织举办各种医疗卫生设施，开展群众性的卫生活动，保护人民健康。”第45条第1款规定：“中华人民共和国公民在年老、疾病或者丧失劳动能力的情况下，有从国家和社会获得物质帮助的权利。国家发展为公民

享受这些权利所需要的社会保险、社会救济和医疗卫生事业。”宪法所包含的公共卫生方面的法律规范比较原则，需要制定专门的公共卫生法律、行政法规等予以具体化。

（二）公共卫生法律

公共卫生法律是指由全国人民代表大会及其常务委员会通过的公共卫生方面的专门法律和其他方面的法律中的公共卫生方面的规范。前者如《传染病防治法》，后者如《铁路法》第56条第1款规定：“在车站和旅客列车内，发生法律规定需要检疫的传染病时，由铁路卫生检疫机构进行检疫；根据铁路卫生检疫机构的请求，地方卫生检疫机构应予协助。”我国目前还没有由全国人民代表大会通过的公共卫生方面的专门法律，换句话说，现行的公共卫生方面的专门法律都是由全国人民代表大会常务委员会通过的。

（三）公共卫生行政法规

公共卫生行政法规是指由国务院制定的公共卫生方面的专门行政法规和其他方面的行政法规中的公共卫生方面的规范。前者如《公共场所卫生管理条例》，后者如《重大动物疫情应急条例》第23条规定：“发生重大动物疫情可能感染人群时，卫生主管部门应当对疫区内易受感染的人群进行监测，并采取相应的预防、控制措施。卫生主管部门和兽医主管部门应当及时相互通报情况。”公共卫生行政法规的效力低于宪法和法律，高于地方性法规等。目前，公共卫生行政法规是公共卫生法的主要渊源之一。

（四）公共卫生地方性法规、自治法规

地方性法规、自治法规（自治条例、单行条例）中有些属于公共卫生方面的规范。其包括公共卫生方面的专门地方性法规、自治法规和其他方面的地方性法规、自治法规中的公共卫生方面的规范。这些公共卫生方面的规范不能与宪法、法律和行政法规相抵触，而且只在制定者管辖的区域内有效。

（五）公共卫生规章

公共卫生规章，也称公共卫生行政规章，分为国务院卫生等行政部门制定的公共卫生部门规章和有地方政府规章制定权的地方人民政府制定的公共卫生地方政府规章。其包括公共卫生方面的专门规章和其他方面规章中的公共卫生方面的规范。公共卫生部门规章既可以由国务院一个部门单独制定，也可以由国务院几个部门联合制定。公共卫生部门规章不得与宪法、法律和行政法规相抵触。公共卫生地方政府规章除不得与宪法、法律和行政法规相抵触外，还不得与上级或者同级地方性法规、自治法规相抵触。在实践中，公共卫生规章的数量远多于公共卫生法律、行政法规和公共卫生地方性法规、自治法规。

（六）公共卫生标准

国务院卫生等行政部门制定的公共卫生标准，具有约束力，可视为广义的公共卫生法律规范。由于公共卫生法律、行政法规比较原则、抽象，除了需要公共卫生规章予以具体化外，还需要公共卫生标准予以细化，以增强执行性。公共卫生标准横向上分为强制性标准和推荐性标准，纵向上分为国家标准、部门标准和地方标准等。根据发布形式，公共卫生标准可以分为狭义的公共卫生标准和广义的公共卫生标准。前者仅指以标准形式发布的规范性文件，如《餐（饮）具集中消毒卫生规范》（GB 31651－2021）等；后者不仅包括以标准形式发布的规范性文件，还包括其他形式发布的以标准命名的规范性文件，如《国家卫生乡镇（县城）标准》等。可作为公共卫生法律规范的通常是具有强制性意义的公共卫生标准。

（七）公共卫生方面的司法解释

有关国家机关在其权限范围内所作的公共卫生方面的解释，具有约束力，通常也被视为公共卫生法的渊源。司法解释是其中之一。公共卫生方面的司法解释是指司法机关对法律规范适用于公共卫生所作的具有法律效力的解释。司法解释的主要形式有解释、规定、规则、批复、决定等。如2003年《最高人民法院、最高人民检察院关于办理妨害预防、控制突发传染病疫情等灾害的刑事案件具体应用法律若干问题的解释》等。

（八）公共卫生方面的国际条约

公共卫生方面的国际条约通过我国法定程序，可以成为公共卫生法的渊源之一。这里所称的国际条约包括条约、公约、条例、宣言、协定等。我国参加或者批准的国际条约，除声明保留的条款外，对我国具有约束力，如《国际卫生条例》等。

第四节 公共卫生法的沿革

公共卫生法一直是卫生法立法的重点。公共卫生法在维护和巩固公共卫生秩序、促进卫生事业建设和发展上，发挥了十分重要的作用。公共卫生法的发展历程，可以概括为以下三个阶段：

一、公共卫生法创建阶段

20世纪50年代和60年代前半期，是我国公共卫生法最重要的发展时期之一。这一时期的公共卫生法，虽然法律形式的立法并不多，但行政法规和规章形式的立法规模较大，所涉及的内容基本覆盖了公共卫生的范围，并且建立起了以卫生防疫站为主导，医疗机构共同参与的防疫与医疗、监督相结合的公共卫生体制。

（一）公共卫生范围基本确定

20世纪50年代初，与公共卫生业务相关的专业卫生机构主要是医院诊所和卫生防疫站。为此，国家从医院诊所和卫生防疫站角度，对相应承担的公共卫生职责分别作了规定。这些规定内容，构成了我国公共卫生的基本范围。

医院诊所承担的公共卫生职责，主要集中于1951年卫生部根据政务院《医院诊所管理暂行条例》制定的《医院诊所管理暂行条例施行细则》第10条。卫生防疫站承担的公共卫生职责，则主要体现在1954年经政务院批准、卫生部发布的《卫生防疫站暂行办法》第2章。

根据规定，卫生防疫站的主要职责是：(1)逐步地有重点地对新建、改建的城市建设、工矿企业、水利工程、交通工程、公用事业企业、疗养区、住宅及各种公共建筑等，在地址选择、设计、施工及验收时，是否遵守卫生标准及法规进行监督。对实行保护城市居民区的空气、水源、土壤的措施进行监督，以防止工业和生活上的废弃物(有毒气体、粉尘、煤烟、工业废水及生活污水等)所污染。(2)对工业、交通、农林、水利部门之职工生产环境(通风、照明、气体、粉尘、温湿度等)安全防护装备，工人生活福利设施等进行经常性的卫生监督。并督导工业企业的医疗卫生机构对工人进行身体检查及职业病、多发病的防治工作。(3)对管区内之污物处理、水源保护、居住卫生、绿化设置等环境卫生工作，进行经常性监督。(4)对公共使用场所及文化娱乐场所之有关卫生设备及卫生规则的遵守情况，进行经常性监督。(5)对饮食品之制造、加工、贩卖、储运等情况及其从业人员之健康，进行经常性卫生监督。对饮食品之质量进行抽样检验工作。(6)督导学校医疗卫生机构对学生进行身体检查、疾病防治及进行卫生教育。对学生之生活制度、生活环境、教学卫生，根据卫生要求提出意见，督促学校加以改进。(7)对居民流行病发病情况进行统计与分析。经常研究及发现流行病发病的原因。组织并督促传染病报告事项。(8)在发现急性传染病时，应对疫地实施管制，搜索病源，即时处理。监视病人入院隔离或在家隔离，对接触者进行检诊、查验和管理带菌者，必要时进行临时检疫。(9)对传染源及传染媒介物进行随时、最终及预防性消毒工作。组织与领导进行各种预防接种工作。(10)为不断减少及预防寄生虫病的发生，应制订及实行各项必要措施。(11)组织与领导进行对居民之卫生宣传教育。并在各级党委、人民政府的领导及工会、青年团、其他社会团体的帮助下，积极动员广大群众参加卫生防疫工作。(12)对医疗卫生机构之有关卫生防疫工作进行监督与指导。并利用所有医疗卫生机构(医院、门诊部、保健站等)开展卫生防疫工作。

虽然时过境迁,《医院诊所管理暂行条例》及其施行细则和《卫生防疫站暂行办法》早已作废,但当时所确定的公共卫生范围一直受到重视。也就是说,后来的公共卫生法立法深受其影响。

(二)公共卫生法律制度初具规模

这里的公共卫生法律制度,主要是指传染病防治法律制度、妇幼卫生法律制度和“五大卫生”法律制度等。所谓“五大卫生”,也就是历史上所称的工业卫生(后又称劳动卫生、职业卫生)、环境卫生、食品卫生、学校卫生和放射卫生。这些制度的建立,不仅构建了我国公共卫生的新秩序,而且为后来的公共卫生法立法提供了宝贵的经验和不可缺少的法律规范基础。

中华人民共和国第一部卫生方面的专门法律,也是第一部公共卫生方面的专门法律,是 1957 年第一届全国人大常委会第八十八次会议通过的《国境卫生检疫条例》。当时全国人大常委会将一些业务性强的法律统一称为条例。这部法律总共 8 条,简明扼要,在我国卫生法发展史上具有里程碑意义。

这一时期,公共卫生方面的行政法规主要有:1950 年《交通检疫标志旗帜及服装暂行规则》《进出口船舶船员旅客行李检查暂行通则》;1951 年《政务院关于改善各级学校学生健康状况的决定》《全国少数民族卫生工作方案》《少数民族地区性病防治工作方案》《少数民族地区疟疾防治工作方案》《少数民族地区妇幼卫生工作方案》;1954 年《卫生防疫站暂行办法》;1955 年《传染病管理办法》《国务院关于统一领导屠宰场及场内卫生和兽医工作的规定》;1956 年《工厂安全卫生规程》《建筑安装工程安全技术规程》《工人职员伤亡事故报告规程》《国务院关于防止厂、矿企业中矽尘危害的决定》;1957 年《关于领导工业卫生工作的分工办法》;1958 年《国境卫生检疫条例实施规则》;1960 年《放射性工作卫生防护暂行规定》《食用合成染料管理暂行办法》;1963 年《防止矽尘危害工作管理办法》;1965 年《食品卫生管理试行条例》等。

卫生部单独或者联合有关部门也发布了许多部门规章。例如,1950 年《种痘暂行办法》《交通检疫暂行办法》;1951 年《民用航空检疫暂行办法》;1954 年《菌种管理暂行办法》;1955 年《食堂卫生管理暂行办法》;1956 年《游泳场所卫生管理暂行办法》《职业中毒和职业病报告试行办法》《接触矽尘工人健康检查实施办法》;1957 年《职业病范围和职业病患者处理办法的规定》《橡胶业汽油中毒预防暂行办法》;1958 年《矿山防止矽尘危害措施暂行办法》《工厂防止矽尘危害技术措施暂行办法》《矽尘作业工人医疗预防措施暂行办法》《产生矽尘的厂矿企业防痨工作暂行办法》;1959 年《生活饮用水卫生规程》;1960 年《防暑降温措施暂行办法》;1962 年

《种痘办法》《工业企业设计卫生标准》;1963 年《预防接种工作实施办法》《传染性肝炎预防及管理暂行办法》;1964 年《放射性同位素工作卫生防护管理办法》《中小学校保护学生视力暂行办法》《工业企业设计卫生标准试行实施办法》《节育手术常规》;1965 年《肉蛋及其制品卫生管理试行办法》等。

总体来说,这个阶段的公共卫生方面的法律、行政法规和规章内容较为简洁,但脉络清晰,实用性很强,而且框架结构也比较全面,为公共卫生工作提供了重要依据,基本满足了卫生事业发展的需要。

(三)卫生监督成为公共卫生重要抓手

卫生监督制度是这一时期公共卫生法最重要的成果之一。1954 年 2 月政务院批准的《第三届全国卫生行政会议决议》指出:为了加强对工业的卫生监督,应逐步建立国家卫生监督制度,首先应从新建的主要厂矿开始试办预防性的卫生监督,然后逐渐开展全面的卫生监督。同年 8 月,政务院批准的《第一届全国工业卫生会议决议》要求:在卫生防疫工作的基础上进行经常性的卫生监督,并逐步地有重点地开展预防性卫生监督工作。同时提出:省(市)以上可根据需要和可能设立卫生监督员,负责卫生监督工作,必要时在卫生防疫处、科或卫生防疫站内指定兼职的一、二人以协助该地区卫生监督员进行卫生监督工作。并明确:各级卫生防疫站亦应确切地有计划地负责起经常性卫生监督与检查工作。

《中央人民政府卫生部一九五〇年工作计划大纲》提出了“设立防疫站”的工作目标。1952 年 12 月召开的全国卫生行政会议将“重点建立卫生防疫站”确立为实现“以卫生工作去保证国家的经济建设”和“防止危害人民最大的疾病”等基本任务的主要措施之一。到 1953 年年底,全国已有卫生防疫站 257 所,其中县级卫生防疫站 59 所。为了贯彻卫生工作四大原则,提高人民健康水平,保障国家经济建设,1954 年经政务院批准,卫生部发布了《卫生防疫站暂行办法》。

卫生工作四大原则,也称卫生工作四大方针。1950 年第一届全国卫生会议决定,将“面向工农兵、预防为主、团结中西医”作为卫生工作的三大原则。1952 年第二届全国卫生会议决定,将卫生工作三大原则调整为四大原则,即增加“卫生工作与群众运动相结合”。

《卫生防疫站暂行办法》规定,卫生防疫站在地方卫生行政部门领导下,实施卫生监督和防疫工作。根据规定,各级卫生防疫站承担的卫生监督工作主要包括:对新建、改建的城市建设、工矿企业、水利工程、交通工程、公用事业企业、疗养区、住宅及各种公共建筑等,在地址选择、设计、施工及验收时,是否遵守卫生标准及法规进行监督;对实行保护城市居民区的空气、水源、土壤的措施进行监督;对工业、交通、农林、水利部门的职工生产环境(通风、照明、气体、粉尘、湿度等)安全防护装备,工人生活福利设施等进行经常性的卫生监督;对管区内的污物处理、水源保护、居住卫生、绿化设置等环节卫生工作,进行经常性监督;对公共使用场所及文化娱乐场所的有关卫生设备及卫生规则的遵守情况,进行经常性监督;对饮食品的制造、加工、贩卖、储运等情况及其从业人员的健康,进行经常性卫生监督;督导学校医疗卫生机构对学生进行身体检查、疾病预防及进行卫生教育;对学生的生活制度、生活环节、教学卫生,根据卫生要求提出意见,督促学校加以改进;对医疗卫生机构的有关卫生防疫工作进行监督与指导等。

二、公共卫生法发展阶段

1978 年,以党的十一届三中全会为标志,卫生事业进入了改革开放的新历史时期。各项工作呈现蒸蒸日上的繁荣景象。公共卫生法立法工作迎来了又一个春天。其主要表现在公共卫生法立法步伐明显加快,立法数量多,内容广泛,而且质量稳步提高。

(一)将恢复公共卫生法制作为优先工作

20 世纪 70 年代末,公共卫生法立法工作主要是恢复被“文化大革命”破坏的重点领域的法律秩序。为此,在清理法规的基础上,紧急修订了一批原有行政法规和部门规章,在比较短的时间里解决了重点工作无法可依的问题。

例如,卫生部对 1955 年《传染病管理办法》进行了修订,经国务院批准于 1978 年发布了《急性传染病管理条例》;国务院对 1965 年《食品卫生管理试行条例》进行了修订,于 1979 年颁布了《食品卫生管理条例》;卫生部、公安部、国家科委对 1964 年《放射性同位素工作卫生防护管理办法》进行了修订,于 1979 年发布了新的《放射性同位素工作卫生防护管理办法》;卫生部、工商行政管理总局对 1962 年《关于加强集市贸易食品卫生管理的通知》进行了修订,于 1979 年发布了《农村集市贸易食品卫生管理试行办法》;卫生部对 1964 年《卫生防疫站工作试行条例》进行了修订,于 1979 年发布了《全国卫生防疫站工作条例》;卫生部、国家基本建设委员会、国家计划委员会、国家经济委员会、国家劳动总局对 1962 年《工业企业设计卫生标准》进行了修订,于 1979 年 3 月发布了新的《工业企业设计卫生标准》;卫生部对 1972 年《检疫卫生处理收费标准暂行规定》进行了修订,于 1979 年 3 月发布了《国境卫生检疫收费办法》等。

与此同时,也出台了一批新的行政法规和部门规章,为全面开展公共卫生工作提供了法治保障。例如,1979 年 12 月,国务院批转了《食盐加碘防治地方性甲状腺肿暂行办法》;1979 年 4 月卫生部发布了《国际航行船舶试行电讯卫生检疫规定》等。

（二）将制定公共卫生法律作为重点任务

进入20世纪80年代后，国家加快了公共卫生方面法律的制定步伐。1982年国务院曾将《卫生法》《公共卫生法》列入立法计划。卫生部也曾上报了《卫生法》（后改名为《卫生政策法》）和《公共卫生法》草案。由于当时卫生事业正处在改革开放初期，许多政策措施还处于不断完善或者探索过程中，不具备全面进行总结并予以法律化的条件。为此，卫生部决定将公共卫生法立法的重点放在单行法上，力求在重点领域进行突破。

食品是人类同疾病作斗争的一个重要领域，而食品卫生是反映人民物质、文化生活水平的重要标志。《食品卫生法》起草工作是从1981年4月开始的。卫生部在起草过程中，总结了30多年来食品卫生监督工作实践，参考了国际经验，开展了广泛调研，召开了20多次讨论会，收集了1400多条意见，先后形成十多个征求意见稿。全国人大常委会法制工作委员会、国务院经济法规研究中心、最高人民法院、最高人民检察院以及司法部等给予了具体指导和帮助。1982年4月，卫生部正式将送审稿上报国务院审议。同年11月，第五届全国人大常委会第二十五次会议通过了《食品卫生法（试行）》。

随着我国对外开放政策不断加大，国际交往日益增多，1957年的《国境卫生检疫条例》及其实施规则明显不适应新形势的需要。为了保护人民健康，防止传染病由国外传入或者由国内传出，卫生部从1983年10月开始组织起草《国境卫生检疫法》及其实施规则，并于1984年10月将《国境卫生检疫法（送审稿）》和《国境卫生检疫法实施规则（送审稿）》上报国务院审议。1986年12月，第六届全国人大常委会第十八次会议通过了《国境卫生检疫法》。《国境卫生检疫法》通过后，经国务院批准，1989年3月，卫生部发布了《国境卫生检疫法实施细则》。

《食品卫生法（试行）》与《国境卫生检疫法》一样，是传染病防治工作的重要领域。《食品卫生法（试行）》的立法目的之一，是防止食源性疾病，而食源性疾病最危险的是食源性传染病。《食品卫生法（试行）》和《国境卫生检疫法》的制定，为传染病立法提供了重要经验。1985年卫生部成立了专门班子，研究将《急性传染病管理条例》上升为法律。在起草过程中，开展了大量调研，收集了许多国家和地区的法规资料，对国内外典型的传染病案例进行了剖析，前后形成十多个讨论稿。1987年9月，卫生部向国务院正式上报了《传染病管理法（送审稿）》。后经广泛征求意见，决定将名称确定为《传染病防治法》。1989年2月，第七届全国人大常委会第六次会议通过了《传染病防治法》。

1994 年 10 月第八届全国人大常委会第十次会议通过的《母婴保健法》是我国历史上第一部保护妇女儿童健康权益的专门法律。这部法律经历了由《妇女儿童保健法》到《优生保健法》再到《母婴保健法》的过程。1983 年卫生部曾组织起草了《妇女儿童保健法》。1986 年根据中共第十二届中央委员会书记处决定，卫生部组织成立了 23 个部、委参加的“全国优生优育法规起草领导小组”，着手起草《优生保健法》。从 1987 年 4 月形成第 1 稿，到 1989 年 4 月完成第 13 稿，历时 3 年。1989 年 5 月卫生部正式将《优生保健法（草案）》上报国务院审议。将《优生保健法》名称改为《母婴保健法》，不仅有效地避免了名称上的分歧，而且更符合法律所表达的内容，也更凸显法律的宗旨。

（三）将健全公共卫生制度作为总体目标

20 世纪 80 年代和 90 年代是公共卫生法发展最快的时期之一。总体来看，这一阶段的公共卫生法立法起步快，起点高。法律起了引领作用，行政法规和部门规章不仅发挥了对法律的辅助作用，加大了可操作性，而且有的还填补了法律空白，消除了法律盲区。这一阶段的公共卫生法立法具有重要的开创性意义，为后来的公共卫生法立法提供了宝贵的经验和良好的基础。这一阶段，公共卫生的各个领域基本做到了有法可依。

这一时期制定的公共卫生方面的行政法规主要有：1980 年《防治布氏杆菌病暂行办法》；1982 年《国境口岸卫生监督办法》；1985 年《铁路交通检疫管理办法》；1987 年《公共场所卫生管理条例》《尘肺病防治条例》；1988 年《艾滋病监测管理的若干规定》《女职工劳动保护规定》；1989 年《国境卫生检疫法实施细则》《放射性同位素与射线装置放射防护条例》《化妆品卫生监督条例》；1990 年《学校卫生工作条例》；1991 年《传染病防治法实施办法》；1994 年《食盐加碘消除碘缺乏危害管理条例》；1998 年《国内交通卫生检疫条例》等。

卫生部单独或者联合有关部门也制定了近百个部门规章等规范性文件。虽然有的已经被废止，有的已经被新的部门规章等规范性文件代替，但都曾发挥了重要作用。例如，1980 年《预防接种工作实施办法》《预防接种后异常反应和事故的处理试行办法》《国境口岸传染病监测试行办法》《全国职业病防治院（所）工作试行条例》《环境卫生监测站暂行工作条例》《放射病诊断标准及处理原则》《妇幼卫生工作条例（试行草案）》《城市托儿所工作条例（试行草案）》《高等学校卫生工作暂行规定（草案）》；1981 年《食物中毒调查报告办法》；1982 年《全国麻风病防治管理条例》《全国计划免疫工作条例》；1983 年《职业病报告办法》《全国卫生防疫站工作制度（试行）》《改水防治地方性氟中毒暂行办法》《计划生育技术管理工作条例（试行)》;1984 年《职业病诊断管理办法》《全国结核病防治工作暂行条例》《疟疾防治管理办法》;1985 年《全国城乡孕产期保健质量标准和要求》;1986 年《各级妇幼保健机构编制标准(试行)》《城乡儿童保健工作要求》《女职工保健工作暂行规定(试行草案)》《放射性同位素及射线事故管理规定》;1987 年《消毒管理办法》《职业病范围和职业病患者处理办法的规定》;1988 年《妇幼保健专业机构各级管理人员和技术人员职责》;1989 年《家庭接生常规(试行)》《农村孕产妇系统保健管理办法(试行)》;1990 年《新资源食品卫生管理办法》;1991 年《公共场所卫生管理条例实施细则》《化妆品卫生监督条例实施细则》《性病防治管理办法》《结核病防治管理办法》;1992 年《核事故医学应急准备和响应安全导则》《核设施放射卫生防护管理规定》;1993 年《街头食品卫生管理暂行办法》《鼠疫地区猎捕和处理旱獭卫生管理办法》;1994 年《核事故医学应急管理规定》;1995 年《母婴保健法实施办法》《母婴保健专项技术服务许可及人员资格管理办法》《母乳代用品销售管理办法》《预防性健康检查管理办法》;1996 年《保健食品管理办法》《生活饮用水卫生监督管理办法》《学生集体用餐卫生监督办法》;1997 年《婚前保健工作规范》;1999 年《国内交通卫生检疫条例实施方案》《食物中毒事故处理办法》等。

三、公共卫生法完善阶段

进入 21 世纪以后,公共卫生法的发展呈现出新的趋势:一是综合性立法越来越多。由于公共卫生的技术性,公共卫生法不同领域都具有自己相对独立的方针原则、法律关系和规范体系,虽然这些领域的法律属于单行法性质,但其内容涉及方方面面,综合性越来越强。二是协调性要求越来越严。公共卫生法是一个跨部门跨学科的法律领域,为保证公共卫生的效率,法律在加大跨部门合作力度的同时,还高度强调部门之间政策措施的协调一致。三是预防性保护越来越强。保护健康是公共卫生法的中心任务,而保护健康最有效也最经济的方法是事先预防,公共卫生法从高水平保护出发,越来越多地采取更为严格的健康保护标准和措施。

(一)内容上进一步丰富

公共卫生法是由公共卫生方面的法律、行政法规和规章等构成的。目前公共卫生方面的法律虽然数量上还不多,但一直活跃在国家立法活动中,受到社会广泛关注。最重要的表现形式之一是公共卫生方面法律的修改步伐明显加快。例如,1986 年制定的《国境卫生检疫法》,经历了 2007 年、2009 年、2018 年三次修正;2001 年制定的《职业病防治法》,经历了 2011 年、2016 年、2017 年、2018 年四次修正;脱胎于《食品卫生法》的《食品安全法》经历了 2015 年、2018 年、2021 年三次修改等。公共卫生方面的行政法规也是如此。例如,2009 年制定的《食品安全法实施条例》,

于2016年、2019年进行了两次修订等。公共卫生法的修改完善,既适应了政府机构调整和职能转变,也适应了公共卫生新形势新要求,更重要的是促进了经济社会的健康发展。

公共卫生法的各个领域的法律规范是由各自领域的法律、行政法规和规章等构成的。法律及其实施条例、细则、办法,可以认为是各自领域的一般立法,即一般性规定。除一般立法外,还有特定事项的专门立法,即专门性规定。21世纪以来,公共卫生法各个领域的专门立法发展迅速。如在传染病防治方面,一方面加强了一般立法,对1989年制定的《传染病防治法》,继2004年大规模修订后,于2013年又进行了修正;另一方面加强了专门立法,而且成绩斐然。例如,2003年制定了《医疗废物管理条例》,2004年制定了《病原微生物实验室生物安全管理条例》,2005年制定了《疫苗流通和预防接种管理条例》,2006年制定了《艾滋病防治条例》和《血吸虫病防治条例》等。

(二)制度上进一步创新

2003年制定的《突发公共卫生事件应急条例》,标志着我国公共卫生应急法律制度的正式建立,而且成为一个发展迅速的新兴的法律领域,是公共卫生法体系中的一个后起之秀。我国公共卫生应急法律制度着眼于现实存在的问题,采取全面的、综合性的治理措施。其主要内容可以分为三个方面:一是预防公共卫生事件,二是公共卫生事件应急准备,三是公共卫生事件应急处理。在我国公共卫生应急法律制度中,预防公共卫生事件主要是通过落实传染病防治法、食品安全法、职业卫生法等相关法律来实现的。

2005年制定的《疫苗流通和预防接种管理条例》,第一次以专门立法形式规定了对预防接种异常反应受害者进行经济补偿。从法律角度来说,对预防接种异常反应受害者进行经济补偿的原则是有关预防接种损害责任的一个原则。根据该原则,受害者应当获得与预防接种异常反应有关的损害补偿,不论这种损害是产生于接种国家免费提供的疫苗还是产生于受种者个人付费的疫苗。所不同的是,接种免费疫苗的补偿由国家承担费用,接种付费疫苗的补偿由疫苗生产企业承担费用。2019年《疫苗管理法》肯定了这一原则。

(三)体系上进一步健全

21世纪以来,我国公共卫生体制发生了一些变化。例如,2003年国家对放射源安全监管职责进行了调整,明确卫生部门负责放射源的职业病危害评价管理工作,负责放射源诊疗技术和医用辐射机构的准入管理,参与放射源的放射性污染事故应急工作,负责放射源的放射性污染事故的医疗应急;2008年卫生部的食品卫生许可，餐饮业、食堂等消费环节食品安全监管和保健食品、化妆品卫生监督管理的职责，划给了国家食品药品监督管理局。这些职责变化都及时地体现在相关的法律、行政法规之中。例如，2005 年制定了《放射性同位素与射线装置安全和防护条例》，废止了 1989 年的《放射性同位素与射线装置放射防护条例》；2009 年制定了《食品安全法》，废止了 1995 年的《食品卫生法》；2020 年制定了《化妆品监督管理条例》，废止了 1989 年的《化妆品卫生监督条例》。

从公共卫生法体系的角度来说，最具有里程碑意义的是 2001 年制定的《职业病防治法》和 2012 年制定的《精神卫生法》。《职业病防治法》将预防原则具体化，推行了一系列职业卫生政策措施，并把维护劳动者职业卫生权利作为职业卫生监督的核心。《精神卫生法》是对精神卫生工作基本经验的总结，反映了社会对精神卫生的科学认识，体现了国家对精神障碍患者的保护和关怀。至此，我国公共卫生法基本形成了比较系统的框架体系。2019 年第十三届全国人大常委会第十五次会议通过的《基本医疗卫生与健康促进法》，确立了我国卫生法的基本内容，从卫生法体系的角度揭开了公共卫生法等立法的新篇章。

总体来说，我国公共卫生法已经为公共卫生工作提供了全面的法律保障。公共卫生的方针原则、内容措施、制度机制等基本纳入了法律化。

第二章　公共卫生法的基本原则

第一节　公共卫生法基本原则的含义

一、公共卫生法基本原则的概念

公共卫生法基本原则，是指在公共卫生法体系中作为法律规范的指导思想的法律原理和准则。

公共卫生法基本原则源于公共卫生法律规范，又高于公共卫生法律规范。因此，公共卫生法基本原则不同于公共卫生法的具体法律规范。公共卫生法的具体法律规范，可以随着具体情况的改变不断调整变化，而公共卫生法基本原则是对公共卫生客观规律的总结，反映了公共卫生的基本价值观。所以，公共卫生法基本原则是长期稳定的，不会随着公共卫生法的具体法律规范的变化而轻易改变。

二、公共卫生法基本原则的意义

（一）公共卫生法基本原则对公共卫生法立法活动具有指导意义

公共卫生法基本原则是制定公共卫生法的依据。公共卫生法是由成千上万条的公共卫生法律规范组成的，所涉及的法律关系、法律制度多样，所表达的利益形式、利益层次也复杂。但公共卫生法律规范所体现的基本精神是统一的，因为公共卫生法律规范遵循了共同的价值观念。公共卫生法基本原则不仅使具有多样性特征的公共卫生法律规范形成了有机的整体，而且使具有复杂性特点的公共卫生法律规范形成了和谐的体系。

（二）公共卫生法基本原则对公共卫生法执法活动具有指导意义

公共卫生各个领域都在发生深刻变化。这种变化给公共卫生法立法带来了许多新的契机。但实践中，新的公共卫生法立法总有一个过程，不可能说立就立。即使是已有的公共卫生法律规范，从法律的稳定性出发，也不可能说改就改。事实上，公共卫生法立法跟不上形势需要是一种常见现象。对没有公共卫生法调整的事项，可以按照公共卫生法基本原则进行处理；对有公共卫生法规范但规范不足的事项,可以按照公共卫生法基本原则进行解释。

(三)公共卫生法基本原则对公共卫生法司法活动具有指导意义

公共卫生需要不断向前发展,而公共卫生法律规范则需要保持一定的稳定性。所以,在公共卫生法司法实践中,客观上存在如何适用公共卫生法律规范的问题。尤其是在公共卫生法律规范存在空白、漏洞或者不足的情况下,需要法院“以案说法”或者进行司法解释。司法对于公共卫生意义重大。无论是法院“以案说法”还是进行司法解释,都应当发挥司法对公共卫生的保障功能。关键是在有关公共卫生方面的案件中,更好地体现公共卫生法基本原则的精神。

第二节　公共卫生法基本原则的内容

一、预防为主原则

预防为主原则是指在公共卫生上优先考虑和采取有利于避免发生健康危害的措施。健康危害包括疾病和可能造成疾病的危险。从预防入手,减少健康危害,是提高人民健康水平的根本之路。

预防为主原则产生于20世纪50年代初,针对的是单纯治疗的观点。保护健康最有效的方法是预防,使健康损害根本就不发生,而不是病后治疗,何况有些疾病难以治愈。从经济学角度说,预防措施优于治疗措施,而且预防费用也远低于治疗费用。对于公众来说,可以有效避免疾病的困扰以及疾病所带来的痛苦。

以预防为主,并不是不重视治疗工作。预防是为了防止发生疾病,治疗是为了治愈已经发生的疾病,两者相互配合,才能达到战胜疾病的总目标。有效的治疗工作,是巩固和扩大预防工作成效的重要保证。因此,预防为主,防治结合,是公共卫生基本经验的总结,也是预防为主的完整含义。

对公共卫生法而言,预防为主是对待预防与治疗以及预防与经济社会发展的关系和处理这些关系的准则。基于预防为主的法律规范,旨在建立有利于公共健康的公共卫生关系和公共卫生秩序。所以,公共卫生法所确立的公共卫生理念、公共卫生方式、公共卫生行为和公共卫生环境,从一般意义来说,就是预防因自然或者经济社会因素造成健康危害的公共卫生对策或者法律依据。

二、预防为主原则的主要特征

预防为主是公共卫生法的基本原则。作为公共卫生法基本原则,预防为主不是抽象的,而是由一系列政策措施作保障的。这些制度性安排,可以促进公共卫生的自主性,还可以激发公共卫生的能动性,进而可以形成良好且合理的公共卫生治理格局。从这个意义上说,预防为主原则的主要特征也可以认为是其他公共卫生法基本原则。

(一)政府领导

公共卫生的目的是维护和增进健康,所以,公共卫生的成效在于预防。疾病不仅给人们带来痛苦,而且也给社会带来沉重的负担。因此,促进预防是有效解决健康危害问题的关键。公共卫生的重要性,在很大程度上取决于它在经济社会发展中的地位,具体表现为政府对公共卫生的领导。在公共卫生法中,政府对公共卫生的领导体现在多方面,如通过制定规划、实施标准、推行许可等方式进行直接规制,又如通过税收、贷款、补贴等方式影响生产经营乃至消费等行为,进行间接规制。政府领导还包括发展公共卫生基础设施、增加用于公共卫生的支出和缩小地区间公共卫生差距等。

(二)部门合作

我国公共卫生职责并没有全部集中于卫生行政部门。20 世纪 90 年代后,卫生行政部门的职责又陆续进行了调整。从实践来看,将公共卫生不同领域或者不同环节,交由相应的政府部门主管,有利于集中优势资源,在比较短的时间内获得预想的成效。但作为整体公共卫生具有内在联系性,而且具有明显的规律性,所以,在公共卫生部门之间的合作往往比分工更重要。为了促进公共卫生部门之间的相互融合,保证公共卫生效率,公共卫生法在明确主管部门、分管部门和协管部门职责的基础上,将部门之间的沟通、协调、配合等确立为部门合作的核心内容,从而确保公共卫生的可持续发展。

(三)社会参与

公共卫生关系每个人的健康,而且已经成为人们日常生活的一部分。公共卫生固然是政府的基本职责,但政府不可能把公共卫生全部包下来。从法律角度来说,有的公共卫生属于私领域,并不在政府权力范围之内。例如,政府可以禁止在公共场所吸烟,但不宜限制个人居家吸烟;法律可以倡导健康的生活方式,但没有办法"一刀切"。公共卫生的这种特殊性,决定了公共卫生需要社会参与。社会参与是不具有公共卫生义务的组织或者个人变成公共卫生义务人的一种方式,是公共卫生队伍的另一个入口。公共卫生法为社会广泛参与公共卫生提供了坚实依据,并预留了广阔的空间。

(四)科学干预

干预具有广泛含义,其实质是为解决健康问题或者实现健康任务而采取的措施,包括技术手段和管理手段。影响健康的因素很多,既有环境因素,也有行为因素，还有自身的年龄、性别、遗传特征等生理因素等。因此，干预既应当针对个人无法预防的风险，也应当针对个人行为引起的风险。但无论从哪个角度采取干预措施，都应当对影响健康的因素进行科学评估，以发生健康危害的危险性作为干预的主要根据。公共卫生法在确立一系列干预措施的同时，赋予了健康教育特殊地位。实践证明，健康教育对于提升整体健康水平和降低急、慢性疾病的发病率、死亡率有重要作用。

（五）促进公平

公共卫生的深层次问题是发展的不平衡。虽然公共卫生突飞猛进，取得了显著成就，但从统计数据来看，人均期望寿命、婴儿死亡率等在地区之间、城乡之间还存在一定的差别。这在一定程度上反映了公共卫生资源配置还不合理。因此，为了实现公共卫生均等化，需要建立一个更加高效的公共卫生体系。除了需要均衡建设完善的公共卫生基础设施外，还需要均衡配备受过系统教育、具有良好业务素质的专业人才。公共卫生法高度重视公共卫生发展不平衡问题，将缩小区域之间、地区之间、城乡之间公共卫生差距，加大对公共卫生薄弱地区的人、财、物投入作为政府的优先政策。

第三章　公共卫生法的法律地位和作用

第一节　公共卫生法的法律地位

一、公共卫生法在我国法律体系中的地位

公共卫生法在我国法律体系中不是一个独立的法律部门。作为卫生法的一部分，它发挥着其他法律部门不能取代的作用。公共卫生法有自己的调整对象，也就是说，调整公共卫生关系以及与公共卫生关系密切联系的其他一些关系，是公共卫生法的责任和任务。公共卫生法的法律规范，既“集中”体现于公共卫生方面的专门法律、法规、规章等，又“分散”体现于其他方面的法律、法规、规章等。

在我国的法律体系中，宪法是国家的根本法，具有最高的法律效力。宪法有关公共卫生的规定，是公共卫生法的立法依据。公共卫生法中的任何规定都不能与之相抵触。宪法有关公共卫生的规定，是公共卫生的原则和方针。公共卫生法的使命，就是将这些原则和方针具体化。如果没有公共卫生法的各种具体化的法律规范，宪法中有关公共卫生的原则和方针就无法得到切实的贯彻和实施。

公共卫生法与民法关系密切。公共卫生既有行政管理的一面，也有社会服务的一面。在我国，医疗卫生机构提供的公共卫生服务，一般情况下遵循的是平等、自愿、有偿的原则。有的基本公共卫生服务虽然是免费提供的，但仍然需要取得当事人的知情同意。即使有的公共卫生服务在法律上具有一定的强制性，譬如儿童预防接种，儿童的父母或者监护人有义务按照法律规定的要求，及时将儿童送到接种单位接受预防接种，但接种单位与儿童或者儿童父母、监护人不发生行政管理关系。从法律角度说，接种单位只是按照规定的程序和要求，完成付费方交付的接种任务。如果产生接种补偿或者赔偿纠纷，也是按照民事法律解决。

公共卫生法的实施需要刑法保护。刑法对公共卫生法的保护，既体现在维护公共卫生法的目的上，也体现在维护公共卫生法的措施上。刑法对公共卫生法的保护，着重于实质正义。刑法规定了专门的危害公共卫生罪。公共卫生法普遍与刑

事处罚条款进行衔接。考虑到公共卫生的特殊性和情况变化的多样性，近年来的公共卫生法立法，对刑事处罚的规定比较原则。例如，《精神卫生法》第81条规定："违反本法规定，构成犯罪的，依法追究刑事责任。"

二、公共卫生法在我国卫生法体系中的地位

公共卫生法是卫生法的一部分。卫生法按照其内容和特征，可以分为五个部分：公共卫生法、医疗法、卫生技术人员法、医疗保障法和药物法。

卫生最基本的任务是防病和治病。所以，以防病为己任的公共卫生法和以治病为己任的医疗法，在卫生法中居于中心位置。无论是防病还是治病，都需要人、财、物的支持。这里的人，主要是各类卫生技术人员等；财，主要是医疗保险和医疗救助等；物，主要是药品和医疗器械等。调整卫生技术人员的法律规范，为卫生技术人员法；调整医疗保险和医疗救助的法律规范，为医疗保障法；调整药品和医疗器械的法律规范，为药物法。卫生技术人员法，也可以称为医务人员法；药物法，也可以称为药事法。如果把具有我国特色的有关中医药方面的法律规范从上述分类中单独拿出来，也可以增加一个部分，即中医药法。

公共卫生法是卫生法范围内的公共卫生性法律。所谓公共卫生性法律，是指规定公共卫生主体、公共卫生体系、公共卫生制度、公共卫生活动、公共卫生权利和义务等起公共卫生法作用的法律、法规和规章等。改革开放以来，我国公共卫生法迅速发展。目前已经基本形成了公共卫生行政法规、公共卫生民事法规、公共卫生刑事法规等相互补充、相互作用、相互加强的公共卫生法体系。

第二节　公共卫生法的作用

公共卫生法在公共卫生活动中的作用，主要表现在以下四个方面：

一、维护公共卫生秩序

公共卫生秩序是公共秩序的重要组成部分，而且对公共秩序的质量有直接影响。所谓公共卫生秩序，是指在公共卫生关系基础上建立起来的秩序。公共卫生关系是广泛存在的。从法律上说，公共卫生关系是人们在公共卫生活动中形成的权利义务关系。公共卫生活动是因健康问题或者卫生问题而产生的。通常有健康问题的地方就有建立公共卫生关系的必要，但公共卫生关系不是一种简单的或者单纯表现为健康问题的卫生关系。就整体而言，公共卫生关系是一种综合了健康问题的复合型的社会关系。在公共卫生关系中，健康问题经常是伴以一定的经济社会利益形式存在的。妥善处理好健康与各种经济社会利益的比例关系，是良好的公共卫生秩序的根本所在。唯有这样,才能使公共健康利益最大化。公共卫生法一直致力于建立和维护可持续发展的公共卫生秩序。

二、规范公共卫生行为

公共卫生活动的主要表现形式是公共卫生行为。所谓公共卫生行为,是指引起公共卫生关系发生、变更和消灭的行为。从法律角度看,公共卫生行为主要是行政性质的公共卫生行为和民事性质的公共卫生行为。行政性质的公共卫生行为,主要是指卫生等行政部门履行公共卫生管理职责所实施的行为。公共卫生法主要规范的是这方面的行为。民事性质的公共卫生行为,主要是指公民、法人和其他组织因参与特定的公共卫生活动所实施的行为。这里的特定活动,包括非营利性活动和营利性活动。公共卫生法对这方面行为的规范,主要集中于与健康直接相关的行为。在公共卫生行为中,还有一部分行为具有社会性质。作为公共卫生活动的当事人,无论处于何种地位、担任何种角色、享受何种权利、履行何种义务,都应当严格遵守公共卫生法所确认的共同行为准则,并自觉依法约束自己的行为。

三、保障公共卫生权利

这里所称的公共卫生权利,是指公共卫生法确认的公民、法人和其他组织在公共卫生方面享有的权利。在公共卫生法中,公共卫生权利是广泛的,而且随着公共卫生事业的发展,公共卫生权利还将不断扩大。这是因为公共卫生权利既是公共卫生事业不断发展的内在要求,也是公共卫生事业可持续发展的基本前提。公共卫生权利不仅体现在公共卫生对公民、法人和其他组织的行为保护,还体现在公共卫生对公民、法人和其他组织的行为约束。通常权利和义务是相辅相成的,客观上许多权利是以履行义务为条件的,但公共卫生法始终将保障公共卫生权利放在首位。这是因为保障公共卫生权利是公共卫生事业发展的目的。可以这样说,公共卫生事业的发展历史,就是公共卫生权利的保障历史。公共卫生权利的数量和质量已经成为衡量公共卫生事业发展水平的主要标志之一。

四、促进公共卫生事业发展

公共卫生事业的发展目标是维护和增进人的健康。在降低死亡和伤残、延长生命等方面,公共卫生已经做出了前所未有的贡献。随着社会对健康需求的不断提高,公共卫生事业面临许多新的机遇和挑战。从发展趋势看,公共卫生事业有两个基本特点:一是公共卫生越来越“跨领域”。公共卫生与经济社会生活深度融合,公共卫生已经成为人们日常生活的重要组成部分。二是公共卫生越来越“跨部门”。各个部门所管辖的领域都有与公共卫生直接或者间接相关的业务,而且联系日益密切。公共卫生法致力于建设更加完善的公共卫生体系,并不断适应新形势、新发展要求。在推动公共卫生事业发展上，特别注意发挥跨领域、跨部门力量的作用，并优先将“跨领域”的公共卫生事项作为填补法律“空白”的主要任务，将“跨部门”的公共卫生合作视为创新法律“机制”的基本内容。

第四章　国家、政府及其部门的公共卫生责任

第一节　国家的公共卫生责任

在卫生法律、行政法规中，有许多公共卫生责任的条款是从国家的高度提出的。从内容上看，有的是表明态度，有的是强调要求，还有的是作出承诺，等等。有的内容在不同的卫生法律、行政法规中反复规定。国家的公共卫生责任需要由政府组织实施，部门具体落实，并通过全社会的共同努力来实现。为便于读者了解国家的公共卫生责任，下面按卫生法律、行政法规的顺序概要性罗列。当然，这样的罗列并不能反映相关规定的全貌，具体应用时需要结合原文。

一、法律规定的公共卫生责任

（一）《传染病防治法》

（1）对传染病防治实行预防为主的方针，防治结合、分类管理、依靠科学、依靠群众；（2）发展现代医学和中医药等传统医学，支持和鼓励开展传染病防治的科学研究，提高传染病防治的科学技术水平；（3）支持和鼓励开展传染病防治的国际合作；（4）支持和鼓励单位和个人参与传染病防治工作；（5）开展预防传染病的健康教育；（6）实行有计划的预防接种制度；（7）对儿童实行预防接种证制度；（8）应当关心、帮助传染病病人、病原携带者和疑似传染病病人，使其得到及时救治；（9）建立传染病监测制度；（10）建立传染病预警制度；（11）建立传染病菌种、毒种库；（12）建立传染病疫情信息公布制度；（13）将传染病防治工作纳入国民经济和社会发展计划；（14）加强基层传染病防治体系建设，扶持贫困地区和少数民族地区的传染病防治工作；（15）对患有特定传染病的困难人群实行医疗救助，减免医疗费用。

（二）《母婴保健法》

（1）发展母婴保健事业，提供必要条件和物质帮助，使母亲和婴儿获得医疗保健服务；（2）对边远贫困地区的母婴保健事业给予扶持；（3）鼓励、支持母婴保健领域的教育和科学研究，推广先进、实用的母婴保健技术，普及母婴保健科学知识。

（三）《献血法》

（1）实行无偿献血制度；（2）提倡18周岁至55周岁的健康公民自愿献血；（3）鼓励国家工作人员、现役军人和高等学校在校学生率先献血，为树立社会新风尚作表率；（4）提倡并指导择期手术的患者自身储血，动员家庭、亲友、所在单位以及社会互助献血；（5）鼓励临床用血新技术的研究和推广。

（四）《医师法》

（1）建立健全医师医学专业技术职称设置、评定和岗位聘任制度，将职业道德、专业实践能力和工作业绩作为重要条件，科学设置有关评定、聘任标准；（2）实行医师资格考试制度；（3）实行医师执业注册制度；（4）鼓励医师定期定点到县级以下医疗卫生机构，包括乡镇卫生院、村卫生室、社区卫生服务中心等，提供医疗卫生服务；（5）鼓励医师积极参与公共交通工具等公共场所急救服务；（6）支持医疗卫生机构之间利用互联网等信息技术开展远程医疗合作；（7）制定医师培养规划，建立适应行业特点和社会需求的医师培养和供需平衡机制，统筹各类医学人才需求，加强全科、儿科、精神科、老年医学等紧缺专业人才培养；（8）采取措施，加强医教协同，完善医学院校教育、毕业后教育和继续教育体系；（9）通过多种途径，加强以全科医生为重点的基层医疗卫生人才培养和配备；（10）采取措施，完善中医西医相互学习的教育制度，培养高层次中西医结合人才和能够提供中西医结合服务的全科医生；（11）建立健全住院医师规范化培训制度，健全临床带教激励机制，保障住院医师培训期间待遇，严格培训过程管理和结业考核；（12）建立健全专科医师规范化培训制度，不断提高临床医师专科诊疗水平；（13）在每年的医学专业招生计划和教育培训计划中，核定一定比例用于定向培养、委托培训，加强基层和艰苦边远地区医师队伍建设；（14）实行医师定期考核制度；（15）建立健全体现医师职业特点和技术劳动价值的人事、薪酬、职称、奖励制度；（16）加强疾病预防控制人才队伍建设，建立适应现代化疾病预防控制体系的医师培养和使用机制；（17）建立公共卫生与临床医学相结合的人才培养机制，通过多种途径对临床医师进行疾病预防控制、突发公共卫生事件应对等方面业务培训，对公共卫生医师进行临床医学业务培训，完善医防结合和中西医协同防治的体制机制；（18）采取措施，统筹城乡资源，加强基层医疗卫生队伍和服务能力建设，对乡村医疗卫生人员建立县乡村上下贯通的职业发展机制，通过县管乡用、乡聘村用等方式，将乡村医疗卫生人员纳入县域医疗卫生人员管理；（19）采取措施，鼓励取得执业医师资格或者执业助理医师资格的人员依法开办村医疗卫生机构，或者在村医疗卫生机构提供医疗卫生服务；（20）鼓励在村医疗卫生机构中向村民提供预防、保健和一般医疗服务的乡村医生通过医学教育取得医学专业学历；鼓励符合条件的乡村医生参加医师资格考试，依法取得医师资格；(21)采取措施，通过信息化、智能化手段帮助乡村医生提高医学技术能力和水平，进一步完善对乡村医生的服务收入多渠道补助机制和养老等政策；(22)建立完善医疗风险分担机制；(23)采取措施，鼓励具有中等专业学校医学专业学历的人员通过参加更高层次学历教育等方式，提高医学技术能力和水平。

(五)《职业病防治法》

(1)鼓励和支持研制、开发、推广、应用有利于职业病防治和保护劳动者健康的新技术、新工艺、新设备、新材料，加强对职业病的机理和发生规律的基础研究，提高职业病防治科学技术水平；积极采用有效的职业病防治技术、工艺、设备、材料；限制使用或者淘汰职业病危害严重的技术、工艺、设备、材料；(2)鼓励和支持职业病医疗康复机构的建设；(3)实行职业卫生监督制度；(4)建立职业病危害项目申报制度；(5)对从事放射性、高毒、高危粉尘等作业实行特殊管理。

(六)《人口与计划生育法》

(1)采取综合措施，调控人口数量，提高人口素质，推动实现适度生育水平，优化人口结构，促进人口长期均衡发展；(2)依靠宣传教育、科学技术进步、综合服务、建立健全奖励和社会保障制度，开展人口与计划生育工作；(3)对在人口与计划生育工作中作出显著成绩的组织和个人，给予奖励；(4)根据国民经济和社会发展状况逐步提高人口与计划生育经费投入的总体水平；(5)鼓励社会团体、企业事业组织和个人为人口与计划生育工作提供捐助；(6)鼓励开展人口与计划生育领域的科学研究和对外交流与合作；(7)提倡适龄婚育、优生优育；(8)创造条件，保障公民知情选择安全、有效、适宜的避孕节育措施；(9)对实行计划生育的夫妻，按照规定给予奖励；(10)建立、健全基本养老保险、基本医疗保险、生育保险和社会福利等社会保障制度，促进计划生育；(11)鼓励保险公司举办有利于计划生育的保险项目；(12)支持有条件的地方设立父母育儿假；(13)保障妇女就业合法权益，为因生育影响就业的妇女提供就业服务；(14)采取财政、税收、保险、教育、住房、就业等支持措施，减轻家庭生育、养育、教育负担；(15)鼓励和引导社会力量兴办托育机构，支持幼儿园和机关、企业事业单位、社区提供托育服务；(16)在国家提倡一对夫妻生育一个子女期间，自愿终身只生育一个子女的夫妻，发给《独生子女父母光荣证》；(17)建立婚前保健、孕产期保健制度，防止或者减少出生缺陷，提高出生婴儿健康水平；(18)鼓励计划生育新技术、新药具的研究、应用和推广。

(七)《精神卫生法》

(1)鼓励和支持工会、共产主义青年团、妇女联合会、红十字会、科学技术协会等团体依法开展精神卫生工作;(2)鼓励和支持开展精神卫生专门人才的培养,维护精神卫生工作人员的合法权益,加强精神卫生专业队伍建设;(3)鼓励和支持开展精神卫生科学技术研究,发展现代医学、我国传统医学、心理学,提高精神障碍预防、诊断、治疗、康复的科学技术水平;(4)鼓励和支持开展精神卫生领域的国际交流与合作;(5)鼓励和支持新闻媒体、社会组织开展精神卫生的公益性宣传,普及精神卫生知识,引导公众关注心理健康,预防精神障碍的发生;(6)加强基层精神卫生服务体系建设,扶持贫困地区、边远地区的精神卫生工作,保障城市社区、农村基层精神卫生工作所需经费;(7)对安排精神障碍患者就业的用人单位依法给予税收优惠,并在生产、经营、技术、资金、物资、场地等方面给予扶持。

(八)《中医药法》

(1)鼓励中医西医相互学习,相互补充,协调发展,发挥各自优势,促进中西医结合;(2)加强中医药服务体系建设,合理规划和配置中医药服务资源,为公民获得中医药服务提供保障;(3)支持社会力量投资中医药事业,支持组织和个人捐赠、资助中医药事业;(4)发展中医药教育,建立适应中医药事业发展需要、规模适宜、结构合理、形式多样的中医药教育体系,培养中医药人才;(5)支持中医药科学研究和技术开发,鼓励中医药科学技术创新,推广应用中医药科学技术成果,保护中医药知识产权,提高中医药科学技术水平;(6)支持中医药对外交流与合作,促进中医药的国际传播和应用;(7)支持社会力量举办中医医疗机构;(8)制定中药材种植养殖、采集、贮存和初加工的技术规范、标准,加强对中药材生产流通全过程的质量监督管理,保障中药材质量安全;(9)鼓励发展中药材规范化种植养殖,严格管理农药、肥料等农业投入品的使用,禁止在中药材种植过程中使用剧毒、高毒农药,支持中药材良种繁育,提高中药材质量;(10)建立道地中药材评价体系,支持道地中药材品种选育,扶持道地中药材生产基地建设,加强道地中药材生产基地生态环境保护,鼓励采取地理标志产品保护等措施保护道地中药材;(11)鼓励发展中药材现代流通体系,提高中药材包装、仓储等技术水平,建立中药材流通追溯体系;(12)保护药用野生动植物资源,对药用野生动植物资源实行动态监测和定期普查,建立药用野生动植物资源种质基因库,鼓励发展人工种植养殖,支持依法开展珍贵、濒危药用野生动植物的保护、繁育及其相关研究;(13)保护中药饮片传统炮制技术和工艺,支持应用传统工艺炮制中药饮片,鼓励运用现代科学技术开展中药饮片炮制技术研究;(14)鼓励和支持中药新药的研制和生产;(15)保护传统中药加工技术和工艺,支持传统剂型中成药的生产,鼓励运用现代科学技术研究开发传统中成药;(16)鼓励医疗机构根据本医疗机构临床用药需要配制和使用中药制剂,支持应用传统工艺配制中药制剂，支持以中药制剂为基础研制中药新药；(17)完善中医药学校教育体系，支持专门实施中医药教育的高等学校、中等职业学校和其他教育机构的发展；(18)发展中医药师承教育，支持有丰富临床经验和技术专长的中医医师、中药专业技术人员在执业、业务活动中带徒授业，传授中医药理论和技术方法，培养中医药专业技术人员；(19)加强对中医医师和城乡基层中医药专业技术人员的培养和培训；(20)发展中西医结合教育，培养高层次的中西医结合人才；(21)鼓励科研机构、高等学校、医疗机构和药品生产企业等，运用现代科学技术和传统中医药研究方法，开展中医药科学研究，加强中西医结合研究，促进中医药理论和技术方法的继承和创新；(22)采取措施支持对中医药古籍文献、著名中医药专家的学术思想和诊疗经验以及民间中医药技术方法的整理、研究和利用；(23)鼓励组织和个人捐献有科学研究和临床应用价值的中医药文献、秘方、验方、诊疗方法和技术；(24)建立和完善符合中医药特点的科学技术创新体系、评价体系和管理体制，推动中医药科学技术进步与创新；(25)采取措施，加强对中医药基础理论和辨证论治方法，常见病、多发病、慢性病和重大疑难疾病、重大传染病的中医药防治，以及其他对中医药理论和实践发展有重大促进作用的项目的科学研究；(26)建立中医药传统知识保护数据库、保护名录和保护制度；(27)对经依法认定属于国家秘密的传统中药处方组成和生产工艺实行特殊保护；(28)发展中医养生保健服务，支持社会力量举办规范的中医养生保健机构；(29)加强中医药标准体系建设，根据中医药特点对需要统一的技术要求制定标准并及时修订；(30)推动建立中医药国际标准体系；(31)采取措施，加大对少数民族医药传承创新、应用发展和人才培养的扶持力度，加强少数民族医疗机构和医师队伍建设，促进和规范少数民族医药事业发展。

(九)《基本医疗卫生与健康促进法》

(1)尊重、保护公民的健康权；(2)实施健康中国战略，普及健康生活，优化健康服务，完善健康保障，建设健康环境，发展健康产业，提升公民全生命周期健康水平；(3)建立健康教育制度，保障公民获得健康教育的权利，提高公民的健康素养；(4)建立基本医疗卫生制度，建立健全医疗卫生服务体系，保护和实现公民获得基本医疗卫生服务的权利；(5)加强医学基础科学研究，鼓励医学科学技术创新，支持临床医学发展，促进医学科技成果的转化和应用，推进医疗卫生与信息技术融合发展，推广医疗卫生适宜技术，提高医疗卫生服务质量；(6)发展医学教育，完善适应医疗卫生事业发展需要的医学教育体系，大力培养医疗卫生人才；(7)大力发展中医药事业，坚持中西医并重、传承与创新相结合，发挥中医药在医疗卫生与健康事业中的独特作用；(8)合理规划和配置医疗卫生资源，以基层为重点，采取多种措施优先支持县级以下医疗卫生机构发展，提高其医疗卫生服务能力；(9)加大对医疗卫生与健康事业的财政投入，通过增加转移支付等方式重点扶持革命老区、民族地区、边疆地区和经济欠发达地区发展医疗卫生与健康事业；(10)鼓励和支持公民、法人和其他组织通过依法举办机构和捐赠、资助等方式，参与医疗卫生与健康事业，满足公民多样化、差异化、个性化健康需求；(11)鼓励和支持医疗卫生与健康促进领域的对外交流合作；(12)采取措施，保障公民享有安全有效的基本公共卫生服务，控制影响健康的危险因素，提高疾病的预防控制水平；(13)建立健全突发事件卫生应急体系，制定和完善应急预案，组织开展突发事件的医疗救治、卫生学调查处置和心理援助等卫生应急工作，有效控制和消除危害；(14)建立传染病防控制度，制定传染病防治规划并组织实施，加强传染病监测预警，坚持预防为主、防治结合，联防联控、群防群控、源头防控、综合治理，阻断传播途径，保护易感人群，降低传染病的危害；(15)实行预防接种制度，加强免疫规划工作；(16)建立慢性非传染性疾病防控与管理制度，对慢性非传染性疾病及其致病危险因素开展监测、调查和综合防控干预，及时发现高危人群，为患者和高危人群提供诊疗、早期干预、随访管理和健康教育等服务；(17)加强职业健康保护；(18)发展妇幼保健事业，建立健全妇幼健康服务体系，为妇女、儿童提供保健及常见病防治服务，保障妇女、儿童健康；(19)采取措施，为公民提供婚前保健、孕产期保健等服务，促进生殖健康，预防出生缺陷；(20)发展老年人保健事业；(21)发展残疾预防和残疾人康复事业，完善残疾预防和残疾人康复及其保障体系，采取措施为残疾人提供基本康复服务；(22)建立健全院前急救体系，为急危重症患者提供及时、规范、有效的急救服务；(23)发展精神卫生事业，建设完善精神卫生服务体系，维护和增进公民心理健康，预防、治疗精神障碍；(24)采取措施，加强心理健康服务体系和人才队伍建设，促进心理健康教育、心理评估、心理咨询与心理治疗服务的有效衔接，设立为公众提供公益服务的心理援助热线，加强未成年人、残疾人和老年人等重点人群心理健康服务；(25)推进基本医疗服务实行分级诊疗制度，引导非急诊患者首先到基层医疗卫生机构就诊，实行首诊负责制和转诊审核责任制，逐步建立基层首诊、双向转诊、急慢分治、上下联动的机制，并与基本医疗保险制度相衔接；(26)推进基层医疗卫生机构实行家庭医生签约服务，建立家庭医生服务团队，与居民签订协议，根据居民健康状况和医疗需求提供基本医疗卫生服务；(27)建立健全由基层医疗卫生机构、医院、专业公共卫生机构等组成的城乡全覆盖、功能互补、连续协同的医疗卫生服务体系；(28)加强县级医院、乡镇卫生院、村卫生室、社区卫生服务中心(站)和专业公共卫生机构等的建设，建立健全农村医疗卫生服务网络和城市社区卫生服务网络；

(29)对医疗卫生机构实行分类管理;(30)鼓励政府举办的医疗卫生机构与社会力量合作举办非营利性医疗卫生机构;(31)采取多种措施,鼓励和引导社会力量依法举办医疗卫生机构,支持和规范社会力量举办的医疗卫生机构与政府举办的医疗卫生机构开展多种类型的医疗业务、学科建设、人才培养等合作;(32)以建成的医疗卫生机构为基础,合理规划与设置国家医学中心和国家、省级区域性医疗中心,诊治疑难重症,研究攻克重大医学难题,培养高层次医疗卫生人才;(33)对医疗卫生技术的临床应用进行分类管理,对技术难度大、医疗风险高,服务能力、人员专业技术水平要求较高的医疗卫生技术实行严格管理;(34)建立权责清晰、管理科学、治理完善、运行高效、监督有力的现代医院管理制度;(35)完善医疗风险分担机制,鼓励医疗机构参加医疗责任保险或者建立医疗风险基金,鼓励患者参加医疗意外保险;(36)鼓励医疗卫生机构不断改进预防、保健、诊断、治疗、护理和康复的技术、设备与服务,支持开发适合基层和边远地区应用的医疗卫生技术;(37)推进全民健康信息化,推动健康医疗大数据、人工智能等的应用发展,加快医疗卫生信息基础设施建设,制定健康医疗数据采集、存储、分析和应用的技术标准,运用信息技术促进优质医疗卫生资源的普及与共享;(38)采取措施,推进医疗卫生机构建立健全医疗卫生信息交流和信息安全制度,应用信息技术开展远程医疗服务,构建线上线下一体化医疗服务模式;(39)制定医疗卫生人员培养规划,建立适应行业特点和社会需求的医疗卫生人员培养机制和供需平衡机制,完善医学院校教育、毕业后教育和继续教育体系,建立健全住院医师、专科医师规范化培训制度,建立规模适宜、结构合理、分布均衡的医疗卫生队伍;(40)加强全科医生的培养和使用;(41)对医师、护士等医疗卫生人员依法实行执业注册制度;(42)建立健全符合医疗卫生行业特点的人事、薪酬、奖励制度,体现医疗卫生人员职业特点和技术劳动价值;(43)建立医疗卫生人员定期到基层和艰苦边远地区从事医疗卫生工作制度;(44)采取定向免费培养、对口支援、退休返聘等措施,加强基层和艰苦边远地区医疗卫生队伍建设;(45)加强乡村医疗卫生队伍建设,建立县乡村上下贯通的职业发展机制,完善对乡村医疗卫生人员的服务收入多渠道补助机制和养老政策;(46)采取措施,保障医疗卫生人员执业环境;(47)完善药品供应保障制度,建立工作协调机制,保障药品的安全、有效、可及;(48)实施基本药物制度,遴选适当数量的基本药物品种,满足疾病防治基本用药需求;(49)公布基本药物目录,根据药品临床应用实践、药品标准变化、药品新上市情况等,对基本药物目录进行动态调整;(50)提高基本药物的供给能力,强化基本药物质量监管,确保基本药物公平可及、合理使用;(51)建立健全以临床需求为导向的药品审评审批制度,支持临床急需药品、儿童用药品和防治罕见病、重大疾病等药品的研制、生产，满足疾病防治需求；（52）建立健全药品研制、生产、流通、使用全过程追溯制度，加强药品管理，保证药品质量；（53）建立健全药品价格监测体系，开展成本价格调查，加强药品价格监督检查，依法查处价格垄断、价格欺诈、不正当竞争等违法行为，维护药品价格秩序；（54）加强药品分类采购管理和指导；（55）建立中央与地方两级医药储备，用于保障重大灾情、疫情及其他突发事件等应急需要；（56）建立健全药品供求监测体系，及时收集和汇总分析药品供求信息，定期公布药品生产、流通、使用等情况；（57）加强对医疗器械的管理，完善医疗器械的标准和规范，提高医疗器械的安全有效水平；（58）加强中药的保护与发展，充分体现中药的特色和优势，发挥其在预防、保健、医疗、康复中的作用；（59）将健康教育纳入国民教育体系；（60）组织居民健康状况调查和统计，开展体质监测，对健康绩效进行评估，并根据评估结果制定、完善与健康相关的法律、法规、政策和规划；（61）建立疾病和健康危险因素监测、调查和风险评估制度；（62）加强影响健康的环境问题预防和治理，组织开展环境质量对健康影响的研究，采取措施预防和控制与环境问题有关的疾病；（63）大力开展爱国卫生运动，鼓励和支持开展爱国卫生月等群众性卫生与健康活动，依靠和动员群众控制和消除健康危险因素，改善环境卫生状况，建设健康城市、健康村镇、健康社区；（64）建立科学、严格的食品、饮用水安全监督管理制度，提高安全水平；（65）建立营养状况监测制度，实施经济欠发达地区、重点人群营养干预计划，开展未成年人和老年人营养改善行动，倡导健康饮食习惯，减少不健康饮食引起的疾病风险；（66）发展全民健身事业，完善覆盖城乡的全民健身公共服务体系，加强公共体育设施建设，组织开展和支持全民健身活动，加强全民健身指导服务，普及科学健身知识和方法；（67）鼓励单位的体育场地设施向公众开放；（68）制定并实施未成年人、妇女、老年人、残疾人等的健康工作计划，加强重点人群健康服务；（69）推动长期护理保障工作，鼓励发展长期护理保险；（70）完善公共场所卫生管理制度；（71）采取措施，减少吸烟对公民健康的危害；（72）鼓励用人单位开展职工健康指导工作；（73）提倡用人单位为职工定期开展健康检查；（74）依法多渠道筹集基本医疗保险基金，逐步完善基本医疗保险可持续筹资和保障水平调整机制；（75）建立以基本医疗保险为主体，商业健康保险、医疗救助、职工互助医疗和医疗慈善服务等为补充的、多层次的医疗保障体系；（76）鼓励发展商业健康保险，满足人民群众多样化健康保障需求；（77）完善医疗救助制度，保障符合条件的困难群众获得基本医疗服务；（78）建立健全基本医疗保险经办机构与协议定点医疗卫生机构之间的协商谈判机制，科学合理确定基本医疗保险基金支付标准和支付方式，引导医疗卫生机构合理诊疗，促进患者有序流动，提高基本医疗保险基金使用效益;(79)建立健全机构自治、行业自律、政府监管、社会监督相结合的医疗卫生综合监督管理体系;(80)保护公民个人健康信息,确保公民个人健康信息安全;(81)建立医疗纠纷预防和处理机制,妥善处理医疗纠纷,维护医疗秩序;(82)鼓励公民、法人和其他组织对医疗卫生与健康促进工作进行社会监督。

(十)《食品安全法》

(1)鼓励和支持开展与食品安全有关的基础研究、应用研究,鼓励和支持食品生产经营者为提高食品安全水平采用先进技术和先进管理规范;(2)对农药的使用实行严格的管理制度,加快淘汰剧毒、高毒、高残留农药,推动替代产品的研发和应用,鼓励使用高效低毒低残留农药;(3)建立食品安全风险监测制度,对食源性疾病、食品污染以及食品中的有害因素进行监测;(4)建立食品安全风险评估制度,运用科学方法,根据食品安全风险监测信息、科学数据以及有关信息,对食品、食品添加剂、食品相关产品中生物性、化学性和物理性危害因素进行风险评估;(5)鼓励食品生产企业制定严于食品安全国家标准或者地方标准的企业标准,在本企业适用;(6)对食品生产经营实行许可制度;(7)对食品添加剂生产实行许可制度;(8)建立食品安全全程追溯制度;(9)鼓励食品生产经营者采用信息化手段采集、留存生产经营信息,建立食品安全追溯体系;(10)鼓励食品生产经营企业参加食品安全责任保险;(11)鼓励食品生产经营企业符合良好生产规范要求,实施危害分析与关键控制点体系,提高食品安全管理水平;(12)建立食品召回制度;(13)对保健食品、特殊医学用途配方食品和婴幼儿配方食品等特殊食品实行严格监督管理;(14)建立统一的食品安全信息平台,实行食品安全信息统一公布制度。

(十一)《药品管理法》

(1)发展现代药和传统药,充分发挥其在预防、医疗和保健中的作用;(2)保护野生药材资源和中药品种,鼓励培育道地中药材;(3)鼓励研究和创制新药,保护公民、法人和其他组织研究、开发新药的合法权益;(4)对药品管理实行药品上市许可持有人制度;(5)建立健全药品追溯制度;(6)建立药物警戒制度,对药品不良反应及其他与用药有关的有害反应进行监测、识别、评估和控制;(7)支持以临床价值为导向、对人的疾病具有明确或者特殊疗效的药物创新,鼓励具有新的治疗机理、治疗严重危及生命的疾病或者罕见病、对人体具有多靶向系统性调节干预功能等的新药研制,推动药品技术进步;(8)鼓励运用现代科学技术和传统中药研究方法开展中药科学技术研究和药物开发,建立和完善符合中药特点的技术评价体系,促进中药传承创新;(9)采取有效措施,鼓励儿童用药品的研制和创新,支持开发符合儿童生理特征的儿童用药品新品种、剂型和规格,对儿童用药品予以优先审评审批;

(10)鼓励、引导药品零售连锁经营;(11)对药品实行处方药与非处方药分类管理制度;(12)完善药品采购管理制度,对药品价格进行监测,开展成本价格调查,加强药品价格监督检查,依法查处价格垄断、哄抬价格等药品价格违法行为,维护药品价格秩序;(13)实行药品储备制度,建立中央和地方两级药品储备;(14)实行基本药物制度,遴选适当数量的基本药物品种,加强组织生产和储备,提高基本药物的供给能力,满足疾病防治基本用药需求;(15)建立药品供求监测体系,及时收集和汇总分析短缺药品供求信息,对短缺药品实行预警,采取应对措施;(16)实行短缺药品清单管理制度;(17)鼓励短缺药品的研制和生产,对临床急需的短缺药品、防治重大传染病和罕见病等疾病的新药予以优先审评审批;(18)建立职业化、专业化药品检查员队伍;(19)实行药品安全信息统一公布制度。

(十二)《疫苗管理法》

(1)对疫苗实行最严格的管理制度,坚持安全第一、风险管理、全程管控、科学监管、社会共治;(2)坚持疫苗产品的战略性和公益性;(3)支持疫苗基础研究和应用研究,促进疫苗研制和创新,将预防、控制重大疾病的疫苗研制、生产和储备纳入国家战略;(4)制定疫苗行业发展规划和产业政策,支持疫苗产业发展和结构优化,鼓励疫苗生产规模化、集约化,不断提升疫苗生产工艺和质量水平;(5)实行免疫规划制度;(6)实行疫苗全程电子追溯制度;(7)根据疾病流行情况、人群免疫状况等因素,制定相关研制规划,安排必要资金,支持多联多价等新型疫苗的研制;(8)组织疫苗上市许可持有人、科研单位、医疗卫生机构联合攻关,研制疾病预防、控制急需的疫苗;(9)鼓励疫苗上市许可持有人加大研制和创新资金投入,优化生产工艺,提升质量控制水平,推动疫苗技术进步;(10)鼓励符合条件的医疗机构、疾病预防控制机构等依法开展疫苗临床试验;(11)对疫苗生产实行严格准入制度;(12)实行疫苗批签发制度;(13)对儿童实行预防接种证制度;(14)国家加强预防接种异常反应监测;(15)实行预防接种异常反应补偿制度;(16)鼓励通过商业保险等多种形式对预防接种异常反应受种者予以补偿;(17)根据需要对经济欠发达地区的预防接种工作给予支持;(18)将疫苗纳入战略物资储备,实行中央和省级两级储备;(19)实行疫苗责任强制保险制度;(20)建设中央和省级两级职业化、专业化药品检查员队伍,加强对疫苗的监督检查;(21)实行疫苗安全信息统一公布制度;(22)鼓励疫苗生产企业按照国际采购要求生产、出口疫苗。

(十三)《红十字会法》

(1)鼓励自然人、法人以及其他组织参与红十字志愿服务;(2)支持在学校开展红十字青少年工作;(3)对红十字会兴办的与其宗旨相符的公益事业给予扶持。

二、行政法规规定的公共卫生责任

（一）《公共场所卫生管理条例》

对公共场所实行“卫生许可证”制度。

（二）《传染病防治法实施办法》

（1）对传染病实行预防为主的方针；（2）实行有计划的预防接种制度；（3）对儿童实行预防接种证制度；（4）对传染病菌（毒）种的保藏、携带、运输实行严格管理。

（三）《医疗机构管理条例》

（1）扶持医疗机构的发展，鼓励多种形式兴办医疗机构；（2）实行医疗机构评审制度。

（四）《食盐加碘消除碘缺乏危害管理条例》

（1）对消除碘缺乏危害，采取长期供应加碘食盐为主的综合防治措施；（2）鼓励和支持在食盐加碘消除碘缺乏危害方面的科学研究和先进技术推广工作；（3）优先保证缺碘地区居民的碘盐供应。

（五）《母婴保健法实施办法》

（1）保障公民获得适宜的母婴保健服务的权利；（2）提倡住院分娩；（3）推行母乳喂养；（4）建立孕产妇死亡、婴儿死亡和新生儿出生缺陷监测、报告制度。

（六）《使用有毒物品作业场所劳动保护条例》

（1）鼓励研制、开发、推广、应用有利于预防、控制、消除职业中毒危害和保护劳动者健康的新技术、新工艺、新材料；（2）限制使用或者淘汰有关职业中毒危害严重的技术、工艺、材料；（3）加强对有关职业病的机理和发生规律的基础研究，提高有关职业病防治科学技术水平。

（七）《突发公共卫生事件应急条例》

（1）对边远贫困地区突发事件应急工作给予财政支持；（2）鼓励、支持开展突发事件监测、预警、反应处理有关技术的国际交流与合作；（3）建立统一的突发事件预防控制体系；（4）建立突发事件应急报告制度；（5）建立突发事件举报制度，公布统一的突发事件报告、举报电话；（6）建立突发事件的信息发布制度。

（八）《医疗废物管理条例》

（1）推行医疗废物集中无害化处置，鼓励有关医疗废物安全处置技术的研究与开发；（2）对边远贫困地区建设医疗废物集中处置设施给予适当的支持。

（九）《乡村医生从业管理条例》

（1）对在农村预防、保健、医疗服务和突发事件应急处理工作中做出突出成绩的乡村医生，给予奖励；（2）鼓励乡村医生学习中医药基本知识，运用中医药技能防治疾病；(3)鼓励乡村医生通过医学教育取得医学专业学历；鼓励符合条件的乡村医生申请参加国家医师资格考试；(4)鼓励取得执业医师资格或者执业助理医师资格的人员，开办村医疗卫生机构，或者在村医疗卫生机构向村民提供预防、保健和医疗服务；(5)实行乡村医生执业注册制度。

(十)《病原微生物实验室生物安全管理条例》

(1)对病原微生物实行分类管理，对实验室实行分级管理；(2)实行统一的实验室生物安全标准；(3)根据病原微生物的传染性、感染后对个体或者群体的危害程度，将病原微生物分为四类；(4)根据实验室对病原微生物的生物安全防护水平，并依照实验室生物安全国家标准的规定，将实验室分为一级、二级、三级、四级。

(十一)《艾滋病防治条例》

(1)鼓励和支持工会、共产主义青年团、妇女联合会、红十字会等团体协助各级人民政府开展艾滋病防治工作；(2)鼓励和支持开展与艾滋病预防、诊断、治疗等有关的科学研究，提高艾滋病防治的科学技术水平；(3)鼓励和支持开展传统医药以及传统医药与现代医药相结合防治艾滋病的临床治疗与研究；(4)鼓励和支持开展艾滋病防治工作的国际合作与交流；(5)鼓励和支持妇女联合会、红十字会开展艾滋病防治的宣传教育，将艾滋病防治的宣传教育纳入妇女儿童工作内容，提高妇女预防艾滋病的意识和能力，组织红十字会会员和红十字会志愿者开展艾滋病防治的宣传教育；(6)建立健全艾滋病监测网络；(7)实行艾滋病自愿咨询和自愿检测制度。

(十二)《血吸虫病防治条例》

(1)对血吸虫病防治实行预防为主的方针，坚持防治结合、分类管理、综合治理、联防联控，人与家畜同步防治，重点加强对传染源的管理；(2)鼓励血吸虫病防治地区的村民、居民积极参与血吸虫病防治的有关活动；(3)鼓励共产主义青年团等社会组织动员青年团员等积极参与血吸虫病防治的有关活动；(4)对经济困难地区的血吸虫病防治经费、血吸虫病重大疫情应急处理经费给予适当补助，对承担血吸虫病防治任务的机构的基本建设和跨地区的血吸虫病防治重大工程项目给予必要支持；(5)对农民免费提供抗血吸虫基本预防药物，对经济困难农民的血吸虫病治疗费用予以减免；(6)对家畜免费实施血吸虫病检查和治疗，免费提供抗血吸虫基本预防药物。

(十三)《人体器官移植条例》

通过建立人体器官移植工作体系，开展人体器官捐献的宣传、推动工作，确定人体器官移植预约者名单，组织协调人体器官的使用。

（十四）《医疗纠纷预防和处理条例》

(1)建立医疗质量安全管理体系，深化医药卫生体制改革，规范诊疗活动，改善医疗服务，提高医疗质量，预防、减少医疗纠纷；(2)建立完善医疗风险分担机制，发挥保险机制在医疗纠纷处理中的第三方赔付和医疗风险社会化分担的作用，鼓励医疗机构参加医疗责任保险，鼓励患者参加医疗意外保险。

（十五）《血液制品管理条例》

(1)实行单采血浆站统一规划、设置的制度；(2)禁止出口原料血浆。

（十六）《放射性同位素与射线装置安全和防护条例》

对放射源和射线装置实行分类管理。

（十七）《乳品质量安全监督管理条例》

(1)采取有效措施，鼓励、引导、扶持奶畜养殖者提高生鲜乳质量安全水平；(2)建立奶畜政策性保险制度，对参保奶畜养殖者给予保费补助；(3)鼓励乳制品生产企业和其他相关生产经营者为奶畜养殖者提供所需的服务；(4)鼓励乳制品生产企业按照规划布局，自行建设生鲜乳收购站或者收购原有生鲜乳收购站；(5)对生鲜乳收购站给予扶持和补贴，提高其机械化挤奶和生鲜乳冷藏运输能力。

（十八）《食品安全法实施条例》

(1)将食品安全知识纳入国民素质教育内容，普及食品安全科学常识和法律知识，提高全社会的食品安全意识；(2)建立食品安全检查员制度，依托现有资源加强职业化检查员队伍建设，强化考核培训，提高检查员专业化水平；(3)实行食品安全违法行为举报奖励制度，对查证属实的举报，给予举报人奖励。

（十九）《放射性药品管理办法》

根据需要，对放射性药品的生产企业实行合理布局。

（二十）《中药品种保护条例》

鼓励研制开发临床有效的中药品种，对质量稳定、疗效确切的中药品种实行分级保护制度。

（二十一）《医疗器械监督管理条例》

(1)对医疗器械按照风险程度实行分类管理；(2)制定医疗器械产业规划和政策，将医疗器械创新纳入发展重点，对创新医疗器械予以优先审评审批，支持创新医疗器械临床推广和使用，推动医疗器械产业高质量发展；(3)完善医疗器械创新体系，支持医疗器械的基础研究和应用研究，促进医疗器械新技术的推广和应用，在科技立项、融资、信贷、招标采购、医疗保险等方面予以支持；(4)加强医疗器械监督管理信息化建设，提高在线政务服务水平，为医疗器械行政许可、备案等提供便利;(5)支持医疗机构开展临床试验,将临床试验条件和能力评价纳入医疗机构等级评审,鼓励医疗机构开展创新医疗器械临床试验;(6)根据医疗器械产品类别,分步实施医疗器械唯一标识制度,实现医疗器械可追溯;(7)鼓励采用先进技术手段进行记录(进货查验记录和销售记录);(8)建立医疗器械不良事件监测制度,对医疗器械不良事件及时进行收集、分析、评价、控制;(9)建立职业化专业化检查员制度,加强对医疗器械的监督检查。

(二十二)《药品管理法实施条例》

(1)实行处方药和非处方药分类管理制度;(2)对获得生产或者销售含有新型化学成份药品许可的生产者或者销售者提交的自行取得且未披露的试验数据和其他数据实施保护,任何人不得对该未披露的试验数据和其他数据进行不正当的商业利用;(3)鼓励培育中药材。

(二十三)《麻醉药品和精神药品管理条例》

(1)对麻醉药品药用原植物以及麻醉药品和精神药品实行管制;(2)根据麻醉药品和精神药品的医疗、国家储备和企业生产所需原料的需要确定需求总量,对麻醉药品药用原植物的种植、麻醉药品和精神药品的生产实行总量控制;(3)对麻醉药品和精神药品实行定点生产制度;(4)对麻醉药品和精神药品实行定点经营制度。

(二十四)《化妆品监督管理条例》

(1)按照风险程度对化妆品、化妆品原料实行分类管理;(2)对特殊化妆品实行注册管理,对普通化妆品实行备案管理;(3)对风险程度较高的化妆品新原料实行注册管理,对其他化妆品新原料实行备案管理;(4)鼓励和支持开展化妆品研究、创新,满足消费者需求,推进化妆品品牌建设,发挥品牌引领作用;(5)保护单位和个人开展化妆品研究、创新的合法权益;(6)鼓励和支持化妆品生产经营者采用先进技术和先进管理规范,提高化妆品质量安全水平;(7)鼓励和支持运用现代科学技术,结合我国传统优势项目和特色植物资源研究开发化妆品;(8)加强化妆品监督管理信息化建设,提高在线政务服务水平,为办理化妆品行政许可、备案提供便利,推进监督管理信息共享;(9)建立化妆品不良反应监测制度;(10)建立化妆品安全风险监测和评价制度,对影响化妆品质量安全的风险因素进行监测和评价,为制定化妆品质量安全风险控制措施和标准、开展化妆品抽样检验提供科学依据。

(二十五)《残疾预防和残疾人康复条例》

(1)采取措施为残疾人提供基本康复服务,支持和帮助其融入社会;(2)鼓励和支持组织、个人提供残疾预防和残疾人康复服务,捐助残疾预防和残疾人康复事业，兴建相关公益设施；(3)鼓励开展残疾预防和残疾人康复的科学研究和应用，提高残疾预防和残疾人康复的科学技术水平；(4)鼓励开展残疾预防和残疾人康复领域的国际交流与合作；(5)鼓励公民学习残疾预防知识和技能，提高自我防护意识和能力；(6)建立残疾儿童康复救助制度，逐步实现0～6岁视力、听力、言语、肢体、智力等残疾儿童和孤独症儿童免费得到手术、辅助器具配置和康复训练等服务；(7)完善重度残疾人护理补贴制度；(8)通过实施重点康复项目为城乡贫困残疾人、重度残疾人提供基本康复服务，按照国家有关规定对基本型辅助器具配置给予补贴；(9)多渠道筹集残疾人康复资金，鼓励、引导社会力量通过慈善捐赠等方式帮助残疾人接受康复服务；(10)加强残疾预防和残疾人康复专业人才的培养；(11)鼓励和支持高等学校、职业学校设置残疾预防和残疾人康复相关专业或者开设相关课程，培养专业技术人员。

(二十六)《人类遗传资源管理条例》

(1)加强对我国人类遗传资源的保护，开展人类遗传资源调查，对重要遗传家系和特定地区人类遗传资源实行申报登记制度；(2)支持合理利用人类遗传资源开展科学研究、发展生物医药产业、提高诊疗技术，提高我国生物安全保障能力，提升人民健康保障水平；(3)加强人类遗传资源保藏工作，加快标准化、规范化的人类遗传资源保藏基础平台和人类遗传资源大数据建设，为开展相关研究开发活动提供支撑；(4)鼓励科研机构、高等学校、医疗机构、企业根据自身条件和相关研究开发活动需要开展人类遗传资源保藏工作，并为其他单位开展相关研究开发活动提供便利；(5)鼓励科研机构、高等学校、医疗机构、企业根据自身条件和相关研究开发活动需要，利用我国人类遗传资源开展国际合作科学研究，提升相关研究开发能力和水平。

(二十七)《社会救助暂行办法》

(1)建立健全医疗救助制度，保障医疗救助对象获得基本医疗卫生服务；(2)建立疾病应急救助制度，对需要急救但身份不明或者无力支付急救费用的急重危伤病患者给予救助。

第二节 政府的公共卫生责任

公共卫生是政府的基本职能之一。对政府规定具体的公共卫生职责，既是明确公共卫生范围、内容和要求的需要，也是促进政府履行公共卫生职能的基本途径。对政府来说，公共卫生既是集中体现经济社会发展水平的主要领域，也是保障全体人民共享经济社会发展成果的重要方面。因此,全面落实政府的公共卫生责任,对于提升人民群众的公共卫生认同感、参与感、获得感,具有重要意义。

一、法律规定的公共卫生责任

(一)《传染病防治法》

1. 国务院

(1)对其他乙类传染病和突发原因不明的传染病采取甲类传染病的预防、控制措施的批准;(2)可以决定并宣布跨省、自治区、直辖市的疫区;(3)封锁大、中城市的疫区或者封锁跨省、自治区、直辖市的疫区,以及封锁疫区导致中断干线交通或者封锁国境的决定;(4)有权在全国范围或者跨省、自治区、直辖市范围内,紧急调集人员或者调用储备物资,临时征用房屋、交通工具以及相关设施、设备。

2. 省、自治区、直辖市人民政府

(1)对本行政区域内常见、多发的其他地方性传染病,可以根据情况决定按照乙类或者丙类传染病管理并予以公布,报国务院卫生行政部门备案;(2)根据传染病发生、流行趋势的预测,及时发出传染病预警,根据情况予以公布;(3)可以决定对本行政区域内的甲类传染病疫区实施封锁;(4)根据本行政区域内传染病流行趋势,在国务院卫生行政部门确定的项目范围内,确定传染病预防、控制、监督等项目,并保障项目的实施经费。

3. 县级以上人民政府

(1)制定传染病防治规划并组织实施,建立健全传染病防治的疾病预防控制、医疗救治和监督管理体系;(2)加强和完善传染病医疗救治服务网络的建设,指定具备传染病救治条件和能力的医疗机构承担传染病救治任务,或者根据传染病救治需要设置传染病医院;(3)负责储备防治传染病的药品、医疗器械和其他物资,以备调用。

4. 县级以上地方人民政府

(1)制定传染病预防、控制预案,报上一级人民政府备案。(2)对已经发生甲类传染病病例的场所或者该场所内的特定区域的人员,可以实施隔离措施,并同时向上一级人民政府报告。(3)在隔离期间,实施隔离措施的人民政府应当对被隔离人员提供生活保障。(4)传染病暴发、流行时,立即组织力量,按照预防、控制预案进行防治,切断传染病的传播途径,必要时,报经上一级人民政府决定,可以采取下列紧急措施并予以公告:①限制或者停止集市、影剧院演出或者其他人群聚集的活动;②停工、停业、停课;③封闭或者封存被传染病病原体污染的公共饮用水源、食品以及相关物品;④控制或者扑杀染疫野生动物、家畜家禽;⑤封闭可能造成传染病扩散的场所。(5)甲类、乙类传染病暴发、流行时，报经上一级人民政府决定，可以宣布本行政区域部分或者全部为疫区。(6)可以在疫区内采取《传染病防治法》第42条规定的紧急措施，并可以对出入疫区的人员、物资和交通工具实施卫生检疫。(7)传染病暴发、流行时，根据传染病疫情控制的需要，有权在本行政区域内紧急调集人员或者调用储备物资，临时征用房屋、交通工具以及相关设施、设备。(8)将传染病防治工作纳入本行政区域的国民经济和社会发展计划。(9)按照本级政府职责负责本行政区域内传染病预防、控制、监督工作的日常经费。

5. 各级人民政府

(1)领导传染病防治工作；(2)组织开展群众性卫生活动，进行预防传染病的健康教育，倡导文明健康的生活方式，提高公众对传染病的防治意识和应对能力，加强环境卫生建设，消除鼠害和蚊、蝇等病媒生物的危害；(3)加强艾滋病的防治工作，采取预防、控制措施，防止艾滋病的传播。

6. 地方各级人民政府

(1)有计划地建设和改造公共卫生设施，改善饮用水卫生条件，对污水、污物、粪便进行无害化处置；(2)接到国务院卫生行政部门或者省、自治区、直辖市人民政府发出的传染病预警后，应当按照传染病预防、控制预案，采取相应的预防、控制措施；(3)保障城市社区、农村基层传染病预防工作的经费。

(二)《母婴保健法》

1. 省、自治区、直辖市人民政府

(1)根据本地区的实际情况，制定婚前医学检查制度实施办法；(2)对婚前医学检查应当规定合理的收费标准，对边远贫困地区或者交费确有困难的人员应当给予减免。

2. 各级人民政府

(1)领导母婴保健工作；(2)采取措施，加强母婴保健工作，提高医疗保健服务水平，积极防治由环境因素所致严重危害母亲和婴儿健康的地方性高发性疾病，促进母婴保健事业的发展。

3. 县级以上地方人民政府

可以设立医学技术鉴定组织，负责对婚前医学检查、遗传病诊断和产前诊断结果有异议的进行医学技术鉴定。

(三)《献血法》

1. 各级人民政府

(1)采取措施广泛宣传献血的意义，普及献血的科学知识，开展预防和控制经血液途径传播的疾病的教育；(2)对积极参加献血和在献血工作中做出显著成绩的单位和个人，给予奖励。

2. 地方各级人民政府

领导本行政区域内的献血工作，统一规划并负责组织、协调有关部门共同做好献血工作。

(四)《医师法》

1. 县级以上人民政府

采取有力措施，优先保障基层、欠发达地区和民族地区的医疗卫生人员接受继续医学教育。

2. 县级以上人民政府及其有关部门

将医疗纠纷预防和处理工作纳入社会治安综合治理体系，加强医疗卫生机构及周边治安综合治理，维护医疗卫生机构良好的执业环境，有效防范和依法打击涉医违法犯罪行为，保护医患双方合法权益。

3. 各级人民政府

关心爱护医师，弘扬先进事迹，加强业务培训，支持开拓创新，帮助解决困难，推动在全社会广泛形成尊医重卫的良好氛围。

(五)《职业病防治法》

1. 县级以上人民政府

制定职业病防治规划，将其纳入国民经济和社会发展计划，并组织实施。

2. 县级以上地方人民政府

统一负责、领导、组织、协调本行政区域的职业病防治工作，建立健全职业病防治工作体制、机制，统一领导、指挥职业卫生突发事件应对工作；加强职业病防治能力建设和服务体系建设，完善、落实职业病防治工作责任制。

3. 地方各级人民政府

根据本地区的实际情况，采取其他措施，使用人单位已经不存在或者无法确认劳动关系的职业病病人获得医疗救治。

4. 乡、民族乡、镇人民政府

认真执行《职业病防治法》，支持职业卫生监督管理部门依法履行职责。

(六)《人口与计划生育法》

1. 国务院

(1)领导全国的人口与计划生育工作；(2)编制人口发展规划，并将其纳入国民经济和社会发展计划。

2. 县级以上人民政府

(1)根据人口发展规划，制定人口与计划生育实施方案并组织实施；(2)综合采取规划、土地、住房、财政、金融、人才等措施，推动建立普惠托育服务体系，提高婴幼儿家庭获得服务的可及性和公平性；(3)加强对家庭婴幼儿照护的支持和指导，增强家庭的科学育儿能力；(4)建立、健全对独生子女发生意外伤残、死亡的夫妻的生活、养老、医疗、精神慰藉等全方位帮扶保障制度。

3. 县级以上地方人民政府

(1)根据全国人口发展规划以及上一级人民政府人口发展规划，结合当地实际情况编制本行政区域的人口发展规划，并将其纳入国民经济和社会发展计划；(2)在城乡社区建设改造中，建设与常住人口规模相适应的婴幼儿活动场所及配套服务设施。

4. 各级人民政府

(1)在推行计划生育工作中应当严格依法行政，文明执法，不得侵犯公民的合法权益；(2)保障人口与计划生育工作必要的经费；(3)对欠发达地区、少数民族地区开展人口与计划生育工作给予重点扶持；(4)采取措施，保障公民享有计划生育服务，提高公民的生殖健康水平。

5. 地方各级人民政府

(1)领导本行政区域内的人口与计划生育工作；(2)对农村实行计划生育的家庭发展经济，给予资金、技术、培训等方面的支持、优惠；对实行计划生育的贫困家庭，在扶贫贷款、以工代赈、扶贫项目和社会救济等方面给予优先照顾。

6. 乡、民族乡、镇人民政府和城市街道办事处

负责本管辖区域内的人口与计划生育工作，贯彻落实人口与计划生育实施方案。

(七)《精神卫生法》

1. 省、自治区、直辖市人民政府

根据本行政区域的实际情况，统筹规划，整合资源，建设和完善精神卫生服务体系，加强精神障碍预防、治疗和康复服务能力建设。

2. 县级以上人民政府

领导精神卫生工作，将其纳入国民经济和社会发展规划，建设和完善精神障碍的预防、治疗和康复服务体系，建立健全精神卫生工作协调机制和工作责任制，对有关部门承担的精神卫生工作进行考核、监督。

3. 县级以上人民政府及其有关部门

采取措施，加强对精神卫生工作人员的职业保护，提高精神卫生工作人员的待

遇水平，并按照规定给予适当的津贴。

4. 县级以上地方人民政府

采取措施，鼓励和支持社会力量举办从事精神障碍诊断、治疗的医疗机构和精神障碍患者康复机构。

5. 县级以上地方人民政府及其有关部门

采取有效措施，保证患有精神障碍的适龄儿童、少年接受义务教育，扶持有劳动能力的精神障碍患者从事力所能及的劳动，并为已经康复的人员提供就业服务。

6. 各级人民政府

（1）采取措施，鼓励和支持组织、个人提供精神卫生志愿服务，捐助精神卫生事业，兴建精神卫生公益设施；（2）发生突发事件，根据突发事件的具体情况，按照应急预案的规定，组织开展心理援助工作；（3）根据精神卫生工作需要，加大财政投入力度，保障精神卫生工作所需经费，将精神卫生工作经费列入本级财政预算。

7. 各级人民政府和县级以上人民政府有关部门

（1）采取措施，鼓励和支持组织、个人提供精神卫生志愿服务，捐助精神卫生事业，兴建精神卫生公益设施；（2）采取措施，加强心理健康促进和精神障碍预防工作，提高公众心理健康水平；（3）制定的突发事件应急预案，应当包括心理援助的内容。

8. 县级人民政府

（1）根据本行政区域的实际情况，统筹规划，建立精神障碍患者社区康复机构；（2）按照国家有关规定对家庭经济困难的严重精神障碍患者参加基本医疗保险给予资助。

9. 乡镇人民政府和街道办事处

根据本地区的实际情况，组织开展预防精神障碍发生、促进精神障碍患者康复等工作。

（八）《中医药法》

1. 县级以上人民政府

（1）将中医药事业纳入国民经济和社会发展规划，建立健全中医药管理体系，统筹推进中医药事业发展；（2）将中医医疗机构建设纳入医疗机构设置规划，举办规模适宜的中医医疗机构，扶持有中医药特色和优势的医疗机构发展；（3）采取措施，增强社区卫生服务站和村卫生室提供中医药服务的能力；（4）发展中医药预防、保健服务，并按照国家有关规定将其纳入基本公共卫生服务项目统筹实施；（5）发挥中医药在突发公共卫生事件应急工作中的作用，加强中医药应急物资、设备、设施、技术与人才资源储备;(6)加强中医药文化宣传,普及中医药知识,鼓励组织和个人创作中医药文化和科普作品;(7)为中医药事业发展提供政策支持和条件保障,将中医药事业发展经费纳入本级财政预算。

2. 县级以上人民政府及其有关部门

(1)制定基本医疗保险支付政策、药物政策等医药卫生政策,应当有中医药主管部门参加,注重发挥中医药的优势,支持提供和利用中医药服务;(2)按照法定价格管理权限,合理确定中医医疗服务的收费项目和标准,体现中医医疗服务成本和专业技术价值。

(九)《基本医疗卫生与健康促进法》

1. 省级以上人民政府

(1)可以将针对重点地区、重点疾病和特定人群的服务内容纳入基本公共卫生服务项目并组织实施;(2)将老年人健康管理和常见病预防等纳入基本公共卫生服务项目。

2. 省、自治区、直辖市人民政府

(1)可以在国家基本公共卫生服务项目的基础上,补充确定本行政区域的基本公共卫生服务项目,并报国务院卫生健康主管部门备案;(2)可以按照国家有关规定,补充确定本行政区域基本医疗保险基金支付的具体项目和标准,并报国务院医疗保障主管部门备案。

3. 县级以上人民政府

(1)通过举办专业公共卫生机构、基层医疗卫生机构和医院,或者从其他医疗卫生机构购买服务的方式提供基本公共卫生服务;(2)制定职业病防治规划,建立健全职业健康工作机制,加强职业健康监督管理,提高职业病综合防治能力和水平;(3)优先开展残疾儿童康复工作,实行康复与教育相结合;(4)制定并落实医疗卫生服务体系规划,科学配置医疗卫生资源,举办医疗卫生机构,为公民获得基本医疗卫生服务提供保障;(5)通过预算、审计、监督执法、社会监督等方式,加强资金的监督管理;(6)组织卫生健康、医疗保障、药品监督管理、发展改革、财政等部门建立沟通协商机制,加强制度衔接和工作配合,提高医疗卫生资源使用效率和保障水平;(7)定期向本级人民代表大会或者其常务委员会报告基本医疗卫生与健康促进工作,依法接受监督。

4. 县级以上人民政府及其有关部门

(1)采取措施,推进信息技术在医疗卫生领域和医学教育中的应用,支持探索发展医疗卫生服务新模式、新业态;(2)针对影响健康的主要问题,组织开展健康危险因素研究，制定综合防治措施。

5. 县级以上地方人民政府

（1）针对本行政区域重大疾病和主要健康危险因素，开展专项防控工作；（2）根据本行政区域医疗卫生需求，整合区域内政府举办的医疗卫生资源，因地制宜建立医疗联合体等协同联动的医疗服务合作机制。

6. 各级人民政府

（1）把人民健康放在优先发展的战略地位，将健康理念融入各项政策，坚持预防为主，完善健康促进工作体系，组织实施健康促进的规划和行动，推进全民健身，建立健康影响评估制度，将公民主要健康指标改善情况纳入政府目标责任考核；（2）领导医疗卫生与健康促进工作；（3）向居民免费提供免疫规划疫苗；（4）采取措施支持医疗卫生机构与养老机构、儿童福利机构、社区组织建立协作机制，为老年人、孤残儿童提供安全、便捷的医疗和健康服务；（5）举办医疗卫生机构，应当考虑本行政区域人口、经济社会发展状况、医疗卫生资源、健康危险因素、发病率、患病率以及紧急救治需求等情况；（6）举办非营利性医疗卫生机构，在基本医疗卫生事业中发挥主导作用，保障基本医疗卫生服务公平可及；（7）加强健康教育工作及其专业人才培养，建立健康知识和技能核心信息发布制度，普及健康科学知识，向公众提供科学、准确的健康信息；（8）切实履行发展医疗卫生与健康事业的职责，建立与经济社会发展、财政状况和健康指标相适应的医疗卫生与健康事业投入机制，将医疗卫生与健康促进经费纳入本级政府预算，按照规定主要用于保障基本医疗服务、公共卫生服务、基本医疗保障和政府举办的医疗卫生机构建设和运行发展。

（十）《食品安全法》

1. 国务院

（1）设立食品安全委员会；（2）组织制定国家食品安全事故应急预案。

2. 县级以上人民政府

（1）将食品安全工作纳入本级国民经济和社会发展规划，将食品安全工作经费列入本级政府财政预算，加强食品安全监督管理能力建设，为食品安全工作提供保障；（2）整合食品检验资源，实现资源共享；（3）发生食品安全事故需要启动应急预案的，立即成立事故处置指挥机构，启动应急预案，依照相关规定进行处置。

3. 县级以上地方人民政府

（1）对本行政区域的食品安全监督管理工作负责，统一领导、组织、协调本行政区域的食品安全监督管理工作以及食品安全突发事件应对工作，建立健全食品安全全程监督管理工作机制和信息共享机制；（2）依照《食品安全法》和国务院的规定，确定本级食品安全监督管理、卫生行政部门和其他有关部门的职责；(3)实行食品安全监督管理责任制；(4)负责对本级食品安全监督管理部门和其他有关部门的食品安全监督管理工作进行评议、考核；(5)对食品生产加工小作坊、食品摊贩等进行综合治理，加强服务和统一规划，改善其生产经营环境，鼓励和支持其改进生产经营条件，进入集中交易市场、店铺等固定场所经营，或者在指定的临时经营区域、时段经营；(6)根据有关法律、法规的规定和上级人民政府的食品安全事故应急预案以及本行政区域的实际情况，制定本行政区域的食品安全事故应急预案，并报上一级人民政府备案；(7)组织本级食品安全监督管理、农业行政等部门制定本行政区域的食品安全年度监督管理计划，向社会公布并组织实施。

4. 各级人民政府

加强食品安全的宣传教育，普及食品安全知识，鼓励社会组织、基层群众性自治组织、食品生产经营者开展食品安全法律、法规以及食品安全标准和知识的普及工作，倡导健康的饮食方式，增强消费者食品安全意识和自我保护能力。

5. 地方各级人民政府

采取措施鼓励食品规模化生产和连锁经营、配送。

6. 县级人民政府和上级人民政府食品安全监督管理部门

发生食品安全事故，应当按照应急预案的规定上报。

（十一）《药品管理法》

1. 国务院

对短缺药品，可以限制或者禁止出口。

2. 县级以上人民政府

(1)将药品安全工作纳入本级国民经济和社会发展规划，将药品安全工作经费列入本级政府预算，加强药品监督管理能力建设，为药品安全工作提供保障；(2)制定药品安全事件应急预案；(3)发生药品安全事件，按照应急预案立即组织开展应对工作。

3. 县级以上人民政府及其有关部门

对在药品研制、生产、经营、使用和监督管理工作中做出突出贡献的单位和个人，按照国家有关规定给予表彰、奖励。

4. 县级以上地方人民政府

对本行政区域内的药品监督管理工作负责，统一领导、组织、协调本行政区域内的药品监督管理工作以及药品安全突发事件应对工作，建立健全药品监督管理工作机制和信息共享机制。

5. 地方人民政府及其药品监督管理部门

不得以要求实施药品检验、审批等手段限制或者排斥非本地区药品上市许可持有人、药品生产企业生产的药品进入本地区。

6. 各级人民政府及其有关部门

加强药品安全宣传教育，开展药品安全法律法规等知识的普及工作。

（十二）《疫苗管理法》

1. 国务院

规定预防接种异常反应补偿范围、标准、程序。

2. 省级以上人民政府

建立部门协调机制，统筹协调疫苗监督管理有关工作，定期分析疫苗安全形势，加强疫苗监督管理，保障疫苗供应。

3. 省、自治区、直辖市人民政府

(1)在执行国家免疫规划时，可以根据本行政区域疾病预防、控制需要，增加免疫规划疫苗种类，报国务院卫生健康主管部门备案并公布；(2)根据本行政区域传染病流行趋势，在国务院卫生健康主管部门确定的传染病预防、控制项目范围内，确定本行政区域与预防接种相关的项目，并保证项目的实施。

4. 设区的市级以上地方人民政府

对经济欠发达地区的县级人民政府开展与预防接种相关的工作给予必要的经费补助。

5. 县级以上人民政府

(1)将疫苗安全工作和预防接种工作纳入本级国民经济和社会发展规划，加强疫苗监督管理能力建设，建立健全疫苗监督管理工作机制；(2)将疫苗安全工作、购买免疫规划疫苗和预防接种工作以及信息化建设等所需经费纳入本级政府预算，保证免疫规划制度的实施；(3)制定疫苗安全事件应急预案，对疫苗安全事件分级、处置组织指挥体系与职责、预防预警机制、处置程序、应急保障措施等作出规定。

6. 县级以上人民政府及其有关部门

保障适龄儿童接种免疫规划疫苗。

7. 县级以上地方人民政府

(1)对本行政区域疫苗监督管理工作负责，统一领导、组织、协调本行政区域疫苗监督管理工作；(2)作出群体性预防接种决定的县级以上地方人民政府组织有关部门做好人员培训、宣传教育、物资调用等工作。

8. 县级以上地方人民政府或者其卫生健康主管部门

传染病暴发、流行时,需要采取应急接种措施的,依照法律、行政法规的规定执行。

9. 各级人民政府及其有关部门

通过全国儿童预防接种日等活动定期开展疫苗安全法律、法规以及预防接种知识等的宣传教育、普及工作。

10. 县级人民政府

按照国家有关规定对从事预防接种工作的乡村医生和其他基层医疗卫生人员给予补助。

(十三)《红十字会法》

各级人民政府

对红十字会给予支持和资助,保障红十字会依法履行职责,并对其活动进行监督。

二、行政法规规定的公共卫生责任

(一)《传染病防治法实施办法》

1. 各级政府

(1)在制定社会经济发展规划时,必须包括传染病防治目标,并组织有关部门共同实施;(2)对预防、控制传染病做出显著成绩和贡献的单位和个人,给予奖励;(3)组织有关部门,开展传染病预防知识和防治措施的卫生健康教育;(4)组织开展爱国卫生活动。

2. 地方各级政府

有计划地建设和改造公共卫生设施。

3. 当地政府

在传染病暴发、流行区域,根据传染病疫情控制的需要,组织卫生、医药、公安、工商、交通、水利、城建、农业、商业、民政、邮电、广播电视等部门采取预防、控制措施:①对病人进行抢救、隔离治疗;②加强粪便管理,消除垃圾、污物;③加强自来水和其他饮用水的管理,保护饮用水源;④消除病媒昆虫、钉螺、鼠类及其他染疫动物;⑤加强易使传染病传播扩散活动的卫生管理;⑥开展防病知识的宣传;⑦组织对传染病病人、病原携带者、染疫动物密切接触人群的检疫、预防服药、应急接种等;⑧供应用于预防和控制疫情所必需的药品、生物制品、消毒药品、器械等;⑨保证居民生活必需品的供应。

(二)《医疗机构管理条例》

县级以上地方人民政府

把医疗机构设置规划纳入当地的区域卫生发展规划和城乡建设发展总体

规划。

（三）《食盐加碘消除碘缺乏危害管理条例》

各级人民政府

将食盐加碘消除碘缺乏危害的工作纳入本地区国民经济和社会发展计划，并组织实施。

（四）《国内交通卫生检疫条例》

1. 国务院

可以作出因实施交通卫生检疫导致中断干线交通或者封锁国境的决定。

2. 省、自治区、直辖市人民政府

依照《传染病防治法》的规定，确定检疫传染病疫区，并决定对出入疫区的交通工具及其乘运的人员、物资实施交通卫生检疫。

（五）《母婴保健法实施办法》

1. 各级人民政府

将母婴保健工作纳入本级国民经济和社会发展计划，为母婴保健事业的发展提供必要的经济、技术和物质条件，并对少数民族地区、贫困地区的母婴保健事业给予特殊支持。

2. 县级以上地方人民政府

根据本地区的实际情况和需要，可以设立母婴保健事业发展专项资金。

（六）《使用有毒物品作业场所劳动保护条例》

各级人民政府

加强对使用有毒物品作业场所职业卫生安全及相关劳动保护工作的领导，督促、支持卫生行政部门及其他有关行政部门依法履行监督检查职责，及时协调、解决有关重大问题；在发生职业中毒事故时，应当采取有效措施，控制事故危害的蔓延并消除事故危害，妥善处理有关善后工作。

（七）《突发公共卫生事件应急条例》

1. 国务院

突发事件发生后，设立全国突发事件应急处理指挥部，由国务院有关部门和军队有关部门组成，国务院主管领导人担任总指挥，负责对全国突发事件应急处理的统一领导、统一指挥。

2. 省、自治区、直辖市人民政府

（1）突发事件发生后，成立地方突发事件应急处理指挥部，省、自治区、直辖市人民政府主要领导人担任总指挥，负责领导、指挥本行政区域内突发事件应急处理工作。(2)根据全国突发事件应急预案,结合本地实际情况,制定本行政区域的突发事件应急预案。(3)有下列情形之一的,在接到报告1小时内,向国务院卫生行政主管部门报告:①发生或者可能发生传染病暴发、流行的;②发生或者发现不明原因的群体性疾病的;③发生传染病菌种、毒种丢失的;④发生或者可能发生重大食物和职业中毒事件的。(4)作出省、自治区、直辖市启动突发事件应急预案的决定,并向国务院报告。

3. 设区的市级以上地方人民政府

设置与传染病防治工作需要相适应的传染病专科医院,或者指定具备传染病防治条件和能力的医疗机构承担传染病防治任务。

4. 设区的市级人民政府

在接到突发事件报告后2小时内向省、自治区、直辖市人民政府报告。

5. 县级以上人民政府

(1)组织开展防治突发事件相关科学研究,建立突发事件应急流行病学调查、传染源隔离、医疗救护、现场处置、监督检查、监测检验、卫生防护等有关物资、设备、设施、技术与人才资源储备,所需经费列入本级政府财政预算;(2)加强急救医疗服务网络的建设,配备相应的医疗救治药物、技术、设备和人员,提高医疗卫生机构应对各类突发事件的救治能力;(3)提供必要资金,保障因突发事件致病、致残的人员得到及时、有效的救治。

6. 县级以上人民政府及其卫生行政主管部门

对参加突发事件应急处理的医疗卫生人员,给予适当补助和保健津贴;对参加突发事件应急处理作出贡献的人员,给予表彰和奖励;对因参与应急处理工作致病、致残、死亡的人员,按照国家有关规定,给予相应的补助和抚恤。

7. 县级以上人民政府及其有关部门

(1)接到突发事件隐患报告、不履行突发事件应急处理职责或者不按照规定履行突发事件应急处理职责举报的,立即组织对突发事件隐患、不履行或者不按照规定履行突发事件应急处理职责的情况进行调查处理;(2)对举报突发事件有功的单位和个人,予以奖励。

8. 县级以上地方人民政府

(1)建立和完善突发事件监测与预警系统;(2)根据突发事件应急预案的要求,保证应急设施、设备、救治药品和医疗器械等物资储备;(3)对传染病暴发、流行区域内流动人口,做好预防工作,落实有关卫生控制措施;(4)对传染病病人和疑似传染病病人,应当采取就地隔离、就地观察、就地治疗的措施。

9. 县级以上地方人民政府及其有关部门

(1)建立严格的突发事件防范和应急处理责任制,切实履行各自的职责,保证突发事件应急处理工作的正常进行;(2)突发事件发生后,保证突发事件应急处理所需的医疗救护设备、救治药品、医疗器械等物资的生产、供应。

10. 县级人民政府

在接到突发事件报告后2小时内向设区的市级人民政府或者上一级人民政府报告。

11. 地方各级人民政府

(1)依照法律、行政法规的规定,做好传染病预防和其他公共卫生工作,防范突发事件的发生;(2)接到突发事件报告的,在依照规定报告的同时,立即组织力量对报告事项调查核实、确证,采取必要的控制措施,并及时报告调查情况。

(八)《医疗废物管理条例》

县级以上地方人民政府

(1)负责组织建设医疗废物集中处置设施;(2)在尚未建成医疗废物集中处置设施期间,组织制定符合环境保护和卫生要求的医疗废物过渡性处置方案,确定医疗废物收集、运送、处置方式和处置单位。

(九)《乡村医生从业管理条例》

1. 省、自治区、直辖市人民政府

(1)制定允许具有中等医学专业学历的人员,或者经培训达到中等医学专业水平的其他人员申请执业注册,进入村医疗卫生机构执业的具体办法;(2)组织制定乡村医生培训规划,保证乡村医生至少每2年接受一次培训。

2. 设区的市级以上地方人民政府

对边远贫困地区乡村医生的培训,给予适当经费支持。

3. 地方各级人民政府

加强乡村医生的培训工作,采取多种形式对乡村医生进行培训。

4. 县级人民政府

根据培训规划制定本地区乡村医生培训计划。

5. 乡镇人民政府

为乡村医生开展工作和学习提供条件,保证乡村医生接受培训和继续教育。

(十)《病原微生物实验室生物安全管理条例》

1. 省、自治区、直辖市人民政府

在接到高致病性病原微生物菌种、毒种或者样本在运输、储存中被盗、被抢、丢失、泄漏报告后1小时内向国务院卫生主管部门或者兽医主管部门报告。

2. 设区的市级人民政府

在接到高致病性病原微生物菌种、毒种或者样本在运输、储存中被盗、被抢、丢失、泄漏报告后2小时内向省、自治区、直辖市人民政府报告。

3. 县级人民政府

在接到高致病性病原微生物菌种、毒种或者样本在运输、储存中被盗、被抢、丢失、泄漏报告后2小时内向设区的市级人民政府或者上一级人民政府报告。

4. 县级以上地方人民政府及其有关部门

在各自职责范围内负责实验室及其实验活动的生物安全管理工作。

(十一)《艾滋病防治条例》

1. 省、自治区、直辖市人民政府

根据本行政区域的艾滋病防治工作需要和艾滋病流行趋势,确定与艾滋病防治相关的项目,并保障项目的实施经费。

2. 县级以上人民政府

(1)统一领导艾滋病防治工作,建立健全艾滋病防治工作协调机制和工作责任制,对有关部门承担的艾滋病防治工作进行考核、监督。(2)建立艾滋病防治工作与禁毒工作的协调机制,组织有关部门落实针对吸毒人群的艾滋病防治措施。(3)采取下列艾滋病防治关怀、救助措施:①向农村艾滋病病人和城镇经济困难的艾滋病病人免费提供抗艾滋病病毒治疗药品;②对农村和城镇经济困难的艾滋病病毒感染者、艾滋病病人适当减免抗机会性感染治疗药品的费用;③向接受艾滋病咨询、检测的人员免费提供咨询和初筛检测;④向感染艾滋病病毒的孕产妇免费提供预防艾滋病母婴传播的治疗和咨询。(4)将艾滋病防治工作纳入国民经济和社会发展规划,加强和完善艾滋病预防、检测、控制、治疗和救助服务网络的建设,建立健全艾滋病防治专业队伍。(5)根据艾滋病防治工作需要和艾滋病流行趋势,储备抗艾滋病病毒治疗药品、检测试剂和其他物资。

3. 县级以上人民政府及其有关部门

对在艾滋病防治工作中做出显著成绩和贡献的单位和个人,给予表彰和奖励。

4. 县级以上地方人民政府

(1)依照《艾滋病防治条例》规定和国家艾滋病防治规划,制定并组织实施本行政区域的艾滋病防治行动计划;(2)在医疗卫生机构开通艾滋病防治咨询服务电话,向公众提供艾滋病防治咨询服务和指导;(3)对公安、司法行政机关依照规定采取的防治措施,给予经费保障;(4)对生活困难并符合社会救助条件的艾滋病病毒感染者、艾滋病病人及其家属给予生活救助；(5)按照本级政府的职责，负责艾滋病预防、控制、监督工作所需经费。

5. 县级以上地方人民政府及其有关部门

依照《艾滋病防治条例》规定，根据本行政区域艾滋病的流行情况，制定措施，鼓励和支持居民委员会、村民委员会以及其他有关组织和个人推广预防艾滋病的行为干预措施，帮助有易感染艾滋病病毒危险行为的人群改变行为。

6. 各级人民政府

根据艾滋病防治工作需要，将艾滋病防治经费列入本级财政预算。

7. 各级人民政府及其有关部门

采取措施，鼓励和支持有关组织和个人依照《艾滋病防治条例》规定以及国家艾滋病防治规划和艾滋病防治行动计划的要求，参与艾滋病防治工作，对艾滋病防治工作提供捐赠，对有易感染艾滋病病毒危险行为的人群进行行为干预，对艾滋病病毒感染者、艾滋病病人及其家属提供关怀和救助。

8. 地方各级人民政府

制定扶持措施，对有关组织和个人开展艾滋病防治活动提供必要的资金支持和便利条件。

9. 地方各级人民政府及其有关部门

(1)组织开展艾滋病防治以及关怀和不歧视艾滋病病毒感染者、艾滋病病人及其家属的宣传教育，提倡健康文明的生活方式，营造良好的艾滋病防治的社会环境；(2)在车站、码头、机场、公园等公共场所以及旅客列车和从事旅客运输的船舶等公共交通工具显著位置，设置固定的艾滋病防治广告牌或者张贴艾滋病防治公益广告，组织发放艾滋病防治宣传材料；(3)采取措施，鼓励和支持有关组织和个人对有易感染艾滋病病毒危险行为的人群开展艾滋病防治的咨询、指导和宣传教育。

(十二)《血吸虫病防治条例》

1. 血吸虫病防治地区省、自治区、直辖市人民政府

(1)两个以上的省、自治区、直辖市需要同步实施血吸虫病防治措施的，共同制定血吸虫病联防联控方案，报国务院卫生、农业主管部门备案，并组织实施；(2)采取措施，组织对晚期血吸虫病病人的治疗；(3)在制定和实施本行政区域的血吸虫病防治计划时，统筹协调血吸虫病防治项目和资金，确保实现血吸虫病防治项目的综合效益。

2. 血吸虫病防治地区设区的市级以上地方人民政府

(1)两个以上的县、不设区的市、市辖区或者两个以上设区的市需要同步实施

血吸虫病防治措施的,其共同的上一级人民政府制定血吸虫病联防联控方案,并组织实施;(2)根据血吸虫病防治工作需要,对经济困难的县级人民政府开展血吸虫病防治工作给予适当补助。

3. 血吸虫病防治地区县级以上地方人民政府

(1)统一领导本行政区域内的血吸虫病防治工作;根据全国血吸虫病防治规划,制定本行政区域的血吸虫病防治计划并组织实施;建立健全血吸虫病防治工作协调机制和工作责任制,对有关部门承担的血吸虫病防治工作进行综合协调和考核、监督。(2)在渔船集中停靠地设点发放抗血吸虫基本预防药物;按照无害化要求和血吸虫病防治技术规范修建公共厕所;推行在渔船和水上运输工具上安装和使用粪便收集容器,并采取措施,对所收集的粪便进行集中无害化处理。(3)根据有关法律、行政法规和国家有关规定,结合本地实际,制定血吸虫病应急预案。(4)急性血吸虫病暴发、流行时,根据控制急性血吸虫病暴发、流行的需要,依照《传染病防治法》和其他有关法律的规定采取紧急措施,进行下列应急处理:①组织医疗机构救治急性血吸虫病病人;②组织疾病预防控制机构和动物防疫监督机构分别对接触疫水的人和家畜实施预防性服药;③组织有关部门和单位杀灭钉螺和处理疫水;④组织乡(镇)人民政府在有钉螺地带设置警示标志,禁止人和家畜接触疫水。(5)根据血吸虫病防治规划、计划,安排血吸虫病防治经费和基本建设投资,纳入同级财政预算。(6)编制或者审批血吸虫病防治地区的农业、兽医、水利、林业等工程项目,将有关血吸虫病防治的工程措施纳入项目统筹安排。(7)根据血吸虫病防治工作需要和血吸虫病流行趋势,储备血吸虫病防治药物、杀灭钉螺药物和有关防护用品。(8)加强血吸虫病防治网络建设,将承担血吸虫病防治任务的机构所需基本建设投资列入基本建设计划。

4. 血吸虫病防治地区县级以上地方人民政府及其有关部门

(1)对在血吸虫病防治工作中做出显著成绩的单位和个人,给予表彰或者奖励;(2)组织各类新闻媒体开展公益性血吸虫病防治宣传教育;(3)在血吸虫病防治地区,安排并组织实施农业机械化推广、农村改厕、沼气池建设以及人、家畜饮用水设施建设等项目。

5. 血吸虫病防治地区地方各级人民政府

处于同一水系或者同一相对独立地理环境的血吸虫病防治地区,开展血吸虫病联防联控,组织有关部门和机构同步实施下列血吸虫病防治措施:①在农业、兽医、水利、林业等工程项目中采取与血吸虫病防治有关的工程措施;②进行人和家畜的血吸虫病筛查、治疗和管理;③开展流行病学调查和疫情监测;④调查钉螺分布，实施药物杀灭钉螺；⑤防止未经无害化处理的粪便直接进入水体；⑥其他防治措施。

6. 血吸虫病防治地区地方各级人民政府及其有关部门

(1)完善有关制度，方便单位和个人参与血吸虫病防治的宣传教育、捐赠等活动；(2)对因防汛、抗洪抢险必须接触疫水的人员，按照疾病预防控制机构的要求采取防护措施。

7. 血吸虫病防治地区县级人民政府

(1)制定本行政区域的血吸虫病联防联控方案，组织乡(镇)人民政府同步实施；(2)及时公告有钉螺地带；(3)对参加防汛、抗洪抢险的人员，及时组织有关部门和机构进行血吸虫病的专项体检。

8. 血吸虫病防治地区县级人民政府及其卫生主管部门

根据药物杀灭钉螺工作规范，组织实施本行政区域内的药物杀灭钉螺工作。

9. 血吸虫病防治地区乡(镇)人民政府

(1)在实施药物杀灭钉螺7日前，公告施药的时间、地点、种类、方法、影响范围和注意事项；(2)在有钉螺地带设立警示标志，并在县级人民政府作出解除有钉螺地带决定后予以撤销。

(十三)《护士条例》

1. 县级以上地方人民政府及其有关部门以及乡(镇)人民政府

采取措施，改善护士的工作条件，保障护士待遇，加强护士队伍建设，促进护理事业健康发展。

2. 县级以上地方人民政府

采取措施，鼓励护士到农村、基层医疗卫生机构工作。

3. 县级以上地方人民政府及其有关部门

对本行政区域内做出突出贡献的护士，按照省、自治区、直辖市人民政府的有关规定给予表彰、奖励。

(十四)《医疗纠纷预防和处理条例》

1. 县级以上人民政府

加强对医疗纠纷预防和处理工作的领导、协调，将其纳入社会治安综合治理体系，建立部门分工协作机制，督促部门依法履行职责。

2. 各级人民政府

加强健康促进与教育工作，普及健康科学知识，提高公众对疾病治疗等医学科学知识的认知水平。

（十五）《放射性同位素与射线装置安全和防护条例》

1. 县级以上地方人民政府及其有关部门

（1）接到辐射事故报告后，按照事故分级报告的规定及时将辐射事故信息报告上级人民政府及其有关部门；（2）特殊情况下，事故发生地人民政府及其有关部门可以直接向国务院报告，并同时报告上级人民政府及其有关部门。

2. 县级以上人民政府

辐射事故发生后，按照辐射事故的等级，启动并组织实施相应的应急预案。

（十六）《乳品质量安全监督管理条例》

1. 省级以上人民政府

在本级财政预算内安排支持奶业发展资金，并鼓励对奶畜养殖者、奶农专业生产合作社等给予信贷支持。

2. 县级以上人民政府

加强生鲜乳质量安全监测体系建设，配备相应的人员和设备，确保监测能力与监测任务相适应。

3. 县级以上地方人民政府

（1）对本行政区域内的乳品质量安全监督管理负总责；（2）根据全国奶业发展规划，合理确定本行政区域内奶畜养殖规模，科学安排生鲜乳的生产、收购布局；（3）必要时，建立由价格、畜牧兽医等部门以及行业协会、乳制品生产企业、生鲜乳收购者、奶畜养殖者代表组成的生鲜乳价格协调委员会，确定生鲜乳交易参考价格，供购销双方签订合同时参考。

（十七）《食品安全法实施条例》

1. 县级以上人民政府

（1）建立统一权威的食品安全监督管理体制，加强食品安全监督管理能力建设；（2）根据实际情况及时修改、完善食品安全事故应急预案；（3）完善食品安全事故应急管理机制，改善应急装备，做好应急物资储备和应急队伍建设，加强应急培训、演练。

2. 县级以上地方人民政府

根据需要建设必要的食品无害化处理和销毁设施。

3. 乡镇人民政府和街道办事处

支持、协助县级人民政府食品安全监督管理部门及其派出机构依法开展食品安全监督管理工作。

（十八）《医疗器械监督管理条例》

1. 省、自治区、直辖市人民政府

医疗机构因临床急需进口少量第二类、第三类医疗器械的，经国务院授权，可以批准进口。

2. 县级以上地方人民政府

加强对本行政区域的医疗器械监督管理工作的领导，组织协调本行政区域内的医疗器械监督管理工作以及突发事件应对工作，加强医疗器械监督管理能力建设，为医疗器械安全工作提供保障。

（十九）《残疾预防和残疾人康复条例》

1. 省级以上人民政府及其有关部门

积极支持辅助器具的研发、推广和应用。

2. 县级以上人民政府

（1）领导残疾预防和残疾人康复工作，将残疾预防和残疾人康复工作纳入国民经济和社会发展规划，完善残疾预防和残疾人康复服务和保障体系，建立政府主导、部门协作、社会参与的工作机制，实行工作责任制，对有关部门承担的残疾预防和残疾人康复工作进行考核和监督。（2）组织有关部门、残疾人联合会等开展下列残疾预防工作：①实施残疾监测，定期调查残疾状况，分析致残原因，对遗传、疾病、药物、事故等主要致残因素实施动态监测；②制定并实施残疾预防工作计划，针对主要致残因素实施重点预防，对致残风险较高的地区、人群、行业、单位实施优先干预；③做好残疾预防宣传教育工作，普及残疾预防知识。（3）组织卫生、教育、民政等部门和残疾人联合会整合从事残疾人康复服务的机构、设施和人员等资源，合理布局，建立和完善以社区康复为基础、康复机构为骨干、残疾人家庭为依托的残疾人康复服务体系，以实用、易行、受益广的康复内容为重点，为残疾人提供综合性的康复服务。（4）优先开展残疾儿童康复工作，实行康复与教育相结合。（5）根据本行政区域残疾人数量、分布状况、康复需求等情况，制定康复机构设置规划，举办公益性康复机构，将康复机构设置纳入基本公共服务体系规划。（6）支持社会力量投资康复机构建设，鼓励多种形式举办康复机构。

3. 各级人民政府

（1）将残疾人社区康复纳入社区公共服务体系。（2）按照社会保险的有关规定将残疾人纳入基本医疗保险范围，对纳入基本医疗保险支付范围的医疗康复费用予以支付；按照医疗救助的有关规定，对家庭经济困难的残疾人参加基本医疗保险给予补贴，并对经基本医疗保险、大病保险和其他补充医疗保险支付医疗费用后仍有困难的给予医疗救助。(3)根据残疾预防和残疾人康复工作需要,将残疾预防和残疾人康复工作经费列入本级政府预算。

4. 各级人民政府和县级以上人民政府有关部门

(1)为残疾人及其家庭成员学习掌握康复知识和技能提供便利条件,引导残疾人主动参与康复活动,残疾人的家庭成员应当予以支持和帮助;(2)按照国家有关规定,保障残疾预防和残疾人康复工作人员的待遇。

5. 乡镇人民政府和街道办事处

根据本地区的实际情况,组织开展残疾预防和残疾人康复工作。

(二十)《红十字标志使用办法》

地方各级人民政府

依照《红十字标志使用办法》对本行政区域内红十字标志的使用实施监督管理。

第三节 卫生行政部门的公共卫生责任

卫生行政部门是公共卫生的主要主管部门。在卫生法律、行政法规中,对卫生行政部门的公共卫生职责,大部分是直接规定的,但也有一小部分是以间接形式规定的。在这些法定职责中,有的是单独完成,有的是共同完成,其中包括牵头完成和配合完成。但无论何种形式的职责,都是卫生行政部门必须履行的公共卫生责任。由于历史的原因,卫生行政部门有多种称谓,如卫生主管部门、卫生行政主管部门、卫生计生主管部门、卫生健康主管部门等。为方便起见,除特指外,统称为卫生行政部门。这里的卫生行政部门,包含中医药主管部门。卫生行政部门的公共卫生职责主要包括:

一、法律规定的公共卫生责任

(一)《传染病防治法》

1. 国务院卫生行政部门

(1)根据传染病暴发、流行情况和危害程度,可以决定增加、减少或者调整乙类、丙类传染病病种并予以公布;(2)其他乙类传染病和突发原因不明的传染病需要采取《传染病防治法》所称甲类传染病的预防、控制措施的,及时报经国务院批准后予以公布、实施;(3)需要解除依照规定采取的甲类传染病预防、控制措施的,报经国务院批准后予以公布;(4)主管全国传染病防治及其监督管理工作;(5)制定国家传染病监测规划和方案;(6)根据传染病发生、流行趋势的预测,及时发出传染病预警，根据情况予以公布；(7)及时向国务院其他有关部门和各省、自治区、直辖市人民政府卫生行政部门通报全国传染病疫情以及监测、预警的相关信息；(8)定期公布全国传染病疫情信息；(9)传染病暴发、流行时，负责向社会公布传染病疫情信息，并可以授权省、自治区、直辖市人民政府卫生行政部门向社会公布本行政区域的传染病疫情信息；(10)会同国务院有关部门，根据传染病流行趋势，确定全国传染病预防、控制、救治、监测、预测、预警、监督检查等项目；(11)会同国务院财政部门等部门制定特定传染病困难人群实行医疗救助及减免医疗费用的具体办法。

2. 省级以上人民政府卫生行政部门

(1)根据传染病预防、控制的需要，制定传染病预防接种规划并组织实施；(2)对可能导致甲类传染病传播的以及国务院卫生行政部门规定的菌种、毒种和传染病检测样本的采集、保藏、携带、运输和使用的批准；(3)对生产用于传染病防治的消毒产品的单位和生产用于传染病防治的消毒产品的审批；(4)负责组织对传染病防治重大事项的处理。

3. 省、自治区、直辖市人民政府卫生行政部门

(1)根据国家传染病监测规划和方案，制定本行政区域的传染病监测计划和工作方案；(2)定期公布本行政区域的传染病疫情信息。

4. 县级以上人民政府卫生行政部门

(1)对传染病防治工作履行下列监督检查职责：①对下级人民政府卫生行政部门履行《传染病防治法》规定的传染病防治职责进行监督检查；②对疾病预防控制机构、医疗机构的传染病防治工作进行监督检查；③对采供血机构的采供血活动进行监督检查；④对用于传染病防治的消毒产品及其生产单位进行监督检查，并对饮用水供水单位从事生产或者供应活动以及涉及饮用水卫生安全的产品进行监督检查；⑤对传染病菌种、毒种和传染病检测样本的采集、保藏、携带、运输、使用进行监督检查；⑥对公共场所和有关单位的卫生条件和传染病预防、控制措施进行监督检查。(2)在履行监督检查职责时，有权进入被检查单位和传染病疫情发生现场调查取证，查阅或者复制有关的资料和采集样本。(3)依法建立健全内部监督制度，对其工作人员依据法定职责和程序履行职责的情况进行监督。(4)发现下级卫生行政部门不及时处理职责范围内的事项或者不履行职责的，应当责令纠正或者直接予以处理。

5. 县级以上地方人民政府卫生行政部门

(1)负责本行政区域内的传染病防治及其监督管理工作；(2)接到甲类、乙类传

染病疫情报告或者传染病暴发、流行报告时，立即报告当地人民政府，同时报告上级卫生行政部门和国务院卫生行政部门；(3)及时向本行政区域内的疾病预防控制机构和医疗机构通报传染病疫情以及监测、预警的相关信息；(4)毗邻的以及相关的地方人民政府卫生行政部门，应当及时相互通报本行政区域的传染病疫情以及监测、预警的相关信息；(5)在履行监督检查职责时，发现被传染病病原体污染的公共饮用水源、食品以及相关物品，如不及时采取控制措施可能导致传染病传播、流行的，可以采取封闭公共饮用水源、封存食品以及相关物品或者暂停销售的临时控制措施，并予以检验或者进行消毒。

6. 县级人民政府卫生行政部门

有关单位和个人对被传染病病原体污染的污水、污物、场所和物品拒绝消毒处理的，由当地卫生行政部门进行强制消毒处理。

(二)《母婴保健法》

1. 国务院卫生行政部门

主管全国母婴保健工作，根据不同地区情况提出分级分类指导原则，并对全国母婴保健工作实施监督管理。

2. 省、自治区、直辖市人民政府卫生行政部门

(1)指定负责本行政区域母婴保健监测和技术指导的母婴保健机构；(2)负责从事《母婴保健法》规定的遗传病诊断、产前诊断的人员的考核，并颁发相应的合格证书。

3. 县级以上地方人民政府卫生行政部门

(1)管理本行政区域内的母婴保健工作；(2)对医疗保健机构依照《母婴保健法》规定开展婚前医学检查、遗传病诊断、产前诊断以及施行结扎手术和终止妊娠手术的许可；(3)负责从事《母婴保健法》规定的婚前医学检查、施行结扎手术和终止妊娠手术的人员的考核，并颁发相应的合格证书。

(三)《献血法》

1. 国务院卫生行政部门

(1)制作无偿献血证书；(2)制定血站的设立条件和管理办法；(3)规定献血者的身体健康条件；(4)会同国务院价格主管部门制定血液的采集、储存、分离、检验等具体收费标准；(5)推行按血液成份针对医疗实际需要输血的具体管理办法的制定。

2. 省级以上人民政府卫生行政部门

设立血站向公民采集血液的批准。

3. 县级以上人民政府卫生行政部门

监督管理献血工作。

（四）《医师法》

1. 国务院卫生健康主管部门

（1）负责全国的医师管理工作；（2）医师资格考试的类别和具体办法的制定；（3）国务院中医药主管部门拟订的以师承方式学习中医或者经多年实践医术确有专长人员的相关考试、考核办法的审核、发布；（4）医师执业注册管理的具体办法的制定；（5）会同国务院教育、中医药等有关部门制定中等专业学校相关医学专业学历人员参加医师资格考试的具体办法；（6）境外人员参加医师资格考试、申请注册、执业或者从事临床示教、临床研究、临床学术交流等活动的具体管理办法的制定。

2. 省级以上人民政府卫生健康主管部门

（1）医师资格考试的组织实施；（2）负责指导、检查和监督医师考核工作。

3. 省级人民政府卫生健康主管部门

将准予注册和注销注册的人员名单汇总，报国务院卫生健康主管部门备案，并按照规定通过网站提供医师注册信息查询服务。

4. 县级以上人民政府卫生健康主管部门

（1）加强对有关医师的监督管理，规范其执业行为，保证医疗卫生服务质量；（2）遇有自然灾害、事故灾难、公共卫生事件和社会安全事件等严重威胁人民生命健康的突发事件时，根据需要组织医师参与卫生应急处置和医疗救治；（3）有计划地组织协调县级以上医疗卫生机构对乡镇卫生院、村卫生室、社区卫生服务中心等基层医疗卫生机构中的医疗卫生人员开展培训，提高其医学专业技术能力和水平；（4）按照医师执业标准，对医师的业务水平、工作业绩和职业道德状况进行考核，考核周期为 3 年；（5）对考核不合格的医师，责令其暂停执业活动 3 个月至 6 个月，并接受相关专业培训。

5. 县级以上人民政府卫生健康主管部门和其他有关部门

制定医师培训计划，采取多种形式对医师进行分级分类培训，为医师接受继续医学教育提供条件。

6. 县级以上地方人民政府卫生健康主管部门

（1）负责本行政区域内的医师管理工作；（2）医师执业的注册，包括准予注册、不予注册、注销注册、变更注册、重新注册等；（3）对个体行医的医师，按照国家有关规定实施监督检查；（4）将准予注册和注销注册的人员名单及时予以公告。

（五）《职业病防治法》

1. 国务院卫生行政部门

（1）会同劳动保障行政部门制定、调整并公布职业病的分类和目录；（2）组织制定并公布有关防治职业病的国家职业卫生标准；（3）组织开展重点职业病监测和专项调查，对职业健康风险进行评估，为制定职业卫生标准和职业病防治政策提供科学依据；（4）制定、调整并公布职业病危害因素分类目录；（5）制定职业病危害项目申报的具体办法；（6）制定建设项目职业病危害分类管理办法；（7）制定职业健康检查工作具体管理办法；（8）制定职业病诊断工作具体管理办法；（9）制定职业病诊断标准和职业病诊断、鉴定办法。

2. 省、自治区、直辖市人民政府卫生行政部门

设立相关的职业病诊断鉴定专家库。

3. 设区的市级以上人民政府卫生行政部门

职业病危害因素检测、评价的资质认可。

4. 设区的市级以上地方人民政府卫生行政部门

根据当事人的申请，组织职业病诊断鉴定委员会对职业病诊断争议进行鉴定。

5. 县级以上人民政府卫生行政部门

（1）医疗机构建设项目可能产生放射性职业病危害的，对建设单位提交的放射性职业病危害预评价报告作出审核决定并书面通知建设单位。（2）医疗机构可能产生放射性职业病危害的建设项目的放射性职业病防护设施的验收。（3）加强对建设单位组织的验收活动和验收结果的监督核查。（4）依法履行对职业病危害因素检测、评价工作的监督职责。（5）接到发生或者可能发生急性职业病危害事故报告后，及时会同有关部门组织调查处理；必要时，可以采取临时控制措施。（6）发生急性职业病危害事故时，组织做好医疗救治工作。（7）加强对职业病诊断工作的规范管理。（8）监督检查和督促用人单位提供职业病诊断、鉴定所需要的劳动者职业史和职业病危害接触史、工作场所职业病危害因素检测结果等资料。（9）履行监督检查职责时，有权采取下列措施：①进入被检查单位和职业病危害现场，了解情况，调查取证；②查阅或者复制与违反职业病防治法律、法规的行为有关的资料和采集样品；③责令违反职业病防治法律、法规的单位和个人停止违法行为。（10）发生职业病危害事故或者有证据证明危害状态可能导致职业病危害事故发生时，可以采取下列临时控制措施：①责令暂停导致职业病危害事故的作业；②封存造成职业病危害事故或者可能导致职业病危害事故发生的材料和设备；③组织控制职业病危害事故现场。（11）履行职责时，不得有下列行为：①对不符合法定条件的，发给建

设项目有关证明文件、资质证明文件或者予以批准；②对已经取得有关证明文件的，不履行监督检查职责；③发现用人单位存在职业病危害的，可能造成职业病危害事故，不及时依法采取控制措施；④其他违反《职业病防治法》的行为。

6. 县级以上地方人民政府卫生行政部门

(1)定期对本行政区域的职业病防治情况进行统计和调查分析；(2)负责本行政区域内的职业病统计报告的管理工作，并按照规定上报。

7. 县级以上人民政府职业卫生监督管理部门

(1)加强对职业病防治的宣传教育，普及职业病防治的知识，增强用人单位的职业病防治观念，提高劳动者的职业健康意识、自我保护意识和行使职业卫生保护权利的能力；(2)依照职业病防治法律、法规、国家职业卫生标准和卫生要求，依据职责划分，对职业病防治工作进行监督检查；(3)加强队伍建设，提高职业卫生监督执法人员的政治、业务素质，依照《职业病防治法》和其他有关法律、法规的规定，建立、健全内部监督制度，对其工作人员执行法律、法规和遵守纪律的情况，进行监督检查。

(六)《人口与计划生育法》

1. 国务院卫生健康主管部门

负责全国计划生育工作和与计划生育有关的人口工作。

2. 县级以上人民政府卫生健康主管部门

负责实施人口与计划生育实施方案的日常工作。

3. 县级以上地方人民政府卫生健康主管部门

负责本行政区域内的计划生育工作和与计划生育有关的人口工作。

4. 县级人民政府卫生健康主管部门

托育机构的备案。

(七)《精神卫生法》

1. 国务院卫生行政部门

(1)主管全国的精神卫生工作；(2)建立精神卫生监测网络，实行严重精神障碍发病报告制度，组织开展精神障碍发生状况、发展趋势等的监测和专题调查工作；(3)制定精神卫生监测和严重精神障碍发病报告管理办法；(4)会同有关部门、组织，建立精神卫生工作信息共享机制，实现信息互联互通、交流共享；(5)组织制定精神障碍分类、诊断标准和治疗规范；(6)制定心理治疗的技术规范。

2. 县级以上人民政府卫生行政部门

(1)会同有关部门依据国民经济和社会发展规划的要求，制定精神卫生工作规划并组织实施;(2)组织医务人员进行精神卫生知识培训,提高其识别精神障碍的能力;(3)组织医疗机构为严重精神障碍患者免费提供基本公共卫生服务。

3. 县级以上地方人民政府卫生行政部门

(1)主管本行政区域的精神卫生工作。(2)定期就下列事项对本行政区域内从事精神障碍诊断、治疗的医疗机构进行检查:①相关人员、设施、设备是否符合《精神卫生法》要求;②诊疗行为是否符合《精神卫生法》以及诊断标准、治疗规范的规定;③对精神障碍患者实施住院治疗的程序是否符合《精神卫生法》规定;④是否依法维护精神障碍患者的合法权益。

4. 县级人民政府卫生行政部门

为社区卫生服务机构、乡镇卫生院、村卫生室开展工作给予指导和培训。

(八)《中医药法》

1. 国务院中医药主管部门

(1)负责全国的中医药管理工作;(2)中医诊所具体办法的拟订,报国务院卫生行政部门审核、发布;(3)根据中医药技术方法的安全风险拟订相关人员(以师承方式学习中医和经实践医术确有专长人员)的分类考核办法,报国务院卫生行政部门审核、发布;(4)会同药品监督管理部门制定古代经典名方的具体目录。

2. 省级以上人民政府中医药主管部门

对具有重要学术价值的中医药理论和技术方法,组织遴选本行政区域内的中医药学术传承项目和传承人,并为传承活动提供必要的条件。

3. 省、自治区、直辖市人民政府中医药主管部门

对以师承方式学习中医或者经多年实践医术确有专长的人员,组织实践技能和效果考核。

4. 县级以上人民政府中医药主管部门

加强对中医药服务的监督检查,并将下列事项作为监督检查的重点:①中医医疗机构、中医医师是否超出规定的范围开展医疗活动;②开展中医药服务是否符合国务院中医药主管部门制定的中医药服务基本要求;③中医医疗广告发布行为是否符合《中医药法》的规定。

5. 县级以上地方人民政府中医药主管部门

(1)负责本行政区域的中医药管理工作;(2)组织开展中医药继续教育,加强对医务人员,特别是城乡基层医务人员中医药基本知识和技能的培训。

（九）《基本医疗卫生与健康促进法》

1. 国务院卫生健康主管部门

（1）负责统筹协调全国医疗卫生与健康促进工作；（2）会同国务院财政部门、中医药主管部门等共同确定国家基本公共卫生服务项目；（3）制定医疗卫生机构标准。

2. 省级以上人民政府卫生健康主管部门

根据技术的先进性、适宜性和可及性，编制大型医用设备配置规划，促进区域内医用设备合理配置、充分共享。

3. 县级以上人民政府卫生健康主管部门

（1）积极开展急救培训，普及急救知识，鼓励医疗卫生人员、经过急救培训的人员积极参与公共场所急救服务；（2）加强对公共场所的卫生监督；（3）对医疗卫生行业实行属地化、全行业监督管理；（4）积极培育医疗卫生行业组织，发挥其在医疗卫生与健康促进工作中的作用，支持其参与行业管理规范、技术标准制定和医疗卫生评价、评估、评审等工作；（5）会同医疗保障主管部门，建立医疗卫生机构、人员等信用记录制度，纳入全国信用信息共享平台，按照国家规定实施联合惩戒。

4. 县级以上地方人民政府卫生健康主管部门

（1）负责统筹协调本行政区域医疗卫生与健康促进工作；（2）建立医疗卫生机构绩效评估制度，组织对医疗卫生机构的服务质量、医疗技术、药品和医用设备使用等情况进行评估；（3）依法开展本行政区域医疗卫生等行政执法工作。

（十）《国境卫生检疫法》

国务院卫生行政部门

（1）监测传染病的确定和公布；（2）会同有关部门办理中华人民共和国与外国之间的传染病疫情通报。

（十一）《食品安全法》

1. 国务院卫生行政部门

（1）依照《食品安全法》和国务院规定的职责，组织开展食品安全风险监测和风险评估，会同国务院食品安全监督管理部门制定并公布食品安全国家标准。（2）会同国务院食品安全监督管理等部门，制定、实施食品安全风险监测计划。（3）对有关部门通报的食品安全风险信息以及医疗机构报告的食源性疾病等有关疾病信息，会同国务院有关部门分析研究，认为必要的，及时调整国家食品安全风险监测计划。（4）负责组织食品安全风险评估工作，成立由医学、农业、食品、营养、生物、环境等方面的专家组成的食品安全风险评估专家委员会进行食品安全风险评估。（5）食品安全风险评估结果的公布。（6）属于《食品安全法》第18条规定情形的，及时进行食品安全风险评估，并向国务院有关部门通报评估结果。(7)需要制定、修订相关食品安全国家标准的，会同国务院食品安全监督管理部门立即制定、修订。(8)会同国务院食品安全监督管理部门制定、公布食品安全国家标准。(9)对利用新的食品原料生产食品，或者生产食品添加剂新品种、食品相关产品新品种的安全性评估材料的审查；符合食品安全要求的，准予许可并公布；不符合食品安全要求的，不予许可并书面说明理由。(10)会同国务院食品安全监督管理部门制定、公布按照传统既是食品又是中药材的物质目录。(11)进口尚无食品安全国家标准的食品，对境外出口商、境外生产企业或者其委托的进口商提交所执行的相关国家(地区)标准或者国际标准进行审查。认为符合食品安全要求的，决定暂予适用，并及时制定相应的食品安全国家标准。(12)对食品安全风险评估结果证明食品存在安全隐患，需要制定、修订食品安全标准的，在制定、修订食品安全标准前，及时会同国务院有关部门规定食品中有害物质的临时限量值和临时检验方法，作为生产经营和监督管理的依据。(13)及时与国务院农业行政部门相互通报食品、食用农产品安全风险评估结果等信息。(14)会同国务院农业行政部门、国务院食品安全监督管理部门制定食品中农药残留、兽药残留的限量规定及其检验方法与规程。

2. 省级以上人民政府卫生行政部门

(1)在其网站上公布制定和备案的食品安全国家标准、地方标准和企业标准，供公众免费查阅、下载；(2)会同同级食品安全监督管理、农业行政等部门，分别对食品安全国家标准和地方标准的执行情况进行跟踪评价，并根据评价结果及时修订食品安全标准；(3)及时与省级以上人民政府农业行政部门相互通报食品、食用农产品安全风险监测信息。

3. 省、自治区、直辖市人民政府卫生行政部门

(1)会同同级食品安全监督管理等部门，根据国家食品安全风险监测计划，结合本行政区域的具体情况，制定、调整本行政区域的食品安全风险监测方案，报国务院卫生行政部门备案并实施；(2)对地方特色食品，没有食品安全国家标准的，可以制定并公布食品安全地方标准，报国务院卫生行政部门备案。

4. 县级以上人民政府卫生行政部门

(1)食品安全风险监测结果表明可能存在食品安全隐患的，及时将相关信息通报同级食品安全监督管理等部门，并报告本级人民政府和上级人民政府卫生行政部门；(2)对食品安全标准执行过程中的问题，会同有关部门及时给予指导、解答；(3)在调查处理传染病或者其他突发公共卫生事件中发现与食品安全相关的信息，应当及时通报同级食品安全监督管理部门。

5. 县级人民政府卫生行政部门

对医疗机构报告的食源性疾病病人或者疑似病人，认为与食品安全有关的，及时通报同级食品安全监督管理部门。

（十二）《药品管理法》

国务院卫生健康主管部门

（1）与国务院药品监督管理部门共同制定药物临床试验机构备案管理的具体办法；（2）制定合理用药管理的具体办法；（3）会同国务院药品监督管理部门等制定短缺药品清单管理的具体办法。

（十三）《疫苗管理法》

1. 国务院卫生健康主管部门

（1）负责全国预防接种监督管理工作；（2）会同国务院财政部门等组织集中招标或者统一谈判国家免疫规划疫苗，形成并公布中标价格或者成交价格，各省、自治区、直辖市实行统一采购；（3）制定国家免疫规划；（4）会同国务院财政部门拟订国家免疫规划疫苗种类，报国务院批准后公布；（5）建立国家免疫规划专家咨询委员会；（6）会同国务院财政部门建立国家免疫规划疫苗种类动态调整机制；（7）制定、公布预防接种工作规范，强化预防接种规范化管理；（8）制定、公布国家免疫规划疫苗的免疫程序和非免疫规划疫苗的使用指导原则；（9）预防接种证的格式的规定；（10）会同国务院教育行政部门制定儿童入托、入学预防接种证查验办法；（11）作出需要在全国范围或者跨省、自治区、直辖市范围内进行群体性预防接种的决定；（12）会同国务院药品监督管理部门制定预防接种异常反应监测方案；（13）制定预防接种异常反应鉴定办法；（14）根据各省、自治区、直辖市国家免疫规划疫苗使用计划，向疫苗上市许可持有人提供国家免疫规划疫苗需求信息；（15）会同国务院药品监督管理部门统一公布全国预防接种异常反应报告情况。

2. 省、自治区、直辖市人民政府卫生健康主管部门

结合本行政区域实际情况制定接种方案，并报国务院卫生健康主管部门备案。

3. 设区的市级以上人民政府卫生健康、药品监督管理部门

按照各自职责组织调查、处理因预防接种导致受种者死亡、严重残疾，或者群体性疑似预防接种异常反应等对社会有重大影响的疑似预防接种异常反应。

4. 县级以上人民政府卫生健康主管部门

（1）依法对免疫规划制度的实施、预防接种活动进行监督检查；（2）接到疫苗存在或者疑似存在质量问题报告后，立即组织疾病预防控制机构和接种单位采取必要的应急处置措施，同时向上级人民政府卫生健康主管部门报告。

5. 县级以上地方人民政府卫生健康主管部门

(1)负责本行政区域预防接种监督管理工作;(2)指定符合条件的医疗机构承担责任区域内免疫规划疫苗接种工作;(3)根据传染病监测和预警信息,为预防、控制传染病暴发、流行,报经本级人民政府决定,并报省级以上人民政府卫生健康主管部门备案,可以在本行政区域进行群体性预防接种。

二、行政法规规定的公共卫生责任

(一)《公共场所卫生管理条例》

县以上卫生行政部门

“卫生许可证”的签发。

(二)《学校卫生工作条例》

卫生行政部门

(1)负责对学校卫生工作的监督指导;(2)组织医疗单位和专业防治机构对学生进行健康检查、传染病防治和常见病矫治,接受转诊治疗;(3)县以上卫生行政部门对学校卫生工作行使监督权。其职责是:①对新建、改建、扩建校舍的选址、设计实行卫生监督;②对学校内影响学生健康的学习、生活、劳动、环境、食品等方面的卫生和传染病防治工作实行卫生监督;③对学生使用的文具、娱乐器具、保健用品实行卫生监督。

(三)《传染病防治法实施办法》

1. 国务院卫生行政部门

(1)可以根据情况增加或者减少菌(毒)种的种类;(2)会同有关部门统一制定用于传染病监督控制的车辆标志。

2. 省、自治区、直辖市人民政府卫生行政部门

可以根据当地传染病的流行情况,增加预防接种项目。

3. 县级以上人民政府卫生行政部门

(1)对传染病防治工作实施统一的监督管理;(2)可以成立传染病技术鉴定组织。

4. 地方各级政府卫生行政部门

发现本地区发生从未有过的传染病或者国家已宣布消除的传染病时,立即采取措施,必要时,向当地政府报告。

(四)《医疗机构管理条例》

1. 国务院卫生行政部门

(1)负责全国医疗机构的监督管理工作;(2)制定医疗机构基本标准;(3)决定

国家统一规划的医疗机构的设置;(4)制定医疗机构评审办法和评审标准。

2. 省、自治区、直辖市人民政府卫生行政部门

办理国家统一规划设置的医疗机构的执业登记。

3. 县级以上人民政府卫生行政部门

(1)负责医疗机构的设置审批、执业登记、备案和校验;(2)对医疗机构的执业活动进行检查指导;(3)负责组织对医疗机构的评审;(4)对违反《医疗机构管理条例》的行为给予处罚。

4. 县级以上地方人民政府卫生行政部门

(1)负责本行政区域内医疗机构的监督管理工作。(2)根据本行政区域内的人口、医疗资源、医疗需求和现有医疗机构的分布状况,制定本行政区域医疗机构设置规划。(3)单位或者个人设置医疗机构的审查批准,发给设置医疗机构批准书。(4)自受理执业登记申请之日起45日内,根据《医疗机构管理条例》和医疗机构基本标准进行审核。审核合格的,予以登记,发给《医疗机构执业许可证》;审核不合格的,将审核结果以书面形式通知申请人。(5)负责组织本行政区域医疗机构评审委员会。(6)医疗机构评审委员会成员的聘任。(7)根据评审委员会的评审意见,对达到评审标准的医疗机构,发给评审合格证书;对未达到评审标准的医疗机构,提出处理意见。

5. 县级人民政府卫生行政部门

机关、企业和事业单位设置的为内部职工服务的门诊部、诊所、卫生所(室)的执业登记或者备案。

(五)《食盐加碘消除碘缺乏危害管理条例》

1. 国务院卫生行政部门

(1)负责碘缺乏危害防治和碘盐的卫生监督管理工作;(2)碘盐中碘酸钾的加入量的确定。

2. 省、自治区、直辖市人民政府卫生行政部门

(1)负责划定碘缺乏地区范围,经本级人民政府批准后,报国务院卫生行政部门、国务院盐业主管机构备案;(2)对暂时不能供应碘盐的缺碘地区采取其他补碘的防治措施。

3. 县级以上地方人民政府卫生行政部门

(1)负责对本地区食盐加碘消除碘缺乏危害的卫生监督和碘盐的卫生监督以及防治效果评估;(2)有权按照国家规定,向碘酸钾生产企业和碘盐加工、经营单位抽检样品,索取与卫生监测有关的资料。

（六）《国内交通卫生检疫条例》

1. 国务院卫生行政部门

（1）主管全国国内交通卫生检疫监督管理工作；（2）跨省、自治区、直辖市在非检疫传染病疫区运行的列车、船舶、航空器上发现《国内交通卫生检疫条例》第7条第1款所列情形之一时，分别会同国务院铁路、交通、民用航空行政主管部门，可以决定对该列车、船舶、航空器实施国内交通卫生检疫和指令列车、船舶、航空器不得停靠或者通过港口、机场、车站；（3）依照《传染病防治法》的规定，加强对检疫传染病的监督管理，会同国务院铁路、交通、民用航空行政主管部门，依照规定拟定国内交通卫生检疫实施方案。

2. 省、自治区、直辖市卫生行政部门

检疫传染病疫情发生后，向有关铁路、交通、民用航空行政主管部门的卫生主管机构通报疫情。

3. 县级以上地方人民政府卫生行政部门

负责本行政区域内的国内交通卫生检疫监督管理工作。

4. 县级以上地方人民政府卫生行政部门或者铁路、交通、民用航空行政主管部门的卫生主管机构

（1）对出入检疫传染病疫区的交通工具及其乘运的人员、物资，根据各自的职责，有权采取下列相应的交通卫生检疫措施：①对出入检疫传染病疫区的人员、交通工具及其承运的物资进行查验；②对检疫传染病病人、病原携带者、疑似检疫传染病病人和与其密切接触者，实施临时隔离、医学检查及其他应急医学措施；③对被检疫传染病病原体污染或者可能被污染的物品，实施控制和卫生处理；④对通过该疫区的交通工具及其停靠场所，实施紧急卫生处理；⑤需要采取的其他卫生检疫措施。（2）非检疫传染病疫区的交通工具上发现下列情形之一时，根据各自的职责，有权对交通工具及其乘运的人员、物资实施交通卫生检疫：①发现有感染鼠疫的啮齿类动物或者啮齿类动物反常死亡，并且死因不明；②发现鼠疫、霍乱病人、病原携带者和疑似鼠疫、霍乱病人；③发现国务院确定并公布的需要实施国内交通卫生检疫的其他传染病。（3）根据各自的职责，对出入检疫传染病疫区的或者在非检疫传染病疫区发现检疫传染病疫情的交通工具及其乘运的人员、物资，实施交通卫生检疫；经检疫合格的，签发检疫合格证明。（4）对拒绝隔离、治疗、留验的检疫传染病病人、病原携带者、疑似检疫传染病病人和与其密切接触者，以及拒绝检查和卫生处理的可能传播检疫传染病的交通工具、停靠场所及物资，根据各自的职责，依照《传染病防治法》的规定，采取强制检疫措施。

（七）《母婴保健法实施办法》

1. 国务院卫生行政部门

（1）主管全国母婴保健工作，履行下列职责：①制定《母婴保健法》及其实施办法的配套规章和技术规范；②按照分级分类指导的原则，制定全国母婴保健工作发展规划和实施步骤；③组织推广母婴保健及其他生殖健康的适宜技术；④对母婴保健工作实施监督。（2）规定婚前保健工作规范和婚前医学检查项目。

2. 省、自治区、直辖市人民政府卫生行政部门

从事遗传病诊断、产前诊断的医疗、保健机构和人员的许可。

3. 县级人民政府卫生行政部门

（1）加强对家庭接生人员的培训、技术指导和监督管理；（2）从事助产技术服务、结扎手术和终止妊娠手术的医疗、保健机构和人员的许可；（3）从事婚前医学检查的医疗、保健机构和人员的许可。

4. 县级以上地方人民政府卫生行政部门

负责本行政区域内的母婴保健监督管理工作，履行下列监督管理职责：①依照《母婴保健法》及其实施办法以及国务院卫生行政部门规定的条件和技术标准，对从事母婴保健工作的机构和人员实施许可，并核发相应的许可证书；②对《母婴保健法》及其实施办法的执行情况进行监督检查；③对违反《母婴保健法》及其实施办法的行为，依法给予行政处罚；④负责母婴保健工作监督管理的其他事项。

（八）《医疗事故处理条例》

1. 国务院卫生行政部门

制定医疗事故具体分级标准。

2. 县级人民政府卫生行政部门

（1）受理当事人关于医疗事故争议的申请。（2）有下列情形之一的，移送上一级人民政府卫生行政部门处理：①患者死亡；②可能为二级以上的医疗事故；③国务院卫生行政部门和省、自治区、直辖市人民政府卫生行政部门规定的其他情形。

3. 县级以上地方人民政府卫生行政部门

（1）接到医疗机构关于重大医疗过失行为的报告或者医疗事故争议当事人要求处理医疗事故争议的申请后，对需要进行医疗事故技术鉴定的，交由负责医疗事故技术鉴定工作的医学会组织鉴定；（2）依照《医疗事故处理条例》和有关法律、行政法规、部门规章的规定，对发生医疗事故的医疗机构和医务人员作出行政处理；（3）接到医疗机构关于重大医疗过失行为的报告后，除责令医疗机构及时采取必要的医疗救治措施，防止损害后果扩大外，应当组织调查，判定是否属于医疗事故；对

不能判定是否属于医疗事故的，依照《医疗事故处理条例》的有关规定交由负责医疗事故技术鉴定工作的医学会组织鉴定；(4)收到负责组织医疗事故技术鉴定工作的医学会出具的医疗事故技术鉴定书后，对参加鉴定的人员资格和专业类别、鉴定程序进行审核；(5)对符合《医疗事故处理条例》规定作出的医疗事故技术鉴定结论，作为对发生医疗事故的医疗机构和医务人员作出行政处理以及进行医疗事故赔偿调解的依据；(6)按照规定逐级将当地发生的医疗事故以及依法对发生医疗事故的医疗机构和医务人员作出行政处罚的情况，上报国务院卫生行政部门。

(九)《使用有毒物品作业场所劳动保护条例》

1. 国务院卫生行政部门

会同有关部门依据国家标准制定、调整并公布一般有毒物品目录、高毒物品目录。

2. 县级以上人民政府卫生行政部门

(1)依据职责划分，对作业场所使用有毒物品作业及职业中毒危害检测、评价活动进行监督检查。(2)建立、健全监督制度，核查反映用人单位有关劳动保护的材料，履行监督责任。(3)监督用人单位严格执行有关职业卫生规范。(4)对使用有毒物品作业场所的职业卫生防护设备、设施的防护性能进行定期检验和不定期的抽查；发现职业卫生防护设备、设施存在隐患时，责令用人单位立即消除隐患；消除隐患期间，责令其停止作业。(5)采取措施，鼓励对用人单位的违法行为进行举报、投诉、检举和控告。(6)对举报、投诉、检举和控告及时核实，依法作出处理，并将处理结果予以公布。(7)对举报人、投诉人、检举人和控告人负有保密的义务。(8)履行监督检查职责时，有权采取下列措施：①进入用人单位和使用有毒物品作业场所现场，了解情况，调查取证，进行抽样检查、检测、检验，进行实地检查；②查阅或者复制与违反《使用有毒物品作业场所劳动保护条例》行为有关的资料，采集样品；③责令违反规定的单位和个人停止违法行为。(9)发生职业中毒事故或者有证据证明职业中毒危害状态可能导致事故发生时，有权采取下列临时控制措施：①责令暂停导致职业中毒事故的作业；②封存造成职业中毒事故或者可能导致事故发生的物品；③组织控制职业中毒事故现场。(10)加强队伍建设，提高执法人员的政治、业务素质，依照《使用有毒物品作业场所劳动保护条例》的规定，建立、健全内部监督制度，对执法人员执行法律、法规和遵守纪律的情况进行监督检查。

(十)《突发公共卫生事件应急条例》

1. 国务院卫生行政主管部门

(1)按照分类指导、快速反应的要求，制定全国突发事件应急预案，报请国务院批准。(2)制定突发事件应急报告规范,建立重大、紧急疫情信息报告系统。(3)对可能造成重大社会影响的突发事件,立即向国务院报告。(4)根据发生突发事件的情况,及时向国务院有关部门和各省、自治区、直辖市人民政府卫生行政主管部门以及军队有关部门通报。(5)负责向社会发布突发事件的信息。必要时,可以授权省、自治区、直辖市人民政府卫生行政主管部门向社会发布本行政区域内突发事件的信息。(6)在全国范围内或者跨省、自治区、直辖市范围内启动全国突发事件应急预案,报国务院批准后实施。(7)对新发现的突发传染病,根据危害程度、流行强度,依据《传染病防治法》的规定及时宣布为法定传染病;宣布为甲类法定传染病的,由国务院决定。(8)对新发现的突发传染病、不明原因的群体性疾病、重大食物和职业中毒事件,尽快组织力量制定相关的技术标准、规范和控制措施。

2. 省、自治区、直辖市人民政府卫生行政主管部门

(1)发生突发事件,及时向毗邻省、自治区、直辖市人民政府卫生行政主管部门通报;(2)接到发生突发事件通报后,必要时及时通知本行政区域内的医疗卫生机构。

3. 县级以上人民政府卫生行政主管部门和其他有关部门

对公众开展突发事件应急知识的专门教育,增强全社会对突发事件的防范意识和应对能力。

4. 县级以上人民政府卫生行政主管部门

(1)指定机构负责开展突发事件的日常监测,并确保监测与预警系统的正常运行;(2)发生突发事件后,组织专家对突发事件进行综合评估,初步判断突发事件的类型,提出是否启动突发事件应急预案的建议。

5. 县级以上人民政府卫生行政主管部门或者铁路、交通、民用航空行政主管部门

对交通工具上的传染病病人密切接触者,根据各自的职责,依照传染病防治法律、行政法规的规定,采取控制措施。

6. 县级以上地方人民政府卫生行政主管部门

(1)具体负责组织突发事件的调查、控制和医疗救治工作;(2)定期对医疗卫生机构和人员开展突发事件应急处理相关知识、技能的培训,定期组织医疗卫生机构进行突发事件应急演练,推广最新知识和先进技术;(3)接到突发事件报告后2小时内向本级人民政府报告,并同时向上级人民政府卫生行政主管部门和国务院卫生行政主管部门报告;(4)组织力量对突发事件报告事项调查核实、确证,采取必要的措施,并及时报告调查结果;(5)对突发事件现场等采取控制措施,宣传突发

事件防治知识，及时对易受感染的人群和其他易受损害的人群采取应急接种、预防性投药、群体防护等措施；(6)接到交通工具上发现需要采取应急控制措施的传染病病人、疑似传染病病人的报告后，立即组织有关人员采取相应的医学处置措施。

(十一)《医疗废物管理条例》

1. 国务院卫生、环境保护行政主管部门

(1)共同制定、公布医疗废物分类目录；(2)共同制定医疗废物专用包装物、容器的标准和警示标识的规定。

2. 县级以上人民政府卫生行政主管部门

对医疗废物收集、运送、贮存、处置活动中的疾病防治工作实施统一监督管理。

3. 县级以上地方人民政府卫生行政主管部门

对医疗卫生机构和医疗废物集中处置单位从事医疗废物的收集、运送、贮存、处置中的疾病防治工作，以及工作人员的卫生防护等情况进行定期监督检查或者不定期的抽查。

4. 县级以上地方人民政府卫生、环境保护行政主管部门

(1)按照职责分工，对医疗卫生机构和医疗废物集中处置单位进行监督检查。(2)定期交换监督检查和抽查结果。(3)接到对医疗卫生机构、医疗废物集中处置单位和监督管理部门及其工作人员违反《医疗废物管理条例》行为的举报、投诉、检举和控告后，应当及时核实，依法作出处理，并将处理结果予以公布。(4)履行监督检查职责时，有权采取下列措施：①对有关单位进行实地检查，了解情况，现场监测，调查取证；②查阅或者复制医疗废物管理的有关资料，采集样品；③责令违反《医疗废物管理条例》规定的单位和个人停止违法行为；④查封或者暂扣涉嫌违反《医疗废物管理条例》规定的场所、设备、运输工具和物品；⑤对违反《医疗废物管理条例》规定的行为进行查处。(5)发生因医疗废物管理不当导致传染病传播或者环境污染事故，或者有证据证明传染病传播或者环境污染的事故有可能发生时，采取临时控制措施，疏散人员，控制现场，并根据需要责令暂停导致或者可能导致传染病传播或者环境污染事故的作业。

(十二)《乡村医生从业管理条例》

1. 国务院卫生行政主管部门

负责全国乡村医生的管理工作。

2. 省、自治区、直辖市人民政府卫生行政主管部门

按照乡村医生一般医疗服务范围，制定乡村医生基本用药目录。

3. 县级以上地方人民政府卫生行政主管部门

(1)负责本行政区域内乡村医生的管理工作;(2)加强对下级人民政府卫生行政主管部门办理乡村医生执业注册、再注册、注销注册的监督检查,及时纠正违法行为。

4. 县级人民政府卫生行政主管部门

(1)负责乡村医生执业注册工作。对符合注册条件的,准予执业注册,发给乡村医生执业证书;对不符合注册条件的,不予注册,并书面说明理由;对不符合再注册条件的,不予再注册,收回原乡村医生执业证书。(2)将准予执业注册、再注册和注销注册的人员名单向其执业的村医疗卫生机构所在地的村民公告。(3)办理乡村医生执业注册、再注册、注销注册,依据法定权限、条件和程序,遵循便民原则,提高办事效率。(4)对村民或乡村医生反映的违法办理乡村医生执业注册、再注册、注销注册情况应当及时核实,调查处理,并将调查处理结果予以公布。(5)根据乡村医生培训计划,负责组织乡村医生的培训工作。(6)负责组织本地区乡村医生的考核工作。(7)负责检查乡村医生执业情况,收集村民对乡村医生业务水平、工作质量的评价和建议,接受村民对乡村医生的投诉,并进行汇总、分析。(8)对村民和乡村医生提出的意见、建议和投诉,及时调查处理,并将调查处理结果告知村民或者乡村医生。

(十三)《*病原微生物实验室生物安全管理条例*》

1. 国务院卫生主管部门

(1)主管与人体健康有关的实验室及其实验活动的生物安全监督工作;(2)商国务院有关部门后,制定、调整并公布人间传染的病原微生物名录。

2. 国务院卫生、兽医主管部门

(1)定期汇总并互相通报实验室数量和实验室设立、分布情况,以及三级、四级实验室从事相关实验活动的情况;(2)高致病性病原微生物菌(毒)种或者样本跨省、自治区、直辖市运输或者运往国外的批准;(3)需要从事我国尚未发现或者已经宣布消灭病原微生物相关实验活动的批准;(4)会同国务院有关部门组织病原学、免疫学、检验医学、流行病学、预防兽医学、环境保护和实验室管理等方面的专家,组成国家病原微生物实验室生物安全专家委员会;(5)制定保藏机构的管理办法。

3. 省级以上人民政府卫生、兽医主管部门

(1)运输高致病性病原微生物菌(毒)种或者样本的批准;(2)从事高致病性病原微生物相关实验活动的批准;(3)为申请人通过电报、电传、传真、电子数据交换和电子邮件等方式提出申请提供方便。

4. 省、自治区、直辖市人民政府卫生、兽医主管部门

(1)高致病性病原微生物菌(毒)种或者样本在省、自治区、直辖市区域内运输的批准;(2)会同同级人民政府有关部门组织病原学、免疫学、检验医学、流行病学、预防兽医学、环境保护和实验室管理等方面的专家,组成本地区病原微生物实验室生物安全专家委员会。

5. 设区的市级人民政府卫生、兽医主管部门

(1)新建、改建或者扩建一级、二级实验室的备案;(2)每年将备案情况汇总后报省、自治区、直辖市人民政府卫生主管部门或者兽医主管部门。

6. 县级以上人民政府卫生、兽医主管部门

(1)接到发现高致病性病原微生物菌(毒)种或者样本的容器或者包装材料的报告后,及时组织调查核实,并依法采取必要的控制措施。(2)接到关于实验室发生工作人员感染事故或者病原微生物泄漏事件的报告,或者发现实验室从事病原微生物相关实验活动造成实验室感染事故的,应当立即组织疾病预防控制机构、动物防疫监督机构和医疗机构以及其他有关机构依法采取下列预防、控制措施:①封闭被病原微生物污染的实验室或者可能造成病原微生物扩散的场所;②开展流行病学调查;③对病人进行隔离治疗,对相关人员进行医学检查;④对密切接触者进行医学观察;⑤进行现场消毒;⑥对染疫或者疑似染疫的动物采取隔离、扑杀等措施;⑦其他需要采取的预防、控制措施。(3)发生病原微生物扩散,有可能造成传染病暴发、流行时,依照有关法律、行政法规的规定以及实验室感染应急处置预案进行处理。

7. 县级以上地方人民政府卫生、兽医主管部门

(1)对病原微生物菌(毒)种、样本的采集、运输、储存进行监督检查;(2)对从事高致病性病原微生物相关实验活动的实验室是否符合规定的条件进行监督检查;(3)对实验室或者实验室的设立单位培训、考核其工作人员以及上岗人员的情况进行监督检查;(4)对实验室是否按照有关国家标准、技术规范和操作规程从事病原微生物相关实验活动进行监督检查。

8. 县级以上人民政府卫生、兽医、环境保护主管部门

(1)在履行监督检查职责时,有权进入被检查单位和病原微生物泄漏或者扩散现场调查取证、采集样品,查阅复制有关资料;(2)依据法定的职权和程序履行职责,做到公正、公平、公开、文明、高效。

9. 县级人民政府卫生、兽医主管部门

接到高致病性病原微生物菌(毒)种或者样本在运输、储存中被盗、被抢、丢失、

泄漏报告后2小时内向本级人民政府报告，并同时向上级人民政府卫生主管部门或者兽医主管部门和国务院卫生主管部门或者兽医主管部门报告。

（十四）《艾滋病防治条例》

1. 国务院卫生主管部门

（1）会同国务院其他有关部门制定国家艾滋病防治规划；（2）制定国家艾滋病监测规划和方案；（3）会同国务院其他有关部门根据预防、控制艾滋病的需要，可以规定应当进行艾滋病检测的情形；（4）会同国家出入境检验检疫机构制定进出口临床急需、捐献配型的特殊血型血液、骨髓造血干细胞、外周血造血干细胞、脐带血造血干细胞的具体办法；（5）会同国务院其他有关部门，根据艾滋病流行趋势，确定全国与艾滋病防治相关的宣传、培训、监测、检测、流行病学调查、医疗救治、应急处置以及监督检查等项目。

2. 省级以上人民政府卫生主管部门

根据医疗卫生机构布局和艾滋病流行情况，按照国家有关规定确定承担艾滋病检测工作的实验室。

3. 省、自治区、直辖市人民政府卫生主管部门

根据国家艾滋病监测规划和方案，制定本行政区域的艾滋病监测计划和工作方案，组织开展艾滋病监测和专题调查，掌握艾滋病疫情变化情况和流行趋势。

4. 省、自治区、直辖市人民政府卫生、公安和药品监督管理部门

互相配合，根据本行政区域艾滋病流行和吸毒者的情况，积极稳妥地开展对吸毒成瘾者的药物维持治疗工作，并有计划地实施其他干预措施。

5. 县级以上人民政府卫生主管部门

加强艾滋病防治的宣传教育工作，对有关部门、组织和个人开展艾滋病防治的宣传教育工作提供技术支持。

6. 县级以上人民政府卫生、市场监督管理、药品监督管理、广播电视等部门

组织推广使用安全套，建立和完善安全套供应网络。

7. 县级以上人民政府卫生主管部门和其他有关部门

对卫生技术人员和在执行公务中可能感染艾滋病病毒的人员，组织开展艾滋病防治知识和专业技能的培训。

8. 县级以上人民政府卫生主管部门和出入境检验检疫机构

可以封存有证据证明可能被艾滋病病毒污染的物品，并予以检验或者进行消毒。

(十五)《血吸虫病防治条例》

1. 国务院卫生主管部门

(1)会同国务院有关部门制定全国血吸虫病防治规划并组织实施;(2)会同国务院农业主管部门制定血吸虫病防治地区划分的具体办法;(3)根据血吸虫病流行病学资料、钉螺分布以及孳生环境的特点、药物特性,制定药物杀灭钉螺工作规范。

2. 国务院卫生、农业、水利、林业主管部门

(1)依据《血吸虫病防治条例》规定的职责和全国血吸虫病防治规划,制定血吸虫病防治专项工作计划并组织实施;(2)分别制定相关血吸虫病防治技术规范。

3. 县级以上人民政府卫生主管部门

负责血吸虫病监测、预防、控制、治疗和疫情的监督管理工作,对杀灭钉螺药物的使用情况进行监督检查。

4. 血吸虫病防治地区县级以上人民政府卫生、农业或者兽医、水利、林业主管部门

(1)在监督检查过程中,发现违反或者不执行《血吸虫病防治条例》规定的,应当责令有关单位和个人及时改正并依法予以处理;(2)在履行血吸虫病防治监督检查职责时,有权进入被检查单位和血吸虫病疫情发生现场调查取证,查阅、复制有关资料和采集样本。

5. 血吸虫病防治地区县级以上地方人民政府卫生、农业或者兽医主管部门

(1)组织实施农村改厕、沼气池建设项目,应当按照无害化要求和血吸虫病防治技术规范,保证厕所和沼气池具备杀灭粪便中血吸虫卵的功能;(2)根据血吸虫病防治技术规范,组织开展对本地村民、居民和流动人口血吸虫病以及家畜血吸虫病的筛查、治疗和预防性服药工作。

6. 血吸虫病防治地区县级人民政府卫生主管部门

会同同级人民政府农业或者兽医、水利、林业主管部门,根据血吸虫病监测等流行病学资料,划定、变更有钉螺地带,并报本级人民政府批准。

(十六)《人体器官移植条例》

1. 国务院卫生主管部门

(1)负责全国人体器官移植的监督管理工作;(2)制定人体器官移植临床应用能力评估的具体办法;(3)制定申请人体器官移植手术患者排序的具体办法;(4)制定人体器官移植情况定期报告的具体办法。

2. 省级以上人民政府卫生主管部门

定期组织专家根据人体器官移植手术成功率、植入的人体器官和术后患者的长期存活率,对医疗机构的人体器官移植临床应用能力进行评估,并及时公布评估

结果。

3. 省、自治区、直辖市人民政府卫生主管部门

(1)进行人体器官移植诊疗科目登记，除依据《人体器官移植条例》规定的条件外，还应当考虑本行政区域人体器官移植的医疗需求和合法的人体器官来源情况；(2)及时公布已经办理人体器官移植诊疗科目登记的医疗机构名单；(3)对人体器官移植临床应用能力评估不合格的，撤销人体器官移植诊疗科目登记。

4. 县级以上地方人民政府卫生主管部门

负责本行政区域人体器官移植的监督管理工作。

(十七)《护士条例》

1. 国务院卫生主管部门

(1)负责全国的护士监督管理工作；(2)会同国务院人事部门制定护士执业资格考试办法。

2. 县级以上地方人民政府卫生主管部门

(1)负责本行政区域的护士监督管理工作。(2)护士执业注册的办理：对具备《护士条例》规定条件的，准予注册，并发给护士执业证书；对不具备《护士条例》规定条件的，不予注册，并书面说明理由。(3)护士变更执业地点的办理。(4)护士延续注册的办理：对具备《护士条例》规定条件的，准予延续；对不具备《护士条例》规定条件的，不予延续，并书面说明理由。(5)建立本行政区域的护士执业良好记录和不良记录，并将该记录记入护士执业信息系统。

(十八)《医疗纠纷预防和处理条例》

1. 国务院卫生、司法行政部门

共同制定医疗损害鉴定的具体管理办法。

2. 设区的市级以上人民政府卫生、司法行政部门

共同设立医疗损害鉴定专家库。

3. 县级以上人民政府卫生主管部门

负责指导、监督医疗机构做好医疗纠纷预防和处理工作，引导医患双方依法解决医疗纠纷。

4. 县级以上地方人民政府卫生主管部门

(1)接到发生重大医疗纠纷的报告后，应当及时了解掌握情况，引导医患双方通过合法途径解决纠纷；(2)自收到医疗纠纷行政调解申请之日起5个工作日内作出是否受理的决定；(3)自受理医疗纠纷行政调解之日起30个工作日内完成调解。

（十九）《血液制品管理条例》

1. 国务院卫生行政部门

（1）对全国的原料血浆的采集、供应和血液制品的生产、经营活动实施监督管理；（2）根据核准的全国生产用原料血浆的需求，对单采血浆站的布局、数量和规模制定总体规划；（3）制定供血浆者健康检查标准；（4）制定血浆采集技术操作标准及程序。

2. 省、自治区、直辖市人民政府卫生行政部门

（1）根据总体规划制定本行政区域内单采血浆站设置规划和采集血浆的区域规划，并报国务院卫生行政部门备案；（2）对设置单采血浆站的申请，经审查符合条件的，核发《单采血浆许可证》，并报国务院卫生行政部门备案；（3）《供血浆证》的设计和印制；（4）每年组织一次对本行政区域内单采血浆站的监督检查并进行年度注册。

3. 设区的市级人民政府卫生行政部门

每半年对本行政区域内的单采血浆站进行一次检查。

4. 县级以上地方人民政府卫生行政部门

依照《血液制品管理条例》的规定负责本行政区域内的单采血浆站、供血浆者、原料血浆的采集及血液制品经营单位的监督管理。

（二十）《乳品质量安全监督管理条例》

国务院卫生主管部门

（1）组织制定乳品质量安全国家标准，并根据风险监测和风险评估的结果及时组织修订；（2）根据疾病信息和监督管理部门的监督管理信息等，对发现添加或者可能添加到乳品中的非食品用化学物质和其他可能危害人体健康的物质，立即组织进行风险评估，采取相应的监测、检测和监督措施。

（二十一）《食品安全法实施条例》

1. 国务院卫生行政部门

（1）会同国务院食品安全监督管理等部门制定食品安全风险监测会商的具体办法；（2）会同国务院食品安全监督管理、农业行政等部门制定食品安全国家标准规划及其年度实施计划；（3）在其网站上公布食品安全国家标准规划及其年度实施计划的草案，公开征求意见；（4）发现备案的食品安全地方标准违反法律、法规或者食品安全国家标准的，及时予以纠正；（5）及时公布新的食品原料、食品添加剂新品种和食品相关产品新品种目录以及所适用的食品安全国家标准；（6）会同国务院食品安全监督管理部门及时更新按照传统既是食品又是中药材的物质目录；（7）依照

规定对境外出口商、境外生产企业或者其委托的进口商提交的相关国家（地区）标准或者国际标准进行审查，认为符合食品安全要求的，决定暂予适用并予以公布。

2. 国务院卫生行政、食品安全监督管理等部门

发现需要对农药、肥料、兽药、饲料和饲料添加剂等进行安全性评估的，向国务院农业行政部门提出安全性评估建议。

3. 省、自治区、直辖市人民政府卫生行政部门

（1）依照《食品安全法》的规定制定食品安全地方标准，公开征求意见；（2）自食品安全地方标准公布之日起30个工作日内，将地方标准报国务院卫生行政部门备案；（3）食品安全地方标准依法废止的，及时在其网站上公布废止情况。

4. 县级以上人民政府卫生行政部门

会同同级食品安全监督管理等部门建立食品安全风险监测会商机制，汇总、分析风险监测数据，研判食品安全风险，形成食品安全风险监测分析报告，报本级人民政府。

5. 县级以上地方人民政府卫生行政部门

将食品安全风险监测分析报告报上一级人民政府卫生行政部门。

（二十二）《医疗器械监督管理条例》

1. 国务院卫生主管部门

（1）制定大型医用设备配置规划；（2）会同国务院有关部门制定大型医用设备配置管理办法；（3）商国务院有关部门提出大型医用设备目录，报国务院批准后执行。

2. 省级以上人民政府卫生主管部门

批准医疗器械使用单位配置大型医用设备，发给大型医用设备配置许可证。

3. 县级以上人民政府卫生主管部门

（1）对医疗机构的医疗器械使用行为加强监督检查；（2）实施监督检查时，可以进入医疗机构，查阅、复制有关档案、记录以及其他有关资料；（3）对大型医用设备的使用状况进行监督和评估；（4）发现违规使用以及与大型医用设备相关的过度检查、过度治疗等情形的，应当立即纠正，依法予以处理。

（二十三）《药品管理法实施条例》

省、自治区、直辖市人民政府卫生行政部门

会同同级人民政府药品监督管理部门规定个人设置的门诊部、诊所等医疗机构常用药品和急救药品的范围和品种。

(二十四)《麻醉药品和精神药品管理条例》

1. 国务院卫生主管部门

麻醉药品和精神药品专用处方的格式的规定。

2. 省、自治区、直辖市人民政府卫生主管部门

将取得印鉴卡的医疗机构名单向本行政区域内的定点批发企业通报。

3. 设区的市级人民政府卫生主管部门

(1)医疗机构需要使用麻醉药品和第一类精神药品的批准,发给麻醉药品、第一类精神药品购用印鉴卡;(2)将取得印鉴卡的医疗机构情况抄送所在地设区的市级药品监督管理部门,并报省、自治区、直辖市人民政府卫生主管部门备案。

4. 县级以上人民政府卫生主管部门

对执业医师开具麻醉药品和精神药品处方的情况进行监督检查。

(二十五)《残疾预防和残疾人康复条例》

卫生主管部门

在开展孕前和孕产期保健、产前筛查、产前诊断以及新生儿疾病筛查,传染病、地方病、慢性病、精神疾病等防控,心理保健指导等工作时,应当做好残疾预防工作,针对遗传、疾病、药物等致残因素,采取相应措施消除或者降低致残风险,加强临床早期康复介入,减少残疾的发生。

第四节 政府其他有关部门的公共卫生责任

公共卫生的主要特征之一是跨部门。也就是说,没有一个领域的公共卫生任务可以靠一个部门单独完成。所以,公共卫生除了有主管部门外,还有许多相关部门,在各自职责范围内承担相应的公共卫生责任。相关部门的履职情况在一定程度上还决定了公共卫生的治理质量。需要指出的是,我国公共卫生职责并没有全部集中于卫生行政部门,有的职责是由其他政府部门担负的。在这些职责中,特定的政府部门是主管部门,卫生行政部门是相关部门或者是其中一部分职责的主管部门。

一、法律规定的公共卫生责任

(一)《食品安全法》

1. 国务院食品安全监督管理部门

(1)依照《食品安全法》和国务院规定的职责,对食品生产经营活动实施监督管理;(2)会同国务院有关部门,根据食品安全风险评估结果、食品安全监督管理信息,对食品安全状况进行综合分析;(3)对经综合分析表明可能具有较高程度安全

风险的食品，及时提出食品安全风险警示，并向社会公布；(4)会同国务院农业行政等有关部门建立食品安全全程追溯协作机制；(5)会同国务院卫生行政部门、国家中医药管理部门制定、调整并公布保健食品原料目录和允许保健食品声称的保健功能目录；(6)使用保健食品原料目录以外原料的保健食品和首次进口的保健食品的注册；(7)首次进口的保健食品中属于补充维生素、矿物质等营养物质的备案；(8)对使用保健食品原料目录以外原料的保健食品作出准予注册决定的，及时将该原料纳入保健食品原料目录；(9)特殊医学用途配方食品的注册；(10)婴幼儿配方乳粉的产品配方的注册；(11)规定食品检验机构的资质认定条件和检验规范；(12)发现存在严重食品安全问题的，及时向国家出入境检验检疫部门通报；(13)组织涉及两个以上省、自治区、直辖市的重大食品安全事故责任调查；(14)统一公布国家食品安全总体情况、食品安全风险警示信息、重大食品安全事故及其调查处理信息和国务院确定需要统一公布的其他信息；(15)会同国务院有关部门制定铁路、民航运营中食品安全的管理办法；(16)制定保健食品的具体管理办法；(17)制定食品相关产品生产活动的具体管理办法。

2. 国务院食品安全监督管理部门和其他有关部门

(1)获知有关食品安全风险信息后，立即核实并向国务院卫生行政部门通报；(2)经食品安全风险评估，得出食品、食品添加剂、食品相关产品不安全结论的，依据各自职责立即向社会公告，告知消费者停止食用或者使用，并采取相应措施，确保该食品、食品添加剂、食品相关产品停止生产经营。

3. 国务院食品安全监督管理、农业行政等部门

在监督管理工作中发现需要进行食品安全风险评估的，向国务院卫生行政部门提出食品安全风险评估的建议，并提供风险来源、相关检验数据和结论等信息、资料。

4. 国务院农业行政部门

会同国务院卫生行政部门制定屠宰畜、禽的检验规程。

5. 国务院认证认可监督管理、食品安全监督管理、卫生行政、农业行政等部门

共同公布复检机构名录。

6. 省级以上人民政府食品安全监督管理部门

及时公布注册或者备案的保健食品、特殊医学用途配方食品、婴幼儿配方乳粉目录，并对注册或者备案中获知的企业商业秘密予以保密。

7. 省级以上人民政府食品安全监督管理、农业行政等部门

对食品安全标准执行中存在的问题进行收集、汇总，并及时向同级卫生行政部

门通报。

8. 省、自治区、直辖市人民政府食品安全监督管理部门

(1)除国务院食品安全监督管理部门注册、备案范围之外的其他保健食品的备案;(2)保健食品广告内容的审查批准;(3)公布并及时更新已经批准的保健食品广告目录以及批准的广告内容;(4)婴幼儿配方食品生产企业的食品原料、食品添加剂、产品配方及标签等事项的备案;(5)可以公布影响限于特定区域的食品安全风险警示信息和重大食品安全事故及其调查处理信息。

9. 设区的市级以上人民政府食品安全监督管理部门

发生食品安全事故,立即会同有关部门进行事故责任调查,督促有关部门履行职责,向本级人民政府和上一级人民政府食品安全监督管理部门提出事故责任调查处理报告。

10. 县级以上人民政府食品安全监督管理部门

(1)对食品生产加工小作坊和食品摊贩等加强监督管理。(2)加强对食品相关产品生产活动的监督管理。(3)对企业食品安全管理人员随机进行监督抽查考核并公布考核情况。(4)对召回食品进行无害化处理、销毁的,必要时可以实施现场监督。(5)食品生产经营者未依照规定召回或者停止经营的,可以责令其召回或者停止经营。(6)对食品进行定期或者不定期的抽样检验,并依据有关规定公布检验结果,不得免检。(7)对国内市场上销售的进口食品、食品添加剂实施监督管理。(8)接到食品安全事故的报告后,立即会同同级卫生行政、农业行政等部门进行调查处理,并采取下列措施,防止或者减轻社会危害:①开展应急救援工作,组织救治因食品安全事故导致人身伤害的人员;②封存可能导致食品安全事故的食品及其原料,并立即进行检验;对确认属于被污染的食品及其原料,责令食品生产经营者依照《食品安全法》第63条的规定召回或者停止经营;③封存被污染的食品相关产品,并责令进行清洗消毒;④做好信息发布工作,依法对食品安全事故及其处理情况进行发布,并对可能产生的危害加以解释、说明。(9)发生食品安全事故需要启动应急预案的,立即成立事故处置指挥机构,启动应急预案,依照相关规定进行处置。(10)根据食品安全风险监测、风险评估结果和食品安全状况等,确定监督管理的重点、方式和频次,实施风险分级管理。(11)履行食品安全监督管理职责,有权采取下列措施,对生产经营者遵守《食品安全法》的情况进行监督检查:①进入生产经营场所实施现场检查;②对生产经营的食品、食品添加剂、食品相关产品进行抽样检验;③查阅、复制有关合同、票据、账簿以及其他有关资料;④查封、扣押有证据证明不符合食品安全标准或者有证据证明存在安全隐患以及用于违法生产经营的

食品、食品添加剂、食品相关产品；⑤查封违法从事生产经营活动的场所。(12)在食品安全监督管理工作中可以采用国家规定的快速检测方法对食品进行抽查检测。(13)建立食品生产经营者食品安全信用档案，记录许可颁发、日常监督检查结果、违法行为查处等情况，依法向社会公布并实时更新；对有不良信用记录的食品生产经营者增加监督检查频次，对违法行为情节严重的食品生产经营者，可以通报投资主管部门、证券监督管理机构和有关的金融机构。(14)食品生产经营过程中存在食品安全隐患，未及时采取措施消除的，可以对食品生产经营者的法定代表人或者主要负责人进行责任约谈。(15)发现可能误导消费者和社会舆论的食品安全信息，立即组织有关部门、专业机构、相关食品生产经营者等进行核实、分析，并及时公布结果。

11. 县级以上人民政府食品安全监督管理部门和其他有关部门

(1)加强沟通、密切配合，按照各自职责分工，依法行使职权，承担责任；(2)按照科学、客观、及时、公开的原则，组织食品生产经营者、食品检验机构、认证机构、食品行业协会、消费者协会以及新闻媒体等，就食品安全风险评估信息和食品安全监督管理信息进行交流沟通；(3)不得以广告或者其他形式向消费者推荐食品；(4)公布本部门的电子邮件地址或者电话，接受咨询、投诉、举报；(5)加强对执法人员食品安全法律、法规、标准和专业知识与执法能力等的培训，并组织考核；(6)发现涉嫌食品安全犯罪的，按照有关规定及时将案件移送公安机关。

12. 县级以上人民政府食品安全监督管理、农业行政部门

依据各自职责公布食品安全日常监督管理信息。

13. 县级以上人民政府食品安全监督管理、卫生行政、农业行政部门

相互通报获知的食品安全信息。

14. 县级以上人民政府农业行政等部门

(1)加强对农业投入品使用的监督管理和指导，建立健全农业投入品安全使用制度；(2)在日常监督管理中发现食品安全事故或者接到事故举报，立即向同级食品安全监督管理部门通报。

15. 县级以上地方人民政府食品安全监督管理部门

审核从事食品生产、食品销售、餐饮服务的申请人提交的规定要求的相关资料，必要时对申请人的生产经营场所进行现场核查，对符合规定条件的，准予许可，对不符合规定条件的，不予许可并书面说明理由。

16. 县级以上地方人民政府食品安全监督管理、卫生行政、农业行政部门

获知《食品安全法》规定需要统一公布的信息，向上级主管部门报告，由上级主

管部门立即报告国务院食品安全监督管理部门，必要时，可以直接向国务院食品安全监督管理部门报告。

17. 县级人民政府食品安全监督管理部门

(1)可以在乡镇或者特定区域设立派出机构；(2)接到发生食品安全事故的报告，按照应急预案的规定向本级人民政府和上级人民政府食品安全监督管理部门报告。

18. 国家出入境检验检疫部门

(1)对进出口食品安全实施监督管理。(2)按照国务院卫生行政部门的要求，对进口尚无食品安全国家标准的食品、食品添加剂、食品相关产品进行检验。(3)境外发生的食品安全事件可能对我国境内造成影响，或者在进口食品、食品添加剂、食品相关产品中发现严重食品安全问题的，及时采取风险预警或者控制措施，并向国务院食品安全监督管理、卫生行政、农业行政部门通报。(4)已经注册的境外食品生产企业提供虚假材料，或者因其自身的原因致使进口食品发生重大食品安全事故的，撤销注册并公告。(5)定期公布已经备案的境外出口商、代理商、进口商和已经注册的境外食品生产企业名单。(6)收集、汇总下列进出口食品安全信息，并及时通报相关部门、机构和企业：①出入境检验检疫机构对进出口食品实施检验检疫发现的食品安全信息；②食品行业协会和消费者协会等组织、消费者反映的进口食品安全信息；③国际组织、境外政府机构发布的风险预警信息及其他食品安全信息，以及境外食品行业协会等组织、消费者反映的食品安全信息。(7)对进出口食品的进口商、出口商和出口食品生产企业实施信用管理，建立信用记录，并依法向社会公布。(8)可以对向我国境内出口食品的国家(地区)的食品安全管理体系和食品安全状况进行评估和审查，并根据评估和审查结果，确定相应检验检疫要求。

19. 公安机关

(1)对食品安全监督管理等部门移送的案件，及时审查；认为有犯罪事实需要追究刑事责任的，立案侦查。(2)在食品安全犯罪案件侦查过程中认为没有犯罪事实，或者犯罪事实显著轻微，不需要追究刑事责任，但依法应当追究行政责任的，及时将案件移送食品安全监督管理等部门和监察机关。

20. 食品安全监督管理、生态环境等部门

公安机关商请提供检验结论、认定意见以及对涉案物品进行无害化处理等协助的，及时提供，予以协助。

(二)《药品管理法》

1. 国务院药品监督管理部门

(1)主管全国药品监督管理工作。(2)配合国务院有关部门，执行国家药品行

业发展规划和产业政策。(3)制定统一的药品追溯标准和规范,推进药品追溯信息互通互享,实现药品可追溯。(4)会同国务院有关部门制定药物非临床研究质量管理规范、药物临床试验质量管理规范。(5)药物临床试验的批准。(6)生物等效性试验的备案。(7)与国务院卫生健康主管部门共同制定药物临床试验机构实行备案管理的具体办法。(8)药物临床试验发现存在安全性问题或者其他风险的,可以责令调整临床试验方案、暂停或者终止临床试验。(9)在中国境内上市药品的批准。(10)会同国务院中医药主管部门制定实施审批管理的中药材、中药饮片品种目录。(11)对申请注册的药品,组织药学、医学和其他技术人员进行审评,对药品的安全性、有效性和质量可控性以及申请人的质量管理、风险防控和责任赔偿等能力进行审查,符合条件的,颁发药品注册证书。(12)在审批药品时,对化学原料药一并审评审批,对相关辅料、直接接触药品的包装材料和容器一并审评,对药品的质量标准、生产工艺、标签和说明书一并核准。(13)完善药品审评审批工作制度,加强能力建设,建立健全沟通交流、专家咨询等机制,优化审评审批流程,提高审评审批效率。(14)颁布的《中华人民共和国药典》和药品标准为国家药品标准。(15)会同国务院卫生健康主管部门组织药典委员会,负责国家药品标准的制定和修订。(16)设置或者指定负责标定国家药品标准品、对照品的药品检验机构。(17)制定药品委托生产质量协议指南,指导、监督药品上市许可持有人和受托生产企业履行药品质量保证义务。(18)药品上市许可持有人转让药品上市许可的批准。(19)会同国务院卫生健康主管部门制定处方药非处方药分类管理的具体办法。(20)会同国务院卫生健康主管部门等部门制定网络销售药品的具体管理办法。(21)新发现和从境外引种的药材的批准。(22)会同海关总署提出允许药品进口的口岸,报国务院批准。(23)医疗机构因临床急需进口少量药品的批准。(24)颁发麻醉药品和国家规定范围内的精神药品进口准许证、出口准许证。(25)对下列药品在销售前或者进口时,指定药品检验机构进行检验:①首次在中国境内销售的药品;②国务院药品监督管理部门规定的生物制品;③国务院规定的其他药品。(26)附条件批准的药品逾期未按照要求完成研究或者不能证明其获益大于风险的,依法处理,直至注销药品注册证书。(27)对药品生产过程中属于重大变更的审批,其他变更的备案或者报告。(28)会同国务院卫生健康主管部门制定药品不良反应报告具体办法。(29)可以责令药品上市许可持有人开展上市后评价或者直接组织开展上市后评价。(30)统一公布国家药品安全总体情况、药品安全风险警示信息、重大药品安全事件及其调查处理信息和国务院确定需要统一公布的其他信息。

2. 国务院有关部门

(1)在各自职责范围内负责与药品有关的监督管理工作;(2)可以采取组织生产、价格干预和扩大进口等措施,保障药品供应。

3. 国务院药品监督管理部门或者省、自治区、直辖市人民政府药品监督管理部门

(1)批准医疗机构配制的制剂可以在指定的医疗机构之间调剂使用;(2)对已确认发生严重不良反应的药品,根据实际情况采取停止生产、销售、使用等紧急控制措施,并组织鉴定,依法作出行政处理决定;(3)定期公告药品质量抽查检验结果。

4. 省、自治区、直辖市人民政府药品监督管理部门

(1)药品生产活动的批准,颁发药品生产许可证;(2)制定中药饮片炮制规范,报国务院药品监督管理部门备案;(3)药品批发活动的批准,颁发药品经营许可证;(4)药品网络交易第三方平台提供者的备案;(5)医疗机构配制制剂的批准,颁发医疗机构制剂许可证;(6)药品上市许可持有人依法应当召回药品而未召回的,责令其召回;(7)可以公布影响限于特定区域的药品安全风险警示信息和重大药品安全事件及其调查处理信息的。

5. 县级以上人民政府药品监督管理部门

(1)设置或者指定承担依法实施药品监督管理所需的审评、检验、核查、监测与评价等工作的药品专业技术机构;(2)已被注销药品注册证书、超过有效期等的药品,监督销毁或者依法采取其他无害化处理等措施;(3)依照法律、法规的规定对药品研制、生产、经营和药品使用单位使用药品等活动进行监督检查,必要时可以对为药品研制、生产、经营、使用提供产品或者服务的单位和个人进行延伸检查;(4)对高风险的药品实施重点监督检查;(5)对有证据证明可能存在安全隐患的,根据监督检查情况,采取告诫、约谈、限期整改以及暂停生产、销售、使用、进口等措施,并及时公布检查处理结果;(6)进行监督检查时,出示证明文件,对监督检查中知悉的商业秘密应当保密;(7)根据监督管理的需要,可以对药品质量进行抽查检验;(8)对有证据证明可能危害人体健康的药品及其有关材料,可以查封、扣押,并作出行政处理决定;(9)对药品上市许可持有人、药品生产企业、药品经营企业和药物非临床安全性评价研究机构、药物临床试验机构等遵守药品生产质量管理规范、药品经营质量管理规范、药物非临床研究质量管理规范、药物临床试验质量管理规范等情况进行检查,监督其持续符合法定要求;(10)建立药品上市许可持有人、药品生产企业、药品经营企业、药物非临床安全性评价研究机构、药物临床试验机构和医疗机构药品安全信用档案,记录许可颁发、日常监督检查结果、违法行为查处等情

况，依法向社会公布并及时更新，对有不良信用记录的，增加监督检查频次，并可以按照国家规定实施联合惩戒；(11)公布本部门的电子邮件地址、电话，接受咨询、投诉、举报，并依法及时答复、核实、处理，对查证属实的举报，按照有关规定给予举报人奖励；(12)对举报人的信息予以保密，保护举报人的合法权益；(13)不得参与药品生产经营活动，不得以其名义推荐或者监制、监销药品；(14)发现药品违法行为涉嫌犯罪的，及时将案件移送公安机关。

6. 县级以上地方人民政府药品监督管理部门

(1)负责本行政区域内的药品监督管理工作；(2)药品零售活动的批准，颁发药品经营许可证。

7. 海关

凭药品监督管理部门出具的进口药品通关单办理通关手续。

8. 公安机关等

对依法不需要追究刑事责任或者免予刑事处罚，但应当追究行政责任的，及时将案件移送药品监督管理部门。

9. 药品监督管理部门、生态环境主管部门等部门

公安机关、人民检察院、人民法院商请提供检验结论、认定意见以及对涉案药品进行无害化处理等协助的，及时提供，予以协助。

(三)《国境卫生检疫法》

国境卫生检疫机关

(1)入境、出境的人员、交通工具、运输设备以及可能传播检疫传染病的行李、货物、邮包等物品的检疫。(2)发现检疫传染病或者疑似检疫传染病时，除采取必要措施外，立即通知当地卫生行政部门，同时用最快的方法报告国务院卫生行政部门。(3)对未染有检疫传染病或者已实施卫生处理的交通工具，签发入境检疫证或者出境检疫证。(4)对检疫传染病染疫人立即将其隔离，隔离期限根据医学检查结果确定，对检疫传染病染疫嫌疑人将其留验，留验期限根据该传染病的潜伏期确定。(5)对来自疫区的、被检疫传染病污染的或者可能成为检疫传染病传播媒介的行李、货物、邮包等物品，进行卫生检查，实施消毒、除鼠、除虫或者其他卫生处理。(6)对入境、出境的人员实施传染病监测，并且采取必要的预防、控制措施。(7)有权要求入境、出境的人员填写健康申明卡，出示某种传染病的预防接种证书、健康证明或者其他有关证件。(8)对患有监测传染病的人、来自国外监测传染病流行区的人或者与监测传染病人密切接触的人，区别情况，发给就诊方便卡，实施留验或者采取其他预防、控制措施，并及时通知当地卫生行政部门。(9)根据国家规定的

卫生标准,对国境口岸的卫生状况和停留在国境口岸的入境、出境的交通工具的卫生状况实施卫生监督:①监督和指导有关人员对啮齿动物、病媒昆虫的防除;②检查和检验食品、饮用水及其储存、供应、运输设施;③监督从事食品、饮用水供应的从业人员的健康状况,检查其健康证明书;④监督和检查垃圾、废物、污水、粪便、压舱水的处理。

(四)《传染病防治法》

1. 县级以上人民政府有关部门

发现传染病疫情时,及时向同级人民政府卫生行政部门通报。

2. 各级人民政府农业、水利、林业行政部门

按照职责分工负责指导和组织消除农田、湖区、河流、牧场、林区的鼠害与血吸虫危害,以及其他传播传染病的动物和病媒生物的危害。

3. 铁路、交通、民用航空行政部门

负责组织消除交通工具以及相关场所的鼠害和蚊、蝇等病媒生物的危害。

4. 县级以上人民政府农业、林业行政部门以及其他有关部门

依据各自的职责负责与人畜共患传染病有关的动物传染病的防治管理工作。

(五)《母婴保健法》

国务院其他有关部门

在各自职责范围内,配合卫生行政部门做好母婴保健工作。

(六)《医师法》

1. 县级以上地方人民政府教育、人力资源社会保障、中医药等有关部门

在各自职责范围内负责有关的医师管理工作。

2. 县级以上人民政府有关部门

采取措施,加强定向培养、委托培训协议履约管理。

(七)《职业病防治法》

1. 县级以上人民政府劳动保障行政部门

加强对工伤保险的监督管理,确保劳动者依法享受工伤保险待遇。

2. 国务院劳动保障行政部门

会同国务院卫生行政部门制定职业病伤残等级的鉴定办法。

(八)《人口与计划生育法》

卫生健康、教育、科技、文化、民政、新闻出版、广播电视等部门

组织开展人口与计划生育宣传教育。

(九)《精神卫生法》

1. 县级以上人民政府司法行政、民政、公安、教育、医疗保障等部门

在各自职责范围内负责有关的精神卫生工作。

2. 地方各级人民政府教育行政部门

重视教师心理健康。

3. 县级以上人民政府教育行政部门

对教师进行上岗前和在岗培训,应当有精神卫生的内容,并定期组织心理健康教育教师、辅导人员进行专业培训。

4. 县级以上地方人民政府人力资源社会保障、教育、卫生、司法行政、公安等部门

在各自职责范围内分别对《精神卫生法》第 15 条至第 18 条规定的单位履行精神障碍预防义务的情况进行督促和指导。

5. 公安机关

疑似精神障碍患者发生伤害自身、危害他人安全的行为,或者有伤害自身、危害他人安全的危险的,立即采取措施予以制止,并将其送往医疗机构进行精神障碍诊断。

6. 医疗保障、财政等部门

加强协调,简化程序,实现属于基本医疗保险基金支付的医疗费用由医疗机构与医疗保险经办机构直接结算。

7. 医疗保障部门

精神障碍患者通过基本医疗保险支付医疗费用后仍有困难,或者不能通过基本医疗保险支付医疗费用的,优先给予医疗救助。

8. 民政部门

(1)对符合城乡最低生活保障条件的严重精神障碍患者,会同有关部门及时将其纳入最低生活保障;(2)对属于农村五保供养对象的严重精神障碍患者,以及城市中无劳动能力、无生活来源且无法定赡养、抚养、扶养义务人,或者其法定赡养、抚养、扶养义务人无赡养、抚养、扶养能力的严重精神障碍患者,按照国家有关规定予以供养、救助;(3)其他严重精神障碍患者确有困难的,可以采取临时救助等措施,帮助其解决生活困难。

(十)《中医药法》

1. 国务院有关部门

(1)依据职责制定或者修订中医药国家标准、行业标准,并在其网站上公布,供

公众免费查阅;(2)协助做好中药材质量监测有关工作。

2. 国务院药品监督管理部门

(1)组织并加强对中药材质量的监测,定期向社会公布监测结果;(2)会同中医药主管部门制定中药复方制剂具体管理办法。

3. 省、自治区、直辖市人民政府药品监督管理部门

应用传统工艺配置的中药制剂品种的备案。

4. 县级以上地方人民政府有关部门

按照国家规定,将符合条件的中医医疗机构纳入基本医疗保险定点医疗机构范围,将符合条件的中医诊疗项目、中药饮片、中成药和医疗机构中药制剂纳入基本医疗保险基金支付范围。

(十一)《疫苗管理法》

1. 国务院药品监督管理部门

(1)负责全国疫苗监督管理工作;(2)会同国务院卫生健康主管部门制定统一的疫苗追溯标准和规范,建立全国疫苗电子追溯协同平台,整合疫苗生产、流通和预防接种全过程追溯信息,实现疫苗可追溯;(3)疫苗临床试验的批准;(4)在中国境内上市的疫苗的批准,颁发药品注册证书;(5)对疾病预防、控制急需的疫苗和创新疫苗,予以优先审评审批;(6)应对重大突发公共卫生事件急需的疫苗或者国务院卫生健康主管部门认定急需的其他疫苗,经评估获益大于风险的,可以附条件批准疫苗注册申请;(7)国务院卫生健康主管部门根据传染病预防、控制需要提出紧急使用疫苗的建议,经组织论证同意后可以在一定范围和期限内紧急使用;(8)疫苗的生产工艺、质量控制标准和说明书、标签的核准;(9)在其网站上及时公布疫苗说明书、标签内容;(10)疫苗委托生产的批准;(11)及时公布上市疫苗批签发结果,供公众查询;(12)预防、控制传染病疫情或者应对突发事件急需的疫苗免予批签发的批准;(13)与国务院卫生健康主管部门共同制定疫苗储存、运输管理规范;(14)批准疫苗注册申请时提出进一步研究要求的疫苗,逾期未完成研究或者不能证明其获益大于风险的,依法处理,直至注销该疫苗的药品注册证书;(15)生产工艺、生产场地、关键设备等发生变更的备案或者报告以及可能影响疫苗安全性、有效性和质量可控性的变更的批准;(16)在其网站上及时公布更新后的疫苗说明书、标签内容;(17)可以根据实际情况,责令疫苗上市许可持有人开展上市后评价或者直接组织开展上市后评价;(18)对预防接种异常反应严重或者其他原因危害人体健康的疫苗,注销该疫苗的药品注册证书;(19)可以根据疾病预防、控制需要和疫苗行业发展情况,组织对疫苗品种开展上市后评价,发现该疫苗品种的产品设计、

生产工艺、安全性、有效性或者质量可控性明显劣于预防、控制同种疾病的其他疫苗品种的，应当注销该品种所有疫苗的药品注册证书并废止相应的国家药品标准；(20)会同国务院卫生健康主管部门、保险监督管理机构等制定疫苗责任强制保险制度的具体实施办法；(21)会同国务院卫生健康主管部门等建立疫苗质量、预防接种等信息共享机制；(22)会同有关部门公布疫苗安全风险警示信息、重大疫苗安全事故及其调查处理信息和国务院确定需要统一公布的其他疫苗安全信息。

2. 国务院工业和信息化、财政部门

(1)疫苗存在供应短缺风险时，针对国务院卫生健康主管部门、国务院药品监督管理部门提出的建议，采取有效措施，保障疫苗生产、供应；(2)会同国务院卫生健康主管部门、公安部门、市场监督管理部门和药品监督管理部门，根据疾病预防、控制和公共卫生应急准备的需要，加强储备疫苗的产能、产品管理，建立动态调整机制。

3. 国务院财政部门

会同国务院价格主管部门制定疾病预防控制机构配送非免疫规划疫苗收取储存、运输费用的具体办法。

4. 省级以上人民政府药品监督管理部门

疫苗生产活动的批准，颁发药品生产许可证。

5. 省级以上人民政府药品监督管理部门、卫生健康主管部门等

按照科学、客观、及时、公开的原则，组织疫苗上市许可持有人、疾病预防控制机构、接种单位、新闻媒体、科研单位等，就疫苗质量和预防接种等信息进行交流沟通。

6. 省、自治区、直辖市人民政府药品监督管理部门

(1)监督销毁不予批签发的疫苗；(2)选派检查员入驻疫苗上市许可持有人。

7. 省、自治区、直辖市人民政府价格主管部门

(1)会同财政部门制定疾病预防控制机构配送非免疫规划疫苗的收费标准；(2)会同财政部门制定接种服务费的收费标准。

8. 省、自治区、直辖市人民政府财政部门

在预防接种经费中安排接种免疫规划疫苗所需的补偿费用。

9. 县级以上人民政府药品监督管理部门

(1)依法对疫苗研制、生产、储存、运输以及预防接种中的疫苗质量进行监督检查；(2)加强对疫苗上市许可持有人的现场检查；必要时，可以对为疫苗研制、生产、流通等活动提供产品或者服务的单位和个人进行延伸检查；(3)发现可能误导公众

和社会舆论的疫苗安全信息，立即会同卫生健康主管部门及其他有关部门、专业机构、相关疫苗上市许可持有人等进行核实、分析，并及时公布结果；(4)负责本行政区域疫苗监督管理工作；(5)疫苗质量管理存在安全隐患，疫苗上市许可持有人等未及时采取措施消除的，可以采取责任约谈、限期整改等措施；(6)严重违反药品相关质量管理规范的，责令暂停疫苗生产、销售、配送，立即整改；(7)建立疫苗上市许可持有人及其相关人员信用记录制度，纳入全国信用信息共享平台，按照规定公示其严重失信信息，实施联合惩戒；(8)疫苗存在或者疑似存在质量问题时，依法采取查封、扣押等措施；(9)发生疫苗安全事件时，会同卫生健康主管部门按照应急预案的规定，成立疫苗安全事件处置指挥机构，开展医疗救治、风险控制、调查处理、信息发布、解释说明等工作，做好补种等善后处置工作。

10. 县级以上人民政府药品监督管理、卫生健康主管部门

(1)按照各自职责对疫苗研制、生产、流通和预防接种全过程进行监督管理，监督疫苗上市许可持有人、疾病预防控制机构、接种单位等依法履行义务；(2)疫苗存在或者疑似存在质量问题，未依照规定停止生产、销售、配送、使用或者召回疫苗的，按照各自职责责令停止生产、销售、配送、使用或者召回疫苗。

(十二)《基本医疗卫生与健康促进法》

1. 国务院医疗保障主管部门

(1)组织制定基本医疗保险基金支付范围，并听取国务院卫生健康主管部门、中医药主管部门、药品监督管理部门、财政部门等的意见；(2)对纳入支付范围的基本医疗保险药品目录、诊疗项目、医疗服务设施标准等组织开展循证医学和经济性评价，并应当听取国务院卫生健康主管部门、中医药主管部门、药品监督管理部门、财政部门等有关方面的意见。

2. 县级以上人民政府教育主管部门

按照规定将学生体质健康水平纳入学校考核体系。

3. 县级以上人民政府医疗保障主管部门

提高医疗保障监管能力和水平，对纳入基本医疗保险基金支付范围的医疗服务行为和医疗费用加强监督管理，确保基本医疗保险基金合理使用、安全可控。

二、行政法规规定的公共卫生责任

(一)《麻醉药品和精神药品管理条例》

1. 国务院药品监督管理部门

(1)会同国务院公安部门、国务院卫生主管部门制定、调整并公布麻醉药品、精神药品目录；(2)上市销售但尚未列入目录的药品和其他物质或者第二类精神药品

发生滥用，已经造成或者可能造成严重社会危害的，应当会同国务院公安部门、国务院卫生主管部门及时将该药品和该物质列入目录或者将该第二类精神药品调整为第一类精神药品；(3)负责全国麻醉药品和精神药品的监督管理工作，并会同国务院农业主管部门对麻醉药品药用原植物实施监督管理；(4)根据麻醉药品和精神药品的需求总量制定年度生产计划；(5)麻醉药品和精神药品实验研究活动的批准；(6)转让麻醉药品和精神药品研究成果的批准；(7)根据麻醉药品和精神药品的需求总量，确定麻醉药品和精神药品定点生产企业的数量和布局，并根据年度需求总量对数量和布局进行调整、公布；(8)组织医学、药学、社会学、伦理学和禁毒等方面的专家成立专家组；(9)发生重大突发事件，定点生产企业无法正常生产或者不能保证供应麻醉药品和精神药品时，可以决定其他药品生产企业生产麻醉药品和精神药品；(10)规定麻醉药品和精神药品的标志；(11)根据麻醉药品和第一类精神药品的需求总量，确定麻醉药品和第一类精神药品的定点批发企业布局，并应当根据年度需求总量对布局进行调整、公布；(12)跨省、自治区、直辖市从事麻醉药品和第一类精神药品批发业务的企业的批准，并明确其所承担供药责任的区域；(13)药品生产企业需要以麻醉药品和第一类精神药品为原料生产普通药品的年度需求计划的批准；(14)全国性批发企业设立药品储存点的批准；(15)会同国务院铁路主管部门制定铁路运输麻醉药品和第一类精神药品的具体办法；(16)会同国务院邮政主管部门制定邮寄麻醉药品和精神药品的具体管理办法；(17)对已经发生滥用，造成严重社会危害的麻醉药品和精神药品品种，采取在一定期限内中止生产、经营、使用或者限定其使用范围和用途等措施；(18)对不再作为药品使用的麻醉药品和精神药品，撤销其药品批准文号和药品标准，并予以公布。

2. 国务院药品监督管理部门、公安部门和卫生主管部门

制定以开展戒毒治疗为目的，使用美沙酮或者国家确定的其他用于戒毒治疗的麻醉药品和精神药品的具体管理办法。

3. 国务院公安部门

负责对造成麻醉药品药用原植物、麻醉药品和精神药品流入非法渠道的行为进行查处。

4. 国务院药品监督管理部门和国务院农业主管部门

(1)根据麻醉药品年度生产计划，制定麻醉药品药用原植物年度种植计划；(2)共同确定麻醉药品药用原植物种植企业。

5. 国务院价格主管部门

制定麻醉药品和精神药品定价的具体办法。

6. 省级以上人民政府药品监督管理部门

(1)发放携带麻醉药品和精神药品证明;(2)根据实际情况建立监控信息网络,对定点生产企业、定点批发企业和使用单位的麻醉药品和精神药品生产、进货、销售、库存、使用的数量以及流向实行实时监控,并与同级公安机关做到信息共享。

7. 省、自治区、直辖市人民政府药品监督管理部门

(1)负责本行政区域内麻醉药品和精神药品的监督管理工作;(2)从事麻醉药品、精神药品生产的企业的批准;(3)在本省、自治区、直辖市行政区域内从事麻醉药品和第一类精神药品批发业务的企业的批准,并明确其所承担供药责任的区域;(4)专门从事第二类精神药品批发业务的企业的批准;(5)全国性批发企业向取得麻醉药品和第一类精神药品使用资格的医疗机构销售麻醉药品和第一类精神药品的批准;(6)由于特殊地理位置的原因,区域性批发企业需要就近向其他省、自治区、直辖市行政区域内取得麻醉药品和第一类精神药品使用资格的医疗机构销售的批准;(7)区域性批发企业从定点生产企业购进麻醉药品和第一类精神药品的批准;(8)食品、食品添加剂、化妆品、油漆等非药品生产企业需要使用咖啡因作为原料的批准;(9)科学研究、教学单位需要使用麻醉药品和精神药品开展实验、教学活动的批准;(10)需要使用麻醉药品和精神药品的标准品、对照品的批准;(11)对临床需要而市场无供应的麻醉药品和精神药品,持有医疗机构制剂许可证和印鉴卡的医疗机构需要配制制剂的批准。

8. 省、自治区、直辖市邮政主管部门

指定符合安全保障条件的邮政营业机构负责收寄麻醉药品和精神药品。

9. 市级药品监督管理部门

(1)实行统一进货、统一配送、统一管理的药品零售连锁企业从事第二类精神药品零售业务的批准;(2)发放托运或者自行运输麻醉药品和第一类精神药品的运输证明;(3)出具邮寄麻醉药品和精神药品准予邮寄证明;(4)每3个月向上一级药品监督管理部门报告本地区麻醉药品和精神药品的相关情况。

10. 县级以上人民政府药品监督管理部门

(1)根据规定的职责权限,对麻醉药品药用原植物的种植以及麻醉药品和精神药品的实验研究、生产、经营、使用、储存、运输活动进行监督检查;(2)发现取得印鉴卡的医疗机构未依照规定购买麻醉药品和第一类精神药品时,及时通报同级卫生主管部门;(3)必要时可以责令定点批发企业中止向该医疗机构销售麻醉药品和第一类精神药品;(4)麻醉药品和精神药品的生产、经营和使用单位对过期、损坏的麻醉药品和精神药品申请销毁的,应当到场监督销毁;(5)将在麻醉药品药用原植

物的种植以及麻醉药品和精神药品的实验研究、生产、经营、使用、储存、运输等各环节的管理中的审批、撤销等事项通报同级公安机关。

11. 药品监督管理部门、卫生主管部门

发现生产、经营企业和使用单位的麻醉药品和精神药品管理存在安全隐患时，责令其立即排除或者限期排除，对有证据证明可能流入非法渠道的，及时采取查封、扣押的行政强制措施，在7日内作出行政处理决定，并通报同级公安机关。

12. 县级以上地方公安机关

(1)负责对本行政区域内造成麻醉药品和精神药品流入非法渠道的行为进行查处；(2)接到报告、举报，或者有证据证明麻醉药品和精神药品可能流入非法渠道时，及时开展调查，并可以对相关单位采取必要的控制措施。

13. 药品监督管理部门、卫生主管部门和公安机关

互相通报麻醉药品和精神药品生产、经营企业和使用单位的名单以及其他管理信息。

(二)《放射性药品管理办法》

1. 国务院药品监督管理部门

(1)负责全国放射性药品监督管理工作；(2)放射性新药临床试验或者验证的审批；(3)放射性新药的审核批准，发给新药证书；(4)审核批准放射性新药时，征求国务院国防科技工业主管部门的意见；(5)放射性新药投入生产的审核并发给批准文号；(6)生产已有国家标准的放射性药品，征求国务院国防科技工业主管部门意见后审核批准，并发给批准文号；(7)放射性药品的国家标准的审批颁发。

2. 国务院国防科技工业主管部门

依据职责负责与放射性药品有关的管理工作。

3. 国务院环境保护主管部门

负责与放射性药品有关的辐射安全与防护的监督管理工作。

4. 省、自治区、直辖市药品监督管理部门

(1)开办放射性药品生产企业，经所在省、自治区、直辖市国防科技工业主管部门审查同意，所在省、自治区、直辖市药品监督管理部门审核批准后，发给《放射性药品生产企业许可证》；(2)开办放射性药品经营企业，经所在省、自治区、直辖市药品监督管理部门审核并征求所在省、自治区、直辖市国防科技工业主管部门意见后批准的，发给《放射性药品经营企业许可证》；(3)根据医疗单位核医疗技术人员的水平、设备条件，核发相应等级的《放射性药品使用许可证》。

（三）《药品管理法实施条例》

1. 国务院药品监督管理部门

(1)设置国家药品检验机构;(2)生产注射剂、放射性药品和国务院药品监督管理部门规定的生物制品的药品生产企业的认证工作;(3)《药品生产质量管理规范》认证证书格式的统一规定;(4)设立《药品生产质量管理规范》认证检查员库;(5)《药品经营质量管理规范》认证证书格式的统一规定;(6)会同国务院有关部门制定互联网药品交易服务的管理办法;(7)国务院药品监督管理部门规定的特殊制剂的调剂使用以及省、自治区、直辖市之间医疗机构制剂的调剂使用的批准;(8)分别商国务院科学技术行政部门和国务院卫生行政部门制定《药物非临床研究质量管理规范》《药物临床试验质量管理规范》;(9)药物临床试验、生产药品和进口药品的审查批准;(10)可以委托省、自治区、直辖市人民政府药品监督管理部门对申报药物的研制情况及条件进行审查,对申报资料进行形式审查,并对试制的样品进行检验;(11)制定药物临床试验、生产药品和进口药品审批的具体办法;(12)变更研制新药、生产药品和进口药品已获批准证明文件及其附件中载明事项的批准;(13)制定不改变药品内在质量的补充申请事项;(14)根据保护公众健康的要求,可以对药品生产企业生产的新药品种设立不超过5年的监测期;(15)医疗机构因临床急需进口少量药品的批准;(16)对已批准生产、销售的药品进行再评价,根据药品再评价结果,可以采取责令修改药品说明书,暂停生产、销售和使用的措施,对不良反应大或者其他原因危害人体健康的药品,撤销该药品批准证明文件;(17)《进口药品注册证》《医药产品注册证》的再注册的审批;(18)组织制定并公布直接接触药品的包装材料和容器的管理办法、产品目录和药用要求与标准;(19)制定药品广告的具体办法;(20)在国家药品标准规定的检验方法和检验项目不能检验时,补充检验方法和检验项目的批准。

2. 省级以上人民政府药品监督管理部门

(1)可以根据需要,确定符合药品检验条件的检验机构承担药品检验工作;(2)按照《药品生产质量管理规范》和国务院药品监督管理部门规定的实施办法和实施步骤,组织对药品生产企业的认证工作,对符合《药品生产质量管理规范》的,发给认证证书;(3)发生灾情、疫情、突发事件或者临床急需而市场没有供应时,在规定期限内,医疗机构配制的制剂可以在指定的医疗机构之间调剂使用的批准;(4)药品被抽检单位没有正当理由,拒绝抽查检验的,可以宣布停止该单位拒绝抽检的药品上市销售和使用;(5)根据药品质量抽查检验结果,定期发布药品质量公告;(6)有证据证明可能危害人体健康的药品需要暂停销售和使用的,应当作出决定。

3. 省、自治区、直辖市人民政府药品监督管理部门

（1）可以在本行政区域内设置药品检验机构；（2）提出地方药品检验机构的设置规划，报省、自治区、直辖市人民政府批准；（3）对申办药品生产企业，依据《药品管理法》第 8 条规定的开办条件组织验收，验收合格的，发给《药品生产许可证》；（4）药品生产企业变更《药品生产许可证》许可事项的批准；（5）对申办药品批发企业，依据《药品管理法》第 15 条规定的开办条件组织验收，符合条件的，发给《药品经营许可证》；（6）设立《药品经营质量管理规范》认证检查员库；（7）医疗机构设立制剂室的批准，发给《医疗机构制剂许可证》；（8）医疗机构变更《医疗机构制剂许可证》许可事项的批准；（9）医疗机构配制制剂的批准，并发给制剂批准文号；（10）药品批准文号再注册的审批，并报国务院药品监督管理部门备案；（11）医疗机构配制制剂所使用的直接接触药品的包装材料和容器、制剂的标签和说明书的批准；（12）核发药品广告批准文号，同时报国务院药品监督管理部门备案；（13）对违法发布药品广告，情节严重的，可以予以公告。

4. 设区的市级以上地方人民政府药品监督管理部门

（1）对申办药品零售企业，依据《药品管理法》第 15 条规定的开办条件组织验收，符合条件的，发给《药品经营许可证》；（2）负责组织药品经营企业的认证工作。

5. 县级以上人民政府药品监督管理部门

（1）依法对药品的研制、生产、经营、使用实施监督检查；（2）依法对有证据证明可能危害人体健康的药品及其有关证据材料采取查封、扣押的行政强制措施。

6. 政府价格主管部门

依照《价格法》第 28 条的规定实行药品价格监测时，为掌握、分析药品价格变动和趋势，可以指定部分药品生产企业、药品经营企业和医疗机构作为价格监测定点单位。

7. 国务院财政、价格主管部门

制定核发证书、进行药品注册、药品认证和实施药品审批检验及其强制性检验的具体收费标准。

（四）《国境卫生检疫法实施细则》

卫生检疫机关

（1）发现染疫人时，立即将其隔离，防止任何人遭受感染，并按照检疫传染病管理的规定处理。（2）发现染疫嫌疑人时，按照检疫传染病管理的规定处理。（3）阻止染疫人、染疫嫌疑人出境，但是对来自国外并且在到达时受就地诊验的人，本人

要求出境的,可以准许出境。(4)国境口岸以及停留在该场所的入境、出境交通工具上所有非因意外伤害而死亡并死因不明的尸体的查验,并签发尸体移运许可证。(5)入境、出境的微生物、人体组织、生物制品、血液及其制品等特殊物品的检疫,并签发特殊物品审批单。(6)对来自疫区或者被传染病污染的各种食品、饮料、水产品等实施卫生处理或者销毁,并签发卫生处理证明。(7)发现检疫传染病、监测传染病、疑似检疫传染病时,向当地卫生行政部门和卫生防疫机构通报,发现检疫传染病时,用最快的办法向国务院卫生行政部门报告。(8)执行《国境卫生检疫法》及其实施细则和国家有关卫生法规。(9)收集、整理、报告国际和国境口岸传染病的发生、流行和终息情况。(10)对国境口岸的卫生状况实施卫生监督,对入境、出境的交通工具、人员、集装箱、尸体、骸骨以及可能传播检疫传染病的行李、货物、邮包等实施检疫查验、传染病监测、卫生监督和卫生处理。(11)对入境、出境的微生物、生物制品、人体组织、血液及其制品等特殊物品以及能传播人类传染病的动物,实施卫生检疫。(12)对入境、出境人员进行预防接种、健康检查、医疗服务、国际旅行健康咨询和卫生宣传。(13)签发卫生检疫证件。(14)进行流行病学调查研究,开展科学实验。(15)执行海关部署、国务院卫生行政部门指定的其他工作。(16)入境、出境的交通工具有下列情形之一的,实施消毒、除鼠、除虫或者其他卫生处理:①来自检疫传染病疫区的;②被检疫传染病污染的;③发现有与人类健康有关的啮齿动物或者病媒昆虫,超过国家卫生标准的。(17)对入境、出境的废旧物品和曾行驶于境外港口的废旧交通工具,根据污染程度,分别实施消毒、除鼠、除虫,对污染严重的实施销毁。(18)阻止患有严重精神病、传染性肺结核病或者有可能对公共卫生造成重大危害的其他传染病的外国人入境。(19)对国境口岸的涉外宾馆、饭店内居住的入境、出境人员及工作人员实施传染病监测,并区别情况采取必要的预防、控制措施。

(五)《放射性同位素与射线装置安全和防护条例》

1. 国务院生态环境主管部门

(1)对全国放射性同位素、射线装置的安全和防护工作实施统一监督管理;(2)制定放射源具体分类办法;(3)商国务院卫生主管部门制定射线装置具体分类办法;(4)除医疗使用Ⅰ类放射源、制备正电子发射计算机断层扫描用放射性药物自用的单位外,生产放射性同位素、销售和使用Ⅰ类放射源、销售和使用Ⅰ类射线装置的单位的许可证的审批颁发;(5)进口列入限制进出口目录的放射性同位素的审批;(6)对进口的放射源同时确定与其标号相对应的放射源编码;(7)放射性同位素产品台账和放射源编码清单的备案;(8)负责建立放射性同位素备案信息管理系统，与有关部门实行信息共享；(9)商国务院有关部门制定并公布辐射安全关键岗位名录。

2. 国务院公安、卫生等部门

按照职责分工和《放射性同位素与射线装置安全和防护条例》的规定，对有关放射性同位素、射线装置的安全和防护工作实施监督管理。

3. 国务院对外贸易主管部门

(1)会同国务院生态环境主管部门、海关总署和生产放射性同位素的单位的行业主管部门制定并公布限制进出口放射性同位素目录和禁止进出口放射性同位素目录；(2)进口列入限制进出口目录的放射性同位素，在国务院生态环境主管部门审查批准后，依据国家对外贸易的有关规定签发进口许可证。

4. 海关

凭放射性同位素进口许可证办理有关进口手续。

5. 省、自治区、直辖市人民政府生态环境主管部门

(1)除国务院生态环境主管部门审批颁发的许可证外，其他单位的许可证的审批颁发；(2)转让放射性同位素的审批；(3)放射性同位素的转出、转入的备案；(4)废旧放射源交回生产单位、返回原出口方或者送交放射源废物集中贮存单位贮存的备案；(5)放射性同位素转移到外省、自治区、直辖市使用的备案。

6. 省级以上人民政府生态环境主管部门

(1)将审批颁发许可证的情况通报同级公安部门、卫生主管部门；(2)商同级有关部门批准野外放射性同位素示踪试验。

7. 县级以上人民政府生态环境主管部门、公安部门、卫生主管部门

(1)接到辐射事故报告后，应当立即派人赶赴现场，进行现场调查，采取有效措施，控制并消除事故影响，同时将辐射事故信息报告本级人民政府和上级人民政府生态环境主管部门、公安部门、卫生主管部门。(2)按照职责分工做好相应的辐射事故应急工作：①生态环境主管部门负责辐射事故的应急响应、调查处理和定性定级工作，协助公安部门监控追缴丢失、被盗的放射源；②公安部门负责丢失、被盗放射源的立案侦查和追缴；③卫生主管部门负责辐射事故的医疗应急。(3)及时相互通报辐射事故应急响应、调查处理、定性定级、立案侦查和医疗应急情况。

8. 县级以上人民政府生态环境主管部门

(1)会同同级公安、卫生、财政等部门编制辐射事故应急预案，报本级人民政府批准。(2)在发生辐射事故或者有证据证明辐射事故可能发生时，有权采取下列临

时控制措施:①责令停止导致或者可能导致辐射事故的作业;②组织控制事故现场。(3)在监督检查中发现生产、销售、使用放射性同位素和射线装置的单位有不符合原发证条件的情形的,责令其限期整改。

(六)《化妆品监督管理条例》

1. 国务院药品监督管理部门

(1)负责全国化妆品监督管理工作;(2)对具有防腐、防晒、着色、染发、祛斑美白功能的化妆品新原料进行注册,符合要求的,准予注册并发给化妆品新原料注册证,不符合要求的,不予注册并书面说明理由;(3)其他化妆品新原料的备案;(4)可以根据科学研究的发展,调整实行注册管理的化妆品新原料的范围,经国务院批准后实施;(5)向社会公布注册、备案有关信息;(6)对存在安全问题的化妆品新原料,撤销注册或者取消备案;(7)制定已使用的化妆品原料目录;(8)制定、公布禁止用于化妆品生产的原料目录;(9)根据化妆品的功效宣称、作用部位、产品剂型、使用人群等因素,制定、公布化妆品分类规则和分类目录;(10)对特殊化妆品注册申请进行审查;(11)进口普通化妆品的备案;(12)负责化妆品强制性国家标准的项目提出、组织起草、征求意见和技术审查;(13)制定化妆品生产质量管理规范;(14)制定化妆品检验规范以及化妆品检验相关标准品管理规定;(15)对可能掺杂掺假或者使用禁止用于化妆品生产的原料生产的化妆品,按照化妆品国家标准规定的检验项目和检验方法无法检验的,可以制定补充检验项目和检验方法;(16)公布复检机构名录;(17)制定、发布并组织实施国家化妆品安全风险监测计划;(18)建立化妆品质量安全风险信息交流机制,组织化妆品生产经营者、检验机构、行业协会、消费者协会以及新闻媒体等就化妆品质量安全风险信息进行交流沟通;(19)将再评估结果表明不能保证安全的化妆品原料纳入禁止用于化妆品生产的原料目录,并向社会公布。

2. 国务院标准化行政部门

负责化妆品强制性国家标准的立项、编号和对外通报。

3. 国务院药品监督管理、市场监督管理部门

制定化妆品检验机构的资质认定条件。

4. 国家出入境检验检疫机构

(1)依照《进出口商品检验法》的规定对进口的化妆品实施检验;(2)对造成人体伤害或者有证据证明可能危害人体健康的进口化妆品,可以暂停进口。

5. 省级以上人民政府药品监督管理部门

(1)自特殊化妆品准予注册之日起、普通化妆品备案人提交备案资料之日起 5

个工作日内向社会公布注册、备案有关信息；(2)组织对化妆品进行抽样检验；(3)根据科学研究的发展，对化妆品、化妆品原料的安全性有认识上的改变的，或者有证据表明化妆品、化妆品原料可能存在缺陷的，可以责令化妆品、化妆品新原料的注册人、备案人开展安全再评估或者直接组织开展安全再评估。

6. 省、自治区、直辖市人民政府药品监督管理部门

(1)国产普通化妆品的备案；(2)化妆品生产活动的许可。

7. 县级以上人民政府药品监督管理部门

(1)在监督检查中发现化妆品存在质量缺陷或者其他问题，可能危害人体健康的，通知化妆品注册人、备案人实施召回，通知受托生产企业、化妆品经营者停止生产、经营。(2)化妆品注册人、备案人、受托生产企业、经营者未依照规定实施召回或者停止生产、经营的，责令其实施召回或者停止生产、经营。(3)对化妆品生产经营进行监督检查时，有权采取下列措施：①进入生产经营场所实施现场检查；②对生产经营的化妆品进行抽样检验；③查阅、复制有关合同、票据、账簿以及其他有关资料；④查封、扣押不符合强制性国家标准、技术规范或者有证据证明可能危害人体健康的化妆品及其原料、直接接触化妆品的包装材料，以及有证据证明用于违法生产经营的工具、设备；⑤查封违法从事生产经营活动的场所。(4)按照规定及时公布化妆品抽样检验结果。(5)对造成人体伤害或者有证据证明可能危害人体健康的化妆品，可以采取责令暂停生产、经营的紧急控制措施，并发布安全警示信息。(6)依法及时公布化妆品行政许可、备案、日常监督检查结果、违法行为查处等监督管理信息。(7)建立化妆品生产经营者信用档案。(8)化妆品生产经营过程中存在安全隐患，未及时采取措施消除的，可以对化妆品生产经营者的法定代表人或者主要负责人进行责任约谈。(9)公布本部门的网站地址、电子邮件地址或者电话，接受咨询、投诉、举报，并及时答复或者处理。

(七)《学校卫生工作条例》

教育行政部门

(1)负责学校卫生工作的行政管理；(2)把学校卫生工作纳入学校工作计划，作为考评学校工作的一项内容；(3)将培养学校卫生技术人员的工作列入招生计划，并通过各种教育形式为学校卫生技术人员和保健教师提供进修机会；(4)将学校卫生经费纳入核定的年度教育经费预算。

(八)《传染病防治法实施办法》

1. 铁路、交通、民航部门

负责组织消除交通工具的鼠害和各种病媒昆虫的危害。

2. 农业、林业部门

负责组织消除农田、牧场及林区的鼠害。

3. 畜牧兽医部门

(1)负责兽用狂犬病疫苗的研制、生产和供应;(2)对城乡经批准的养犬进行预防接种、登记和发放“家犬免疫证”;(3)对犬类狂犬病的疫情进行监测等。

4. 公安部门

负责县以上城市养犬的审批与违章养犬的处理,捕杀狂犬、野犬。

(九)《食盐加碘消除碘缺乏危害管理条例》

1. 国务院盐业主管机构

负责全国碘盐加工、市场供应的监督管理。

2. 省、自治区、直辖市人民政府盐业主管机构

经营碘盐批发业务的企业的审批。

3. 县级以上地方人民政府盐业主管机构

负责对本地区碘盐加工、市场供应的监督管理。

4. 县级以上人民政府有关部门

按照职责分工,密切配合,共同做好食盐加碘消除碘缺乏危害工作。

(十)《国内交通卫生检疫条例》

铁路、交通、民用航空行政主管部门

(1)根据有关法律、法规和国务院卫生行政部门分别会同国务院铁路、交通、民用航空行政主管部门规定的职责划分,负责各自职责范围内的国内交通卫生检疫工作;(2)接到疫情通报后,及时通知有关交通工具的营运单位。

(十一)《医疗器械监督管理条例》

1. 国务院药品监督管理部门

(1)负责全国医疗器械监督管理工作;(2)负责制定医疗器械的分类规则和分类目录,并根据医疗器械生产、经营、使用情况,及时对医疗器械的风险变化进行分析、评价,对分类规则和分类目录进行调整;(3)配合国务院有关部门,贯彻实施国家医疗器械产业规划和引导政策;(4)向我国境内出口第一类医疗器械的产品备案;(5)第三类医疗器械的产品注册;(6)向我国境内出口第二类、第三类医疗器械的产品注册;(7)对医疗器械注册审查程序和要求作出规定,并加强对省、自治区、直辖市人民政府药品监督管理部门注册审查工作的监督指导;(8)出现特别重大突发公共卫生事件或者其他严重威胁公众健康的紧急事件,国务院卫生主管部门根据预防、控制事件的需要提出紧急使用医疗器械的建议,经组织论证同意后可以在

一定范围和期限内紧急使用;(9)直接申请第三类医疗器械产品注册的,按照风险程度确定类别,对准予注册的医疗器械及时纳入分类目录;(10)制定医疗器械临床评价指南;(11)会同国务院卫生主管部门制定并公布医疗器械临床试验机构应当具备的条件以及备案管理办法和临床试验质量管理规范;(12)第三类医疗器械临床试验对人体具有较高风险的批准;(13)准予开展临床试验的,通报临床试验机构所在地省、自治区、直辖市人民政府药品监督管理部门和卫生主管部门;(14)制定、调整并公布临床试验对人体具有较高风险的第三类医疗器械目录;(15)制定、调整并公布具有高风险的植入性医疗器械不得委托生产的具体目录;(16)制定医疗器械命名规则;(17)会同国务院有关部门制定分步实施医疗器械唯一标识制度的具体办法;(18)制定医疗器械经营质量管理规范;(19)会同国务院卫生主管部门制定、调整并公布一次性使用的医疗器械目录;(20)会同国务院卫生主管部门制定医疗机构自行研制国内尚无同品种上市的体外诊断试剂的具体管理办法;(21)医疗机构因临床急需进口少量第二类、第三类医疗器械的批准;(22)及时向国家出入境检验检疫部门通报进口医疗器械的注册和备案情况;(23)加强医疗器械不良事件监测信息网络建设;(24)公布复检机构名录。

2. 国务院市场监督管理部门

制定医疗器械广告的审查办法。

3. 省、自治区、直辖市人民政府药品监督管理部门

(1)第二类医疗器械的产品注册;(2)医疗器械临床试验的备案;(3)将备案情况通报临床试验机构所在地的同级药品监督管理部门和卫生主管部门;(4)对申请从事第二类、第三类医疗器械生产的生产企业提交的资料进行审核。

4. 省级以上人民政府药品监督管理部门

(1)对医疗器械的安全性、有效性以及注册申请人保证医疗器械安全、有效的质量管理能力等进行审查;(2)在组织对医疗器械的技术评审时认为有必要对质量管理体系进行核查的,组织开展质量管理体系核查;(3)通过国务院药品监督管理部门在线政务服务平台向社会公布注册相关信息;(4)对用于治疗罕见病、严重危及生命且尚无有效治疗手段的疾病和应对公共卫生事件等急需的医疗器械,可以作出附条件批准决定,并在医疗器械注册证中载明相关事项;(5)会同同级卫生主管部门和相关部门组织对引起突发、群发的严重伤害或者死亡的医疗器械不良事件及时进行调查和处理,并组织对同类医疗器械加强监测;(6)根据医疗器械不良事件监测、评估等情况,对已上市医疗器械开展再评价,再评价结果表明已上市医疗器械不能保证安全、有效的,注销医疗器械注册证或者取消备案;(7)根据抽查检

验结论及时发布医疗器械质量公告。

5. 设区的市级药品监督管理部门

(1)第一类医疗器械的产品备案;(2)第一类医疗器械的生产备案;(3)第二类医疗器械的经营备案;(4)第三类医疗器械的经营许可。

6. 县级以上人民政府药品监督管理部门

(1)根据医疗器械不良事件评估结果及时采取发布警示信息以及责令暂停生产、进口、经营和使用等控制措施。(2)及时向同级卫生主管部门通报医疗器械使用单位的不良事件监测有关情况。(3)再评价结果表明已上市医疗器械不能保证安全、有效的,医疗器械注册人、备案人未申请注销医疗器械注册证或者取消备案的,可以注销医疗器械注册证或者取消备案。(4)向社会及时公布注销医疗器械注册证或者取消备案情况。(5)医疗器械注册人、备案人、受托生产企业、经营企业未依照《医疗器械监督管理条例》规定实施召回或者停止生产、经营的,可以责令其召回或者停止生产、经营。(6)对医疗器械的研制、生产、经营活动以及使用环节的医疗器械质量加强监督检查,并对下列事项进行重点监督检查:①是否按照经注册或者备案的产品技术要求组织生产;②质量管理体系是否保持有效运行;③生产经营条件是否持续符合法定要求。(7)必要时,可以对为医疗器械研制、生产、经营、使用等活动提供产品或者服务的其他相关单位和个人进行延伸检查。(8)在监督检查中有下列职权:①进入现场实施检查、抽取样品;②查阅、复制、查封、扣押有关合同、票据、账簿以及其他有关资料;③查封、扣押不符合法定要求的医疗器械,违法使用的零配件、原材料以及用于违法生产经营医疗器械的工具、设备;④查封违反《医疗器械监督管理条例》规定从事医疗器械生产经营活动的场所。(9)医疗器械生产经营过程中存在产品质量安全隐患,未及时采取措施消除的,可以采取告诫、责任约谈、责令限期整改等措施。(10)对人体造成伤害或者有证据证明可能危害人体健康的医疗器械,可以采取责令暂停生产、进口、经营、使用的紧急控制措施,并发布安全警示信息。(11)加强对医疗器械注册人、备案人、生产经营企业和使用单位生产、经营、使用的医疗器械的抽查检验。(12)在执法工作中需要对医疗器械进行检验的,委托有资质的医疗器械检验机构进行,并支付相关费用。(13)通过国务院药品监督管理部门在线政务服务平台依法及时公布医疗器械许可、备案、抽查检验、违法行为查处情况等日常监督检查信息。(14)建立医疗器械注册人、备案人、生产经营企业、使用单位信用档案,对有不良信用记录的增加监督检查频次,依法加强失信惩戒。(15)公布本单位的联系方式,接受咨询、投诉、举报。

7. 药品监督管理部门和卫生主管部门

依据各自职责，分别对使用环节的医疗器械质量和医疗器械使用行为进行监督管理。

8. 市场监督管理部门

依照有关广告管理的法律、行政法规的规定，对医疗器械广告进行监督检查，查处违法行为。

9. 出入境检验检疫机构

(1)依法对进口的医疗器械实施检验；(2)及时向所在地设区的市级人民政府负责药品监督管理的部门通报进口医疗器械的通关情况。

(十二)《母婴保健法实施办法》

县级以上人民政府财政、公安、民政、教育、劳动保障等部门

在各自职责范围内，配合同级卫生行政部门做好母婴保健工作。

(十三)《突发公共卫生事件应急条例》

1. 国务院有关部门

(1)建立严格的突发事件防范和应急处理责任制，切实履行各自的职责，保证突发事件应急处理工作的正常进行；(2)根据突发事件应急预案的要求，保证应急设施、设备、救治药品和医疗器械等物资储备；(3)保证突发事件应急处理所需的医疗救护设备、救治药品、医疗器械等物资的生产、供应。

2. 国务院财政、卫生和劳动保障行政主管部门

制定因突发事件致病、致残人员救治的具体办法。

3. 县级以上人民政府有关部门

(1)应急预案启动前，根据突发事件的实际情况，做好应急处理准备，采取必要的应急措施；(2)应急预案启动后，根据预案规定的职责要求，服从突发事件应急处理指挥部的统一指挥，立即到达规定岗位，采取有关的控制措施。

4. 县级以上地方人民政府有关部门

(1)在各自的职责范围内做好突发事件应急处理的有关工作；(2)已经发生或者发现可能引起突发事件的情形时，及时向同级人民政府卫生行政主管部门通报。

5. 铁路、交通、民用航空行政主管部门

保证及时运送突发事件应急处理所需的医疗救护设备、救治药品、医疗器械等物资。

（十四）《医疗废物管理条例》

1. 县级以上人民政府环境保护行政主管部门

（1）对医疗废物收集、运送、贮存、处置活动中的环境污染防治工作实施统一监督管理；（2）从事医疗废物集中处置活动的单位的审批，颁发经营许可证。

2. 县级以上人民政府其他有关部门

在各自的职责范围内负责与医疗废物处置有关的监督管理工作。

3. 县级以上地方人民政府环境保护行政主管部门

对医疗卫生机构和医疗废物集中处置单位从事医疗废物收集、运送、贮存、处置中的环境污染防治工作进行定期监督检查或者不定期的抽查。

4. 设区的市级以上人民政府环境保护行政主管部门

没有陆路通道必需经水路运输医疗废物的批准。

（十五）《病原微生物实验室生物安全管理条例》

1. 国务院兽医主管部门

（1）主管与动物有关的实验室及其实验活动的生物安全监督工作；（2）商国务院有关部门后制定、调整并公布动物间传染的病原微生物名录。

2. 国务院出入境检验检疫部门

出入境检验检疫机构在检验检疫过程中需要运输病原微生物样本的批准，并同时向国务院卫生主管部门或者兽医主管部门通报。

3. 国务院民用航空主管部门

通过民用航空运输高致病性病原微生物菌（毒）种或者样本的批准。

4. 国务院投资主管部门

会同国务院有关部门制定国家生物安全实验室体系规划。

5. 县级以上人民政府环境保护主管部门

依照法律、行政法规的规定对实验室排放的废水、废气和其他废物处置情况进行监督检查。

（十六）《艾滋病防治条例》

1. 县级以上人民政府有关部门

（1）按照职责分工负责艾滋病防治及其监督管理工作；（2）对进城务工人员加强艾滋病防治的宣传教育。

2. 县级以上人民政府教育主管部门

指导、督促高等院校、中等职业学校和普通中学将艾滋病防治知识纳入有关课程，开展有关课外教育活动。

3. 县级以上地方人民政府有关部门

创造条件，扶持有劳动能力的艾滋病病毒感染者和艾滋病病人，从事力所能及的生产和工作。

4. 公安、司法行政机关

对被依法逮捕、拘留和在监狱中执行刑罚以及被依法收容教育、强制戒毒和劳动教养的艾滋病病毒感染者和艾滋病病人，采取相应的防治措施，防止艾滋病传播。

5. 出入境检验检疫机构

(1)在出入境口岸加强艾滋病防治的宣传教育工作，对出入境人员有针对性地提供艾滋病防治咨询和指导；(2)负责对出入境人员进行艾滋病监测，并将监测结果及时向卫生主管部门报告；(3)按照国务院卫生行政部门规定的标准和规范，确定承担出入境人员艾滋病检测工作的实验室。

(十七)《血吸虫病防治条例》

1. 国务院有关主管部门

安排农业机械化推广、农村改厕、沼气池建设以及人、家畜饮用水设施建设等项目，优先安排血吸虫病重点防治地区的有关项目。

2. 县级以上人民政府农业主管部门

在血吸虫病重点防治地区应当适应血吸虫病防治工作的需要，引导和扶持农业种植结构的调整，推行以机械化耕作代替牲畜耕作的措施。

3. 县级以上人民政府农业或者兽医主管部门

(1)在血吸虫病重点防治地区引导和扶持养殖结构的调整，推行对牛、羊、猪等家畜的舍饲圈养，加强对圈养家畜粪便的无害化处理，开展对家畜的血吸虫病检查和对感染血吸虫的家畜的治疗、处理。(2)对下列事项进行监督检查：①《血吸虫病防治条例》第16条规定的血吸虫病防治措施的实施情况；②家畜血吸虫病监测、预防、控制、治疗和疫情管理工作情况；③治疗家畜血吸虫病药物的管理、使用情况；④农业工程项目中执行血吸虫病防治技术规范情况。

4. 县级以上人民政府水利主管部门

(1)在血吸虫病防治地区进行水利建设项目，同步建设血吸虫病防治设施，结合血吸虫病防治地区的江河、湖泊治理工程和人畜饮水、灌区改造等水利工程项目，改善水环境，防止钉螺孳生；(2)对《血吸虫病防治条例》第18条规定的血吸虫病防治措施的实施情况和水利工程项目中执行血吸虫病防治技术规范情况进行监督检查。

5. 县级以上人民政府林业主管部门

(1)在血吸虫病防治地区应当结合退耕还林、长江防护林建设、野生动物植物保护、湿地保护以及自然保护区建设等林业工程,开展血吸虫病综合防治;(2)对血吸虫病防治地区的林业工程项目的实施情况和林业工程项目中执行血吸虫病防治技术规范情况进行监督检查。

6. 县级以上人民政府交通主管部门

在血吸虫病防治地区应当结合航道工程建设,开展血吸虫病综合防治。

7. 血吸虫病防治地区县级以上地方人民政府教育主管部门

组织各级各类学校对学生开展血吸虫病防治知识教育。

8. 血吸虫病防治地区县级以上地方人民政府民政、医疗保障部门

对符合救助条件的血吸虫病病人进行救助。

(十八)《护士条例》

国务院有关部门

(1)采取措施,改善护士的工作条件,保障护士待遇,加强护士队伍建设,促进护理事业健康发展;(2)采取措施,鼓励护士到农村、基层医疗卫生机构工作;(3)对在护理工作中做出杰出贡献的护士,应当授予全国卫生系统先进工作者荣誉称号或者颁发白求恩奖章,对长期从事护理工作的护士应当颁发荣誉证书。

(十九)《乳品质量安全监督管理条例》

1. 国务院畜牧兽医主管部门

(1)会同国务院发展改革部门、工业和信息化部门、商务部门,制定全国奶业发展规划,加强奶源基地建设,完善服务体系,促进奶业健康发展;(2)会同国务院工商行政管理部门制定并公布生鲜乳购销合同示范文本。

2. 省、自治区、直辖市人民政府畜牧兽医主管部门

根据当地奶源分布情况,按照方便奶畜养殖者、促进规模化养殖的原则,对生鲜乳收购站的建设进行科学规划和合理布局。

3. 县级以上人民政府畜牧兽医主管部门

(1)负责奶畜饲养以及生鲜乳生产环节、收购环节的监督管理;(2)加强生鲜乳质量安全监测工作,制定并组织实施生鲜乳质量安全监测计划,对生鲜乳进行监督抽查,并按照法定权限及时公布监督抽查结果;(3)加强对奶畜饲养以及生鲜乳生产环节、收购环节的监督检查。

4. 畜牧兽医质量监督、工商行政管理等部门

(1)定期开展监督抽查,并记录监督抽查的情况和处理结果。(2)在依据各自

职责进行监督检查时，行使下列职权：①实施现场检查；②向有关人员调查、了解有关情况；③查阅、复制有关合同、票据、账簿、检验报告等资料；④查封、扣押有证据证明不符合乳品质量安全国家标准的乳品以及违法使用的生鲜乳、辅料、添加剂；⑤查封涉嫌违法从事乳品生产经营活动的场所，扣押用于违法生产经营的工具、设备；⑥法律、行政法规规定的其他职权。（3）建立乳品生产经营者违法行为记录，及时提供给中国人民银行，由中国人民银行纳入企业信用信息基础数据库。

5. 价格主管部门

（1）加强对生鲜乳价格的监控和通报，及时发布市场供求信息和价格信息；（2）加强对生鲜乳购销过程中压级压价、价格欺诈、价格串通等不正当价格行为的监督检查。

（二十）《食品安全法实施条例》

1. 国务院食品安全监督管理部门

（1）会同国务院农业行政等有关部门明确食品安全全程追溯基本要求，指导食品生产经营者通过信息化手段建立、完善食品安全追溯体系；（2）制定、公布企业食品安全管理人员考核指南；（3）会同国务院农业行政部门制定转基因食品标示办法；（4）可以制定补充检验项目和检验方法，用于对食品的抽样检验、食品安全案件调查处理和食品安全事故处置；（5）会同国务院卫生行政、农业行政等部门定期对全国食品安全事故情况进行分析，完善食品安全监督管理措施，预防和减少事故的发生；（6）会同国务院卫生行政等部门根据食源性疾病信息、食品安全风险监测信息和监督管理信息等，对发现的添加或者可能添加到食品中的非食品用化学物质和其他可能危害人体健康的物质，制定名录及检测方法并予以公布；（7）会同国务院财政等有关部门制定食品安全违法行为举报奖励办法；（8）会同国务院有关部门建立守信联合激励和失信联合惩戒机制，结合食品生产经营者信用档案，建立严重违法生产经营者黑名单制度，将食品安全信用状况与准入、融资、信贷、征信等相衔接，及时向社会公布；（9）和其他有关部门建立食品安全风险信息交流机制，明确食品安全风险信息交流的内容、程序和要求。

2. 国务院农业行政部门

及时组织农药、肥料、兽药、饲料和饲料添加剂等安全性评估，并向国务院有关部门通报评估结果。

3. 国家出入境检验检疫部门

（1）根据风险管理需要，可以对部分食品实行指定口岸进口。（2）发现已经注册的境外食品生产企业不再符合注册要求的，责令其在规定期限内整改，整改期间暂停进口其生产的食品，经整改仍不符合注册要求的，撤销境外食品生产企业注册并公告。(3)境外发生的食品安全事件可能对我国境内造成影响，或者在进口食品、食品添加剂、食品相关产品中发现严重食品安全问题的，及时进行风险预警，并可以对相关的食品、食品添加剂、食品相关产品采取下列控制措施：①退货或者销毁处理；②有条件地限制进口；③暂停或者禁止进口。

4. 省级以上人民政府食品安全监督管理部门

在其网站上公布注册或者备案的特殊食品的标签、说明书。

5. 设区的市级以上人民政府食品安全监督管理部门

(1)根据监督管理工作需要，可以对由下级人民政府食品安全监督管理部门负责日常监督管理的食品生产经营者实施随机监督检查，也可以组织下级人民政府食品安全监督管理部门对食品生产经营者实施异地监督检查；(2)认为必要的，可以直接调查处理下级人民政府食品安全监督管理部门管辖的食品安全违法案件，也可以指定其他下级人民政府食品安全监督管理部门调查处理。

6. 县级以上人民政府食品安全监督管理部门

(1)食品安全风险监测结果表明存在食品安全隐患，经进一步调查确认有必要通知相关食品生产经营者的，及时通知；(2)将婴幼儿配方食品等针对特定人群的食品以及其他食品安全风险较高或者销售量大的食品的追溯体系建设作为监督检查的重点；(3)对企业食品安全管理人员进行随机监督抽查考核；(4)可以要求网络食品交易第三方平台提供者提供开展食品安全监督检查、食品安全案件调查处理、食品安全事故处置确需了解的有关信息；(5)对网络食品交易第三方平台提供者提供的信息依法负有保密义务；(6)发现虚假宣传行为的，依法及时处理；(7)会同同级有关部门负责食品安全事故调查处理；(8)对事故单位封存的食品及原料、工具、设备、设施等予以保护，需要封存而事故单位尚未封存的应当直接封存或者责令事故单位立即封存，并通知疾病预防控制机构对与事故有关的因素开展流行病学调查；(9)依照《食品安全法》的规定实施查封、扣押措施；(10)网络食品交易第三方平台多次出现入网食品经营者违法经营或者入网食品经营者的违法经营行为造成严重后果的，可以对网络食品交易第三方平台提供者的法定代表人或者主要负责人进行责任约谈。

(二十一)《残疾预防和残疾人康复条例》

1. 国务院人力资源社会保障部门

会同国务院有关部门和中国残疾人联合会，根据残疾预防和残疾人康复工作需要，完善残疾预防和残疾人康复专业技术人员职业能力水平评价体系。

2. 国务院有关部门

(1)商中国残疾人联合会制定康复机构的建设标准、服务规范、管理办法；(2)商中国残疾人联合会根据经济社会发展水平和残疾人康复需求等情况制定残疾儿童康复救助具体办法。

3. 县级以上人民政府负责残疾人工作的机构

负责残疾预防和残疾人康复工作的组织实施与监督。

4. 县级以上人民政府有关部门

(1)在各自的职责范围内做好残疾预防和残疾人康复有关工作；(2)依据各自职责，加强对康复机构的监督管理；(3)利用社区资源，根据社区残疾人数量、类型和康复需求等设立康复场所，或者通过政府购买服务方式委托社会组织，组织开展康复指导、日常生活能力训练、康复护理、辅助器具配置、信息咨询、知识普及和转介等社区康复工作；(4)对从事残疾预防和残疾人康复服务的机构给予资金、设施设备、土地使用等方面的支持。

5. 县级以上人民政府人力资源社会保障等部门

在培训进修、表彰奖励等方面，对残疾预防和残疾人康复工作人员予以倾斜。

6. 公安、安全生产监督管理、食品安全监督管理、药品监督管理、生态环境、防灾减灾救灾等部门

在开展交通安全、生产安全、食品安全、药品安全、生态环境保护、防灾减灾救灾等工作时，应当针对事故、环境污染、灾害等致残因素，采取相应措施，减少残疾的发生。

(二十二)《医疗纠纷预防和处理条例》

1. 司法行政部门

负责指导医疗纠纷人民调解工作。

2. 公安机关

依法维护医疗机构治安秩序，查处、打击侵害患者和医务人员合法权益以及扰乱医疗秩序等违法犯罪行为。

3. 财政、民政、保险监督管理等部门

按照各自职责做好医疗纠纷预防和处理的有关工作。

第二篇

传染病防治法

第五章　传染病防治法概说

传染病防治法，是指有关传染病防治的法律规范的总称。有狭义和广义之分，狭义的传染病防治法，是指全国人大常委会制定的《传染病防治法》；广义的传染病防治法，是指包括《传染病防治法》在内的所有以传染病防治为内容的法律、行政法规和规章等法律规范的总和。除特指外，这里的传染病防治法是广义的。

第一节　传染病防治法的发展历史

传染病是严重威胁人民群众身体健康的疾病。所以，传染病防治法历来是公共卫生法立法的重点。总体来说，传染病防治法的发展过程大致可以分为三个阶段：

一、起步阶段

1949 年 10 月到 20 世纪 70 年代中期，可以认为是传染病防治法发展的第一个阶段。在这个阶段，传染病防治法立法的主要任务是建立传染病防治体系，并开展重点传染病的防治工作。传染病防治法立法工作具有比较鲜明的时代特征。

（一）起步快

中华人民共和国成立后，卫生工作最主要的任务之一就是消除传染病对人民群众身体健康和生命安全的威胁。1950 年 2 月，卫生部和人民革命军事委员会卫生部就联合下发了《关于开展军民春季防疫工作给各级人民政府及部队的指示》，要求一切防疫人员均应参加政府的防疫工作，对传染病病人应当及早发现并诊断，就地隔离，随时消毒，立即报告，调查传染源，对接触者进行健康隔离，有针对性地进行预防接种，发动卫生清洁运动和环境卫生工作，并规定天花、麻疹、流行性脑脊髓膜炎、白喉、猩红热、百日咳为急性传染病等。1950 年 4 月，卫生部和人民革命军事委员会卫生部又联合下发了《关于预防霍乱的指示》，指出霍乱流行常因先有非典型的腹泻病人或者患者未经发觉、隔离、其粪便未经消毒，污染了水源，或由苍蝇传播，以致蔓延成灾。要求调查检验饮水情况（自来水、井、河、湖、江、塘、泉等），管理冷饮料，发动预防注射运动，各地发现并确诊霍乱或者带菌人员时都应当以电报、电话等最快办法上报直到中央。1950年9月，卫生部和人民革命军事委员会卫生部再次下发《关于防止流行性脑炎的联合指示》。为了防止天花冬春季流行，1950年10月，政务院下达《关于发动秋季种痘运动的指示》，强调天花虽传染剧烈，并无特效疗法，但为一种较易预防的疾病，只要普种牛痘，便可彻底消灭。要求各地种痘应着重婴儿及从未种或5年以上未曾复种的成人，特别是妇女。并规定种痘一律免费，痘苗、人工、卫生材料等费用，均由各级政府负责。为此，1950年10月，卫生部制定了《种痘暂行办法》，在全国开展群众性普种牛痘运动。要求天花流行区域及其邻接地区所有居民，不分国籍，按规定种痘。婴儿出生后6个月内种痘1次，并在6岁、12岁及18岁时，各复种1次。未种痘者，或者逾规定年龄未复种者，或者因疾病等正当理由未在规定时间内种痘者，应按规定补种。无正当理由拒绝种痘，经说服教育无效者，由各级卫生行政机关予以强制种痘。已种痘者，发给种痘证。种痘一律免费，不收取任何费用。鉴于全国居民绝大多数已由普种牛痘获得了免疫，新生的婴儿在短期内都存在从母体获得的被动性免疫，1955年卫生部将婴儿“初种”时间明确为“在婴儿出生后满二个月以上六个月以内”，但天花流行地区“婴儿出生二周后种痘”。1962年卫生部对《种痘暂行办法》进行了修订，发布了《种痘办法》。到20世纪60年代初，我国实现了“彻底消灭天花”的目标。

（二）起步稳

传染病防治工作持续稳定健康开展的关键是建立健全传染病防治体系。所以，在推动传染病防治工作的同时，传染病防治法立法将主要精力放在了构建传染病防治的组织体系和制度体系上。1954年10月，经政务院批准，卫生部发布了《卫生防疫站暂行办法》。该办法规定，在全国范围内按县级以上地方行政区划设立卫生防疫站，由卫生行政机关领导，实施卫生防疫与卫生监督工作。1955年7月，经国务院批准，卫生部发布了《传染病管理办法》。该办法虽然只有4章20条，但它在传染病分类、报告、处理等方面所确立的规制、模式，对后来的相关立法都产生了深刻影响。该办法规定，除办法列举的甲乙类18种传染病外，省、自治区、直辖市需要将发病率高、危害性大的传染病列入地区管理的，可以报请卫生部核准。该办法还规定，医师（包括中医师）、医士或其他有关的检验、检疫人员为法定报告人。上述人员属于医院、诊所或其他卫生医疗机构的，由其服务单位负责报告。根据规定，发现甲类传染病，应立即报告，在城市最迟不超过12小时，在农村最迟不超过次日。发现乙类传染病，在城市应于发现后24小时内报告，在农村应于3日内报告。传染病的报告，可用口头、电话、电报或书面方式，力求迅速。对甲类传染病人，应立即向其家属或住所负责人说明利害，就地设法临时隔离并立即消毒治疗。对乙类传染病人，应立即说服指导其家属或住所负责人自行隔离、护理，同时予以消毒治疗。传染病流行时，可以采取的紧急或必要的措施包括：限制或禁止集会游艺和其他集体活动；限制或禁止运输可能散布传染病的货物、行李和动物；限制或禁止贩卖可能传播传染病的饮食物，必要时可以销毁。1964 年 8 月，卫生部印发了《卫生防疫站工作条例（试行草案）》，明确卫生防疫站应以预防和消灭急性传染病、职业病、寄生虫病、食物中毒为中心，做好各项卫生防疫工作和预防性、经常性卫生监督工作。具体任务包括：对本地区传染病、寄生虫病进行流行病学调查，分析发病原因和流行因素，掌握各种传染病流行规律，制定防治计划和具体防治措施；建立疫情报告制度，组织指导进行疫情报告，及时统计、分析、上报疫情，做好传染病的预测工作；当发现传染病时，根据流行病学要求，组织有关部门做好疫区处理管理工作，及时对病人进行隔离、治疗，做好疫源地的处理，对接触者进行检诊、检索，管理带菌者，追踪传染来源，必要时进行临时检疫，防止疾病扩大和蔓延；组织、指导各项预防接种工作，负责疫苗的计划、分配和免疫效果观察总结等工作。

（三）起步高

传染病防治工作具有很强的社会性，包含着复杂的利益关系，尤其是在一定程度上还关系到个人的行动自由。所以，传染病防治法立法从一开始就是以法律和行政法规为主的。除上面列举的几项行政法规外，还有经政务院批准，卫生部 1950 年发布的《进出口船舶船员旅客行李检查暂行通则》《进出口列车车员旅客行李检查暂行通则》《交通检疫标志旗帜及服装暂行规则》《交通检疫暂行办法》等和 1951 年发布的《民用航空检疫暂行办法》等。《交通检疫暂行办法》将鼠疫、霍乱、天花、斑疹伤寒、流行性乙型脑炎、黄热病、鹦鹉热、雅司病、麻风、炭疽病等传染病确定为检疫传染病。《民用航空检疫暂行办法》将检疫传染病调整为鼠疫、霍乱、天花、斑疹伤寒、黄热病和经卫生部临时公告的传染病。在传染病防治法立法史上，最具有里程碑意义的是 1957 年 12 月 23 日第一届全国人大常委会第八十八次会议通过的《国境卫生检疫条例》。这也是中华人民共和国成立后我国第一部卫生方面的专门法律。该条例总共 8 条，明确了国境卫生检疫的任务、实施国境卫生检疫的主体及其职责、我国与外国进行疫情通报的负责部门、检疫传染病大流行时封锁国境的权限，以及违反国境卫生检疫的法律责任等。根据规定，在中华人民共和国的国际通航的海港和机场所在地，以及陆地边境和国界江河的进出口岸，设立国境卫生检疫机关。国境卫生检疫机关负责对进出国境的人员和交通工具、行李、货物实施医学检查、卫生检查和必要的卫生处理。中华人民共和国和外国之间有关检疫传染病的疫情通报,由卫生部会同有关部门办理。在国内或者国外检疫传染病大流行的时候,国务院可以下令封锁国境的有关区域。《国境卫生检疫条例》将检疫传染病进一步调整为鼠疫、霍乱、黄热病、天花、斑疹伤寒和回归热等传染病。1958 年经国务院批准,卫生部发布了《国境卫生检疫条例实施规则》,对《国境卫生检疫条例》有关规定进行了细化。

二、发展阶段

第二个阶段从 20 世纪 70 年代后期到 90 年代末。这个阶段我国传染病防治法立法突飞猛进,形成了综合性立法和单一病种立法并行的互动格局。通过这个阶段的发展,我国传染病防治法律制度基本成形,标志性成绩是在整体上以及社会高度关切的领域,都建立起了较为完整的法律框架。

(一)夯实基础

经过近 30 年的努力,我国传染病防治工作取得了巨大成就。天花灭绝,黑热病、回归热基本消灭,人间鼠疫基本得到控制。麻疹、脊髓灰质炎、白喉、百日咳、流行性脑膜炎、流行性乙型脑炎等传染病的发病率明显下降。全国麻风病的患病人数由中华人民共和国成立初期的 50 万人左右降到不足 20 万人。在查明的 12 个省、自治区、直辖市共 347 个流行血吸虫病的县、市中,有一半以上县、市基本消灭了血吸虫病。传染病的死因顺位,也从第 1 位降到第 6 位至第 8 位。为了巩固传染病防治成果,并把传染病防治工作引向深入,1977 年起卫生部组织开展对 1955 年《传染病管理办法》修订工作,鉴于对经济社会产生重大影响的主要还是急性传染病,决定将名称改为《急性传染病管理条例》。经国务院批准,卫生部于 1978 年 9 月颁布实施。该条例将急性传染病分甲乙两类 25 种。根据规定,对传染病要做到早发现、早隔离、早治疗。并明确必须剖验尸体时,应取得死者家属的同意,并报请本地卫生行政部门备案。

在传染病防治中,最有效的措施是预防接种。我国从 1978 年开始普遍实行计划免疫,采用卡介苗、脊灰、麻疹、百白破四种疫苗,预防结核、脊灰、麻疹、百日咳、白喉、破伤风六种疾病。1980 年卫生部在 1963 年的《预防接种工作实施办法》基础上,制定了新的《预防接种工作实施办法》,并同时发布了《预防接种后异常反应和事故的处理试行办法》。根据规定,参加预防接种的人员要了解接种目的、免疫程序、生物制品的性质、接种方法、剂量、针次、对象、禁忌症、反应观察方法以及出现反应的处置,并熟练掌握接种技术。接种前要详细询问被接种者病史,必要时进行体格检查,凡有禁忌症者,一律不予接种或缓期接种。1982 年卫生部又在《预防接种工作实施办法》的基础上，出台了《全国计划免疫工作条例》。该条例规定，我国居民均应接受预防接种。居住在我国的外国人、华侨、港澳同胞本人申请，经当地卫生行政部门同意，可进行预防接种。1984 年卫生部、教育部和中华全国妇女联合会印发《关于试行预防接种证制度的通知》，决定在条件成熟的地区试行预防接种证制度。根据规定，婴儿接种卡介苗后，家长凭医疗单位出具的卡介苗接种证，到户口所在地的地段医院、卫生院（所）领取预防接种证。在办理入托、入学时，必须持有符合规定、记录完整的预防接种证。

为了适应对外开放的新形势，防止传染病由境外传入或者由境内传出，保障进出境人员健康，1980 年 6 月，卫生部出台了《国境口岸传染病监测试行办法》。将流行性感冒、疟疾、登革热、脊髓灰质炎、斑疹伤寒和回归热等确定为监测传染病，并制定了具体的监测内容、监测要求以及监测措施等。1981 年 12 月，经国务院批准，卫生部、交通部、民航总局和铁道部联合发布了《国境口岸卫生监督办法》，将对外开放的港口、机场、车站、关口和停留在这些处所的国际航行的船舶、飞机和车辆纳入口岸卫生监督，并对国境口岸的卫生要求、交通工具的卫生要求、食品饮用水及从业人员的卫生要求等作了具体规定。为配合落实《国境口岸卫生监督办法》，1983 年 3 月，卫生部又制定了《实施〈中华人民共和国国境口岸卫生监督办法〉的若干规定》等。

（二）谋划全局

国境卫生检疫是我国传染病防治工作的重要组成部分。卫生部从 1983 年起组织对 1957 年《国境卫生检疫条例》及其实施规则的修订工作。1984 年 10 月向国务院提交了《关于〈中华人民共和国国境卫生检疫法〉和〈中华人民共和国国境卫生检疫法实施规则〉（送审稿）送审的报告》。1986 年 12 月 2 日，第六届全国人大常委会第十八次会议通过了《国境卫生检疫法》，该法分为总则、检疫、传染病监测、卫生监督、法律责任和附则，共 6 章 28 条，自 1987 年 5 月 1 日起施行。该法将纳入国境卫生检疫的传染病，分为检疫传染病和监测传染病。检疫传染病为鼠疫、霍乱、黄热病以及国务院确定和公布的其他传染病；监测传染病由国务院卫生行政部门确定和公布。这种分类管理的模式，既可以比较好地与国际接轨，又可以紧密结合国内传染病防治工作重点，原则性和灵活性得到了充分体现。在相关制度安排上，既保证能把住国门，又保证能实现传染病防治全国一盘棋。这部法律对世界卫生组织后来修订的《国际卫生条例（2005）》的有效实施也起了积极作用。1989 年 3 月 6 日，经国务院批准，卫生部发布了《国境卫生检疫法实施细则》，该细则分为一般规定、疫情通报、卫生检疫机关、海港检疫、航空检疫、陆地边境检疫、卫生处理、检疫传染管理、传染病监测、卫生监督、罚则和附则,共 12 章 114 条。

在提请国务院审议《国境卫生检疫法(送审稿)》后,卫生部紧接着又开始组织对 1978 年《急性传染病管理条例》的修订工作。1985 年 10 月成立了由国务院有关部门和专家组成的起草小组。在认真总结经验、深入调查研究、参考国外资料的基础上,起草了《传染病管理法(草案)》。经过广泛征求意见,十余次修改、完善,形成了送审稿,卫生部于 1987 年 9 月提请国务院审议。后经反复研究,决定将法律名称确定为《传染病防治法》。1988 年春季发生的"甲肝"事件,加快了《传染病防治法(草案)》的审议步伐。1989 年 2 月 21 日,第七届全国人大常委会第六次会议审议通过了《传染病防治法》,该法分为总则、预防、疫情的报告和公布、控制、监督、法律责任和附则,共 7 章 41 条,自 1989 年 9 月 1 日起施行。该法将法定传染病由原来的两类 25 种,调整为三类 35 种,并由过去以急性传染病为主扩大到慢性传染病。明确规定国家实行有计划的预防接种制度和国家对儿童实行预防接种证制度。根据发现传染病、传染病暴发流行、甲类乙类传染病暴发流行、发生重大传染病疫情等不同情况,法律规定了相应的控制措施、紧急措施及其权限、程序,并对部门之间的合作配合进行了部署。1991 年 12 月 6 日,经国务院批准,卫生部发布了《传染病防治法实施办法》,该办法分为总则、预防、疫情报告、控制、监督、罚则和附则,共 7 章 76 条,自发布之日起施行。《传染病防治法》及其实施办法在 2003 年应对"非典"疫情中发挥了无可替代的作用。

(三)重点推进

这个阶段,除开展了宏观的综合性的传染病防治法立法外,还开始了微观的针对单个传染病病种的专向性立法。最早的是有关艾滋病的立法。1987 年 12 月经国务院批准,1988 年 1 月卫生部、外交部、公安部、国家教育委员会、国家旅游局、中国民用航空局和国家外国专家局联合发布了《艾滋病监测管理的若干规定》。该规定不仅是后来的《艾滋病防治条例》的雏形,更重要的是,其中的一些规定对后来的传染病防治法立法提供了范例。如第 18 条规定:有关单位和个人在接受卫生行政部门派出人员的调查时,有义务提供关于艾滋病发生、传播、转归等方面的情况和资料,并保证情况的真实与完整。第 21 条规定:任何单位和个人不得歧视艾滋病病人、病毒感染者及其家属。不得将病人和感染者的姓名、住址等有关情况公布或传播等。

传染病的发生、发展和终止的规律是复杂的。如我国早在 1964 年就宣布消除的性病卷土重来,已被控制的结核病出现上升势头。所以,在整体推进传染病防治法立法工作的同时,也必须时刻关注重点传染病防治的立法工作。在还不具备制定专门的法律、行政法规的情况下,1991 年卫生部先后于 8 月、9 月出台了两个部门规章,即《性病防治管理办法》和《结核病防治管理办法》。

传染病暴发、流行时,交通卫生检疫是控制传染病通过交通工具及其乘运的人员、物质传播的重要措施。交通卫生检疫分国内交通卫生检疫和国境卫生检疫。1998 年 11 月,国务院发布了《国内交通卫生检疫条例》,共 16 条。根据该条例规定,交通工具,即列车、船舶、航空器和其他车辆,进入检疫传染病疫区和在非检疫传染病疫区的交通工具上发现检疫传染病疫情时,有关的交通工具及其乘运的人员、物资,应当按照规定接受国内交通卫生检疫。1999 年 9 月,卫生部、铁道部、交通部和民航总局发布了《国内交通卫生检疫条例实施方案》,该实施方案分为一般规定、铁路检疫、公路检疫、水运检疫、航空检疫、监督、罚则和附则,共 8 章 52 条。

三、完善阶段

21 世纪以来,传染病防治法立法进入了新的发展阶段。在这个阶段,传染病防治法的立法节奏明显加快,立法内容明显深化,不仅视野更加开阔,措施更加丰富,而且层次更加清晰,结构更加完整,成为卫生法体系中最为完备的法律部门之一。

(一)适应变化

2003 年发生的“非典”疫情,将《传染病防治法》的重要性提高到前所未有的高度。在全面总结“非典”疫情防治经验的基础上,2004 年 8 月,第十届全国人大常委会第十一次会议通过了修订后的《传染病防治法》。新《传染病防治法》对 1989 年的《传染病防治法》进行了大幅修订,将原来的 7 章 41 条扩大为 9 章 80 条,增设了医疗救治和保障措施两章。新《传染病防治法》站在经济社会发展全局的高度,从主动预防、快速应对、精准发力的角度,稳固防治基础,完善医疗救治,建立起统一的、连贯性的、责任明确的传染病防治新体制。在传染病防治的预防上,突出早期监测、早期预警的功能,并将原来单向的疫情报告模式改变为疫情报告与疫情预警相结合的双向的互动模式,同时建立起了相邻区域之间、相关部门之间以及军地之间的疫情信息通报机制,实现“全天候”的疫情报告、疫情通报与疫情预警。在传染病防治的控制上,明确医疗机构、疾病预防控制机构和县级以上人民政府的职责,并在对经济社会生活影响较大的措施建立审批程序的同时,又授权地方人民政府在获得批准前可以采取隔离等措施,确保在甲类传染病发生或者传染病暴发、流行的早期及时进行最有力的干预,控制疫情。在传染病防治的救治上,注重传染病医疗救治服务体系的长期建设,通过实行传染病预检、分诊等制度防止医源性感染和医院感染,并将传染病病人的转诊治疗纳入日常管理,最大限度地保护传染病病人应急情况下的救治和常态下的救治。2013 年 6 月,第十二届全国人大常委会第三次会议又对《传染病防治法》个别条款进行了修改。

《国境卫生检疫法》自 1987 年实施后也先后作过多次修改。2007 年 12 月，第十届全国人大常委会第三十一次会议将《国境卫生检疫法》第 14 条第 2 款“入境、出境的尸体、骸骨的托运人或者其代理人，必须向国境卫生检疫机关申报，经卫生检查合格后发给入境、出境许可证，方准运进或者运出”，修改为“入境、出境的尸体、骸骨的托运人或者其代理人，必须向国境卫生检疫机关申报，经卫生检查合格后，方准运进或者运出。”2009 年 8 月，第十一届全国人大常委会第十次会议对《国境卫生检疫法》进行了第二次修改，将第 22 条“违反本法规定，引起检疫传染病传播或者有引起检疫传染病传播严重危险的，依照《中华人民共和国刑法》第一百七十八条的规定追究刑事责任”，修改为“违反本法规定，引起检疫传染病传播或者有引起检疫传染病传播严重危险的，依照刑法有关规定追究刑事责任。”2018 年 4 月，第十三届全国人大常委会第二次会议对《国境卫生检疫法》进行了第三次修改，删去第 2 条第 2 款“国务院卫生行政部门主管全国国境卫生检疫工作”和第 27 条“国务院卫生行政部门根据本法制定实施细则，报国务院批准后施行”的规定。这些修改顺应了减少行政许可的新要求，适应了刑法不断完善的新趋势，反映了国务院机构改革的新情况。国务院也先后于 2010 年 4 月、2016 年 2 月和 2019 年 3 月对《国境卫生检疫法实施细则》的部分条款进行了修改。

（二）健全体系

围绕《传染病防治法》，制定相关配套法规的步伐一直没有停，而且步伐一再加快。2004 年 11 月，国务院出台了《病原微生物实验室生物安全管理条例》，该条例分为总则、病原微生物的分类和管理、实验室的设立与管理、实验室感染控制、监督管理、法律责任和附则，共 7 章 72 条。卫生部根据该条例，制定了一系列配套规章等规范性文件。例如，2005 年《可感染人类的高致病性病原微生物菌（毒）种或样本运输管理规定》，2006 年《人间传染的高致病性病原微生物实验室和实验活动生物安全审批管理办法》，2009 年《人间传染的病原微生物菌（毒）种保藏机构管理办法》等。

2005 年 3 月，国务院又出台了《疫苗流通和预防接种管理条例》，该条例分为总则、疫苗流通、疫苗接种、保障措施、预防接种异常反应的处理、监督管理、法律责任和附则，共 8 章 73 条。为配合该条例的贯彻实施，2006 年卫生部、国家食品药品监督管理局印发了《疫苗储存和运输管理规范》，卫生部印发了《儿童预防接种信息报告管理工作规范（试行）》；2008 年卫生部发布了《预防接种异常反应鉴定办法》。

随着传染病防治工作的深入，传染病防治立法再次受到高度重视，并取得了新的突破。2006 年 1 月，国务院发布了《艾滋病防治条例》，该条例分为总则、宣传教育、预防与控制、治疗与救助、保障措施、法律责任和附则，共 7 章 64 条。同年 4 月国务院又发布了《血吸虫病防治条例》，该条例分为总则、预防、疫情控制、保障措施、监督管理、法律责任和附则，共 7 章 54 条。这两个条例进一步充实了传染病防治法，形成了综合性立法和单一病种立法并行的局面。

（三）创新模式

我国是世界上为数不多的能够以自身能力提供全部免疫规划疫苗的国家之一。而且，我国也是非免疫规划疫苗的生产大国。从法律角度说，我国对疫苗的研制、生产、流通和预防接种及其监督管理，建立起了比较全面的法律制度，但这些法律规范比较分散。有关预防接种的规定，除《传染病防治法》及其实施办法等法律、行政法规有原则性要求外，主要集中于《疫苗流通和预防接种管理条例》。由于疫苗生产、流通等环节时有问题发生，给预防接种工作带来严重的安全隐患，引起全社会广泛关注。为了加强疫苗管理，保证疫苗质量和供应，规范预防接种，促进疫苗行业发展，保障公众健康，维护公共卫生安全，2019 年 6 月 29 日，第十三届全国人大常委会第十一次会议通过了《疫苗管理法》，该法分为总则、疫苗研制和注册、疫苗生产和批签发、疫苗流通、预防接种、异常反应监测和处理、疫苗上市后管理、保障措施、监督管理、法律责任和附则，共 11 章 100 条。

《疫苗管理法》是一部全过程管理的综合性法律。将疫苗研制、生产、流通、预防接种和监督管理等内容全面集中于一部法律之中，从世界范围来说，这是首开先河。《疫苗管理法》肯定了《药品管理法》和《传染病防治法》等法律有关疫苗和预防接种的规定，并将《疫苗流通和预防接种管理条例》等行政法规以及相关规章中有关预防接种、预防接种异常反应的处理以及保障措施等主要内容上升为法律，同时对疫苗的分类、疫苗的流通等进行了补充和完善，在新的高度上明确了国家、企业、医疗卫生机构、家庭、托幼机构和学校等对预防接种的责任。《疫苗管理法》的制定，保证了预防接种制度的稳定性，提高了预防接种事业的法律地位，确保了预防接种工作的健康发展。

第二节　传染病防治法的客体

传染病防治法的客体是传染病。所谓客体，是指传染病防治法律关系主体的权利和义务指向的对象。在传染病防治中，无论是主动参与的主体，还是被动参与的主体，在法律关系上都表现为一定的权利和义务，这些权利和义务的最终目标是为了防治传染病。

在我国,传染病目前没有法定概念。医学上将由各种病原体引起的能在人与人、动物与动物或者人与动物之间相互传播的疾病称为传染病。历史上传染病曾给人类造成深重灾难。从世界范围来看,传染病防治工作虽然取得了令人骄傲的成就,但挑战依然严峻。一些曾被有效控制的传染病,如结核病、疟疾、霍乱等死灰复燃。与此同时,新传染病又陆续出现。因此,传染病防治工作一刻也不能放松。

一、传染病的分类

我国传染病防治法的立法目的是预防、控制和消除传染病的发生与流行。所以,传染病防治法的客体是全口径的传染病。根据《传染病防治法》的规定,可以将传染病分为法定传染病和非法定传染病。

(一)法定传染病的概念

所谓法定传染病,是指《传染病防治法》规定的传染病。确切地说,是指《传染病防治法》列名的传染病,也就是《传染病防治法》第3条规定的传染病。

法定传染病是已知传染病中,危害程度明确,对经济社会生活影响较大,需要重点防控的传染病。在传染病中,法定传染病只占很小一部分。但法定传染病防控质量,直接关系传染病防治工作的全局。

(二)非法定传染病的概念

所谓非法定传染病,是指《传染病防治法》规定的传染病之外的传染病,也就是《传染病防治法》没有列名的传染病。所以,非法定传染病,也称法定传染病之外的传染病。

大部分传染病是非法定传染病。非法定传染病,包括两部分:一部分是已知的传染病,《传染病防治法》没有列入法定传染病名单的“其他传染病”;另一部分是未知的传染病,《传染病防治法》将其表述为“突发原因不明的传染病”。

非法定传染病并不是不重要的传染病,也不是可以不要防治或者拖延防治的传染病。根据规定,非法定传染病可以按照法定程序,调整为法定传染病。但非法定传染病暴发、流行时,尤其是“突发原因不明的传染病”发生时,无论是否按照法定程序调整为法定传染病,都应当按照《传染病防治法》的有关规定,采取果断措施,进行控制。

二、法定传染病的分类

所谓法定传染病的分类,是指按照一定的标准将传染病分为不同的类别。对法定传染病进行分类的主要目的是指导防疫。《传染病防治法》按传染病不同类别,规定了不同的预防、控制措施,包括经常性和疫情发生时的措施。根据《传染病防治法》的规定，法定传染病主要有以下两种分类方法：

（一）一般分类

传染病的一般分类，是指明确为哪类传染病的分类。通常考虑的因素包括传染病的传播方式、传播速度、流行强度以及危害程度等。我国将传染病分为甲类、乙类和丙类三个类别。

目前，甲类传染病有：鼠疫、霍乱；乙类传染病有：传染性非典型肺炎、艾滋病、病毒性肝炎、脊髓灰质炎、人感染高致病性禽流感、麻疹、流行性出血热、狂犬病、流行性乙型脑炎、登革热、炭疽、细菌性和阿米巴性痢疾、肺结核、伤寒和副伤寒、流行性脑脊髓膜炎、百日咳、白喉、新生儿破伤风、猩红热、布鲁氏菌病、淋病、梅毒、钩端螺旋体病、血吸虫病、疟疾等；丙类传染病有：流行性感冒、流行性腮腺炎、风疹、急性出血性结膜炎、麻风病、流行性和地方性斑疹伤寒、黑热病、包虫病、丝虫病，除霍乱、细菌性和阿米巴性痢疾、伤寒和副伤寒以外的感染性腹泻病等。

法定传染病的名称和类别，已由法律明确规定，非经法定程序，不可以随意改变。

（二）特殊分类

传染病的特殊分类，是指《传染病防治法》不改变乙类传染病病种类别，但明确为采取甲类传染病预防控制措施的分类。特殊分类旨在确保所采取的预防控制措施与传染病的危害性相对应。这部分采取甲类传染病预防控制措施的乙类传染病，理论上可以称为准甲类传染病。

根据《传染病防治法》的规定，对乙类传染病中传染性非典型肺炎、炭疽中的肺炭疽和人感染高致病性禽流感，采取该法所称甲类传染病的预防、控制措施。

三、传染病分类的调整

为了保证传染病防治工作顺利进行，法律对传染病分类，包括采取甲类传染病预防控制措施的乙类传染病的调整，赋予了适度的灵活性，以有利于政府及其有关部门及时采取各种应对措施，保证传染病有效防控。

（一）传染病病种的调整

根据《传染病防治法》的规定，除甲类传染病外，乙类传染病和丙类传染病可以按一定程序进行调整。既可以增加和减少病种数量，也可以变动病种类别。法律按不同的主体，授予了不同的权限。

1. 国务院卫生行政部门

国务院卫生行政部门对乙类和丙类传染病具有广泛的调整权，包括：（1）增加乙类或者丙类传染病病种；（2）减少乙类或者丙类传染病病种；（3）调整乙类或者丙类传染病病种类别。《传染病防治法》规定，国务院卫生行政部门根据传染病暴发、流行情况以及危害程度，可以决定增加、减少或者调整乙类、丙类传染病病种并予以公布。

2008 年卫生部印发《关于将手足口病纳入法定传染病管理的通知》，决定将手足口病列入丙类传染病进行管理。2013 年国家卫生计生委印发《关于调整部分法定传染病病种管理工作的通知》，将人感染 H7N9 禽流感纳入乙类传染病进行管理；将甲型 H1N1 流感从乙类传染病调整为丙类传染病，并纳入现有流行性感冒进行管理。

2. 省、自治区、直辖市人民政府

有的传染病具有地方性。为了鼓励和支持地方开展具有地方特色的传染病防治工作，法律授权省、自治区、直辖市人民政府可以将地方性传染病按照乙类或者丙类传染病进行管理。《传染病防治法》规定，省、自治区、直辖市人民政府对本行政区域内常见、多发的其他地方性传染病，可以根据情况决定按照乙类或者丙类传染病管理并予以公布，报国务院卫生行政部门备案。

（二）采取甲类传染病预防控制措施的调整

1. 采取甲类传染病预防控制措施

由于传染病的复杂性和传染病防治工作的特殊性，法律不可能事先一一列明需要采取甲类传染病预防控制措施的乙类传染病。为了有利于应对各种可能出现的传染病防治新情况，法律授权国务院卫生行政部门可以提出意见，对已有的乙类传染病病种或者新增加的乙类传染病病种，采取甲类传染病预防控制措施，报国务院批准后实施。《传染病防治法》规定，其他乙类传染病和突发原因不明的传染病需要采取该法所称甲类传染病的预防、控制措施的，由国务院卫生行政部门及时报经国务院批准后予以公布、实施。

2009 年 4 月，卫生部发布 2009 年第 8 号公告，经国务院批准，将甲型 H1N1 流感纳入乙类传染病，并采取甲类传染病的预防、控制措施。2020 年 1 月，国家卫生健康委员会发布 2020 年第 1 号公告，经国务院批准，将新型冠状病毒感染的肺炎纳入乙类传染病，并采取甲类传染病的预防、控制措施。

2. 解除甲类传染病预防控制措施

对乙类传染病和突发原因不明传染病，采取甲类传染病预防控制措施，既可以是长期的，也可以是暂时的。需要解除时，其程序与需要采取甲类传染病预防控制措施的程序相同，由国务院卫生行政部门提出意见，报国务院批准。《传染病防治法》规定，需要解除依照相关规定采取的甲类传染病预防、控制措施的，由国务院卫生行政部门报经国务院批准后予以公布。2013 年 10 月,国家卫生计生委印发《关于调整部分法定传染病病种管理工作的通知》,解除对人感染高致病性禽流感采取的《传染病防治法》规定的甲类传染病预防、控制措施。

第三节 传染病防治法的原则

一、传染病防治法的总原则

所谓传染病防治法的总原则,也就是传染病防治法的基本原则,是指对传染病防治法立法起根本性指导作用的原则。

对传染病防治而言,最理性的情况是不发生传染病,最希望的结果是不发生传染病暴发、流行。所以,传染病和预防传染病的发生以及预防传染病的暴发、流行,是传染病防治工作的一个“阵地”、两条“防线”。

传染病作为一种疾病,其发生、发展有自己的规律。所以,从某种角度说,传染病的发生,甚至传染病的暴发、流行,具有一定的不可避免性。但传染病防治作为一项工作,应当在传染源、传播途径和易感人群上,采取监测、接种、检疫、普查和管理等防疫措施,防止、控制和消灭传染病。

《传染病防治法》第 2 条规定,国家对传染病防治实行预防为主的方针。所谓预防,是指为防止传染病发生或者暴发、流行,预先做好防范的工作。所以,预防为主就是指在传染病防治中应当主要实施防范性的工作。也就是根据传染病不同阶段的特点,优先采取预防性措施,包括直接和间接的方法和手段。

我国传染病防治法是建立在高度自觉的预防为主之上的。无论是调整传染病防治活动所形成的法律关系,还是约束传染病防治活动所实施的法律行为,抑或强调传染病防治活动所实现的法律秩序等,传染病防治法都体现了预防为主。换句话说,预防为主作为传染病防治法的指导思想,既是传染病防治法的法律规则的总准则,也是传染病防治法的法律规则的总概括。

二、传染病防治法的一般原则

在我国传染病防治法的体系结构中,预防为主作为法律基础居于核心地位。为了更好地贯彻实施预防为主,根据传染病防治的特殊需要,传染病防治法还确立了四个具体原则。

(一)防治结合

防治结合是对传染病防治所进行的工作而言的。这里的“防”有两层含义:一层是防止,即预先设法制止传染病发生或者暴发流行;另一层是防备,即事先做好准备以应对传染病侵害或者危害。这里的“治”也有两层含义:一层是治理,即对传染源、传播途径和易感人群等的管理;另一层是治疗,即对传染病病人的医疗。在传染病发生前,要立足于不发生传染病;在传染病发生后,要立足于不发生传染病暴发流行;在传染病暴发流行后,要立足于减少和消除传染病危害。所以,“防”和“治”在不同阶段采取的措施,要根据不同的情况有所侧重。防中有治,治中有防,但两者不是比例关系,而是一种有机结合的整体。在传染病防治法中,无论是治疗还是治理都赋予了预防的功能,所以,防治结合其实是一种主动的、积极的预防要求。

(二)分类管理

分类管理是对传染病防治所采取的措施而言的。即确定一定的传染病应当采取什么样的预防控制措施,以及由谁来实施这些预防控制措施。传染病不仅病种多,而且传播方式、传播速度、传播强度以及对人体健康和经济社会危害程度也不相同。在传染病防治中,应当根据传染病的病种、传播方式以及可能的危害程度等,采取有针对性的措施。分类管理的实质是根据传染病危害的大小来决定预防控制措施的轻重的处理原则。目的就是要在最早的时间、最小的范围、最低的层级、最少的代价,防止传染病的发生和发展。对传染病进行分类管理,除了有利于统筹卫生资源配置、掌握疫情防控主动权、确保处置措施精细化外,还有利于最大限度地减少对经济社会生活的影响以及对个人自由的限制。

(三)依靠科学

依靠科学是对传染病防治所落实的行动而言的。从现象上看,传染病的发生或者暴发流行有一定的偶然性,但从科学角度来说其实是有规律可循的。纵观传染病防治历史可以发现,虽然在防治主体、防治体系和防治模式等方面进行了一系列改革,但传染病防治的实质没有发生根本性变化。发现传染源、切断传播途径、保护易感人群,早发现、早报告、早诊断、早治疗等依然是传染病防治的基本思路。但在实践中,这样做并不意味着就是科学的。依靠科学的关键,不仅在于要运用已经揭示的规律去认识和指导传染病防治工作,还在于所采取的措施应当与具体防治的传染病轻重适度、宽严匹配。只有这样,才可以有效避免或者减少传染病防治工作的简单化、扩大化或者盲目化。

(四)依靠群众

依靠群众是对传染病防治所需要的动力而言的。除了医疗卫生机构,群众是传染病防治工作最基本也是最重要的力量。虽然其专业知识有一定的局限性,但对传染病防治工作来说,群众的参与具有举足轻重的作用。不仅是因为传染病防治工作需要群众的理解，更重要的是如果没有群众的支持，传染病防治工作将寸步难行。无论是确定密接者、密接者的密接者和一般接触人员，还是动员群众保持社交距离、做好个人卫生防护等，都需要广大群众的积极参与。依靠群众，其实也就是依靠社会，群防群控，联防联控。所以，提高传染病防治水平，要从全社会的角度，补齐传染病防治工作的短板弱项，扩大高质量的传染病防治服务供给，尤其是要着力提高传染病防治能力均等化、优质化水平。

第四节　传染病防治法的制度

传染病防治制度是有关传染病防治的各项制度的总称。《传染病防治法》直接或者间接地规定了一系列制度，其中国家明确要求建立的制度主要包括：

一、有计划的预防接种制度

《传染病防治法》规定，国家实行有计划的预防接种制度。有计划的预防接种制度是一种根据免疫规划实施的预防接种制度。通常称为免疫规划疫苗接种。在我国，除免疫规划疫苗接种外，还有非免疫规划接种。

免疫规划是政府为开展有计划的预防接种所作出的方案。其内容应当包括免疫规划疫苗种类、免疫程序、接种方法等。根据规定，国家免疫规划由国务院卫生健康主管部门制定并组织实施。省、自治区、直辖市人民政府在执行国家免疫规划时，可以根据本行政区域疾病预防、控制需要，增加免疫规划疫苗种类。

免疫规划疫苗接种实行免费。根据规定，除国家免疫规划确定的疫苗和省、自治区、直辖市人民政府在执行国家免疫规划时增加的疫苗外，免费接种的疫苗还包括县级以上人民政府或者卫生健康主管部门组织的应急接种或者群体性预防接种所使用的疫苗。

二、儿童预防接种证制度

《传染病防治法》规定，国家对儿童实行预防接种证制度。预防接种证是接种单位以接种凭证为根据明细记录儿童预防接种情况的本子。预防接种证由具有特点格式、相互联系的册页所组成。它是接种单位对儿童进行预防接种的依据，也是表明儿童接受预防接种的依据。

对儿童实行预防接种证，目的是保障儿童预防接种的权利，确保儿童的监护人履行为儿童办理预防接种手续的义务，防止重复接种或者遗漏接种。预防接种证载明了儿童应当接种的疫苗、方法、用途、时间等，也载明了儿童已经接种的情况，能够正确、完整和及时给儿童的监护人提供相关信息，方便儿童的预防接种。

根据规定，在儿童出生后1个月内，其监护人应当到儿童居住地承担预防接种工作的接种单位或者出生医院为其办理预防接种证，并应当妥善保管预防接种证。接种单位或者出生医院应当为儿童的监护人办理预防接种证提供方便。预防接种证的格式由国务院卫生健康主管部门规定。

三、传染病监测制度

《传染病防治法》规定，国家建立传染病监测制度。传染病监测是平时或者疫情时运用传染病报告系统收集疫情信息或者采用物理、化学、生物等技术手段监视并测定表示疫情或者影响疫情发生、流行的各种因素、标志、数据等活动。传染病监测的目的在于为分析、评估传染病发生及其发展提供准确、可靠的信息。

县级以上疾病预防控制机构是传染病监测的专业机构，负责收集、分析和报告传染病监测信息，预测传染病的发生、流行趋势。根据规定，国务院卫生行政部门制定国家传染病监测规划和方案。省、自治区、直辖市人民政府卫生行政部门根据国家传染病监测规划和方案，制定本行政区域的传染病监测计划和工作方案。

四、传染病预警制度

《传染病防治法》规定，国家建立传染病预警制度。传染病预警，是一种事前提醒，意在使人警惕。它是基于传染病监测情况而作出的可能发生传染病或者可能发生传染病暴发、流行的预测。从发布者的本意来说，并不希望所预警的传染病疫情真实发生。

传染病的发生，尤其是传染病的暴发、流行，会给人民群众身体健康和生命安全以及经济社会发展带来极大的危害。因此，传染病预警已经成为传染病防治工作的重要内容。正确、及时地进行传染病预警，对于动员社会紧急行动起来，采取各种应对措施预防传染病的发生，减轻传染病的危害，都具有重要意义。

传染病预警，可以在传染病发生前，也可以在传染病暴发、流行前；可以公开，也可以不公开。传染病预警的具体时间和方式，由发布者根据实际情况确定。法律规定，国务院卫生行政部门和省、自治区、直辖市人民政府根据传染病发生、流行趋势的预测，及时发出传染病预警，根据情况予以公布。

五、传染病疫情信息公布制度

《传染病防治法》规定，国家建立传染病疫情信息公布制度。传染病疫情信息公布是传染病疫情信息公开的一种，也是传染病疫情信息处理的重要一环。所谓传染病疫情信息公布制度，是指政府为使公众能够了解所掌握的疫情信息而将其公开发布的制度。

传染病疫情信息公布制度，除有利于满足公民的知情权外，还有利于满足公民的使用信息权利,更重要的是有利于激发公民的参与权。当然,在传染病疫情信息公布过程中,也要特别注意保护公民的隐私权利。从某种角度说,传染病疫情信息公布也可以起到一定的预警作用。

传染病疫情信息可以定期公布,也可以不定期公布;可以全部公布,也可以部分公布;可以集中公布,也可以分散公布。根据规定,国务院卫生行政部门定期公布全国传染病疫情信息。省、自治区、直辖市人民政府卫生行政部门定期公布本行政区域的传染病疫情信息。传染病暴发、流行时,国务院卫生行政部门负责向社会公布传染病疫情信息,并可以授权省、自治区、直辖市人民政府卫生行政部门向社会公布本行政区域的传染病疫情信息。

第六章　传染病的预防

第一节　传染病监测

一、传染病监测的概念

《传染病防治法实施办法》对传染病监测的定义是，指对人群传染病的发生、流行及影响因素进行有计划地、系统地长期观察。这一定义表明，传染病监测是有目的的活动，围绕人群传染病发生、流行及影响因素；是有组织的活动，事前制订计划方案；是高标准的活动，实行系统原理原则；是经常性的活动，必须长期深入持久；是研究型的活动，着力观察认识发现。

传染病监测对传染病防治工作意义重大。传染病监测的主要任务是收集传染病发生、流行及影响因素的第一手资料，并从收集的第一手资料中，研究传染病发生、流行与影响因素之间的相关性，进而对传染病发生、流行的可能性或者趋势作出判断，为制定传染病防治法规标准、对策措施，包括传染病预警，提供依据。可以这样说，高质量的传染病监测可以使传染病防治工作始终处于主动地位。为此，《传染病防治法》将传染病监测上升为国家应当建立的制度，并要求县级以上地方人民政府保障其实施经费。

二、传染病监测的对象

传染病监测的最终目的是防止传染病的发生或者流行。根据规定，传染病监测对象主要包括以下两个方面：

（一）发生、流行或者可能发生、流行的传染病

《传染病防治法》将传染病分为法定传染病和非法定传染病。但无论是法定传染病还是非法定传染病，都有可能对人民群众的身体健康构成威胁。传染病监测的基本作用就是及时发现可能对人民群众的身体健康构成威胁的传染病。所以，传染病监测的对象包括法定传染病和非法定传染病。

在非法定传染病中，有的可能是国外已经发生、国内尚未发生的传染病；有的

可能是国内新发生的传染病,包括死灰复燃的传染病、原因不明的传染病等。这些传染病,从认识角度来说,我们可能还比较陌生或者缺乏深度了解。因此,传染病监测必须十分小心,格外注意。

(二)发生或者可能发生影响传染病发生、流行的因素

传染病是由各种病原体引起的,可以在人与人、动物与动物、人与动物之间相互传播。所以,传染病发生、流行的影响因素主要来自传染源、传播途径和易感人群。传染源是指散播病原体的人或者动物;传播途径是指病原体离开传染源到达人群的方式,如饮食传播、空气传播、虫媒传播、接触传播等;易感人群是指对传染病缺乏免疫力而容易感染传染病的人。

传染病发生、流行的影响因素固然很多,但主要在传染源、传播途径这两个环节。传染病监测规划、计划及方案,应当确定重点,明确要求,划分责任等。在传染病监测网络的基础上,充分利用传染病报告体系,充分发挥病原微生物实验室等作用,对人群、环境、产品(包括服务)中各项传染病发生、流行的影响因素等情况,进行监视性监测。在平时传染病监测要发挥作用,在疫情发生时传染病监测也要发挥作用。

《传染病防治法》规定,在国家确认的自然疫源地计划兴建水利、交通、旅游、能源等大型建设项目,应当事先由省级以上疾病预防控制机构对施工环境进行卫生调查。建设单位应当根据疾病预防控制机构的意见,采取必要的传染病预防、控制措施。施工期间,建设单位应当设专人负责工地上的卫生防疫工作。工程竣工后,疾病预防控制机构应当对可能发生的传染病进行监测。这里的自然疫源地,是指某些可引起人类传染病的病原体在自然界的野生动物中长期存在和循环的地区。

三、传染病监测的主体

传染病监测应当建立传染病监测网。传染病监测网以疾病预防控制中心为主,会同其他有关部门的疾病预防控制机构等相关技术机构分工协作而共同组成。传染病监测网可以分为国家网、地方网以及部门网。《传染病防治法》明确国家和省级疾病预防控制机构负责开展传染病监测。

我国疾病预防控制机构分为四级。各级疾病预防控制机构在传染病预防控制中的共同职责是:实施传染病预防控制规划、计划和方案;收集、分析和报告传染病监测信息,预测传染病的发生、流行趋势;开展对传染病疫情和突发公共卫生事件的流行病学调查、现场处理及其效果评价;开展传染病实验室检测、诊断、病原学鉴定;实施免疫规划,负责预防性生物制品的使用管理;开展健康教育、咨询,普及传染病防治知识;指导、培训下级疾病预防控制机构及其工作人员开展传染病监测工

作;开展传染病防治应用性研究和卫生评价,提供技术咨询等。

此外,《传染病防治法》对四级疾病预防控制机构进行了任务分工。其中:国家和省级疾病预防控制机构负责对传染病发生、流行以及分布进行监测,对重大传染病流行趋势进行预测;提出预防控制对策,参与并指导对暴发的疫情进行调查处理,开展传染病病原学鉴定,建立检测质量控制体系,开展应用性研究和卫生评价。设区的市和县级疾病预防控制机构负责传染病预防控制规划、方案的落实,组织实施免疫、消毒、控制病媒生物的危害,普及传染病防治知识,负责本地区疫情和突发公共卫生事件监测、报告,开展流行病学调查和常见病原微生物检测。

四、传染病监测的信息

所谓传染病监测信息,是指开展传染病监测所需要的信息。确切地说,是证实传染病监测对象的信息。传染病监测的主要过程,可以分为传染病监测信息的收集、分析、报告和预测传染病发生、流行趋势等。收集是传染病监测的第一步,而且收集信息数量的多少,收集信息速度的快慢,直接影响后续的分析、报告和预测的质量。为了保证传染病监测工作顺利进行,法律为疾病预防控制机构收集相关信息确立了多个渠道。

(一)主动发现

疾病预防控制机构是传染病防治工作的专门机构,在业务活动中,有大量发现传染病监测信息的机会。主动发现,是指疾病预防控制机构通过自身能力和努力而获得传染病监测信息。主动发现传染病监测所需要的信息,不仅可以发挥疾病预防控制机构对传染病监测的主导作用,而且可以确保传染病防治工作始终处于主动地位,及时形成有利局面。因此,主动发现是收集传染病监测信息最重要的一种形式。

传染病监测信息,包括已经发生的传染病疫情和可能发生的传染病疫情及其影响因素等。在《传染病防治法》中,既有"传染病监测信息"的表述,又有"传染病疫情信息"的表述,两者交替使用。其含义基本一致,但角度有所不同。前者是为了强调监测,后者是为了强调疫情。《传染病防治法》规定,疾病预防控制机构应当主动收集、分析、调查、核实传染病疫情信息。

(二)社会报告

疾病预防控制机构收集传染病监测信息,除主动发现外,数量最大的是来自社会的传染病疫情报告。在我国,传染病疫情报告分为一般报告和专门报告。一般报告指法律没有对报告人设定法律责任的传染病疫情报告制度。法律规定了报告人的报告义务,但其履行主要靠自觉。《传染病防治法》规定,任何单位和个人发现传染病病人或者疑似传染病病人时，应当及时向附近的疾病预防控制机构或者医疗机构报告。

专门报告指适用于具备特殊身份报告人的传染病疫情报告制度。这里的具备特殊身份的报告人，主要是指疾病预防控制机构、医疗机构和采供血机构及其执行职务的人员等。具备特殊身份的报告人没有履行传染病疫情报告义务，法律规定，要承担相应的法律责任。这是因为这些具备特殊身份的报告人，在执业活动中具有及时发现传染病疫情的特殊地位和特殊优势。

《传染病防治法》规定，疾病预防控制机构、医疗机构和采供血机构及其执行职务的人员发现该法规定的传染病疫情或者发现其他传染病暴发、流行以及突发原因不明的传染病时，应当遵循疫情报告属地管理原则，按照国务院规定的或者国务院卫生行政部门规定的内容、程序、方式和时限报告。该法还规定，军队医疗机构向社会公众提供医疗服务，发现规定的传染病疫情时，应当按照国务院卫生行政部门的规定报告。

（三）特殊报告

在传染病疫情报告中，有一种报告具有一定的特殊性，就是法定的报告内容是甲类传染病。《传染病防治法》规定，港口、机场、铁路疾病预防控制机构以及国境卫生检疫机关发现甲类传染病病人、病原携带者、疑似传染病病人时，应当按照国家有关规定立即向国境口岸所在地的疾病预防控制机构或者所在地县级以上地方人民政府卫生行政部门报告。

卫生检疫可以分为国内卫生检疫和国境卫生检疫。国内卫生检疫，也称国内交通卫生检疫，是国家为防止检疫传染病在国内扩散、传播所采取的防疫措施。港口、机场、铁路疾病预防控制机构是国内交通卫生检疫的主要技术力量。国境卫生检疫，也称口岸卫生检疫，是国家为防止传染病经进出国境的人员、交通运输工具、行李和货物等传入、传出所采取的防疫措施。国境卫生检疫机关是国境卫生检疫的主要执行者。目前，国内交通卫生检疫和国境卫生检疫的检疫传染病主要是甲类传染病。

（四）相互通报

传染病防治工作既要防止传染病由动物间传染人，也要防止传染病由人间传染动物。因此，动物防疫机构和疾病预防控制机构之间相互通报疫情，是联防联控需要，也是传染病监测的需要。《传染病防治法》规定，动物防疫机构和疾病预防控制机构，应当及时互相通报动物间和人间发生的人畜共患传染病疫情以及相关信息。

也有的传染病可能是由境外传入或者由境内传出，所以，这也是传染病监测的重点环节。在国境口岸传染病防治工作中，不同部门以及不同部门隶属的机构之间，相互通报传染病疫情信息十分重要。根据规定，港口、机场、铁路疾病预防控制机构以及国境卫生检疫机关与国境口岸所在地的疾病预防控制机构或者所在地县级以上地方人民政府卫生行政部门，应当按照国家有关规定，相互通报传染病疫情信息。

（五）部门移交

卫生行政部门是传染病疫情信息的归口管理部门。从法律上说，卫生行政部门获得的传染病疫情信息主要来自两个方面：一是疾病预防控制机构的报告。根据规定，疾病预防控制机构接到甲类、乙类传染病疫情报告或者发现传染病暴发、流行时，应当立即报告当地卫生行政部门；二是有关部门的通报。根据规定，县级以上人民政府有关部门发现传染病疫情时，应当及时向同级人民政府卫生行政部门通报。中国人民解放军卫生主管部门发现传染病疫情时，应当向国务院卫生行政部门通报。

卫生行政部门并不承担传染病监测工作，所以，在接到传染病疫情报告或者通报后，卫生行政部门除按照规定报告当地人民政府，同时报告上级卫生行政部门和国务院卫生行政部门外，对于应当用于传染病监测的传染病疫情信息，还应当及时移交给疾病预防控制机构。疾病预防控制机构对于卫生行政部门移交的传染病疫情信息，应当按照规定进行核实、分析，并根据情况提出监测报告。

（六）医疗机构转交

为了方便社会报告传染病疫情，法律赋予医疗机构有接受社会传染病疫情报告的义务。医疗机构不承担传染病监测任务，所以，在接到社会的传染病疫情报告后，应当及时将有关的传染病疫情信息转交给疾病预防控制机构。

疾病预防控制机构应当根据法律要求，设立或者指定专门的部门、人员负责日常的传染病疫情信息管理工作，确保传染病疫情信息收集渠道的通畅，并及时对有关单位、部门以及个人报告、移交或者转交的传染病疫情信息进行调查、核实、分析。

五、传染病监测的通报

传染病监测情况的通报，不属于传染病监测的范畴，是一种传染病监测成果的运用方式。承担传染病监测任务的疾病预防控制机构，不负责传染病监测情况的通报。法律将传染病监测情况通报职责，赋予了卫生行政部门。传染病监测情况通报，不仅是一种信息公开的形式，而且是一种传染病防治知识宣传。更进一步说，是另一种形式的传染病“预警”。

传染病监测情况通报,既可以采用书面形式,也可以采用口头形式。从实践来看,通报的传染病监测情况,既可以是过程性的情况,也可以是结果性的情况;既可以是部分情况,也可以是全部情况。这取决于传染病防治工作的需要。接到传染病监测情况通报后,有关部门和单位应当采取措施,做好技术性防范工作,落实好群众性的防范措施,并积极配合卫生行政部门消除传染病发生、流行影响因素,防止发生传染病危害。

(一)向医疗机构通报

医疗机构既是传染病防治工作的主力军,也是主战场。让医疗机构及时了解传染病监测情况,不仅有利于他们在思想上、技术上和物质上做好应对准备,而且有利于他们充分做好自我防护。法律规定,县级以上地方人民政府卫生行政部门应当及时向本行政区域内的疾病预防控制机构和医疗机构通报传染病疫情以及监测、预警的相关信息。同时规定,接到通报的疾病预防控制机构和医疗机构应当及时告知本单位的有关人员。

(二)向政府有关部门通报

传染病防治工作不仅需要政府有关部门积极作为,各负其责,还需要政府有关部门密切合作,采取联合行动。了解传染病监测情况是政府有关部门参与传染病防治工作由预备进入实行的开始。法律规定,国务院卫生行政部门应当及时向国务院其他有关部门通报全国传染病疫情以及监测、预警的相关信息。法律没有对地方卫生行政部门向地方政府有关部门通报当地传染病监测情况进行规定,有关通报应当按照地方人民政府制定的传染病预防、控制方案执行。

(三)向省级卫生行政部门通报

县级以上地方卫生行政部门负责本行政区域的传染病防治工作,而省级卫生行政部门对地方传染病防治工作负有统筹协调责任。地方卫生行政部门及时了解传染病监测情况,有利于正确研判传染病形势,及早谋划,做出准备,有效应对。法律规定,国务院卫生行政部门应当及时向省、自治区、直辖市人民政府卫生行政部门通报全国传染病疫情以及监测、预警的相关信息。

(四)毗邻以及相关地区卫生行政部门互相通报

一个地方出现传染病疫情,无论是刚发生还是已暴发、流行,最先受到波及的往往是相邻以及相关地区。所以,从预防角度来说,或者从控制角度来说,相邻以及相关地区都应当"早知道"。否则,就难以事前谋划,早做准备。毗邻以及相关地区卫生行政部门相互通报传染病监测情况,对于预防或者减少传染病危害,十分关键。相互了解已经发生的或者可能发生的传染病疫情,有利于协调对策措施,相互支持。法律规定,毗邻的以及相关的地方人民政府卫生行政部门,应当及时互相通报本行政区域的传染病疫情以及监测、预警的相关信息。

(五)向社会通报

向社会通报,也就是向社会公布。向社会公布的传染病监测情况,主要是传染病疫情信息。向社会公布传染病疫情信息,既是尊重公众知情权的具体体现,也是动员全社会参与传染病防治工作的具体表现。向社会公布传染病疫情信息,分定期和不定期两种。法律规定,国务院卫生行政部门定期公布全国传染病疫情信息。省、自治区、直辖市人民政府卫生行政部门定期公布本行政区域的传染病疫情信息。法律还规定,传染病暴发、流行时,国务院卫生行政部门负责向社会公布全国传染病疫情信息,并可以授权省、自治区、直辖市人民政府卫生行政部门向社会公布本行政区域的传染病疫情信息。

第二节 传染病预警

一、传染病预警的概念

传染病预警是指在传染病发生、流行前,根据预测发出的有关传染病发生、流行的警告。

传染病监测的主要任务之一是"预测传染病的发生、流行趋势"。传染病预警是建立在传染病监测基础之上的。传染病监测的目的是确保早期发现可能预示传染病发生、流行的病例,尤其是原因不明的病例。传染病预警的目的是保证有时间、有条件做好应对传染病发生、流行的准备。所以,对于具有迅速传播风险的传染病,传染病预警十分重要。从这个意义上说,预警是传染病监测成果的最高形式。

传染病预警是2003年"非典"疫情之后建立的重要法律制度。目前,它已经成为督促做好准备工作和快速作出应急反应的重要公共卫生战略措施。对疾病预防控制机构提交的传染病发生、流行趋势预测,卫生行政部门应当高度重视,根据实际情况,并按照权限及时发布预警或者向人民政府报告。

二、传染病预警的目的

传染病预警的最终目的是防止传染病传播。从作用上说,传染病预警是通过提供及时的、相关的、准确的信息,提醒相关方面包括公众提高警惕,做好各种准备,以主动的状态及时、有效地应对可能出现的疫情。

(一)向社会传达疫情信息

传染病疫情对公众健康、社会经济具有潜在的实质性影响,需要我们根据各种不同情况作出适当的、快速的甚至大胆的应急措施，以最大限度地减少不必要的损失，维护经济社会秩序。这些都需要社会广泛参与，而社会广泛参与的基本前提是了解和掌握疫情。传染病预警是向社会提供正确、连续和综合的疫情信息的重要形式，不仅可以建立起公众的信任和信心，而且可以减少和避免公众的恐慌，并可以促进公众加强自我保护。因此，通过传染病预警可以向社会提供有价值的知识和观点，做好应对传染病暴发的心理准备。

（二）向社会传递应对信号

虽然传染病暴发、流行的特征是不断变化的，尤其是新出现的具有很强传染性的传染病，但从预防控制角度说，主要依靠的还是传统的公共卫生措施。也就是说，与传染病进行斗争所使用的方法和采取的措施是相同或者相似的。其包括社区防控措施、传染控制措施、标准性预防措施、接触性预防措施、飞沫传染预防措施、空气传播预防措施等。所以，为可能暴发流行的传染病做好应对准备，不仅是必须的，而且是完全做得到的。同时，还必须加强地区之间、部门之间、机构之间的合作协调，以确保应对时措施的一致性。

三、传染病预警的程序

法律没有对卫生行政部门发布传染病预警的程序作出具体规定。也就是说，卫生行政部门既可以在接到疾病预防控制机构提交的传染病发生、流行趋势预测后直接发布预警，也可以在接到疾病预防控制机构提交的传染病发生、流行趋势预测后组织评价，根据情况决定是否发布预警。

传染病预警对传染病防治工作来说，十分必要。但传染病的发生、发展有自己的规律，所以，传染病预警客观上存在某种程度的不确定性。根据审慎原则，法律将传染病预警权授予了国务院卫生行政部门和省级人民政府。同时，对传染病预警给予了最大的灵活性，即传染病预警既可以公开也可以不公开；既可以对部门、单位也可以对社会。其目的是既要防止发生传染病危害，也要降低可能对经济社会生活造成的负面影响。

四、传染病预警的形式

我国《传染病防治法》没有明确说明传染病预警的形式，但从有利于传染病防治的角度，可以将传染病预警形式分为两种：

（一）正式的传染病预警

所谓正式的传染病预警，是指发布时即申明是传染病预警。

《传染病防治法》规定，国务院卫生行政部门和省、自治区、直辖市人民政府根据传染病发生、流行趋势的预测，及时发出传染病预警。这一规定明确了有权发布传染病预警的主体，同时也明确了传染病预警的依据、性质和时间性。传染病预警形式具有一定的灵活性。发布者既可以事先设定发布形式，也可以不事先设定发布形式，根据情况，灵活掌握。无论是否采取固定格式，都不影响传染病预警的法律地位。

（二）非正式的传染病预警

所谓非正式的传染病预警，是指发布时没有申明是传染病预警，但内容有传染病发生、流行趋势的预测。

传染病预警是《传染病防治法》规定的一种传染病信息发布形式。其本意是向社会传递受到社会关注的传染病发生、流行的趋势。这种趋势是潜在的，有可能成为现实，也有可能不会成为现实。因为它是建立在预测之上的，具有一定的不确定性。为慎重起见，在许多情况下，对传染病发生、流行趋势的预测，并没有以传染病预警的形式出现，而是以传染病监测信息、分析信息等形式出现，但对社会仍然具有提醒、警示作用。所以，有关地方、部门、机构知悉这类疫情信息，仍然应当引起高度重视。

五、传染病预警的分类

（一）公开预警

所谓公开预警，是指让所有人都知道的传染病预警。

传染病预警是对传染病发生、流行趋势的一种警告。其目的是让社会提前做好各种应对准备。但传染病预警的传染病发生、流行趋势是预测性的，并不是必然的，其结果存在一定的不确定性。为了保证传染病预警既达到正面效果又避免产生不必要的负面影响，法律将公开或者不公开传染病预警的决定权授予给了发布者，由发布者“根据情况予以公布”。

（二）不公开预警

所谓不公开预警，也就是内部预警，是指让部分人知道的传染病预警。

对传染病发生、流行趋势进行预测，需要积累一定的病例。但在有的情况下，即使缺乏充足的信息确定病情，也需要不失时机，快速作出反应，进行准备和布局。为了实现信息的快速共享，需要在一定的范围内，让一部分专业机构及其人员了解疫情，掌握动向，也应当及时发出传染病预警。一般情况下，让部分人知道的传染病预警是不公开的，性质上属于内部预警。

六、传染病预警的响应

（一）通报预警信息

传染病预警是一项严肃的工作，必须认真对待。任何单位接到传染病预警，都应当按照法律规定，及时向有关地区、部门、机构和人员通报传染病预警信息。

1. 国务院卫生行政部门应当及时向国务院其他有关部门和各省、自治区、直辖市人民政府卫生行政部门通报全国传染病预警信息。

2. 毗邻的以及相关的地方人民政府卫生行政部门，应当及时互相通报本行政区域的传染病预警信息。

3. 县级以上地方人民政府卫生行政部门应当及时向本行政区域内的疾病预防控制机构和医疗机构通报传染病疫预警信息。

4. 接到传染病预警信息通报的疾病预防控制机构和医疗机构应当及时告知本单位的有关人员。

（二）采取预防控制措施

对传染病进行预警，时机很重要。因为早期预警更有利于准备和应对。与早期预警相比，更重要的是作出快速反应，消除或者控制发现的隐患，防止预警事件严重后果的发生。快速反应可以在一定程度上弥补没有早期预警的不足。从实践上看，无论是早期的预警还是稍后的预警，都必须快速消除发现的潜在隐患。在接到传染病预警后，如果不快速作出反应，传染病预警也就失去了意义。

《传染病防治法》规定，地方人民政府和疾病预防控制机构接到国务院卫生行政部门或者省、自治区、直辖市人民政府发出的传染病预警后，应当按照传染病预防、控制预案，采取相应的预防、控制措施。这里的传染病预防、控制预案，是指县级以上地方人民政府制定，并经上一级人民政府备案的应对传染病发生、流行的工作部署。其主要内容包括：(1)传染病预防控制指挥部的组成和相关部门的职责；(2)传染病的监测、信息收集、分析、报告、通报制度；(3)疾病预防控制机构、医疗机构在发生传染病疫情时的任务与职责；(4)传染病暴发、流行情况的分级以及相应的应急工作方案；(5)传染病预防、疫点疫区现场控制，应急设施、设备、救治药品和医疗器械以及其他物资和技术的储备与调用。

第三节 预 防 接 种

一、预防接种的概念

预防接种目前没有法定概念。一般认为，预防接种是指通过接种疫苗，使人体获得对某种传染病的特异免疫力，达到预防和控制针对传染病发生和流行的目的。

预防接种是一种预防传染病最为经济、有效、简便、易行的方法。法律规定，县级以上人民政府应当将预防接种工作纳入本级国民经济和社会发展规划。

二、预防接种的种类

在我国，预防接种分为免疫规划接种和非免疫规划接种。

（一）免疫规划接种

免疫规划接种是政府组织并承担费用的预防接种的统称，属于保障性预防接种。其主要有以下三种：

1. 儿童预防接种

在免疫规划接种中，最具代表性的是儿童预防接种。对儿童开展预防接种是提高我国人口素质的重要举措。

我国最初为1岁以内的儿童进行卡介苗、脊髓灰质炎糖丸疫苗、百白破混合制剂和麻疹疫苗的基础免疫，并对特定年龄组的儿童进行上述4种疫苗的加强免疫，预防麻疹、脊髓灰质炎、白喉、百日咳、破伤风和结核6种传染病。1992年起又在全国范围内推行乙肝疫苗接种。目前，增加到14种，预防15种疾病：乙型肝炎、结核病、脊髓灰质炎、百日咳、白喉、破伤风、麻疹、风疹、流行性腮腺炎、流行性脑脊髓膜炎、流行性乙型脑炎、甲型肝炎、流行性出血热、炭疽和钩端螺旋体病等。

国家对儿童实行预防接种证制度。法律规定，在儿童出生后1个月内，其监护人应当到儿童居住地承担预防接种工作的接种单位或者出生医院为其办理预防接种证。儿童入托、入学时，托幼机构、学校应当依照国务院卫生行政部门会同国务院教育行政部门制定的儿童入托、入学预防接种证查验办法，查验预防接种证。发现未依照规定接种疫苗的，应当向儿童居住地或者托幼机构、学校所在地承担预防接种工作的接种单位报告，并配合接种单位督促其监护人按照规定补种。根据规定，疾病预防控制机构应当为托幼机构、学校查验预防接种证等提供技术指导。医疗机构、疾病预防控制机构与儿童的监护人应当相互配合，保证儿童及时接受预防接种。

2. 群体性预防接种

群体性预防接种，是指为实现一定地区范围或者人群范围的预防和控制传染病目标而进行的预防接种。通常，群体性预防接种针对的是特定传染病，受种者的范围取决于这一特定传染病可能影响的地区和可能影响的人群。其意义在于鼓励公众通过预防接种确保自身安全与健康。

群体性预防接种最早见于2005年的《疫苗流通和预防接种管理条例》。该条例规定，县级以上地方人民政府卫生主管部门根据传染病监测和预警信息，为了预防、控制传染病的暴发、流行，需要在本行政区域内部分地区进行群体性预防接种的，应当报经本级人民政府决定，并向省、自治区、直辖市人民政府卫生主管部门备案;需要在省、自治区、直辖市行政区域全部范围内进行群体性预防接种的,应当由省、自治区、直辖市人民政府卫生主管部门报经本级人民政府决定,并向国务院卫生主管部门备案。需要在全国范围或者跨省、自治区、直辖市范围内进行群体性预防接种的,应当由国务院卫生主管部门决定。

2019 年《疫苗管理法》将群体性预防接种上升为法律。该法规定,县级以上地方人民政府卫生健康主管部门根据传染病监测和预警信息,为预防、控制传染病暴发、流行,报经本级人民政府决定,并报省级以上人民政府卫生健康主管部门备案,可以在本行政区域进行群体性预防接种。并规定,需要在全国范围或者跨省、自治区、直辖市范围内进行群体性预防接种的,应当由国务院卫生健康主管部门决定。

根据上述规定,按区域范围大小,群体性预防接种可以分为以下几种:(1)在县级或者设区的市级行政区域内进行群体性预防接种的,由本级人民政府决定,向省级人民政府卫生健康主管部门和国务院卫生健康主管部门备案;(2)在省级行政区域内进行群体性预防接种的,由本级人民政府决定,向国务院卫生健康主管部门备案;(3)在全国范围或者跨省、自治区、直辖市范围内进行群体性预防接种的,由国务院卫生健康主管部门决定。除此之外,任何单位和个人不得擅自进行群体性预防接种。

3. 应急接种

应急接种,是指为解决传染病严重威胁而实施的预防接种。应急接种通常是在面临传染病直接威胁的紧急情况下采取的应急措施。应急接种与群体性预防接种一样,关乎人民群众身体健康,都是制止传染病侵袭的方式。但不同的是,群体性预防接种是在传染病暴发、流行前,而应急接种是在传染病暴发、流行时。

应急接种最早见于 2003 年《突发公共卫生事件应急条例》。该条例规定,县级以上地方人民政府卫生行政主管部门应当及时对易受感染的人群和其他易受损害的人群采取应急接种、预防性投药、群体防护等措施。后来的《疫苗流通和预防接种管理条例》肯定了这一措施。该条例规定,传染病暴发、流行时,县级以上地方人民政府或者其卫生主管部门需要采取应急接种措施的,依照《传染病防治法》和《突发公共卫生事件应急条例》的规定执行。

2019 年《疫苗管理法》将应急接种上升为法律。该法明确规定,传染病暴发、流行时,县级以上地方人民政府或者其卫生健康主管部门需要采取应急接种措施的,依照法律、行政法规的规定执行。

(二)非免疫规划接种

非免疫规划接种,顾名思义,是指不在免疫规划范围内的接种。也就是说,是由自己选择并承担费用的预防接种,属于自选性预防接种。

在我国,任何人都可以根据自己的情况和需要,选择非免疫规划接种。非免疫规划接种,有的是为了预防传染病,也有的是为了预防非传染性疾病。但无论哪种情形,接种的疫苗是非免疫规划疫苗,也就是通常所说的自费疫苗。接种单位除可以收取疫苗本身的费用外,还可以按照收费标准收取服务费,包括耗材费。

《疫苗管理法》规定,国务院卫生健康主管部门应当制定、公布非免疫规划疫苗的使用指导原则。

三、预防接种的疫苗

(一)疫苗的概念

疫苗是指为预防、控制疾病的发生、流行,用于人体免疫接种的预防性生物制品。

疫苗是医学的一个奇迹。证据显示,疫苗挽救的生命超过任何一项医学产品或者手术。疫苗的基本机制是通过自身来触发机体的免疫系统,使其产生独特的抵抗力以抵抗外来的特定病原体的入侵。常见的疫苗有灭活疫苗、减毒活疫苗和组分疫苗。随着分子生物技术的发展,核酸疫苗已逐渐成为新的发展方向,包括DNA 疫苗、mRNA 疫苗和载体疫苗等。

(二)疫苗的分类

疫苗按不同标准,可以有不同的分类。根据免疫规划,我国将疫苗分为免疫规划疫苗和非免疫规划疫苗。

免疫规划疫苗,是指居民应当按照政府的规定接种的疫苗,包括国家免疫规划确定的疫苗,省、自治区、直辖市人民政府在执行国家免疫规划时增加的疫苗,以及县级以上人民政府或者其卫生健康主管部门组织的应急接种或者群体性预防接种所使用的疫苗。非免疫规划疫苗,是指由居民自愿接种的其他疫苗。这里的其他疫苗,就是免疫规划疫苗之外的疫苗。通常,免疫规划疫苗由政府免费向居民提供,非免疫规划疫苗由居民个人负担费用。《疫苗流通和预防接种管理条例》曾将前者称为第一类疫苗,将后者称为第二类疫苗。

对疫苗进行分类,目的是明确责任,发挥政府和市场两个方面的作用,既保障公民享有接种免疫规划疫苗的权利,又确保公民享有接种非免疫规划疫苗的自由。

(三)疫苗的统一要求

为了保证疫苗流通中的质量,法律对疾病预防控制机构和接种单位购进、接收疫苗,提出了统一要求。

1. 疫苗实行单一渠道供应

疫苗不同于一般药品，其使用既为个人也为公众，而且疫苗的生产是通过预防接种需求表现出来的。为了体现预防接种的公共性，更好地对接生产和需求，法律将疫苗的供应渠道单一化，实行闭环管理。根据规定，疫苗上市许可持有人应当按照采购合同约定，向疾病预防控制机构供应疫苗，再由疾病预防控制机构按照规定向接种单位供应疫苗。除此之外，任何单位和个人不得向接种单位供应疫苗，接种单位也不得接收疫苗。

2. 疫苗可以自行配送也可以委托配送

为了及时将疫苗送到接种单位，法律设置了两条配送途径：一条是疫苗由疫苗上市许可持有人送到疾病预防控制机构，再由疾病预防控制机构送到接种单位；另一条是疫苗由疫苗上市许可持有人直接送到疾病预防控制机构指定的接种单位。这两条配送途径，疫苗上市许可持有人和疾病预防控制机构可以自行配送，也可以委托配送。但自行配送的，应当具备冷链储存、运输条件。冷链是指为保证疫苗从生产企业到接种单位运转过程中的质量而装备的储存、运输冷藏设施、设备。疫苗上市许可持有人或者疾病预防控制机构不具备冷链储存、运输条件的，应当委托符合条件的疫苗配送单位配送疫苗。无论是疾病预防控制机构和接种单位，还是疫苗上市许可持有人和疫苗配送单位，都应当遵守疫苗储存、运输管理规范，保障疫苗质量。根据规定，疫苗在储存、运输全过程中应当处于规定的温度环境，冷链储存、运输应当符合要求，并定时监测、记录温度。

3. 接收或者购进疫苗时应当索证

为了保证疫苗的合法性、疫苗质量的可控性及其可溯源性，法律对疾病预防控制机构、接种单位在接收或者购进疫苗时，专门设置了索证环节。根据规定，索取的证明文件主要包括两个方面：一个是证明疫苗合法性的文件，包括：(1)疫苗上市许可持有人销售疫苗时，加盖其印章的批签发证明复印件或者电子文件；(2)疫苗上市许可持有人销售进口疫苗的，加盖其印章的进口药品通关单复印件或者电子文件。另一个是证明疫苗质量可控性的文件，主要是疫苗上市许可持有人、疾病预防控制机构或者疫苗配送单位本次疫苗运输、储存全过程温度监测记录。上述索取的证明文件，疾病预防控制机构或者接种单位应当保存至疫苗有效期满后不少于5年备查。对不能按规定提供上述证明文件的，疾病预防控制机构或者接种单位不得接收或者购进，并按规定向药品监督管理部门、卫生健康主管部门报告。

4. 建立真实、准确、完整的接收、购进、储存、配送、供应记录

疫苗从生产企业到接种单位，要经历接收、购进、储存、配送、供应等过程。这一

过程涉及疫苗上市许可持有人、疾病预防控制机构、接种单位和疫苗配送单位等。根据规定，除疫苗上市许可持有人应当按照规定建立销售记录外，疾病预防控制机构、接种单位以及疫苗配送单位应当按照规定，建立接收、购进、储存、配送、供应记录，并保存至疫苗有效期满后不少于5年备查。记录是证明事实存在的文件，所以，法律要求应当真实、准确和完整。

5. 对问题疫苗采取隔离存放、设置警示标志等措施并按照规定进行处置

这里的问题疫苗，是指存在包装无法识别、储存温度不符合要求、超过有效期等问题的疫苗。问题疫苗不能用于预防接种。所以，疾病预防控制机构、接种单位应当建立疫苗定期检查制度，以便及时发现存在任何问题的疫苗。根据规定，对发现的问题疫苗，疾病预防控制机构或者接种单位应当采取隔离存放、设置警示标志等措施，并按照国务院药品监督管理部门、卫生健康主管部门、生态环境主管部门的规定处置。有关处置情况应当如实记录，处置记录应当保存至疫苗有效期满后不少于5年备查。

（四）疫苗的分类管理

免疫规划疫苗和非免疫规划疫苗是两类不同性质的疫苗。其法律特性主要体现在以下几个方面：

1. 费用承担主体不同

免疫规划疫苗由政府免费向居民提供。居民依照规定接种免疫规划疫苗，接种单位不得收取任何费用。免疫规划疫苗的最小外包装的显著位置应当标明“免费”字样和“免疫规划”专用标识。

非免疫规划疫苗是居民自费接种的疫苗。居民按照自己的意愿接种非免疫规划疫苗，接种单位除收取疫苗本身费用外，还可以收取接种服务费，包括耗材费用等。根据规定，接种服务费的收费标准由省、自治区、直辖市人民政府价格主管部门会同财政部门制定。

2. 疫苗采购方式不同

国家免疫规划疫苗由国务院卫生健康主管部门会同国务院财政部门等组织集中招标或者统一谈判，形成并公布中标价格或者成交价格后，由各省、自治区、直辖市按照公布的中标价格或者成交价格实行统一采购。

国家免疫规划疫苗以外的其他免疫规划疫苗、非免疫规划疫苗，由各省、自治区、直辖市通过省级公共资源交易平台组织采购。这里的国家免疫规划疫苗以外的其他免疫规划疫苗，指的是省、自治区、直辖市人民政府在执行国家免疫规划时增加的疫苗，以及县级以上地方人民政府或者其卫生健康主管部门组织的应急接

种或者群体性预防接种所使用的疫苗。从数量上说，通过省级公共资源交易平台组织采购的主要是非免疫规划疫苗。

3. 使用计划依据不同

免疫规划疫苗使用计划，由省级疾病预防控制机构根据国家免疫规划和本行政区域疾病预防、控制需要制定，并按照国家有关规定向组织采购疫苗的部门报告，同时报省、自治区、直辖市人民政府卫生健康主管部门备案。

法律没有对非免疫规划疫苗使用计划的制订作出规定。这是因为非免疫规划疫苗的使用主要取决于市场需求。法律不作统一规定，有利于调动市场的积极性。其使用计划的制订，地方可以根据自己的实际情况确定。

4. 疫苗配送收费不同

疾病预防控制机构在配送疫苗中，会产生储存、运输等费用。这些费用需要合理消化。根据免疫规划疫苗和非免疫规划疫苗的不同性质，法律作了有区别的处理。法律规定，县级以上人民政府应当将疫苗安全工作、购买免疫规划疫苗和预防接种工作以及信息化建设等所需经费纳入本级政府预算，保证免疫规划制度的实施。疾病预防控制机构配送非免疫规划疫苗，根据规定，可以收取储存、运输费用，具体办法由国务院财政部门会同国务院价格主管部门制定，收费标准由省、自治区、直辖市人民政府价格主管部门会同财政部门制定。

四、预防接种的单位

（一）接种单位应当具备的条件

承担预防接种工作的医疗卫生机构，统称为接种单位。根据规定，接种单位应当具备三个基本条件：

（1）取得医疗机构执业许可证。预防接种属于医疗行为，应当在医疗机构进行。医疗机构执业许可证是医疗机构的标志。

（2）具有经过县级人民政府卫生健康主管部门组织的预防接种专业培训并考核合格的医师、护士或者乡村医生。预防接种是专项医疗技术，对从事预防接种工作的卫生技术人员进行专业培训，使其熟练掌握相关技能，可以确保预防接种工作的规范化。

（3）具有符合疫苗储存、运输管理规范的冷藏设施、设备和冷藏保管制度。疫苗对于外界的常温有一定时间的耐受性，但不能长时间脱离冷链，否则会失去原有的免疫效果，失效的疫苗接种到人体不会产生免疫效果。所以，为确保疫苗的有效性，其储存、运输过程中需要冷藏环境。

（二）接种单位可以开展的业务

1. 卫生健康主管部门指定的免疫规划疫苗接种工作

卫生健康主管部门以行政方式确定接种单位承担一定责任区域的免疫规划疫苗接种工作，目的在于防止因开展免疫规划疫苗接种工作不明或者不足而影响免疫规划的实施。卫生健康主管部门的指定是以法律为依据的，所以，这种指定实质上属于履行法定义务。依法被指定的接种单位无正当理由，不得拒绝。法律规定，县级以上地方人民政府卫生健康主管部门指定符合条件的医疗机构承担责任区域内免疫规划疫苗接种工作。

2. 卫生健康主管部门备案的非免疫规划疫苗接种工作

接种单位可以根据自己的意愿开展非免疫规划疫苗接种工作，但应当向卫生健康主管部门备案，以明确其法律效力。备案是基于接种单位的意思表示而成立。因此，接种单位在备案时应当提出明确的项目和要求，并在备案范围内开展非免疫规划疫苗接种工作。法律规定，符合条件的医疗机构可以承担非免疫规划疫苗接种工作，并应当报颁发其医疗机构执业许可证的卫生健康主管部门备案。

接种单位无论是开展免疫规划接种工作还是非免疫规划接种工作，都应当加强内部管理，遵守预防接种工作规范、免疫程序、疫苗使用指导原则和接种方案，并接受疾病预防控制机构的技术指导和疫苗使用管理。

（三）接种单位必须遵守的规定

医疗卫生人员是接种的具体实施者，其技术水平、法律意识和服务态度，对预防接种工作质量有直接影响。为此，法律对医疗卫生人员提出了不少要求。但医疗卫生人员的接种行为属于职务范围的行为，其行政和民事法律责任的最终承担者是接种单位。所以，法律对医疗卫生人员提出的要求，实际上也是对接种单位提出的要求。除医疗卫生人员外，接种单位也应当严格遵守并加以落实。

1. 告知询问情况

告知是指医疗卫生人员在实施接种阶段，将接种疫苗的品种、作用、禁忌、不良反应以及现场留观等注意事项，向受种者或者其监护人陈述、解释，以便受种者或者其监护人准确地理解自己的权利和义务。询问是指医疗卫生人员就受种者的健康状况、接种禁忌等有关预防接种情况进行的查询和诘问。在预防接种过程中，告知和询问是相辅相成的。告知中可以有询问，询问中可以有告知。告知和询问的目的是帮助受种者或者其监护人了解接种情况、明确受种者是否适合接种。法律规定，医疗卫生人员实施接种，应当告知受种者或者其监护人所接种疫苗的品种、作用、禁忌、不良反应以及现场留观等注意事项，询问受种者的健康状况以及是否有接种禁忌等情况,并如实记录告知和询问情况。受种者或者其监护人应当如实提供受种者的健康状况和接种禁忌等情况。

2. 提出医学建议

不是每个人在任何情况下都适合接种的。有接种禁忌的,不能接种。接种禁忌,是指接种时必须谨慎避开的事项。对于有接种禁忌的受种者,医疗卫生人员应当提出医学建议。这里的医学建议,是指对于不能接种的应对方法或者处理措施。医学建议是对具体的受种者的具体情况所提出的专业意见,只对该受种者有效,而且没有约束力。法律规定,有接种禁忌不能接种的,医疗卫生人员应当向受种者或者其监护人提出医学建议,并如实记录提出医学建议情况。

3. 执行“查”“对”制度

为了避免错种、重种、漏种,确保接种安全,必须切实执行“查”“对”制度。“查”的目的是,明确受种者的健康是否适合接种、所接种疫苗和所使用的注射器是否符合要求;“对”的目的是,明确受种者和应受种者是否一致、接种疫苗和应接种疫苗是否一致、接种部位途径与应接种部位途径是否一致。法律规定,医疗卫生人员在实施接种前,应当按照预防接种工作规范的要求,检查受种者健康状况、核查接种禁忌,查对预防接种证,检查疫苗、注射器的外观、批号、有效期,核对受种者的姓名、年龄和疫苗的品名、规格、剂量、接种部位、接种途径,做到受种者、预防接种证和疫苗信息相一致,确认无误后方可实施接种。

4. 强化救治措施

医疗卫生人员应当对符合接种条件的受种者实施接种。但实践中,极少数人会在接种后现场留观期间因各种原因产生不同程度的不良反应。所谓不良反应,是指与接种目的无关的有害反应。为了及时发现不良反应和进行救治,通常情况下,接种单位会要求受种者在接种后进行半小时留观,无明显不适时才可离开。法律规定,受种者在现场留观期间出现不良反应的,医疗卫生人员应当按照预防接种工作规范的要求,及时采取救治等措施。

5. 记录接种信息

为了反映接种全过程,在接种中,医疗卫生人员应当记录接种信息。接种信息的内容分接种的疫苗和接种的活动。前者如疫苗的品种、上市许可持有人、最小包装单位的识别信息、有效期等,后者如接种时间、实施接种的医疗卫生人员、受种者等。接种记录应当妥善保管,以备复核和查考。法律规定,医疗卫生人员应当按照国务院卫生健康主管部门的规定,真实、准确、完整记录疫苗的品种、上市许可持有人、最小包装单位的识别信息、有效期、接种时间、实施接种的医疗卫生人员、受种者等接种信息，确保接种信息可追溯、可查询。接种记录应当保存至疫苗有效期满后不少于5年备查。

五、预防接种的异常反应

（一）预防接种异常反应的概念

预防接种异常反应，是指合格的疫苗在实施规范接种过程中或者实施规范接种后造成受种者机体组织器官、功能损害，相关各方均无过错的药品不良反应。

这一定义表明，异常反应是一种药品不良反应；可以发生在接种过程中，也可以发生在接种后；虽然造成受种者机体组织器官、功能损害，但疫苗是合格的，接种是规范的，相关各方均无过错。相关各方均无过错，是预防接种异常反应的本质特征。相关各方只要有一方有过错，都不构成预防接种异常反应。

还有一些情形，也不属于预防接种异常反应。例如，因疫苗本身特性引起的接种后一般反应。一般反应，是指在免疫接种后发生的，由疫苗本身所固有的特性引起的，对机体只会造成一过性生理功能障碍的反应，主要有发热和局部红肿，同时可能伴有全身不适、倦怠、食欲不振、乏力等综合症状。又如，受种者在接种时正处于某种疾病的潜伏期或者前驱期，接种后偶合发病。偶合发病，是指受种者在接种疫苗时，体内正处于某种疾病的潜伏期或者前驱期，在接种疫苗后偶合发病，与接种没有具体关系。再如，受种者有疫苗说明书规定的接种禁忌，在接种前受种者或者其监护人未如实提供受种者的健康状况和接种禁忌等情况，接种后受种者原有疾病急性复发或者病情加重。还如，因心理因素发生的个体或者群体的心因性反应等。心因性反应，是指受种者接种疫苗后因心理因素发生的反应。其主要是接种疫苗时的心理压力、焦虑等所致，有的是“晕针”样表现，有的是“癔症”样表现。在群体性预防接种活动时可出现群体性心因性反应。

（二）预防接种异常反应的处理

1. 预防接种异常反应的报告

对于预防接种异常反应，虽然相关各方均无过错，但相关各方均有义务报告。这是因为预防发生预防接种异常反应是预防接种工作不可缺少的组成部分。

国家建立预防接种异常反应监测网络。相关各方是预防接种异常反应义务报告人。疾病预防控制机构负责收集汇总，并按规定向国务院卫生健康主管部门、药品监督管理部门报告。

根据规定，接种单位、医疗机构等发现疑似预防接种异常反应的，应当按照规定向疾病预防控制机构报告。

疫苗上市许可持有人是疫苗生产者，对疫苗质量承担全部责任。根据规定，疫苗上市许可持有人应当设立专门机构，配备专职人员，主动收集、跟踪分析疑似预防接种异常反应，及时采取风险控制措施，将疑似预防接种异常反应向疾病预防控制机构报告，将质量分析报告提交省、自治区、直辖市人民政府药品监督管理部门。

2. 预防接种异常反应的解决

（1）一般疑似预防接种异常反应由疾病预防控制机构负责调查、诊断。疾病预防控制机构接到疑似预防接种异常反应报告后，应当按照规定及时向卫生健康主管部门报告，同时组织调查、诊断，并将调查、诊断结论告知受种者或者其监护人。

疾病预防控制机构在调查、诊断中，发现应当由卫生健康主管部门、药品监督管理部门负责调查、处理的，应当及时将全部资料提交有关部门。

（2）对社会有重大影响的疑似预防接种异常反应由卫生健康主管部门、药品监督管理部门负责调查、处理。因预防接种导致受种者死亡、严重残疾，或者群体性疑似预防接种异常反应等对社会有重大影响的疑似预防接种异常反应，法律规定，由设区的市级以上人民政府卫生健康主管部门、药品监督管理部门按照各自职责组织调查、处理。由行政部门直接组织调查、处理对社会有重大影响的疑似预防接种异常反应，有利于回应社会的关切，确保受种者的利益。

（3）对调查、诊断结论有争议的，可以申请预防接种异常反应鉴定。为了秉公处理疑似预防接种异常反应，保护相关方的利益，法律规定，对调查、诊断结论有争议的，可以根据国务院卫生健康主管部门制定的鉴定办法申请鉴定。

鉴定虽然不是解决预防接种异常反应的必经程序，但是是有力手段。通过第三方运用专门的技术和知识就争议涉及的专门性问题进行鉴别和判断，并提供鉴定意见，有助于争议各方达成共识或者有关部门作出处理决定。

3. 预防接种异常反应的补偿

我国对预防接种异常反应实行补偿制度。从法律上说，补偿也是一种赔偿形式。

（1）预防接种异常反应的补偿范围。我国对预防接种异常反应的补偿范围实行目录管理。总体来说，无论是在实施接种过程中还是在实施接种后，受种者出现死亡、严重残疾、器官组织损伤等损害情况，凡属于预防接种异常反应的，一律予以补偿。另外，为了最大限度地保护受种者，凡出现死亡、严重残疾、器官组织损伤等损害情况，目前的认识不能排除预防接种异常反应的，也一律给予补偿。法律规定，补偿目录根据实际情况进行动态调整。

（2）预防接种异常反应的补偿费用。我国预防接种的疫苗分免疫规划疫苗和非免疫规划疫苗。前者由政府提供，后者由市场提供。两者性质不同。因此，接种免疫规划疫苗引起的预防接种异常反应，其补偿费用由省、自治区、直辖市人民政府财政部门在预防接种经费中安排；接种非免疫规划疫苗引起的预防接种异常反应，其补偿费用由疫苗上市许可持有人承担。

对预防接种异常反应进行补偿，原则上实行一次性补偿。法律规定，预防接种异常反应补偿应当及时、便民、合理。

第四节 医院感染管理

在传染病防治中，医疗机构始终处于特殊地位，一方面承担着繁重的救治传染病病人的任务，另一方面担负着艰巨的预防医院感染的责任。《传染病防治法》规定，医疗机构必须严格执行国务院卫生行政部门规定的管理制度、操作规范，防止传染病的医源性感染和医院感染。

一、医院感染管理的概念

医院感染管理是依法建立预防医院感染制度并加以管理的一系列工作的总称。具体来说，医院感染管理是指卫生行政部门、医疗机构及医务人员对诊疗活动中存在的医院感染、医源性感染及相关的危险因素进行预防、诊断和控制的活动。

医院感染管理旨在有效预防和控制医院感染，提高医疗质量，保证医疗安全。国家历来重视医院感染管理。不少卫生法律、行政法规都有专门规定。2000 年卫生部制定了《医院感染管理规范(试行)》，要求各级各类医院必须将医院感染管理作为医疗质量管理的重要组成部分，纳入医院管理工作。2006 年卫生部发布了《医院感染管理办法》，明确县级以上地方人民政府卫生行政部门负责本行政区域内医院感染管理的监督管理工作。

二、医院感染管理的内容

所谓医院感染，是指住院病人在医院内获得的感染，包括在住院期间发生的感染和在医院内获得出院后发生的感染，但不包括入院前已开始或者入院时已处于潜伏期的感染。简言之，医院感染就是住院病人在医院内新感染了某种病原体。所以，医院感染管理的内容就是预防医院感染病例的发生。

从法律上说，医院工作人员在医院内获得的感染也属于医院感染。与医院感染密切相关的另一个概念是医源性感染。医源性感染，是指在医疗服务中因病原体传播引起的感染。显然，这一定义是对医院感染的补充，也可以认为是广义的医院感染。在实践中，住院病人、门急诊病人、病人家属、探视者和医院工作人员都有可能因为防护措施不当而发生医源性感染。由医源性感染引起的疾病，称为医源性疾病。但总体来说，住院病人发生感染的概率相对大，为此，经常将医院感染和医源性感染，统称为医院感染。

三、医院感染管理的措施

（一）建立组织体系

预防医院感染病例的发生是一个系统化的管理过程，需要有专门的部门或者人员负责统一组织、统筹协调、综合指挥、具体落实。医院感染管理组织分为医院感染管理委员会和医院感染管理部门。前者由医疗机构内的各个部门组成，负责宏观决策；后者是医疗机构的专职医院感染管理的部门，负责微观管理。医疗机构通过上述组织体系建设，将医院感染管理融入医疗服务全过程。

《传染病防治法》规定，医疗机构应当确定专门的部门或者人员，承担本单位的传染病预防、控制工作。《医院感染管理办法》规定，住院床位总数在 100 张以上的医院应当设立医院感染管理委员会和独立的医院感染管理部门。住院床位总数在 100 张以下的医院应当指定分管医院感染管理工作的部门。其他医疗机构应当有医院感染管理专（兼）职人员。

（二）制定规章制度

医疗机构应当明确医院感染管理目标，并通过制定本单位预防和控制医院感染的规章制度、医院感染诊断标准，将医院感染管理目标职责化，并在实施中加强检查和指导，保证有效执行。因此，有关医院感染的规章制度、诊断标准，不仅依据要科学，还应当具备可操作性，而且必须确保在实施中有足够的资源支持。在不断获得认同的过程中，使医院感染管理成为本单位文化的一部分。

《基本医疗卫生与健康促进法》规定，医疗卫生机构应当遵守法律、法规、规章，建立健全内部质量管理和控制制度，对医疗卫生服务质量负责。《医院感染管理办法》规定，各级各类医疗机构应当建立医院感染管理责任制，制定并落实医院感染管理的规章制度和工作规范，严格执行有关技术操作规范和工作标准，有效预防和控制医院感染，防止传染病病原体、耐药菌、条件致病菌及其他病原微生物的传播。

（三）加强监测沟通

医疗机构应当开展医院感染监测，以掌握本单位医院感染发病率、多发部位、多发科室、高危因素、病原体特点及耐药性等，为医院感染控制提供科学依据。医院感染应当采取前瞻性监测方法进行全面综合性监测，并在全面综合性监测的基础上开展目标性监测。负责医院感染的部门和专（兼）职人员应当加强与本单位各个部门的信息沟通，确保所制定的预防措施是具体的、及时的和有效的。

《传染病防治法》规定，医疗机构应当承担医疗活动中与医院感染有关的危险因素监测。《医院感染管理办法》规定，医疗机构应当按照医院感染诊断标准及时诊断医院感染病例，建立有效的医院感染监测制度，分析医院感染的危险因素，并针对导致医院感染的危险因素，实施预防与控制措施。医疗机构应当及时发现医院感染病例和医院感染的暴发，分析感染源、感染途径，采取有效的处理和控制措施，积极救治患者。

（四）实行标准操作

标准化防护是标准化医疗操作过程。医疗机构应当制定标准化的医疗操作过程，保证医务人员的手卫生、诊疗环境条件、无菌操作技术和职业卫生防护等工作符合规定要求，对医院感染的危险因素进行控制。严格执行隔离技术规范，根据病原体传播途径，采取相应的隔离措施。对医务人员提供必要的防护物品，保障医务人员的职业健康。加强抗菌药物临床使用和耐药菌监测管理。总之，确保医疗操作中每一步骤的实施都“准确无误”。

《传染病防治法》规定，医疗机构的基本标准、建筑设计和服务流程，应当符合预防传染病医院感染的要求。《突发公共卫生事件应急条例》规定，医疗卫生机构应当采取卫生防护措施，防止交叉感染和污染。《艾滋病防治条例》规定，医疗卫生机构应当按照国务院卫生主管部门的规定，遵守标准防护原则，严格执行操作规程。

（五）严格消毒灭菌

消毒是指用化学、物理、生物的方法杀灭或者消除环境中的病原微生物。灭菌是指杀灭或者消除传播媒介上的一切微生物，包括致病性微生物和非致病性微生物，也包括细菌芽孢和真菌孢子。病原体导致的医院感染病例，通常要借助一定的媒介传播，如污染的医疗器械、场所、物品等。消毒、灭菌等是医疗机构切断传播途径的主要方法。它与隔离、无菌操作技术、医疗废物处置等工作共同成为判断医疗机构预防、控制医院感染能力的重要指标。

《传染病防治法》规定，医疗机构对本单位内被传染病病原体污染的场所、物品以及医疗废物，必须依照法律、法规的规定实施消毒和无害化处置。医疗机构应当按照规定对使用的医疗器械进行消毒，对按照规定一次使用的医疗器具，应当在使用后予以销毁。《医疗器械监督管理条例》规定，医疗器械使用单位对重复使用的医疗器械，应当按照国务院卫生主管部门制定的消毒和管理的规定进行处理。《医院感染管理办法》规定，进入人体组织、无菌器官的医疗器械、器具和物品必须达到灭菌水平；各种用于注射、穿刺、采血等有创操作的医疗器具必须一用一灭菌。

（六）防止经血液传播疾病的发生

在传染病中，有一些传染病病原体是以血液作为主要传播途径的。例如，艾滋病病毒（HIV）、乙型肝炎病毒（HBV）、丙型肝炎病毒（HCV）等。所以，临床用血安全对传染病防治工作意义重大。临床用血安全，首先是血液、血液制品的源头安全问题。没有血液、血液制品的源头安全，就没有临床用血安全。因此，预防经血液传播疾病的发生，要从源头抓起，确保采供血机构采集的血液、生物制品企业生产的血液制品符合国家规定的标准。其次是血液、血液制品的使用安全问题，没有血液、血液制品的使用安全，源头安全就功亏一篑。因此，预防经血液传播疾病的发生，要在使用抓实，确保医疗机构临床使用血液、血液制品符合国家规定的要求。

《传染病防治法》规定，采供血机构、生物制品生产单位必须严格执行国家有关规定，保证血液、血液制品的质量。禁止非法采集血液或者组织他人出卖血液。疾病预防控制机构、医疗机构使用血液和血液制品，必须遵守国家有关规定，防止因输入血液、使用血液制品引起经血液传播疾病的发生。

（七）报告感染病例

医院感染病例报告是医疗机构传染病疫情报告工作的组成部分。有下列情形之一时，医疗机构应当在 12 小时内向卫生行政部门和疾病预防控制机构报告：(1)5 例以上医院感染暴发；(2)由于医院感染暴发直接导致患者死亡；(3)由于医院感染暴发导致 3 人以上人身损害后果。有下列情形之一时，医疗机构应当按照有关突发公共卫生事件报告要求进行报告：(1)10 例以上的医院感染暴发事件；(2)发生特殊病原体或者新发病原体的医院感染；(3)可能造成重大公共影响或者严重后果的医院感染。

《传染病防治法》规定，医疗机构及其执行职务的人员发现该法规定的传染病疫情或者发现其他传染病暴发、流行以及突发原因不明的传染病时，应当遵循疫情报告属地管理原则，按照国务院规定的或者国务院卫生行政部门规定的内容、程序、方式和时限报告。并规定，不得隐瞒、谎报、缓报传染病疫情。

（八）配合调查处理

医疗机构发生医院感染暴发时，所在地的疾病预防控制机构应当及时进行流行病学调查，查找感染源、感染途径、感染因素，采取控制措施，防止感染源的传播和感染范围的扩大。医院感染暴发，是指在医疗机构或其科室的患者中，短时间内发生 3 例以上同种同源感染病例的现象。对疾病预防控制机构的调查、处理，医疗机构应当积极配合，并提供调查、处理所需要的材料。

《传染病防治法》规定，在中华人民共和国领域内的一切单位和个人，必须接受疾病预防控制机构有关传染病的调查、检验、采集样本等预防、控制措施，如实提供有关情况。并规定，疾病预防控制机构应当指定专门人员负责对医疗机构内传染病预防工作进行指导、考核，开展流行病学调查。

（九）进行人员培训

医疗机构应当采用多种方式对全员进行预防和控制医院感染的培训工作，使医院感染专业人员具备医院感染预防和控制工作的专业知识，并能承担医院感染管理和业务技术工作；使医务人员掌握与本职工作相关的医院感染预防和控制方面的专业知识，落实医院感染管理规章制度、工作规范和要求；使工勤人员掌握有关预防和控制医院感染的基础卫生学和消毒隔离知识，并在工作中正确运用。

《传染病防治法》规定，疾病预防控制机构、医疗机构应当定期对其工作人员进行传染病防治知识、技能的培训。《医院感染管理办法》规定，医疗机构应当制定对本机构工作人员的培训计划，对全体工作人员进行医院感染相关法律法规、医院感染管理相关工作规范和标准、专业技术知识的培训。

第五节　实验室感染管理

一、实验室感染管理的概念

实验室感染管理，是指为防止实验室感染，对病原微生物及其实验活动组织开展的管理工作。所谓实验室感染，是指从事实验室工作时，因接触病原体所致的感染。从传染病防治角度说，我国实验室感染管理的主管部门是卫生行政部门。范围包括实验室管理、实验活动管理和病原微生物管理。

这里的实验室是指病原微生物实验室。病原微生物是指能够使人或者动物致病的微生物。根据病原微生物的传染性、感染后对个体或者群体的危害程度，我国将病原微生物分为四类：第一类是指能够引起人类或者动物非常严重疾病的微生物，以及我国尚未发现或者已经宣布消灭的微生物；第二类是指能够引起人类或者动物严重疾病，比较容易直接或者间接在人与人、动物与人、动物与动物间传播的微生物；第三类是指能够引起人类或者动物疾病，但一般情况下对人、动物或者环境不构成严重危害，传播风险有限，实验室感染后很少引起严重疾病，并且具备有效治疗和预防措施的微生物；第四类是指在通常情况下不会引起人类或者动物疾病的微生物。在我国，第一类和第二类病原微生物统称为高致病性病原微生物。

根据病原微生物实验室生物安全防护水平，并依照实验室生物安全国家标准的规定，我国将开展病原微生物实验活动的实验室分为四级：一级、二级实验室不得从事高致病性病原微生物实验活动；三级、四级实验室经批准可以从事高致病性病原微生物实验活动。

实验室感染管理一直是传染病防治工作的重要内容。1989 年《传染病防治法》第 15 条曾规定，医疗保健机构、卫生防疫机构和从事致病性微生物实验的单位，必须严格执行国务院卫生行政部门规定的管理制度、操作规程，防止传染病的医源性感染、医院内感染、实验室感染和致病性微生物的扩散。2004 年修订后的《传染病防治法》进一步规定，疾病预防控制机构、医疗机构的实验室和从事病原微生物实验的单位，应当符合国家规定的条件和技术标准，建立严格的监督管理制度，对传染病病原体样本按照规定的措施实行严格监督管理，严防传染病病原体的实验室感染和病原微生物的扩散。为了加强病原微生物实验室生物安全管理，保护实验室工作人员和公众的健康，2004 年国务院颁布《病原微生物实验室生物安全管理条例》，规定造成传染病传播、流行或者其他严重后果的，对单位给予行政处罚，对个人给予行政处分，构成犯罪的依法追究刑事责任。

二、实验室感染管理的实质

实验室感染管理的实质是生物安全。这里的生物安全，是指病原微生物及其实验活动处在良好的管理状态，没有对人的健康构成危险。

实验室开展病原微生物的研究、教学、检测或者诊断等活动，根本目的就是保障人民的健康，造福人类。因此，无论是实验活动的准备，还是实验活动的过程，以及实验活动的结果，始终应当把生物安全放在首位。安全的状态是没有危险，这是安全的根本属性。

人类在与疾病作斗争中，学会了与自然和谐共生。但病原微生物对人类健康构成的危险或者潜在危险，是不以人的意志为转移的。所以，确保实验活动的生物安全，将可能的安全风险降到最低，应当是实验室感染管理的核心。

三、实验室感染管理的范围

（一）实验室的管理

1. 实验室的设立

这里的实验室，是指开展病原微生物实验活动的实验室。根据病原微生物实验活动的不同风险，我国对实验室实行备案和审批相结合的许可制度。

一级和二级实验室实行备案制。根据规定，新建、改建或者扩建一级、二级病原微生物实验室的，应当向设区的市级人民政府卫生主管部门或者兽医主管部门备案。

三级和四级实验室实行审批制。根据规定，新建、改建、扩建三级、四级病原微生物实验室，包括生产、进口移动式三级、四级病原微生物实验室的，实行审批制。

国家对生物安全实验室体系建设，实行总量控制、合理布局和资源共享原则。

根据规定，三级和四级实验室应当符合国家生物安全实验室体系规划和国家生物安全实验室建筑技术规范，且生物安全防护级别与其拟从事的实验活动相适应等。

2. 实验室设立单位负责实验室的生物安全管理

（1）制定科学、严格的管理制度。

（2）加强对实验室日常活动的管理。定期对有关生物安全规定的落实情况进行检查；定期对实验室设施、设备、材料等进行检查、维护和更新，以确保其符合国家标准。

（3）每年定期对工作人员进行培训。保证实验室工作人员掌握实验室技术规范、操作规程、生物安全防护知识和实际操作技能，并进行考核。工作人员经考核合格的，方可上岗。

（4）指定具有与病原微生物相关的传染病防治知识的专门机构或者人员承担实验室感染控制工作。定期检查实验室的生物安全防护、病原微生物菌（毒）种和样本保存与使用、安全操作、实验室排放的废水和废气以及其他废物处置等规章制度的实施情况，并定期调查、了解实验室工作人员的健康状况。

（5）负责实验室感染控制工作的专门机构或者人员接到实验室感染或者高致病性病原微生物泄漏报告后应当立即启动实验室感染应急处置预案。接到出现与实验室从事的高致病性病原微生物相关实验活动有关的感染临床症状或者体征或者实验室发生高致病性病原微生物泄漏报告后，负责实验室感染控制工作的专门机构或者人员应当立即启动实验室感染应急处置预案，并组织人员对实验室生物安全状况等情况进行调查；确认发生实验室感染或者高致病性病原微生物泄漏的，应当按照规定向卫生主管部门或者兽医主管部门报告，并同时采取控制措施，对有关人员进行医学观察或者隔离治疗，封闭实验室，防止扩散。

三级和四级实验室设立单位，还应当建立健全安全保卫制度，采取安全保卫措施，严防高致病性病原微生物被盗、被抢、丢失、泄漏，保障实验室及其病原微生物的安全。

3. 实验室负责人为实验室生物安全第一责任人

（1）指定专人监督检查实验室技术规范和操作规程的落实情况。实验室从事实验活动应当严格遵守有关国家标准和实验室技术规范、操作规程。

（2）建立实验档案。记录实验室使用情况和安全监督情况。其中，实验室从事高致病性病原微生物相关实验活动的实验档案保存期，不得少于 20 年。

（3）制定相应的环境保护措施，防止环境污染。依照环境保护的有关法律、行政法规和国务院有关部门的规定，对废水、废气以及其他废物进行处置。

从事高致病性病原微生物相关实验活动的实验室，也就是三级和四级实验室还应当做到以下几点：

（1）向当地公安机关备案，接受公安机关有关实验室安全保卫工作的监督指导。

（2）每半年向省级卫生主管部门或者兽医主管部门报告实验室工作人员进行培训、考核以及实验室的运行情况。

（3）为进入实验室的工作人员或者其他有关人员提供符合防护要求的防护用品并采取其他职业防护措施。

（4）每年组织对实验室工作人员进行体检，建立健康档案；必要时，对实验室工作人员进行预防接种。

（5）在明显位置标示国务院卫生主管部门和兽医主管部门规定的生物危险标识和生物安全实验室级别标志。

（6）制定实验室感染应急处置预案，并向所在地的省级卫生主管部门或者兽医主管部门备案。

（二）实验活动的管理

（1）一级、二级实验室不得从事高致病性病原微生物实验活动。三级、四级实验室从事高致病性病原微生物实验活动，应当具备下列条件：实验目的和拟从事的实验活动符合国务院卫生主管部门或者兽医主管部门的规定；通过实验室国家认可；具有与拟从事的实验活动相适应的工作人员；工程质量经建筑主管部门依法检测验收合格。

（2）三级、四级实验室需要从事某种高致病性病原微生物或者疑似高致病性病原微生物实验活动的，应当依照国务院卫生主管部门或者兽医主管部门的规定报省级以上人民政府卫生主管部门或者兽医主管部门批准。

（3）实验室申报或者接受与高致病性病原微生物有关的科研项目，应当符合科研需要和生物安全要求，具有相应的生物安全防护水平。与动物间传染的高致病性病原微生物有关的科研项目，应当经国务院兽医主管部门同意；与人体健康有关的高致病性病原微生物科研项目，实验室应当将立项结果告知省级以上人民政府卫生主管部门。

（4）出入境检验检疫机构、医疗卫生机构、动物防疫机构在实验室开展检测、诊断工作时，发现高致病性病原微生物或者疑似高致病性病原微生物，需要进一步从事这类高致病性病原微生物相关实验活动的，应当依照规定经批准同意，并在具备相应条件的实验室中进行。专门从事检测、诊断的实验室应当严格依照国务院卫生主管部门或者兽医主管部门的规定,建立健全规章制度,保证实验室生物安全。

(5)为了预防、控制传染病,需要从事我国尚未发现或者已经宣布消灭的病原微生物相关实验活动的,应当经国务院卫生主管部门或者兽医主管部门批准,并在批准部门指定的专业实验室中进行。

(6)实验室使用新技术、新方法从事高致病性病原微生物相关实验活动的,应当符合防止高致病性病原微生物扩散、保证生物安全和操作者人身安全的要求,并经国家病原微生物实验室生物安全专家委员会论证;经论证可行的,方可使用。

(7)需要在动物体上从事高致病性病原微生物相关实验活动的,应当在符合动物实验室生物安全国家标准的三级以上实验室进行。

(8)从事高致病性病原微生物相关实验活动应当有2名以上工作人员共同进行。

(9)在同一个实验室的同一个独立安全区域内,只能同时从事一种高致病性病原微生物的相关实验活动。

(10)实验室工作人员出现与本实验室从事的高致病性病原微生物相关实验活动有关的感染临床症状或者体征时,实验室负责人应当向负责实验室感染控制工作的机构或者人员报告,同时派专人陪同及时就诊。

(11)实验室发生高致病性病原微生物泄漏时,实验室工作人员应当立即采取措施,防止高致病性病原微生物扩散,并同时向负责实验室感染控制工作的机构或者人员报告。

(三)病原微生物的管理

1.病原微生物的采集

(1)采集病原微生物样本应当具备规定的条件。无论是从事病原微生物实验的专业实验室,还是专门从事检测、诊断的实验室,采集病原微生物样本必须具备下列条件:有与采集病原微生物样本所需要的生物安全防护水平相适应的设备;有掌握相关专业知识和操作技能的工作人员;有有效的防止病原微生物扩散和感染的措施;有保证病原微生物样本质量的技术方法和手段。

(2)采集高致病性病原微生物样本的过程应当详细记录。采集高致病性病原微生物样本的工作人员在采集过程中,应当防止病原微生物扩散和感染,并对样本的来源、采集过程和方法等进行详细记录。

2.高致病性病原微生物的运输

(1)运输形式。运输高致病性病原微生物菌(毒)种或者样本,原则上应当通过陆路运输。没有陆路通道,必须经水路运输的,可以通过水路运输。紧急情况下或者需要将高致病性病原微生物菌(毒)种或者样本运往国外的,可以通过民用航空运输。

(2)运输条件。运输高致病性病原微生物菌(毒)种或者样本的条件是:运输目的、高致病性病原微生物的用途和接收单位符合国务院卫生主管部门或者兽医主管部门的规定;高致病性病原微生物菌(毒)种或者样本的容器应当密封,容器或者包装材料还应当符合防水、防破损、防外泄、耐高(低)温、耐高压的要求;容器或者包装材料上印有国务院卫生主管部门或者兽医主管部门规定的生物危险标识、警告用语和提示用语。

(3)运输审批。运输高致病性病原微生物菌(毒)种或者样本,应当经省级以上卫生主管部门或者兽医主管部门批准。其中:在省、自治区、直辖市行政区域内运输的,由省级卫生主管部门或者兽医主管部门批准;跨省、自治区、直辖市运输或者运往国外的,由出发地的省级卫生主管部门或者兽医主管部门进行初审后,分别报国务院卫生主管部门或者兽医主管部门批准。出入境检验检疫机构在检验检疫过程中需要运输病原微生物样本的,由国务院出入境检验检疫部门批准,并同时向国务院卫生主管部门或者兽医主管部门通报;通过民用航空运输的,还应当经国务院民用航空主管部门批准。承运单位应当凭规定的批准文件予以运输。

(4)承运单位。运输高致病性病原微生物菌(毒)种或者样本,应当由不少于2人的专人护送,并采取相应的防护措施。承运单位应当与护送人共同采取措施,确保所运输的高致病性病原微生物菌(毒)种或者样本的安全,严防发生被盗、被抢、丢失、泄漏事件。

3. 病原微生物的运输

有关单位或者个人不得通过公共电(汽)车和城市铁路运输病原微生物菌(毒)种或者样本。

4. 病原微生物菌(毒)种和样本的集中储存

(1)保藏机构承担集中储存病原微生物菌(毒)种和样本任务。保藏机构是指国务院卫生主管部门或者兽医主管部门指定的菌(毒)种保藏中心或者专业实验室。保藏机构按照国务院卫生主管部门或者兽医主管部门的规定,储存实验室送交的病原微生物菌(毒)种和样本,并向实验室提供病原微生物菌(毒)种和样本。

(2)保藏机构应当做好病原微生物菌(毒)种和样本进出和储存记录。保藏机构应当制定严格的安全保管制度,做好病原微生物菌(毒)种和样本进出和储存的记录,建立档案制度,并指定专人负责。对高致病性病原微生物菌(毒)种和样本应当设专库或者专柜单独储存。

(3)保藏机构储存、提供病原微生物菌(毒)种和样本不收取任何费用。保藏机构的经费由同级财政在单位预算中予以保障。保藏机构应当凭实验室按照规定取得的从事高致病性病原微生物相关实验的批准文件,向实验室提供高致病性病原微生物菌(毒)种和样本,并予以登记。也就是说,保藏机构不得向没有取得从事高致病性病原微生物相关实验资质的实验室提供高致病性病原微生物菌(毒)种和样本。

5. 实验室应当及时将病原微生物菌(毒)种和样本送交保藏机构保管

实验室在相关实验活动结束后,除就地销毁外,应当依照国务院卫生主管部门或者兽医主管部门的规定,及时将病原微生物菌(毒)种和样本送交保藏机构保管。保藏机构接受实验室送交的病原微生物菌(毒)种和样本,应当予以登记,并开具接收证明。

6. 高致病性病原微生物菌(毒)种或者样本被盗、被抢、丢失、泄漏的报告

高致病性病原微生物菌(毒)种或者样本在运输、储存中被盗、被抢、丢失、泄漏的,承运单位、护送人、保藏机构应当采取必要的控制措施,并在2小时内分别向承运单位的主管部门、护送人所在单位和保藏机构的主管部门报告,同时向所在地的县级人民政府卫生主管部门或者兽医主管部门报告。其中,属于被盗、被抢、丢失的,还应当向公安机关报告。任何单位和个人发现高致病性病原微生物菌(毒)种或者样本的容器或者包装材料,应当及时向附近的卫生主管部门或者兽医主管部门报告。

第七章　传染病的控制

对传染病采取控制措施，针对的是传染病发生、流行的危险因素。具体来说，就是在传染病发生前，控制可能导致传染病发生的因素；在传染病发生时，控制可能导致传染病流行的因素；在传染病流行后，控制导致传染病流行的因素。传染病控制措施的目的是将传染病发生、流行的危险性降至既定的目标水平。因此，传染病控制措施必须确保最大限度地降低传染病发生、流行的概率。

第一节　医疗机构应当采取的控制措施

医疗机构在传染病疫情控制中，最主要的任务是对传染病病人、病原携带者、密切接触者的控制和对被传染病病原体污染的场所、物品以及医疗废物的控制。防止传染病由“人”传人和由“物”传人。

一、对病人、病原携带者、疑似病人及其密切接触者的控制措施

对传染病进行分类管理的主要原因是，甲、乙、丙三类传染病的传染性有强弱之别，危害性有高低之分。客观上，对传染病没有必要实行“一刀切”的管理。为了最大限度地减少对有关人员及其活动的限制，法律采取了宽严不同的政策措施。

（一）发现甲类传染病时应当采取的措施

我国法定的甲类传染病只有两种，即鼠疫和霍乱。但除鼠疫和霍乱外，我国还有若干种介于甲类传染病和乙类传染病之间的传染病，法律上称为采取甲类传染病预防控制措施的传染病。例如，传染性非典型肺炎、炭疽中的肺炭疽等。这些传染病，在学术上可以称为准甲类传染病。它们虽然在分类上属于乙类传染病，但在管理上是按甲类传染病管理的，适用甲类传染病预防控制措施。

根据规定，医疗机构发现甲类传染病时，包括发现采取甲类传染病预防控制措施的乙类传染病（以下统称甲类传染病），必须对病人、病原携带者、疑似病人及其密切接触者采取最为严格的控制措施。

(1)对甲类传染病病人和病原携带者实施隔离治疗。甲类传染病病人,是指符合国务院卫生行政部门发布的甲类传染病诊断标准的人。病原携带者,是指感染病原体无临床症状但能排出病原体的人。对确诊的甲类传染病病人、病原携带者,法律规定,医疗机构应当予以隔离治疗。所谓隔离治疗,就是将甲类传染病病人、病原携带者与非甲类传染病病人、病原携带者分隔开来治疗。隔离治疗的主要目的是避免甲类传染病病人、病原携带者与周围人群接触,缩小污染范围,减少传染病传播机会。隔离治疗的期限,国家有统一规定的,应当按照规定执行;国家没有规定的,由医疗机构根据医学检查结果确定。

(2)对疑似甲类传染病病人实施单独隔离治疗。疑似甲类传染病病人,是指符合国务院卫生行政部门发布的疑似甲类传染病诊断标准的人。对疑似甲类传染病病人,根据规定,在确诊前医疗机构应当予以单独隔离治疗。所谓单独隔离治疗,就是在治疗过程中,既不与确诊的甲类传染病病人接触,也不与未确诊的甲类传染病病人接触,当然更不与其他病人接触。单独隔离治疗既可以避免传染别人,也可以避免别人传染自己,还便于治疗。单独隔离治疗的场所,应当由医疗机构指定,既可以在本医疗机构,也可以在其他医疗机构。

(3)对甲类传染病病人、病原携带者、疑似甲类传染病病人的密切接触者实施医学观察。密切接触者是易感者,根据规定,对医疗机构内的密切接触者,医疗机构应当指定场所对他们进行医学观察和采取其他必要的预防措施。医学观察旨在排查密切接触者是否受到感染。通常医学观察期限应当超过传染病最长潜伏期。医疗机构指定的医学观察场所,既可以在医疗机构内,也可以在医疗机构外。在医学观察期间,医疗机构可以采取检测、服药等预防性措施。

对甲类传染病采取的预防控制措施具有强制性,当事人应当自觉服从。拒绝隔离治疗或者隔离期未满擅自脱离隔离治疗的,根据规定,医疗机构可以向公安机关请求,由公安机关协助医疗机构采取强制隔离治疗措施。

(二)发现乙类、丙类传染病病人时应当采取的预防控制措施

传染病属于常见病、多发病。所以,在医疗机构内发现乙类或者丙类传染病病例并不是一件难事。相比甲类传染病,乙类或者丙类传染病病例虽然数量多,但危害性相对比较小。所以,法律采取了有别于甲类传染病的政策措施。根据规定,医疗机构发现乙类或者丙类传染病病人,应当根据病情采取必要的治疗和控制传播措施。

法律没有列举“必要的治疗和控制传播措施”,而是将具体的治疗和控制传播措施的决定权授予了医疗机构。在诸多措施中,其实最有利于病人治疗和最有利

于避免周围人群感染的措施是隔离治疗。法律没有明确要求对乙类和丙类传染病病人采取隔离治疗措施，这是因为法律上的隔离治疗措施，是一种具有强制性的医学措施。

法律并不排斥对甲类传染病以外的传染病病人采取隔离治疗措施。医疗机构根据病情，认为对病人实行隔离治疗有利于控制传播，是可以进行隔离治疗的。这时的隔离治疗，就属于法律所规定的“必要的治疗和控制传播措施”。所不同的是，对甲类传染病以外的传染病病人采取的隔离治疗措施，只是一种医学措施，而不带有强制性。

二、对被传染病病原体污染的场所、物品以及医疗废物的消毒和无害化处置

传染病病原体是引起医源性感染和医院感染的主要因素。大多数传染病病原体的传播依赖于环境中媒介物的携带和传递。为此，法律规定，医疗机构对本单位内被传染病病原体污染的场所、物品以及医疗废物，必须依照法律、法规的规定实施消毒和无害化处置。

消毒，是指用化学、物理、生物的方法杀灭或者消除环境中的病原微生物。无害化处置，是指通过焚烧、填埋、物化等手段，对医疗废物进行减量、彻底的形状改变或者与环境彻底隔离等方式，避免对环境造成危害。消毒和无害化处置是医疗机构对传染病病原体进行防控和治理的基本方式。

世界卫生组织将消毒与隔离、无菌操作、合理使用抗菌药物、监测评价，并称为五大有效预防医院感染的措施。目前，有关消毒和无害化处置的法律规范，除《传染病防治法》外，主要是《医疗废物管理条例》《消毒管理办法》等。

三、对原因不明传染病病人尸体的解剖查验

有些突发传染病是原因不明传染病。传染病病因是救治病人的依据，也是采取有针对性的预防控制措施的依据。所以，迅速查明传染病病因对传染病防治工作具有重大意义。法律规定，为了查找传染病病因，医疗机构在必要时可以按照国务院卫生行政部门的规定，对传染病病人尸体或者疑似传染病病人尸体进行解剖查验。

法律将对传染病病人尸体或者疑似传染病病人尸体进行解剖查验的权力赋予了医疗机构，但并不是每一个医疗机构都具备尸体解剖查验能力的。为了及时查明传染病病因，提高传染病诊疗水平，有效控制传染病流行，防止疫情扩散，2005 年卫生部制定了《传染病病人或疑似传染病病人尸体解剖查验规定》，对有关资质、程序、要求进行了规范。

根据规定，传染病病人或者疑似传染病病人尸体解剖查验工作应当在设区的

市级以上卫生行政部门指定的具有传染病病人尸体解剖查验资质的机构内进行。其中:甲类传染病病人或者疑似甲类传染病病人,包括采取甲类传染病预防控制措施的其他传染病病人或者疑似传染病病人尸体解剖查验机构,由省级以上卫生行政部门指定。

解剖查验实行就近原则。根据规定,解剖查验中标本采集、保藏、携带和运输按照《病原微生物实验室生物安全管理条例》等规定执行;产生的医疗废物按照《医疗废物管理条例》等规定执行。尸体解剖查验结束后,应当对尸体进行缝合、清理,并按照要求对尸体、解剖现场及周边环境进行严格消毒。解剖查验后的尸体经卫生处理后,按照规定火化或者深埋。

为了保护公众免受正在发生的原因不明传染病的侵害,法律没有要求医疗机构在尸体解剖查验前必须履行知情同意程序。换句话说,对传染病病人或者疑似传染病病人尸体进行解剖查验并不以死者家属同意为前提。但法律保障死者家属的知情权,根据规定,医疗机构应当将解剖查验情况告知死者家属。

患甲类传染病、炭疽死亡的,应当将尸体立即进行卫生处理,就近火化。患其他传染病死亡的,必要时,应当将尸体进行卫生处理后火化或者按照规定深埋。

第二节 疾病预防控制机构应当采取的控制措施

疾病预防控制机构是具有综合职能的专职传染病防治机构,承担着发现疫情、控制疫情和解决疫情等重要使命,是卫生行政部门在传染病防治工作中的重要助手。根据规定,疾病预防控制机构发现传染病疫情或者接到传染病疫情报告时,应当采取下列措施:

1. 对传染病疫情进行流行病学调查

流行病学调查,是指对人群中疾病或者健康状况的分布及其决定因素进行调查研究,提出疾病预防控制措施及保健对策。流行病学调查是研究传染病疫情及其影响因素的一种方法。对传染病疫情进行流行病学调查,应当深入现场,通过观察、实验、访谈、问卷等方式,了解传染病疫情发生的原因和过程,传染病疫情发展过程中的影响因素,以及怎样对传染病疫情采取预防控制措施等。流行病学调查作为疾病预防控制机构提出传染病疫情预防控制措施对策的表现形式,应当发挥凝聚共识的作用,集中系统地体现传染病疫情预防控制的原则和主要内容。根据规定,发生传染病疫情时,疾病预防控制机构和省级以上人民政府卫生行政部门指派的其他与传染病有关的专业技术机构,可以进入传染病疫点、疫区进行调查、采集样本、技术分析和检验。

2. 根据调查情况提出划定疫点、疫区的建议

疫点是指病原体从传染源向周围播散的范围较小或者单个疫源地。疫区是指传染病在人群中暴发、流行，其病原体向周围传播时可能波及的地区。划定疫点和疫区是精准防疫的需要。疾病预防控制机构没有划定疫点或者疫区的权力，但有提出划定疫点和疫区建议的义务。疫点和疫区的划定，关系到传染病预防控制措施的影响面，对一定范围的经济社会生活也会产生重要影响。所以，疾病预防控制机构提出的划定疫点和疫区建议，应当建立在充分的调查研究之上，实事求是，有科学依据。

3. 对被污染的场所进行卫生处理

卫生处理包括消毒、杀虫、灭鼠等卫生措施和隔离、留验、就地检验等医学措施。对被污染的场所进行卫生处理，主要是采取消毒、杀虫、灭鼠等卫生措施。所谓污染场所，是指被病原体污染的场所。场所按不同标准，可以分为公共场所和非公共场所；室内场所和室外场所；流动性场所和非流动性场所等。对公共场所来说，既有室内场所也有室外场所，还有流动性场所等。流动性公共场所主要是指公共交通工具。大部分公共场所是非流动性公共场所。被污染的场所并不局限于公共场所，根据规定，被污染的非公共场所也应当进行卫生处理。《传染病防治法》规定，对被传染病病原体污染的污水、污物、场所和物品，有关单位和个人必须在疾病预防控制机构的指导下或者按照其提出的卫生要求，进行严格消毒处理；拒绝消毒处理的，由当地卫生行政部门或者疾病预防控制机构进行强制消毒处理。

4. 对密切接触者在指定场所进行医学观察和采取其他必要的预防措施

密切接触者，是指因各种原因与传染病病人、病原携带者有近距离或者直接接触过程的人员。对密切接触者在指定场所进行医学观察，有利于及时发现病人，也有利于对发现的病人及时进行治疗。这里的指定场所是广义的，可以是医疗卫生机构，也可以是非医疗卫生机构，包括家庭。疫情控制是一项十分复杂的工作，再加上密切接触者情况不一，为了便于及时控制疫情，法律给疾病预防控制机构发挥职能作用留了很大的空间。疾病预防控制机构可以根据实际情况，对密切接触者及时采取“其他必要的预防措施”。

5. 向卫生行政部门提出疫情控制方案

在传染病防治上，法律对疾病预防控制机构赋予了特殊地位。疾病预防控制机构除直接参加一线的传染病预防控制工作外，还负责向卫生行政部门提供疫情控制方案。法律要求，疾病预防控制机构在发现传染病疫情或者接到传染病疫情

报告时，应当及时向卫生行政部门提出疫情控制方案。这是法律将疾病预防控制机构定位为卫生行政部门的“参谋助手”。由于疫情防控技术性很强，法律没有对“疫情控制方案”的具体内容作出统一规定。疾病预防控制机构可以根据自身能力和水平，确定疫情控制方案内容。一般而言，疫情控制方案不仅要把握关键性问题，更要有很强的针对性和可操作性，即对下一步工作安排有明确、具体、周密的意见和建议。

6. 传染病暴发流行时对疫点、疫区进行卫生处理

传染病暴发、流行，意味着传染病防治形势趋于严峻。在这种情况下，最紧迫的问题是迅速控制疫情，坚决防止扩散。法律要求在传染病暴发、流行时，对疫点、疫区进行卫生处理，实质就是控制传染源，切断传播途径，保护易感人群。所以，这里的“对疫点、疫区进行卫生处理”，其内容是十分广泛的。既包括对污染场所包括空气、物品等进行消毒、杀虫、灭鼠等，也包括对直接密切接触者、间接密切接触者以及其他合理怀疑人员进行隔离、留验、就地检验等。其目的是及时发现病人、不扩散疫情、控制住疫情，以最小的代价恢复正常的经济社会生活。根据规定，疫区中被传染病病原体污染或者可能被传染病病原体污染的物品，经消毒可以使用的，应当在当地疾病预防控制机构的指导下，进行消毒处理后，方可使用、出售和运输。

7. 再向卫生行政部门提出疫情控制方案

当传染病暴发、流行时，疾病预防控制机构应当根据已经变化的新形势新要求，及时向卫生行政部门提出疫情控制新方案。在传染病疫情的不同阶段，向卫生行政部门提出针对性的疫情控制方案，是疾病预防控制机构的法定职责。法律要求疾病预防控制机构持续向卫生行政部门提出疫情控制方案，一方面是尊重传染病防治的专业性，另一方面是保证传染病防治的连续性。

8. 按照卫生行政部门的要求采取措施

卫生行政部门是传染病防治的主管部门，也是传染病防治监督管理的主管部门。在传染病暴发、流行时，卫生行政部门既要根据实际需要制定一系列应急措施，又要根据实际情况保证已经出台的应急措施落到实处。但卫生行政部门本身没有具体执行机构，有关传染病预防控制的应急措施，主要是由卫生行政部门领导下的疾病预防控制机构等医疗卫生机构执行的。疾病预防控制机构在整个传染病防治工作上具有特殊地位。因此，疾病预防控制机构应当勇挑重担，认真按照卫生行政部门的要求采取有力措施，确保卫生行政部门部署的内容和要求付诸实现。

9. 指导下级疾病预防控制机构实施传染病预防、控制措施

疾病预防控制机构的上下级关系是指导关系，但这里规定的“指导下级疾病预

防控制机构实施传染病预防、控制措施”,并不是为了确认这种关系,而是国家为应对即时的传染病疫情,对上级疾病预防控制机构实行的一种管理形式。在面临传染病疫情危害的情况下,上级疾病预防控制机构对下级疾病预防控制机构进行指导具有强制性质。这种强制性主要体现在上级疾病预防控制机构不得推诿或者拒绝指导。为消除传染病危害,上级疾病预防控制机构应当在职权范围内,对下级疾病预防控制机构实施传染病预防控制措施提出指导性意见。

10. 组织、指导有关单位对传染病疫情的处理

每个单位对发生在本单位或者管辖范围内的传染病疫情,都有义务依法进行处理。所谓传染病疫情的处理,是指为解决现实的或者潜在的传染病疫情问题而采取的各种行动的总称。其方法和手段主要有技术性的、管理性的以及宣传教育等。总体来说,有关单位的传染病疫情处理能力并不相同。疾病预防控制机构是国家专门成立的从事传染病防治工作的专业机构,具有综合技术和管理能力。所以,国家要求疾病预防控制机构发挥组织、指导作用。对传染病疫情处理能力较弱的单位,要组织做好传染病疫情处理;对传染病疫情处理能力较强的单位,要指导做好传染病疫情处理。根据规定,对被传染病病原体污染的污水、污物、场所和物品,有关单位和个人必须在疾病预防控制机构的指导下或者按照其提出的卫生要求,进行严格消毒处理;拒绝消毒处理的,由当地卫生行政部门或者疾病预防控制机构进行强制消毒处理。

第三节　政府可以采取的控制措施

在传染病控制措施中,有的措施会对人流、物流产生比较大的影响。法律规定,这些措施由人民政府负责实施。

一、隔离措施

所谓隔离,是指将特定传染病病人的密切接触者安排在指定场所进行医学观察,直到消除特定传染病传播的危险。由于隔离措施涉及限制人的活动范围,法律要求采取隔离措施应当严格限制对象、履行严格报批程序并保障被隔离人员的基本生活。

(一)隔离措施的对象

一般而言,隔离措施主要针对的是甲类传染病病人的密切接触者。确定密切接触者,通常以发生甲类传染病病例的区域人员为范围。其既可以是发生甲类传染病病例场所的全部区域人员,也可以是发生甲类传染病病例场所的部分区域人

员，视具体情况而定。根据规定，对已经发生甲类传染病病例的场所或者该场所内的特定区域的人员，所在地的县级以上地方人民政府可以实施隔离措施。

（二）隔离措施的报批

甲类传染病往往是突发的，而防止疫情扩散的最佳时机是早期控制传染源。对甲类传染病病人的密切接触者进行隔离的主要目的是及时发现病人、控制传染源和切断传播途径。法律授权地方人民政府可以当机立断采取隔离措施。考虑到隔离措施的严肃性，法律又要求地方人民政府在采取隔离措施的同时，应当向上一级人民政府报告以获得批准。根据规定，县级以上地方人民政府可以实施隔离措施，并同时向上一级人民政府报告；接到报告的上级人民政府应当即时作出是否批准的决定。

（三）被隔离人员的生活保障

被隔离人员在隔离期间不能随意进出隔离场所，必要的生活需要由作出隔离决定的人民政府负责提供。法律规定，在隔离期间，实施隔离措施的人民政府应当对被隔离人员提供生活保障；被隔离人员有工作单位的，所在单位不得停止支付其隔离期间的工作报酬。法律这样规定的目的是确保隔离措施的有效实施。被隔离人员按照要求接受隔离，履行了义务，也对公共健康作出了贡献，他们的切身利益理应得到合理保护。

（四）隔离措施的解除

隔离措施的解除有两种类型：一种是隔离措施未获批准情况下的解除。县级以上地方人民政府实施隔离措施，应当向上一级人民政府报告，根据规定，上级人民政府作出不予批准决定的，实施隔离措施的人民政府应当立即解除隔离措施。另一种是隔离措施完成任务情况下的解除。当传染病传播危险不复存在，不需要继续实施隔离措施的，地方人民政府应当及时解除隔离措施。根据规定，隔离措施的解除，由原决定机关决定并宣布。

二、紧急措施

所谓紧急措施，是指为迅速控制传染病传播危险而紧急采取的临时性措施。紧急措施是在传染病暴发、流行时采取的，但并不是传染病暴发、流行都要采取紧急措施。通常情况下，只要有其他措施可以切断传染病传播途径，并且可以控制传染病疫情的，就没有必要采取紧急措施。

（一）紧急措施的种类

紧急措施是法定的。主要是：(1)限制或者停止集市、影剧院演出或者其他人群聚集的活动；(2)停工、停业、停课；(3)封闭或者封存被传染病病原体污染的公共饮用水源、食品以及相关物品；（4）控制或者扑杀染疫野生动物、家畜家禽；（5）封闭可能造成传染病扩散的场所。这些紧急措施没有先后之分，也没有轻重之分，需要采取紧急措施时，应当根据实际情况确定。

（二）实施紧急措施的程序

由于紧急措施对经济社会生活影响比较大，法律对紧急措施采取了谨慎态度。与隔离措施不同，采取紧急措施必须事先获得批准。根据规定，传染病暴发、流行时，县级以上地方人民政府应当立即组织力量，按照预防、控制预案进行防治，切断传染病的传播途径，必要时，报经上一级人民政府决定，可以采取紧急措施并予以公告。这一规定表明，法定传染病之外的其他传染病暴发、流行时，地方人民政府经过批准也可以采取紧急措施。换句话说，在宣布纳入法定传染病之前，必要时经过批准可以先行对法定传染病之外的其他传染病采取紧急措施。

（三）紧急措施的解除

采取紧急措施实行事先批准制度。为了不延误实施紧急措施的有利时机，法律要求上级人民政府接到下级人民政府关于采取紧急措施的报告时，应当即时作出决定。当传染病的传播途径切断后，也就是传染病传播危险消除后，不需要继续实施紧急措施时，地方人民政府应当及时解除紧急措施。法律规定，紧急措施的解除，由原决定机关决定并宣布。这里的原决定机关，是指正式对外宣布采取紧急措施的地方人民政府。

三、宣布疫区措施

在传染病控制措施中，宣布疫区是最为严厉的措施。疫区是指传染病在人群中暴发或者流行，其病原体向周围传播时可能波及的地区。将传染病暴发、流行可能波及的地区，宣布为疫区，说明当地传染病防控形势严峻，其他措施不足以迅速控制疫情。为了最大限度地减少宣布疫区对当地经济社会生活造成的影响，法律对宣布疫区设置了严格的程序。

（一）宣布疫区措施适用的病种

宣布疫区措施只适用于甲类传染病和乙类传染病，不适用于丙类传染病。但也不是甲类传染病和乙类传染病暴发、流行，就必须宣布疫区。是否宣布疫区，应当根据具体情况决定。法律规定，甲类、乙类传染病暴发、流行时，可以宣布本行政区域部分或者全部为疫区。这一规定表明，法定传染病之外的其他传染病暴发、流行，需要宣布疫区的，应当先将其纳入甲类传染病或者乙类传染病。否则，不可以宣布疫区。

（二）宣布疫区措施适用的程序

与采取紧急措施一样，采取宣布疫区措施必须事先获得批准。法律规定，甲类、乙类传染病暴发、流行时，县级以上地方人民政府报经上一级人民政府决定，可以宣布本行政区域部分或者全部为疫区。考虑到甲类、乙类传染病暴发、流行的实际区域，有可能跨越了省、自治区、直辖市的行政区域，超出了地方人民政府的职权范围，为了保证统一行动，法律特别规定，国务院可以决定并宣布跨省、自治区、直辖市的疫区。

（三）对疫区可以采取的措施

对疫区可以采取的措施，这里主要指两类：一类是疫区和非疫区都适用的措施，另一类是专适用于疫区的措施。疫区和非疫区都适用的措施，主要指紧急措施。法律规定，县级以上地方人民政府可以在疫区内采取规定的紧急措施。专适用于疫区的措施，主要指卫生检疫。卫生检疫分国境卫生检疫和国内交通卫生检疫。这里的卫生检疫是指国内交通卫生检疫。法律规定，县级以上地方人民政府可以对出入疫区的人员、物资和交通工具实施卫生检疫。

（四）疫区的解除

当宣布疫区的情形消除后，即甲类或者乙类传染病暴发、流行不复存在时，应当及时解除疫区措施。根据规定，疫区的解除，由原决定机关决定并宣布。

四、封锁措施

封锁，目前没有法定概念。通常是指对特定区域进行封闭管理，包括对人员、物资等进出实施严格限制。在传染病防治法中，封锁是宣布疫区后的补充措施。

（一）可以实施封锁的区域

封锁措施主要适用于甲类传染病疫区。甲类传染病暴发、流行地区，按照一定程序，被宣布为疫区后，根据需要，可以对疫区实施封锁。

（二）采取封锁措施的权限

封锁措施将对经济社会生活产生重大影响。所以，法律将封锁决定权提高到省级以上人民政府。法律规定，省、自治区、直辖市人民政府可以决定对本行政区域内的甲类传染病疫区实施封锁。但下列封锁由国务院决定：(1)封锁大、中城市的疫区；(2)封锁跨省、自治区、直辖市的疫区；(3)封锁疫区导致中断干线交通；(4)封锁国境。

（三）封锁的解除

疫区解除时，或者疫区不再需要继续实施封锁的，应当及时解除封锁。根据规定，封锁的解除，由原决定机关决定并宣布。

五、调集、调用和征用措施

传染病暴发、流行时，为控制疫情，需要大量的人力和物力。为此，法律要求药品和医疗器械生产、供应单位应当及时生产、供应防治传染病的药品和医疗器械；铁路、交通、民用航空经营单位必须优先运送处理传染病疫情的人员以及防治传染病的药品和医疗器械，并要求县级以上人民政府有关部门应当做好组织协调工作。法律同时授权县级以上人民政府可以根据需要，采取调集、调用和征用等措施，确保传染病疫情控制对人员、物资、房屋、交通工具、设施设备等需要。

（一）调集

这里的调集是紧急调集，是指传染病暴发、流行时，为了控制传染病疫情，紧急调动人员并集中用于传染病防控的一种措施。法律规定，县级以上人民政府可以在职权范围内紧急调集人员。紧急调集的人员既包括传染病防控的专业人员，如医疗卫生人员，也包括传染病防控需要的其他有关人员，如公安、市场监管、交通等部门的人员。根据规定，紧急调集人员的，应当按照规定给予合理报酬。

（二）调用

这里的调用，是指传染病暴发、流行时，为了控制传染病疫情，将储备物资调配使用于传染病防控的一种措施。法律规定，县级以上人民政府可以在职权范围内调用储备物资。通常调用的储备物资是国家和地方政府计划安排的储备物资，包括用于传染病疫情控制的药品、器械、用具等。

（三）征用

这里的征用是临时征用，指传染病暴发、流行时，为了控制传染病疫情而采取的将单位或者个人的财物用于传染病防控的一种临时措施。法律规定，县级以上人民政府可以在职权范围内采取临时征用措施。临时征用的范围包括房屋、交通工具以及相关设施、设备等。我国对临时征用实行有偿征用。根据规定，临时征用房屋、交通工具以及相关设施、设备的，应当依法给予补偿；能返还的，应当及时返还。

第四节　国内交通卫生检疫

《传染病防治法》规定，发生甲类传染病时，为了防止该传染病通过交通工具及其乘运的人员、物资传播，可以实施交通卫生检疫。具体办法由国务院制定。1998年国务院以第254号令发布了《国内交通卫生检疫条例》。1999年卫生部联合铁道部、交通部、民航总局共同颁布了《国内交通卫生检疫条例实施方案》。

一、国内交通卫生检疫的目的

国内交通卫生检疫，简称交通卫生检疫，是指国家为了防止检疫传染病在国内扩散、传播所采取的强制性卫生防疫措施。其目的是控制检疫传染病通过交通工具及其乘运的人员、物资传播,防止检疫传染病流行,保障人体健康。

这里的检疫传染病,是指鼠疫、霍乱以及国务院确定并公布的其他传染病。必要时,对采取甲类传染病预防、控制措施的乙类传染病也实施国内交通卫生检疫。

二、国内交通卫生检疫的范围

国内交通卫生检疫范围可分为检疫传染病疫区和非检疫传染病疫区。在检疫传染病疫区,对出入的交通工具及其乘运的人员、物资,实施国内交通卫生检疫;在非检疫传染病疫区,对发现检疫传染病疫情的交通工具及其乘运的人员、物资,实施国内交通卫生检疫。

交通工具,包括列车、船舶、航空器和其他车辆。

三、国内交通卫生检疫的措施

(一)检疫传染病疫区

根据规定,实施国内交通卫生检疫,可以对出入检疫传染病疫区的交通工具及其乘运的人员、物资采取下列措施:(1)对出入检疫传染病疫区的人员、交通工具及其承运的物资进行查验;(2)对检疫传染病病人、病原携带者、疑似检疫传染病病人和与其密切接触者,实施临时隔离、医学检查及其他应急医学措施;(3)对被检疫传染病病原体污染或者可能被污染的物品,实施控制和卫生处理;(4)对通过该疫区的交通工具及其停靠场所,实施紧急卫生处理;(5)需要采取的其他卫生检疫措施。

(二)非检疫传染病疫区

根据规定,在非检疫传染病疫区的交通工具上发现下列情形之一时,可以对交通工具及其乘运的人员、物资实施国内交通卫生检疫:(1)发现有感染鼠疫的啮齿类动物或者啮齿类动物反常死亡,并且死因不明;(2)发现鼠疫、霍乱病人、病原携带者和疑似鼠疫、霍乱病人;(3)发现国务院确定并公布的需要实施国内交通卫生检疫的其他传染病。

在非检疫传染病疫区的交通工具上,发现检疫传染病病人、病原携带者、疑似检疫传染病病人时,根据规定,交通工具负责人应当组织有关人员采取下列临时措施:(1)以最快的方式通知前方停靠点,并向交通工具营运单位的主管部门报告;(2)对检疫传染病病人、病原携带者、疑似检疫传染病病人和与其密切接触者实施隔离;(3)封锁已经污染或者可能污染的区域,采取禁止向外排放污物等卫生处理措施;(4)在指定的停靠点将检疫传染病病人、病原携带者、疑似检疫传染病病人和与其密切接触者以及其他需要跟踪观察的旅客名单,移交当地县级以上地方人民政府卫生行政部门;(5)对承运过检疫传染病病人、病原携带者、疑似检疫传染病病人的交通工具和可能被污染的环境实施卫生处理。

四、国内交通卫生检疫的性质

国内交通卫生检疫是强制性的，对拒绝隔离、治疗、留验的检疫传染病病人、病原携带者、疑似检疫传染病病人和与其密切接触者，以及拒绝检查和卫生处理的可能传播检疫传染病的交通工具、停靠场所及物资，实施国内交通卫生检疫的部门应当依照《传染病防治法》的规定，采取强制检疫措施；必要时，由当地县级以上人民政府组织公安部门予以协助。

第八章　传染病的医疗

第一节　传染病的医疗网络

一、传染病医疗网络的构成

传染病医疗网络，法律上称传染病医疗救治服务网络，是提供传染病诊断、治疗服务的体系。我国传染病医疗网络，由两部分医疗机构组成：一部分是为传染病医疗需要而专门设置的传染病医院；另一部分是开展传染病诊断治疗业务的医疗机构。在传染病医疗网络中，专门设置的传染病医院数量相对比较少，主要是开展传染病诊断治疗业务的综合性医院。

为了保证有足够数量的医疗机构开展传染病诊断治疗服务，《传染病防治法》要求，县级以上人民政府应当加强和完善传染病医疗救治服务网络的建设，指定具备传染病救治条件和能力的医疗机构承担传染病救治任务，或者根据传染病救治需要设置传染病医院。

二、传染病医疗网络的职责

在传染病预防、控制上，除了医疗机构外，还有其他的承担者。但在传染病医疗救治上，除了医疗机构外，没有其他的承担者。所以，医疗机构对传染病的医疗救治负有义不容辞的责任。《传染病防治法》规定，医疗机构应当对传染病病人或者疑似传染病病人提供医疗救护、现场救援和接诊治疗。

（一）医疗救护

所谓医疗救护，就是援助传染病病人或者疑似传染病病人得到适时的医疗。医疗救护主要发生在病人送到医疗机构救治之前。医疗救护一般由急救中心（站）承担。在我国，急救中心（站）属于医疗机构，具备院前一般性紧急医疗处理能力。

（二）现场救援

所谓现场救援，就是对传染病病人或者疑似传染病病人进行就地诊治。现场救援与医疗救护类似，也发生在病人送到医疗机构救治之前。提供现场救援的，可以是急救中心(站),也可以是急救中心(站)以外的医疗机构。现场救援有利于及时稳定病情,控制疫情。

(三)接诊治疗

所谓接诊治疗,就是对接受的传染病病人或者疑似传染病病人进行诊断和治疗。接诊治疗通常在医疗机构内进行,分紧急情况下的接诊治疗和一般情况下的接诊治疗。紧急情况下的接诊治疗,也就是传染病暴发、流行时的接诊治疗。但无论哪种情况下的接诊治疗,医疗机构都应当按照国务院卫生行政部门规定的传染病诊断标准和治疗要求,采取相应措施,提高传染病医疗救治能力。

第二节 传染病的医疗要求

医疗机构提供传染病医疗服务,与提供其他疾病医疗服务,从医疗行为角度说,并没有法律性质上的区别。所以,凡是法律对一般医疗行为的规定,都适用于传染病医疗服务,传染病医疗救治网络都应当自觉遵守。为了保障传染病病人和疑似传染病病人的权益,《传染病防治法》再次强调了相关规定,或者对相关规定作了补充。

一、对传染病进行预检分诊

预检分诊,是指为及时发现传染病病人或者疑似传染病病人,防止交叉感染,对来诊患者预先进行有关传染病方面的了解、检查并根据情况分配就诊。预检分诊可以减少传染病病人或者疑似传染病病人与其他病人的接触机会,方便传染病病人或者疑似传染病病人及时就医,也有利于控制疫情。

《传染病防治法》规定,医疗机构应当实行传染病预检、分诊制度。2005 年卫生部制定了《医疗机构传染病预检分诊管理办法》,对传染病预检分诊作了具体部署。根据规定,二级以上综合医院应当设立感染性疾病科,没有设立感染性疾病科的医疗机构应当设立传染病分诊点。各科室的医师在接诊过程中,应当注意询问病人有关的流行病学史、职业史,结合病人的主诉、病史、症状和体征等对来诊的病人进行传染病的预检。经预检为传染病病人或者疑似传染病病人的,应当将病人分诊至感染性疾病科或者传染病分诊点就诊。

二、对不具备救治能力的传染病病人应当及时转诊

从法律上说,医疗机构不得拒绝接诊病人,包括传染病病人和疑似传染病病人。《病原微生物实验室生物安全管理条例》规定,具备相应传染病救治条件的医疗机构应当接诊治疗,不得拒绝救治。

《艾滋病防治条例》规定，医疗机构应当为艾滋病病毒感染者和艾滋病病人提供艾滋病防治咨询、诊断和治疗服务。医疗机构不得因就诊的病人是艾滋病病毒感染者或者艾滋病病人，推诿或者拒绝对其其他疾病进行治疗。

传染病种类多，情况复杂，实际上并不是每个医疗机构都具备诊治所有传染病的能力。为了保证传染病病人和疑似传染病病人得到及时治疗，医疗机构对明显不在自己救治能力范围的病人，应当及时转诊。

《传染病防治法》规定，医疗机构不具备相应救治能力的，应当将患者及其病历记录复印件一并转至具备相应救治能力的医疗机构。法律要求在转诊时，一并转移病历记录资料，目的是便于接诊的医疗机构及时了解转诊病人的病情及其诊疗情况，为患者争取更多的救治机会。因此，对传染病病人或者疑似传染病病人，无论是首诊的医疗机构，还是接受转诊的医疗机构，包括提供医疗救护、现场救援的医疗机构，都应当按照规定书写病历记录以及其他有关资料，并妥善保管。

第九章　国境卫生检疫

《传染病防治法》规定，港口、机场、铁路疾病预防控制机构以及国境卫生检疫机关发现甲类传染病病人、病原携带者、疑似传染病病人时，应当按照国家有关规定立即向国境口岸所在地的疾病预防控制机构或者所在地县级以上地方人民政府卫生行政部门报告并互相通报。《国内交通卫生检疫条例》规定，在中华人民共和国国际通航的港口、机场以及陆地边境和国界江河口岸的国境卫生检疫，依照《国境卫生检疫法》的规定执行。

第一节　国境卫生检疫概说

一、国境卫生检疫的概念

国境卫生检疫，也称口岸卫生检疫，是指为了防止传染病由国外传入或者由国内传出，保护人体健康，国家在国境口岸对进出国境的人员、交通工具、运输设备以及可能传播严重传染病的行李、货物和邮包等物品采取的卫生防疫措施。

在我国，国境卫生检疫由设立在国际通航的港口、机场、车站、陆地边境和国界江河的关口（统称国境口岸）的国境卫生检疫机关负责执行。其内容包括传染病检疫、传染病监测和卫生监督等。国境卫生检疫是行使国家主权的体现。

国境卫生检疫是我国传染病防治工作的重要组成部分。在政策协调、信息管理、工作衔接和应对能力建设等方面，都体现了跨部门合作。法律规定，我国与外国之间的传染病疫情通报，由国务院卫生行政部门会同有关部门办理。

二、国境卫生检疫的立法

我国国境卫生检疫已有近150年历史。1873年首先在上海和厦门开始了海港检疫。1946年又在上海开启了航空检疫。1949年年初在东北地区建立首批卫生检疫机构，开创了陆地边境检疫工作。

中华人民共和国成立后，国境卫生检疫工作迈入了快速发展时期。1950年12

月经政务院批准，卫生部颁布了《交通检疫暂行办法》，规定鼠疫、霍乱、天花、斑疹伤寒、黄热病、雅司病、麻风、炭疽病、流行性脑炎、鹦鹉热等为检疫传染病，并明确各地交通检疫所和未设交通检疫所地区的卫生防疫机关执行交通检疫。1951 年 2 月经政务院批准，卫生部又颁布了《民用航空检疫暂行办法》，将检疫传染病调整为鼠疫、霍乱、天花、斑疹伤寒、黄热病等。同时要求各地交通检疫所和未设交通检疫所地区的卫生防疫机关执行民用航空检疫。1957 年 12 月，第一届全国人大常委会第八十八次会议审议通过了我国第一部卫生法律《国境卫生检疫条例》，将鼠疫、霍乱、黄热病、天花、斑疹伤寒和回归热等，确定为检疫传染病。并规定，在国际通航的海港和机场所在地，以及陆地边境和国界江河的进出口岸，设立国境卫生检疫机关，负责对进出国境的人员和交通工具、行李、货物实施医学检查、卫生检查和必要的卫生处理。1958 年国务院批准发布了《国境卫生检疫条例实施规则》。

为了适应对外开放的新形势，经国务院批准，1982 年 2 月，卫生部、交通部、民航总局和铁道部联合发布了《国境口岸卫生监督办法》，明确将对外开放的港口、机场、车站、关口和停留在这些处所的国际航行的船舶、飞机和车辆纳入口岸卫生监督。为了防止传染病由国外传入或者由国内传出，实施国境卫生检疫，保护人体健康，1986 年 12 月，第六届全国人大常委会第十八次会议通过了《国境卫生检疫法》，自 1987 年 5 月 1 日起施行。2007 年 12 月、2009 年 8 月、2018 年 4 月，全国人大常委会先后对《国境卫生检疫法》进行了 3 次修正。

经国务院批准，1989 年 3 月，卫生部发布了《国境卫生检疫法实施细则》。2010 年 4 月、2016 年 2 月和 2019 年 3 月，国务院对《国境卫生检疫法实施细则》进行了修订。为了全面实施《国境卫生检疫法》，有关部门也制定了一系列配套部门规章和规范性文件。

三、国境卫生检疫体制的发展变化

国境卫生检疫工作在发展过程中经历了几次比较大的体制变化。1950 年 4 月，卫生部发布《关于规定现有检疫所领导关系及编制员额的通令》，将全国 15 个检疫所按业务繁简分为四等：一等检疫所为上海、广州、旅大；二等检疫所为青岛、汕头、厦门；三等检疫所为福州、长江、安东、营口；四等检疫所为烟台、连云、葫芦岛、辑安、图们。名称一律为 × ×（所在地名）交通检疫所。并规定，检疫所在中央总的意旨下，分别由大行政区军政委员会卫生部直接领导。1953 年 1 月，卫生部下发通知，将各地交通检疫所移交当地省、市、区卫生厅直接领导。

为加强国境卫生检疫机构建设，1979 年卫生部发布《中华人民共和国卫生检疫所领导关系和组织编制暂行规定》，要求在国际通航口岸设立国境卫生检疫所。明确各卫生检疫所受省、市、区卫生局直接领导。

为适应对外开放，1987 年 9 月，卫生部、国务院口岸领导小组印发《关于改革口岸卫生检疫机构管理体制的通知》，将全国口岸卫生检疫机构划归卫生部统一领导和管理，设置卫生部卫生检疫总所，对外称“中华人民共和国卫生检疫总所”，负责管理口岸卫生检疫日常工作和进出国境食品卫生监督检验工作。1988 年 6 月，卫生部又印发《关于调整口岸卫生检疫机构体制管理的通知》，决定将黑龙江、吉林、辽宁、内蒙古、河北、天津、北京、山东、江苏、上海、浙江、福建、广东、海南、广西 15 个省、自治区、直辖市的口岸卫生检疫机构，由卫生部直接领导；将湖北、湖南、江西、陕西、安徽、四川、河南、云南、新疆、西藏 10 个省、自治区的口岸卫生检疫机构，由所在省、自治区卫生厅（局）领导和管理，卫生检疫业务受卫生部指导。

1992 年卫生部作出《关于卫生检疫所改局及机构编制的批复》，同意将上报的有关卫生检疫所更改为卫生检疫局。1995 年中华人民共和国卫生检疫总所更名为中华人民共和国卫生检疫局。为适应加入世界贸易组织及消除国际贸易技术壁垒等需要，1998 年国务院机构改革方案确定国家出口商品检验局、国家动植物检疫局和国家卫生检疫局合并组建国家出入境检验检疫局，史称“三检合一”。改革后的国家出入境检验检疫局隶属于国家海关总署。

2001 年党中央、国务院决定，将国家质量技术监督局和国家出入境检验检疫局合并，组建国家质量监督检验检疫总局，简称国家质检总局，垂直管理全国 35 个直属检验检疫局以及下属的 600 多个分支机构。2018 年党中央、国务院决定，将国家质量监督检验检疫总局、国家工商行政管理总局和国家食品药品监督管理总局合并，组建国家市场监督管理总局，同时将国家质量监督检验检疫总局的出入境检验检疫职责划归国家海关总署。

第二节 入出境的检疫

一、入出境检疫的范围

入出境检疫的范围，即入境出境检疫的对象，根据规定，主要是入境和出境的人员、交通工具、运输设备以及可能传播检疫传染病的行李、货物、邮包等物品。

这里的人员，是指进行国际旅行的自然人；交通工具，是指用于国际航行的船舶、航空器、列车、公路车辆和其他运输工具；运输设备，是指货物集装箱等；行李，是指国际旅行者的个人物品；货物，是指交通工具或者集装箱中运载的物品，包括动物和植物以及在交通工具上使用的物品；邮包，是指由邮件或者快递服务部门进行国际输送的注明收件地址的物件或者包裹。

凡入境出境的人员、交通工具、运输设备以及可能传播检疫传染病的行李、货物、邮包等物品，都应当接受检疫，经国境卫生检疫机关许可，方准入境或者出境。《国际卫生条例》规定，外交人员不享有卫生检疫豁免权。

二、入出境检疫的地点

(一)入境

入境的交通工具和人员，应当在最先到达的国境口岸的指定地点接受检疫。

根据规定，除引航员外，未经国境卫生检疫机关允许，任何人不准上下交通工具，不准装卸行李、货物、邮包等物品。徒步入境人员，应当在指定的场所接受入境查验，未经国境卫生检疫机关允许，不得离开指定的场所。

(二)出境

出境的交通工具和人员，应当在最后离开的国境口岸接受检疫。

根据规定，国境卫生检疫机关应当阻止染疫人、染疫嫌疑人出境，但是对来自国外并且在到达时受就地诊验的人，本人要求出境的，可以准许出境。这里的染疫人是指正在患检疫传染病的人，或者经国境卫生检疫机关初步诊断，认定已经感染检疫传染病或者已经处于检疫传染病潜伏期的人；染疫嫌疑人是指接触过检疫传染病的感染环境，并且可能传播检疫传染病的人。

三、入出境检疫的类型

国境卫生检疫有入境检疫和出境检疫之分。根据国境卫生检疫机关设立的国境口岸，国境卫生检疫还可以分为以下类型：

(一)海港检疫

从世界范围看，海港是检疫的发源地，我国检疫也是以海港检疫为先导。目前，海陆空检疫齐全，但海港检疫仍占重要地位。

(二)航空检疫

航空检疫是发展最为迅速的检疫。由于飞机航程远、速度快、时间短，使传染病在国际传播的可能和机会大大增加。航空检疫已经成为抵御传染病国际传播的主要阵地。

(三)陆地边境检疫

我国幅员辽阔，陆地上与很多国家接壤。所以，陆地边境口岸较多。既要方便边民往来，又要发展边境贸易，陆地边境检疫任务十分繁重。

此外，还有临时检疫和电讯检疫。这两种类型的检疫是对海港检疫、航空检疫和陆地边境检疫的补充。

四、入出境检疫的要求

为了预防传染病等疾病的国际传播，同时减少对人员、货物流动的不必要限制，法律不仅规范了国境卫生检疫的内容，而且规范了国境卫生检疫的程序，对采取的常规公共卫生措施也提出了明确要求，其中包括：

（一）停泊、降落非口岸地点立即报告

来自国外的船舶、航空器，因故停泊、降落在中国境内非口岸地点时，该船舶、航空器的负责人应当立即向就近的国境卫生检疫机关或者当地卫生行政部门报告。除紧急情况外，未经国境卫生检疫机关或者当地卫生行政部门许可，任何人不准上下船舶、航空器，不准装卸行李、货物、邮包等物品。

（二）发现疫情或者非意外伤害死亡立即报告

在国境口岸，包括停留在国境口岸的交通工具上，发现检疫传染病、疑似检疫传染病，或者有人非因意外伤害而死亡并死因不明时，国境口岸有关单位和交通工具的负责人，应当立即向国境卫生检疫机关报告，并申请临时检疫。

（三）入境出境尸体、骸骨和特殊物品必须申报

入境、出境的尸体、骸骨的托运人或者其代理人，必须向国境卫生检疫机关申报，经卫生检疫合格后，方准运进或者运出。根据《尸体出入境和尸体处理的管理规定》的规定，需要入境或者出境对遗体进行殡葬的，还应当按照国家有关规定向民政等部门办理有关殡葬手续；入境或者出境的尸体因医学科研需要，还应当按照国家有关规定向有关部门办理相关审批手续。这里的尸体，是指人去世后的遗体及其标本（含人体器官组织、人体骨骼及其标本）。

入境、出境的微生物、人体组织、生物制品、血液及其制品等特殊物品的携带人、托运人或者邮递人，也必须向国境卫生检疫机关申报并接受卫生检疫，凭卫生检疫机关签发的特殊物品审批单办理通关手续。未经卫生检疫机关许可，不准入境、出境。

（四）集装箱、货物、废旧物等物品到达口岸必须申报

入境、出境的集装箱、货物、废旧物等物品在到达口岸时，承运人、代理人或者货主必须向卫生检疫机关申报并接受卫生检疫。

根据规定，国境卫生检疫机关发现检疫传染病或者疑似检疫传染病时，除采取必要措施外，必须立即通知当地卫生行政部门，同时用最快的方法向国务院卫生行政部门报告。

五、入出境检疫的措施

（一）隔离

隔离，就是将染疫人安排在指定的处所，限制其活动并进行治疗，直到消除传

染病传播的危险。根据规定,国境卫生检疫机关对检疫传染病染疫人必须立即将其隔离,隔离期限根据医学检查结果确定。

(二)留验

留验,就是将染疫嫌疑人安排在指定的处所进行诊察和检验。根据规定,国境卫生检疫机关对检疫传染病染疫嫌疑人应当将其留验,留验期限根据该传染病的潜伏期确定。

(三)就地诊验

就地诊验,就是染疫嫌疑人在国境卫生检疫机关指定期间,到就近的国境卫生检疫机关、其他医疗卫生单位接受诊察和检验,或者国境卫生检疫机关、其他医疗卫生单位到该人员的居留地,对其进行诊察和检验。根据规定,对其他病种染疫嫌疑人,可以从该人员离开感染环境的时候算起,实施不超过该传染病最长潜伏期的就地诊验或者留验以及其他的卫生处理。

(四)卫生处理

卫生处理,是指隔离、留验、就地诊验等医学措施以及消毒、除鼠、除虫等卫生措施。根据规定,入境、出境的交通工具有下列情形之一的,国境卫生检疫机关应当实施消毒、除鼠、除虫或者其他卫生处理:(1)来自检疫传染病疫区的;(2)被检疫传染病污染的;(3)发现有与人类健康有关的啮齿动物或者病媒昆虫,超过国家卫生标准的。对来自疫区的、被传染病污染的以及可能传播检疫传染病或者发现与人类健康有关的啮齿动物或者病媒昆虫的集装箱、货物、废旧物等物品也应当实施消毒、除鼠、除虫或者其他卫生处理。

(五)火化

对因患检疫传染病而死亡的病人尸体,必须就近火化,不准移运。

六、与入出境有关的紧急措施

在国外或者国内有检疫传染病大流行时,可以采取封锁有关的国境或者采取其他紧急措施。

根据规定,在国外或者国内检疫传染病大流行时,国务院卫生行政部门应当立即报请国务院决定采取下列紧急措施:(1)下令封锁陆地边境、国界江河的有关区域;(2)指定某些物品必须经过消毒、除虫,方准由国外运进或者由国内运出;(3)禁止某些物品由国外运进或者由国内运出;(4)指定第一入境港口、降落机场。对来自国外疫区的船舶、航空器,除因遇险或者其他特殊原因外,没有经过第一入境港口、机场检疫的,不准进入其他港口和机场。

第三节 传染病监测

国境卫生检疫的目的是防止传染病传入或者传出。这里的传染病,根据规定,是指检疫传染病和监测传染病。检疫传染病,是指鼠疫、霍乱、黄热病以及国务院确定和公布的其他传染病。监测传染病,是指国务院卫生行政部门确定和公布的纳入监测的传染病。

一、传染病监测的对象

传染病监测,是指对特点环境、人群进行流行病学、血清学、病原学、临床症状以及其他有关影响因素的调查研究,预测有关传染病的发生、发展和流行。这一定义表明,国境口岸的传染病监测对象,不仅包括入境出境的人员,还包括入境出境的交通工具,以及入境出境的食品、饮用水和其他物品以及病媒昆虫、动物等。

传染病监测的目的是"预测有关传染病的发生、发展和流行"。这里的有关传染病,是指监测传染病。在实践中,监测传染病包括:鼠疫、霍乱、黄热病等检疫传染病;危害严重或者我国还没有的传染病,如由野生脊髓灰质炎病毒引起的脊髓灰质炎、新亚型病毒引起的人患流感、传染性非典型肺炎、新型冠状病毒肺炎、埃博拉热、拉萨热、马尔堡热、西尼罗热、登革热、裂谷热等;世界卫生组织公布的需要按"可能构成国际关注的突发公共卫生事件"进行评估和通报的疾病;国务院卫生行政部门确定和公布的其他监测传染病。

二、传染病监测的内容

传染病监测的质量,很大程度上取决于传染病监测的规范化。为了保证传染病监测取得实效,法律对传染病监测内容进行了规定,主要是:(1)首发病例的个案调查;(2)暴发流行的流行病学调查;(3)传染源调查;(4)国境口岸内监测传染病的回顾性调查;(5)病原体的分离、鉴定,人群、有关动物血清学调查以及流行病学调查;(6)有关动物、病媒昆虫、食品、饮用水和环境因素的调查;(7)消毒、除鼠、除虫的效果观察与评价;(8)国境口岸以及国内外监测传染病疫情的收集、整理、分析和传递;(9)对监测对象开展健康检查和对监测传染病病人、疑似病人、密切接触人员的管理等。

三、传染病监测可以采取的预防控制措施

国境卫生检疫机关对入境、出境的人员实施传染病监测,并可以采取必要的预防、控制措施。

(一)填写和出示健康证明文件

法律规定,国境卫生检疫机关有权要求入境、出境的人员填写健康申明卡,出

示某种传染病的预防接种证书、健康证明或者其他有关证件。

（二）阻止某些疾病患者入境

法律规定，国境卫生检疫机关应当阻止患有严重精神病、传染性肺结核病或者有可能对公共卫生造成重大危害的其他传染病的外国人入境。

2010 年国务院修订后的《国境卫生检疫法实施细则》不再限制患有艾滋病、性病、麻风病的外国人入境。

（三）签发就诊方便卡等

根据规定，对患有监测传染病的人、来自国外监测传染病流行区的人或者与监测传染病人密切接触的人，国境卫生检疫机关应当区别情况，发给就诊方便卡，实施留验或者采取其他预防、控制措施，并及时通知当地卫生行政部门。各地医疗单位对持有就诊方便卡的人员，应当优先诊治。

第四节 卫 生 监 督

一、卫生监督的概念

这里的卫生监督，又称国境口岸卫生监督、口岸卫生监督，是指以国境口岸为范围，以卫生状况为主要内容的卫生监督，包括为执行卫生法规和卫生标准所进行的卫生检查、卫生鉴定、卫生评价和采样检验。

国境口岸是对外交往的窗口，人员往来密集，货物进出频繁，其卫生状况对一个国家的整体卫生形象有直接影响。我国高度重视国境口岸的卫生监督，并将其作为国境卫生检疫工作的重要组成部分。

二、卫生监督的重点

国境口岸是一个跨部门、跨领域、跨行业的区域。就国境卫生检疫机关而言，其工作范围是为国境口岸服务的涉外宾馆、饭店、俱乐部，为入境出境交通工具提供饮食、服务的单位和对入境出境人员、交通工具、集装箱和货物实施检疫、监测、卫生监督的场所。这些单位和场所涉及方方面面的卫生监督，国境口岸的卫生监督是其中的一部分。

具体来说，国境口岸的卫生监督就是以下四个方面：(1)监督和指导有关人员对啮齿动物、病媒昆虫的防除；(2)检查和检验食品、饮用水及其储存、供应、运输设施；(3)监督从事食品、饮用水供应的从业人员的健康状况，检查其健康证明书；(4)监督和检查垃圾、废物、污水、粪便、压舱水的处理。

三、卫生监督的要求

为了保证国境口岸卫生监督取得实效，法律在明确卫生监督重点内容的同时，也提出了具体的要求。国境卫生检疫机关在卫生监督中，应当加强部门协作，强化技术指导，确保这些目标的实现。

（一）对国境口岸的卫生要求

主要是：（1）国境口岸和国境口岸内涉外的宾馆、生活服务单位以及候船、候车、候机厅（室）应当有健全的卫生制度和必要的卫生设施，并保持室内外环境整洁、通风良好；（2）国境口岸有关部门应当采取切实可行的措施，控制啮齿动物、病媒昆虫，使其数量降低到不足为害的程度。仓库、货场必须具有防鼠设施；（3）国境口岸的垃圾、废物、污水、粪便必须进行无害化处理，保持国境口岸环境整洁卫生。

（二）对交通工具的卫生要求

主要是：（1）交通工具上的宿舱、车厢必须保持清洁卫生，通风良好；（2）交通工具上必须备有足够的消毒、除鼠、除虫药物及器械，并备有防鼠装置；（3）交通工具上的货舱、行李舱、货车车厢在装货前或者卸货后应当进行彻底清扫，有毒物品和食品不得混装，防止污染；（4）对不符合卫生要求的入境、出境交通工具，必须接受卫生检疫机关的督导立即进行改进。

（三）对饮用水、食品及从业人员的卫生要求

主要是：（1）国境口岸和交通工具上的食品、饮用水必须符合有关的卫生标准；（2）国境口岸内的涉外宾馆，以及向入境、出境的交通工具提供饮食服务的部门，必须取得卫生检疫机关发放的卫生许可证；（3）国境口岸内涉外的宾馆和入境出境交通工具上的食品、饮用水从业人员应当持有有效健康证明。

第三篇

妇幼卫生法

第十章　妇幼卫生法概说

第一节　妇幼卫生法的概念和特点

一、妇幼卫生法的概念

妇幼卫生法，是指关于妇幼卫生的法律规范的总和。我国目前还没有一部以妇幼卫生为名称的法律或者行政法规。

妇幼卫生有狭义和广义之分。狭义的妇幼卫生，是指妇女和婴幼儿的卫生。这里的妇女是指婚龄、育龄阶段的妇女。其卫生主要涉及结婚、妊娠、哺乳等过程中的健康管理、生育保健和就业保护等。妇女卫生的主要目的是提供健康保障。婴幼儿是指0～3周岁的儿童。其卫生主要包括母乳喂养、免疫计划和新生儿疾病筛查等。婴幼儿卫生的主要目的是预防疾病。在我国，狭义的妇幼卫生通常称为母婴保健。

广义的妇幼卫生，也称妇女儿童卫生，是指妇女卫生和儿童卫生的总和。这里的妇女包括婚龄、育龄阶段妇女在内的所有妇女。对于妇女而言，与其生理特点相关的卫生并不局限于婚龄、育龄阶段，而是整个生命周期。儿童是指包括婴幼儿在内的所有儿童。妇女儿童卫生，强调政府责任，注重为妇女和儿童提供有针对性的服务，体现的是儿童优先和特殊保护原则。

目前妇幼卫生法的主要代表是《母婴保健法》及其实施办法。

二、妇幼卫生法的特点

总的来说，妇幼卫生法主要有以下三个特点：

（一）生殖健康是妇幼卫生法的基础框架

生殖健康是20世纪80年代后期出现的一个新概念。生殖健康的范围涵盖很广，其作用主要是帮助妇女解决生命周期的各个阶段，包括婴儿期、儿童期、青春期、生育期、更年期、老年期遇到的生殖和性生活等方面的卫生问题。虽然在生殖健康概念产生之前，这些内容就已经纳入妇幼卫生的日常工作，但生殖健康的内涵和外延比较好地表达了妇幼卫生的价值观和目标追求，因而被广泛接受。生殖健康的核心是母亲安全。在影响妇女健康的各个生理阶段中,妊娠与分娩是最重要、最易发生危险和意外的两个过程。为此,妇幼卫生法将改进产前、围产、产后和新生儿健康,提供高质量计划生育服务,包括不孕症服务,消灭不安全流产,预防和控制包括艾滋病病毒在内的性传播疾病、生殖道感染、宫颈癌和其他妇科疾病以及促进性健康等,作为妇女最基本的卫生保障,在一致和公平的基础上,建立起相应的法律制度。

(二)计划生育是妇幼卫生法的主要方面

生殖健康的主要内容是计划生育、孕产妇保健、婴儿和儿童健康、性传播疾病控制等。因此,计划生育是生殖健康的重要一环。虽然计划生育曾在控制生育上发挥了重要作用,但计划生育不等于生育控制。计划生育的主要作用是:避免过早、过小、过密、过晚妊娠,以降低孕产妇并发症和死亡率;减少非意愿妊娠导致的不安全流产和死亡;用屏障法节育措施预防性病、艾滋病传播;提供安全、有效、价廉、方便的节育措施,让夫妇知情选择,合理调节生育等。虽然随着生育政策的调整,计划生育在控制生育上的作用已经基本完成,但计划生育在其他方面的作用还有待进一步加强。从20世纪50年代起,我国的妇幼卫生就一直是以母婴保健和计划生育双轮驱动的。妇幼卫生将计划生育定位为生殖健康的一部分,而非孕产妇保健的一部分。所以,在妇幼卫生法中,计划生育仍然是不可缺少的组成部分。

(三)儿童保健是妇幼卫生法的发展重点

儿童保健的目的是预防疾病,促进健康,防止伤害,诊治与儿童生长发育相关的疾病等。儿童保健从新生儿、婴幼儿到学龄儿童,覆盖0~14岁的大部分儿童。其内容已经发展到儿童生长发育咨询、指导、监测和重大疾病、听力、视力、口腔等儿童疾病筛查以及与儿童生长发育密切相关的疾病、出生缺陷和脑瘫儿童运动康复,同时结合一般常见疾病诊疗和儿童后天患其他系统疾病诊疗等方面。在妇幼卫生体系中,儿童保健不仅是最基本的一部分,而且发挥着不可替代的作用。儿童保健越来越受到全社会的关注。与妇幼卫生其他方面的立法相比,儿童保健方面的立法还有很大的发展空间。

第二节 妇幼卫生法的发展历史

一、探索发展阶段

这个阶段从20世纪50年代开始一直持续到70年代中期。1949年中国人民政治协商会议第一届全体会议通过的《中国人民政治协商会议共同纲领》明确要求,

“注意保护母亲、婴儿和儿童的健康”。这为妇幼卫生事业的发展提供了宪法性依据。这一阶段有关妇幼卫生方面的立法虽然数量不多,但所起的作用是提纲挈领性的。

最主要的立法成果是在妇幼卫生服务体系建设上。中华人民共和国成立之初,全国仅有 9 家妇幼保健所(站),且都在城市。为了发展妇幼卫生事业,国家先在县级医疗机构配备妇幼保健业务人员,后又将妇幼保健业务人员分离出来,组建独立的妇幼保健机构。1952 年全国妇幼保健所(站)已达 2379 个。为了巩固和完善妇幼保健机构组织体系,1955 年卫生部出台《儿童医院组织试行简则》后,又颁布了《妇幼保健院组织试行简则》《产院组织试行简则》《妇女保健所组织试行简则》《儿童保健所组织试行简则》《妇幼保健所组织试行简则》《妇幼保健站组织试行简则》《妇幼卫生工作队组织试行简则》等,对妇幼卫生专业机构的人员编织、职责任务和隶属关系等进行了规范。到 1957 年,全国妇幼保健所(站)已达 4599 个,是我国历史上妇幼卫生专业机构设置数量最多的一年。

中华人民共和国成立后的 20 多年时间里,妇幼卫生工作有比较明显的阶段性特征。针对高出生、高死亡现象,1950 年卫生部召开第一次全国妇幼卫生工作座谈会,提出将“改造旧式接产,推广新法接生”作为全国妇幼卫生工作的首要任务。同时要求减少产褥热和新生儿破伤风的发病和死亡。采取的措施是,一方面团结改造旧接生婆,另一方面大量培训新法接生员。新法接生的普及,对降低孕产妇死亡率和婴儿死亡率起到了明显效果。1956 年中共中央《1956 年到 1967 年全国农业发展纲要(草案)》对新法接生工作给予了肯定,并进一步要求积极推广新法接生,保护产妇和婴儿,降低产妇的染病率和婴儿的死亡率。为了持续推进新法接生工作,卫生部于 1964 年和 1974 年先后印发了《关于加强新法接生工作,消灭新生儿破伤风,降低产妇感染率的通知》和《关于认真搞好新法接生的通知》等。

随着妇幼保健机构的发展,尤其是大批城市医疗队下乡巡回医疗,国家在农村地区开展了以防治子宫脱垂、闭经和小儿营养不良为中心的普查普治工作。1960 年卫生部下发《关于进一步加强防治子宫脱垂病的通知》。1962 年卫生部又印发《关于进一步开展防治子宫脱垂的通知》。1963 年卫生部制定了《关于当前妇幼卫生工作若干问题的意见》,要求继续防治子宫脱垂、闭经和小儿营养不良等疾病。意见指出,子宫脱垂病防治工作应当以非手术综合疗法为主,同时辅以营养及药物。对于必须手术的患者,可以采取手术疗法,但应当慎重。明确县以下医疗机构不宜进行此种手术,尤其子宫切除术更应禁止。

我国计划生育工作经历了从限制避孕节育到适当节制生育再到提倡计划生育

的过程。1952年卫生部制定了《限制节育及人工流产暂行办法》,1954年卫生部制定《避孕及人工流产暂行办法》,并下发《关于改进避孕及人工流产问题的通报》。1956年卫生部印发《关于人工流产及绝育手术的通知》,简化了人工流产及绝育手术的审批手续。针对生育率增长势头,1962年卫生部印发《关于进一步开展计划生育避孕知识的宣传与技术指导工作的通知》。同年12月,中共中央和国务院发出《关于认真提倡计划生育的指示》。为了规范计划生育手术,1963年卫生部下发《关于修改人工流产及男女结扎手术条件规定的通知》,明确男女结扎手术,一般要由夫妇双方申请。任何一方要求手术,需经医生检查无手术禁忌症。进入20世纪70年代后,计划生育工作与妇幼卫生工作同步推进进一步加快。1971年国务院批转卫生部、商业部、燃料化学工业部《关于做好计划生育工作的报告》,要求各级医疗卫生单位和农村巡回医疗队,积极宣传计划生育知识,做好技术指导,提高节育手术质量,并要求在开展计划生育工作的同时,做好妇幼保健工作。

这个阶段,在婚前保健方面也曾进行了有益的尝试。1953年经政务院同意,卫生部制定了《婚前健康检查试行办法(草案)》,并在部分有条件地区试行。

二、恢复发展阶段

改革开放后到20世纪80年代,是妇幼卫生事业发展的重要时期,也是妇幼卫生法承上启下的重要阶段。20世纪50年代和60年代,妇幼卫生事业的发展主要是以通知等形式推动的,到了70年代后期,这一情况开始改变,虽然通知等仍然是出台政策措施的重要形式,但条文化的规章逐渐成为主流。换句话说,用立法推动妇幼卫生事业发展已经成为基本理念。如1980年卫生部就制定了《妇幼卫生工作条例(试行草案)》,后来经过补充完善,卫生部于1986年出台了正式的《妇幼卫生工作条例》。这一部门规章对妇幼卫生工作的任务、组织机构、人员编制以及有关政策等,作了全面的规定。

改革开放为妇幼卫生机构发展创造了新的契机。为规范妇幼保健机构发展,1986年卫生部、劳动人事部制定了《各级妇幼保健机构编制标准(试行)》,对各级妇幼保健机构的机构设置、人员编制规定了具体的标准。同年卫生部又根据《综合医院组织编制原则(试行草案)》,结合专科医院的特点,制定了《妇产科专科医院组织编制原则(试行)》。1988年卫生部出台了《妇幼保健专业机构各级管理人员和技术人员职责》和《妇幼保健人员技术职务任职条件实施细则》。为加强农村各级医疗保健机构产科建设,提高农村孕产期保健质量,减少孕产期合并症、并发症以及降低孕产妇和围产儿的死亡率,1989年卫生部制定了《农村各级医疗保健机构产科设置装备基本要求(试行)》。

这一阶段最有特色的立法是围产保健和孕产妇系统管理。根据当时经济社会发展水平，国家对城市和农村地区的婚前保健、孕产期保健等提出了不同的目标和要求。主要有：1985 年卫生部《全国城乡孕产期保健质量标准和要求》，1987 年卫生部《全国城市围产保健管理办法（试行）》，1989 年卫生部《家庭接生常规（试行）》《农村助产人员管理条例（试行）》《农村孕产妇系统保健管理办法（试行）》等。

儿童保健也是这个阶段立法的重要内容。儿童保健方面的立法，按内容可以分为两部分，一部分是学前教育期间的卫生保健，主要有：1980 年卫生部《城市托儿所工作条例（试行草案）》，同年卫生部与教育部联合发布《托儿所、幼儿园卫生保健制度（草案）》，1981 年卫生部发布《三岁前小儿教养大纲（草案）》。经过修改，1985 年卫生部又出台了新的《托儿所、幼儿园卫生保健制度》。另一部分是儿童疾病的防治，主要有：1986 年卫生部《城乡儿童保健工作要求》《婴幼儿佝偻病防治方案》《小儿营养性缺铁性贫血防治方案》《小儿肺炎防治方案》《婴幼儿腹泻防治方案》等。

这一阶段有关计划生育技术方面的立法也比较多。例如，1983 年卫生部《计划生育技术管理工作条例（试行）》《女性节育手术并发症诊断标准（试行）》《男性节育手术并发症诊断标准（试行）》，1984 年卫生部、国家计划生育委员会《节育手术常规（第三版）》，1989 年卫生部《女性节育手术并发症诊断标准》《男性节育手术并发症诊断标准》等。

另外，社会关注的女职工保健和婚姻保健等也是立法热点。1986 年，卫生部、劳动人事部、全国总工会、全国妇联发布了《女职工保健工作暂行规定（试行草案）》，卫生部颁布了《婚姻保健工作常规（试行）》和《异常情况的分类指导标准（试行）》。《异常情况的分类指导标准（试行）》将婚前体检发现的异常情况分为四种：不许结婚者；暂缓结婚者；可以结婚，但不许生育者；可以结婚，但需限制生育者。

三、完善发展阶段

20 世纪 90 年代后，妇幼卫生法明显加快了立法步伐，并取得了丰硕成果。可以说，妇幼卫生工作全面进入了有法可依的新阶段。

这个阶段，妇幼卫生事业发生了三件具有里程碑意义的大事。前两件是：1994 年第八届全国人大常委会第十次会议通过《母婴保健法》，2001 年第九届全国人大常委会第二十五次会议通过《人口与计划生育法》。前者明确了母婴保健的主要制度、基本原则和核心内容，后者不仅为计划生育工作提供了依据，而且为计划生育技术服务指明了方向。第三件是 2013 年国务院机构改革，将卫生部、国家人口和计划生育委员会合并，组建成国家卫生和计划生育委员会，为母婴保健和计划生育技术服务完全融合铺平了道路。

为了贯彻落实《母婴保健法》,1995 年卫生部制定了一系列配套规章。例如,《母婴保健法实施办法》《母婴保健监督员管理办法》《母婴保健专项技术服务许可及人员资格管理办法》《母婴保健专项技术服务基本标准》《母婴保健医学技术鉴定管理办法》等。之后,卫生部又陆续制定了其他相关配套规章和规范性文件。例如,1997 年《婚前保健工作规范》,2007 年《孕前保健服务工作规范(试行)》,2011 年《孕产期保健工作管理办法》和《孕产期保健工作规范》等。2002 年又印发了《婚前保健工作规范(修订)》。

2001 年国务院发布了《母婴保健法实施办法》和《计划生育技术服务管理条例》,从行政法规层面对母婴保健工作和计划生育技术服务工作作了制度上的衔接,并在《母婴保健法实施办法》中新增加了"婴儿保健"专章内容。2002 年国务院出台了《社会抚养费征收管理办法》。2009 年国务院又颁布了《流动人口计划生育工作条例》。为配合《计划生育技术服务管理条例》等行政法规的实施,国家计划生育委员会于 2001 年发布了《计划生育技术服务管理条例实施细则》,2002 年发布了《病残儿医学鉴定管理办法》,国家人口和计划生育委员会于 2003 年发布了《流动人口计划生育管理和服务工作若干规定》等。

为了推动产前诊断和新生儿疾病筛查工作,卫生部加快了立法进度,出台了一系列管理规章和技术规范。2002 年制定了《产前诊断技术管理办法》,并印发了《开展产前诊断技术医疗保健机构的设置和职责》《开展产前诊断技术医疗保健机构的基本条件》《从事产前诊断卫生专业技术人员的基本条件》《遗传咨询技术规范》《21 三体综合征和神经管缺陷产前筛查技术规范》《超声产前诊断技术规范》《胎儿染色体核型分析技术规范》7 个配套文件。2004 年制定了《新生儿疾病筛查技术规范》,其中包括新生儿疾病筛查血片采集技术规范、新生儿疾病筛查实验室检测技术规范、新生儿听力筛查技术规范、新生儿疾病筛查追访与管理技术规范、苯丙酮尿症和先天性甲状腺功能减低症诊治技术规范等。2009 年卫生部又发布了《新生儿疾病筛查管理办法》,并于 2010 年发布了《新生儿疾病筛查技术规范(2010 年版)》。

为了进一步提高农村孕产妇住院分娩率,降低孕产妇死亡率和婴儿死亡率,国家决定在全国开展农村孕产妇住院分娩工作。2009 年卫生部、财政部作出《关于进一步加强农村孕产妇住院分娩工作的指导意见》,并印发《农村孕产妇住院分娩专项补助资金管理暂行办法》,卫生部出台《农村孕产妇住院分娩补助项目管理方案》。

1992 年卫生部曾制定了《计划生育技术工作管理办法》。《人口与计划生育法》实施后,2003 年卫生部、国家计划生育委员会又制定了《常用计划生育技术常规》,其中包括宫内节育器放置常规、宫内节育器取出常规、皮下埋植剂放置常规、皮下埋植剂取出常规、输卵管结扎术常规、输精管结扎术常规、负压吸宫术常规、钳刮术常规、米非司酮配伍前列腺素终止早期妊娠常规、依沙吖啶羊膜腔内注射中期妊娠引产常规、水囊引产常规等。

《母婴保健法》和《人口与计划生育法》都禁止非医学需要的胎儿性别鉴定,《人口与计划生育法》还禁止非医学需要的选择性别的人工终止妊娠,与此相配套,2002 年国家计划生育委员会、卫生部、国家药品监督管理局制定了《关于禁止非医学需要的胎儿性别鉴定和选择性别的人工终止妊娠的规定》。2001 年国务院《母婴保健法实施办法》对胎儿性别鉴定问题作出进一步规定,严禁采用技术手段对胎儿进行性别鉴定,为了细化有关规定,2006 年卫生部制定了《关于严禁利用超声等技术手段进行非医学需要的胎儿性别鉴定和选择性别人工终止妊娠的通知》。2016 年国家卫生计生委、国家工商行政管理总局、国家食品药品监管总局对《关于禁止非医学需要的胎儿性别鉴定和选择性别人工终止妊娠的规定》进行了补充完善,并将名称修改为《禁止非医学需要的胎儿性别鉴定和选择性别人工终止妊娠的规定》。

这个阶段出台的对后来的妇幼卫生工作比较有影响的规章和规范性文件还有:1993 年卫生部、劳动部、人事部、全国总工会、全国妇联《女职工保健工作规定》,1994 年卫生部、国家教委《托儿所、幼儿园卫生保健管理办法》,1995 年卫生部、国内贸易部等《母乳代用品销售管理办法》,1996 年卫生部《妇幼保健机构评审实施规范》《三级妇幼保健机构等级评审细则》,2001 年卫生部《人类辅助生殖技术管理办法》《人类精子库管理办法》,2006 年卫生部《妇幼保健机构管理办法》,2010 年卫生部、教育部《托儿所幼儿园卫生保健管理办法》等。

为了适应我国人口与经济社会发展的新形势,优化生育政策,促进人口长期均衡发展,2021 年 8 月,第十三届全国人大常委会第三十次会议通过《关于修改〈中华人民共和国人口与计划生育法〉的决定》。

鉴于计划生育技术服务机构已基本整合纳入妇幼保健服务体系,有关服务项目纳入国家基本公共服务,《中共中央、国务院关于优化生育政策促进人口长期均衡发展的决定》提出取消社会抚养费等制约措施,修改后的《人口与计划生育法》删去了征收社会抚养费的规定;鉴于流动人口计划生育基本公共服务均等化已实现,相关管理机制运行有效,基本实现流动人口和当地户籍人口的同服务、同管理等,2021 年 9 月,国务院决定废止《计划生育技术服务管理条例》《社会抚养费征收管理办法》《流动人口计划生育工作条例》3 部行政法规。

第十一章　母 婴 保 健

第一节　母婴保健概说

一、母婴保健的概念

目前母婴保健没有法定概念，但有法定内容。根据法定内容可以认为，母婴保健是指婚前保健、孕产期保健和婴儿保健的总和。

《母婴保健法实施办法》将有关母婴保健的技术服务归纳为七大方面：(1)有关母婴保健的科普宣传、教育和咨询；(2)婚前医学检查；(3)产前诊断和遗传病诊断；(4)助产技术；(5)实施医学上需要的节育手术；(6)新生儿疾病筛查；(7)有关生育、节育、不育的其他生殖保健服务。

《母婴保健法》的立法宗旨是保障母亲和婴儿健康，提高出生人口素质。对婴儿健康有直接影响的，除母亲外，还有婴儿父亲。所以，母婴保健的实际对象，确切地说，是准备结婚的男女、准备生育的夫妻和孕产妇以及婴儿等。

在我国，公民享有母婴保健的知情选择权。国家保障公民获得适宜的母婴保健服务的权利。根据规定，国家发展母婴保健事业，提供必要条件和物质帮助，使母亲和婴儿获得医疗保健服务。

二、母婴保健工作的方针

母婴保健工作方针是医疗保健机构开展母婴保健工作的指导原则。《母婴保健法实施办法》规定，母婴保健工作以保健为中心，以保障生殖健康为目的，实行保健和临床相结合，面向群体、面向基层和预防为主的方针。

母婴保健工作方针是我国母婴保健工作经验的总结和新发展。其内容概括起来主要有以下三个特征：(1)就工作"方法"来说，不仅要依靠保健，还要和临床相结合。也就是在坚持以保健为中心的同时，把保健和临床的力量组织起来，共同做好母婴保健。(2)就工作"路径"来说，不仅要体现群体性，还要体现基层性。也就是要把母婴保健工作的重点放在最广大的妇女儿童上，满足最大多数人的母婴保健需求。(3)就工作“价值”来说,要从预防着眼,无论是保健还是临床,不仅要发挥专业性防范措施的作用,还要发挥群众性防范措施的作用。也就是要以最小的经济成本换取最大的社会效益。

三、母婴保健技术服务与计划生育技术服务的关系

(一)两者都是生殖健康的组成部分

母婴保健技术服务和计划生育技术服务的对象明显不同。母婴保健技术服务的对象是准备结婚的男女、准备生育的夫妻、孕产妇和婴儿等,而计划生育技术服务的对象是实行计划生育的公民。但按照世界卫生组织的定义,母婴保健技术服务和计划生育技术服务都是生殖健康的一部分。

(二)两者都由医疗保健机构提供

母婴保健技术服务和计划生育技术服务的内容明显不同。根据法律规定,母婴保健技术服务的内容包括婚前保健、孕产期保健等,而计划生育技术服务的内容是避孕、节育等。从技术角度说,避孕、节育同婚前保健、孕产期保健一样,都属于医疗服务。在我国,母婴保健技术服务和计划生育技术服务都应当由医疗保健机构提供。

第二节　婚 前 保 健

一、婚前保健的概念

婚前保健,是指为准备结婚的男女提供的保健服务。其包括婚前卫生指导、婚前卫生咨询和婚前医学检查。

结婚是人生大事。准备结婚的男女任何一方的健康,不仅关系到另一方健康,还关系到下一代健康。婚前保健不仅可以相互了解健康状况,而且可以为发现的健康问题采取预防或者治疗措施争取机会。

医疗保健机构开展婚前保健服务,是为了保障准备结婚男女的健康利益,防止和减少因健康问题导致的家庭损失,提高婚姻健康质量。《母婴保健法》规定,医疗保健机构应当为公民提供婚前保健服务。

二、婚前卫生指导

婚前卫生指导是向准备结婚的男女进行关于结婚和生育保健知识的宣传教育活动。

其主要包括:(1)有关性卫生的保健和教育;(2)新婚避孕知识及计划生育指导;(3)受孕前的准备、环境和疾病对后代影响等孕前保健知识;(4)遗传病的基本

知识;(5)影响婚育的有关疾病的基本知识;(6)其他生殖健康知识。

三、婚前卫生咨询

婚前卫生咨询是向准备结婚的男女解答有关婚配、生育保健问题和提供医学意见的活动。

准备结婚的男女是一个特殊群体,他们对婚姻、家庭充满期待。医师应当以通俗易懂的语言向他们解释相关的医学知识以及应当注意的问题。根据规定,医师进行婚前卫生咨询时,应当为服务对象提供科学的信息,对可能产生的后果进行指导,并提出适当的建议。

医师因婚前卫生咨询而提出的医学意见,在法律上不具有约束性。当事人可以根据自己的意愿决定是否采纳。

四、婚前医学检查

婚前医学检查是对准备结婚的男女双方可能患影响结婚和生育的疾病进行的医学检查。

(一)婚前医学检查的意义

从法律上说,结婚和生育是两个法律关系。但对绝大多数人来说,生育是结婚的必然结果。所以,结婚和生育具有内在的联系性。在组成家庭之前,相互了解是否患有影响结婚和生育的疾病,对于维护婚姻的稳定性具有特殊意义。

我国《民法典》规定,一方患有重大疾病的,应当在结婚登记前如实告知另一方;不如实告知的,另一方可以向人民法院请求撤销婚姻。请求撤销婚姻的,应当自知道或者应当知道撤销事由之日起1年内提出。同时规定,被撤销的婚姻自始没有法律约束力,当事人不具有夫妻的权利和义务关系。婚姻被撤销的,无过错方有权请求损害赔偿。

2003年《婚姻登记条例》虽然没有要求婚姻登记机关在办理婚姻登记时查验婚前医学检查证明,但该条例明确规定,患有医学上认为不应当结婚的疾病的,婚姻登记机关不予登记。

在生活中,有些影响结婚和生育的疾病,不通过专门的医学检查,是很难发现或者确定严重程度的。所以,对准备结婚的男女来说,为了尊重彼此的健康知情权,维护婚姻长期稳定,保障下一代健康成长,婚前医学检查是必不可少的。

(二)婚前医学检查的内容

《母婴保健法》规定,婚前医学检查包括对下列疾病的检查:(1)严重遗传性疾病,即由于遗传因素先天形成,患者全部或者部分丧失自主生活能力,后代再现风险高,医学上认为不宜生育的遗传性疾病。(2)指定传染病,即《传染病防治法》中规定的艾滋病、淋病、梅毒、麻风病以及医学上认为影响结婚和生育的其他传染病。(3)有关精神病,即精神分裂症、躁狂抑郁型精神病以及其他重型精神病。

此外,婚前医学检查还包括其他与婚育有关的疾病,如重要脏器疾病和生殖系统疾病等。

(三)婚前医学检查的意见

婚前医学检查应当遵守婚前保健工作规范并按照婚前医学检查项目进行。医疗保健机构应当向接受婚前医学检查的当事人出具婚前医学检查证明。根据规定,婚前医学检查证明应当列明是否发现下列疾病:(1)在传染期内的指定传染病;(2)在发病期内的有关精神病;(3)不宜生育的严重遗传性疾病;(4)医学上认为不宜结婚的其他疾病。

婚前医学检查的目的是发现影响结婚和生育的重大疾病。但对于组建家庭来说,结婚和生育是两件事。社会既要保障生育权,更要保障结婚权。《母婴保健法》及其实施办法从充分保障婚姻自由和生育自由出发,对影响结婚和生育的疾病作了区别处理。

1. 暂缓结婚

根据规定,经婚前医学检查,对患指定传染病在传染期内或者有关精神病在发病期内的,医师应当提出医学意见。这里的医学意见除有关预防、治疗以及采取相应医学措施外,还应当包括暂缓结婚的意见。准备结婚的男女双方或者一方所患的指定传染病或者有关精神病,在传染期内或者在发病期的,准备结婚的男女双方应当根据医学意见暂缓结婚。

为了保障另一方利益,通常情况下,患指定传染病的,因患病期间具有传染性,不应当结婚;但治愈后,可以结婚。患有关精神病的,因发病期不具有婚姻自主能力或者具有攻击性,不应当结婚;但病情稳定后,可以结婚。

2. 不宜生育

根据规定,经婚前医学检查,对诊断患医学上认为不宜生育的严重遗传性疾病的,医师应当向男女双方说明情况,提出医学意见;经男女双方同意,采取长效避孕措施或者施行结扎手术后不生育的,可以结婚。

严重遗传性疾病种类繁多,遗传方式也比较复杂。但遗传性疾病不影响夫妻日常生活,法律没有将其列入应当暂缓结婚的疾病。目前法律也没有明确“医学上认为不宜生育的严重遗传性疾病”的病种。在生育问题上,尊重医学,尊重当事人意愿,既符合生育伦理,也符合人的基本价值观。

第三节 孕产期保健

一、孕产期保健的概念

孕产期保健,是指医疗保健机构为准备妊娠至产后42天的妇女及胎婴儿提供的全程系列的医疗保健服务。这里的全程包括孕前、孕期、分娩期及产褥期等各个阶段。

医疗保健机构开展孕产期保健服务,是为了保障母婴安全,防止和减少出生缺陷,提高出生婴儿健康水平。《母婴保健法》规定,医疗保健机构应当为育龄妇女和孕产妇提供孕产期保健服务。

二、为育龄妇女提供的孕产期保健服务

育龄妇女是指处于生育年龄的妇女。妇女生育年龄的界限取决于妇女的生理状态。联合国人口统计把育龄妇女规定为15~49岁。通常,为育龄妇女提供的孕产期保健服务主要是指为准备妊娠的夫妻提供的孕前保健,包括健康教育与咨询、孕前医学检查、健康状况评估和健康指导等。孕前保健一般在计划受孕前6个月进行。

根据《母婴保健法实施办法》的规定,为育龄妇女提供的孕产期保健服务还应当包括以下内容:

(一)为育龄妇女提供有关避孕、节育、生育、不育和生殖健康的咨询及医疗保健服务

生殖健康是20世纪80年代后期出现的新概念。世界卫生组织将生殖健康定义为,通过预防和解决生殖健康问题促进生殖健康和福祉的各种方法、技能和服务。为育龄妇女提供有关避孕、节育、生育、不育和生殖健康的咨询及医疗保健服务,不仅是促进个人、夫妻和家庭幸福的需要,而且是促进经济社会发展的需要。

(二)对患严重遗传性疾病的育龄夫妻提出医学意见

生育是育龄夫妻的美好愿望。医疗保健机构有责任为育龄夫妻安全生育提供医学帮助。但对有的育龄夫妻来说,妊娠可能是一项"艰难"的选择。如患严重遗传性疾病的育龄夫妻,妊娠可能会危及胎儿正常发育以及今后健康成长。《母婴保健法》规定,医师发现或者怀疑患严重遗传性疾病的育龄夫妻,应当提出医学意见。《母婴保健法实施办法》规定,限于现有医疗技术水平难以确诊的,应当向当事人说明情况。育龄夫妻可以选择避孕、节育、不孕等相应的医学措施。法律要求,育龄夫妻选择避孕、节育、不孕等医学措施应当自愿。

三、为孕产妇提供的孕产期保健服务

孕产妇是孕妇和产妇的合称。《母婴保健法实施办法》规定，为孕产妇提供的保健服务应当包括以下八个方面：

1. 为孕产妇建立保健手册（卡），定期进行产前检查

孕产妇保健手册（卡）是证明怀孕妇女纳入孕产妇保健系统管理的依据，也是记录医疗保健机构提供孕产妇保健服务的法定载体。为孕产妇建立保健手册（卡），不仅表明医疗保健机构与怀孕妇女建立了孕产妇保健服务关系，而且明确了双方的权利义务关系。

产前检查分早期检查、中期检查和晚期检查。《母婴保健法》规定，经产前检查，医师发现或者怀疑胎儿异常的，应当对孕妇进行产前诊断。《母婴保健法实施办法》规定，孕妇有下列情形之一的，医师应当对其进行产前诊断：（1）羊水过多或者过少的；（2）胎儿发育异常或者胎儿有可疑畸形的；（3）孕早期接触过可能导致胎儿先天缺陷的物质的；（4）有遗传病家族史或者曾经分娩过先天性严重缺陷婴儿的；（5）初产妇年龄超过 35 周岁的。

产前诊断的主要目的是确定胎儿是否患先天性缺陷和遗传性疾病。但从法定的产前诊断情形看，产前诊断还有保护孕妇的作用。《母婴保健法》规定，经产前诊断，有下列情形之一的，医师应当向夫妻双方说明情况，并提出终止妊娠的医学意见：（1）胎儿患严重遗传性疾病的；（2）胎儿有严重缺陷的；（3）因患严重疾病，继续妊娠可能危及孕妇生命安全或者严重危害孕妇健康的。生育是公民的权利。夫妻双方自愿接受终止妊娠的医学意见，施行终止妊娠或者结扎手术，应当签署知情同意书。本人没有行为能力的，应当经其监护人同意，并签署意见。

2. 为孕产妇提供卫生、营养、心理等方面的医学指导与咨询

分娩是否安全与成功，在很大程度上取决于孕产妇的健康状态。在孕产期间，对孕产妇健康状态影响最大的是其生理和心理上的变化。因此，在整个孕产期，都应当特别注意孕产妇的生理和心理变化，适时给予卫生、营养、心理等方面的医学帮助。

3. 对高危孕妇进行重点监护、随访和医疗保健服务

高危孕妇，目前还没有法定概念。在实践中，对高危孕妇的确定，通常是以一系列情形作标准的。例如，35 岁以上或者 18 岁以下妇女怀孕；生过病残儿的妇女再次怀孕，等等。这里的高危孕妇，可以从孕妇健康角度进行认定，也可以从胎婴儿健康角度进行认定。

通常认为，高危孕妇是指生育的健康风险高于一般孕妇的孕妇。《母婴保健

法》规定，对患严重疾病或者接触致畸物质，妊娠可能危及孕妇生命安全或者可能严重影响孕妇健康和胎儿正常发育的，医疗保健机构应当予以医学指导。《母婴保健法实施办法》规定，生育过严重遗传性疾病或者严重缺陷患儿的，再次妊娠前，夫妻双方应当按照国家有关规定到医疗保健机构进行医学检查。

在妊娠各期，医疗保健机构应当按照规定对孕妇进行危险因素筛查，发现高危孕妇及时纳入高危孕妇管理系统，进行重点监护、随访和医疗保健服务。对于危险因素，《母婴保健法》及其实施办法列举了一些情形，例如，孕妇患严重疾病、胎儿患严重遗传性疾病、胎儿有严重缺陷、羊水过多或者过少、胎儿发育异常或者胎儿有可能畸形、孕早期接触过可能导致胎儿先天缺陷的物质、有遗传病家族史或者曾经分娩过先天性严重缺陷婴儿，以及继续妊娠可能危及孕妇生命安全或者严重危害孕妇健康和胎儿正常发育等。

4. 为孕产妇提供安全分娩技术服务

分娩是胎儿自母体娩出的过程。安全分娩是保护母亲健康的需要，也是保护胎婴儿健康的需要。国外文献显示，大多数孕产妇和围产儿的疾病、死亡都源于分娩过程中的合并症，而且这些合并症很难在产前预防或避免。提高住院分娩率可以大幅降低孕产妇死亡率和婴儿死亡率。

分娩技术，也称助产技术，是指医务人员协助产妇完成分娩的技术。无论是正常产、阴道手术助产，还是剖宫产等，都应当以支持孕产妇安全分娩为目的，按照医学指征，选择必要、适合的助产技术。

《母婴保健法实施办法》规定，医疗保健机构应当按照国务院卫生行政部门制定的技术操作规范，实施消毒接生和新生儿复苏，预防产伤及产后出血等产科并发症，降低孕产妇及围产儿发病率、死亡率。同时规定，没有住院条件的，应当由经过培训、具备相应接生能力的家庭接生人员接生。高危孕妇应当在医疗保健机构住院分娩。

5. 定期进行产后访视，指导产妇科学喂养婴儿

产后访视，是指在产妇分娩后到产妇家中进行访问探视。一般产后访视 2 次，第 1 次在产妇分娩后第 3 ~ 7 天，第 2 次在产妇分娩后第 28 天。出现母婴异常情况的，应当增加产后访视次数。

产后访视的主要内容是：了解产妇分娩情况、孕产期有无异常以及诊治情况；询问一般情况，观察精神状态、面色和恶露情况；监测体温、血压、脉搏，检查子宫复旧、伤口愈合及乳房有无异常；提供喂养、营养、心理、卫生及避免方法等指导。

产后访视可以提高母乳喂养率。母乳除了其营养价值外，还含有帮助婴儿抵

御许多常见病的抗体。因此,在产后访视中,医师应当对产妇进行正确的指导,解决产妇喂养中遇到的困难,帮助产妇顺利进行科学的母乳喂养。

6. 提供避孕咨询指导和技术服务

从健康角度说,妇女应当避免在18岁以前怀孕和减少在35岁以后怀孕,而且怀孕间隔时间应当最少2年。这样就可以显著地减少生育中可能出现的风险。

为了达到节育的目的,通常需要进行避孕。避孕不是女性单方的责任,而是男女双方共同的责任。医疗保健机构应当宣传避孕知识,传授避孕方法。常见的避孕方法有:安全套、口服避孕药、安全期避孕法、体外排精、宫内节育器、手术避孕法等。

7. 对产妇及其家属进行生殖健康教育和科学育儿知识教育

生殖健康主要包括四个部分:计划生育、孕产妇保健、婴儿和儿童保健、性传播疾病控制等。对产妇及其家属进行生殖健康教育,目的是帮助产妇及其家属了解生殖健康方面的问题,获得相关的知识和技能,以便对个人、夫妻和家庭负起责任,提高生活质量。

这里的育儿知识主要是指0~3岁儿童各年龄段的育儿知识。不同年龄段的孩子在生理和心理上都有不同的特点,需要不同的呵护及教育方式。婴幼儿的健康成长与家庭环境息息相关。父母之间的关系、父母与孩子之间的关系,都直接影响儿童的精神与心理的发展。因此,帮助父母正确处理在育儿上的矛盾,为父母提供处理儿童心理问题的指导,包括儿童之间的社会交往问题的指导,也是育儿知识教育的重要内容。

8. 其他孕产期保健服务

《孕产期保健工作管理办法》和《孕产期保健工作规范》对孕产期保健服务提出了明确、具体的要求,除上述几个方面外,医疗保健机构还应当按照规定,做好其他孕产期保健服务。

为孕产妇提供预防艾滋病、梅毒和乙肝母婴传播的综合防治服务,也是孕产期保健,包括婚前保健、孕前保健、婴儿保健等重要任务。医疗保健机构要结合孕产期保健和助产服务,主动为所有孕产妇提供预防艾滋病、梅毒和乙肝母婴传播的检测与咨询,为感染孕产妇提供干预措施,对新生儿进行有针对性的服务。其包括提供免费药物、安全助产服务、科学喂养咨询指导、相关检测以及诊疗等。

《艾滋病防治条例》规定,医疗卫生机构应当按照国务院卫生主管部门制定的预防艾滋病母婴传播技术指导方案的规定,对孕产妇提供艾滋病防治咨询和检测,对感染艾滋病病毒的孕产妇及其婴儿,提供预防艾滋病母婴传播的咨询、产前指导、阻断、治疗、产后访视、婴儿随访和检测等服务。

四、因医学需要可以对胎儿进行性别鉴定

我国法律并没有全面禁止胎儿性别鉴定。《母婴保健法》规定，严禁采用技术手段对胎儿进行性别鉴定，但医学上确有需要的除外。《母婴保健法实施办法》规定，对怀疑胎儿可能为伴性遗传病，需要进行性别鉴定的，由省、自治区、直辖市人民政府卫生行政部门指定的医疗、保健机构按照国务院卫生行政部门的规定进行鉴定。

允许医学需要的胎儿性别鉴定，其目的是控制伴性遗传病。伴性遗传病是指性染色体上的致病基因引起的疾病。换句话说，有些遗传病与性别有关。现已发现的伴随X染色体遗传的疾病有上百种，其中隐性遗传病占多数，且男性为主。在产前诊断中，胎儿性别鉴定可以作为有严重遗传缺陷的胎儿是否进行选择性终止妊娠的重要依据。

根据规定，实施医学需要的胎儿性别鉴定，应当由医疗卫生机构组织3名以上具有临床经验和医学遗传学知识，并具有副主任医师以上专业技术职称的专家集体审核。经诊断，确需人工终止妊娠的，应当出具医学诊断报告，并由医疗卫生机构通报当地县级卫生行政部门。

第四节 婴儿保健

一、婴儿保健的概念

婴儿保健，是指对婴儿进行的系统医疗保健服务。婴儿是指小于1周岁的儿童。与婴儿密切相关的一个概念是新生儿。新生儿是指出生后到28天的儿童。通常将出生后到满1周岁之前的阶段称为婴儿期。婴儿保健也就是婴儿期保健。这里的婴儿保健包括新生儿保健。

婴儿保健的主要任务是通过采取促进性和预防性措施，积极防治儿童常见病、多发病，降低发病率和婴儿死亡率，增强儿童体质，促进儿童身心健康成长。

二、开展新生儿疾病筛查

新生儿疾病筛查，是指在新生儿期对严重危害新生儿健康的先天性、遗传性疾病施行专项检查，提供早期诊断和治疗的母婴保健技术。

新生儿疾病筛查是提高出生人口素质，减少出生缺陷的预防措施。所谓出生缺陷，是指出生时就存在的身体结构、功能或者代谢的异常。常见或者严重的出生缺陷主要有先天性心脏病、神经管畸形（包括无脑畸形、脊柱裂、脑膨出等）、唇腭裂、唐氏综合征（又称先天愚型）、先天性耳聋（双侧重度耳聋）、先天性甲状腺功能

减退症、苯丙酮尿症、重度脑积水等。为制定出生缺陷防治措施提供科学依据，我国从 1986 年开始建立以医院为基础的出生缺陷监测体系，经过 20 年的努力，到 2006 年已经全面建立起以人群为基础的出生缺陷监测体系。

《母婴保健法实施办法》规定，医疗、保健机构应当按照国家有关规定开展新生儿先天性、遗传性代谢病筛查、诊断、治疗和监测。我国对新生儿疾病筛查实行自愿原则。医疗机构在实施新生儿疾病筛查前，应当将新生儿疾病筛查的项目、条件、方式、费用等情况如实告知新生儿监护人，并取得签字同意。目前纳入新生儿疾病筛查的病种包括先天性甲状腺功能减低症、苯丙酮尿症等新生儿遗传代谢病和听力障碍。

三、对新生儿进行访视

新生儿访视是新生儿保健的重要形式。其内容是了解母子健康状况，宣传科学育儿知识，指导母亲哺乳、护理、防病和如何发现异常，包括对婴儿智力、听力、视力异常的筛查和对早期教育的指导等。新生儿访视由当地辖区分管的医院或者社区卫生服务中心专门负责访视的医生上门进行。

新生儿访视对防止新生儿死亡意义重大。据国内外文献报道，5 岁以下儿童死亡最常发生在 1 周岁以内的婴儿期；婴儿死亡的 60% ~70% 发生在 28 天内的新生儿期；新生儿死亡的 70% 发生在出生 7 天内。新生儿访视应当加强对高危新生儿的管理，并提供医疗保健服务。

《母婴保健法实施办法》规定，医疗、保健机构应当按照规定进行新生儿访视，建立儿童保健手册（卡），定期对其进行健康检查，提供有关预防疾病、合理膳食、促进智力发育等科学知识，做好婴儿多发病、常见病防治等医疗保健服务。

四、对婴儿进行预防接种

对儿童进行预防接种是预防儿童传染病最经济、最有效、最方便的方法。1986 年经国务院批准确定，每年 4 月 25 日为“全国儿童预防接种日”。预防接种应当严格按照免疫初始月龄、每种疫苗接种次数、接种间隔时间等进行。

预防接种可以保护儿童不患儿童期若干危险性疾病。口服或者注射疫苗，可以增强儿童身体防护系统进而起到保护作用。《母婴保健法实施办法》规定，医疗、保健机构应当按照规定的程序和项目对婴儿进行预防接种。婴儿的监护人应当保证婴儿及时接受预防接种。

五、为母乳喂养提供技术指导

母乳喂养与儿童健康成长关系密切。世界卫生组织认为母乳喂养是儿童生存的“四大”战略技术之一。母乳喂养可以分为全母乳喂养和部分母乳喂养。全母乳喂养又可以分为纯母乳喂养和几乎母乳喂养。前者指除母乳外不给其他食物,后者指除母乳外也给少量水或者以水为基础的饮料。部分母乳喂养是指有时给孩子母乳喂养,有时给孩子人工喂养。

人工喂养是相对于母乳喂养而言的。其是指用人工食品喂养孩子,完全没有母乳喂养。《母婴保健法实施办法》规定,医疗、保健机构应当为实施母乳喂养提供技术指导,为住院分娩的产妇提供必要的母乳喂养条件。同时规定,医疗、保健机构不得向孕产妇和婴儿家庭宣传、推荐母乳代用品。

为了促进母乳喂养,提高母乳喂养率,《母婴保健法实施办法》规定,母乳代用品产品包装标签应当在显著位置标明母乳喂养的优越性。同时为了防止对母乳喂养的干扰,该办法还规定,母乳代用品生产者、销售者不得向医疗、保健机构赠送产品样品或者以推销为目的有条件地提供设备、资金和资料。

与母乳喂养有关的还有职业女性所在单位。对于离开家庭参加工作的母亲,需要有足够的产假。上班时,需要有喂养时间。《母婴保健法实施办法》规定,妇女享有国家规定的产假。有不满 1 周岁婴儿的妇女,所在单位应当在劳动时间内为其安排一定的哺乳时间。

第十二章　计 划 生 育

第一节　计划生育概说

一、计划生育的概念

计划生育,简言之,是指有计划地进行生育。计划生育不仅关系家庭幸福,而且关系国家发展。

国家将实行计划生育确定为基本国策。《人口与计划生育法》规定,国家采取综合措施,调控人口数量,提高人口素质,推动实现适度生育水平,优化人口结构,促进人口长期均衡发展。同时规定,国务院编制人口发展规划,并将其纳入国民经济和社会发展计划。县级以上地方各级人民政府根据全国人口发展规划以及上一级人民政府人口发展规划,结合当地实际情况编制本行政区域的人口发展规划,并将其纳入国民经济和社会发展计划。

二、计划生育的发展

计划生育基本国策的核心是生育政策。我国计划生育工作的发展过程,也就是生育政策形成、调整和完善的过程。概括起来,大致经历了以下几个阶段:

(一)提倡计划生育阶段

这个阶段是指 20 世纪 50 年代和 60 年代。这一时期已经有了节制生育的萌芽,但还没有具体的生育子女数量上的要求。国家提出节制生育号召的主要目的是保护妇女的健康。1954 年卫生部下发通知,强调避孕方法由“人民自由采用”,并对人工流产和节育手术作了限制。1956 年卫生部印发《关于人工流产及绝育手术的通知》,对可以申请人工流产和绝育手术的情形进行了规范。1956 年《关于发展国民经济的第二个五年计划的建议的报告》明确提出“适当地提倡节制生育”。

1962 年《中共中央、国务院关于认真提倡计划生育的指示》中指出,“在城市和人口稠密的农村提倡节制生育,适当控制人口自然增长率,使生育问题由毫无计划的状态逐渐走向有计划的状态,这是我国社会主义建设中既定的政策。认真地长期地实行这一政策,有利于保护母亲和儿童的健康,有利于教养后代,有利于男女职工在生产、工作、学习中充分发挥自己的力量,也有利于我国民族的健康和繁荣”。1963 年第二次城市工作会议提出,大力提倡晚婚。资料显示,1964 年我国城市人口出生率,由 1963 年的 45‰下降到 33‰。农村计划生育工作尚未全面推开,但 1964 年人口出生率也由 1963 年的 43.4‰下降到 40.3‰。

(二)提倡一对夫妻生育不超过 2 个孩子阶段

20 世纪 70 年代是我国计划生育史上生育政策初步形成阶段。1971 年国务院批转卫生部军管会、商业部、燃料化工部《关于做好计划生育工作的报告》,就全国城乡全面推行计划生育作出部署。要求除人口稀少的少数民族地区和其他地区外,都要深入开展宣传教育,使晚婚和计划生育变成城乡广大群众的自觉行动,力争在第四个五年计划期间内作出显著成绩。1974 年中共中央转发上海市《关于上海开展计划生育和提倡晚婚工作的情况报告》及河北省《关于召开全省计划生育工作会议的报告》,提出要充分发动和依靠群众,做好深入细致的思想工作,在群众自觉的基础上,把生育计划落实到人,不要强迫命令。“晚、稀、少”生育政策作为地方先进经验走向全国。“晚”指男 25 周岁、女 23 周岁以后结婚;“稀”指生育间隔 3 年以上;“少”指一对夫妇生育不超过 2 个孩子。1978 年中央批转的《关于国务院计划生育领导小组第一次会议的报告》中提出,晚婚年龄,农村提倡女 23 周岁,男 25 周岁结婚,城市略高于农村。提倡一对夫妇生育子女数最好 1 个最多 2 个。生育间隔 3 年以上。

(三)提倡一对夫妻生育 1 个孩子阶段

从 20 世纪 80 年代开始,国家将提倡一对夫妇生育 1 个孩子作为计划生育的核心政策。1980 年 9 月修改的《婚姻法》作出规定,夫妻双方都有实行计划生育的义务。与此同时,中共中央发出《关于控制我国人口增长问题致全体共产党员、共青团员的公开信》,提倡一对夫妇只生育 1 个孩子。1982 年中共中央、国务院下发《关于进一步做好计划生育工作的指示》,强调计划生育工作要继续提倡晚婚、晚育、少生、优生。同年 9 月,党的十二大报告中明确,实行计划生育,是我国的一项基本国策。同年 12 月,第五届全国人民代表大会第五次会议通过的《宪法》第 25 条规定,国家推行计划生育,使人口的增长同经济和社会发展计划相适应。第 49 条第 2 款规定,夫妻双方有实行计划生育的义务。

1991 年 5 月,中共中央、国务院作出《关于加强计划生育工作严格控制人口增长的决定》,明确要求坚定不移地贯彻落实现行生育政策,严格控制人口增长。2000 年 3 月,中共中央、国务院作出《关于加强人口与计划生育工作稳定低生育水平的决定》，指出人口过多仍然是我国的首要问题，人口问题是社会主义初级阶段长期面临的重大问题。2001 年 12 月 29 日，第九届全国人大常委会第二十五次会议通过《人口与计划生育法》。该法第 18 条第 1 款明确规定，国家稳定现行生育政策，鼓励公民晚婚晚育，提倡一对夫妻生育 1 个孩子。但法律也为一对夫妻生育 2 个孩子留出了政策空间，第 18 条第 1 款同时规定，符合法律、法规规定条件的，可以要求安排生育第 2 个子女。具体办法由省、自治区、直辖市人民代表大会或者其常务委员会规定。根据该法第 18 条第 2 款的规定，少数民族也要实行计划生育，具体办法由省、自治区、直辖市人民代表大会或者其常务委员会规定。

（四）提倡一对夫妻生育 2 个孩子阶段

20 世纪 90 年代中后期，我国人口再生产实现了由高出生、低死亡、高增长到低出生、低死亡、低增长的历史性转变。为了适应稳定低生育水平、提高出生人口素质的新形势、新要求，我国生育政策开始进行调整。2013 年 11 月，党的十八届三中全会通过的《中共中央关于全面深化改革若干重大问题的决定》提出，坚持计划生育的基本国策，启动实施一方是独生子女的夫妇可生育 2 个孩子的政策，逐步调整完善生育政策，促进人口长期均衡发展。2013 年 12 月，中共中央、国务院印发《关于调整完善生育政策的意见》，明确了调整完善生育政策的重要意义和总体思路。该意见指出，根据《人口与计划生育法》的规定，各省（自治区、直辖市）人民政府在全面评估当地人口形势、计划生育工作基础及政策实施风险的情况下，制定单独两孩政策实施方案，报国务院主管部门备案，由省级人民代表大会或其常委会修订地方性法规或作出规定，依法组织实施。2013 年 12 月，第十二届全国人大常委会第六次会议通过《关于调整完善生育政策的决议》。该决议规定，根据我国经济社会的发展和人口形势的变化，逐步调整完善生育政策是必要的。同意启动实施一方是独生子女的夫妇可生育 2 个孩子的政策。各省、自治区、直辖市人民代表大会或者其常务委员会应当根据《人口与计划生育法》和该决议，结合本地实际情况，及时修改相关地方性法规或者作出规定。

“单独两孩”政策的实施，并没有出现令人担心的人口数量猛增，实现了平稳过渡，进一步调整完善生育政策的条件已经具备。2015 年 10 月，党的十八届五中全会公报提出，促进人口均衡发展，坚持计划生育的基本国策，完善人口发展战略，全面实施一对夫妻可生育 2 个孩子的政策，积极开展应对人口老龄化行动。同年 12 月，第十二届全国人大常委会第十八次会议作出《关于修改〈中华人民共和国人口与计划生育法〉的决定》。将第 18 条第 1 款分为两款，内容调整为：“国家提倡一对夫妻生育两个子女。”“符合法律、法规规定条件的，可以要求安排再生育子女。具体办法由省、自治区、直辖市人民代表大会或者其常务委员会规定。”增加1款作为第4款:“夫妻双方户籍所在地的省、自治区、直辖市之间关于再生育子女的规定不一致的,按照有利于当事人的原则适用。”显然,新的规定是从鼓励生育出发的。

(五)提倡一对夫妻生育3个孩子阶段

由于长期实行计划生育政策,使人们的生育观念发生深刻变化,优生、少生理念深入人心,导致出生率低下。虽然计划生育政策几经调整,从只生1个孩子到单独二孩,再到全面二孩,但效果仍低于预期。2020年第七次人口普查的数据显示,我国60岁及以上人口2.64亿,占总人口比重18.7%;65岁以上人口1.9亿,占总人口比重13.5%。2020年我国育龄妇女总和生育率为1.3,跌破了1.5的警戒线。目前世界平均总和生育率为2.41。我国总和生育率不仅低于中等偏上收入国家1.9的平均水平,还低于高收入国家1.6的平均水平。人口老龄化形势严峻。2021年5月31日,中共中央政治局指出,进一步优化生育政策,实施一对夫妻可以生育3个孩子政策及配套支持措施。2021年8月20日,第十三届全国人大常委会第三十次会议对《人口与计划生育法》作出一系列重大调整,其中将第18条第1款修改为“国家提倡适龄婚育、优生优育。一对夫妻可以生育三个子女”。删除原来有关社会抚养费征收等与实施三孩政策不适应的规定,同时提出,国家采取财政、税收、保险、教育、住房、就业等支持措施,减轻家庭生育、养育、教育负担。县级以上各级人民政府综合采取规划、土地、住房、财政、金融、人才等措施,推动建立普惠托育服务体系,提高婴幼儿家庭获得服务的可及性和公平性。并要求,医疗卫生机构应当按照规定为婴幼儿家庭开展预防接种、疾病防控等服务,提供膳食营养、生长发育等健康指导。

第二节 计划生育权利的保护

计划生育是公民的权利,也是公民的义务。《妇女权益保障法》规定,妇女依法享有生育子女的权利,也有不生育子女的自由。生育不仅涉及妇女权利,丈夫也应当参与。《人口与计划生育法》规定,公民有生育的权利,也有依法实行计划生育的义务,夫妻双方在实行计划生育中负有共同的责任。为了促进公民履行计划生育义务,我国多部法律、行政法规从不同角度对公民的计划生育权利进行了保护。

一、自主选择避孕节育措施

国家有计划生育政策,但是否生育、何时生育和间隔多长时间再生育,公民有自主权。为了预防和减少非意愿妊娠,国家保障育龄夫妻自主选择计划生育避孕节育措施。其根本目的是保护妇女健康。《人口与计划生育法》规定，国家创造条件，保障公民知情选择安全、有效、适宜的避孕节育措施。

二、保证避孕节育受术者安全

计划生育避孕节育手术安全是医疗安全的组成部分。医疗安全的核心是患者安全。从医学上说，手术无论大小，都存在一定风险。计划生育避孕节育手术也不例外。受术者安全应当始终放在第一位。《人口与计划生育法》规定，实施避孕节育手术，应当保证受术者的安全。

三、免费享受基本计划生育技术服务

计划生育技术服务包括计划生育技术指导、咨询以及与计划生育有关的临床医疗服务，其中许多项目纳入财政预算或者由社会保险予以保障，如我国从 1974 年就开始向育龄夫妇免费提供避孕药具。《人口与计划生育法》规定，实行计划生育的育龄夫妻免费享受国家规定的基本项目的计划生育技术服务。

四、禁止歧视、虐待生育女婴的妇女和不育的妇女

生育女婴或者不育，是妇女生育权的重要组成部分，也是生育自由的重要体现。不育可以是主动选择，也可以是被动选择。但无论哪一种选择，都应当得到尊重。《人口与计划生育法》规定，禁止歧视、虐待生育女婴的妇女和不育的妇女。禁止歧视、虐待、遗弃女婴。

五、可以获得延长生育假奖励

我国曾在一定时期鼓励公民晚婚晚育，并给予延长婚假、生育假等奖励。随着生育政策的调整，奖励范围也有所扩大，不再局限于晚婚晚育。《人口与计划生育法》规定，符合法律、法规规定生育子女的夫妻，可以获得延长生育假的奖励或者其他福利待遇。同时规定，国家支持有条件的地方设立父母育儿假。

六、享受特殊劳动保护

妇女怀孕、生育和哺乳期间的劳动保护，不仅关系妇女健康，也关系下一代健康，历来是法律、行政法规的立法重点。《人口与计划生育法》规定，妇女怀孕、生育和哺乳期间，按照国家有关规定享受特殊劳动保护并可以获得帮助和补偿。同时规定，国家保障妇女就业合法权益，为因生育影响就业的妇女提供就业服务。《职业病防治法》和《女职工劳动保护特别规定》对此有明确、具体的规定。

七、享受计划生育手术休假

计划生育手术一般指安放、摘取宫内节育器，结扎输精管、输卵管，人工终止妊娠术，输精管、输卵管复通术等手术，俗称“四术”。《人口与计划生育法》规定，公民实行计划生育手术，享受国家规定的休假。根据《女职工劳动保护特别规定》的规

定，女职工怀孕未满4个月流产的，享受15天产假；怀孕满4个月流产的，享受42天产假。

八、享受独生子女父母奖励

在国家提倡一对夫妻生育1个子女期间，自愿终身只生育1个子女的夫妻，国家发给《独生子女父母光荣证》。《人口与计划生育法》规定，获得《独生子女父母光荣证》的夫妻，按照国家和省、自治区、直辖市有关规定享受独生子女父母奖励。

九、获得生活、养老、医疗、精神慰藉等扶助

独生子女是夫妻生育或合法收养的唯一子女，即没有同父同母、同父异母、同母异父的兄弟姐妹，或曾有兄弟姐妹但兄弟姐妹均于生育子女前死亡。《人口与计划生育法》规定，获得《独生子女父母光荣证》的夫妻，独生子女发生意外伤残、死亡的，按照规定获得扶助。根据规定，扶助内容包括生活、养老、医疗、精神慰藉等全方位帮扶保障。

十、农村计划生育困难家庭获得优先照顾

农村计划生育家庭为控制人口数量作出了特殊贡献，国家和社会应当在生产、生活上给予他们一定的优待。根据《人口与计划生育法》的规定，地方各级人民政府除对农村实行计划生育的家庭发展经济，给予资金、技术、培训等方面的支持、优惠外，对实行计划生育的贫困家庭，在扶贫贷款、以工代赈、扶贫项目和社会救济等方面给予优先照顾。

第三节 计划生育服务

一、计划生育服务的范围

计划生育服务有广义和狭义之分。广义的计划生育服务，是将计划生育服务作为妇幼卫生的一部分。妇幼卫生是国家为妇女儿童健康而建立的卫生结构和体系，它根据妇女儿童的生理特点，针对危害妇女儿童健康的主要疾病和影响因素，不仅采取防治措施，还采取保健措施，以保证妇女儿童的身心健康。《人口与计划生育法》第5章所称的“计划生育服务”，就是从妇幼卫生角度出发的。第37条规定，医疗卫生机构应当针对育龄人群开展优生优育知识宣传教育，对育龄妇女开展围孕期、孕产期保健服务，承担计划生育、优生优育、生殖保健的咨询、指导和技术服务，规范开展不孕不育症诊疗。

狭义的计划生育服务，法律上称计划生育技术服务，是将避孕作为服务的基本内容。计划生育是一项可以选择的服务。但对需要生育间隔和不想再生育孩子的

父母来说,这是一项必须提供的服务。他们不仅有权利获得避孕知识,而且还有权利获得避孕方法。《人口与计划生育法》第36条规定,各级人民政府应当采取措施,保障公民享有计划生育服务,提高公民的生殖健康水平。

二、计划生育服务的提供者

无论是广义的计划生育服务,还是狭义的计划生育服务,都由医疗卫生机构提供,确切地说,由医疗保健机构提供。在计划生育服务提供上,我国曾经历了统一提供、分别提供和再统一提供的过程。20世纪90年代以前,计划生育服务都是由医疗保健机构提供的。从20世纪90年代开始,为了加强计划生育技术服务,地方陆续建立计划生育技术服务机构,经过20多年的努力,形成了比较完整的计划生育技术服务机构体系,专门向社会提供计划生育技术服务。2013年《国务院机构改革和职能转变方案》作出了组建国家卫生和计划生育委员会的重大决策,不再保留卫生部、国家人口和计划生育委员会。同年,国家卫生计生委、中央编办印发《关于优化整合妇幼保健和计划生育技术服务资源的指导意见》,要求按照"省选设、市县合、乡增强、村共享"方式,积极推进机构和职责整合。2021年国家卫生健康委员会下发《关于做好妇幼健康领域"证照分离"改革工作的通知》,提出取消"计划生育技术服务机构设立许可",纳入"母婴保健专项技术服务许可"进行统一审批管理。目前,各级妇幼健康服务机构,包括各级妇幼保健机构和妇幼保健计划生育服务机构,是为妇女儿童健康提供服务的专业机构,在减少孕产妇死亡和儿童死亡、提高出生人口素质、促进妇女儿童健康方面发挥了重要作用。

三、指导公民选择安全、有效、适宜的避孕措施

避孕措施是预防和减少非意愿妊娠的基本方法。主要的避孕措施有宫内节育器避孕、药物避孕、安全套避孕等。不同的避孕措施有各自特点,可以满足人们不同的避孕需要。但避孕措施有严格的适应症和禁忌症,并不是所有的人都适用。《人口与计划生育法》规定,计划生育技术服务人员应当指导实行计划生育的公民选择安全、有效、适宜的避孕措施。同时规定,国家鼓励计划生育新技术、新药具的研究、应用和推广。

四、严禁进行非医学需要的胎儿性别鉴定

胎儿性别鉴定,分医学需要和非医学需要。医学需要,是针对预防疾病而言的。有的遗传代谢疾病与性别有关,医学上称为伴性遗传。通俗地说,就是所谓的传男不传女,或者传女不传男。除此之外,都是非医学需要。《人口与计划生育法》规定,严禁利用超声技术和其他技术手段进行非医学需要的胎儿性别鉴定。因此,任何机构和个人不得进行非医学需要的胎儿性别鉴定。

五、不得进行选择性别的人工终止妊娠

在非意愿妊娠的情况下，或者继续妊娠可能危及孕妇生命安全或者严重危害孕妇健康等情况下，公民有权选择人工终止妊娠。选择人工终止妊娠，可以与避孕失败有关，也可以与孕妇健康有关，但不能与胎儿性别有关。我国禁止利用计划生育的名义选择性别的终止妊娠。《人口与计划生育法》规定，严禁非医学需要的选择性别的人工终止妊娠。因此，医疗机构及其医务人员不得进行非医学需要的选择性别的人工终止妊娠。

第四篇

慢性病防治法

第十三章　慢性病防治法概说

第一节　慢性病防治法的概念和特点

一、慢性病防治法的概念

慢性病防治法，是指有关慢性病防治的法律规范的总和。

慢性病是慢性非传染性疾病的简称，是相对于传染性疾病和急性疾病而言的一类疾病的概括性总称。这类疾病的基本特点是病程长，不容易被完全治愈，需要长期服用药物治疗，但很大程度上是可以预防的。临床常见的慢性病多为心血管系统、呼吸系统、内分泌系统、消化系统、泌尿系统、神经系统疾病和自身免疫疾病等。

慢性病的病因各异，但有比较明显的共性，如长期紧张疲劳、不良生活方式或者饮食习惯、环境污染物暴露、忽视自我保健、缺乏体力活动、心理调适能力差等。其中不良生活方式是慢性病发生和发展的主要危险因素，如吸烟、酗酒、不健康饮食、长期静坐、精神紧张等。

我国目前还没有一部以慢性病防治法为名称的法律。现有的有关慢性病防治的专门法律、行政法规也比较少。慢性病防治法作为公共卫生法的一个部门，还处在发展阶段。

二、慢性病防治法的特点

（一）起步比较缓

在公共卫生法发展过程中，较长时间里是以传染病防治和“五大卫生”立法为主线的。慢性病防治法立法是滞后于慢性病防治实际工作的。其中原因很多，最主要的还是公共卫生法立法项目的优先性问题。慢性病防治法立法的重要性是随着经济社会的快速发展，人民生活水平显著提高而日益凸显出来的。20世纪50年代和60年代，虽然也有慢性病防治法立法，但基本上是以指示、规划或者通知等形式出台的，如1957年卫生部、农业部《关于防治大骨节病的指示》等。不仅立法数量比较少,效力等级也比较低。可以说,慢性病防治方面的多层次立法开始于改革开放。其标志是1979年国务院批准发布的《食盐加碘防治地方性甲状腺肿暂行办法》。

(二)发展空间大

我国慢性病防治法还处在发展阶段,需要制定的法律、行政法规很多。这是因为人口老龄化形势日趋严峻,慢性病防治越来越成为公众关注的重大社会问题。慢性病涵盖范围广泛,几乎各个器官、各个系统都有常见的慢性病。可引起慢性病的危险因素很多,有些是直接的,有些是间接的或者潜在的。而且大多数干预措施,无论是促进健康生活方式,还是降低危险因素,抑或开展疾病早期诊断等,都需要多部门合作。这些既给慢性病防治法立法提出了难题,同时也给慢性病防治法立法提供了空间。这个空间不仅是指法律空白,还指法律创新。与传染病防治法相比,慢性病防治法最为重要的特征是,它对个人的许多规制是引导性的。这些引导性的规制,很大程度上需要依靠个人自觉服从。换句话说,对个人的许多规制并没有强制性。因此,在慢性病防治法立法中,需要特别重视建立对个人的鼓励机制。

(三)体系多元性

慢性病在危险因素上具有明显的共性,但不同层次或者类型的慢性病,在具体病因上还是有显著差异的。因此,不同的慢性病有不同的防治策略或者防治体制。包括防治方法、防治内容、防治目标、防治标准等。表现在立法上,就是慢性病防治法体系是多元化的。确切地说,慢性病防治法体系是由相对独立构成单元的一系列法律、行政法规等组成。有些构成单元的法律部分,还可以随着立法的不断发展完善而在公共卫生法中成为独立的法律部门。这是慢性病防治法体系多元化的特殊性。本书将精神卫生法归类于慢性病防治法体系,是基于慢性病防治法立法现状。今后随着慢性病防治法立法数量增多,精神卫生法完全可以而且也应当成为公共卫生法的一个法律部门,就像职业病防治法等。职业病除急性中毒外,大部分是慢性职业病,从属性上说,职业病防治法也可以是慢性病防治法的一部分。但在公共卫生法中,职业病防治法一直是作为独立的法律部门存在的。

第二节 慢性病防治法的发展历史

一、起步于食盐加碘

从法律角度说,通过营养干预预防慢性病,是从食盐加碘防治地方性甲状腺肿开始的。碘是人体必需的微量元素之一。在碘缺乏造成的疾病中,最严重的包括甲状腺肿。母体碘缺乏造成的胎儿和新生儿甲状腺功能减退，能引起广泛的健康后果。我国从1954年开始在陕西、河北等碘缺乏病区试行食盐加碘防治地方性甲状腺肿，之后又陆续在全国其他地区开展。实践证明，食盐加碘对于预防碘缺乏及其疾病，是社会接受程度高，最具有成本效益的方法。

1979年经国务院批准，卫生部等部门发布了《食盐加碘防治地方性甲状腺肿暂行办法》，共6章16条。该办法明确，卫生部门负责查清病区，并向食盐经营等有关部门提供病情资料、供应碘盐范围和加碘药物的数量；根据规定，加碘可根据情况，采取产地集中加和销地集中加等方式进行。食盐加碘不加价，碘盐加工所需的碘化钾和稳定剂的购置费用，由卫生事业费开支；碘盐加工费用从食盐经营部门上缴利润中抵解，不敷抵解的亏损部分由财政补贴。碘盐的供应，实行病区供应和非病区不供应的原则。碘盐销售部门对于病区，必须销售碘盐。碘盐因碘流失含碘量低于规定标准的，为不合格碘盐，应当重新加碘。

截至1989年年底，全国已有3.3亿人口食用碘盐。地方性甲状腺肿患者减至605万人，地方性克汀病的发病率也大幅度下降。陕西、黑龙江、天津、河北、辽宁、吉林、河南、北京、山西、甘肃、山东、青海、湖北、宁夏、内蒙古、广东、贵州17个省、自治区、直辖市达到基本控制地方性甲状腺肿的要求指标。

为了巩固和扩大食盐加碘防治地方性甲状腺肿和地方性克汀病所取得的成果，1987年5月卫生部会同轻工业部、商业部等部门开始研究修改《食盐加碘防治地方性甲状腺肿暂行办法》，并将名称调整为《食盐加碘防治碘缺乏病管理条例》。前后经过10次修改，共完成11稿。1990年5月上报国务院审议。在国务院审议期间，经广泛征求意见，决定将食盐加碘防治范围扩大为碘缺乏危害，并将名称确定为《食盐加碘消除碘缺乏危害管理条例》。1994年8月23日国务院以第163号令发布，于同年10月1日起施行。2017年3月1日国务院对《食盐加碘消除碘缺乏危害管理条例》第20条第1款进行了修改。2017年新修订的《食盐专营办法》第34条作出规定，除该办法的规定外，食盐加碘工作还应当依照有关法律、行政法规的规定执行。

二、聚焦于烟草危害控制

流行病学证据表明，吸烟和被动吸烟是心血管疾病、慢性支气管炎、肺气肿和肺、喉、咽、口腔、食道、胰腺、膀胱等癌症以及呼吸道感染、胃溃疡等疾病的主要危险因素。我国是世界上最大的烟草生产国和消费国，烟草生产量和消费量占世界总量的40%左右，吸烟者超过3亿，而且吸烟者出现低龄化趋势。自20世纪70年代末以来，烟草危害控制一直是我国公共卫生法立法的热点。虽然目前还没有一部综合性的或者专门性的法律、行政法规，但烟草危害控制的基本制度在不同的法律、法规和规章中都有具体的体现。

最早对烟草危害的控制，除加强吸烟有害宣传外，主要还有以下三个方面：一是对烟草制品积极采取减毒措施；二是在公共场所推行禁止吸烟；三是禁止大、中、小学生吸烟。1979 年经国务院批准，卫生部、财政部、农业部和轻工业部下发了《关于宣传吸烟有害与控制吸烟的通知》。该通知规定，在烟草种植上，要选种低烟碱的品种；在卷烟生产上，要积极增加过滤嘴卷烟的比重。并建议在群众聚集的医院、会场、剧场、电影院、幼儿园、公共汽车等公共场所和通风不好的集体作用场所禁止吸烟，有条件的公共场所，可另设吸烟室。同时建议教育部门作为纪律禁止大、中、小学生吸烟。

进入 20 世纪 80 年代后，国家一方面扩大禁止吸烟的公共场所范围，另一方面加强对青少年免受烟草危害的保护力度，同时要求重点人群起示范作用，带头不吸烟。1985 年中央爱卫会和铁道部印发《关于禁止在旅客列车上随地吐痰、乱扔脏物和在不吸烟车厢内吸烟的规定》，要求对在不吸烟车厢内吸烟者，要进行劝阻，令其到指定地点吸烟，不听劝阻者，罚款五角。1987 年中央爱卫会、国家教委、卫生部、团中央、全国妇联联合印发的《关于在儿童活动场所积极开展不吸烟活动的通知》要求，积极采取有效的限制性措施，使儿童活动场所成为不吸烟区。

以法律、行政法规形式加强对烟草危害控制是从禁止烟草广告开始的。1987 年《广告管理条例》第 10 条中规定，禁止利用广播、电视、报刊为卷烟做广告。1992 年国家工商行政管理局下发《关于坚决制止利用广播、电视、报纸、期刊刊播烟草广告的通知》，重申禁止利用广播、电视、报纸、期刊刊播下列涉及烟草内容的广告：(1)冠以烟草商标名称的特约刊播栏(节)目、文艺演出和体育赛事预告等形式的广告；(2)前述形式的广告，虽不冠以烟草商标名称，但在画面、背景等处显示烟草产品或其商标，或不含有烟草产品或其商标，但属于烟草产品的创意广告；(3)在介绍烟草企业的广告中，介绍烟草产品或其商标；(4)关于烟草产品获得各种荣誉称号的祝贺广告。同时规定，烟草产品商标同时用于其他产品的，刊播其他产品广告时，必须标明该产品的名称，否则，视同烟草广告。上述媒介以外的烟草广告，也要从严控制。1991 年 6 月 29 日第七届全国人大常委会第二十次会议通过的《烟草专卖法》第 19 条规定，禁止在广播电台、电视台、报刊播放、刊登烟草制品广告。这是我国最高立法机关第一次对烟草广告作出禁止性规定。之后，1994 年 10 月 27 日第八届全国人大常委会第十次会议通过的《广告法》再次规定，禁止利用广播、电影、电视、报纸、期刊发布烟草广告。禁止在各类等候室、影剧院、会议厅堂、体育比赛场馆等公共场所设置烟草广告。对允许做的烟草广告，法律明确要求烟草广告中必须标明“吸烟有害健康”。2015 年 4 月 24 日，第十二届全国人大常委会第十四次会议对《广告法》进行了修订，其中将烟草广告条款内容调整为禁止在大众传播媒介或者公共场所、公共交通工具、户外发布烟草广告。禁止向未成年人发送任何形式的烟草广告。禁止利用其他商品或者服务的广告、公益广告，宣传烟草制品名称、商标、包装、装潢以及类似内容。烟草制品生产者或者销售者发布的迁址、更名、招聘等启事中，不得含有烟草制品名称、商标、包装、装潢以及类似内容。

为了使吸烟成为不受欢迎的行为，同时提醒吸烟者注意自己的健康，《烟草专卖法》第 18 条规定，卷烟、雪茄应当在包装上标明焦油含量级和“吸烟有害健康”。这是我国法律首次对烟草包装作出警语性规定。1997 年 7 月国务院公布的《烟草专卖法实施条例》作出进一步规定，在中国境内销售的卷烟、雪茄烟，应当在小包、条包上标注焦油含量级和“吸烟有害健康”的中文字样。

《烟草专卖法》虽然不是烟草危害控制的专门法律，但它确立了烟草危害控制的基本原则。除烟草包装应当标明警语和禁止烟草广告外，该法第 5 条第 2 款还规定，国家和社会加强吸烟危害健康的宣传教育，禁止或者限制在公共交通工具和公共场所吸烟，劝阻青少年吸烟，禁止中小学生吸烟。

保护未成年人免受烟草危害，一直是公共卫生法立法关注的重点。在相关立法中，这部分始终是必不可少的内容。1999 年 6 月 28 日第九届全国人大常委会第十次会议通过的《预防未成年人犯罪法》第 15 条第 1 款规定，未成年人的父母或者其他监护人和学校应当教育未成年人不得吸烟、酗酒。任何经营场所不得向未成年人出售烟酒。1991 年 9 月 4 日第七届全国人大常委会第二十一次会议通过的《未成年人保护法》第 27 条规定，任何人不得在中小学、幼儿园、托儿所的教室、寝室、活动室和其他未成年人集中活动的室内吸烟。

为了使公共场所禁止吸烟等规定更具有可操作性，2011 年 3 月，卫生部根据国务院《公共场所卫生管理条例》，对 1991 年《公共场所卫生管理条例实施细则》进行了大幅度修订，增加了有关禁止吸烟的内容。第 18 条规定，室内公共场所禁止吸烟。公共场所经营者应当设置醒目的禁止吸烟警语和标志。室外公共场所设置的吸烟区不得位于行人必经的通道上。公共场所不得设置自动售烟机。公共场所经营者应当开展吸烟危害健康的宣传，并配备专（兼）职人员对吸烟者进行劝阻。

2005 年 8 月 28 日，第十届全国人大常委会第十七次会议批准了第56 届世界卫生大会通过的世界卫生组织《烟草控制框架公约》。该条约是联合国系统第一部具有法律约束力的公共卫生多边条约，共有 168 个国家签署。为了积极有效履行该公约,2007 年 4 月,国务院批准成立了由国家发展改革委、卫生部、外交部等 8 个部门组成的履约工作部际协调领导小组,负责协调全国的控烟履约工作。

三、发力于精神卫生

精神卫生法的立法准备工作起步于 20 世纪 80 年代中期。当时主要是作为课题委托地方进行研究,但总体上对推动立法工作的影响有限。在相当长一段时间内,精神卫生工作主要是通过国务院批转有关意见、多部门联合制定计划纲要等形式来推动的。例如,1987 年国务院批转了卫生部、民政部和公安部《关于加强精神卫生工作的意见》,三部门联合制定了《精神卫生工作"七五"计划》;1991 年国务院批准颁布实施了《中国残疾人事业"八五"计划纲要》,将精神残疾康复纳入各级残联主导的康复工作;2002 年卫生部、公安部、民政部和中国残联下发了《中国精神卫生工作规划(2002—2010 年)》等。

精神卫生法立法工作全面启动是在 2000 年之后。卫生部将精神卫生法列入部立法计划后,在组织力量收集典型案例、汇编相关文件、翻译国外资料的同时,邀请全国人大教科文卫委和国务院法制办多次深入地方进行调研,并加快了法律草案的起草工作。2001 年 12 月,上海市人大常委会制定了我国第一部精神卫生的地方性法规《上海市精神卫生条例》。随后北京、宁波、杭州等地也相继出台了精神卫生地方性法规,有力地推动了全国性立法。

2007 年国务院将精神卫生法列入立法计划。2007 年 12 月,卫生部向国务院报送了《精神卫生法(草案送审稿)》。在审查过程中,国务院法制办先后 4 次书面征求有关部门、地方政府和部分高校、医疗机构及专家的意见,两次征求了联合国开发署驻华代表处、世界卫生组织驻华代表处的意见,并于 2011 年 6 月向社会公开征求意见。分专题召开了一系列专家论证会、部门沟通会。同时进行了有针对性的调研和考察。通过深入研究、反复协商、不断修改,形成了《精神卫生法(草案)》,经国务院第 172 次常务会议讨论通过,于 2011 年 9 月提请全国人大常委会审议。2012 年 10 月 26 日,第十一届全国人大常委会第二十九次会议通过了《精神卫生法》,自 2013 年 5 月 1 日起施行。

第十四章　精 神 卫 生

第一节　精神卫生法的概念和特点

一、精神卫生法的概念

精神卫生法是国家为发展精神卫生事业，规范精神卫生服务，维护精神障碍患者的合法权益而制定的法律规范的总称。我国有以精神卫生法为名称的法律。因此，精神卫生法可以指《精神卫生法》，也可以指包括《精神卫生法》在内的所有与精神卫生相关的法律规范。

《精神卫生法》没有对精神卫生进行定义，这是因为精神卫生含义比较丰富。比如，从工作性质角度理解，精神卫生可以指心理健康促进和精神障碍预防、精神障碍的诊断和治疗、精神障碍的康复等各项活动；从心理状态角度理解，精神卫生可以指人的良好心理健康状态，在这种状态中，人能够实现自己的能力，能够应付正常的生活压力，能够有成效地从事工作，并且能够对社会作出贡献。

无论从哪个角度说，精神卫生都是重大公共卫生问题，因为精神卫生是影响健康的关键因素之一。保护心理健康，防治精神障碍和促进精神卫生是精神卫生工作的核心。1990 年世界卫生组织修订的新健康标准是，“一个人在身体健康、心理健康、社会适应健康和道德健康四个方面皆健全”。换句话说，健康是指人在身体上、心理上、社会适应上和道德上全面处于良好状态。很显然，没有精神卫生就没有健康。

与精神卫生直接相关的是精神疾病，《精神卫生法》将其表达为精神障碍。根据定义，精神障碍是指由各种原因引起的感知、情感和思维等精神活动的紊乱或者异常，导致患者明显的心理痛苦或者社会适应等功能损害。常见精神障碍包括抑郁障碍和焦虑障碍。与一般疾病一样，精神障碍也是由多种相互作用的社会、心理和生理因素导致的。

为了便于采取有针对性的保护措施，按照病情的严重程度，我国将精神障碍分为精神障碍和严重精神障碍。根据《精神卫生法》的规定,严重精神障碍是指疾病症状严重,导致患者社会适应等功能严重损害、对自身健康状况或者客观现实不能完整认识,或者不能处理自身事务的精神障碍。医学上将严重精神障碍主要分为精神分裂症、偏执性精神病、分裂情感性障碍、双相情感障碍、癫痫所致精神障碍、精神发育迟滞伴发精神障碍等。

《精神卫生法》规定,精神障碍患者的人格尊严、人身和财产安全不受侵犯。精神障碍患者的教育、劳动、医疗以及从国家和社会获得物质帮助等方面的合法权益受法律保护。其还规定,全社会应当尊重、理解、关爱精神障碍患者。任何组织或者个人不得歧视、侮辱、虐待精神障碍患者,不得非法限制精神障碍患者的人身自由。新闻报道和文学艺术作品等不得含有歧视、侮辱精神障碍患者的内容。

二、精神卫生法的特点

我国对精神卫生工作实行以预防为主的方针,坚持预防、治疗和康复相结合的原则。为此,精神卫生法无论是程序性规定还是实体性规定,都充分体现了这一方针和原则。可以说,预防为主与预防、治疗和康复相结合是我国精神卫生法的总特征。在此基础上,以下两个特点也比较明显:

(一)始终秉持医学伦理价值观

相比一般患者,精神障碍患者维护自身权利的能力相对较弱。因此,医疗机构及其医务人员应当更加自觉地站在患者角度,理解患者、关爱患者、帮助患者。但任何层面的医疗制度有其优势性,也有其局限性。所以,医疗制度之间应当强化相互的关联性和互补性,即发挥协同作用。医学伦理价值观可以促进医疗制度之间的协同作用,为各项医疗制度的实施提供共同的价值观基础。

《精神卫生法》体现的医学伦理价值观主要包括:医疗职业的基本任务是保障人的生命和身体健康;在任何情况下,医务人员都有保护病人的义务;在执行任务时,医务人员不得利用自己的便利条件,进行与其职业活动不相称或者不相符的活动;在医疗活动中,医务人员要保守医疗秘密;不是由于治疗上的原因,医务人员不得限制患者的正常活动等。

(二)突出解决相关的社会问题

精神健康是健康社会的重要组成部分。因此,精神卫生既是重要的公共卫生问题,也是重大的社会问题。事实上,精神卫生的许多决定因素分布在卫生部门以外的其他部门,包括医疗保障、劳动就业、教育文化、社会福利等部门以及司法系统。《精神卫生法》为加强对精神障碍患者的保护,除要求加大投入外,还强化了部门之间的相互协调和配合。

对精神障碍患者来说，改善他们的健康状况，并不只是增加精神卫生服务的数量，或者提供学习生产生活技能的机会，最关键因素是保障他们的基本人权。为此，《精神卫生法》保障精神障碍患者最大限度地获得精神卫生服务，保护他们的人格尊严、人身和财产安全，防止他们被利用或者遭歧视、侮辱、虐待，以及确保他们的教育权、劳动权和隐私权等。

第二节　精神卫生体系

我国精神卫生工作实行政府组织领导、部门各负其责、家庭和单位尽力尽责、全社会共同参与的综合体制。

一、精神卫生管理体系

在精神卫生中，政府在实现精神卫生目标上承担了领导角色。因此，在精神卫生法中，精神卫生管理体系既强调统一领导，又突出分工负责，而且注重发挥基层作用。

（一）政府领导

《精神卫生法》规定，县级以上人民政府领导精神卫生工作。其主要职责包括：(1)将精神卫生工作纳入国民经济和社会发展规划；(2)建设和完善精神障碍的预防、治疗和康复服务体系；(3)建立健全精神卫生工作协调机制和工作责任制；(4)对有关部门承担的精神卫生工作进行考核、监督。

（二）卫生主管

《精神卫生法》规定，国务院卫生行政部门主管全国的精神卫生工作。县级以上地方人民政府卫生行政部门主管本行政区域的精神卫生工作。其主要职责包括：(1)会同有关部门依据国民经济和社会发展规划的要求，制定精神卫生工作规划并组织实施；(2)组织医务人员进行精神卫生知识培训，提高其识别精神障碍的能力；(3)组织医疗机构为严重精神障碍患者免费提供基本公共卫生服务等。

（三）部门负责

《精神卫生法》规定，县级以上人民政府司法行政、民政、公安、教育、医疗保障等部门在各自职责范围内负责有关的精神卫生工作。其中：

(1)医疗保障部门。其主要职责包括：对通过基本医疗保险支付医疗费用后仍有困难，或者不能通过基本医疗保险支付医疗费用的精神障碍患者，优先给予医疗救助。

(2)民政部门。其主要职责包括：①对符合城乡最低生活保障条件的严重精神障碍患者,及时纳入最低生活保障;②对属于农村五保供养对象的严重精神障碍患者,以及城市中无劳动能力、无生活来源且无法定赡养、抚养、扶养义务人,或者其法定赡养、抚养、扶养义务人无赡养、抚养、扶养能力的严重精神障碍患者,按照国家有关规定予以供养、救助;③对其他确有困难的严重精神障碍患者,采取临时救助等措施,帮助其解决生活困难。

(3)教育部门。其主要职责包括:①将精神卫生纳入教师上岗前和在岗培训内容;②定期组织心理健康教育教师、辅导人员进行专业培训等。

(四)基层开展

《精神卫生法》规定,乡镇人民政府和街道办事处根据本地区的实际情况,组织开展预防精神障碍发生、促进精神障碍患者康复等工作。

(五)社区协助

《精神卫生法》规定,村民委员会、居民委员会依照该法的规定,开展精神卫生工作,并对所在地人民政府开展的精神卫生工作予以协助。

此外,根据《精神卫生法》的规定,中国残疾人联合会及其地方组织依照法律、法规或者接受政府委托,动员社会力量,开展精神卫生工作。

二、精神卫生服务体系

在我国,精神卫生服务体系有狭义和广义之分。狭义的精神卫生服务体系,是指医疗卫生服务体系;广义的精神卫生服务体系,是指包括医疗卫生服务体系在内的精神卫生服务体系。广义的精神卫生服务体系主要包括以下几个方面:

(一)医疗机构

医疗机构负责开展精神障诊断、治疗和康复活动。《精神卫生法》规定,开展精神障碍诊断、治疗活动,应当具备下列条件,并依照医疗机构的管理规定办理有关手续:(1)有与从事的精神障碍诊断、治疗相适应的精神科医师、护士;(2)有满足开展精神障碍诊断、治疗需要的设施和设备;(3)有完善的精神障碍诊断、治疗管理制度和质量监控制度。从事精神障碍诊断、治疗的专科医疗机构还应当配备从事心理治疗的人员。在我国,心理治疗活动应当在医疗机构内开展。专门从事心理治疗的人员不得从事精神障碍的诊断,不得为精神障碍患者开具处方或者提供外科治疗。

为了保证有足够数量的医疗机构开展精神卫生服务,满足精神卫生需求,《精神卫生法》特别规定,综合性医疗机构应当按照国务院卫生行政部门的规定开设精神科门诊或者心理治疗门诊,提高精神障碍预防、诊断、治疗能力。

(二)心理咨询机构

心理咨询机构负责开展心理咨询活动。《精神卫生法》没有对心理咨询机构进行规定,这是因为目前开展心理咨询活动的机构形式比较灵活。有法人性质的,也有非法人性质的;有营利性的,也有非营利性的;有内部服务的,也有对外服务的,等等。它们的设置条件和开业程序并不一致。为了不影响心理咨询人员开展正常的心理咨询活动,同时又保证心理咨询质量和心理咨询安全,《精神卫生法》对心理咨询人员的业务范围和执业规则等提出了统一要求。根据规定,心理咨询人员应当提高业务素质,遵守执业规范,为社会公众提供专业化的心理咨询服务。心理咨询人员不得从事心理治疗或者精神障碍的诊断、治疗。心理咨询人员发现接受咨询的人员可能患有精神障碍的,应当建议其到符合该法规定的医疗机构就诊。心理咨询人员应当尊重接受咨询人员的隐私,并为其保守秘密。

(三)社区康复机构

社区康复机构是指由社区规划和管理的,为老年人、残疾人、伤残和弱智儿童等提供多种康复服务的机构,包括工疗站、农疗站、社区康复日间照料站、长期托养机构等。《精神卫生法》规定,社区康复机构应当为需要康复的精神障碍患者提供场所和条件,对患者进行生活自理能力和社会适应能力等方面的康复训练。精神卫生工作人员的人格尊严、人身安全不受侵犯,精神卫生工作人员依法履行职责受法律保护。全社会应当尊重精神卫生工作人员。

三、精神卫生社会关爱体系

对精神障碍患者进行社会关爱,是药物治疗和心理治疗的重要补充。所以,社会关爱是精神障碍康复不可缺少的内容。对精神障碍患者来说,社会关爱有助于改善生活环境,减少歧视和耻辱感,提高生活质量等。

(一)村民委员会和居民委员会

村民委员会和居民委员会主要负责为生活困难的精神障碍患者家庭提供帮助,反映他们的情况和要求,并帮助其解决实际困难。

(二)残疾人组织和残疾人康复机构

残疾人组织或者残疾人康复机构主要负责组织患者参加康复训练。

(三)用人单位

用人单位主要负责安排患者从事力所能及的工作,保障其享有同等待遇,并安排患者参加必要的职业技能培训等。

(四)精神障碍患者的监护人

精神障碍患者的监护人应当协助患者进行生活自理能力和社会适应能力等方面的康复训练。

第三节 精神障碍的预防

预防是指通过干预措施影响精神障碍问题发生发展的危险因素，达到阻断精神障碍发生发展的目的。危险因素存在于生物、心理和社会各个方面。干预措施可以针对特定的高危个体，也可以针对高危群体，还可以针对全部人群。《精神卫生法》规定，各级人民政府和县级以上人民政府有关部门应当采取措施，加强心理健康促进和精神障碍预防工作，提高公众心理健康水平。

一、创造有益于精神卫生的环境

1. 创造有益于身心健康的工作环境

用人单位是职工除家庭之外的第二个家，也是职工展示才华的天地，工作环境是影响职工身心健康的重要因素。《精神卫生法》规定，用人单位应当创造有益于职工身心健康的工作环境，关注职工的心理健康。

2. 创建有益于身心健康的社区环境

社区是人们日常生活的主要场所，也是人们社会交往的主要空间，社区环境是影响居民身心健康的重要因素。《精神卫生法》规定，村民委员会、居民委员会应当协助所在地人民政府及其有关部门开展社区心理健康指导、精神卫生知识宣传教育活动，创建有益于居民身心健康的社区环境。

3. 创造有益于身心健康的家庭环境

家庭是家庭成员的物质所在，也是家庭成员的精神寄托，家庭环境是影响家庭成员身心健康的重要因素。《精神卫生法》规定，家庭成员之间应当相互关爱，创造良好、和睦的家庭环境，提高精神障碍预防意识；发现家庭成员可能患有精神障碍的，应当帮助其及时就诊，照顾其生活，做好看护管理。

二、有重点地开展有利于心理健康的活动

1. 对特定时期或者特殊岗位的职工进行心理健康教育

用人单位对处于职业发展特定时期或者在特殊岗位工作的职工，应当有针对性地开展心理健康教育。

2. 对学生进行心理健康教育

各级各类学校应当对学生进行精神卫生知识教育；配备或者聘请心理健康教育教师、辅导人员，并可以设立心理健康辅导室，对学生进行心理健康教育。

3. 对幼儿开展心理健康教育

学前教育机构应当对幼儿开展符合其特点的心理健康教育。

4. 对学生进行心理援助

发生自然灾害、意外伤害、公共安全事件等可能影响学生心理健康的事件，学校应当及时组织专业人员对学生进行心理援助。

5. 对服刑等特殊人员提供心理咨询和心理辅导

监狱、看守所、拘留所、强制隔离戒毒所等场所，应当对服刑人员，被依法拘留、逮捕、强制隔离戒毒的人员等，开展精神卫生知识宣传，关注其心理健康状况，必要时提供心理咨询和心理辅导。

三、发挥相关机构和人员的作用

1. 教师应当关注学生的心理健康状况

教师应当学习和了解相关的精神卫生知识，关注学生心理健康状况，正确引导、激励学生。学校和教师应当与学生父母或者其他监护人、近亲属沟通学生心理健康情况。

2. 医务人员应当对就诊人员进行心理健康指导

医务人员开展疾病诊疗服务，应当按照诊断标准和治疗规范的要求，对就诊者进行心理健康指导；发现就诊者可能患有精神障碍的，应当建议其到符合《精神卫生法》规定的医疗机构就诊。

3. 基层医疗卫生机构应当对社区精神卫生提供技术指导

乡镇卫生院或者社区卫生服务机构应当为村民委员会、居民委员会开展社区心理健康指导、精神卫生知识宣传教育活动提供技术指导。

4. 鼓励和支持新闻媒体、社会组织引导公众关注心理健康

国家鼓励和支持新闻媒体、社会组织开展精神卫生的公益性宣传，普及精神卫生知识，引导公众关注心理健康，预防精神障碍的发生。

5. 学校应当开设精神卫生课程

师范院校应当为学生开设精神卫生课程；医学院校应当为非精神医学专业的学生开设精神卫生课程。

第四节　精神障碍的诊断

通常诊断始于患者就诊，终于医疗机构作出诊断结论。这是患者和医疗机构双方行为的有机结合。但与一般患者不同的是，不少疑似精神障碍患者不具有就诊的自主能力。家庭或者社会需要给予他们帮助。《精神卫生法》基于要解决的问题，根据不同性质，进行了制度安排。

一、四种形式方便就诊

精神障碍的诊断是专科诊断，根据规定，应当由精神科医师作出。《精神卫生法》对精神障碍的诊断规定了四种就诊形式：

1. 自行就诊

通常情况下，个人自行或者在近亲属陪同下到医疗机构进行精神障碍诊断，是就诊的基本形式。

2. 近亲属送诊

近亲属将患者送往医疗机构进行精神障碍诊断，是最常见的就诊形式。《精神卫生法》规定，除个人自行到医疗机构进行精神障碍诊断外，疑似精神障碍患者的近亲属可以将其送往医疗机构进行精神障碍诊断。

3. 帮助性送诊

帮助性送诊，是一种救济类的就诊形式。《精神卫生法》规定，对查找不到近亲属的流浪乞讨疑似精神障碍患者，由当地民政等有关部门按照职责分工，帮助送往医疗机构进行精神障碍诊断。

4. 义务性送诊

义务性送诊，是一种紧急情况下的就诊形式。《精神卫生法》规定，疑似精神障碍患者发生伤害自身、危害他人安全的行为，或者有伤害自身、危害他人安全的危险的，其近亲属、所在单位、当地公安机关应当立即采取措施予以制止，并将其送往医疗机构进行精神障碍诊断。

《精神卫生法》规定帮助性送诊和义务性送诊是基于人道主义和公共安全考虑，其目的是使疑似精神障碍患者及时获得医疗机会。根据规定，医疗机构接到送诊的疑似精神障碍患者，不得拒绝为其作出诊断。对义务性送诊的疑似精神障碍患者，医疗机构应当将其留院，立即指派精神科执业医师进行诊断，并及时出具诊断结论。

二、两种机制补充诊断

疑似精神障碍患者经诊断为精神障碍，需要住院治疗的，按照规定办理住院手续。在我国，精神障碍的住院治疗实行自愿原则。一般情况下，精神障碍患者或者其监护人不同意住院治疗的，可以不住院治疗。这里的精神障碍患者监护人，是指依照《民法典》的有关规定可以担任监护人的人。为了保护患者和公众的人身安全，对义务性送诊的严重精神障碍患者，原则上应当对其实施住院治疗。

为了充分体现住院治疗自愿原则，将非自愿住院治疗限制在最低水平，《精神卫生法》对应当实施住院治疗的情形作了区别处理。对义务性送诊中的“已经发生伤害自身的行为，或者有伤害自身的危险的"严重精神障碍患者实施住院治疗，设置了监护人"同意"程序。也就是说，经其监护人同意，医疗机构应当对患者实施住院治疗；监护人不同意的，医疗机构不得对患者实施住院治疗。这里的实施住院治疗，不具有任何的强制性，更多的是表明国家和社会对这部分患者应有的责任。对在家居住的患者，由监护人负责做好看护管理。

对义务性送诊中的"已经发生危害他人安全的行为，或者有危害他人安全的危险的"严重精神障碍患者实施住院治疗，法律没有设置监护人同意程序。不论其监护人是否同意，医疗机构都应当对患者实施住院治疗。这里的实施住院治疗，具有一定的强制性，更多的是表明这部分患者及其监护人对社会应有的责任。但为了维护这部分患者的利益，充分尊重这部分患者及其监护人表达意志的权利，法律专门设置了"再次诊断和鉴定"程序。这部分患者或者其监护人对需要实施住院治疗的诊断结论有异议，不同意实施住院治疗的，可以要求再次诊断或者鉴定。换句话说，"再次诊断和鉴定"程序，只适用于具有一定强制性的住院治疗。

1. 再次诊断

根据规定，"已经发生危害他人安全的行为，或者有危害他人安全的危险的"严重精神障碍患者或者其监护人，对需要住院治疗的诊断结论有异议，不同意对患者实施住院治疗，要求再次诊断的，应当自收到诊断结论之日起 3 日内向作出该诊断的医疗机构或者其他具有合法资质的医疗机构提出。承担再次诊断的医疗机构，应当在接到再次诊断要求后，指派 2 名初次诊断医师以外的精神科执业医师进行再次诊断，并及时出具再次诊断结论。承担再次诊断的执业医师应当到收治患者的医疗机构面见、询问患者，有关医疗机构应当予以配合。需要说明的是，承担再次诊断的医疗机构，可以是作出原诊断结论的医疗机构，也可以是其他有资质的医疗机构，具体医疗机构由患者或者其监护人选定。

根据规定，再次诊断结论表明，不能确定就诊者为严重精神障碍患者，或者患者不需要住院治疗的，医疗机构不得对其实施住院治疗。反之，再次诊断结论表明，患者有"已经发生危害他人安全的行为，或者有危害他人安全的危险的"，其监护人应当同意对患者实施住院治疗。监护人阻碍实施住院治疗或者患者擅自脱离住院治疗的，可以由公安机关协助医疗机构采取措施对患者实施住院治疗。

根据规定，在相关机构出具再次诊断结论前，收治精神障碍患者的医疗机构应当按照诊疗规范的要求对患者实施住院治疗。

2. 精神障碍医学鉴定

根据规定，精神障碍患者或者其监护人对再次诊断结论有异议的，可以自主委托依法取得执业资质的鉴定机构进行精神障碍医学鉴定。所谓精神障碍医学鉴定,是指经司法行政部门审核、登记,取得精神障碍鉴定执业资质的司法鉴定机构,运用科学技术或者专门知识对精神障碍进行鉴别和判断并提供鉴定意见的活动。接受委托的鉴定机构,应当指定本机构具有该鉴定事项执业资格的2名以上鉴定人共同进行鉴定,并及时出具鉴定报告。但鉴定机构指定的鉴定人或者其近亲属与鉴定事项有利害关系,可能影响其独立、客观、公正进行鉴定的,应当回避。法律要求,鉴定机构、鉴定人应当遵守有关法律、法规、规章的规定,尊重科学,恪守职业道德,按照精神障碍鉴定的实施程序、技术方法和操作规范,依法独立进行鉴定,出具客观、公正的鉴定报告。

根据规定,鉴定人应当到收治精神障碍患者的医疗机构面见、询问患者,有关医疗机构应当予以配合。对鉴定过程,鉴定人应当进行实时记录并签名。记录的内容应当真实、客观、准确、完整,记录的文本或者声像载体应当妥善保存。

鉴定报告表明,不能确定为严重精神障碍患者,或者患者不需要住院治疗的,医疗机构不得对其实施住院治疗。反之,鉴定报告表明,患者有“已经发生危害他人安全的行为,或者有危害他人安全的危险的”,其监护人应当同意对患者实施住院治疗。监护人阻碍实施住院治疗或者患者擅自脱离住院治疗的,可以由公安机关协助医疗机构采取措施对患者实施住院治疗。

根据规定,在相关机构出具鉴定报告前,收治精神障碍患者的医疗机构应当按照诊疗规范的要求对患者实施住院治疗。

第五节 精神障碍的治疗

精神障碍的诊断、治疗,应当遵循维护患者合法权益、尊重患者人格尊严的原则,保障患者在现有条件下获得良好的精神卫生服务。根据规定,医疗机构应当组织医务人员学习精神卫生知识和相关法律、法规、政策。从事精神障碍诊断、治疗、康复的机构应当定期组织医务人员、工作人员进行在岗培训,更新精神卫生知识。

一、住院明确责任

对于诊断明确的精神障碍患者而言,治疗是他的权利。为了保证精神障碍患者及时得到治疗,根据不同情况,法律规定了不同的责任主体:

1. 由本人办理住院手续

诊断结论表明需要住院治疗的精神障碍患者,本人有能力办理住院手续的,由其本人办理住院手续。

2. 由监护人办理住院手续

诊断结论表明需要住院治疗的精神障碍患者，本人没有能力办理住院手续的，由其监护人办理住院手续。

3. 由送诊部门办理住院手续

患者属于查找不到监护人的流浪乞讨人员的，由送诊的有关部门办理住院手续。

4. 由法定单位办理住院手续

精神障碍患者有危害他人安全的行为，或者有危害他人安全的危险的，其监护人不办理住院手续的，由患者所在单位、村民委员会或者居民委员会办理住院手续，并由医疗机构在患者病历中予以记录。

根据规定，精神障碍患者的监护人应当妥善看护未住院治疗的患者，按照医嘱督促其按时服药、接受随访或者治疗。村民委员会、居民委员会、患者所在单位等应当依患者或者其监护人的请求，对监护人看护患者提供必要的帮助。

二、出院突出自主

我国对精神障碍患者的住院治疗，实行自愿原则。因此，患者可以随时要求出院。《精神卫生法》规定，精神障碍患者出院，本人没有能力办理出院手续的，监护人应当为其办理出院手续。根据不同情况，法律规定了相应的出院程序：

1. 患者可以要求出院

一般情况下，自愿住院治疗的患者可以随时要求出院。《精神卫生法》规定，自愿住院治疗的精神障碍患者可以随时要求出院，医疗机构应当同意。

2. 监护人可以要求患者出院

对有伤害自身的行为或者有伤害自身危险的精神障碍患者实施住院治疗的，监护人可以随时要求患者出院，医疗机构应当同意。

3. 患者或者其监护人签字确认后出院

患者要求出院或者其监护人要求患者出院，医疗机构认为患者不宜出院的，应当告知不宜出院的理由；患者或者其监护人仍要求出院的，执业医师应当在病历资料中详细记录告知的过程，同时提出出院后的医学建议，患者或者其监护人应当签字确认。

4. 医疗机构告知患者出院

对有危害他人安全的行为，或者有危害他人安全的危险情形的精神障碍患者实施住院治疗，医疗机构认为患者可以出院的，应当立即告知患者及其监护人。

5. 医疗机构通知患者出院

医疗机构应当根据精神障碍患者病情，及时组织精神科执业医师对依照规定实施住院治疗的患者进行检查评估。评估结果表明患者不需要继续住院治疗的,医疗机构应当立即通知患者及其监护人。

三、诊疗强调保护

精神障碍患者是特殊群体,其中不少人并不具有完全民事行为能力。所以,法律对他们的医疗保护不仅体现在实体上,还体现在程序上。从内容上看,有的是重申了一般性规定,有的是作出了专门性规定。具体包括以下几个方面:

1. 不得拒诊

不得拒诊,包括不得拒绝精神障碍本身的诊疗和精神障碍之外的其他疾病的诊疗。《精神卫生法》规定,医疗机构接到送诊的疑似精神障碍患者,不得拒绝为其作出诊断。医疗机构不得因就诊者是精神障碍患者,推诿或者拒绝为其治疗属于本医疗机构诊疗范围的其他疾病。

2. 以患者精神健康状况为诊断依据

患者要求进行精神障碍诊断的,以其精神健康状况为依据。但患者没有要求精神障碍诊断的,不得对其作出精神障碍诊断。《精神卫生法》规定,精神障碍的诊断应当以精神健康状况为依据。除法律另有规定外,不得违背本人意志进行确定其是否患有精神障碍的医学检查。

3. 告知诊疗权利

在诊断、治疗时,医疗机构及其医务人员有告知患者享有的各种权利的义务。《精神卫生法》规定,医疗机构及其医务人员应当将精神障碍患者在诊断、治疗过程中享有的权利,告知患者或者其监护人。

4. 防止患者受到伤害

这里的伤害是指因意外事故造成患者身体的伤残。医疗机构应当采取措施,防止发生意外事故。《精神卫生法》规定,医疗机构应当配备适宜的设施、设备,保护就诊和住院治疗的精神障碍患者的人身安全,防止其受到伤害,并为住院患者创造尽可能接近正常生活的环境和条件。

5. 制定和告知治疗方案

医疗机构及其医务人员在治疗前,应当制定治疗方案,并如实向患者或其监护人告知相关事项。《精神卫生法》规定,医疗机构及其医务人员应当遵循精神障碍诊断标准和治疗规范,制定治疗方案,并向精神障碍患者或者其监护人告知治疗方案和治疗方法、目的以及可能产生的后果。

6. 审慎使用保护性医疗措施

约束、隔离等保护性医疗措施,对患者来说不具有可选择性,在有可替代措施的情况下,医疗机构及其医务人员不应使用。《精神卫生法》规定,精神障碍患者在医疗机构内发生或者将要发生伤害自身、危害他人安全、扰乱医疗秩序的行为,医疗机构及其医务人员在没有其他可替代措施的情况下,可以实施约束、隔离等保护性医疗措施。实施保护性医疗措施应当遵循诊断标准和治疗规范,并在实施后告知患者的监护人。同时规定,禁止利用约束、隔离等保护性医疗措施惩罚精神障碍患者。

7. 不得为诊疗以外的目的使用药物

对精神障碍患者使用药物,必须有利于患者,除此之外,不得使用药物。《精神卫生法》规定,对精神障碍患者使用药物,应当以诊断和治疗为目的,使用安全、有效的药物,不得为诊断或者治疗以外的目的使用药物。

8. 不得强迫从事生产劳动

从某种角度说,让患者从事一定的生产劳动,有助于恢复健康,但不得强迫。《精神卫生法》规定,医疗机构不得强迫精神障碍患者从事生产劳动。

9. 不得对实施住院治疗的患者施行外科手术

精神障碍的治疗方法主要是心理治疗和药物治疗。实施住院治疗是一种特殊的住院治疗形式,从某种程度上说,这部分患者对住院治疗有一定的被动性,为此,法律采取主动的保护措施。《精神卫生法》规定,禁止对实施住院治疗的精神障碍患者实施以治疗精神障碍为目的的外科手术。

10. 实施特殊医疗措施必须履行特殊程序

任何手术和实验性临床医疗,依照现行法律规定,都需要事先取得患者同意。精神障碍患者是特殊的患者群体,对两种特殊的治疗措施,法律给予特别保护,除应当取得患者或者其监护人同意外,还需要经所在医疗机构伦理委员会批准。《精神卫生法》规定,医疗机构对精神障碍患者实施下列治疗措施,应当向患者或者其监护人告知医疗风险、替代医疗方案等情况,并取得患者的书面同意;无法取得患者意见的,应当取得其监护人的书面同意,并经本医疗机构伦理委员会批准:(1)导致人体器官丧失功能的外科手术;(2)与精神障碍治疗有关的实验性临床医疗。并规定,实施导致人体器官丧失功能的外科手术的治疗措施,因情况紧急查找不到监护人的,应当取得本医疗机构负责人和伦理委员会批准。

11. 不得实施与治疗精神障碍无关的实验性临床医疗

医疗机构及其医务人员实施与精神障碍治疗有关的实验性临床医疗,应当取得患者或者其监护人同意,并经伦理委员会批准。但对于与治疗精神障碍无关的实验性临床医疗,无论患者或者其监护人是否同意,都不得实施。《精神卫生法》规定，禁止对精神障碍患者实施与治疗其精神障碍无关的实验性临床医疗。

12. 不得限制患者通讯和会见探访者

通讯和会见探访者是住院患者的一般权利，不能因是精神障碍患者而进行限制。《精神卫生法》规定，医疗机构及其医务人员应当尊重住院精神障碍患者的通讯和会见探访者等权利。除在急性发病期或者为了避免妨碍治疗可以暂时性限制外，不得限制患者的通讯和会见探访者等权利。

13. 确保患者对病历资料的知情权

在病历资料中如实记录精神障碍患者的病情、治疗措施、用药情况、实施约束、隔离措施等内容，并确保患者的知情权，是医疗机构及其医务人员应当承担的责任。《精神卫生法》规定，医疗机构及其医务人员应当在病历资料中如实记录精神障碍患者的病情、治疗措施、用药情况、实施约束、隔离措施等内容，并如实告知患者或者其监护人。患者及其监护人可以查阅、复制病历资料；但是，患者查阅、复制病历资料可能对其治疗产生不利影响的除外。病历资料保存期限不得少于30年。

14. 保守患者隐私

保守患者隐私是对医疗行为的一般要求，对精神障碍患者也不例外。《精神卫生法》规定，有关单位和个人应当对精神障碍患者的姓名、肖像、住址、工作单位、病历资料以及其他可能推断出其身份的信息予以保密；但是，依法履行职责需要公开的除外。

第六节 精神障碍的康复

精神障碍患者回到家庭、回到社区进行康复，是精神障碍患者康复过程的重要环节。其中，社区卫生服务具有预防精神障碍患者复发或者周期性发作，以及提供康复服务的重要责任；社区组织等可以在提高精神障碍患者生活能力，改善他们周围生活环境等方面发挥重要作用。

一、为患者提供医疗支持

(1) 为严重精神障碍患者提供精神科基本药物维持治疗。《精神卫生法》规定，医疗机构应当为在家居住的严重精神障碍患者提供精神科基本药物维持治疗。

(2) 为社区康复机构提供精神障碍康复技术指导和支持。《精神卫生法》规定，医疗机构应当为社区康复机构提供有关精神障碍康复的技术指导和支持。

(3) 为严重精神障碍患者建立健康档案。《精神卫生法》规定，社区卫生服务机构、乡镇卫生院、村卫生室应当建立严重精神障碍患者的健康档案。

（4）为严重精神障碍患者进行定期随访。《精神卫生法》规定，社区卫生服务机构、乡镇卫生院、村卫生室应当对在家居住的严重精神障碍患者进行定期随访，指导患者服药和开展康复训练，并对患者的监护人进行精神卫生知识和看护知识的培训。

二、为患者提供社会支持

（1）为患者提供康复训练。《精神卫生法》规定，社区康复机构应当为需要康复的精神障碍患者提供场所和条件，对患者进行生活自理能力和社会适应能力等方面的康复训练。并规定，残疾人组织或者残疾人康复机构应当根据精神障碍患者的需要，组织患者参加康复活动。

（2）为患者提供力所能及的工作。《精神卫生法》规定，用人单位应当根据精神障碍患者的实际情况，安排患者从事力所能及的工作，保障患者享有同等待遇，安排患者参加必要的职业技能培训，提高患者的就业能力，为患者创造适宜的工作环境，对患者在工作中取得的成绩予以鼓励。

三、为患者提供家庭支持

（1）为困难家庭提供帮助。《精神卫生法》规定，村民委员会、居民委员会应当为生活困难的精神障碍患者家庭提供帮助，并向所在地乡镇人民政府或者街道办事处以及县级人民政府有关部门反映患者及其家庭的情况和要求，帮助其解决实际困难，为患者融入社会创造条件。

（2）为患者监护人提供技术指导。《精神卫生法》规定，精神障碍患者的监护人应当协助患者进行生活自理能力和社会适应能力等方面的康复训练。精神障碍患者的监护人在看护患者过程中需要技术指导的，社区卫生服务机构或者乡镇卫生院、村卫生室、社区康复机构应当提供。

根据规定，精神障碍患者的监护人应当履行监护职责，维护精神障碍患者的合法权益。禁止对精神障碍患者实施家庭暴力，禁止遗弃精神障碍患者。

第十五章　碘缺乏病防治

第一节　碘缺乏病概说

一、碘缺乏病的概念

碘缺乏病，是指由于自然环境碘缺乏造成机体碘营养不良所表现的一组疾病的总称。碘是甲状腺素的重要组成部分，具有调控细胞代谢和神经肌肉组织生长发育的作用。在器官形成期，碘缺乏造成的甲状腺素合成缺乏会损害大脑和神经组织，导致不可逆的智力低下和其他发育畸形。

《食盐加碘消除碘缺乏危害管理条例》将碘缺乏造成的不良健康后果，称为碘缺乏危害。根据定义，碘缺乏危害是指由于环境缺碘、公民摄碘不足所引起的地方性甲状腺肿、地方性克汀病和对儿童智力发育的潜在性损伤。碘缺乏危害是碘缺乏病的另一种表达方式。

妇女和儿童是碘缺乏最主要的受害者。除地方性甲状腺肿和地方性克汀病两种典型表现外，碘缺乏最主要的危害是影响胎儿组织的功能、生长和发育，能造成儿童严重智力低下、体格发育迟滞、下肢瘫痪、僵化、聋哑和容貌异常等。重度缺碘还可导致自然流产、死产和新生儿先天畸形等。

我国曾是碘缺乏病危害严重且分布广泛的国家之一。碘缺乏病主要发生于特定的碘缺乏地理环境，具有明显的地方性。我国一直将碘缺乏病列为重点防治的地方病之一。经过几十年的艰苦努力，碘缺乏病已经达到持续消除水平，但碘缺乏病防治工作仍然任重道远。

二、碘缺乏病的防治措施

（一）推广碘盐

碘盐是加碘食盐的简称，指有国家规定碘含量的食盐。碘缺乏病的主要病因是碘缺乏，补碘是行之有效的预防措施。补碘措施主要有碘盐、碘制剂和富碘食品等。最常用的补碘措施是推广碘盐。推广碘盐是全世界预防碘缺乏病使用时间最长、接受程度最高、最具有成本效益的方法。

为了防治碘缺乏病，保护公民身体健康，《食盐加碘消除碘缺乏危害管理条例》规定，国家采取长期供应碘盐为主的综合防治措施。其还规定，国务院卫生行政部门负责碘缺乏危害防治和碘盐的卫生监督管理工作，国务院盐业主管机构负责全国碘盐加工、市场供应的监督管理工作。

（二）划定碘缺乏地区

碘缺乏地区，简称缺碘地区，是指在自然环境中，未采取补碘措施的情况下，通过饮水和食物摄入的碘，不能满足人体正常碘需要量，造成人群碘营养缺乏的地区。

划定碘缺乏地区的目的是实施补碘措施。《食盐加碘消除碘缺乏危害管理条例》规定，国家优先保证缺碘地区居民的碘盐供应。其还规定，省、自治区、直辖市人民政府卫生行政部门负责划定碘缺乏地区的范围，经本级人民政府批准后，报国务院卫生行政部门、国务院盐业主管机构备案。

（三）适时调整碘含量标准

碘盐是含碘的盐，但碘盐的含碘量水平并不是一成不变的，而是需要根据碘缺乏病监测数据不断调整的。《食盐加碘消除碘缺乏危害管理条例》规定，用于加工碘盐的食盐和碘酸钾必须符合国家卫生标准。碘盐中碘酸钾的加入量由国务院卫生行政部门确定。

1994 年国务院办公厅转发了卫生部、中国轻工总会《中国 2000 年消除碘缺乏病规划纲要》，其中规定的碘盐含碘浓度（以碘离子计）是：加工为 50mg/kg，出厂不低于 40mg/kg，销售不低于 30mg/kg，用户不低于 20mg/kg。此后，根据新的情况，卫生部等对碘含量标准进行了多次调整。

1995 年全国碘缺乏病监测数据显示，由于食盐碘含量没有规定上限值，结果导致部分地区食盐碘含量过高。为此，1996 年我国规定盐碘含量不得超过 60mg/kg 的上限值。1999 年全国碘缺乏病监测数据显示，由于碘盐中碘含量过高导致儿童尿碘水平偏高。为此，2000 年我国将盐碘含量标准调整为 35mg/kg，碘含量的允许波动范围为 ±15mg/kg（20mg/kg ~ 50mg/kg）。

现行的《食用盐碘含量》（GB 26878 – 2011）标准是 2012 年 3 月 13 日开始施行的。该标准规定了碘盐中碘含量的平均水平（以碘元素计）为 20mg/kg ~ 30mg/kg。其还规定，各省、自治区、直辖市人民政府卫生行政部门可根据当地人群实际碘营养水平，选择适合本地情况的食用盐碘含量平均水平。

第二节 碘盐的生产经营

一、碘盐的生产

（一）碘盐加工企业

碘盐加工企业是指经国务院盐业主管机构批准，从事碘盐加工的盐业企业。我国对食盐实行定点生产制度，碘盐生产是在食盐定点生产基础上的再定点。非碘盐生产定点企业不得生产碘盐。

《食盐加碘消除碘缺乏危害管理条例》规定，从事碘盐加工的盐业企业，应当由省、自治区、直辖市人民政府盐业主管机构指定，并取得同级人民政府卫生行政部门卫生许可后，报国务院盐业主管机构批准。

（二）碘盐出厂前必须经质量检验

食盐加碘的技术并不复杂，主要是将碘强化剂包括碘酸钾、碘化钾或者海藻碘与食品级的食盐均匀混合。由于各地区盐碘含量标准不同，碘盐加工企业实际上是根据食盐销售地区的盐碘含量要求进行加碘的。

《食盐加碘消除碘缺乏危害管理条例》规定，碘盐出厂前必须经质量检验，未达到规定含量标准的碘盐不得出厂。因此，工作人员每次加碘都应当进行详细记录，并按规定对生产线上的加碘食盐进行采样分析，确保出厂碘盐符合国家规定的标准。

（三）碘盐出厂前必须予以包装

碘盐必须有预包装。所谓预包装碘盐是指预先定量包装或者制作在包装材料和容器中的碘盐。碘盐中的碘具有挥发性，预包装碘盐可以防止碘流失。我国对碘盐实行标识制度，因此，外包装上明显处应当有统一的碘盐标识。

《食盐加碘消除碘缺乏危害管理条例》规定，碘盐出厂前必须予以包装。碘盐的包装应当有明显标识，并附有加工企业名称、地址、加碘量、批号、生产日期和保管方法等说明。

（四）碘盐运输必须符合卫生要求

碘盐是国家重点运输物资。铁路、交通部门必须依照省、自治区、直辖市人民政府盐业主管机构报送的年度、月度运输计划，及时运送。此外，碘盐是食品，其运输应当符合《食品安全法》规定的食品运输的一般要求。

《食盐加碘消除碘缺乏危害管理条例》规定，碘盐的运输工具和装卸工具，必须符合卫生要求，不得与有毒、有害物质同载、混放。

（五）碘盐应当保持合理的库存量

碘盐是人们日常生活的必需品。保证供应是经营碘盐批发业务的企业和在交通不便的地区经营碘盐零售业务的单位和个人应尽的责任。因此，他们应当按照省、自治区、直辖市人民政府盐业主管机构的规定，保持合理的库存量。

库存期间，应当遵守《食品安全法》规定的食品储存的一般要求，确保碘盐安全。《食盐加碘消除碘缺乏危害管理条例》规定，碘盐和非碘盐在储存场地应当分库或者分垛存放，做到防晒、干燥、安全、卫生。

二、碘盐的经营

（一）碘盐优先供应缺碘地区

碘是人体必需的一种微量营养素，但摄入人体的碘应该在一定的范围内，过低或者过高都会对机体产生不良影响。按照“因地制宜、分类指导、科学补碘”原则，在已达到消除碘缺乏病的地区，持续供应合格碘盐，巩固防治成果；在尚未达到消除碘缺乏病的地区，进一步加强碘盐普及力度，提高碘盐覆盖率和合格碘盐使用率；在碘缺乏病仍然严重流行地区，可结合本地实际情况，通过监测预警，及时对高危人群采取应急强化补碘措施，防止碘缺乏病新发病例。

《食盐加碘消除碘缺乏危害管理条例》规定，国家优先保证缺碘地区居民的碘盐供应。除高碘地区外，逐步实施向全民供应碘盐。对于经济区域和行政区域不一致的缺碘地区，应当按照盐业运销渠道组织碘盐供应。在缺碘地区生产、销售的食品和副食品，凡需添加食用盐的，必须使用碘盐。

（二）在缺碘地区销售的碘盐必须达到规定的含碘量

预防和控制碘缺乏病的根本措施是补碘。正常成人每日需要的供碘量约为150毫克。由于人体对碘的储存能力有限，因此，补碘应当遵循长期、微量、日常和方便的原则。食盐加碘成为补碘的最佳途径。如果缺碘地区销售的碘盐达不到规定的含碘量，就会增加碘缺乏的风险。

《食盐加碘消除碘缺乏危害管理条例》规定，在缺碘地区销售的碘盐必须达到规定的含碘量，禁止非碘盐和不合格碘盐进入缺碘地区食用盐市场。

（三）除碘盐外还可以采取其他补碘防治措施

我国预防和控制碘缺乏病的主要措施是普及加碘食盐。但除加碘食盐外，补碘的措施还有碘制剂和富碘食品。在暂时不能供应碘盐的缺碘地区，或者在交通不便、居住分散、非碘盐冲击严重、食盐加碘措施尚未有效实施的地区，可以采用碘油或者碘片作为替代或者辅助措施。其主要对象是新婚育龄夫妇、孕妇、哺乳期妇女、婴幼儿和儿童等。也可以通过食用海带、紫菜、贝类等富碘食品或者含碘保健食品等补碘。

《食盐加碘消除碘缺乏危害管理条例》规定，对暂时不能供应碘盐的缺碘地区，省、自治区、直辖市人民政府卫生行政部门应当采取其他补碘的防治措施。

（四）碘盐批发企业由省级盐业主管机构审批

我国对碘盐的批发业务实行批发许可制度，目的在于确保碘盐安全、碘盐供应和碘盐战略储备。为了保证销售的碘盐符合销售地的盐碘浓度规定，碘盐批发企业从碘盐加工企业购进碘盐时，应当索取加碘证明，碘盐加工企业应当保证提供。碘盐加工企业销售不符合销售地盐碘浓度规定的食盐产品，盐业主管部门应当依法依规进行处理。

《食盐加碘消除碘缺乏危害管理条例》规定，经营碘盐批发业务的企业，由省、自治区、直辖市人民政府盐业主管机构审批。碘盐批发企业应当从国务院盐业主管机构批准的碘盐加工企业进货。碘盐批发企业在从碘盐加工企业购进碘盐时，应当索取加碘证明，碘盐加工企业应当保证提供。

（五）碘盐零售者销售的碘盐应当为最小包装

碘盐零售者不具有碘盐批发业务。无论是碘盐零售单位还是个人，除应当从碘盐批发企业进货外，其销售碘盐的行为应当直接面对消费者，销售的碘盐应当为最小包装。换句话说，碘盐零售单位或者个人销售的碘盐应当有预包装，不得销售散装碘盐。

《食盐加碘消除碘缺乏危害管理条例》规定，经营碘盐零售业务的单位和个人，应当从碘盐批发企业进货，不得从未经批准的单位和个人进货。碘盐零售单位销售的碘盐应当为小包装，并应当符合有关规定。碘盐零售的管理办法由省、自治区、直辖市人民政府根据实际情况制定。

（六）碘盐中添加其他营养强化剂应当符合规定

营养调查结果显示，我国居民食盐摄入量过高，同时我国高血压等慢性病的发病率也有升高趋势。为了配合国家减盐行动，避免居民过多摄入食盐，2012 年 3 月 15 日发布的《食品营养强化剂使用标准》（GB 14880 – 2012）取消了食盐作为营养强化剂载体。

《食盐加碘消除碘缺乏危害管理条例》规定，为防治疾病，在碘盐中同时添加其他营养强化剂的，应当符合《食品安全法》的相关规定，并标明销售范围。

（七）不宜食用碘盐的可以购买非碘盐

不是所有人都适宜食用碘盐或者需要食用碘盐。例如，甲状腺功能亢进、甲状腺炎、自身免疫性甲状腺疾病等患者中的少数人，因治疗需要遵医嘱可以不食用或者少食用碘盐。生活在高碘地区的居民,因每天从食物和饮用水中已经得到了较高剂量的碘,这部分人群也不宜食用碘盐。各地应当按照国家规定,合理增设不加碘食盐专柜,方便甲状腺疾病患者等消费者购买不加碘食盐。

《食盐加碘消除碘缺乏危害管理条例》规定,因治疗疾病,不宜食用碘盐的,应当持当地县级人民政府卫生行政部门指定的医疗机构出具的证明,到当地人民政府盐业主管机构指定的单位购买非碘盐。

第十六章 残疾预防和残疾人康复

第一节 残疾预防和残疾人康复概说

一、残疾预防和残疾人康复的概念

所谓残疾预防，是指针对各种致残因素，采取有效措施，避免个人心理、生理、人体结构上某种组织、功能的丧失或者异常，防止全部或者部分丧失正常参与社会活动的能力。所谓残疾人康复，是指在残疾发生后综合运用医学、教育、职业、社会、心理和辅助器具等措施，帮助残疾人恢复或者补偿功能，减轻功能障碍，增强生活自理和社会参与能力。

1981年世界卫生组织《关于残疾预防的里兹堡宣言》指出，引起残疾的原发病损大多数是可以预防的。例如，交通事故导致的残疾，危险因素包括饮酒、疲劳驾驶、驾驶过程中使用手机、不系安全带等。又如，意外中毒导致的残疾，危险因素包括职业相关性中毒和环境中毒。再如，意外事故导致的残疾，危险因素包括坠落、灼烧、溺水、暴力等。

《残疾人保障法》规定，国家有计划地开展残疾预防工作，加强对残疾预防工作的领导，宣传、普及母婴保健和预防残疾的知识，建立健全出生缺陷预防和早期发现、早期治疗机制，针对遗传、疾病、药物、事故、灾害、环境污染和其他致残因素，组织和动员社会力量，采取措施，预防残疾的发生，减轻残疾程度。

二、残疾预防和残疾人康复的方针

残疾人是指在心理、生理、人体结构上，某种组织、功能丧失或者不正常，全部或者部分丧失以正常方式从事某种活动能力的人。其包括视力残疾、听力残疾、言语残疾、肢体残疾、智力残疾、精神残疾、多重残疾和其他残疾的人。对残疾人而言，残疾人康复是残疾预防的继续。

残疾预防和残疾人康复关系密切、互为促进。残疾预防，可以防止残疾发生；残疾人康复，可以减轻残疾。所以，发展残疾预防和残疾人康复事业，既有利于防止和减少残疾的发生，也有利于帮助残疾人恢复或者补偿功能，促进残疾人平等、充分地参与社会生活。

我国对残疾预防和残疾人康复工作坚持以人为本，从实际出发，实行预防为主、预防与康复相结合的方针。这是由预防与康复之间的内在联系所决定的。从成本效益上说，应当以预防为主；从有效干预上说，应当预防与康复相结合。

三、残疾预防和残疾人康复的体制

（一）政府领导

县级以上人民政府领导残疾预防和残疾人康复工作，将残疾预防和残疾人康复工作纳入国民经济和社会发展规划，完善残疾预防和残疾人康复服务和保障体系，建立政府主导、部门协作、社会参与的工作机制，实行工作责任制，对有关部门承担的残疾预防和残疾人康复工作进行考核和监督。乡镇人民政府和街道办事处根据本地区的实际情况，组织开展残疾预防和残疾人康复工作。

（二）部门负责

县级以上人民政府负责残疾人工作的机构，负责残疾预防和残疾人康复工作的组织实施与监督。县级以上人民政府有关部门在各自的职责范围内做好残疾预防和残疾人康复有关工作。

（三）残联开展

中国残疾人联合会及其地方组织依照法律、法规、章程或者接受政府委托，开展残疾预防和残疾人康复工作。工会、共产主义青年团、妇女联合会、红十字会等依法做好残疾预防和残疾人康复工作。

（四）单位职责

国家机关、社会组织、企业事业单位和城乡基层群众性自治组织应当做好所属范围内的残疾预防和残疾人康复工作。从事残疾预防和残疾人康复工作的人员应当依法履行职责。

（五）社会参与

社会各界应当关心、支持和参与残疾预防和残疾人康复事业。新闻媒体应当积极开展残疾预防和残疾人康复的公益宣传。

四、残疾预防和残疾人康复的立法

党和政府一贯高度重视残疾预防和残疾人康复工作，多措并举，在预防残疾发生、减轻残疾程度、帮助残疾人恢复或者补偿功能，促进残疾人平等、充分地参与社会生活，发展残疾预防和残疾人康复事业等方面，取得了显著成效。

从法律上说，现行的公共卫生法包括医疗法等，都适用于残疾人。也就是说，残疾人享有同其他人平等的健康权利。但残疾人除具有公民的共性外，还存在特殊性，是一个需要国家和社会给予更多帮助的特殊人群。早在1951年我国《劳动保险条例》就将因病、因工或者其他原因导致残疾纳入了劳保医疗。

改革开放后，残疾预防和残疾人康复立法进入了一个崭新的发展阶段。例如，在历经5年、反复修改18稿的基础上，1990年12月，第七届全国人大常委会第十七次会议通过了《残疾人保障法》。该法第2章"康复"明确了国家和社会在残疾人康复中的责任，确立了康复工作的基本原则，规定了政府和有关部门在发展康复服务上的任务，并对与康复服务相关的单位和个人提出了具体要求。1994年第八届全国人大常委会第十次会议通过的《母婴保健法》，对预防新生儿缺陷以及预防先天性、遗传性儿童残疾提出了综合性防治措施。2001年第九届全国人大常委会第二十四次会议通过的《职业病防治法》，以及1988年国务院《女职工劳动保护规定》、2012年国务院《女职工劳动保护特别规定》等法律、法规，对预防因工导致的视力残疾、听力残疾、肢体残疾等提出了一系列制度措施。2012年第十一届全国人大常委会第二十九次会议通过的《精神卫生法》，对包括精神残疾在内的精神障碍的预防、治疗和康复采取了卫生、宣传、教育、就业等多管齐下的措施。

为了提高全社会残疾预防意识，完善残疾人康复服务体系，加强残疾预防和残疾人康复工作的协作配合，加快残疾预防和残疾人康复事业的发展，2012年中国残联、卫生部向国务院报送了《残疾预防和残疾人康复条例(送审稿)》。国务院法制办先后两次书面征求有关部门、地方政府以及部分医疗机构和专家的意见，召开专家论证会、部门协调会，并就保障措施等重点问题召开专题研究会。在此基础上，对送审稿进行反复修改，形成了《残疾预防和残疾人康复条例(草案)》。2017年2月7日，国务院正式公布《残疾预防和残疾人康复条例》，共6章36条。

第二节 残疾预防

一、残疾预防的要求

残疾不仅造成个人的健康损失，还给个人、家庭和社会带来巨大的经济负担。残疾是由多方面的危险因素引起的。这些危险因素与社区有关也与家庭有关，而且人从出生、衰老直至死亡，都有可能与这些危险因素相伴。在残疾预防工作中，既要注重个体，也要注重群体，更要注重特殊的个体和群体。

为此，《残疾预防和残疾人康复条例》要求残疾预防工作应当覆盖全人群和全生命周期，以社区和家庭为基础，坚持普遍预防和重点防控相结合。

二、残疾预防的职责

残疾预防工作由县级以上人民政府领导，政府有关部门以及残疾人联合会等负责具体组织和落实。其主要职责是：(1)实施残疾监测，定期调查残疾状况，分析致残原因，对遗传、疾病、药物、事故等主要致残因素实施动态监测；(2)制定并实施残疾预防工作计划，针对主要致残因素实施重点预防，对致残风险较高的地区、人群、行业、单位实施优先干预；(3)做好残疾预防宣传教育工作，普及残疾预防知识。

三、残疾预防的内容

残疾预防主要是通过采取干预措施来实现的。干预措施除卫生干预外，还包括教育干预、强制干预、工程干预等。这些干预措施既体现在医疗业务中，也体现在行政管理中，还体现在公共服务中。其主要内容包括：

(1)卫生主管部门在开展孕前和孕产期保健、产前筛查、产前诊断以及新生儿疾病筛查，传染病、地方病、慢性病、精神疾病等防控，心理保健指导等工作时，应当做好残疾预防工作，针对遗传、疾病、药物等致残因素，采取相应措施消除或者降低致残风险，加强临床早期康复介入，减少残疾的发生。

残疾预防工作与卫生工作关系十分密切。可以这样说，卫生工作都与残疾预防工作有关，而且相当一部分卫生工作实际上就是残疾预防工作不可缺少的组成部分。因此，卫生主管部门不仅要充分利用自己的优势地位，配合做好残疾预防工作，更要充分发挥自己的绝对主导优势，主动做好残疾预防工作。

(2)公安、安全生产监督管理、食品安全监督管理、药品监督管理、生态环境、防灾减灾救灾等部门在开展交通安全、生产安全、食品安全、药品安全、生态环境保护、防灾减灾救灾等工作时，应当针对事故、环境污染、灾害等致残因素，采取相应措施，减少残疾的发生。

统计数据显示，交通安全、生产安全等领域致残危险因素相对比较集中，而且事故、环境污染、灾害等导致的残疾一直处于高位。因此，上述主管部门应当根据其职责特点，在预防和控制致残因素上，采取更加科学的措施，并不断地创新。

四、残疾预防的信息

包括残疾预防信息在内的残疾人信息是分析残疾预防和残疾人康复工作形势、制定相关政策、采取针对性措施的重要依据。国务院卫生、教育、民政等有关部门和中国残疾人联合会在履行职责时应当收集、汇总残疾人信息，实现信息共享。

医疗卫生机构是未成年残疾人信息最主要的来源。因此，承担新生儿疾病和未成年人残疾筛查、诊断的医疗卫生机构，应当按照规定向卫生主管部门报告残疾和患有致残性疾病的未成年人信息。卫生主管部门接到报告后，应当及时与残疾人联合会共享，并共同组织开展早期干预。

五、用人单位的残疾预防责任

用人单位开展残疾预防工作是履行保护社会生产力的法定义务。用人单位应当重视劳动或者工作环境中存在的工伤事故、职业病等各种危险因素，根据自己的特点，采取各种防护措施，变危险作业为安全作业，变有害劳动为无害劳动。

《残疾预防和残疾人康复条例》规定，具有高度致残风险的用人单位应当对职工进行残疾预防相关知识培训，告知作业场所和工作岗位存在的致残风险，并采取防护措施，提供防护设施和防护用品。

六、监护人的残疾预防责任

未成年人的监护人对残疾预防的义务，首先表现为保证未成年人及时接受政府免费提供的疾病和残疾筛查，使有出生缺陷或者致残性疾病的未成年人及时接受治疗和康复服务。在现实生活中，耽误筛查、治疗和康复是造成未成年人残疾的重要原因。因此，未成年人的监护人应当增强残疾预防意识，采取有针对性的残疾预防措施，维护未成年人的合法权益。

《残疾预防和残疾人康复条例》规定，未成年人的监护人应当保证未成年人及时接受政府免费提供的疾病和残疾筛查，努力使有出生缺陷或者致残性疾病的未成年人及时接受治疗和康复服务。这是社会对未成年人的监护人提出的要求和期望。

第三节 康复服务

一、残疾人康复服务体系

残疾人康复服务体系，简称康复服务体系，指帮助残疾人康复的服务系统。其目的在于通过物理疗法、体育疗法、生活训练、技能训练、语言训练和心理咨询等多种手段，使残疾人健康得到最大程度的恢复，身体残留部分的功能得到最充分的发挥，以培养残疾人的生活、劳动和工作能力。在我国，残疾人康复服务体系是由从事残疾人康复服务的机构、社区、家庭等共同构成的。

由于康复机构、康复设施和康复人员等康复资源的有限性，以及康复工作本身的特点，我国残疾人康复服务体系具有明显的特点。例如，在结构上，以社区康复为基础、康复机构为骨干、残疾人家庭为依托；在内容上，以实用、易行、受益广为重点，为残疾人提供综合性的康复服务；在顺序上，以残疾儿童康复为优先，实行康复与教育相结合。

《残疾预防和残疾人康复条例》规定，从事残疾人康复服务的人员应当具有人道主义精神，遵守职业道德，学习掌握必要的专业知识和技能并能够熟练运用；有关法律、行政法规规定需要取得相应资格的，还应当依法取得相应的资格。

二、康复机构的分类

康复机构是指从事残疾人康复服务的机构。其包括专门从事残疾人康复服务的机构和开展残疾人康复服务的机构。前者主要是指残联等系统的残疾人康复机构，后者主要是指卫生系统中开展残疾人康复服务的医疗机构。

康复机构按举办主体，可以分为政府办康复机构和社会力量办康复机构。县级以上人民政府应当根据本行政区域残疾人数量、分布状况、康复需求等情况，制定康复机构设置规划，举办公益性康复机构，将康复机构设置纳入基本公共服务体系规划。政府支持社会力量投资康复机构建设，鼓励多种形式举办康复机构。

《残疾预防和残疾人康复条例》规定，社会力量举办的康复机构和政府举办的康复机构在准入、执业、专业技术人员职称评定、非营利组织的财税扶持、政府购买服务等方面执行相同的政策。

三、康复机构的要求

康复机构应当依照有关法律、法规和标准、规范的规定，为残疾人提供安全、有效的康复服务，保护残疾人隐私，不得歧视、侮辱残疾人。具体要求包括：

（1）设置时符合规定的条件。具有符合无障碍环境建设要求的服务场所以及与所提供康复服务相适应的专业技术人员、设施设备等条件，建立完善的康复服务管理制度。

（2）执业时开展经常性培训。对工作人员开展在岗培训，组织学习康复专业知识和技能，提高业务水平和服务能力。

（3）服务时进行个性化需求评估。对残疾人的健康、日常活动、社会参与等需求进行评估，依据评估结果制定个性化康复方案，并根据实施情况对康复方案进行调整优化。制定、实施康复方案，应当充分听取、尊重残疾人及其家属的意见，告知康复措施的详细信息。

《残疾预防和残疾人康复条例》规定，县级以上人民政府有关部门应当依据各自职责，加强对康复机构的监督管理。残疾人联合会应当及时汇总、发布康复机构信息，为残疾人接受康复服务提供便利。残疾人联合会接受政府委托对康复机构及其服务质量进行监督管理。

四、社区康复的内容

社区康复是社区康复服务的简称，指为社区内残疾人提供的各种康复服务。

20世纪70年代中后期,在社区福利企业的推动下,产生了工疗站等形式的社区康复设施。20世纪80年代中期,工疗站等逐渐发展为社区康复站,并出现了残疾儿童托儿所、培智学校等多种形式的社区康复机构。

社区康复是社区公共服务体系的重要组成部分。由于绝大多数残疾人生活在社区之中,就地解决残疾人康复需求,有利于鼓励和支持残疾人及其家庭成员共同参与,也有利于残疾人融入社会生活和实现机会均等。居民委员会、村民委员会等城乡基层群众性自治组织应当鼓励和支持残疾人及其家庭成员参加社区康复活动,融入社区生活。

《残疾预防和残疾人康复条例》规定,县级以上人民政府有关部门、残疾人联合会应当利用社区资源,根据社区残疾人数量、类型和康复需求等设立康复场所,或者通过政府购买服务方式委托社会组织,组织开展康复指导、日常生活能力训练、康复护理、辅助器具配置、信息咨询、知识普及和转介等社区康复工作。

第四节 保障措施

《残疾预防和残疾人康复条例》规定,各级人民政府应当根据残疾预防和残疾人康复工作需要,将残疾预防和残疾人康复工作经费列入本级政府预算。从事残疾预防和残疾人康复服务的机构依法享受有关税收优惠政策。县级以上人民政府有关部门对相关机构给予资金、设施设备、土地使用等方面的支持。

一、纳入基本医疗保障

对残疾人提供基本医疗保障,是减轻其残疾程度、帮助其恢复或者补偿功能的基本条件之一。基本医疗保障主要包括基本医疗保险和医疗救助等。主要是:(1)按照社会保险的有关规定将残疾人纳入基本医疗保险范围,也就是应当纳入职工基本医疗保险的纳入职工基本医疗保险,应当纳入城乡居民基本医疗保险的纳入城乡居民基本医疗保险;(2)对家庭经济困难的残疾人参加基本医疗保险,按照医疗救助的有关规定给予补贴;(3)对属于基本医疗保险支付范围的医疗康复费用,由基本医疗保险支付;(4)对经基本医疗保险、大病保险和其他补充医疗保险支付医疗费用后仍有困难的,按照医疗救助的有关规定给予医疗救助。

二、建立完善残疾人康复救助补贴制度

(一)建立残疾儿童康复救助制度

《残疾预防和残疾人康复条例》规定,国家建立残疾儿童康复救助制度,逐步实现0~6岁视力、听力、言语、肢体、智力等残疾儿童和孤独症儿童免费得到手术、辅

助器具配置和康复训练等服务。

根据《国务院关于建立残疾儿童康复救助制度的意见》，残疾儿童康复救助对象为符合条件的0～6岁视力、听力、言语、肢体、智力等残疾儿童和孤独症儿童，包括城乡最低生活保障家庭、建档立卡贫困户家庭的残疾儿童和儿童福利机构收留抚养的残疾儿童；残疾孤儿、纳入特困人员供养范围的残疾儿童；其他经济困难家庭的儿童。有条件的地区，可扩大残疾儿童康复救助年龄范围，也可放宽对救助对象家庭经济条件的限制。救助内容包括以减轻功能障碍、改善功能状况、增强生活自理和社会参与能力为主要目的的手术、辅助器具配置和康复训练等服务。

（二）完善重度残疾人护理补贴制度

《残疾预防和残疾人康复条例》规定，国家完善重度残疾人护理补贴制度。

根据《国务院关于全面建立困难残疾人生活补贴和重度残疾人护理补贴制度的意见》的规定，重度残疾人护理补贴主要补助残疾人因残疾产生的额外长期照护支出，对象为残疾等级被评定为一级、二级且需要长期照护的重度残疾人，有条件的地方可扩大到非重度智力、精神残疾人或其他残疾人，逐步推动形成面向所有需要长期照护残疾人的护理补贴制度。长期照护是指因残疾产生的特殊护理消费品和照护服务支出持续6个月以上。补贴标准由省级人民政府根据经济社会发展水平和残疾人生活保障需求、长期照护需求统筹确定，并适时调整。补贴采取现金形式按月发放。有条件的地方可根据实际情况划分补贴类别和标准，采取凭据报销或政府购买服务形式发放重度残疾人护理补贴。

（三）对基本型辅助器具配置给予补贴

《残疾预防和残疾人康复条例》规定，国家通过实施重点康复项目为城乡贫困残疾人、重度残疾人提供基本康复服务，按照国家有关规定对基本型辅助器具配置给予补贴。

辅助器具，也称康复辅助器具，是改善、补偿、替代人体功能和实施辅助性治疗以及预防残疾的产品。《国务院关于加快发展康复辅助器具产业的若干意见》规定，鼓励有条件的地方研究将基本的治疗性康复辅助器具逐步纳入基本医疗保险支付范围。完善康复辅助器具工伤保险支付制度，合理确定支付范围。有条件的地方可以对城乡贫困残疾人、重度残疾人基本型康复辅助器具配置给予补贴。目前，地方对基本型康复辅助器具配置补贴主要实行实物配发和货币补贴两种形式。实物配发是对符合条件的残疾人配发通过政府采购的辅助器具实物；货币补贴是对符合条件的残疾人自行购买的辅助器具给予一定补贴。实物配发和货币补贴的辅助器具实行目录制。

《残疾预防和残疾人康复条例》规定，国家多渠道筹集残疾人康复资金，鼓励、引导社会力量通过慈善捐赠等方式帮助残疾人接受康复服务。该条例同时规定，工伤保险基金、残疾人就业保障金等按照国家有关规定用于残疾人康复。有条件的地区应当根据本地实际情况提高保障标准，扩大保障范围，实施高于国家规定水平的残疾人康复保障措施。

三、发展残疾预防和残疾人康复专业人才队伍

发展残疾预防和残疾人康复事业，除需要依靠残疾预防和残疾人康复服务机构外，还需要依靠残疾预防和残疾人康复专业人才队伍。为了发展残疾预防和残疾人康复专业人才队伍，《残疾预防和残疾人康复条例》从三个方面进行了规定：(1)加强残疾预防和残疾人康复专业人才的培养，鼓励和支持高等学校、职业学校设置残疾预防和残疾人康复相关专业或者开设相关课程，培养专业技术人员；(2)将残疾预防和残疾人康复知识、技能纳入卫生、教育等相关专业技术人员的继续教育；(3)根据残疾预防和残疾人康复工作需要，完善残疾预防和残疾人康复专业技术人员职业能力水平评价体系。

《残疾预防和残疾人康复条例》同时规定，各级人民政府和有关部门按照国家有关规定，保障残疾预防和残疾人康复工作人员的待遇。人力资源社会保障等部门应当在培训进修、表彰奖励等方面，对残疾预防和残疾人康复工作人员予以倾斜。

四、积极支持辅助器具研发、推广和应用

《残疾预防和残疾人康复条例》规定，省级以上人民政府及其有关部门应当积极支持辅助器具的研发、推广和应用。辅助器具研发、生产单位依法享受有关税收优惠政策。

根据《国务院关于加快发展康复辅助器具产业的若干意见》的规定，国家将老年人、伤病人护理照料，残疾人生活、教育和就业辅助，残疾儿童抢救性康复等作为优先发展领域，推动"医工结合"，支持人工智能、脑机接口、虚拟现实等新技术在康复辅助器具产品中的集成应用，支持外骨骼机器人、照护和康复机器人、仿生假肢、虚拟现实康复训练设备等产品研发，形成一批高智能、高科技、高品质的康复辅助器具产品。符合条件的康复辅助器具企业可依法享受研发费用加计扣除和固定资产加速折旧政策。对符合条件的公益性捐赠支出依法在所得税税前扣除。经认定为高新技术企业的康复辅助器具企业，按规定享受企业所得税优惠。落实生产和装配伤残人员专门用品的企业和单位有关税收优惠政策。落实康复辅助器具配置服务企业用水、用电、用气、用热与工业企业同价政策。

第五篇

职业卫生法

第十七章　职业卫生法概说

第一节　职业卫生法的概念和特点

一、职业卫生法的概念

职业卫生法是指关于职业卫生的法律规范的总称。我国目前还没有一部以职业卫生法为名称的法律，有关职业卫生的法律规范分散在相应的法律、法规和规章中。其中，最具代表性的是《职业病防治法》。

职业卫生，历史上称工业卫生、劳动卫生，是以职业人群为保护对象，针对职业活动中接触和可能接触的各种危害因素，通过各种措施预防、控制或者消除职业性危害，预防职业病，达到保护劳动者健康的目的。

职业活动中接触和可能接触的各种危害因素，称为职业性危害因素。具体可以分为生产工艺中的危害因素、劳动过程中的危害因素和生产环境中的危害因素等。生产工艺中的危害因素，主要指有害的物理因素、化学因素和生物因素等；劳动过程中的危害因素，主要指劳动组织和劳动制度不合理、劳动强度过大、过度精神或心理紧张、劳动时个别器官或系统过度紧张、长时间不良体位、劳动工具不合理等；生产环境中的危害因素，主要指自然环境因素、厂房建筑或布局不合理、来自其他生产过程散发的有害因素造成的生产环境污染等。在职业活动中，劳动者通常面临的是接触多种职业性危害因素的危险。

我国《职业病防治法》调整的职业性危害因素，主要是指职业活动中接触的粉尘、放射性物质和其他有毒、有害因素。

二、职业卫生法的特点

职业卫生法调整的内容与经济社会的发展水平紧密相关。所以，职业卫生法的特点实际上反映了经济社会发展的进程。

（一）职业卫生法是从工业卫生起步的

中华人民共和国成立后，国家高度重视工业卫生工作，将改善劳动者工作生活的卫生条件作为核心内容，将建立健全工业卫生组织作为推动工业卫生工作的主要抓手，并将制度建设落脚在行业主管部门和卫生主管部门形成合力上。最早提出职业卫生工作的是《中央人民政府卫生部一九五〇年工作计划大纲》，要求“设立工矿卫生实验区”，“研究轻重工业中的劳动保护，职业病预防，工厂卫生组织，安全设备，保健经费来源等问题”。

1951 年经政务院批准的《关于健全和发展全国卫生基层组织的决定》第 2 条规定，在工厂矿山区域，除工厂矿山本身须有一定的卫生设施与卫生人员配备，在较大的工矿区应设医师、医士、药师、护士外，并应酌量配备公共卫生医师、卫生工程师及公共卫生护士，负责职业病预防与治疗，卫生安全设备的检查督导与改进，以及卫生宣传与工矿卫生统计等工作。同时规定，在工厂矿山中设立群众性的劳动保健组织，由工厂矿山行政组织和工会组织共同领导，并要求劳动、工业、卫生部门和工会组织安全卫生委员会，监督检查各厂矿卫生安全设施状况。

1954 年政务院批准的《第三届全国卫生行政会议决议》提出，为了加强对工业的卫生监督，应当逐步建立国家卫生监督制度。同年，政务院批准的《第一届全国工业卫生会议决议》确立了工业卫生工作的方针，即以积极领导，稳步前进，面向生产，依靠工人，贯彻预防为主，要求各级卫生行政部门必须把工业卫生工作逐步统一领导起来，积极研究和防治对工人危害最大的多发病、职业病，特别是高温、高湿、粉尘、化学物质及有害气体的损伤和中毒。并规定，5000 人以上大型厂矿（偏僻地区 3000 人以上的），可设卫生处（科）及医院，下设厂矿保健站（或门诊部）、车间保健站、妇幼保健机构。2000 人至 5000 人的较大厂矿，可设卫生科，下设厂矿保健站、车间保健站。500 人至 2000 人的中型厂矿，可设厂矿保健站。500 人以下的小型厂矿，设厂矿保健站或联合数厂组织工厂联合保健站。

为了加强工业卫生工作和逐步统一工业卫生工作的领导，以增进工人身体健康，为生产建设服务，1954 年国务院批准成立了由重工部、一机部、二机部、燃料部、建工部、纺织部、轻工部、劳动部、卫生部和全国总工会等组成的工业卫生工作委员会，并出台了《工业卫生工作委员会组织办法》。

到 20 世纪 50 年代末，除各级卫生防疫站设立劳动卫生科，负责劳动卫生监督、监测和职业危害调查以及职工健康管理外，工业行业设置了专门的卫生机构，负责本行业的职业卫生管理，同时工业企业普遍建立了自己的卫生机构，负责本单位的职业卫生和职工医疗工作。

（二）尘肺一直是职业卫生法的立法重点

尘肺是我国发病人数最多、最常见的职业病。能引起尘肺的粉尘多达数十种，其中以矽尘和煤尘危害最大。我国的尘肺病主要是由矽尘和煤尘引起的。为消除矽尘危害,早在1956年《国务院关于防止厂、矿企业中矽尘危害的决定》就要求,制造石英粉和其他含矽矿石粉的工厂应该尽可能采用湿磨,根据需要发给接触矽尘的工人有效的防尘口罩、防尘工作服和保健食品,并对接触矽尘工人进行定期健康检查,患矽肺病的,按病情轻重分别予以治疗、调动工作或者疗养等。根据该决定,1956年卫生部颁发了《接触矽尘作业工人的健康检查办法》。为了准确评价生产场所矽尘对工人健康的危害程度和防尘措施的效果,1958年2月,卫生部、劳动部、全国总工会联合印发了《生产场所空气中矽尘浓度及分散度测定方法》。同年3月,卫生部、劳动部、全国总工会又制定了《矿山防止矽尘危害技术措施暂行办法》、《工厂防止矽尘危害技术措施暂行办法》、《矽尘作业工人医疗预防措施暂行办法》和《产生矽尘的厂矿企业防痨工作暂行办法》。

1963年7月,卫生部、劳动部、全国总工会出台新的《矽尘作业工人医疗预防措施实施办法》,分总的要求、矽尘作业工人的健康检查、矽肺的诊断、矽肺的治疗和疗养、矽肺患者的劳动能力鉴定和安置、卫生宣传教育及附则7个部分,共34条。1963年2月,国务院批转劳动部、卫生部、全国总工会、冶金工业部、煤炭工业部《关于防止矽尘危害工作会议的报告》。同年9月,经国务院批准,劳动部、卫生部、全国总工会联合发布了《防止矽尘危害工作管理办法》。根据规定,新建、扩建、改建有矽尘作业的企业,设计部门必须按照国家计划委员会和卫生部联合发布的《工业企业设计卫生标准》中对防尘的要求进行设计,施工部门必须严格按照设计施工。一切防尘设备都应该有人负责维护,不得任意拆除或挪作他用。对准备从事矽尘作业的职工必须进行健康检查,未经检查和经过检查发现有结核病等禁忌症的,都不得从事矽尘作业。发现患有矽肺病或结核病等禁忌症的,应该及时调离。

改革开放后,为了巩固和扩大尘肺防治工作的成果,1979年国务院批转国家劳动总局、卫生部《关于加强厂矿企业防尘防毒工作的报告》。该报告指出,建国以来,国家曾经制定和颁布了一系列的劳动保护和卫生的法规、制度,这是生产实践经验的总结,有些还付出了血的代价,实践证明行之有效,各地区、部门、单位必须继续贯彻执行。1984年国务院又作出《关于加强防尘防毒工作的决定》,明确严禁各企业、事业单位或其主管部门转嫁尘毒危害。不得在没有防尘防毒设施的条件下,将有尘毒危害产品的生产和加工,外包、扩散给集体所有制或乡镇企业。乡镇企业、街道企业在没有防尘防毒措施的条件下,禁止从事有尘毒危害的作业。

卫生部从20世纪80年代初就开始组织起草尘肺防治法。后与国务院法制办研究确定,将法律草案改名为《尘肺病防治条例》。1987年国务院发布《尘肺病防治条例》。该条例适用于所有有粉尘作业的企业、事业单位，分总则、防尘、监督和监测、健康管理、奖励和处罚、附则，共6章28条。到20世纪80年代中期，我国在矿山防尘、工厂防尘、粉尘监测、健康管理、尘肺诊断等方面积累了丰富的经验，摸索出了一套综合性防尘措施。同时，卫生部门建立了120多所劳动卫生职业病防治院（所、站）。冶金、化工、煤炭、铁道等工业部门也建立了50多所劳动卫生职业病防治所。许多城市综合医院和厂矿职工医院还设立了职业病科。

（三）《职业病防治法》使职业卫生法迈入新的发展阶段

随着改革开放的深入和扩大，职业病防治工作出现了许多新情况、新问题，客观上需要从历史的角度总结和梳理职业病防治工作的经验，并从战略的高度规划和安排职业病防治工作的法律制度。为此，制定一部综合性的《职业病防治法》成为20世纪90年代卫生立法的一项重要任务。

《职业病防治法》从酝酿到出台前后经历了10年时间。法律草案的最初名称为《职业卫生法》。在征求意见过程中，大家认为将名称调整为《职业病防治法》有利于厘清部门之间的职责分工，内容更具有针对性。1993年卫生部向国务院上报了《职业病防治法草案（建议稿）》。1998年国务院、全国人大将《职业病防治法》正式列入了立法计划。1999年卫生部第二次向国务院上报《职业病防治法草案（建议稿）》。2001年国务院第39次常务会议审议通过《职业病防治法（草案）》，并提请全国人大常委会审议。

经过第九届全国人大常委会三次审议，2001年10月27日，第九届全国人大常委会第二十四次会议通过了《职业病防治法》。该法分总则、前期预防、劳动过程中的防护与管理、职业病诊断与职业病病人保障、监督检查、法律责任、附则，共7章79条，自2002年5月1日起施行。

2011年12月31日，第十一届全国人大常委会第二十四次会议对《职业病防治法》进行了修正。2016年7月2日，第十二届全国人大常委会第二十一次会议对《职业病防治法》进行了第二次修正。2017年11月4日，第十二届全国人大常委会第三十次会议对《职业病防治法》进行了第三次修正。2018年12月29日，第十三届全国人大常委会第七次会议对《职业病防治法》进行了第四次修正。《职业病防治法》为职业卫生工作提供了全面的法律依据。

（四）《劳动法》对职业卫生法作出了重要贡献

1994年第八届全国人大常委会第八次会议通过的《劳动法》，对劳动关系中的职业卫生进行了专门规定。在历史上，卫生行政部门和劳动行政部门有比较明确的分工，即卫生行政部门负责职业卫生管理，劳动行政部门配合；劳动行政部门负责劳动安全管理，卫生行政部门配合。职业卫生与劳动安全一起构成了劳动安全卫生或者劳动卫生安全。

《劳动法》明确劳动者享有“获得劳动安全卫生保护的权利”，并应当“执行劳动安全卫生规程”。第 6 章是“劳动安全卫生”，其中第 52 条规定，用人单位必须建立、健全劳动安全卫生制度，严格执行国家劳动安全卫生规程和标准，对劳动者进行劳动安全卫生教育，防止劳动过程中的事故，减少职业危害。第 53 条规定，劳动安全卫生设施必须符合国家规定的标准。新建、改建、扩建工程的劳动安全卫生设施必须与主体工程同时设计、同时施工、同时投入生产和使用。第 54 条规定，用人单位必须为劳动者提供符合国家规定的劳动安全卫生条件和必要的劳动防护用品，对从事有职业危害作业的劳动者应当定期进行健康检查。第 57 条规定，国家建立伤亡事故和职业病统计报告和处理制度。县级以上各级人民政府劳动行政部门、有关部门和用人单位应当依法对劳动者在劳动过程中发生的伤亡事故和劳动者的职业病状况，进行统计、报告和处理。

《劳动法》除了对劳动者的职业卫生权益作了一般性保护规定外，还对女职工和未成年工的职业卫生权益作了特殊性保护规定。第 7 章是“女职工和未成年工特殊保护”，其中第 58 条规定，国家对女职工和未成年工实行特殊劳动保护。未成年工是指年满 16 周岁未满 18 周岁的劳动者。第 59 条规定，禁止安排女职工从事矿山井下、国家规定的第四级体力劳动强度的劳动和其他禁忌从事的劳动。第 60 条规定，不得安排女职工在经期从事高处、低温、冷水作业和国家规定的第三级体力劳动强度的劳动。第 61 条规定，不得安排女职工在怀孕期间从事国家规定的第三级体力劳动强度的劳动和孕期禁忌从事的劳动。对怀孕 7 个月以上的女职工，不得安排其延长工作时间和夜班劳动。第 62 条规定，女职工生育享受不少于 90 天的产假。第 63 条规定，不得安排女职工在哺乳未满 1 周岁的婴儿期间从事国家规定的第三级体力劳动强度的劳动和哺乳期禁忌从事的其他劳动，不得安排其延长工作时间和夜班劳动。第 64 条规定，不得安排未成年工从事矿山井下、有毒有害、国家规定的第四级体力劳动强度的劳动和其他禁忌从事的劳动。第 65 条规定，用人单位应当对未成年工定期进行健康检查。

第二节 职业卫生法的发展历史

我国职业卫生法的发展历程，到目前为止，大致可以分为以下三个阶段：

一、创建阶段

从中华人民共和国成立到 20 世纪 70 年代前期，是职业卫生法奠定基础阶段。

在这个阶段中,职业卫生法发展比较快也比较好的是在20世纪50年代。可以这样说,我国职业卫生法的基本框架主要形成于这一时期。其包括齐抓共管的职业卫生领导体制,企业负总责的职业病防治机制,集监督和监测于一体的职业卫生监督制度和专门化的职业病防治院(所)体系等。虽然整体上缺少一部综合性的职业卫生法律或者法规,但职业卫生法的几个主要方面已经基本做到了有法可依。更重要的是20世纪50年代的职业卫生法立法,对其他领域的公共卫生法立法起了很好的示范作用,并且深刻地影响着后来的职业卫生法立法。主要成果是:1950年劳动部《工厂卫生暂行条例(草案)》;1951年《关于健全和发展全国卫生基层组织的决定》《劳动保险条例》;1953年卫生部、劳动部《关于加强厂矿夏秋季节卫生工作的联合通知》,卫生部、劳动部《关于加强冬季厂矿工地安全卫生工作的联合通知》;1954年政务院批准《第三届全国卫生行政会议决议》《第一届全国工业卫生会议决议》《卫生防疫站暂行办法》《工业卫生工作委员会组织办法》,劳动部《关于厂矿企业编制安全技术劳动保护措施计划的通知》;1955年劳动部、卫生部、中华全国总工会《关于加强夏秋季安全卫生工作的联合通知》《关于做好冬季安全卫生工作保证冬季安全生产的联合通知》,建筑工程部、城市建设总局、劳动部、卫生部、建筑工会筹委会《关于做好冬季施工中安全卫生工作的联合通知》;1956年国务院《关于防止厂、矿企业中矽尘危害的决定》《工厂安全卫生规程》《建筑安装工程安全技术规程》《工人职员伤亡事故报告规程》《防止沥青中毒办法》,卫生部、国家建设委员会《工业企业设计暂行卫生标准》,卫生部、劳动部《职业中毒和职业病报告试行办法》,卫生部、中华全国总工会《关于加强工矿企业卫生医疗工作的联合指示》,卫生部、劳动人事部、财政部、中华全国总工会《关于职业病范围和职业病患者处理办法的规定》,卫生部、农业部、全国供销合作总社《关于严防农药中毒的联合通知》,城市建设部、卫生部《关于城市规划和城市建设中有关卫生监督工作的联合指示》;1957年国务院《关于领导工业卫生工作的分工办法》《关于加强企业中的防暑降温工作的通知》,卫生部、劳动部《橡胶业汽油中毒预防暂行办法》,卫生部《工业企业医疗卫生机构的设置及组织编制原则(草案)》《关于试行〈职业病范围和职业病患者处理办法〉的规定》,卫生部、中华全国总工会《批准工人、职员病、伤、生育假期试行办法(草案)》《医务劳动鉴定委员会组织通则(试行草案)》;1958年卫生部、劳动部、全国总工会《矿山防止矽尘危害技术措施暂行办法》《工厂防止矽尘危害技术措施暂行办法》《矽尘作业工人医疗预防措施暂行办法》《产生矽尘的厂矿企业防痨工作暂行办法》《关于加强生产场所矽尘测定工作的通知》,卫生部《关于积极开展中小型企业劳动卫生工作的通知》;1959年国务院《关于工棚或临时宿舍防火和卫生设施的暂行规定》,卫生部、劳动部、中华全国总工会《关于加强夏秋季基本建设工地安全卫生工作的通知》等。

20 世纪 60 年代后,职业卫生法立法数量又有新的增加,并且在制度建设上又有了进一步深化,但从内容范围上看,基本上还是延续了 20 世纪 50 年代的立法轨迹。主要立法有:1960 年卫生部、劳动部、中华全国总工会《防暑降温措施暂行办法》;1962 年国家计划委员会、卫生部《工业企业设计卫生标准》;1963 年国务院《关于加强企业生产中安全工作的几项规定》,卫生部、劳动部、中华全国总工会《矽尘作业工人医疗预防措施实施办法》,劳动部、卫生部、中华全国总工会《防止矽尘危害工作管理办法(草案)》,卫生部《关于布氏杆菌病可列入职业病的范围》;1964 年卫生部、劳动部《工业企业设计卫生标准试行实施办法》,劳动部、卫生部、中华全国总工会《关于煤矿井下工人的滑囊炎试列为职业病的通知》;1966 年国务院批转劳动部、卫生部、中华全国总工会《关于防止矽尘危害工作的情况和今后意见的报告》。

20 世纪 70 年代初期,职业卫生法立法步伐虽然有所放缓,但工作重点仍然在工业企业设计卫生上,并且将对职业病防治的注意力从矽肺病防治扩大到其他尘肺病防治和常见毒物引起的职业中毒。例如,1973 年国家计划委员会印发了《防止企业中矽尘和有毒物质危害的规划》;1974 年卫生部公布了铅中毒、汞中毒、苯中毒和苯的氨基、硝基化合物(不包括三硝基甲苯)中毒以及有机磷农药中毒等五种职业病的诊断标准及处理原则,并同意将接触"炭黑"引起的尘肺列入职业病范围;1975 年国务院转发了《全国安全生产会议纪要》等。

二、恢复阶段

改革开放后,职业卫生法立法再次走上快速道。在这个阶段,恢复重建了职业卫生法律制度,并加快了基础性的职业卫生法规的整合步伐。首先是在最短的时间里以文件等最快的形式恢复和发展职业卫生工作。主要有:1977 年国家计划委员会、财政部、国家物资总局、国家劳动总局《关于加强有计划改善劳动条件工作的联合通知》;1978 年国务院批转卫生部《关于加强工业卫生工作的请示报告》,卫生部、国家劳动总局《"五小"企业防尘防毒工作现场会议纪要》,卫生部、国家劳动总局《矽(尘)肺病理诊断分期标准(试行方案)》;1979 年国务院批转国家劳动总局、卫生部《关于加强厂矿企业防尘防毒工作的报告》,卫生部、国家基本建设委员会、国家计划委员会、国家经济委员会、国家劳动总局《工业企业设计卫生标准》,卫生部、四机部《微波辐射暂行卫生标准》,卫生部《同意将电焊混合尘肺参照矽肺病处理的函》,农林部《农药安全使用试行标准》,卫生部、国家劳动总局《工业企业噪声卫生标准》等。

20 世纪 80 年代是职业卫生法立法最为活跃的时期,不仅立法内容更加充实,结构更加完善,而且开始了由分散立法向集中立法的转变。主要包括:1980 年卫生部《全国职业病防治院(所)工作试行条例》;1982 年国务院《矿山安全条例》《矿山安全监察条例》,农牧渔业部、卫生部《农药安全使用规定》;1983 年卫生部《关于加强工矿企业结核病防治工作的意见》;1984 年国务院《关于加强防尘防毒工作的决定》,卫生部《职业病诊断管理办法》;1986 年卫生部、劳动部《关于卫生部门和劳动部门在劳动卫生监察工作上的分工协作纪要》;1987 年国务院《尘肺病防治条例》,卫生部《职业病范围和职业病患者处理办法的规定》,卫生部、农牧渔业部《乡镇企业劳动卫生管理办法》;1988 年国务院《女职工劳动保护规定》,卫生部《职业病报告办法》《农村农药中毒卫生管理办法(试行)》等。

20 世纪 90 年代,卫生部将职业卫生法立法工作的重心放在了研究起草《职业病防治法》上。虽然在一些关键环节也制定了一批重要的部门规章,但总体数量并不多。主要包括:1992 年劳动部、卫生部、中华全国总工会《职工工伤与职业病致残程度鉴定标准(试行)》;1993 年卫生部《国家职业病诊断鉴定委员会章程》;1994 年卫生部《工业企业建设项目卫生预评价规范》;1997 年卫生部《职业性健康检查管理规定》;1999 年卫生部《工业企业职工听力保护规范》;2000 年卫生部《化学品毒性鉴定管理规范》等。

三、完善阶段

21 世纪以来,职业卫生法立法迈上了新的台阶。1998 年国务院机构改革理顺了职业卫生监督管理体制,明确由卫生部主管全国职业卫生监察工作,为《职业病防治法》出台铺平了道路。2001 年第九届全国人大常委会第二十四次会议通过了《职业病防治法》。这是我国历史上第一部职业卫生方面的专门法律,也是第一部职业卫生方面的综合性法律。它的颁布实施,标志着我国职业卫生法体系基本建成。

围绕《职业病防治法》,2002 年国务院颁布了《使用有毒物品作业场所劳动保护条例》,并对 1988 年的《女职工劳动保护规定》进行了修订,于 2012 年颁布了新的《女职工劳动保护特别规定》等。

卫生部根据《职业病防治法》赋予的职责,并按照有关规定,2002 年制定了《国家职业卫生标准管理办法》《职业病危害项目申报管理办法》《建设项目职业病危害分类管理办法》《职业健康监护管理办法》《职业病诊断与鉴定管理办法》《职业病危害事故调查处理办法》《职业病危害因素分类目录》《建设项目职业病危害评价规范》《职业卫生技术服务机构管理办法》,2003 年制定了《高毒物品目录》,2005 年制定了《深海石油作业职业卫生管理办法》等。

随着部门职能调整,为了更好地贯彻实施《职业病防治法》《安全生产法》《使用有毒物品作业场所劳动保护条例》等法律法规,2005 年卫生部、国家安全生产监督管理局联合印发了《关于职业卫生监督管理职责分工意见的通知》。据此,国家安全生产监督管理总局制定或修订出台了《工作场所职业卫生监督管理规定》《职业病危害项目申报办法》《用人单位职业健康监护监督管理办法》《职业卫生技术服务机构监督管理暂行办法》《建设项目职业病防护设施"三同时"监督管理办法》等。此外,2013 年卫生部出台了新的《职业病诊断与鉴定管理办法》,2014 年人力资源和社会保障部、国家卫计委出台《工伤职工劳动能力鉴定管理办法》,2015 年国家卫计委出台了《职业健康检查管理办法》等。

第十八章　用人单位的职业卫生义务

第一节　用人单位职业卫生义务概说

一、用人单位的概念

用人单位是相对于劳动者而言的，是劳动者所在的企业、事业单位和个体经济组织等的统称。

《职业病防治法》规定的履行职业卫生义务的主体并不局限于用人单位。除法定的用人单位外，产生职业病危害的单位，其职业病防治可以参照《职业病防治法》执行，但劳务派遣用工单位应当履行《职业病防治法》规定的用人单位的义务。也就是说，无论是在劳动关系中还是在劳务关系中，用人单位与劳动者都构成职业卫生关系。

职业卫生关系是指《职业病防治法》所调整而形成的权利义务关系。劳动者在用人单位参加工作，双方即形成职业卫生关系。职业卫生关系主体的一方为用人单位，另一方为劳动者。在职业卫生关系中，用人单位和劳动者的权利义务并不对等，用人单位应当履行的义务明显多于其可以享有的权利。

《职业病防治法》规定，劳动者依法享有职业卫生保护的权利。包括：(1)获得职业卫生教育、培训；(2)获得职业健康检查、职业病诊疗、康复等职业病防治服务；(3)了解工作场所产生或者可能产生的职业病危害因素、危害后果和应当采取的职业病防护措施；(4)要求用人单位提供符合防治职业病要求的职业病防护设施和个人使用的职业病防护用品，改善工作条件；(5)对违反职业病防治法律、法规以及危及生命健康的行为提出批评、检举和控告；(6)拒绝违章指挥和强令进行没有职业病防护措施的作业；(7)参与用人单位职业卫生工作的民主管理，对职业病防治工作提出意见和建议。根据规定，用人单位应当为劳动者创造符合国家职业卫生标准和卫生要求的工作环境和条件，并采取措施保障劳动者获得职业卫生保护。用人单位应当保障劳动者行使职业卫生保护权利。因劳动者依法行使正当权利而降低劳动者工资、福利等待遇或者解除、终止与劳动者订立的劳动合同的，其行为无效。

《职业病防治法》规定，工会组织依法对职业病防治工作进行监督，维护劳动者的合法权益。用人单位制定或者修改有关职业病防治的规章制度，应当听取工会组织的意见。该法同时规定，工会组织应当督促并协助用人单位开展职业卫生宣传教育和培训，有权对用人单位的职业病防治工作提出意见和建议，依法代表劳动者与用人单位签订劳动安全卫生专项集体合同，与用人单位就劳动者反映的有关职业病防治的问题进行协调并督促解决。工会组织对用人单位违反职业病防治法律、法规，侵犯劳动者合法权益的行为，有权要求纠正；产生严重职业病危害时，有权要求采取防护措施，或者向政府有关部门建议采取强制性措施；发生职业病危害事故时，有权参与事故调查处理；发现危及劳动者生命健康的情形时，有权向用人单位建议组织劳动者撤离危险现场，用人单位应当立即作出处理。

二、用人单位职业卫生义务的含义

所谓用人单位职业卫生义务，是指《职业病防治法》规定的用人单位应当履行的职业病防治义务。

职业卫生旨在预防职业病。职业病是指企业、事业单位和个体经济组织等用人单位的劳动者在职业活动中，因接触粉尘、放射性物质和其他有毒、有害因素而引起的疾病。《职业病防治法》规定，用人单位应当建立、健全职业病防治责任制，加强对职业病防治的管理，提高职业病防治水平，对本单位的职业病危害承担责任。

在职业病防治中，核心是预防、控制和消除职业病危害。职业病是由劳动中接触到的职业病危害引起的。所谓职业病危害，是指可能导致从事职业活动的劳动者患上职业病的各种危害。职业病危害是由一系列有害因素构成的，主要包括职业活动中存在的各种有害的化学、物理、生物因素以及在作业过程中产生的其他职业有害因素。

为了切实保护劳动者健康及其相关权益，促进经济社会发展，我国职业病防治工作坚持预防为主、防治结合的方针，建立用人单位负责、行政机关监督、行业自律、职工参与和社会监督的机制，实行分类管理、综合治理。《职业病防治法》规定，用人单位的主要负责人对本单位的职业病防治工作全面负责。

三、用人单位职业卫生义务的分类

为了防止和消除劳动者接触职业病危害因素，《职业病防治法》从工作场所和劳动过程两个方面入手，规定了用人单位应当履行的职业卫生义务。按照义务的内容和履行的时间,可以将用人单位职业卫生义务分为前期预防义务和过程预防义务两部分。

前期预防,也称源头预防,是指用人单位为防止发生职业病危害,对工作场所进行的确定符合职业卫生要求的预防活动。《职业病防治法》规定,用人单位应当依照法律、法规要求,严格遵守国家职业卫生标准,落实职业病预防措施,从源头上控制和消除职业病危害。产生职业病危害的用人单位的设立除应当符合法律、行政法规规定的设立条件外,其工作场所还应当符合下列职业卫生要求:(1)职业病危害因素的强度或者浓度符合国家职业卫生标准;(2)有与职业病危害防护相适应的设施;(3)生产布局合理,符合有害与无害作业分开的原则;(4)有配套的更衣间、洗浴间、孕妇休息间等卫生设施;(5)设备、工具、用具等设施符合保护劳动者生理、心理健康的要求;(6)法律、行政法规和国务院卫生行政部门关于保护劳动者健康的其他要求。

过程预防,是指用人单位在劳动过程中进行职业病防护和职业病危害因素管理的活动。职业病防护的主要任务是采用有效的职业病防护设备,为劳动者提供符合防治职业病要求的职业病防护用品,并组织对劳动者进行职业卫生培训,指导劳动者正确使用职业病防护设备和个人使用的职业病防护用品。职业病危害因素管理则是指在摸清职业病危害因素的基础上,按照有关的法律、法规、规章和操作规程加以管理的一系列工作。用人单位通过对职业病的过程预防,发现隐患、解决问题,以保护劳动者的健康。《职业病防治法》规定,用人单位应当采取的职业病防治管理措施包括:(1)设置或者指定职业卫生管理机构或者组织,配备专职或者兼职的职业卫生管理人员,负责本单位的职业病防治工作;(2)制定职业病防治计划和实施方案;(3)建立、健全职业卫生管理制度和操作规程;(4)建立、健全职业卫生档案和劳动者健康监护档案;(5)建立、健全工作场所职业病危害因素监测及评价制度;(6)建立、健全职业病危害事故应急救援预案。

第二节　用人单位的前期预防义务

一、如实申报职业病危害项目

工作场所存在的职业病危害因素是导致职业病的主要原因之一。为了促使用人单位了解和认识其工作场所存在的职业病危害因素,督促其采取控制和消除职业病危害因素的措施,也便于卫生行政部门及时掌握情况,开展有针对性的卫生监督,国家对职业病危害项目实行申报制度。

职业病危害项目是指存在或者产生职业病危害因素的项目。我国将职业病危害因素分为粉尘、化学因素、物理因素、放射性因素、生物因素和其他因素。

用人单位工作场所存在国务院卫生行政部门制定的《职业病危害因素分类目录》所列职业病危害因素的，应当及时、如实向所在地卫生行政部门申报危害项目，内容包括：用人单位的基本情况，工作场所职业病危害因素种类、分布情况以及接触人数等。

根据《职业病防治法》的规定，产生职业病危害的用人单位，其工作场所的职业病危害因素的强度或者浓度应当符合国家职业卫生标准。

二、对建设项目进行职业病危害预评价

建设项目是职业病危害管理的关键环节，只有对建设项目可能产生的职业病危害因素从源头上予以控制和消除，才能使其正确地发挥作用，带来经济效益和社会效益。一般而言，建设项目是基于设计而形成的工程，其中包括新建、扩建、改建建设项目和技术改造、技术引进项目。

所以，建设项目可能产生职业病危害的，包括医疗机构建设项目可能产生放射性职业病危害的，建设单位在可行性论证阶段应当进行职业病危害预评价，并向卫生行政部门提交职业病危害预评价报告。这里的建设单位，指的是建设项目所在的用人单位，包括医疗机构。

职业病危害预评价报告应当对建设项目可能产生的职业病危害因素及其对工作场所和劳动者健康的影响作出评价，确定危害类别和职业病防护措施。根据《使用有毒物品作业场所劳动保护条例》的规定，建设项目可能产生职业中毒危害的，应当依照《职业病防治法》的规定进行职业中毒危害预评价，并经卫生行政部门审核同意。

三、建设项目竣工验收前应当进行职业病危害控制效果评价

建设项目应当包括职业病防护设施，或者说，职业病防护设施是建设项目不可缺少的组成部分。这是因为建设项目是否具有职业病危害控制效果，主要取决于职业病防护设施。所以，《职业病防治法》规定，建设项目的职业病防护设施所需费用应当纳入建设项目工程预算。

职业病防护设施作为建设项目的一部分，应当与主体工程同时设计、同时施工、同时投入生产和使用，也就是所谓的“三同时”。“三同时”是职业病防治的一项重要原则，主体工程与职业病防护设施是不可分离的，职业病防护设施只是分工形式不同，与主体工程的目标是一致的。

《职业病防治法》规定，建设项目的职业病防护设施设计应当符合国家职业卫

生标准和卫生要求。其中，医疗机构放射性职业病危害严重的建设项目的防护设施设计，应当经卫生行政部门审核同意后方可施工。

为了保证建设项目有与职业病危害防护相适应的设施，《职业病防治法》要求建设项目在竣工验收前，建设单位应当进行职业病危害控制效果评价。目的是通过评价，了解职业病防护设施的实际作用，发现存在的职业病危害因素及危害程度，判断问题性质，确定需要完善的措施，为正式投入生产和使用提供依据。因此，评价应当全面、客观、细致。

《职业病防治法》规定，医疗机构可能产生放射性职业病危害的建设项目竣工验收时，其放射性职业病防护设施经卫生行政部门验收合格后，方可投入使用；其他建设项目的职业病防护设施应当由建设单位负责依法组织验收，验收合格后，方可投入生产和使用。

第三节 用人单位的过程预防义务

一、优先采用有利于保护劳动者健康的新技术、新工艺、新设备、新材料

用人单位应当逐步替代有职业病危害的技术、工艺、设备、材料，尤其是职业病危害严重的技术、工艺、设备、材料，而选用有利于防治职业病和保护劳动者健康的新技术、新工艺、新设备、新材料。

《职业病防治法》规定，任何单位和个人不得生产、经营、进口和使用国家明令禁止使用的可能产生职业病危害的设备或者材料。并规定，用人单位对采用的技术、工艺、设备、材料，应当知悉其产生的职业病危害，对有职业病危害的技术、工艺、设备、材料隐瞒其危害而采用的，对所造成的职业病危害后果承担责任。

二、在醒目位置设置警示或者进行说明

（一）在用人单位醒目位置设置公告栏

用张贴等方法公开与职业病防治有关的重大事项，是保障劳动者知情权的需要，也是促进劳动者参与职业病防治的需要。

《职业病防治法》规定，产生职业病危害的用人单位，应当在醒目位置设置公告栏，公布有关职业病防治的规章制度、操作规程、职业病危害事故应急救援措施和工作场所职业病危害因素检测结果。

（二）在作业岗位醒目位置设置警示标识和说明

对职业病危害，既要做好一般作业场所的防护，还要做好重点作业场所的防护。重点作业场所往往是职业病危害“易发”“高发”部位，必须始终保持高度警惕。

《职业病防治法》规定，对产生严重职业病危害的作业岗位，用人单位应当在其醒目位置，设置警示标识和中文警示说明。警示说明应当载明产生职业病危害的种类、后果、预防以及应急救治措施等内容。

另外，《使用有毒物品作业场所劳动保护条例》规定，使用有毒物品作业场所应当设置黄色区域警示线、警示标识和中文警示说明。警示说明应当载明产生职业中毒危害的种类、后果、预防以及应急救治措施等内容。高毒作业场所应当设置红色区域警示线、警示标识和中文警示说明，并设置通讯报警设备。

（三）在设备醒目位置设置警示标识和说明

用人单位所使用的设备，大部分并不是自己生产的。无论是国内企业还是国外企业，对提供的设备可能产生职业病危害的，除必须提供中文说明书外，还应当按要求进行警示和说明。

《职业病防治法》规定，向用人单位提供可能产生职业病危害的设备的，应当提供中文说明书，并在设备的醒目位置设置警示标识和中文警示说明。警示说明应当载明设备性能、可能产生的职业病危害、安全操作和维护注意事项、职业病防护以及应急救治措施等内容。

（四）产品包装有警示标识和说明

用人单位使用的产品种类繁多，法律对可能产生职业病危害的化学品、放射性同位素和含有放射性物质的材料进行了特别规定。这是因为这些产品使用不当会造成严重后果。用人单位在购进这些产品时，应当验收是否有中文说明书和产品包装是否有醒目的警示标识以及中文警示说明。

《职业病防治法》规定，向用人单位提供可能产生职业病危害的化学品、放射性同位素和含有放射性物质的材料的，应当提供中文说明书。说明书应当载明产品特性、主要成分、存在的有害因素、可能产生的危害后果、安全使用注意事项、职业病防护以及应急救治措施等内容。产品包装应当有醒目的警示标识和中文警示说明。根据规定，用人单位贮存上述材料的场所应当在规定的部位设置危险物品标识或者放射性警示标识。

另外，《使用有毒物品作业场所劳动保护条例》规定，有毒物品必须附具说明书，如实载明产品特性、主要成分、存在的职业中毒危害因素、可能产生的危害后果、安全使用注意事项、职业中毒危害防护以及应急救治措施等内容；没有说明书或者说明书不符合要求的，不得向用人单位销售。用人单位有权向生产、经营有毒物品的单位索取说明书。该条例还规定，有毒物品的包装应当符合国家标准，并以易于劳动者理解的方式加贴或者拴挂有毒物品安全标签。有毒物品的包装必须有醒目的警示标识和中文警示说明。经营、使用有毒物品的单位,不得经营、使用没有安全标签、警示标识和中文警示说明的有毒物品。

三、采用有效的职业病防护设施

(一)在可能发生急性职业损伤的有毒有害工作场所应当设置报警装置和配置应急设施

急性职业损伤通常事发突然,且受害人员较多。除了要采取有效措施防止其发生外,还要事先配置必要的设施,以利于一旦发生能够及时控制事态扩大,将急性职业损伤降到最低。所以,报警装置、现场急救药品和设备以及逃生通道等缺一不可。

《职业病防治法》规定,对可能发生急性职业损伤的有毒、有害工作场所,用人单位应当设置报警装置,配置现场急救用品、冲洗设备、应急撤离通道和必要的泄险区。

(二)对放射工作场所和放射性同位素运输、储存应当配置防护设施和报警装置以及个人剂量计

放射线无臭、无味,一旦受到放射线超剂量照射,轻则造成慢性放射损伤,重则造成急性放射损伤等。放射防护的目的是防止有害的确定性效应,降低随机性效应的发生概率,使其达到可以接受的水平。报警装置可以及时发现放射线泄漏,避免发生误照事故。个人剂量计除用来测量工作时所受辐射剂量外,还是放射防护效果评价的重要依据。

《职业病防治法》规定,对放射工作场所和放射性同位素的运输、贮存,用人单位必须配置防护设备和报警装置,保证接触放射线的工作人员佩戴个人剂量计。

(三)确保职业病防护设备、应急救援设施和个人使用的职业病防护用品处于正常状态

预防职业病,除了提高思想认识外,主要是做好技术防护。没有技术防护,职业病防治工作就将流于形式。用人单位应当按照法律要求采取措施保障劳动者获得职业卫生保护,同时还要将各项职业卫生保护措施落到实处。

《职业病防治法》规定,对职业病防护设备、应急救援设施和个人使用的职业病防护用品,用人单位应当进行经常性的维护、检修,定期检测其性能和效果,确保其处于正常状态,不得擅自拆除或者停止使用。

另外,《使用有毒物品作业场所劳动保护条例》规定,用人单位应当确保职业中毒危害防护设备、应急救援设施、通讯报警装置处于正常适用状态,不得擅自拆除或者停止运行。用人单位应当对前述所列设施进行经常性的维护、检修,定期检测

其性能和效果，确保其处于良好运行状态。职业中毒危害防护设备、应急救援设施和通讯报警装置处于不正常状态时，用人单位应当立即停止使用有毒物品作业；恢复正常状态后，方可重新作业。

《使用有毒物品作业场所劳动保护条例》还规定，用人单位应当为从事使用有毒物品作业的劳动者提供符合国家职业卫生标准的防护用品，并确保劳动者正确使用。并规定，用人单位维护、检修存在高毒物品的生产装置，必须事先制订维护、检修方案，明确职业中毒危害防护措施，确保维护、检修人员的生命安全和身体健康。维护、检修存在高毒物品的生产装置，必须严格按照维护、检修方案和操作规程进行。维护、检修现场应当有专人监护，并设置警示标识。

四、开展职业病危害因素日常监测

（一）实施由专人负责的职业病危害因素日常监测

职业病危害因素日常监测是采用物理、化学、生物等多种技术手段监视并测定表示职业病危害因素的各种标志、数据的过程。其目的在于为保护有利于劳动者健康的作业场所提供准确可靠的资料。因此，必须由专人负责，并正常进行。

《职业病防治法》规定，用人单位应当实施由专人负责的职业病危害因素日常监测，并确保监测系统处于正常运行状态。

（二）定期对工作场所进行职业病危害因素检测、评价

用人单位除了自身开展职业病危害因素日常监测外，还应当按照法律要求，由第三方对工作场所进行职业病危害因素检测、评价。其目的是通过检测，验证用人单位的职业病危害因素日常监测工作的质量；通过评价，确定职业病危害因素对作业场所产生的影响等。

《职业病防治法》规定，用人单位应当按照国务院卫生行政部门的规定，定期对工作场所进行职业病危害因素检测、评价。检测、评价结果存入用人单位职业卫生档案，定期向所在地卫生行政部门报告并向劳动者公布。并规定，职业病危害因素检测、评价由依法设立的取得国务院卫生行政部门或者设区的市级以上地方人民政府卫生行政部门按照职责分工给予资质认可的职业卫生技术服务机构进行。

（三）工作场所职业病危害因素不符合标准要求时应当进行整改

开展职业病危害因素日常监测，或者进行职业病危害因素检测、评价，其目的不仅在于发现作业场所存在的职业病危害问题，更在于纠正这些问题，将职业病防护工作的“补漏”做在职业病发生之前。否则，无论是监测还是检测、评价，都失去了意义。

《职业病防治法》规定，发现工作场所职业病危害因素不符合国家职业卫生标

准和卫生要求时，用人单位应当立即采取相应的治理措施，仍然达不到国家职业卫生标准和卫生要求的，必须停止存在职业病危害因素的作业；职业病危害因素经治理后，符合国家职业卫生标准和卫生要求的，方可重新作业。

五、向国务院卫生行政部门报送首次使用或者进口的化学材料的毒性资料

化学材料的职业病危害因素是引起职业中毒的主要原因。卫生部门事先了解和掌握国内首次使用或者首次进口与职业病危害有关的化学材料的毒性资料，不仅可以有针对性地开展相关职业中毒的预防和控制工作，还可以为相关职业中毒尤其是急性职业中毒的抢救争取宝贵的时间。

《职业病防治法》规定，国内首次使用或者首次进口与职业病危害有关的化学材料，使用单位或者进口单位按照国家规定经国务院有关部门批准后，应当向国务院卫生行政部门报送该化学材料的毒性鉴定以及经有关部门登记注册或者批准进口的文件等资料。并规定，进口放射性同位素、射线装置和含有放射性物质的物品的，按照国家有关规定办理。这里的“国家有关规定”，主要是指国务院《放射性同位素与射线装置安全和防护条例》。

六、不得转移或者接受不具备职业病防护条件的作业

（一）不得向不具备职业病防护条件的单位和个人转移产生职业病危害的作业

作业转移是一个经济现象。但产生职业病危害的作业转移，不仅是一个经济现象，还是一个法律现象。法律禁止向不具备职业病防护条件的单位和个人转移产生职业病危害的作业，因为这种转移将给劳动者带来现实的职业病威胁。

《职业病防治法》规定，任何单位和个人不得将产生职业病危害的作业转移给不具备职业病防护条件的单位和个人。

（二）不具备职业病防护条件的单位和个人不得接受产生职业病危害的作业

用人单位根据业务需要，可以接受有职业病危害的作业转移，但前提条件是必须具备该作业相应的职业病防护条件。否则，这种作业转移是违反法律的行为。法律作出禁止性规定的目的之一，也是保护不具备职业病防护条件的单位和个人的利益。

《职业病防治法》规定，不具备职业病防护条件的单位和个人不得接受产生职业病危害的作业。另外，《尘肺病防治条例》规定，严禁任何企业、事业单位将粉尘作业转嫁、外包或者以联营的形式给没有防尘设施的乡镇、街道企业或个体工商户。并规定，中、小学校各类校办的实习工厂或车间，禁止从事有粉尘的作业。

七、订立或者变更劳动合同时应当如实告知职业病危害等情况

（一）订立劳动合同时应当如实告知职业病危害等情况

劳动合同是劳动者与用人单位确立劳动关系（包括劳务关系）、明确双方权利义务的协议。在劳动合同中，有些事项可以由双方协商确定，但有关职业病危害等内容是法定的，用人单位应当如实告知。反之，劳动者有权拒绝从事存在职业病危害的作业，用人单位不得因此解除与劳动者订立的劳动合同。

《职业病防治法》规定，用人单位与劳动者订立劳动合同（含聘用合同）时，应当将工作过程中可能产生的职业病危害及其后果、职业病防护措施和待遇等如实告知劳动者，并在劳动合同中写明，不得隐瞒或者欺骗。

（二）变更劳动合同时应当如实告知职业病危害等情况

依法订立的劳动合同受法律保护，用人单位与劳动者都应当自觉履行。在劳动合同期间，用人单位因业务需要，将劳动者调往有职业病危害的工作岗位或者增加有职业病危害的工作内容时，应当协商变更劳动合同，并如实告知有关职业病危害等情况。否则，劳动者有权拒绝从事存在职业病危害的作业，用人单位不得因此解除与劳动者订立的劳动合同。

《职业病防治法》规定，劳动者在已订立劳动合同期间因工作岗位或者工作内容变更，从事与所订立劳动合同中未告知的存在职业病危害的作业时，用人单位应当就工作过程中可能产生的职业病危害及其后果、职业病防护措施和待遇等，向劳动者履行如实告知的义务，并协商变更原劳动合同相关条款。

八、对主要负责人、职业卫生管理人员和劳动者应当进行职业卫生培训

（一）对主要负责人和职业卫生管理人员进行职业卫生培训

用人单位的主要负责人对本单位的职业病防治工作负全面责任。职业卫生管理人员无论是专职的还是兼职的，都是用人单位配备的负责本单位职业病防治工作的专门人员。因此，他们的职业卫生素养和法律意识将决定用人单位的职业病防治工作水平。

《职业病防治法》规定，用人单位的主要负责人和职业卫生管理人员应当接受职业卫生培训，遵守职业病防治法律、法规，依法组织本单位的职业病防治工作。

（二）对劳动者进行上岗前和在岗期间的职业卫生培训

职业病防治需要劳动者参与。劳动者参与的最好形式是遵守与职业病防治有关的法律、法规、规章和操作规程。对劳动者进行职业卫生培训的主要目的，就是使其掌握相关的职业卫生知识，并按照要求熟练使用职业病防护设备和个人防护用品。

《职业病防治法》规定，用人单位应当对劳动者进行上岗前的职业卫生培训和

在岗期间的定期职业卫生培训，普及职业卫生知识，督促劳动者遵守职业病防治法律、法规、规章和操作规程，指导劳动者正确使用职业病防护设备和个人使用的职业病防护用品。并规定，劳动者应当学习和掌握相关的职业卫生知识，增强职业病防范意识，遵守职业病防治法律、法规、规章和操作规程，正确使用、维护职业病防护设备和个人使用的职业病防护用品，发现职业病危害事故隐患应当及时报告。

九、对劳动者应当加强健康管理

（一）对劳动者进行职业健康检查

职业健康检查不同于一般的健康检查。一般的健康检查面向一般人群，而职业健康检查针对的是特殊人群。用人单位可以组织面向一般人群的健康检查，但必须组织针对特殊人群的健康检查。针对特殊人群的健康检查，称为职业健康检查。在我国，职业健康检查分为上岗前的职业健康检查、在岗期间的职业健康检查和离岗时的职业健康检查。

《职业病防治法》规定，对从事接触职业病危害的作业的劳动者，用人单位应当按照国务院卫生行政部门的规定组织上岗前、在岗期间和离岗时的职业健康检查，并将检查结果书面告知劳动者。职业健康检查费用由用人单位承担。另外，《使用有毒物品作业场所劳动保护条例》规定，用人单位应当组织从事使用有毒物品作业的劳动者进行上岗前职业健康检查。用人单位应当对从事使用有毒物品作业的劳动者进行定期职业健康检查。用人单位应当对从事使用有毒物品作业的劳动者进行离岗时的职业健康检查。并规定，用人单位发生分立、合并、解散、破产等情形的，应当对从事使用有毒物品作业的劳动者进行健康检查。

（二）不得安排未经上岗前职业健康检查的劳动者从事接触职业病危害的作业

劳动者的健康状况是否适合从事接触职业病危害的作业，应当通过职业健康检查加以确认。未经上岗前职业健康检查，也就无法确认劳动者的健康状况是否适合从事接触职业病危害的作业。

《职业病防治法》规定，用人单位不得安排未经上岗前职业健康检查的劳动者从事接触职业病危害的作业。另外，《使用有毒物品作业场所劳动保护条例》规定，用人单位不得安排未经上岗前职业健康检查的劳动者从事使用有毒物品的作业。

（三）不得安排有职业禁忌的劳动者从事所禁忌的作业

职业禁忌是指劳动者从事特定职业或者接触特定职业病危害因素时，比一般职业人群更易于遭受职业病危害和罹患职业病或者可能导致原有自身疾病病情加重，或者在从事作业过程中诱发可能导致对他人生命健康构成危险的疾病的个人特殊生理或者病理状态。对有职业禁忌的劳动者给予特殊保护，是保护劳动者本人健康的需要，也是保护其他劳动者健康的需要。

《职业病防治法》规定，用人单位不得安排有职业禁忌的劳动者从事其所禁忌的作业。另外，《使用有毒物品作业场所劳动保护条例》也规定，用人单位不得安排有职业禁忌的劳动者从事其所禁忌的作业。

（四）发现有与职业相关的健康损害的劳动者应当及时调整工作岗位

用人单位对作业中接触职业病危害的劳动者，应当定期组织在岗期间的职业健康检查。发现劳动者有与所从事的职业相关的健康损害的，为避免加重职业病危害，用人单位应当及时采取措施，调整其工作岗位，并按照规定安排进一步诊治。

《职业病防治法》规定，用人单位对在职业健康检查中发现有与所从事的职业相关的健康损害的劳动者，应当调离原工作岗位，并妥善安置。另外，《使用有毒物品作业场所劳动保护条例》规定，用人单位发现有职业禁忌或者有与所从事职业相关的健康损害的劳动者，应当将其及时调离原工作岗位，并妥善安置。《尘肺病防治条例》规定，各企业、事业单位对已确诊为尘肺病的职工，必须调离粉尘作业岗位，并给予治疗或疗养。

（五）对未进行离岗前职业健康检查的劳动者不得解除或者终止劳动合同

从事接触职业病危害作业的劳动者离岗时，用人单位应当组织对其进行离岗前职业健康检查。离岗前职业健康检查既可以了解劳动者离岗时的健康状况，也可以为将来可能产生的职业病纠纷或者其他纠纷留下证据。对劳动者来说这是一种保护，对用人单位来说这也是一种保护。

《职业病防治法》规定，用人单位对未进行离岗前职业健康检查的劳动者不得解除或者终止与其订立的劳动合同。另外，《使用有毒物品作业场所劳动保护条例》规定，用人单位对离岗时未进行职业健康检查的劳动者，不得解除或者终止与其订立的劳动合同。

（六）对未成年工不得安排从事接触职业病危害的作业

未成年工是指年满16周岁未满18周岁的劳动者。未成年工的生理发育尚未成熟，用人单位在给他们安排工作岗位或者工作内容时，应当注意劳动时间、劳动强度、劳动条件和劳动环境等是否会影响他们的健康成长。

《职业病防治法》规定，用人单位不得安排未成年工从事接触职业病危害的作业。另外，《尘肺病防治条例》规定，不满18周岁的未成年人，禁止从事粉尘作业。《使用有毒物品作业场所劳动保护条例》规定，用人单位不得安排未成年人从事使用有毒物品的作业。

（七）为劳动者建立职业健康监护档案

职业健康监护档案是指用人单位组织的劳动者上岗前、在岗期间、离岗时和应急情况下职业健康检查等活动直接形成的反映劳动者健康状况的各种文字、图像等不同形式的历史记录。为劳动者建立职业健康监护档案，对追踪溯源劳动者职业史、职业病危害接触史，解决职业病诊断纠纷，以及明确用人单位民事赔偿责任等，都具有重要意义。

《职业病防治法》规定，用人单位应当为劳动者建立职业健康监护档案，并按照规定的期限妥善保存。职业健康监护档案应当包括劳动者的职业史、职业病危害接触史、职业健康检查结果和职业病诊疗等有关个人健康资料。该法还规定，劳动者离开用人单位时，有权索取本人职业健康监护档案复印件，用人单位应当如实、无偿提供，并在所提供的复印件上签章。

十、发生或者可能发生急性职业病危害事故时应当立即采取相应措施

（一）发生或者可能发生急性职业病危害事故时立即采取应急救援和控制措施

急性职业病危害事故是指劳动者在职业活动中因接触职业病危害因素而引起的急性疾病事故，如急性中毒、急性放射病事故等。急性职业病危害事故是可以预防的。当发生或者可能发生急性职业病危害事故时，用人单位应当立即采取一切措施，控制事态发展，并对劳动者及时进行救援。

《职业病防治法》规定，发生或者可能发生急性职业病危害事故时，用人单位应当立即采取应急救援和控制措施，并及时报告所在地卫生行政部门和有关部门。

（二）对遭受或者可能遭受急性职业病危害的劳动者及时组织医疗救治

当发生急性职业病危害事故时，用人单位应当将劳动者的生命和健康放在首位。根据不同情况，该救治的救治，该进行健康检查的进行健康检查，该进行医学观察的进行医学观察，无条件地配合卫生行政部门组织的医疗救治工作。

《职业病防治法》规定，对遭受或者可能遭受急性职业病危害的劳动者，用人单位应当及时组织救治、进行健康检查和医学观察，所需费用由用人单位承担。并规定，卫生行政部门应当组织做好医疗救治工作。

为了保证用人单位依法履行职业卫生义务，《职业病防治法》要求，用人单位应当保障职业病防治所需的资金投入，不得挤占、挪用，并对因资金投入不足导致的后果承担责任。并规定，用人单位按照职业病防治要求，用于预防和治理职业病危害、工作场所卫生检测、健康监护和职业卫生培训等费用，按照国家有关规定，在生产成本中据实列支。

第十九章　女职工劳动保护

第一节　女职工劳动保护概说

一、女职工劳动保护的概念

女职工劳动保护，也称女职工劳动特殊保护，简称女职工保护或者女工保护，是指根据妇女生理特点，对女职工劳动活动采取的安全和卫生保护措施。对女职工进行劳动保护，是用人单位的法定义务。

我国对女职工的劳动保护是广泛的，包括男女平等就业、同工同酬等。但这里的女职工劳动保护，是有别于男职工的劳动保护，是专属于女职工的劳动保护，如禁止或者限制女职工从事某些作业、女职工“四期”保护等。作为劳动者，女职工享有一般劳动者所拥有的劳动保护；作为一个特殊的劳动群体，女职工还享有专门的劳动保护。

根据女职工的生理特点，对女职工的健康进行特殊保护，是职业卫生的重要内容。《劳动法》规定，国家对女职工实行特殊劳动保护。《妇女权益保障法》规定，用人单位应当根据妇女的特点，依法保护妇女在工作和劳动时的安全、健康以及休息的权利。妇女在经期、孕期、产期、哺乳期受特殊保护。《职业病防治法》规定，用人单位不得安排孕期、哺乳期的女职工从事对本人和胎儿、婴儿有危害的作业。《人口与计划生育法》规定，妇女怀孕、生育和哺乳期间，按照国家有关规定享受特殊劳动保护并可以获得帮助和补偿。《使用有毒物品作业场所劳动保护条例》也规定，用人单位不得安排孕期、哺乳期的女职工从事使用有毒物品的作业。

女职工劳动保护的主要内容来自《女职工劳动保护特别规定》。它不仅将女职工劳动保护放在了更加突出的地位，而且对《劳动法》、《妇女权益保障法》和《职业病防治法》等有关女职工劳动保护的规定作了进一步具体化。

二、女职工劳动保护的意义

女职工劳动保护不仅关系女职工本身健康，还关系下一代的健康。从这个意义上说，女职工劳动保护实际上是母婴保健不可缺少的重要组成部分。

1. 从健康角度确立女职工的劳动权益

女职工所面临的怀孕、生育、哺乳等问题，说到底是国家人口发展问题。因此，它不是女职工个人或者家庭问题，而是民族兴旺和国家发展的根本问题。这个问题解决不好就有可能产生一系列问题，如价值观念的改变、家庭结构的变化、因经济保障的缺乏而引发的情绪和心理问题等。对女职工劳动从法律上进行干预，其中很重要的一点就是消除女职工的后顾之忧，鼓励她们积极参与经济社会生活，并为国家作出贡献。

2. 从劳动角度确立女职工的健康权益

女职工所享有的劳动保护是国家基于女性生理特点和职业特点所作的制度性安排，是一种特殊照顾。这种特殊照顾不仅是为了保障女职工的健康，还是为了保障下一代的健康。因为母亲的身心健康直接影响孩子的健康成长。因此，女职工劳动保护也是间接的儿童权利保障。从法律上说，这是女职工健康权利和经济权利的双重保障。

三、女职工劳动保护的立法

我国一直高度重视女职工劳动保护的立法，但早期立法比较原则。例如，1949年中国人民政治协商会议通过的《共同纲领》规定，要保护女工的特殊利益；1951年政务院制定的《劳动保险条例》规定，女职工产前产后共给56天工资照发的产假等。20世纪50年代后期，有关女职工健康保护方面的立法开始增多，但即使到60年代和70年代，有关女职工劳动保护的立法还是显得比较单薄。例如，1956年国务院发布的《工厂安全卫生规程》第72条规定，妇女卫生室应该设在工作场所附近，室内要备有温水箱、喷水冲洗器、洗涤池、污物桶等。1960年国务院批准的卫生部、国家科学委员会《放射性工作卫生防护暂行规定》明确，孕妇和授乳妇女一般不应参加放射性工作。1962年国家计划委员会、卫生部公布的《工业企业设计卫生标准》以“妇幼卫生机构”为章节名称，对工业企业如何设置女工卫生室、哺乳机构进行了具体规定。

进入20世纪80年代后，女职工劳动保护的立法开始转向综合性立法。1986年卫生部、劳动人事部、全国总工会、全国妇女联合会颁布了《女职工保健工作暂行规定》，这是我国历史上第一个关于女职工健康的综合性部门规章。1988年国务院发布《女职工劳动保护规定》，规定了有利于妇女就业的原则，将产假由原来的56天延长到90天，并对女职工在“四期”期间，即月经期、怀孕期、产褥期、哺乳期的权利，作了系统规定。2012年国务院对《女职工劳动保护规定》进行了修订，将立法的目的调整为“为了减少和解决女职工在劳动中因生理特点造成的特殊困难，保护女职工健康”，并将名称修改为《女职工劳动保护特别规定》。

第二节　女职工劳动保护的内容

一、职业保护

这里的职业保护是指国家对女职工劳动关系存续期间所实施的一种专门保护措施。其实质是法律对用人单位在女职工怀孕、生育、哺乳期间，有关终止与女职工劳动关系、降低女职工工资待遇等行为所进行的约束。

《劳动合同法》规定，女职工在孕期、产期、哺乳期的，用人单位不得按照无过失性辞退或者经济性裁员的规定解除劳动合同。《妇女权益保障法》规定，用人单位不得因结婚、怀孕、产假、哺乳等情形，降低女职工的工资和福利待遇，限制女职工晋职、晋级、评聘专业技术职称和职务，辞退女职工，单方解除劳动（聘用）合同或者服务协议。根据《女职工劳动保护特别规定》的规定，用人单位不得因女职工怀孕、生育、哺乳降低其工资、予以辞退、与其解除劳动或者聘用合同。

二、职业禁忌保护

职业禁忌保护是指对有职业禁忌的女职工所实施的一种专门保护措施。职业禁忌是指劳动者从事特定职业或者接触特定职业病危害因素时，比一般职业人群更易于遭受职业病危害和罹患职业病或者可能导致原有自身疾病病情加重，或者在从事作业过程中诱发可能导致对他人生命健康构成危险的疾病的个人特殊生理或者病理状态。《职业病防治法》规定，用人单位不得安排有职业禁忌的劳动者从事其所禁忌的作业。对女职工进行职业禁忌保护，为女职工的休养生息提供了必要的物质基础。

对于女职工而言，职业禁忌主要分为女职工禁忌从事的劳动、女职工在经期禁忌从事的劳动、女职工在孕期禁忌从事的劳动和女职工在哺乳期禁忌从事的劳动四个方面。

（一）女职工禁忌从事的劳动范围

《劳动法》规定，禁止安排女职工从事矿山井下、国家规定的第四级体力劳动强度的劳动和其他禁忌从事的劳动。根据《女职工劳动保护特别规定》的规定，用人单位应当将本单位属于女职工禁忌从事的劳动范围的岗位书面告知女职工。这些岗位主要包括：（1）矿山井下作业；（2）体力劳动强度分级标准中规定的第四级体力劳动强度的作业；（3）每小时负重 6 次以上、每次负重超过 20 公斤的作业，或者间断负重、每次负重超过 25 公斤的作业。

（二）女职工在经期禁忌从事的劳动范围

《劳动法》规定，不得安排女职工在经期从事高处、低温、冷水作业和国家规定的第三级体力劳动强度的劳动。根据《女职工劳动保护特别规定》的规定，女职工在经期禁忌从事的劳动范围主要包括：（1）冷水作业分级标准中规定的第二级、第三级、第四级冷水作业；（2）低温作业分级标准中规定的第二级、第三级、第四级低温作业；（3）体力劳动强度分级标准中规定的第三级、第四级体力劳动强度的作业；（4）高处作业分级标准中规定的第三级、第四级高处作业。

（三）女职工在孕期禁忌从事的劳动范围

《劳动法》规定，不得安排女职工在怀孕期间从事国家规定的第三级体力劳动强度的劳动和孕期禁忌从事的劳动。根据《女职工劳动保护特别规定》的规定，女职工在孕期禁忌从事的劳动范围主要包括：（1）作业场所空气中铅及其化合物、汞及其化合物、苯、镉、铍、砷、氰化物、氮氧化物、一氧化碳、二硫化碳、氯、己内酰胺、氯丁二烯、氯乙烯、环氧乙烷、苯胺、甲醛等有毒物质浓度超过国家职业卫生标准的作业；（2）从事抗癌药物、己烯雌酚生产，接触麻醉剂气体等的作业；（3）非密封源放射性物质的操作，核事故与放射事故的应急处置；（4）高处作业分级标准中规定的高处作业；（5）冷水作业分级标准中规定的冷水作业；（6）低温作业分级标准中规定的低温作业；（7）高温作业分级标准中规定的第三级、第四级的作业；（8）噪声作业分级标准中规定的第三级、第四级的作业；（9）体力劳动强度分级标准中规定的第三级、第四级体力劳动强度的作业；（10）在密闭空间、高压室作业或者潜水作业，伴有强烈振动的作业，或者需要频繁弯腰、攀高、下蹲的作业。

（四）女职工在哺乳期禁忌从事的劳动范围

《劳动法》规定，不得安排女职工在哺乳未满 1 周岁的婴儿期间从事国家规定的第三级体力劳动强度的劳动和哺乳期禁忌从事的其他劳动，不得安排其延长工作时间和夜班劳动。根据《女职工劳动保护特别规定》的规定，女职工在哺乳期禁忌从事的劳动范围主要有：（1）作业场所空气中铅及其化合物、汞及其化合物、苯、镉、铍、砷、氰化物、氮氧化物、一氧化碳、二硫化碳、氯、己内酰胺、氯丁二烯、氯乙烯、环氧乙烷、苯胺、甲醛等有毒物质浓度超过国家职业卫生标准的作业；（2）非密封源放射性物质的操作，核事故与放射事故的应急处置；（3）体力劳动强度分级标准中规定的第三级、第四级体力劳动强度的作业；（4）作业场所空气中锰、氟、溴、甲醇、有机磷化合物、有机氯化合物等有毒物质浓度超过国家职业卫生标准的作业。

三、母亲保护

这里的母亲保护是指对女职工在怀孕、生育和哺乳期间所实施的一种专门保护措施。从广义上说，母亲保护包括女职工怀孕、生育和哺乳期间的职业禁忌保护。母亲保护，不仅关系女职工的健康，还关系婴幼儿的健康，并关系他们的家庭幸福。母亲保护除上述职业禁忌保护外，还包括下列内容：

（一）怀孕保护

《劳动法》规定，对怀孕7个月以上的女职工，不得安排其延长工作时间和夜班劳动。根据《女职工劳动保护特别规定》的规定，女职工在孕期不能适应原劳动的，用人单位应当根据医疗机构的证明，予以减轻劳动量或者安排其他能够适应的劳动。对怀孕7个月以上的女职工，用人单位不得延长劳动时间或者安排夜班劳动，并应当在劳动时间内安排一定的休息时间。怀孕女职工在劳动时间内进行产前检查，所需时间计入劳动时间。夜班劳动是指当日22时至次日6时时间从事劳动或工作。

（二）生育保护

《劳动法》规定，女职工生育享受不少于90天的产假。《母婴保健法实施办法》规定，妇女享有国家规定的产假。根据《女职工劳动保护特别规定》的规定，女职工生育享受98天产假，其中产前可以休假15天；难产的，增加产假15天；生育多胞胎的，每多生育1个婴儿，增加产假15天。女职工怀孕未满4个月流产的，享受15天产假；怀孕满4个月流产的，享受42天产假。女职工产假期间的生育津贴，对已经参加生育保险的，按照用人单位上年度职工月平均工资的标准由生育保险基金支付；对未参加生育保险的，按照女职工产假前工资的标准由用人单位支付。女职工生育或者流产的医疗费用，按照生育保险规定的项目和标准，对已经参加生育保险的，由生育保险基金支付；对未参加生育保险的，由用人单位支付。

（三）哺乳保护

《劳动法》规定，女职工在哺乳未满1周岁的婴儿期间的，不得安排其延长工作时间和夜班劳动。《母婴保健法实施办法》规定，有不满1周岁婴儿的妇女，所在单位应当在劳动时间内为其安排一定的哺乳时间。根据《女职工劳动保护特别规定》的规定，对哺乳未满1周岁婴儿的女职工，用人单位不得延长劳动时间或者安排夜班劳动。用人单位应当在每天的劳动时间内为哺乳期女职工安排1小时哺乳时间；女职工生育多胞胎的，每多哺乳1个婴儿每天增加1小时哺乳时间。

第二十章　职业病病人的权益保护

第一节　职业病诊断前的保护

职业病病人是指符合职业病诊断标准的人。在职业病诊断机构(包括职业病鉴定组织,以下同)作出职业病诊断(包括鉴定,以下同)前,不存在法律意义上的职业病病人。职业病,顾名思义,是与职业联系在一起的疾病。所以,职业病与一般疾病最大的不同是,其诊断除了要依据病人即时的临床表现以及辅助检查结果外,还要依据病人的职业史、职业病危害接触史和工作场所职业病危害因素情况等。简单地说,就是既要看现在的症状,也要看症状背后的经历。因此,职业病诊断前的保护,针对的并不是现实中的职业病病人,而是潜在的职业病病人,或者说是可能出现的职业病病人。这个阶段的保护,主要围绕的是将来可能出现的职业病诊断所需要的资料。虽然建立这些资料的出发点是为了预防职业病,但客观上起到了帮助职业病诊断的作用。

一、为可能出现的职业病诊断保存证据性资料

(一)要求用人单位建立职业卫生档案

职业卫生档案是用人单位开展职业卫生活动直接形成的各种形式的历史记录。职业卫生档案的本质属性是它的记录的原始性。所以,职业卫生档案中的工作场所职业病危害因素日常监测和定期职业病危害因素检测、评价结果等资料可以比较全面、真实地反映用人单位的职业病危害情况。在职业病诊断中,职业病危害因素监测、检测、评价结果是重要证据之一。

(二)要求用人单位为劳动者建立职业健康监护档案

职业健康监护是用人单位关心、爱护劳动者健康的具体体现。将劳动者的健康情况和职业情况等资料保存起来,对追踪溯源劳动者健康史、劳动者职业史、劳动者职业病危害接触史,以及明确用人单位责任等,都具有重要意义。《职业病防治法》规定,用人单位应当为劳动者建立职业健康监护档案,并按照规定的期限妥善保存。职业健康监护档案应当包括劳动者的职业史、职业病危害接触史、职业健康检查结果和职业病诊疗等有关个人健康资料。需要说明的是，职业健康检查结果，包括劳动者上岗前的职业健康检查结果、在岗期间的职业健康检查结果和离岗时的职业健康检查结果等。

二、将持有职业病诊断证据性资料的主体多元化

在职业病诊断纠纷中，遇到的最大困难是可以作为职业病诊断依据的历史性资料不全问题。所以，解决职业病诊断纠纷，首先要解决职业病诊断资料的保全问题。对用人单位来说，保存职业病诊断资料是它的义务；对劳动者来说，持有职业病诊断资料是他的权利；对卫生行政部门来说，掌握职业病诊断资料是它的职责。

（一）用人单位应当保存职业病诊断所需要的资料

用人单位建立、健全职业卫生档案和职业健康监护档案，并按要求存入职业病诊断所需要的资料，是法律赋予的义务。根据《职业病防治法》的规定，用人单位应当将定期开展的工作场所职业病危害因素检测、评价结果存入职业卫生档案。

（二）劳动者可以复印职业健康监护档案内的资料

劳动者持有自己的职业健康监护档案内的资料复印件，是法律授予的权利。《职业病防治法》规定，劳动者离开用人单位时，有权索取本人职业健康监护档案复印件，用人单位应当如实、无偿提供，并在所提供的复印件上签章。此外，劳动者还可以自行复制职业病危害因素检测、评价结果。根据《职业病防治法》的规定，用人单位应当向劳动者公布对工作场所定期进行的职业病危害因素检测、评价结果。

（三）卫生行政部门有必要掌握用人单位的职业病危害情况

卫生行政部门依法履行对用人单位的职业病防治监管职责，其所掌握的职业病危害资料也是职业病诊断依据。这方面的资料分为两部分：一部分是用人单位提供的。《职业病防治法》规定，用人单位应当定期向卫生行政部门报告对工作场所定期进行的职业病危害因素检测、评价结果。另一部分是卫生行政部门直接获得的。《职业病防治法》规定，卫生行政部门有权进入被检查单位和职业病危害现场，了解情况，调查取证；查阅或者复制与违反职业病防治法律、法规的行为有关的资料和采集样品等。

第二节 职业病诊断中的保护

在职业病诊断阶段，主要任务是确保职业病诊断的顺利进行。在实践中，用人单位提供的职业病诊断资料不足问题时有发生。为避免延误职业病诊断，需要从解决问题的角度制定规则，并确保诊断依据的调整在技术上的可行性。这个阶段的保护，主要体现在劳动者的实体权利。

一、在职业病诊断资料提供方面

对于职业病诊断而言，职业病诊断资料是否齐全、是否真实是基本前提。为了保证职业病诊断机构客观、公正地作出职业病诊断，法律将提供职业病诊断资料的权利义务化。

（一）用人单位有义务提供职业卫生档案和职业健康监护档案内的与职业病诊断相关的全部资料

用人单位依法应当建立、健全职业卫生档案和职业健康监护档案，并按规定存入法律要求的资料。所以，需要进行职业病诊断时，用人单位有义务提供按规定存档的资料。《职业病防治法》规定，用人单位应当如实提供职业病诊断、鉴定所需的劳动者职业史和职业病危害接触史、工作场所职业病危害因素检测结果等资料。

（二）劳动者也有义务提供所掌握的资料

职业病诊断既涉及用人单位的利益，也涉及劳动者的利益。从权利角度说，双方都有权利提供有利于自己的证据性资料。考虑到职业病诊断的复杂性，尤其是离不开历史性资料，其中有的资料可能就在病人手中。为了有利于职业病诊断的顺利进行，法律不仅把提供手中所掌握的与职业病诊断有关的资料作为劳动者的一项权利，而且作为劳动者的一项义务。《职业病防治法》规定，劳动者也应当提供与职业病诊断、鉴定有关的资料。

（三）有关机构也有义务提供所掌握的资料

用人单位的职业病防治工作，有许多是委托第三方进行的。例如，委托职业卫生技术服务机构定期对其工作场所进行职业病危害因素检测、评价；委托医疗机构对所在单位的劳动者进行上岗前、在岗期间和离岗前职业健康检查等。因此，这些被委托的机构也保存着不少与职业病诊断有关的资料。《职业病防治法》规定，有关机构也应当提供与职业病诊断、鉴定有关的资料。

（四）卫生行政部门有责任监督检查和督促用人单位提供职业病诊断所需要的资料

用人单位是提供职业病诊断资料的主要义务人。为了确保用人单位能够真实、及时地提供职业病诊断所需要的资料，法律要求卫生行政部门对用人单位提供职业病诊断资料履行监督检查和督促职责。根据《职业病防治法》的规定，卫生行政部门应当监督检查和督促用人单位提供职业病诊断、鉴定所需要的劳动者职业史和职业病危害接触史、工作场所职业病危害因素检测结果等资料。

二、在职业病诊断资料核实方面

职业病诊断机构进行职业病诊断，并不是消极的。在职业病诊断过程中，职业病诊断机构对工作场所的职业病危害情况产生疑问时，可以自己直接进行现场调查，也可以请求卫生行政部门进行现场调查。

（一）职业病诊断机构可以根据需要对工作场所进行现场调查

工作场所的职业病危害因素情况，在很大程度上影响着职业病诊断结论。为了确保职业病诊断所依据的资料的真实性，法律授予了职业病诊断机构对工作场所的现场调查权。《职业病防治法》规定，职业病诊断、鉴定机构需要了解工作场所职业病危害因素情况时，可以对工作场所进行现场调查，用人单位不得拒绝、阻扰。

（二）职业病诊断机构可以根据需要向卫生行政部门提出组织工作场所现场调查

职业病诊断机构认为自己不方便或者不宜直接进行工作场所现场调查时，可以向卫生行政部门提出组织工作场所现场调查。法律授予职业病诊断机构提出工作场所现场调查请求权，并赋予卫生行政部门组织工作场所现场调查职责，其目的是提高工作场所现场调查结果的权威性。职业病诊断、鉴定机构提出请求后，根据《职业病防治法》的规定，卫生行政部门应当在10日内组织现场调查，用人单位不得拒绝、阻扰。

（三）劳动者对工作场所职业病危害因素检测结果等资料提出异议时，职业病诊断机构应当提请卫生行政部门进行调查

一般情况下，用于职业病诊断的资料，劳动者和用人单位双方应当无异议。当劳动者对用人单位提供的工作场所职业病危害因素检测结果等资料提出异议时，职业病诊断机构应当提请卫生行政部门进行调查。《职业病防治法》规定，劳动者对用人单位提供的工作场所职业病危害因素检测结果等资料有异议，职业病诊断、鉴定机构应当提请卫生行政部门进行调查，卫生行政部门应当自接到申请之日起30日内对存在异议的资料作出判定。

（四）无用人单位提供工作场所职业病危害因素检测结果等资料时，职业病诊断机构应当提请卫生行政部门进行现场调查

在职业病诊断中，遇到最难问题之一是劳动者原来工作的单位解散、破产，导致无用人单位提供工作场所职业病危害因素检测结果等资料。为了保证职业病诊断正常进行，法律将职业病诊断机构提请卫生行政部门进行调查的权利由“可以”调整为“应当”，其目的是防止职业病诊断被迫“中止”。《职业病防治法》规定，因劳动者的用人单位解散、破产，无用人单位提供工作场所职业病危害因素检测结果

等资料的，职业病诊断、鉴定机构应当提请卫生行政部门进行调查，卫生行政部门应当自接到申请之日起30日内对工作场所职业病危害因素情况作出判定。

三、在劳动关系确认方面

在职业病诊断中，劳动者和用人单位之间的劳动关系往往成为争议的焦点之一。为了保护双方的利益，法律对劳动关系争议专门设置了救济程序，从程序上看内容明显有利于劳动者。

（一）可以申请仲裁

在职业病诊断中，需要确认劳动者的职业史、职业病危害接触史等，其中不少问题属于劳动关系范畴，包括当事人是否建立劳动关系、从事的工种、在什么工作岗位或者在岗时间长短等。当双方因这些问题发生争议时，职业病诊断往往难以继续进行。法律将这些问题的解决交付给了劳动人事争议仲裁委员会。《职业病防治法》规定，职业病诊断、鉴定过程中，在确认劳动者职业史、职业病危害接触史时，当事人对劳动关系、工种、工作岗位或者在岗时间有争议的，可以向当地的劳动人事争议仲裁委员会申请仲裁；接到申请的劳动人事争议仲裁委员会应当受理，并在30日内作出裁决。该法同时规定，当事人在仲裁过程中对自己提出的主张，有责任提供证据。劳动者无法提供由用人单位掌握管理的与仲裁主张有关的证据的，仲裁庭应当要求用人单位在指定期限内提供；用人单位在指定期限内不提供的，应当承担不利后果。

（二）可以提起诉讼

仲裁结果对劳动者和用人单位来说，都是利益攸关的。双方当事人对仲裁结果有异议在所难免。为了最大限度地保护劳动者的利益，法律对仲裁之后的诉讼期限问题作了不同的处理。劳动者不服仲裁裁决的，可以在仲裁后依法向人民法院提起诉讼，但用人单位不服仲裁裁决的，只能在职业病诊断后向人民法院提起诉讼。《职业病防治法》规定，劳动者对仲裁裁决不服的，可以依法向人民法院提起诉讼。用人单位对仲裁裁决不服的，可以在职业病诊断、鉴定程序结束之日起15日内依法向人民法院提起诉讼。这样规定既有利于及时进行职业病诊断，也有利于职业病病人及时得到治疗，因为该法同时规定，诉讼期间，劳动者的治疗费用按照职业病待遇规定的途径支付。

四、在职业病诊断方面

对劳动者来说，自由选择职业病诊断机构非常重要，当然最重要的还是职业病诊断机构能够及时作出职业病诊断结论，因为职业病诊断结论是职业病病人享受职业病待遇的唯一依据。

（一）由劳动者自主选择职业病诊断机构

为了方便劳动者寻求职业病诊断，法律将职业病诊断机构的选择权交给了劳动者。《职业病防治法》规定，劳动者可以在用人单位所在地、本人户籍所在地或者经常居住地依法承担职业病诊断的医疗卫生机构进行职业病诊断。

（二）用人单位应当及时安排疑似职业病病人进行职业病诊断

一般情况下，职业病诊断是由劳动者主动提出来的。但对在岗期间或者离岗前职业健康检查中发现的疑似职业病病人，法律要求，用人单位应当及时安排进行职业病诊断，而且无论是在职业病诊断期间还是在医学观察期间，都不得解除或者终止双方的劳动关系。《职业病防治法》规定，用人单位应当及时安排对疑似职业病病人进行诊断；在疑似职业病病人诊断或者医学观察期间，不得解除或者终止与其订立的劳动合同。

（三）没有证据否定职业病危害因素与临床表现之间的必然联系的应当诊断为职业病

职业病诊断是一项技术性、政策性很强的工作。为了明确致病原因与职业条件的相关性，法律除强调了职业病诊断应当综合分析的因素外，还特别规定了职业病诊断的基本原则。《职业病防治法》规定，职业病诊断，应当综合分析下列因素：（1）病人的职业史；（2）职业病危害接触史和工作场所职业病危害因素情况；（3）临床表现以及辅助检查结果等。并规定，没有证据否定职业病危害因素与临床表现之间的必然联系的，应当诊断为职业病。

（四）用人单位不提供工作场所职业病危害因素检测结果等资料的也应当作出职业病诊断结论

为切实有效地保护劳动者的利益，针对用人单位不提供工作场所职业病危害因素检测结果等资料的情况，法律专门设置了特别机制，为许多悬而未决的职业病诊断争议提供了解决窗口。《职业病防治法》规定，职业病诊断、鉴定过程中，用人单位不提供工作场所职业病危害因素检测结果等资料的，职业病诊断、鉴定机构应当结合劳动者的临床表现、辅助检查结果和劳动者的职业史、职业病危害接触史，并参考劳动者的自述、卫生行政部门提供的日常监督检查信息等，作出职业病诊断、鉴定结论。

（五）劳动者不承担职业病诊断费用

职业病病人（包括疑似职业病病人）已经遭受了身心痛苦，而且他们大部分生活贫困。所以，于情于理都不应该由他们承担与职业病诊断、鉴定相关的费用。《职业病防治法》规定，职业病诊断、鉴定费用由用人单位承担。疑似职业病病人在诊断、医学观察期间的费用,由用人单位承担。

第三节 职业病诊断后的保护

经职业病诊断为职业病病人的,或者经职业病鉴定为职业病病人的,依法享有法定的职业病待遇。职业病待遇是国家和用人单位对患有职业病的劳动者在生活和医疗方面给予的物质帮助。通常是根据劳动者的病情,给予医疗、调动工作、疗养等优待。《职业病防治法》规定,用人单位应当保障职业病病人依法享受国家规定的职业病待遇。

一、安排职业病病人进行治疗、康复和定期检查

通过医疗,部分或者全部恢复职业病病人生活或者劳动能力,为他们重新参与经济社会活动创造条件,是用人单位对职业病病人的责任。《职业病防治法》规定,用人单位应当按照国家有关规定,安排职业病病人进行治疗、康复和定期检查。

二、妥善安置不适宜继续从事原工作的职业病病人

劳动者患职业病的主要原因是从事了接触职业病危害因素的作业。所以,用人单位在加强职业卫生防护的同时,应当将不适宜继续从事原工作的职业病病人调离原岗位,以有利于劳动者恢复身体健康。对丧失劳动能力的,用人单位应当妥善安置,以消除其后顾之忧。《职业病防治法》规定,用人单位对不适宜继续从事原工作的职业病病人,应当调离原岗位,并妥善安置。

三、按照工伤保险规定给予职业病病人社会保障

工伤保险的目的之一是保障患有职业病的劳动者获得医疗救治和经济补偿。《职业病防治法》规定,职业病病人的诊疗、康复费用,伤残以及丧失劳动能力的职业病病人的社会保障,按照国家有关工伤保险的规定执行。2021 年的《医师法》也规定,医师受到事故伤害或者在职业活动中因接触有毒、有害因素而引起疾病、死亡的,依照有关法律、行政法规的规定享受工伤保险待遇。

四、职业病病人有权向用人单位提出赔偿要求

对于职业病病人来说,工伤保险是补偿其因职业病导致的经济损失的主要途径,包括个人收入等方面的直接经济损失和治疗、护理、康复以及疗养等费用。但工伤保险的保障范围和水平还是有限度的,为了进一步保护职业病病人的利益,同时也是为了加大用人单位的责任,《职业病防治法》特别规定,职业病病人除依法享有工伤保险外,依照有关民事法律,尚有获得赔偿的权利的,有权向用人单位提出赔偿要求。

五、没有参加工伤保险的用人单位承担职业病病人的医疗和生活保障

在我国，职业病属于工伤。为了保护职业病病人利益，《职业病防治法》规定，用人单位必须依法参加工伤保险。换句话说，用人单位参加工伤保险的，其职业病病人依法享受工伤保险。用人单位没有依法参加工伤保险的，根据《职业病防治法》的规定，劳动者被诊断患有职业病，其医疗和生活保障由该用人单位承担。

六、职业病病人变动工作单位时享有的职业病待遇不变

患有职业病的劳动者变动工作单位时，其依法享有的职业病待遇不变。在职业病待遇中，由原用人单位负责的，继续由原用人单位负责，或者由原用人单位和新用人单位协商确定。《职业病防治法》规定，职业病病人变动工作单位，其依法享有的待遇不变。

七、用人单位分立、合并、解散、破产时应当妥善安置职业病病人

根据我国《劳动合同法》的规定，用人单位既不得以非过失性辞退的理由也不得以经济性裁员的理由，解除与职业病病人的劳动合同。也就是说，用人单位的形式无论发生什么变化，都应当妥善安置好职业病病人。《职业病防治法》规定，用人单位在发生分立、合并、解散、破产等情形时，应当按照国家有关规定妥善安置职业病病人。

八、用人单位已经不存在或者无法确认劳动关系时职业病病人由政府给予医疗和生活救助

在实践中，有的职业病病人的用人单位因各种原因已经不存在了，有的职业病病人因灵活用工无法确认劳动关系。这部分职业病病人如果不能享受规定的工伤保险，可以依法向政府申请医疗和生活等救助。作为地方政府也应当主动采取措施，使他们获得医疗帮助。《职业病防治法》规定，用人单位已经不存在或者无法确认劳动关系的职业病病人，可以向地方人民政府医疗保障、民政部门申请医疗救助和生活等方面的救助。并规定，地方各级人民政府应当根据本地区的实际情况，采取其他措施，使上述职业病病人获得医疗救治。

第二十一章　职业卫生相关机构的管理

第一节　职业卫生相关机构的概念和分类

一、职业卫生相关机构的概念

所谓职业卫生相关机构，是指为了职业病防治，依法设立的提供职业卫生技术服务、职业健康检查服务、职业病诊断服务和职业病鉴定服务的专门机构的统称。

在现行卫生法律、行政法规中，并没有职业卫生相关机构这一术语。在职业病防治上，有许多工作涉及专业领域。在这些专业领域中，根据《职业病防治法》的规定，有的需要委托第三方机构进行，有的需要指定专业机构开展，有的需要成立专门机构实施。为了表述上的方便，将这些机构概括性地称为职业卫生相关机构。

二、职业卫生相关机构的分类

根据《职业病防治法》的规定，职业卫生相关机构大致分为以下三类：

（一）职业卫生技术服务机构

职业卫生技术服务机构，是指为用人单位提供职业病危害因素检测、职业病危害现状评价、职业病防护设备设施及防护用品的效果评价等技术服务的机构。

为了加强职业卫生技术服务机构管理，2002 年卫生部曾制定《职业卫生技术服务机构管理办法》，明确职业卫生技术服务机构是指为实施职业病防治法服务的职业卫生技术机构。职业卫生技术服务包括建设项目职业病危害评价、职业病危害因素的检测与评价、化学品毒性鉴定、放射卫生防护检测与评价、职业病防护设施与个人职业病防护用品效果评价、放射防护器材和含放射性产品检测等项目。之后，随着职业卫生职责的调整，2012 年国家安全生产监督管理总局制定了《职业卫生技术服务机构监督管理暂行办法》，并于 2015 年进行了修正。根据规定，职业卫生技术服务机构是指为建设项目提供职业病危害预评价、职业病危害控制效果评价，为用人单位提供职业病危害因素检测、职业病危害现状评价、职业病防护设备设施与防护用品的效果评价等技术服务的机构。并将职业卫生技术服务机构的资质从高到低分为甲级、乙级、丙级三个等级。2020 年 12 月，国家卫生健康委员会公布新的《职业卫生技术服务机构管理办法》，原《职业卫生技术服务机构监督管理暂行办法》同时废止。

目前，我国职业卫生技术服务机构的资质等级分为甲级和乙级两个等级。甲级资质由国家卫生健康委员会认可及颁发证书。乙级资质由省、自治区、直辖市卫生健康主管部门认可及颁发证书。职业卫生技术服务机构应当按照资质等级以及认可的业务范围开展相应的职业卫生技术服务活动。根据规定，开展职业卫生技术服务的，应当按照规定取得职业卫生技术服务机构资质；未取得职业卫生技术服务机构资质的，不得从事职业卫生检测、评价技术服务。

（二）医疗卫生机构

医疗卫生机构，是指承担职业健康检查和职业病诊断的医疗卫生机构。这里所称的医疗卫生机构，是《职业病防治法》规定的名称。按照《医疗机构管理条例》的规定，无论是开展职业健康检查的医疗卫生机构，还是开展职业病诊断的医疗卫生机构，在性质上都属于医疗机构。

1. 职业健康检查机构

职业健康检查机构，也就是开展职业健康检查的医疗卫生机构。职业健康检查是指医疗卫生机构按照国家有关规定，对从事接触职业病危害作业的劳动者进行的上岗前、在岗期间、离岗时的健康检查。《职业病防治法》规定，职业健康检查应当由取得《医疗机构执业许可证》的医疗卫生机构承担。并规定，卫生行政部门应当加强对职业健康检查工作的规范管理。为加强职业健康检查工作，规范职业健康检查机构管理，保护劳动者健康权益，2015 年国家卫生计生委出台了《职业健康检查管理办法》。

国家对开展职业健康检查的医疗卫生机构曾实行许可制管理，且由省级以上卫生行政部门审批。为鼓励医疗机构开展职业健康检查，方便劳动者就近享受职业健康检查服务，2017 年 11 月 4 日第十二届全国人大常委会第三十次会议对《职业病防治法》第 35 条第 3 款进行了修改。根据新的规定，取得《医疗机构执业许可证》的医疗卫生机构就可以开展职业健康检查。

2. 职业病诊断机构

职业病诊断机构，也就是开展职业病诊断的医疗卫生机构。《职业病防治法》规定，职业病诊断应当由取得《医疗机构执业许可证》的医疗卫生机构承担。承担职业病诊断的医疗卫生机构还应当具备下列条件：（1）具有与开展职业病诊断相适应的医疗卫生技术人员；（2）具有与开展职业病诊断相适应的仪器、设备；（3）具有健全的职业病诊断质量管理制度。

职业病诊断不仅专业性强、技术面宽，而且涉及多方面的利益关系，法律对职业病诊断有明确的程序性要求。我国对职业病诊断机构实行备案与指定相结合的管理制度。根据《职业病诊断与鉴定管理办法》的规定，医疗卫生机构开展职业病诊断工作，应当在开展之日起 15 个工作日内向省级卫生健康主管部门备案。设区的市没有医疗卫生机构备案开展职业病诊断的，省级卫生健康主管部门应当根据职业病诊断工作的需要，指定符合条件的医疗卫生机构承担职业病诊断工作。

（三）职业病诊断鉴定委员会

职业病诊断鉴定委员会，也称职业病鉴定委员会，是指对职业病诊断纠纷中致病原因和疾病性质，进行全面医学审查的组织。《职业病防治法》规定，职业病诊断鉴定委员会由相关专业的专家组成。省、自治区、直辖市人民政府卫生行政部门应当设立相关的专家库，需要对职业病争议作出诊断鉴定时，由当事人或者当事人委托有关卫生行政部门从专家库中以随机抽取的方式确定参加诊断鉴定委员会的专家。并规定，人民法院受理有关案件需要进行职业病鉴定时，应当从省、自治区、直辖市人民政府卫生行政部门依法设立的相关的专家库中选取参加鉴定的专家。

上述规定表明，职业病诊断鉴定委员会是由相关专业的专家组成的，但该专家并不是固定的，而是每次进行职业病诊断鉴定时从专家库中以随机抽取的方式确定的。从这个意义上说，也可以认为职业病诊断鉴定委员会是临时组成的负责鉴定具体的职业病诊断争议的组织。

为了规范职业病诊断与鉴定工作，加强职业病诊断与鉴定管理，根据《职业病防治法》有关规定，2002 年卫生部制定了《职业病诊断与鉴定管理办法》。2013 年卫生部对该办法进行了修改，出台了新的《职业病诊断与鉴定管理办法》。根据新情况、新变化，2021 年国家卫生健康委员会公布了最新的《职业病诊断与鉴定管理办法》。

第二节 职业卫生相关机构的职责

一、职业卫生技术服务机构的职责

《职业病防治法》对职业卫生技术服务机构的职责只作了原则性规定。例如，第 26 条第 3 款规定，职业病危害因素检测、评价由依法设立的取得国务院卫生行政部门或者设区的市级以上地方人民政府卫生行政部门按照职责分工给予资质认可的职业卫生技术服务机构进行。第 27 条规定，职业卫生技术服务机构依法从事职业病危害因素检测、评价工作，接受卫生行政部门的监督检查。

显而易见，职业卫生技术服务机构的法定职责是职业病危害因素检测、评价工作。在我国，对工作场所进行职业病危害因素检测、评价的责任在用人单位。根据《职业病防治法》的规定，用人单位除应当建立职业病危害因素日常监测系统并确保其正常运行外，还应当定期对工作场所进行职业病危害因素检测、评价，但该检测、评价工作，应当委托职业卫生技术服务机构进行。

《职业病防治法》将第三方检测、评价制度引入职业卫生，目的是保证检测、评价的客观、真实，以利于及时发现问题，及时采取措施消除危害，保护劳动者的健康。第26条第4款规定，发现工作场所职业病危害因素不符合国家职业卫生标准和卫生要求时，用人单位应当立即采取相应治理措施，仍然达不到国家职业卫生标准和卫生要求的，必须停止存在职业病危害因素的作业；职业病危害因素经治理后，符合国家职业卫生标准和卫生要求的，方可重新作业。

除此之外，职业卫生技术服务机构还可以根据自己的意愿开展职业病防护设备设施与防护用品的效果评价等技术服务。取得甲级资质的职业卫生技术服务机构，可以根据认可的业务范围在全国从事职业卫生技术服务活动。取得乙级资质的职业卫生技术服务机构，可以根据认可的业务范围在其所在的省、自治区、直辖市从事职业卫生技术服务活动。但下列用人单位的职业卫生技术服务，必须由取得甲级资质的职业卫生技术服务机构承担：(1)核设施的用人单位；(2)生产经营的装置(设施)跨省、自治区、直辖市的用人单位。

二、医疗卫生机构的职责

1. 职业健康检查机构的职责

职业健康检查机构是开展职业健康检查业务的医疗卫生机构的统称。实际上，职业健康检查只是医疗卫生机构的业务之一。职业健康检查包括上岗前、在岗期间和离岗时的健康检查，医疗卫生机构无论是开展全部还是开展其中一部分，都属于职业健康检查机构。

根据《职业健康检查管理办法》的规定，职业健康检查机构的主要职责是：

(1)在备案开展的职业健康检查类别和项目范围内，依法开展职业健康检查工作，并出具职业健康检查报告；(2)履行疑似职业病的告知和报告义务；(3)报告职业健康检查信息；(4)定期向卫生健康主管部门报告职业健康检查工作情况，包括外出职业健康检查工作情况；(5)开展职业病防治知识宣传教育；(6)承担卫生健康主管部门交办的其他工作。

职业健康检查对劳动者而言，意义重大。《职业病防治法》规定，用人单位不得安排未经上岗前职业健康检查的劳动者从事接触职业病危害的作业;对在职业健康检查中发现有与所从事的职业相关的健康损害的劳动者,应当调离原工作岗位,并妥善安置;对未进行离岗前职业健康检查的劳动者不得解除或者终止与其订立的劳动合同。职业健康检查结果是劳动者的职业健康监护档案的重要内容。

为了对劳动者和用人单位负责,《职业病防治法》要求卫生行政部门加强对职业健康检查工作的规范化管理。

2. 职业病诊断机构的职责

职业病诊断机构是开展职业病诊断业务的医疗卫生机构的统称。医疗卫生机构开展职业病诊断业务的资质,可以通过备案或者指定两种方式取得。换句话说,医疗卫生机构不可以擅自开展职业病诊断业务。通常,具有职业病诊断资质的医疗卫生机构都可以开展职业健康检查业务,但开展职业健康检查业务的医疗卫生机构并不都具有开展职业病诊断业务的资质。

《职业病防治法》对职业病诊断机构的职责有比较具体的规定。主要是:

(1)在资质范围内开展职业病诊断业务。承担职业病诊断的医疗卫生机构应当具有与开展职业病诊断相适应的医疗卫生技术人员;具有与开展职业病诊断相适应的仪器、设备;具有健全的职业病诊断质量管理制度。(2)出具职业病诊断证明书。职业病诊断证明书应当由参与诊断的取得职业病诊断资格的医师签署,并经承担职业病诊断的医疗卫生机构审核盖章。(3)报告职业病。医疗卫生机构发现职业病病人或者疑似职业病病人时,应当及时向所在地卫生行政部门报告。(4)告知疑似职业病。医疗卫生机构发现疑似职业病病人时,应当告知劳动者本人并及时通知用人单位。

根据《职业病诊断与鉴定管理办法》的规定,职业病诊断机构的职责是:

(1)在备案的诊断项目范围内开展职业病诊断;(2)及时向所在地卫生健康主管部门报告职业病;(3)按照卫生健康主管部门要求报告职业病诊断工作情况;(4)承担《职业病防治法》中规定的其他职责。

职业病诊断结果不仅关系劳动者的健康利益,而且关系劳动者的经济利益。为保护劳动者权益,《职业病防治法》规定,承担职业病诊断的医疗卫生机构不得拒绝劳动者进行职业病诊断的要求。

三、职业病诊断鉴定委员会的职责

职业病诊断鉴定委员会负责对职业病诊断争议进行鉴定。《职业病防治法》规定,当事人对职业病诊断有异议的,可以向作出诊断的医疗卫生机构所在地地方人民政府卫生行政部门申请鉴定。职业病诊断争议由设区的市级以上地方人民政府卫生行政部门根据当事人的申请，组织职业病诊断鉴定委员会进行鉴定。并规定，当事人对设区的市级职业病诊断鉴定委员会的鉴定结论不服的，可以向省、自治区、直辖市人民政府卫生行政部门申请再鉴定。

职业病诊断鉴定应当坚持实事求是的科学态度，做到事实清楚、定性准确、责任明确。《职业病防治法》规定，职业病诊断鉴定委员会应当按照国务院卫生行政部门颁布的职业病诊断标准和职业病诊断、鉴定办法进行职业病诊断鉴定，向当事人出具职业病诊断鉴定书。为了减轻劳动者负担，《职业病防治法》规定，职业病诊断、鉴定费用由用人单位承担。

职业病诊断鉴定实行的是鉴定专家负责制。所以，职业病诊断鉴定结论是否客观、公正，在很大程度上取决于参加鉴定的专家的业务素质和道德素质。对此，法律从实体和程序两个方面进行了约束。《职业病防治法》规定，职业病诊断鉴定委员会组成人员应当遵守职业道德，客观、公正地进行诊断鉴定，并承担相应的责任。职业病诊断鉴定委员会组成人员不得私下接触当事人，不得收受当事人的财物或者其他好处，与当事人有利害关系的，应当回避。同时，该法还规定了相应的法律责任。

为了方便当事人，《职业病诊断与鉴定管理办法》规定，设区的市级以上地方卫生健康主管部门可以为职业病诊断鉴定委员会指定办事机构，具体承担职业病诊断鉴定的组织和日常性工作。主要职责是：(1)接受当事人申请；(2)组织当事人或者接受当事人委托抽取职业病诊断鉴定专家；(3)组织职业病诊断鉴定会议，负责会议记录、职业病诊断鉴定相关文书的收发及其他事务性工作；(4)建立并管理职业病诊断鉴定档案；(5)报告职业病诊断鉴定相关信息；(6)承担卫生健康主管部门委托的有关职业病诊断鉴定的工作。

第六篇

食品安全法

第二十二章　食品安全法概说

第一节　食品安全法的概念和特点

一、食品安全法的概念

食品安全法是调整食品安全关系的法律规范的总称。食品安全法有狭义和广义之分。狭义的食品安全法是指《食品安全法》。广义的食品安全法是指包括《食品安全法》在内的所有与食品安全相关的法律规范的总和。通常,食品安全法的概念是广义的。

学术上将狭义的食品安全法称为形式意义上的食品安全法,将广义的食品安全法称为实质意义上的食品安全法。在食品安全上,我国既有形式意义上的食品安全法,也有实质意义上的食品安全法。

二、食品安全法的特点

从之前的食品卫生法到现在的食品安全法,虽然主管部门几经调整,法律制度也在不断创新发展,但其特点始终没有改变。

(一)贯彻预防为主的思想

从性质上说,食品安全是公共卫生的重要组成部分。因此,食品安全法是以保护人民群众的健康为基本出发点的。食品安全法对食品生产经营活动采取的是积极干预政策,无论是对政府在食品安全监管中的责任定位,还是对企业在食品生产经营中的行为约束,在制度安排上都是预防性的设计。强调在关系每一个人健康的食品安全上,全社会应当更加主动地负起责任。要求通过系统性的、专业性的、经常性的有效措施,确保不发生比较严重的食品安全问题。希望形成这样一种机制,在食品安全上,既不浪费对问题作出科学决策的最佳时间,也不错失将问题解决在萌芽状态的良好机会。

(二)体现综合治理的理念

在食品安全法律制度中,政府的监管始终处于核心地位。但政府监管不能代替企业和行业自律,也不能代替社会监督。食品安全作为人的最基本需求,有诸多利益关系者,因此,需要全社会共同参与。政府监管的目的在于建立和维护有利于食品安全的市场秩序,企业和行业自律可以使政府监管发挥事半功倍的作用,而社会监督不仅有助于企业和行业自律,还有助于政府监管与企业和行业自律之间形成良好的互动的局面。综合治理具体反映了全社会享有的参与食品安全的权利,具有先进性和可行性。食品安全法将综合治理作为促进食品生产经营行为规范化的一种基本方法。

(三)突出科学监管的精神

食品安全已经成为一种制度化的政府责任。因为社会发展到现在,已经没有一个食品生产经营者或者消费者能够完全依靠自己的力量来保障食品安全了。政府在食品生产经营活动中的监管作用,不仅具有保障食品安全的功能,而且还具有促进食品产业发展的功能。在食品安全作为强制性目标的情况下,如何在实践中把握好安全与效率的关系,是食品安全法律制度有效运行的根本所在。为此,在各项制度设计中,食品安全法在关注食品安全问题的同时,也积极引入效率机制,给予食品生产经营者与其履行职责和义务程度相对应的权利,进而使食品安全法律制度更具有激励性。

第二节 食品安全法的由来

一、食品安全法的前身是食品卫生法

食品卫生法律制度从20世纪50年代起就开始建立了。1965年《食品卫生管理试行条例》和1979年《食品卫生管理条例》是早期最具代表性的两个行政法规。它们虽然条款比较少、内容也比较简洁,但对确立食品卫生法在我国公共卫生法中的中心地位起了重要作用。到20世纪80年代,国家特别重视食品卫生,并加快了立法步伐。1982年第五届全国人大常委会第二十五次会议通过了《食品卫生法(试行)》。它的制定不仅标志着我国食品卫生法律制度基本建立,而且极大地促进了卫生法的发展。之后,1995年第八届全国人大常委会第十六次会议通过了《食品卫生法》,为食品卫生法从产生到发展进而走向完善树立了新的里程碑。

二、食品卫生监管体制改革促成食品安全法诞生

进入21世纪后,食品卫生问题再度引起社会高度关注。有关食品卫生的显著变化是,一方面相关立法应运而生,另一方面参与部门顺势而为,事实上形成了多部法律"齐头并进"、多个部门"齐抓共管"的局面。为此,国务院决定对食品卫生监

管体制进行改革,按照一个监管环节由一个部门监管的原则,采取分段监管为主、品种监管为辅的方式,理顺有关监管部门的职能。具体体现为农业部门负责初级农产品生产加工环节的监管;质检部门负责食品生产加工环节的监管;工商部门负责食品流通环节的监管;卫生部门负责餐饮业和食堂环节的监管;食品药品监管部门负责综合监督、组织协调和组织查处重大事故。由于卫生部门不再是食品卫生唯一主管部门,从2004年开始国务院法制办组织修改《食品卫生法》,根据实际情况,决定将法律名称改为《食品安全法》。2009年第十一届全国人大常委会第七次会议通过了《食品安全法》,该法自2009年6月1日起施行,《食品卫生法》同时废止。

三、食品安全与食品卫生一脉相承

食品安全的定义来自《食品卫生法》及其配套规章。根据《食品卫生法》及其配套规章的规定,食品安全是指食品无毒、无害,符合应当有的营养要求,对人体健康不造成任何急性、亚急性或者慢性危害。这一定义既高度概括了食品安全和食品卫生的实质,也充分表明了食品安全与食品卫生的一致性。

第三节　食品安全法的发展历史

食品是我国最早建立卫生法律制度的领域之一。20世纪50年代起,食品卫生法在公共卫生法中就占据了优先发展的位置,而且一直是其他领域卫生立法的榜样。20世纪80年代后,以《食品卫生法(试行)》为先导,卫生法进入了一个崭新的发展时期。21世纪以来,《食品安全法》成为公共卫生法立法的新热点。总的来说,我国食品安全法经历了从食品卫生法到食品安全法两个过程。从整体而言,大致可以分为以下四个阶段:

一、创建阶段

食品卫生法初期成果主要集中在20世纪50年代和60年代。这个阶段最重要的两件事是:1954年政务院批准卫生部发布了《卫生防疫站暂行办法》,在全国县级以上地方卫生行政部门建立卫生防疫站,开展“对饮食品之制造、加工、贩卖、储运等情况及其从业人员之健康,进行经常性卫生监督。对饮食品之质量进行抽样检验工作”;1965年国务院批转卫生部、商业部、第一轻工业部、中央工商行政管理局、全国供销合作总社《食品卫生管理试行条例》,标志着我国建立了一个由卫生部门监管、行业主管部门参与、覆盖城乡、涵括所有食品及各种食品生产经营单位的综合性食品卫生监督管理体系。

20世纪50年代食品卫生法立法从零开始，面对食品卫生基础差这一问题，将重点放在了与人民群众日常生活紧密相关的饮食物、食堂、肉与肉制品、蛋与蛋制品等食品卫生问题上，采取行政法规、部门规章等多种形式，解决突出的食物中有害因素引起的食物中毒和肠道传染病等问题，促进经济社会发展。1953年政务院批准，卫生部颁布的《清凉饮食物管理暂行办法》是食品卫生方面第一个专门的行政法规。规章主要有：1955年卫生部、中华全国总工会《食堂卫生管理暂行办法》，卫生部《关于统一领导屠宰场及场内卫生和兽医工作的规定》；1957年对外贸易部、城市服务部、卫生部、食品工业部《干、湿蛋制品操作法》《冰蛋操作规程》《蛋制品检验方法》《蛋制品加工厂生产卫生制度》《关于次蛋、次蛋品的处理暂行规定》《关于加工处理不合格蛋制品的几项规定》《蛋制品生产质量指标》；1959年农业部、卫生部、对外贸易部、商业部《肉品卫生检验试行规程》等。营养问题也格外受到重视，1958年卫生部转发了中国医学科学院《全国营养调查研究计划草案》，要求在各地党政领导下共同完成此项任务。

20世纪60年代食品卫生法立法可圈可点。《食品卫生管理试行条例》虽然篇幅不长，总共只有17条，但其所涉及的内容、建立的制度，基本涵盖了食品卫生的各个方面，对后来的食品卫生法立法影响很大。在此之前，1960年国务院转发了国家科学技术委员会、卫生部、轻工业部《食用合成染料管理暂行办法》。1960年卫生部、商业部印发《关于加强食品行业卫生工作的联合通知》，要求加强牲畜屠宰场所的卫生管理和食品加工、储运、销售以及饮食业的卫生工作；建立和健全卫生制度，加强饮食卫生工作；大力加强卫生宣传、人员培训和健康检查工作等。该通知要求推行“卫生五四制”，即由原料到成品实行“四不制度”；成品（食物）存放实行“四隔离”；用（食）具实行“四过关”；环境卫生采取“四定”方法；个人卫生做到四勤。“卫生五四制”成为食品生产经营最基本的卫生要求。这个时期，食品卫生“从农田到餐桌”的理念已经萌芽。1961年卫生部、农业部、建筑工程部颁发了《污水灌溉农田卫生管理试行办法》，要求“利用生活污水灌溉蔬菜或瓜果类时，必须经过沉淀处理”，“工业废水在灌溉前应在厂内采取相应措施（回收利用、处理等），使灌溉农田的水质达到农业及卫生上的要求”等。食品卫生方面的法规性文件还有：1961年卫生部、轻工业部、商业部《关于加强高级糖果和高级糕点生产销售各个环节卫生检查工作的联合通知》；1962年卫生部、中央工商行政管理局、商业部、全国供销合作总社《关于加强集市卫生管理的联合通知》；1963年卫生部、商业部、中华全国供销合作总社《关于随意出售、使用规定以外的色素加染食物而引起中毒的通报》《关于当前食品卫生情况的通报》；1965年商业部、卫生部《关于次鲜鸡蛋及发现肠道致病菌冰鸡蛋处理的暂行卫生规定》《肉蛋及其制品卫生管理试行办法》等。

进入20世纪70年代后，卫生部组织对有关食品卫生标准进行了修订，如1972年以《为颁发试行粮食中有关毒物标准的通知》，发布了《粮食中有害物质允许限度及检验方法》。1974年国务院批转了国家计划委员会《关于防止食品污染问题的报告》。该报告从农药污染、工业废水和生活污水污染、粮油食品霉变污染、家畜疫病污染、运输包装污染、食品生产加工过程污染、饮食行业不卫生造成食品污染、进口食品污染八个方面分析了存在的问题，建议采取的措施包括"由卫生部组织有关部门，在发动群众、调查研究的基础上，迅速制定国家食品卫生标准和卫生法规"，对食品加强检验和监督工作，并建议"在中国医学科学院下设立一个食品卫生检验机构来专管这项工作"，归属卫生部领导。

二、发展阶段

对食品卫生法来说，这个阶段具有特殊意义。它不仅迅速恢复了被"文革"破坏的食品卫生法律制度，而且将食品卫生法制建设推向了新的高潮。1979年国务院在《食品卫生管理试行条例》基础上，颁布了新的《食品卫生管理条例》，分总则、食品卫生标准、食品卫生要求、食品卫生管理、进出口食品卫生管理、奖励和惩罚、附则，共7章28条。该条例内容广泛，既有不同部门的分工，又有不同环节上的要求，并在落实上兼顾了不同层次。同时确立了以卫生行政部门为主，工商行政管理部门、食品生产经营主管部门、国家商品检验部门等有关部门参与的食品卫生监督管理体制。这一体制在后来的《食品卫生法》中也得到了肯定。

在总结30多年来食品卫生工作经验和教训的基础上，1982年第五届全国人大常委会第二十五次会议通过了《食品卫生法（试行）》，分总则，食品的卫生，食品添加剂的卫生，食品容器、包装材料和食品用工具、设备的卫生，食品卫生标准和管理办法的制定，食品卫生管理，食品卫生监督，法律责任，附则，共9章45条。这是我国改革开放后第一部卫生方面的专门法律。该法确立了国家实行食品卫生监督制度，并明确卫生行政部门所属的县以上卫生防疫站或者食品卫生监督检验所为食品卫生监督机构，负责管辖范围内的食品卫生监督工作。1983年7月1日《食品卫生法（试行）》施行后，我国食品卫生状况有了明显改善，食品卫生监测合格率从施行前的61.5%提高到1994年的82.3%。各类食品污染、食源性疾患和食物中毒事件大为减少。以食物中毒为例，1985年全国食物中毒人数是76213人，死亡620人；1994年全国食物中毒人数为37235人，死亡264人。

在这个阶段，围绕《食品卫生法（试行）》，卫生部单独或者与有关部门联合出台了一系列规章和规范性文件。主要有：1983年《混合消毒牛乳暂行卫生标准和卫生管理办法》《食品卫生监督证件、证章样式规定》;1985 年《食品工具设备用洗涤剂、消毒剂、洗涤消毒剂卫生管理办法》;1986 年《辐照食品卫生管理暂行规定》《食品营养强化剂卫生管理办法》;1987 年《食品卫生监督员守则》《食品卫生监督员着装风纪要求》《食品新资源卫生管理办法》《禁止食品加药卫生管理办法》《食品卫生检验单位管理办法》;1988 年《国境口岸食品卫生检验人员制服供应规定》《食品卫生监督员制服供应规定》《混合消毒牛乳的卫生管理办法》;1989 年《食品生产经营人员食品卫生知识培训管理办法》;1990 年《新资源食品卫生管理办法》以及《食糖卫生管理办法》等 23 个卫生管理办法;1991 年《食品卫生监督工作程序(试行)》《违反〈中华人民共和国食品卫生法(试行)〉行政处罚程序(试行)》;1992 年《关于对加乳配制饮料管理的意见》;1993 年《街头食品卫生管理暂行办法》《食品广告管理办法》等。

三、完善阶段

这个阶段的开始以《食品安全法》的颁布实施为标志。对《食品卫生法(试行)》进行修改的准备工作是从 20 世纪 80 年代后期开始的,前后提出的修改稿有 19 个。在征求意见中,比较集中的有以下几个问题:一是处罚偏轻,无论是行政处罚还是刑罚,缺乏威慑力,达不到处罚目的;二是卫生防疫站和食品卫生监督检验所负责食品卫生监督工作并行使行政处罚权,不符合行政法基本原则;三是法律法规规定的部门职责界限不明确,存在重复监督、重复检测现象;四是一些新出现的问题缺乏法律依据,如保健食品、新资源食品的审批问题,食物中毒及食品污染事故的临时控制措施问题以及将非食品物品当作食品生产经营问题等。

1995 年第八届全国人大常委会第十六次会议通过了新的《食品卫生法》。《食品卫生法》的章名、章数与《食品卫生法(试行)》保持不变,条数由 45 条增加到 57 条。与《食品卫生法(试行)》相比,《食品卫生法》在以下几个方面作了充实和完善:(1)明确各级人民政府及有关部门和授权机构的职责。其规定,国务院卫生行政部门主管全国食品卫生监督管理工作;国务院有关部门在各自的职责范围内负责食品卫生管理工作;各级人民政府的食品生产经营管理部门应加强食品卫生管理工作,并对执行该法情况进行检查;县级以上地方人民政府卫生行政部门在管辖范围内行使食品卫生监督职责。并授权铁道、交通行政主管部门设立食品卫生监督职责机构,行使规定的职责以及确定进口食品监督范围等。(2)增加了有关食品生产经营企业责任的条款,明确食品生产者必须按照卫生标准和卫生管理办法对其产品实施检验,合格后方可出厂销售;进一步完善了卫生许可制度;规定了各类市场举办者的卫生管理责任。(3)增加了具有特定保健功能食品及其说明书必须经国务院卫生行政部门审查批准方准生产销售的规定,并明确其产品说明书内容必须真实,功能和成份必须与说明书一致,不得有虚假。(4)对尚无国家卫生标准的进口食品及有关产品作出了加强审批的管理规定。(5)增加了卫生行政部门根据情况可以对食品生产经营者采取临时控制措施的条款,同时对"法律责任"一章作了全面修改,处罚种类和幅度有了较强的可操作性。此外,对食物中毒的处理和报告,发挥社会监督作用,卫生行政部门及其食品卫生监督管理人员的法律责任,以及阻碍食品卫生监督管理工作的处罚等,都进行了相应的补充和完善。

为了全面贯彻落实《食品卫生法》,卫生部制定或者与有关部门联合制定了一系列规章和规范性文件,主要是:1996年《保健食品管理办法》《辐照食品卫生管理办法》《学生集体用餐卫生监督办法》《关于规定铁道食品卫生监督职责的通知》《关于规定交通食品卫生监督职责和管辖范围的通知》《保健食品功能学检验机构认定与管理办法》《保健食品标识规定》《保健食品评审技术规程》《保健食品通用卫生要求》;1997年《食品卫生监督程序》《食品卫生行政处罚办法》《关于保健食品管理中若干问题的通知》;1999年《食物中毒事故处理办法》《保健食品申报与受理规定》;2000年《餐饮业食品卫生管理办法》;2002年《食品添加剂卫生管理办法》《转基因食品卫生管理办法》《学校食堂与学生集体用餐卫生管理规定》《关于推行食品卫生监督量化分级管理制度的通知》《关于建立和完善全国食品污染物监测网的通知》;2003年《保健食品检验与评价技术规范(2003年版)》《集贸市场食品卫生管理规范》《散装食品卫生管理规范》《食品安全行动计划》等。

到21世纪初,我国基本形成了符合我国国情的比较完善的食品卫生法体系。国家在加大食品生产经营阶段的食品卫生法立法力度的同时,也加强了农产品种植、养殖阶段以及环境保护对农产品安全影响等方面的立法,颁布、修订了《农药管理条例》《兽药管理条例》《饲料和饲料添加剂管理条例》《农业转基因生物安全管理条例》《动物防疫法》《生猪屠宰管理条例》《植物检疫条例》《进出境动植物检疫法》《环境保护法》《海洋环境保护法》《水污染防治法》《大气污染防治法》《固体废物污染环境防治法》等。此外,在《刑法》中还对涉及各种食品卫生的犯罪活动规定了刑事责任,各省、自治区、直辖市根据本地区的具体情况,也制定实施了有关《食品卫生法》的地方配套法规。

食品卫生标准也是我国食品卫生法制建设的重要组成部分。在这个阶段,我国已有食品卫生标准近500个,基本形成了一个比较完善的由基础标准、产品标准、行为标准和检验方法标准所组成的国家食品卫生标准体系。

四、改革阶段

进入21世纪后,食品卫生再次成为世界性问题。我国也开始酝酿对食品卫生监督体制进行改革。2004年《国务院关于进一步加强食品安全工作的决定》(国发〔2004〕23号)明确提出,按照一个监管环节由一个部门监管的原则,采取分段监管为主、品种监管为辅的方式,进一步理顺食品安全监管职能,明确责任。并要求抓紧组织修订《食品卫生法》等法律法规。

从2004年开始,在国务院法制办领导下,经过3年多的调研、论证和反复修改,根据修订的内容决定将《食品卫生法(修订草案)》改为《食品安全法(草案)》,经2007年10月国务院第195次常务会议讨论通过。同年12月第十届全国人大常委会第三十一次会议、2008年8月第十一届全国人大常委会第四次会议和同年10月第十一届全国人大常委会第五次会议的三次审议,于2009年2月第十一届全国人大常委会第七次会议通过。《食品安全法》分总则、食品安全风险监测和评估、食品安全标准、食品生产经营、食品检验、食品进出口、食品安全事故处置、监督管理、法律责任和附则,共10章104条。根据其第4条规定,国务院设立食品安全委员会;国务院卫生行政部门承担食品安全综合协调职责,负责食品安全风险评估、食品安全标准制定、食品安全信息公布、食品检验机构的资质认定条件和检验规范的制定,组织查处食品安全重大事故;国务院质量监督、工商行政管理和国家食品药品监督管理部门分别对食品生产、食品流通、餐饮服务活动实施监督管理。国务院2008年制定了《乳品质量安全监督管理条例》,2009年又出台了《食品安全法实施条例》。

2013年国务院进行机构改革,将原食品安全办公室、原食品药品监督管理部门、工商行政管理部门、质量技术监督部门的食品安全监管和药品管理职能进行整合,组建食品药品监督管理总局,对食品药品实行集中统一监管,并承担本级政府食品安全委员会的具体工作。同时,启动了对《食品安全法》的修订。2014年,修订草案经国务院第47次常务会议讨论通过,2015年4月第十二届全国人大常委会第十四次会议通过。新的《食品安全法》在原有框架基础上,对第四章"食品生产经营"内容进行了充实、完善,分一般规定,生产经营过程控制,标签、说明书和广告,特殊食品4节,总条数由104条增加到154条。国务院分别在2016年和2019年对《食品安全法实施条例》进行了两次修改。

这个阶段也是《食品卫生法》和《食品安全法》完成交替的阶段。在《食品安全法》颁布实施前,为进一步贯彻落实《食品卫生法》,卫生部单独或者与有关部门联合制定了一系列规章或者规范性文件。例如,2004年《食品卫生监督量化分级标示管理规范》;2005年《餐饮业和集体用餐配送单位卫生规范》《学校食物中毒事故行政责任追究暂行规定》;2006年《重大活动食品卫生监督规范》;2007年《新资源食品管理办法》《餐饮业食品索证管理规定》《新资源食品安全性评价规程》《新资源食品卫生行政许可申报与受理规定》《食品卫生监督量化分级管理指南（2007年版）》《食品营养标签管理规范》等。之后，卫生部为贯彻落实《食品安全法》及其实施条例赋予的职责，又单独或者与有关部门联合制定了一系列规章或者规范性文件。其中包括：2009年《食品安全企业标准备案办法》；2010年《餐饮服务许可管理办法》《餐饮服务食品安全监督管理办法》《食品添加剂新品种管理办法》《食品安全国家标准管理办法》《食品安全风险评估管理规定（试行）》《食品安全风险监测管理规定（试行）》《食品检验机构资质认定条件》《食品检验工作规范》《食品添加剂新品种申报与受理规定》《进口无食品安全国家标准食品许可管理规定》《铁路运营食品安全管理办法》《食品安全国家标准制（修）订项目管理规定》《食品安全信息公布管理办法》；2011年《食品安全地方标准管理办法》《食品相关产品新品种行政许可管理规定》《食品相关产品新品种申报与受理规定》《食品安全事故流行病学调查工作规范》；2012年《食品安全国家标准跟踪评价规范（试行）》；2013年国家卫生计生委制定了《新食品原料安全性审查管理办法》等。

国家食品药品监督管理总局制定或者与有关部门联合制定的部门规章主要有：《食品安全抽样检验管理办法》《食品召回管理办法》《食用农产品市场销售质量安全监督管理办法》《保健食品注册与备案管理办法》《特殊医学用途配方食品注册管理办法》《婴幼儿配方乳粉产品配方注册管理办法》《网络食品安全违法行为查处办法》《网络餐饮服务食品安全监督管理办法》《食品生产许可管理办法》《食品经营许可管理办法》等。

2018年国务院机构改革，组建国家市场监督管理总局，不再保留国家工商行政管理总局、国家质量监督检验检疫总局、国家食品药品监督管理总局。根据新的职责分工，国家市场监督管理总局负责食品安全监督管理综合协调，组织制定食品安全重大政策并组织实施。负责食品安全应急体系建设，组织指导重大食品安全事件应急处置和调查处理工作，建立健全食品安全重要信息直报制度。承担国务院食品安全委员会日常工作。负责食品安全监督管理。建立覆盖食品生产、流通、消费全过程的监督检查制度和隐患排查治理机制并组织实施，防范区域性、系统性食品安全风险。推动建立食品生产经营者落实主体责任的机制，健全食品安全追溯体系。组织开展食品安全监督抽检、风险监测、核查处置和风险预警、风险交流工作。组织实施特殊食品注册、备案和监督管理。

近年来，国家市场监督管理总局为贯彻实施《食品安全法》及其实施条例，制定或者与有关部门联合制定了一系列配套规章。其中包括：《特殊食品注册现场核查工作规程(暂行)》《保健食品原料目录与保健功能目录管理办法》《保健食品及其原料安全性毒理学检验与评价技术指导原则(2020 年版)》《保健食品原料用菌种安全性检验与评价技术指导原则(2020 年版)》《保健食品理化及卫生指标检验与评价技术指导原则(2020 年版)》《保健食品命名指南(2019 年版)》《特殊医学用途配方食品生产许可审查细则》《保健食品标注警示用语指南》《食盐质量安全监督管理办法》《食品生产许可管理办法》《药品、医疗器械、保健食品、特殊医学用途配方食品广告审查管理暂行办法》《食品安全抽样检验管理办法》《食品生产经营监督检查管理办法》等。

第二十三章　食品安全风险监测和评估

第一节　食品安全风险监测

一、食品安全风险监测的概念

食品安全风险监测，是指通过系统和持续地收集食源性疾病、食品污染以及食品中有害因素的监测数据及相关信息，并进行综合分析和及时通报的活动。《食品安全法》规定，国家建立食品安全风险监测制度，对食源性疾病、食品污染以及食品中的有害因素进行监测。

食源性疾病，是指食品中致病因素进入人体引起的感染性、中毒性等疾病，包括食物中毒。在我国食品卫生法上，食源性疾病一直是以"食物中毒"为主来表述的。如 1982 年《食品卫生法（试行）》第 39 条第 1 款规定，造成食物中毒事故或者其他食源性疾患的，应当负损害赔偿责任。1995 年《食品卫生法》也沿用了这一表述。由于世界卫生组织在 1984 年用"食源性疾病"替代了曾使用的"食物中毒"，为与世界卫生组织的专业术语保持一致，又为保持法律的前后衔接，我国《食品安全法》在定义"食源性疾病"时，特别明确其范围"包括食物中毒"。

食品污染，是指根据国家食品安全管理的一般规则，在食品生产、加工或流通等过程中因非故意原因进入食品的外来污染物，一般包括金属污染物、农药残留、兽药残留、超范围或超剂量使用的食品添加剂、真菌毒素以及致病微生物、寄生虫等。这一定义表明，这里的食品污染指的是食品污染物。

食品中的有害因素，是指在食品生产、流通、餐饮服务等环节，通过食品污染以外的其他可能途径进入食品的有害因素，包括自然存在的有害物、违法添加的非食用物质以及被作为食品添加剂使用的对人体健康有害的物质。

食品污染和食品中的有害因素，是导致食源性疾病的主要原因。在进行食品安全风险监测时，一般并无必要刻意区分是食品污染还是食品中的有害因素，也无必要刻意区分是故意的还是非故意的。但在监督执法时，两者的法律后果是明显不同的。

二、食品安全风险监测的目的

在我国，对食品安全风险进行监测由来已久。自20世纪50年代起，各级卫生防疫站就担负了食品安全风险监测职责，但将其明确为法律制度是从《食品安全法》开始的。

国家建立食品安全风险监测制度，对食源性疾病、食品污染以及食品中的有害因素进行监测，其目的是摸排食品安全隐患，发现食品安全问题，以利于及时消除食品安全风险，并通过汇总、分析收集到的监测数据，研判食品安全形势。

食源性疾病是食品污染和食品中的有害因素所导致的危害后果。因此，对食源性疾病进行监测，可以追踪溯源直至发现食品污染和食品中的有害因素。对食品污染和食品中的有害因素进行监测，可以及时发现食品中的生物性、化学性和物理性有害因素或者存在状况，以便于采取有效干预措施，防止发生食源性疾病。

医疗机构发现接收的病人属于食源性疾病病人、食物中毒病人，或者疑似食源性疾病病人、食物中毒病人的，应当按照规定向所在地县级人民政府卫生行政部门报告有关疾病信息。

三、食品安全风险监测计划方案的制定

（一）国家制定食品安全风险监测计划

国家食品安全风险监测计划是国家对食源性疾病、食品污染以及食品中的有害因素进行监测所作的部署和安排，是国家对食品安全进行监督管理的一种形式。《食品安全法》规定，国务院卫生行政部门会同国务院食品安全监督管理等部门，制定、实施国家食品安全风险监测计划。

国家食品安全风险监测计划的范围和对象，主要是食品安全风险评估、食品安全标准制定（包括修订）和食品安全监督管理等需要的一般性食品生产经营活动，包括食品、食品添加剂和食品相关产品。下列情形应当优先纳入监测内容：(1)健康危害较大、风险程度较高以及污染水平呈上升趋势的；(2)易于对婴幼儿、孕产妇、老年人、病人造成健康影响的；(3)流通范围广、消费量大的；(4)以往在国内导致食品安全事故或者受到消费者关注的；(5)已在国外导致健康危害并有证据表明可能在国内存在的。

国家食品安全风险监测计划应当包括监测内容、任务分工、工作要求、保障措施、绩效考核、检测方法以及评判依据等。为了指导相关技术机构开展食品安全风险监测，国务院卫生行政部门等有关部门在制定国家食品安全风险监测计划时，还

应当制定国家食品安全风险监测计划实施指南。

为了保证国家食品安全风险监测计划的针对性、有效性，真正起到及时发现食品安全风险或者隐患的作用，《食品安全法》规定，国务院食品安全监督管理部门和其他有关部门获知有关食品安全风险信息后，应当立即核实并向国务院卫生行政部门通报。对有关部门通报的食品安全风险信息以及医疗机构报告的食源性疾病等有关疾病信息，国务院卫生行政部门应当会同国务院有关部门分析研究，认为必要的，及时调整国家食品安全风险监测计划。

（二）省、自治区、直辖市制定食品安全风险监测方案

食品安全风险监测方案是省、自治区、直辖市在国家食品安全风险监测计划指导下，对食源性疾病、食品污染以及食品中的有害因素进行监测所作的具体部署和安排，是国家食品安全风险监测计划的一个组成部分。

《食品安全法》规定，省、自治区、直辖市人民政府卫生行政部门会同同级食品安全监督管理等部门，根据国家食品安全风险监测计划，结合本行政区域的具体情况，制定、调整本行政区域的食品安全风险监测方案，报国务院卫生行政部门备案并实施。

省、自治区、直辖市人民政府卫生行政部门等有关部门在制定食品安全风险监测方案时，对国家食品安全风险监测计划布置的任务，应当保证完成。但可以根据国家食品安全风险监测计划的要求，结合人口特征、主要生产和消费食物种类、预期的保护水平以及经费支持能力等实际情况，自行制定和调整本行政区域的食品安全风险监测内容。

四、食品安全风险监测计划方案的实施

食品安全风险监测计划方案的实施，是卫生行政部门、食品安全监督管理部门等有关部门和承担食品安全风险监测工作的技术机构，实现食品安全风险监测计划方案的活动。通过食品安全风险监测计划方案的实施，才能达到食品安全风险监测计划方案所预期的目的。根据《食品安全法》的规定，国家食品安全风险监测计划由国务院卫生行政部门会同国务院食品安全监督管理等部门负责实施。省、自治区、直辖市食品安全风险监测方案，由省、自治区、直辖市人民政府卫生行政部门会同同级食品安全监督管理等部门负责实施。

所谓承担食品安全风险监测工作的技术机构，是指卫生行政部门会同食品安全监督管理等部门交付食品安全风险监测任务的技术机构。食品安全风险监测是专业性工作，需要运用科学技术和专门的知识，一般情况下，承担食品安全风险监测工作的技术机构应当取得食品检验机构资质认定。

《食品安全法》规定，承担食品安全风险监测工作的技术机构应当根据食品安全风险监测计划和监测方案开展监测工作，保证监测数据真实、准确，并按照食品安全风险监测计划和监测方案的要求报送监测数据和分析结果。

在监测工作中，食品安全风险监测工作人员有权进入相关食用农产品种植养殖、食品生产经营场所采集样品、收集相关数据。但采集样品应当按照市场价格支付费用，也就是说，承担食品安全风险监测工作的技术机构及其工作人员，不得以任何理由无偿采集样品。

食品安全风险监测结果表明可能存在食品安全隐患的，县级以上人民政府卫生行政部门应当及时将相关信息通报同级食品安全监督管理等部门，并报告本级人民政府和上级人民政府卫生行政部门。

食品安全监督管理等部门接到通报后，应当组织开展进一步调查。《食品安全法实施条例》规定，食品安全监督管理等部门经进一步调查确认有必要通知相关食品生产经营者的，应当及时通知。接到通知的食品生产经营者应当立即进行自查，发现食品不符合食品安全标准或者有证据证明可能危害人体健康的，应当依照《食品安全法》有关条款的规定停止生产、经营，实施食品召回，并报告相关情况。

五、食品安全风险监测的报告

食品安全风险监测报告，可以分为定期报告和不定期报告。食品安全风险监测定期报告，是指需要按照食品安全风险监测计划方案确定的时间周期上报的报告，包括年度报告、半年报告等；食品安全风险监测不定期报告，也称临时报告，是指需要根据情况及时上报的报告。

在食品安全风险监测工作中，定期报告和不定期报告都是非常重要的报告形式。食品安全风险监测报告是政府了解食品安全风险，研判食品安全形势，制定食品安全政策，采取食品安全措施等的重要依据。

《食品安全法》规定，食品安全风险监测结果表明可能存在食品安全隐患的，县级以上人民政府卫生行政部门应当及时将相关信息通报同级食品安全监督管理等部门并报告本级人民政府和上级人民政府卫生行政部门。《食品安全法实施条例》规定，县级以上人民政府卫生行政部门会同同级食品安全监督管理等部门建立食品安全风险监测会商机制，汇总、分析风险监测数据，研判食品安全风险，形成食品安全风险监测分析报告，报本级人民政府；县级以上地方人民政府卫生行政部门还应当将食品安全风险监测分析报告同时报上一级人民政府卫生行政部门。

第二节　食品安全风险评估

一、食品安全风险评估的概念

食品安全风险评估，是指对食品、食品添加剂中生物性、化学性和物理性危害对人体健康可能造成的不良影响所进行的科学评估，包括危害识别、危害特征描述、暴露评估、风险特征描述等。

这里的危害，是指食品中所含有的对健康有潜在不良影响的生物、化学和物理因素或食品存在状况。危害识别，是指根据流行病学、动物试验、体外试验、结构—活性关系等科学数据和文献信息确定人体暴露于某种危害后是否会对健康造成不良影响、造成不良影响的可能性，以及可能处于风险之中的人群和范围。危害特征描述，是指对与危害相关的不良健康作用进行定性或定量描述。可以利用动物试验、临床研究以及流行病学研究确定危害与各种不良健康作用之间的剂量—反应关系、作用机制等。如果可能，对于毒性作用有阈值的危害应建立人体安全摄入量水平。暴露评估，是指描述危害进入人体的途径，估量不同人群摄入危害的水平。根据危害在膳食中的水平和人群膳食消费量，初步估量危害的膳食总摄入量，同时考虑其他非膳食进入人体的途径，估量人体总摄入量并与安全摄入量进行比较。风险特征描述，是指在危害识别、危害特征描述和暴露评估的基础上，综合分析危害对人群健康产生不良作用的风险及其程度，同时应当描述和解释风险评估过程中的不确定性。

在我国，卫生防疫站或者食品卫生监督检验机构一直担负着食品安全风险评估职责，食品卫生法曾使用的专业术语是“食品卫生评价”。将食品安全风险评估上升为一项法律制度是从《食品安全法》开始的。

二、食品安全风险评估的目的

食品安全风险评估是食品安全科学研究和食品安全监督管理基本方法之一，是运用科学方法，根据各种食品安全风险监测信息、科学数据以及有关信息，对食品、食品添加剂、食品相关产品中生物性、化学性和物理性危害进行风险评估，从而掌握食品安全发展规律、解决食品安全实际问题，推动食品安全进步发展。其最直接的目的是为制定、修订食品安全标准和实施食品安全监管提供科学依据。

食品是指各种供人食用或者饮用的成品和原料以及按照传统既是食品又是中药材的物品，但是不包括以治疗为目的的物品；食品添加剂是指为改善食品品质和色、香、味以及为防腐、保鲜和加工工艺的需要而加入食品中的人工合成或者天然物质,包括营养强化剂;食品相关产品是指用于食品的包装材料和容器,用于食品生产经营的工具、设备以及用于食品的洗涤剂、消毒剂。

用于食品的包装材料和容器,是指包装、盛放食品或者食品添加剂用的纸、竹、木、金属、搪瓷、陶瓷、塑料、橡胶、天然纤维、化学纤维、玻璃等制品和直接接触食品或者食品添加剂的涂料;用于食品生产经营的工具、设备,是指在食品或者食品添加剂生产、销售、使用过程中直接接触食品或者食品添加剂的机械、管道、传送带、容器、用具、餐具等;用于食品的洗涤剂、消毒剂,是指直接用于洗涤或者消毒食品、餐具、饮具以及直接接触食品的工具、设备或者食品包装材料和容器的物质。

三、食品安全风险评估的组织

(一)国务院卫生行政部门负责组织食品安全风险评估工作

《食品安全法》规定,国务院卫生行政部门依照该法和国务院规定的职责,组织开展食品安全风险监测和风险评估。根据规定,在组织开展食品安全风险评估上,国务院卫生行政部门主要有两项职责:

1. 成立食品安全风险评估专家委员会

食品安全风险评估专家委员会是以评估方式解决食品、食品添加剂、食品相关产品中生物性、化学性和物理性危害问题的组织。它受理法律明确规定的评估情形,也受理有关部门建议的评估情形。根据《食品安全法》的规定,国务院卫生行政部门负责成立由医学、农业、食品、营养、生物、环境等方面的专家组成的食品安全风险评估专家委员会。

2. 公布食品安全风险评估结果

食品安全风险评估结果是食品安全风险评估专家委员会对需要解决的食品安全风险专门事项进行评估后所作出的意见。国家食品安全风险评估结果由国务院卫生行政部门会同食品安全监督管理等部门共同掌握,由国务院卫生行政部门统一公布。《食品安全法》规定,食品安全风险评估结果由国务院卫生行政部门公布。

(二)食品安全风险评估专家委员会负责进行食品安全风险评估

根据《食品安全法》的规定,食品安全风险评估专家委员会负责进行食品安全风险评估。食品安全风险评估专家委员会进行食品安全风险评估,应当遵守下列要求:

1. 不得向生产经营者收取费用

食品安全风险评估属于政府行为,必须确保客观、公正和真实。食品安全风险评估专家委员会需要的工作经费应当由政府财政预算安排。《食品安全法》规定,食品安全风险评估不得向生产经营者收取费用,采集样品应当按照市场价格支付费用。

2. 应当参加农药、肥料、兽药、饲料和饲料添加剂等安全性评估

农药、肥料、兽药、饲料和饲料添加剂等安全问题，直接影响食品安全。为了做好食品安全风险评估与农产品质量安全风险评估的衔接，《食品安全法》规定，对农药、肥料、兽药、饲料和饲料添加剂等的安全性评估，应当有食品安全风险评估专家委员会的专家参加。《食品安全法实施条例》规定，国务院卫生行政、食品安全监督管理等部门发现需要对农药、肥料、兽药、饲料和饲料添加剂等进行安全性评估的，应当向国务院农业行政部门提出安全性评估建议。国务院农业行政部门应当及时组织评估，并向国务院有关部门通报评估结果。

四、食品安全风险评估的情形

（一）食品安全风险评估的法定情形

可以纳入食品安全风险评估的情形是广泛的。为了保证食品安全风险评估工作的稳定性、长期性，法律对某些情形作了明文规定。这些法定情形，其实是食品安全风险评估专家委员会的法定职责。《食品安全法》规定，有下列情形之一的，应当进行食品安全风险评估：(1) 通过食品安全风险监测或者接到举报发现食品、食品添加剂、食品相关产品可能存在安全隐患的；(2) 为制定或者修订食品安全国家标准提供科学依据需要进行风险评估的；(3) 为确定监督管理的重点领域、重点品种需要进行风险评估的；(4) 发现新的可能危害食品安全因素的；(5) 需要判断某一因素是否构成食品安全隐患的；(6) 国务院卫生行政部门认为需要进行风险评估的其他情形。

（二）食品安全风险评估的建议情形

食品安全风险评估是对发现的问题进行进一步认识的需要。所以，除法定情形外，食品安全风险评估专家委员会还有解答在日常监督管理中发现的食品安全问题的义务。《食品安全法》规定，国务院食品安全监督管理、农业行政等部门在监督管理工作中发现需要进行食品安全风险评估的，应当向国务院卫生行政部门提出食品安全风险评估的建议，并提供风险来源、相关检验数据和结论等信息、资料。

五、食品安全风险评估的用途

（一）制定、修订食品安全标准

《食品安全法》规定，食品安全风险评估是制定、修订食品安全标准的科学依据。经食品安全风险评估，得出食品、食品添加剂、食品相关产品不安全结论，需要制定、修订相关食品安全国家标准的，国务院卫生行政部门应当会同国务院食品安全监督管理部门立即制定、修订。制定食品安全国家标准，应当依据食品安全风险

评估结果并充分考虑食用农产品安全风险评估结果。

（二）实施食品安全监督管理

《食品安全法》规定，食品安全风险评估是实施食品安全监督管理的科学依据。经食品安全风险评估，得出食品、食品添加剂、食品相关产品不安全结论的，国务院食品安全监督管理等部门应当依据各自职责立即向社会公告，告知消费者停止食用或者使用，并采取相应措施，确保该食品、食品添加剂、食品相关产品停止生产经营。县级以上人民政府食品安全监督管理部门根据食品安全风险监测、风险评估结果和食品安全状况等，确定监督管理的重点、方式和频次，实施风险分级管理。

（三）提出食品安全风险警示

《食品安全法》规定，国务院食品安全监督管理部门应当会同国务院有关部门，根据食品安全风险评估结果、食品安全监督管理信息，对食品安全状况进行综合分析。对经综合分析表明可能具有较高程度安全风险的食品，国务院食品安全监督管理部门应当及时提出食品安全风险警示，并向社会公布。

六、食品安全风险评估的信息交流

食品安全风险评估本身不是目的，就大部分食品安全风险评估而言，是为了发现食品生产经营中存在的食品安全问题，进而采取措施加以解决。所以，开展食品安全风险评估信息交流，对于提高风险评估透明化，加强风险管理具有十分重要的意义。《食品安全法》规定，县级以上人民政府食品安全监督管理部门和其他有关部门、食品安全风险评估专家委员会及其技术机构，应当按照科学、客观、及时、公开的原则，组织食品生产经营者、食品检验机构、认证机构、食品行业协会、消费者协会以及新闻媒体等，就食品安全风险评估信息和食品安全监督管理信息进行交流沟通。

开展食品安全风险评估信息和食品安全监督管理信息交流沟通，需要加强政府部门之间的食品安全风险信息交流。为此，《食品安全法实施条例》规定，国务院食品安全监督管理部门和其他有关部门建立食品安全风险信息交流机制，明确食品安全风险信息交流的内容、程序和要求。

第二十四章　食品安全标准

第一节　食品安全标准的概念与种类

一、食品安全标准的概念

食品安全标准，是指为保证食品安全而制定的各种指标、检验方法和操作规范等的总称。

食品安全标准是食品安全法的重要组成部分、是食品生产经营活动的重要依据，是食品安全监督管理的必要手段，也是社会监督不可缺少的基础。食品安全标准对于保证食品安全，保障公众身体健康和生命安全具有重大意义。

《食品安全法》规定，食品生产经营者应当依照法律、法规和食品安全标准从事生产经营活动，保证食品安全，诚信自律，对社会和公众负责，接受社会监督，承担社会责任。

二、食品安全标准的种类

《食品安全法》按适用范围，将我国食品安全标准分为以下三种：

（一）食品安全国家标准

食品安全国家标准，是指由国家制定并适用于全国的食品安全标准。《食品安全法》规定，食品安全国家标准由国务院卫生行政部门会同国务院食品安全监督管理部门制定、公布，国务院标准化行政部门提供国家标准编号。并规定，食品中农药残留、兽药残留的限量规定及其检验方法与规程由国务院卫生行政部门、国务院农业行政部门会同国务院食品安全监督管理部门制定。屠宰畜、禽的检验规程由国务院农业行政部门会同国务院卫生行政部门制定。

（二）食品安全地方标准

食品安全地方标准，是指由地方制定并适用于地方的食品安全标准。根据《食品安全法》的规定，食品安全地方标准由省、自治区、直辖市人民政府卫生行政部门制定并公布，报国务院卫生行政部门备案。在食品安全国家标准制定后，相应的食品安全地方标准即行废止。

地方可以制定食品安全标准的，主要是没有食品安全国家标准的地方特色食品。保健食品、特殊医学用途配方食品、婴幼儿配方食品等特殊食品不属于地方特色食品，不得对其制定食品安全地方标准。

（三）食品安全企业标准

食品安全企业标准，是指由企业制定并适用于本企业的食品安全标准。《食品安全法》规定，国家鼓励食品生产企业制定严于食品安全国家标准或者地方标准的企业标准，在本企业适用，并报省、自治区、直辖市人民政府卫生行政部门备案。食品生产企业不得制定低于食品安全国家标准或者地方标准要求的企业标准。食品生产企业制定食品安全企业标准的，应当公开，供公众免费查阅。

另外，按性质还可以将我国食品安全标准分为基础标准、产品标准、生产企业规范、检验方法等。

第二节 食品安全标准的制定原则和内容

一、食品安全标准的制定原则

食品安全标准制定原则，是食品安全标准制定过程中处理各种食品安全利益关系的准则。

（一）以保障公众身体健康为宗旨制定食品安全标准

食品安全标准的职能和方向是保障公众身体健康。因此，保障公众身体健康是制定食品安全标准的指导思想。《食品安全法》规定，制定食品安全标准，应当以保障公众身体健康为宗旨，做到科学合理、安全可靠。

科学合理是对食品安全标准提出的"水平"要求。食品安全标准并不是越严越好，而应当是在"适当的保护水平"。这个适当的保护水平，是基于食品安全风险评估，在相关科学证据的支持下，从达到必要的程度来考虑的，在法律上既存在合理的原因，也有合理根据。

安全可靠是对食品安全标准提出的"通行"要求。食品安全标准的价值在于实施，因为只有食品安全标准得以实施才能达到其所预期的目的。不同类型的食品安全标准具有不同的功能和特征，但都应当起到保护和巩固有利于食品安全的食品生产经营活动的作用，在实际中立得住，行得通。

（二）除食品安全标准外不制定其他食品强制性标准

食品安全标准是食品安全法的组成部分，其主要任务是使食品生产经营活动标准化、规范化。《食品安全法》规定，食品安全标准是强制执行的标准。除食品安全标准外，不得制定其他食品强制性标准。

食品安全标准作为专业术语，已经被《食品安全法》赋予了特殊含义，是强制执行的食品标准的总称。食品安全标准是国家以强制性方法实现食品安全这一公共卫生目的的重要手段。对于食品生产经营者来说，必须无条件遵守各项食品安全标准。

食品安全标准都是强制性标准，不是强制性食品标准都不能称为食品安全标准。任何单位或者个人都有权建议制定食品安全标准，但除了法定部门外，不得制定食品安全标准，也不得制定强制性的食品标准。制定食品安全标准，应当纳入食品安全标准制定计划。

二、食品安全标准的制定内容

食品安全标准的强制性是法律赋予的。这种强制性不仅体现在形式上，“除食品安全标准外，不得制定其他的食品强制性标准”，而且还体现在内容上，法律为食品安全标准划定了明确的范围。对于法定的食品安全标准范围，食品安全标准不得回避，其他标准不得制定。《食品安全法》规定，食品安全标准应当包括下列内容：

（一）食品、食品添加剂、食品相关产品中的致病性微生物，农药残留、兽药残留、生物毒素、重金属等污染物质以及其他危害人体健康物质的限量规定

常见的致病性微生物是致病菌，能够引起人或者动物疾病。食品中的致病菌主要有沙门氏菌、副溶血性弧菌、大肠杆菌、金黄色葡萄球菌等。我国食源性疾病报告病例数40%以上是由食品中致病菌引起的。现行的《食品安全国家标准 食品中致病菌限量》属于通用标准，适用于预包装食品。其规定了肉制品、水产制品、即食蛋制品、粮食制品、即食豆类制品、巧克力类及可可制品、即食果蔬制品、饮料（包装饮用水、碳酸饮料除外）、冷冻饮品、即食调味品、坚果籽实制品11类食品中沙门氏菌、单核细胞增生李斯特氏菌、大肠埃希氏菌O157：H7、金黄色葡萄球菌、副溶血性弧菌5种致病菌限量规定。

食品污染物是食品从生产（包括农作物种植、动物饲养和兽医用药）、加工、包装、贮存、运输、销售直至食用等过程中产生的或者由环境污染带入的、非有意加入的化学性危害物质。食品中污染物是影响食品安全的重要因素之一，是食品安全监督管理的重点内容。国际上通常将常见的食品污染物在各种食品中的限量要求，统一制定公布为食品污染物限量通用标准。我国制定的《食品安全国家标准 食品中污染物限量》是通用标准，规定了除农药残留、兽药残留、生物毒素和放射性

物质以外的化学污染物限量要求，主要是重金属污染限量指标，包括食品中13项污染物：铅、镉、汞、砷、锡、镍、铬、亚硝酸盐、硝酸盐、苯并[a]芘、N－二甲基亚硝胺、多氯联苯、3－氯－1,2－丙二醇等限量指标。

（二）食品添加剂的品种、使用范围、用量

食品添加剂按照来源可以分为天然食品添加剂和合成食品添加剂。目前使用的大多属于化学合成食品添加剂。我国允许使用的食品添加剂有2300多个品种，按不同用途分为酸度调节剂、抗结剂、消泡剂、抗氧化剂、漂白剂、膨松剂、胶基糖果中基础剂物质、着色剂、护色剂、乳化剂、酶制剂、增味剂、面粉处理剂、被膜剂、水分保持剂、营养强化剂、防腐剂、稳定剂和凝固剂、甜味剂、增稠剂、食品用香料、食品工业用加工助剂、其他23个类别。在2300多种食品添加剂中，食品用香料达1800多种。现行的《食品安全国家标准 食品添加剂使用标准》规定了食品添加剂的使用原则、允许使用的食品添加剂品种、使用范围及最大使用量或残留量。

（三）专供婴幼儿和其他特定人群的主辅食品的营养成分要求

专供婴幼儿和其他特定人群的主辅食品，又称特殊膳食用食品，是指为婴幼儿和因健康状况对膳食有特殊需求的人群专门加工或者配方的食品。其主要包括婴幼儿配方食品、婴幼儿辅助食品、特殊医学用途配方食品和其他特殊膳食用食品。这类食品的营养素或者营养成分的含量，与可类比的普通食品有显著不同，包括能量和营养成分、食用方法、适宜人群等有特殊要求。目前专供婴幼儿的主辅食品有婴儿配方食品、较大婴儿配方食品、婴幼儿谷类辅助食品、婴幼儿罐装辅助食品等。制定的食品安全标准有《食品安全国家标准 婴儿配方食品》《食品安全国家标准 较大婴儿配方食品》《食品安全国家标准 特殊医学用途婴儿配方食品通则》《食品安全国家标准 婴幼儿谷类辅助食品》《食品安全国家标准 婴幼儿罐装辅助食品》《食品安全国家标准 特殊医学用途配方食品通则》等。

（四）对与卫生、营养等食品安全要求有关的标签、标志、说明书的要求

食品标签是指食品包装上的文字、图形、符号以及一切说明物。食品标签是食品生产经营者向消费者传递食品的特征等必要信息的载体。在实践中，我国将食品安全的标签管理分为食品标签、食品添加剂标签和食品相关产品标签三个部分。其中对食品标签的要求，按照包装类型又分为预包装食品标签要求和非预包装食品标签要求。现行涉及食品标签要求的食品安全标准有《食品安全国家标准 预包装食品标签通则》《食品安全国家标准 预包装食品营养标签通则》《食品安全国家标准 预包装特殊膳食用食品标签》《食品安全国家标准 食品添加剂标识通则》等。此外，饮料、调味品、乳及乳制品、酒类、焙烤食品、方便食品、粮食及其制品、油脂及

其制品、特殊膳食等常见食品的专用食品安全标准中也涉及具体标签标识的内容。

（五）食品生产经营过程的卫生要求

为规范食品生产经营过程，我国制定了许多有关食品生产经营过程的食品安全标准。如《食品安全国家标准 食品生产通用卫生规范》《食品安全国家标准 食品经营过程卫生规范》《食品安全国家标准 粉状婴幼儿配方食品良好生产规范》《食品安全国家标准 乳制品良好生产规范》《食品安全国家标准 特殊医学用途配方食品良好生产规范》等。《食品安全国家标准 食品生产通用卫生规范》规定了食品生产过程中原料采购、加工、包装、贮存和运输等环节的场所、设施、人员的基本要求和管理准则。该标准适用各类食品生产活动。《食品安全国家标准 食品经营过程卫生规范》规定了食品采购、运输、验收、贮存、分装与包装、销售等经营过程中的卫生要求。该标准适用各类食品经营活动。《食品安全国家标准 粉状婴幼儿配方食品良好生产规范》等是在《食品安全国家标准 食品生产通用卫生规范》基础上，针对具体产品规定的特殊要求。

（六）与食品安全有关的质量要求

食品质量包括内在质量、外观质量和包装质量三个方面。食品的内在质量是食品质量最主要的方面，但与食品安全有关的不仅是内在质量，还包括外观质量甚至包装质量。对食品质量的要求是无毒、无害，具有应当有的营养价值，有较好的色、香、味和外观形状，对人体健康不造成急性、亚急性或者慢性危害等。这些综合特征是由食品组成成分的化学性质、物理性质、生物学性质等决定的。食品作为商品，应当做到内在质量、外观质量和包装质量相结合。对食品质量提出食品安全要求，应当兼顾内在质量、外观质量和包装质量，以内在质量为主。与食品安全有关的质量要求，对于保护公众身体健康，预防食源性疾病，具有重要意义。

（七）与食品安全有关的食品检验方法与规程

主要是理化检验方法标准、微生物检验方法标准和毒理学评价程序以及相关规程。理化检验方法标准适用于与食品安全相关指标的检测，包括食品中添加剂、营养强化剂、污染物、真菌毒素等指标以及食品产品、食品相关产品和辐照食品中相应理化指标的检验方法。微生物检验方法标准适用于与食品中相应微生物指标的定性及定量检验，包括食品中的致病菌（如沙门氏菌、副溶血性弧菌、单核细胞增生李斯特氏菌等）、指示菌（大肠菌群、肠杆菌科等）以及商业无菌等检验方法，还包括培养基和试剂质量要求等。毒理学评价程序适用于评价食品生产、加工、保藏、运输和销售过程中涉及的可能对健康造成危害的化学、生物和物理因素的安全性，检验对象包括食品及其原料、食品添加剂、新食品原料、辐照食品、食品相关产品以及食品污染物,内容包括食品安全性毒理学评价程序、食品毒理学实验室操作规范、急性经口毒性试验、遗传毒性试验、致畸试验、致癌试验等。我国已基本建立与基础标准和产品标准相匹配,并兼顾标准适用性和科学性的食品检验方法与规程体系。

(八)其他需要制定为食品安全标准的内容

这是食品安全标准内容的兜底条款。由于食品安全标准涉及面广,不能一一列举,在上述范围之外,需要制定食品安全标准的,一概适用此项。

第三节 食品安全标准的制定

一、食品安全标准的制定主体

在我国,《食品安全法》规定制定、修改食品安全国家标准的职权属于国务院卫生行政部门。国务院卫生行政部门会同国务院食品安全监督管理部门制定、公布食品安全国家标准,国务院标准化行政部门提供国家标准编号。《食品安全法》授权省、自治区、直辖市人民政府卫生行政部门在不同食品安全国家标准相抵触的前提下,制定地方性食品安全标准,并报国务院卫生行政部门备案。同时,《食品安全法》鼓励食品生产企业制定严于食品安全国家标准或者地方标准的企业标准,并报省、自治区、直辖市人民政府卫生行政部门备案。

二、食品安全标准的制定依据

制定食品安全国家标准,《食品安全法》明文规定的依据是食品安全风险评估结果并充分考虑食用农产品安全风险评估结果。为了在新制定的食品安全标准中充分吸收世界食品安全标准成果,《食品安全法》要求制定食品安全国家标准,应当参照相关的国际标准和国际食品安全风险评估结果。这里所指的相关国际标准主要是国际食品法典委员会制定的国际食品法典。国际食品法典委员会是联合国粮食及农业组织(FAO)和世界卫生组织(WHO)共同成立的一个制定国际食品标准的政府间组织。它以危险性分析等科学依据为基础按照一定程序制定了一套与食品安全质量相关的标准、准则和建议,并提出了各国采纳其标准的程序。国际食品法典虽然是推荐性的,但它是国际组织解决食品安全国际贸易争端的重要参考依据。目前国际食品法典已经成为各国制定食品安全标准最重要的参考基准。

三、食品安全标准的制定计划

食品安全标准制定工作应当分轻重缓急,在计划的指导下进行部署和安排。食品安全标准制定计划可以分为长期计划、中期计划和年度计划。长期计划指 10 年和 10 年以上的计划,是一种战略性的计划。中期计划一般以 5 年为期,是各种计划形式中的基本形式。现在通常将长期计划和中期计划称为规划。年度计划，也称短期计划，为期 1 年或者 1 年以内，是规划的实施计划。年度计划可以根据具体情况，对规划作必要的修改和调整。《食品安全法实施条例》规定，国务院卫生行政部门会同国务院食品安全监督管理、农业行政等部门制定食品安全国家标准规划及其年度实施计划。并要求，国务院卫生行政部门应当在其网站上公布食品安全国家标准规划及其年度实施计划的草案，公开征求意见。

四、食品安全标准的制定程序

食品安全国家标准制定是食品安全法立法活动的重要组成部分。为了保证食品安全国家标准的科学性和实用性，《食品安全法》对食品安全国家标准制定程序中的两个环节作了明确规定。

（一）食品安全国家标准草案应当广泛征求社会意见

《食品安全法》将咨询社会意见作为制定食品安全国家标准的必经程序，也是作为社会参与食品安全国家标准制定工作的一种基本形式。公开食品安全国家标准草案，是一种花费比较少的征求社会意见的方式。这种方式虽然不能保障面对面听取公众意见，但对公众来说，可以灵活选择反馈意见的时间、范围和形式，还可以通过双向交流形式听取意见，如召开座谈会、听证会等，以获得更多更高质量的作为决策基础的信息的数量。其目的是提高食品安全国家标准制定工作的透明度、效率，实现良好效果。《食品安全法》规定，制定食品安全国家标准，应当将食品安全国家标准草案向社会公布，广泛听取食品生产经营者、消费者、有关部门等方面的意见。

（二）食品安全国家标准应当经食品安全国家标准审评委员会审查通过

除咨询社会意见是制定食品安全国家标准的必经程序外，享有审查权的食品安全国家标准审评委员会的审查通过，也是制定食品安全国家标准的必经程序。食品安全国家标准审评委员会是为审查食品安全国家标准而成立的，其组成人员具有不同的专业身份，来自不同的部门单位、代表不同的利益群体。无论是其专业性还是广泛性，都比较好地集中了社会对食品安全国家标准的技术需求。《食品安全法》规定，食品安全国家标准应当经国务院卫生行政部门组织的食品安全国家标准审评委员会审查通过。食品安全国家标准审评委员会由医学、农业、食品、营养、生物、环境等方面的专家以及国务院有关部门、食品行业协会、消费者协会的代表组成，对食品安全国家标准草案的科学性和实用性等进行审查。

五、食品安全标准的公布形式

食品安全国家标准作为国家强制性技术法规，具有一定的形式要件，如标准编号。这些形式要件体现的是食品安全国家标准的权威性。除此之外,对食品安全国家标准来说,还有一个更重要的形式要求,就是正式对外公布。以一定的形式公布食品安全国家标准,是食品安全国家标准生效的必要条件。《食品安全法》规定,食品安全国家标准由国务院卫生行政部门会同国务院食品安全监督管理部门制定、公布,国务院标准化行政部门提供国家标准编号。并规定,省级以上人民政府卫生行政部门应当在其网站上公布制定和备案的食品安全国家标准、地方标准和企业标准,供公众免费查阅、下载。为了鼓励食品生产经营者在食品安全标准公布后实施前,先行实施食品安全标准,《食品安全法实施条例》特别作出规定,食品安全标准公布后,食品生产经营者可以在食品安全标准规定的实施日期之前实施并公开提前实施情况。

六、食品安全标准的跟踪评价

食品安全标准的宣传是卫生行政部门等有关部门的重要任务之一。对食品安全标准执行过程中的问题进行指导、解答,是食品安全标准宣传的重要形式。在指导、解答中,卫生行政部门等有关部门应当了解食品安全标准的执行情况,并应当适时地开展跟踪评价等活动。必要时,应当根据评价结果及时修订相关的食品安全标准。《食品安全法》规定,对食品安全标准执行过程中的问题,县级以上人民政府卫生行政部门应当会同有关部门及时给予指导、解答。省级以上人民政府卫生行政部门应当会同同级食品安全监督管理、农业行政等部门,分别对食品安全国家标准和地方标准的执行情况进行跟踪评价,并根据评价结果及时修订食品安全标准。该法同时规定,省级以上人民政府食品安全监督管理、农业行政等部门应当对食品安全标准执行中存在的问题进行收集、汇总,并及时向同级卫生行政部门通报。根据规定,食品生产经营者、食品行业协会发现食品安全标准执行中存在问题的,也应当立即向卫生行政部门报告。

第二十五章　食品生产经营

《食品安全法》将食品生产和加工，简称为食品生产；将从事食品生产的单位和个人，简称为食品生产者；将食品销售和餐饮服务，简称为食品经营；将从事食品经营的单位和个人，简称为食品经营者；将食品生产和食品经营，简称为食品生产经营；将从事食品生产经营的单位和个人，简称为食品生产经营者。

第一节　一 般 规 定

一般规定是指适用于一般范围内的食品安全规定。其特点是：(1)适用于全部食品生产经营者；(2)适用于全部食品生产经营活动。具体包括：

一、食品生产经营应当符合的要求

为了保证食品安全，《食品安全法》对食品生产经营提出了最基本要求。这些要求由两部分构成，第一部分是概括性要求，明确食品生产经营"应当符合食品安全标准"。食品生产经营形式多种多样，内容十分广泛，与之相对应的食品安全标准成百上千，《食品安全法》没有办法或者说没有必要一一列出，而是"一揽子"提出要求，由食品生产经营者根据自己的实际情况"对号入座"，以利于他们彰显自己的"个性"。第二部分是列举性要求，明确食品生产经营应当"符合下列要求"。食品生产经营虽然千变万化，但"万变不离其宗"。《食品安全法》从食品生产经营的共性角度，提出了作为食品生产经营者应当遵守的十一个方面的"底线"要求。这十一个方面要求，大致又可以分为以下三个部分：

第一部分是条件性要求。条件性要求，是指从事食品生产经营活动必须先行具备的要求。其包括六个方面：(1)具有与生产经营的食品品种、数量相适应的食品原料处理和食品加工、包装、贮存等场所，保持该场所环境整洁，并与有毒、有害场所以及其他污染源保持规定的距离；(2)具有与生产经营的食品品种、数量相适应的生产经营设备或者设施，有相应的消毒、更衣、盥洗、采光、照明、通风、防腐、防尘、防蝇、防鼠、防虫、洗涤以及处理废水、存放垃圾和废弃物的设备或者设施;(3)有专职或者兼职的食品安全专业技术人员、食品安全管理人员和保证食品安全的规章制度;(4)具有合理的设备布局和工艺流程,防止待加工食品与直接入口食品、原料与成品交叉污染,避免食品接触有毒物、不洁物;(5)餐具、饮具和盛放直接入口食品的容器,使用前应当洗净、消毒,炊具、用具用后应当洗净,保持清洁;(6)贮存、运输和装卸食品的容器、工具和设备应当安全、无害,保持清洁,防止食品污染,并符合保证食品安全所需的温度、湿度等特殊要求,不得将食品与有毒、有害物品一同贮存、运输。

第二部分是过程性要求。过程性要求,是指在食品生产经营过程中必须始终保持的要求。这部分要求贯穿于食品生产经营全过程,具体包括四个方面:(1)直接入口的食品应当使用无毒、清洁的包装材料、餐具、饮具和容器。(2)食品生产经营人员应当保持个人卫生,生产经营食品时,应当将手洗净,穿戴清洁的工作衣、帽等;销售无包装的直接入口食品时,应当使用无毒、清洁的容器、售货工具和设备。(3)用水应当符合国家规定的生活饮用水卫生标准。(4)使用的洗涤剂、消毒剂应当对人体安全、无害。

第三部分是兜底性要求,即法律、法规规定的其他要求。除《食品安全法》外,其他法律、法规对食品生产经营也提出了不少要求。这些要求,食品生产经营者也应当一并遵守。例如,《食品安全法实施条例》规定,贮存、运输对温度、湿度等有特殊要求的食品,应当具备保温、冷藏或者冷冻等设备设施,并保持有效运行。食品生产经营者委托贮存、运输食品的,应当对受托方的食品安全保障能力进行审核,并监督受托方按照保证食品安全的要求贮存、运输食品。受托方应当保证食品贮存、运输条件符合食品安全的要求,加强食品贮存、运输过程管理。接受食品生产经营者委托贮存、运输食品的,应当如实记录委托方和收货方的名称、地址、联系方式等内容。记录保存期限不得少于贮存、运输结束后2年。非食品生产经营者从事对温度、湿度等有特殊要求的食品贮存业务的,应当自取得营业执照之日起30个工作日内向所在地县级人民政府食品安全监督管理部门备案。

二、禁止生产经营的食品、食品添加剂、食品相关产品

食品对人体健康造成危害的主要原因是食品中含有毒有害物质。导致食品含有毒有害物质的原因,大致可以分为五个方面:(1)外界污染造成的食品安全问题,如被致病性微生物、寄生虫、农药、重金属以及其他有害化学物和放射性物质污染等;(2)食品添加剂使用不当引起的食品安全问题;(3)食品本身含的有毒物质产生的食品安全问题,如河豚鱼、毒蘑菇等;(4)食品生产经营过程中产生或者加入的有

害物质导致的食品安全问题;(5)各种情况下食品感官性状异常变化出现的食品安全问题等。无论是何种原因,只要构成食品安全威胁,法律都予以禁止。

食品安全重在预防。《食品安全法》将食品安全的禁止性“门槛”前移到人体健康损害后果发生之前。总体而言,我国禁止生产经营的食品、食品添加剂和食品相关产品,主要是以违法行为或者违法现象作为标准的。换句话说,只要有证据证明生产经营行为违法,与该违法行为有关的食品、食品添加剂和食品相关产品就在禁止生产经营之列,而不需要再用证据证明其事实上存在“有毒、有害”。法律作这样的制度安排,是为了从根本上规范食品生产经营行为,最大限度地将食品安全风险降到最低,从而在效率上提高食品安全保障水平。

目前禁止生产经营的食品、食品添加剂、食品相关产品是:(1)用非食品原料生产的食品或者添加食品添加剂以外的化学物质和其他可能危害人体健康物质的食品,或者用回收食品作为原料生产的食品;(2)致病性微生物,农药残留、兽药残留、生物毒素、重金属等污染物质以及其他危害人体健康的物质含量超过食品安全标准限量的食品、食品添加剂、食品相关产品;(3)用超过保质期的食品原料、食品添加剂生产的食品、食品添加剂;(4)超范围、超限量使用食品添加剂的食品;(5)营养成分不符合食品安全标准的专供婴幼儿和其他特定人群的主辅食品;(6)腐败变质、油脂酸败、霉变生虫、污秽不洁、混有异物、掺假掺杂或者感官性状异常的食品、食品添加剂;(7)病死、毒死或者死因不明的禽、畜、兽、水产动物肉类及其制品;(8)未按规定进行检疫或者检疫不合格的肉类,或者未经检验或者检验不合格的肉类制品;(9)被包装材料、容器、运输工具等污染的食品、食品添加剂;(10)标注虚假生产日期、保质期或者超过保质期的食品、食品添加剂;(11)无标签的预包装食品、食品添加剂;(12)国家为防病等特殊需要明令禁止生产经营的食品;(13)其他不符合法律、法规或者食品安全标准的食品、食品添加剂、食品相关产品。

需要说明的是,《食品安全法》所称回收食品,是指已经售出,因违反法律、法规、食品安全标准或者超过保质期等原因,被召回或者退回的食品,不包括依照法律规定可以继续销售的食品。

三、对生产经营食品、食品添加剂、食品相关产品实行许可制度

许可是食品安全监督管理部门在食品安全监督管理工作中经常采用的一种手段。通过许可,对食品、食品添加剂、食品相关产品的生产经营者的基本条件进行检查、核实,可以防止不符合法律规定条件的生产经营者的出现,并可以督促生产经营者按照许可的范围从事生产经营活动。根据规定,对符合条件的,准予许可;对不符合规定条件的,不予许可并书面说明理由。

(一)对食品生产经营实行许可

在我国,除销售食用农产品外,从事食品生产、食品销售、餐饮服务的单位和个人,都应当先经食品安全监督管理部门许可。这既是食品生产经营者从事合法的食品生产经营活动的依据,也是食品安全监督管理部门对食品生产经营者进行监督管理的基础。

申请食品生产经营许可的,应当按规定提交相关资料,以证明其具备食品安全法规定的从事食品生产经营活动的基本条件。食品生产加工小作坊和食品摊贩等小微食品生产经营者,也应当具备符合食品安全要求的与其生产经营规模相适应的条件,并保证所生产经营的食品卫生、无毒、无害。这是食品安全的本质所决定的。

食品生产经营许可通常分为申请、审查和核准三个阶段。负责许可的食品安全监督管理部门接到书面申请后,应当对申请人提交资料的合法性、真实性等进行审查,并根据情况对申请人的生产经营场所进行现场核查。这是把好许可关的关键一环。在我国食品生产经营许可的有效期为5年。

(二)对食品添加剂实行生产许可

食品添加剂,是指为改善食品品质和色、香、味以及为防腐、保鲜和加工工艺的需要而加入食品中的人工合成或天然物质,包括营养强化剂。食品添加剂的性质,决定了它在食品生产经营活动中所处的不可缺少的地位。

食品添加剂可以改善食品安全状况,也可以造成食品安全问题。所以,食品添加剂的质量不仅影响食品品质,而且直接关系食品安全。法律要求,生产食品添加剂应当符合法律、法规和食品安全国家标准。

对食品添加剂生产实行许可制度,目的是从程序方面保证食品添加剂生产者具备基本的条件。根据规定,申请食品添加剂生产许可的,应当具有与所生产食品添加剂品种相适应的场所、生产设备或者设施、专业技术人员和管理制度。

(三)对具有较高风险的食品相关产品实行生产许可

食品相关产品,是指用于食品的包装材料、容器,用于食品生产经营的工具、设备和用于食品的洗涤剂、消毒剂。用于食品的包装材料、容器,是指包装、盛放食品或者食品添加剂用的纸、竹、木、金属、搪瓷、陶瓷、塑料、橡胶、天然纤维、化学纤维、玻璃等制品和直接接触食品或者食品添加剂的涂料。用于食品生产经营的工具、设备,是指在食品或者食品添加剂生产、销售、使用过程中直接接触食品或者食品添加剂的机械、管道、传送带、容器、用具、餐具等。用于食品的洗涤剂、消毒剂,是指直接用于洗涤或者消毒食品、餐具、饮具以及直接接触食品的工具、设备或者食品包装材料和容器的物质。

对食品安全来说，食品相关产品是不可缺少的组成部分。法律要求，生产食品相关产品应当符合法律、法规和食品安全国家标准。虽然食品相关产品对食品安全有相当大的影响，但我国对食品相关产品的生产并没有采取普遍的许可制度，主要原因是有的食品相关产品并不适合采用许可的方式进行生产管理，有的食品相关产品可以通过使用环节落实食品安全标准或者要求。对直接接触食品的包装材料等具有较高风险的食品相关产品，按照工业产品生产许可证管理的规定实施生产许可，既可以最大限度地减少不必要的行政许可，又可以有针对性地加强食品安全风险管理。

四、食品安全风险评估是产品许可的前提

食品安全管理的核心是食品安全风险控制。食品安全风险控制的关键，是确定是否存在食品安全风险，并确认存在的食品安全风险是否已经消除。从这个意义上说，食品安全风险评估的过程也就是证明的过程。

（一）利用新食品原料生产的食品、食品添加剂新品种和食品相关产品新品种应当经食品安全风险评估

利用新食品原料生产的食品、食品添加剂新品种和食品相关产品新品种，简称“三新”产品。新食品原料，是指在我国无传统食用习惯的物品，主要包括：动物、植物和微生物；从动物、植物和微生物中分离的成分；原有结构发生改变的食品成分和其他新研制的食品原料。食品添加剂新品种，是指未列入食品安全国家标准的食品添加剂品种、未列入国务院卫生行政部门公告允许使用的食品添加剂品种和扩大使用范围或者用量的食品添加剂品种。食品相关产品新品种，是指用于食品包装材料、容器、洗涤剂、消毒剂和用于食品生产经营的工具、设备的新材料、新原料或者新添加剂，包括尚未列入食品安全国家标准或者国务院卫生行政部门公告允许使用的食品包装材料、容器及其添加剂；扩大使用范围或者使用量的食品包装材料、容器及其添加剂；尚未列入食品用消毒剂、洗涤剂原料名单的新原料；食品生产经营用工具、设备中直接接触食品的新材料、新添加剂等。

“三新”产品是从未有过的产品，没有“经验”可言，在安全上是否存在一定的不确定性，需要在上市前进行食品安全风险评估。《食品安全法》规定，生产“三新”产品，应当向国务院卫生行政部门提交相关产品的安全性评估材料。国务院卫生行政部门自收到申请之日起60日内组织审查；对符合食品安全要求的，准予许可并公布；对不符合食品安全要求的，不予许可并书面说明理由。这里的许可，并不是以许可证的形式表现的。所谓许可，实际上是对“三新”产品的“安全性”的一种认可。

这种认可是建立在食品安全风险评估之上的。通过食品安全风险评估审查的“三新”产品，国务院卫生行政部门以公告形式公布，并按照食品安全国家标准的程序，制定、公布为食品安全国家标准。换句话说，“三新”产品通过审查后，相同产品不再作为“三新”产品对待，也就是不再需要许可。

（二）食品添加剂列入允许使用范围应当经食品安全风险评估

食品的生产、加工、包装、运输、贮藏等活动，已经离不开食品添加剂。但食品添加剂并不是食品，也不是食品原料，而且不当使用还会带来食品安全问题。所以，食品生产经营者应当按照食品安全国家标准，在合理范围内使用食品添加剂。这是食品安全风险管理的重要内容。

所谓合理范围，包括两个方面：一个是合理的产品范围；另一个是合理的数量范围。前者是“在技术上确有必要”，后者是“经过风险评估证明安全可靠”。但无论是前者还是后者，都应当具有令人信服的证明“必要”和“安全”的证据。否则，食品添加剂就不应当被列入允许使用的范围。

食品安全风险评估给我们提供了系统的识别和估算风险的知识，以及对付风险的方法。对食品添加剂进行风险管理而言，最重要的是避免风险。《食品安全法》规定，有关食品安全国家标准应当根据技术必要性和食品安全风险评估结果及时修订。目的是要以最经济的方法预防潜在风险。

五、食品安全职能部门应当加强合作

（一）国务院卫生行政部门会同国务院食品安全监督管理部门制定、公布按照传统既是食品又是中药材的物质目录

我国一直禁止在生产经营的食品中添加药品。药品是指用于预防、治疗、诊断人的疾病，有目的地调节人的生理机能并规定有适应症或者功能主治、用法和用量的物质，包括中药、化学药和生物制品等。食品和药品不仅性质不同，而且用途也不同。所以，两者不能混淆，不能把食品当药品用，也不能把药品当食品吃。禁止在食品中添加药品，主要目的是防止药物滥用，避免无病吃药，保护消费者健康。

我国具有悠久的药食同源的历史。确切地说，在传统医药中，不少作为中药材的物质，在最初是作为食品使用的。这部分既是食品又是中药材的物质，已经成为我国传统饮食文化的重要组成部分。无论是之前的《食品卫生法》，还是现在的《食品安全法》，都给予了充分的尊重和肯定。法律允许食品生产经营者在所生产经营的食品中，添加按照传统既是食品又是中药材的物质。

考虑到这部分物质已经明确具有一定的药用价值，为了确保食品安全，我国法律从20世纪80年代起就开始实行严格的目录管理制度。这一方面是为了保护传

统饮食习惯,另一方面是为了指导和规范食品生产经营活动。《食品安全法》规定,按照传统既是食品又是中药材的物质目录,由国务院卫生行政部门会同国务院食品安全监督管理部门制定、公布,并及时更新。

(二)国务院食品安全监督管理部门会同国务院农业行政等有关部门建立食品安全全程追溯协作机制

食品安全全程追溯协作机制,是指在食品安全全程追溯实施过程中,部门之间开展协调与配合的机制。由于食品生产经营全过程,包括"从农田到餐桌",不仅跨行业,而且跨部门。因此,在食品安全全程追溯上,无论是行业还是部门必须进行广泛的协调与配合。

从协作内容来看,既可以是信息协作,也可以是技术协作,还可以是资源协作等。信息协作,主要是信息交流,实现信息共享;技术协作,主要是技术交流,实现技术共享;资源协作,主要是人员等方面的支援,实现相互帮助。协作机制应当是综合性的协调和配合机制。

食品安全全程追溯协作机制,应当以食品生产经营者建立的食品安全全程追溯体系为基础。根据规定,食品生产经营者应当建立食品安全全程追溯体系,依照《食品安全法》的规定如实记录并保存进货查验、出厂检验、食品销售等信息,保证食品可追溯。因为没有食品生产经营者建立的一系列记录制度,就难以保证食品可追溯。作为事实或者法律方面的证据,食品生产经营者应当采用信息化手段记录采集、留存生产经营信息。

第二节 专属规定

专属规定是指适用于特定范围内的食品安全规定。食品安全,需要食品生产经营者在食品生产经营过程中,通过实施专属规定来实现。专属规定针对的是食品生产经营者的特定活动,具有法定的性质。作为食品生产经营者,既不能随意改变专属规定,也不能任意放弃或者拒绝执行专属规定,而是应当根据自己的食品生产经营活动,把专属规定落实于具体的行为,做到准确无误地遵守专属规定,以保证食品安全。

一、食品生产经营者

(一)提高食品安全管理能力

食品生产经营企业的食品安全管理能力,本质上是食品生产经营企业的生存和发展的能力,它全面反映了食品生产经营企业的管理素质、人员素质和技术素质。为了提高食品安全管理水平,《食品安全法》从最基础之处入手,采取措施,提高食品生产经营企业的自我改造、自我发展的能力。

一是要求建立健全食品安全管理制度,对职工进行食品安全知识培训,加强食品检验工作,依法从事生产经营活动;二是要求主要负责人落实本企业食品安全管理制度,对本企业的食品安全工作全面负责,建立并落实本企业的食品安全责任制,加强供货者管理、进货查验和出厂检验、生产经营过程控制、食品安全自查等工作;三是要求配备食品安全管理人员,加强对其培训和考核。食品安全管理人员应当掌握与其岗位相适应的食品安全法律、法规、标准和专业知识,具备食品安全管理能力。经考核不具备食品安全管理能力的,不得上岗。食品安全管理人员应当协助企业主要负责人做好食品安全管理工作。

(二)加强对从业人员健康管理

从业人员的健康,不仅关系从业人员的利益,而且关系消费者的利益。我国《传染病防治法》规定,传染病病人、病原携带者和疑似传染病病人,在治愈前或者在排除传染病嫌疑前,不得从事法律、行政法规和国务院卫生行政部门规定禁止从事的易使该传染病扩散的工作。为规范接触直接入口食品工作的从业人员的健康管理,2016年国家卫生计生委印发了《有碍食品安全的疾病目录》。该目录内疾病包括:霍乱、细菌性和阿米巴性痢疾、伤寒和副伤寒、病毒性肝炎(甲型、戊型)、活动性肺结核、化脓性或者渗出性皮肤病等。《食品安全法》将从业人员健康管理放在重要位置。

一是要求建立并执行从业人员健康管理制度。患有国务院卫生行政部门规定的有碍食品安全疾病的人员,不得从事接触直接入口食品的工作。二是要求从事接触直接入口食品工作的食品生产经营人员每年进行健康检查,取得健康证明后方可上岗工作。食品生产经营者应当组织接触直接入口食品的工作人员进行健康体检,并将患有碍食品安全疾病的人员调离接触直接入口食品的工作岗位。

(三)建立食品安全自查制度

食品安全自查是食品生产经营过程中必不可少的程序,确切地说,是食品生产经营过程中各个环节必不可少的组成部分。自查的目的是主动发现食品安全问题,包括潜在的食品安全问题。《食品安全法》规定的食品安全自查,食品生产经营者不仅应当落实在食品出厂前,还应当落实在食品销售前。

一是建立食品安全自查制度,定期对食品安全状况进行检查评价;二是生产经营条件发生变化,不再符合食品安全要求的,应当立即采取整改措施;三是有发生食品安全事故潜在风险的,应当立即停止食品生产经营活动,并向所在地县级人民政府食品安全监督管理部门报告;四是不得在食品生产、加工场所贮存非食品用化学物质和其他可能危害人体健康的物质。

二、食品生产者

(一)保证所生产的食品符合食品安全标准

食品生产企业对所生产的食品负有完全责任。这个责任,《食品安全法》从食品安全角度进行了定性和量化,就是要求食品生产企业所生产的食品应当符合食品安全标准。食品的安全水平取决于食品生产的水平。食品生产企业对所生产食品的食品安全标准目标,主要是通过对食品生产过程进行管理来实现的。其基本内容是,对食品生产过程各个环节、各项业务、各个方面制定控制要求,并实施已经制定的控制要求。《食品安全法》规定,食品生产企业应当制定并实施控制要求的事项包括:(1)原料采购、原料验收、投料等原料控制;(2)生产工序、设备、贮存、包装等生产关键环节控制;(3)原料检验、半成品检验、成品出厂检验等检验控制;(4)运输和交付控制等。

(二)建立食品原料、食品添加剂、食品相关产品进货查验记录制度

进货查验记录实际上是食品生产企业对采购食品原料、食品添加剂、食品相关产品活动进行管理的一种重要工具。它促使食品生产企业及其从业人员认真执行国家的食品安全法律、法规、规章和标准,遵守企业自己制定的各项规定。《食品安全法》要求食品生产企业建立食品原料、食品添加剂、食品相关产品进货查验记录制度。其基本内容是:如实记录食品原料、食品添加剂、食品相关产品的名称、规格、数量、生产日期或者生产批号、保质期、进货日期以及供货者名称、地址、联系方式等内容,并保存相关凭证。记录和凭证保存期限不得少于产品保质期满后6个月;没有明确保质期的,保存期限不得少于2年。

(三)建立食品出厂检验记录制度

食品出厂检验记录是食品生产企业对出厂食品进行管理的一种手段。《食品安全法》要求食品生产企业查验出厂食品的检验合格证和安全状况,并如实进行记录,目的是促使食品生产企业负起责任,确保出厂食品符合食品安全标准。根据规定,应当如实记录的主要内容是:食品的名称、规格、数量、生产日期或者生产批号、保质期、检验合格证号、销售日期以及购货者名称、地址、联系方式等,并保存相关凭证。记录和凭证保存期限不得少于产品保质期满后6个月;没有明确保质期的,保存期限不得少于2年。

(四)采购食品原料、食品添加剂、食品相关产品时应当查验供货者的许可证和产品合格证明

食品生产者生产的食品是否符合食品安全标准,其中一个很重要的前提是,用

于该生产食品的食品原料、食品添加剂、食品相关产品，是否来源于正规渠道及其是否符合食品安全标准。《食品安全法》要求食品生产者履行查验义务，保证供货者具有法定的主体资格，提供的食品原料、食品添加剂、食品相关产品符合食品安全标准。

一是采购食品原料、食品添加剂、食品相关产品，应当查验供货者的许可证和产品合格证明。食品生产者不得采购应当具有许可证和出具产品合格证明，而没有许可证和产品合格证明的供货者提供的食品原料、食品添加剂、食品相关产品。二是对无法提供合格证明的食品原料，应当按照食品安全标准进行检验。有的供货者提供食品原料，法律没有要求应当同时提供产品合格证明。对这部分供货者提供的食品原料，食品生产者在投入使用前，应当按照食品安全标准进行检验。三是不得采购或者使用不符合食品安全标准的食品原料、食品添加剂、食品相关产品。无论是在采购环节，还是在使用环节，食品生产者发现采购或者使用的食品原料、食品添加剂、食品相关产品不符合食品安全标准的，一律不得采购或者使用。

三、食品经营者

（一）采购食品时应当查验供货者的许可证和食品的合格证明文件

食品经营者对其所经营食品负有食品安全责任。食品经营者的食品安全责任是由多方面责任组成的。《食品安全法》将食品经营者采购食品时查验供货者的许可证和食品的合格证明文件，作为其履行食品安全责任的“门槛”。这是因为从食品生产经营过程来说，食品经营者是食品安全标准的最后一个把关者。这里的许可证，是指证明供货者具有合法身份的法定证照；合格证明文件，是指食品出厂检验合格证或者其他合格证明。根据规定，食品经营者采购食品，应当查验供货者的许可证和食品出厂检验合格证或者其他合格证明。

（二）按照食品安全要求贮存食品

贮存食品是食品经营者将购进的食品予以存放，以待销售的措施。无论是从事食品零售业务的食品经营者，还是从事食品批发业务的食品经营企业，都有贮存食品的需要。贮存食品应当根据具体的食品贮存条件要求，并经常性地检查食品品质和保质期限。《食品安全法》规定，食品经营者应当按照保证食品安全的要求贮存食品，定期检查库存食品，及时清理变质或者超过保质期的食品。

（三）在贮存散装食品的位置标明规定内容

散装食品是指无预先定量包装，需称重销售的食品，包括无包装和带非定量包装的食品。食品经营者贮存散装食品，在贮存位置按照要求标明相关内容，是对散装食品进行管理的一项措施。它对明确食品安全责任和防止食品相混淆、超过保质期等，都具有积极的意义。《食品安全法》规定，食品经营者贮存散装食品，应当在贮存位置标明食品的名称、生产日期或者生产批号、保质期、生产者名称及联系方式等内容。

（四）建立进货查验记录制度

进货查验记录是食品经营企业对采购食品进行管理的一种手段。《食品安全法》要求食品经营企业建立食品进货查验记录制度。法律没有明确要求食品经营个人建立食品进货查验记录制度，这是因为从事食品经营的个人情况比较复杂，难以统一作出规定，但从自身利益考虑，具备条件的食品经营个人也应当根据自己的实际情况建立食品进货查验记录制度。根据规定，应当如实记录的内容包括：食品的名称、规格、数量、生产日期或者生产批号、保质期、进货日期以及供货者名称、地址、联系方式等，并保存相关凭证。记录和凭证保存期限不得少于产品保质期满后6个月；没有明确保质期的，保存期限不得少于2年。

（五）实行统一配送经营方式的食品经营企业可以统一查验和记录

所谓统一配送，是指由连锁企业的配送中心对各经营门店实行统一备货和送货。统一配送除可以减低采购成本、提高采购效率、确保食品品质外，还可以在最短时间、按最快路线、以最少环节，完成食品由生产领域到消费领域的转移。实行统一配送的食品经营企业，通常由企业总部负责食品采购或者进货管理。为了鼓励食品经营企业规模化，实行连锁经营、配送，《食品安全法》规定，实行统一配送经营方式的食品经营企业，可以由企业总部统一查验供货者的许可证和食品合格证明文件，进行食品进货查验记录。

（六）从事食品批发业务的食品经营企业应当建立食品销售记录制度

所谓食品批发，是指从食品生产企业或者其他食品批发企业大宗地、成批地购进食品，再大宗地、成批地出售给从事零售业务的食品经营者的一种经营方式。食品批发是食品流通的中间环节，通常面对的是零售食品经营者。它对保证食品安全，控制食品安全风险等具有积极的作用。《食品安全法》规定，从事食品批发业务的经营企业应当建立食品销售记录制度，如实记录批发食品的名称、规格、数量、生产日期或者生产批号、保质期、销售日期以及购货者名称、地址、联系方式等内容，并保存相关凭证。记录和凭证保存期限不得少于产品保质期满后6个月；没有明确保质期的，保存期限不得少于2年。

四、食用农产品生产经营者

（一）食用农产品生产者应当按照规定使用农业投入品

食用农产品是指在农业活动中获得的供人食用的植物、动物、微生物及其产品。食用农产品是食品安全的重要组成部分。正确使用农业投入品不仅可以丰富“菜篮子”,而且可以使食用农产品增产增收。但滥用或者错误使用农业投入品,将威胁食品安全,甚至造成食品安全事故。《食品安全法》高度重视农业投入品的使用,并作出明确规定。

一是按照食品安全标准和国家有关规定使用农药、肥料、兽药、饲料和饲料添加剂等农业投入品;二是严格执行农业投入品使用安全间隔期或者休药期的规定;三是不得使用国家明令禁止的农业投入品。禁止将剧毒、高毒农药用于蔬菜、瓜果、茶叶和中草药材等国家规定的农作物。

(二)食用农产品的生产企业和农民专业合作经济组织应当建立农业投入品使用记录制度

食用农产品生产企业是经过核准登记的农业企业,有各种存在形式。农民专业合作经济组织,又称农业合作社,是其中的一种特殊组织形式。相对于一家一户分散的生产模式,食用农产品生产企业和农民专业合作经济组织,无论是生产规模还是管理能力,都有显著优势,而且它们在农业投入品使用上更具有规范化需求。为加强农业投入品使用管理,反映和证实农业投入品使用实际情况,《食品安全法》规定,食用农产品的生产企业和农民专业合作经济组织应当建立农业投入品使用记录制度。

(三)食用农产品批发市场应当对进入市场销售的食用农产品进行抽样检验

食用农产品批发市场是指为食用农产品集中交易提供场所的有形市场。它是食用农产品流通体系的核心环节,具有集散食用农产品等重要功能。为了保证食品安全,法律赋予食用农产品批发市场对进场销售的食用农产品进行抽样检验的职责,并制止不符合食品安全标准的食用农产品上市销售的义务。《食品安全法》规定,食用农产品批发市场应当配备检验设备和检验人员或者委托符合该法规定的食品检验机构,对进入该批发市场销售的食用农产品进行抽样检验;发现不符合食品安全标准的,应当要求销售者立即停止销售,并向食品安全监管部门报告。

(四)食用农产品销售者应当建立食用农产品进货查验记录制度

大部分食用农产品销售者所销售的食用农产品并不是自产的,而是来自第三方的供货者。由销售者负责查验供货者提供的食用农产品并进行记录,是国家加强对食用农产品管理的一种手段。通过查验和记录,可以及时制止、纠正不符合食品安全标准的食用农产品的上市销售以及善后处理。《食品安全法》规定,食用农产品销售者应当建立食用农产品进货查验记录制度,如实记录食用农产品的名称、数量、进货日期以及供货者名称、地址、联系方式等内容，并保存相关凭证。记录和凭证保存期限不得少于6个月。

（五）食用农产品使用的保鲜剂、防腐剂等食品添加剂和包装材料应当符合食品安全国家标准

影响食用农产品安全的，除农业投入品外，还有食用农产品在包装、保鲜、贮存、运输中使用的保鲜剂、防腐剂等食品添加剂和包装材料等食品相关产品。使用保鲜剂、防腐剂等食品添加剂和包装材料等食品相关产品，旨在有利于食用农产品包装、保鲜、贮存、运输等活动的正常进行。为维护食品安全，食用农产品生产经营者必须遵守共同的行为准则。《食品安全法》规定，进入市场销售的食用农产品在包装、保鲜、贮存、运输中使用保鲜剂、防腐剂等食品添加剂和包装材料等食品相关产品，应当符合食品安全国家标准。

五、食品、食品添加剂、食品相关产品生产经营者

（一）食品、食品添加剂、食品相关产品的生产者应当对产品进行检验合格后方可出厂或者销售

对出厂或销售的食品、食品添加剂、食品相关产品进行检验，是食品、食品添加剂、食品相关产品的生产者应当承担的责任。这个责任既是生产者对经营者承担的责任，也是生产者对消费者承担的责任。我国目前在食品、食品添加剂、食品相关产品的检验中普遍实行检验合格凭证制度。进货企业包括经营者应当按照要求索证。《食品安全法》规定，食品、食品添加剂、食品相关产品的生产者，应当按照食品安全标准对所生产的食品、食品添加剂、食品相关产品进行检验，检验合格后方可出厂或者销售。《食品安全法实施条例》规定，对食品进行辐照加工，应当遵守食品安全国家标准，并按照食品安全国家标准的要求对辐照加工食品进行检验和标注。

（二）委托生产食品、食品添加剂的生产经营者对委托生产产品的安全负责

为适应食品、食品添加剂生产规模化、集中化需要，法律允许委托生产食品、食品添加剂。委托生产食品、食品添加剂，不改变食品安全责任。委托方应当委托取得生产资质的生产者，并对其生产行为进行监督，同时对委托生产的食品、食品添加剂的安全负责。受托方应当具有合法的生产资质，没有生产资质的不得接受委托，接受委托生产的食品、食品添加剂应当符合法律、法规、食品安全标准，不符合法律、法规、食品安全标准的不得接受委托。《食品安全法实施条例》规定，食品、食品添加剂生产经营者委托生产食品、食品添加剂的，应当委托取得食品生产许可、食品添加剂生产许可的生产者生产，并对其生产行为进行监督，对委托生产的食品、食品添加剂的安全负责。受托方应当依照法律、法规、食品安全标准以及合同约定

进行生产,对生产行为负责,并接受委托方的监督。

六、餐饮服务提供者

(一)不得采购不符合食品安全标准的食品原料

餐饮服务是指通过即时制作加工、商业销售和服务性劳动等,向消费者提供食品和消费场所及设施的服务活动。对餐饮服务来说,食品安全的管理源头是食品原料。食品原料有问题,可能发生在采购前,也可能发生在采购后,比较多见的是在采购前。采购食品原料,需要依法收存相关信息以备查考。《食品安全法》规定,餐饮服务提供者应当制定并实施原料控制要求,不得采购不符合食品安全标准的食品原料。倡导餐饮服务提供者公开加工过程,公示食品原料及其来源等信息。

(二)不得加工或者使用不符合食品安全标准的食品、食品添加剂

在餐饮服务中,食品安全风险可能发生在食品采购环节,也可能发生在食品加工环节。法律根据不同环节食品安全风险特点,提出相应要求,目的是避免食品安全风险。为防止发生食品安全事故所采取的食品原料等废弃措施而造成的经济损失,是必要损失。《食品安全法》规定,餐饮服务提供者在加工过程中应当检查待加工的食品及原料,发现有腐败变质、油脂酸败、霉变生虫、污秽不洁、混有异物、掺假掺杂或者感官性状异常的食品、食品添加剂等情形的,不得加工或者使用。

(三)定期维护、清洗或者校验食品加工、贮存、陈列等设施、设备

食品因加工、贮存、陈列等设施、设备失去正常使用功能发生腐败变质、油脂酸败、霉变生虫或者污染等现象,造成的不仅是经济损失,还有健康威胁。餐饮服务点多面广,在正常情况下有大量食品加工、贮存、陈列等需要。餐饮服务提供者应当保证能依照国家规定提供食品及食品所需要的加工、贮存、陈列等设施、设备,包括定期维护、清洗或者校验。《食品安全法》规定,餐饮服务提供者应当定期维护食品加工、贮存、陈列等设施、设备;定期清洗、校验保温设施及冷藏、冷冻设施。

(四)按照要求对餐具、饮具进行清洗消毒

餐饮服务提供者在提供餐饮服务时,事先应当做好准备工作,其中包括对餐具、饮具的清洗消毒。餐饮服务提供者可以自己清洗消毒餐具、饮具,也可以委托他人清洗消毒餐具、饮具。《食品安全法》规定,餐饮服务提供者应当按照要求对餐具、饮具进行清洗消毒,不得使用未经清洗消毒的餐具、饮具;餐饮服务提供者委托清洗消毒餐具、饮具的,应当委托符合该法规定条件的餐具、饮具集中消毒服务单位。《食品安全法实施条例》进一步规定,餐饮服务提供者委托餐具饮具集中消毒服务单位提供清洗消毒服务的,应当查验、留存餐具饮具集中消毒服务单位的营业执照复印件和消毒合格证明。保存期限不得少于消毒餐具饮具使用期限到期后6

个月。

七、集中用餐单位

(一)集中用餐单位应当确保食品安全

集中用餐单位是指有内部集体用餐场所的单位。集中用餐单位所提供的膳食可以是自己所属食堂制作的,也可以是向供餐单位订购的。无论哪种形式,集中用餐单位都有责任确保食品安全。《食品安全法》规定,学校、托幼机构、养老机构、建筑工地等集中用餐单位的食堂应当严格遵守法律、法规和食品安全标准;从供餐单位订餐的,应当从取得食品生产经营许可的企业订购,并按照要求对订购的食品进行查验。供餐单位应当严格遵守法律、法规和食品安全标准,当餐加工,确保食品安全。《食品安全法实施条例》进一步规定,学校、托幼机构、养老机构、建筑工地等集中用餐单位的食堂应当执行原料控制、餐具炊具清洗消毒、食品留样等制度,并定期开展食堂食品安全自查。承包经营集中用餐单位食堂的,应当依法取得食品经营许可,并对食堂的食品安全负责。集中用餐单位应当督促承包方落实食品安全管理制度,承担管理责任。

(二)集中用餐单位的主管部门应当及时消除食品安全隐患

学校、托幼机构、养老机构、建筑工地等单位是食品安全事故“易发”之地。学生、老人、民工等人群相对比较脆弱,需要给予重点保护。作为这些单位的主管部门,应当发挥组织和动员作用,采取预防措施,以减少和防止食品安全事故的发生。《食品安全法》规定,学校、托幼机构、养老机构、建筑工地等集中用餐单位的主管部门应当加强对集中用餐单位的食品安全教育和日常管理,降低食品安全风险,及时消除食品安全隐患。

八、餐具、饮具集中消毒服务单位

(一)应当具备消毒服务的条件和能力

餐具、饮具集中消毒服务单位,简称餐饮具集中消毒单位,是指具有消毒服务的条件和能力,能够为餐饮服务提供者提供餐具、饮具集中消毒服务的机构或单位。法定的消毒服务条件主要包括作业场所、清洗消毒设备或者设施。餐具、饮具的消毒对于餐饮服务安全意义重大。为了防止餐具、饮具因消毒导致二次污染,《食品安全法》规定消毒过程中的用水和使用的洗涤剂、消毒剂,应当符合相关食品安全国家标准和其他国家标准、卫生规范。

(二)应当建立餐具、饮具出厂检验记录制度

餐具、饮具集中消毒服务单位应当符合消毒服务机构卫生规范的要求,保证餐具、饮具消毒过程及消毒后餐具、饮具符合法律、法规、标准和规范的规定,并对消毒

的餐具、饮具安全负责。具体包括:如实记录出厂餐具、饮具的数量、消毒日期和批号、使用期限、出厂日期以及委托方名称、地址、联系方式等内容;对消毒餐具、饮具进行逐批检验,检验合格后方可出厂,并应当随附消毒合格证明;消毒后的餐具、饮具应当在独立包装上标注单位名称、地址、联系方式、消毒日期以及使用期限等内容。根据规定,出厂检验记录保存期限不得少于消毒餐具、饮具使用期限到期后6个月。

九、食品添加剂生产经营者

(一)食品添加剂生产者应当建立食品添加剂出厂检验记录制度

食品添加剂出厂检验记录制度,是食品添加剂生产者对食品添加剂进行出厂管理的手段。食品添加剂生产者对出厂食品添加剂的安全负责。根据《食品安全法》的规定,具体包括:一是查验出厂产品的检验合格证和安全状况;二是如实记录食品添加剂的名称、规格、数量、生产日期或者生产批号、保质期、检验合格证号、销售日期以及购货者名称、地址、联系方式等相关内容,并保存相关凭证。记录和凭证保存期限不得少于产品保质期满后6个月;没有明确保质期的,保存期限不得少于2年。

(二)食品添加剂经营者应当建立食品添加剂采购查验记录制度

食品添加剂采购查验记录制度,是食品添加剂经营者对采购食品添加剂进行管理的手段。食品添加剂经营者对经营的食品添加剂的安全负责。因此,食品添加剂经营者应当严把"采购关"。根据《食品安全法》的规定,具体包括:一是查验供货者的许可证和产品合格证明文件;二是如实记录食品添加剂的名称、规格、数量、生产日期或者生产批号、保质期、进货日期以及供货者名称、地址、联系方式等内容,并保存相关凭证。记录和凭证保存期限不得少于产品保质期满后6个月;没有明确保质期的,保存期限不得少于2年。

十、集中交易市场开办者、柜台出租者和展销会举办者

集中交易市场开办者、柜台出租者和展销会举办者,虽然不是直接的食品经营者,但他们向食品经营者提供经营场所,而且提供经营场所的方式比较灵活,增加了食品安全监管难度。为此,法律赋予他们一定的管理义务。主要是:依法审查入场食品经营者的许可证;明确入场食品经营者的食品安全管理责任;定期对入场食品经营者经营环境和条件进行检查;发现入场食品经营者有违反《食品安全法》规定行为的,及时制止并立即报告所在地县级人民政府食品安全监管部门。根据《食品安全法实施条例》的规定,食品集中交易市场的开办者、食品展销会的举办者应当在市场开业或者展销会举办前向所在地县级人民政府食品安全监督管理部门报

告。这里的集中交易市场是指销售食用农产品的批发市场和零售市场，包括农贸市场。

十一、网络食品交易第三方平台提供者

网络食品交易第三方平台提供者，也称第三方电子商务企业。它通过网络服务平台，按照特定的交易与服务规范，面向食品买卖双方提供服务。作为第三方平台，它本身不直接从事食品买卖电子商务活动。目前网络食品交易异常活跃。为了保证食品安全，也为了保护消费者利益，法律赋予网络食品交易第三方平台提供者一系列义务。主要包括：对入网食品经营者进行实名登记；对依法应当取得许可证的入网食品经营者，审查其许可证；明确入网食品经营者食品安全管理责任；发现入网食品经营者有违反《食品安全法》规定行为的，及时制止并立即报告所在地县级人民政府食品安全监督管理部门；发现严重违法行为的，立即停止提供网络交易平台服务。根据《食品安全法实施条例》的规定，网络食品交易第三方平台提供者应当妥善保存入网食品经营者的登记信息和交易信息。

十二、食品召回

食品召回，是指食品生产者按照规定程序，对由其生产原因造成的某一批次或类别的不安全食品，通过换货、退货、补充或修正消费说明等方式，及时消除或减少食品安全危害的活动。

食品召回分食品生产者召回和食品经营者召回。食品生产经营者发现其生产经营的食品不符合食品安全标准或者有证据证明可能危害人体健康的，食品生产者应当立即停止生产，召回已经上市销售的食品，通知相关生产经营者和消费者，并记录召回和通知情况；食品经营者应当立即停止经营，通知相关生产经营者和消费者，并记录停止经营和通知情况。

食品生产经营者对召回的食品，除因标签、标志或者说明书不符合食品安全标准采取补救措施且能保证食品安全外，应当采取无害化处理、销毁等措施，防止其再次流入市场。食品生产经营者应当对变质、超过保质期或者回收的食品进行显著标示或者单独存放在有明确标志的场所，及时采取无害化处理、销毁等措施并如实记录。

食品生产经营者应当将食品召回和处理情况向所在地县级人民政府食品安全监督管理部门报告。食品生产经营者未依照上述规定召回或者停止经营的，县级以上人民政府食品安全监督管理部门可以责令其召回或者停止经营。县级以上地方人民政府根据需要建设必要的食品无害化处理和销毁设施。食品生产经营者可以按照规定使用政府建设的设施对食品进行无害化处理或者予以销毁。

第二十六章　食品标签、说明书和广告

第一节　食品标签、说明书

一、食品标签、说明书的概念

食品标签，也称食品标识，是指食品包装上的文字、图形、符号以及说明物的总称。它粘贴、印制、标记在食品包装上，用以传递食品的特征作用、生产日期、保存条件、保质期限、食用人群、食用方法以及其他有关信息。食品说明书，是指置于食品外包装内的用以传递食品信息的说明总称。通常食品说明书比食品标签含有更多的信息。这里所称的食品标签、说明书，包括食品添加剂标签、说明书。

对食品生产经营者而言，食品标签、说明书是对消费的引导、指导，也是对消费者的郑重承诺。所以，食品生产经营者对其提供的标签、说明书的内容负责。《食品安全法》规定，食品和食品添加剂的标签、说明书，不得含有虚假内容，不得涉及疾病预防、治疗功能；食品和食品添加剂的标签、说明书应当清楚、明显，生产日期、保质期等事项应当显著标注，容易辨识；食品和食品添加剂与其标签、说明书的内容不符的，不得上市销售；食品经营者应当按照食品标签标示的警示标志、警示说明或者注意事项的要求销售食品。

二、预包装食品的标签

预包装食品，是指预先定量包装或者制作在包装材料、容器中的食品。《食品安全法》规定，预包装食品的包装上应当有标签。标签应当标明下列事项：(1)名称、规格、净含量、生产日期；(2)成分或者配料表；(3)生产者的名称、地址、联系方式；(4)保质期；(5)产品标准代号；(6)贮存条件；(7)所使用的食品添加剂在国家标准中的通用名称；(8)生产许可证编号；(9)法律、法规或者食品安全标准规定应当标明的其他事项。另外，专供婴幼儿和其他特定人群的主辅食品的标签还应当标明主要营养成分及其含量。

由于预包装食品层出不穷，不同的预包装食品除共性要求外，还可能有个性要求，为了适应预包装食品标签的变化，《食品安全法》还特别说明，食品安全国家标准对标签标注事项另有规定的，从其规定。

三、散装食品的标签

散装食品，是预包装食品的对称，是指没有预包装的食品。由于散装食品没有预包装，法律没有要求散装食品必须拥有标签，也就是没有要求散装食品事先制作标签。但为了保护消费者的知情权，合理引导、指导消费，便于消费者必要时维权，《食品安全法》明确散装食品的经营者负有向消费者说明义务。根据规定，食品经营者销售散装食品，应当在散装食品的容器、外包装上标明食品的名称、生产日期或者生产批号、保质期以及生产经营者名称、地址、联系方式等内容。散装食品容器、外包装上的标明内容具有标签作用。

四、转基因食品的标签

转基因食品，是指利用转基因生物技术获得的转基因生物品系，并以该转基因生物为直接食品或者为原料加工生产的食品。根据转基因食品来源的不同，可以分为植物性转基因食品、动物性转基因食品和微生物性转基因食品。目前转基因食品以植物性转基因食品为主。凡是通过法律认可的转基因产品，都是经过系统的、规范的食品安全检验的验证，对人体的健康是安全的。

《食品安全法》规定，生产经营转基因食品应当按照规定显著标示。我国对转基因食品实行强制标识制度。只要食品含有或者使用了转基因成份就按转基因食品监管，没有具体的含量界定要求。根据《农业转基因生物标识管理办法》的规定，转基因食品标识方法有以下三种：

第一，转基因动植物（含种子、种畜禽、水产苗种）和微生物，转基因动植物、微生物产品，含有转基因动植物、微生物或者其产品成份的种子、种畜禽、水产苗种、农药、兽药、肥料和添加剂等产品，直接标注“转基因××”。

第二，转基因农产品的直接加工品，标注为“转基因××加工品（制成品）”或者“加工原料为转基因××”。

第三，用农业转基因生物或者用含有农业转基因生物成份的产品加工制成的产品，但最终销售产品中已不再含有或者检测不出转基因成份的产品，标注为“本产品为转基因××加工制成，但本产品中已不再含有转基因成份”或者标注为“本产品加工原料中有转基因××，但本产品中已不再含有转基因成份”。

凡是列入标识管理目录并用于销售的农业转基因生物，应当进行标识；不在农业转基因生物目录中的，不得进行“非转基因”宣传、标识。对我国未批准进口用作加工原料、未批准在国内进行商业化种植，市场上并不存在该转基因作物及其加工品的，禁止使用非转基因标识及广告词。

五、食品添加剂的标签

食品添加剂应当有包装，因此，食品添加剂也应当有标签。《食品安全法》规定，食品添加剂标签应当载明下列事项：(1)名称、规格、净含量、生产日期；(2)成分或者配料表；(3)生产者的名称、地址、联系方式；(4)保质期；(5)产品标准代号；(6)贮存条件；(7)生产许可证编号；(8)使用范围、用量、使用方法；(9)法律、法规或者食品安全标准规定应当标明的其他事项，并在标签上载明“食品添加剂”字样。

第二节 食 品 广 告

一、食品广告的概念

食品广告，是指食品生产经营者通过一定媒介和形式直接或者间接介绍其所生产经营食品的行为。这里所称的食品广告，包括特殊食品广告、食品添加剂广告等。

食品广告是消费者获得食品信息的途径之一。因此，食品生产经营者进行食品广告，应当保证其提供的食品信息的真实性、合法性，不得含有虚假内容。“不得含有虚假内容”，主要是指引人误解的虚假宣传。所谓引人误解，是指使消费者信以为真。所谓虚假宣传，是指与实际不符的宣传。主要包括：(1)扩大性宣传，对食品作不合实际的夸张宣传；(2)杜撰性宣传，对食品通过捏造事实、制造假象进行宣传；(3)臆断性宣传，对食品凭主观判断、推测进行宣传等。

我国禁止利用包括会议、讲座、健康咨询在内的任何方式对食品进行虚假宣传。消费者组织也不得以收取费用或者其他牟取利益的方式向消费者推荐食品。《食品安全法》规定，食品安全监督管理部门发现虚假宣传行为的，应当依法及时处理。

二、食品广告的内容

(一)食品广告内容应当真实

食品广告是食品生产经营者主动向消费者提供食品信息的形式之一。从法律角度来说，这是食品生产经营者向消费者履行告知义务的一部分。所以，广告内容应当真实。否则，食品生产经营者将承担相应的法律责任。消费者对食品作出正确的判断、评价、选择、食用等，都有赖于食品生产经营者提供真实的、必要的信息。对此，《食品安全法》明确要求，食品广告的内容应当真实，不得含有虚假内容。

(二)食品广告内容应当合法

食品广告除内容应当真实外，还应当合法。食品广告从形式到内容都应当符合法律规定。食品广告除应当遵守《食品安全法》有关食品广告的规定外，还应当遵守《广告法》有关广告的一般规定。这些规定是广泛的，包括法律允许、法律要求和法律禁止等。例如，以健康的表现形式表达广告内容；不得使用“国家级”“最高级”“最佳”等用语；不得以介绍健康、养生知识等形式变相发布保健食品广告等。

(三)食品广告内容不得涉及疾病预防、治疗功能

食品生产经营者对食品广告内容的真实性、合法性负责。食品广告内容真实性、合法性之一，就是食品广告内容不得涉及疾病预防、治疗功能。这不仅是《食品安全法》的规定，也是《广告法》的规定。《广告法》规定，除医疗、药品、医疗器械广告外，禁止其他任何广告涉及疾病治疗功能，并不得使用医疗用语或者易使推销的商品与药品、医疗器械相混淆的用语。

三、保健食品广告的禁止内容

食品广告有引导、指导消费的作用。为了保证消费者辨明保健食品，《广告法》规定，保健食品广告不得含有以下内容：(1)表示功效、安全性的断言或者保证；(2)涉及疾病预防、治疗功能；(3)声称或者暗示广告商品为保障健康所必需；(4)与药品、其他保健食品进行比较；(5)利用广告代言人作推荐、证明；(6)法律、行政法规规定禁止的其他内容。保健食品广告应当显著表明“本品不能代替药物”。

四、禁止替代母乳的食品广告

我国推行母乳喂养。对于母乳喂养无法满足的婴幼儿，婴幼儿配方食品作为母乳的替代品，可以满足婴幼儿的正常营养需求。但法律不鼓励也不支持婴幼儿配方食品进行广告宣传。《广告法》规定，禁止在大众传播媒介或者公共场所发布声称全部或者部分替代母乳的婴儿乳制品、饮料和其他食品广告。

第二十七章　特 殊 食 品

特殊食品，是一般食品的对称，指保健食品、特殊医学用途配方食品和婴幼儿配方食品等食品。国家对特殊食品实行严格监督管理。

第一节　保 健 食 品

一、保健食品的概念

现行保健食品概念出自食品安全国家标准。根据定义，保健食品是指声称并具有特定保健功能或者以补充维生素、矿物质为目的的食品。保健食品虽然具有调节机体功能，且适用于特定人群，但保健食品不是药品，也不以治疗疾病为目的。

在我国，除了保健食品，其他食品不得声称具有保健功能。《食品安全法》规定，保健食品声称保健功能，应当具有科学依据，不得对人体产生急性、亚急性或者慢性危害。

“保健食品”作为专业术语最早出现于20世纪60年代。1963年劳动部、卫生部等七部门下发《关于贯彻国务院批转国家经委报告实行保健食品制度的联合通知》，将企业免费提供给工人的“保健食品”，明确为一项劳动保护辅助措施。目的是解决从事有害健康作业工种的特殊营养需要，增强职工抵抗职业性毒害的能力。现在意义上的保健食品制度始于1995年《食品卫生法》。该法规定，表明具有特定保健功能的食品，其产品及说明书必须报国务院卫生行政部门审查批准，其卫生标准和生产经营管理办法，由国务院卫生行政部门制定。1996年卫生部制定了《保健食品管理办法》，将保健食品定义为表明具有特定保健功能的食品。即适宜于特定人群食用，具有调节机体功能，不以治疗疾病为目的的食品。

二、保健功能声称实行目录管理

保健食品与普通食品的主要区别在于，保健食品声称具有保健功能。普通食品其实也具有保健功能，但保健食品声称的保健功能，并不是指普通食品通常所具有的保健功能，而是特定保健功能。根据上述规定，保健食品声称保健功能，应当具有科学依据。为了便于管理，我国对允许保健食品声称的保健功能范围实行目录制。《食品安全法》规定，允许保健食品声称的保健功能目录，由国务院食品安全监督管理部门会同国务院卫生行政部门、国家中医药管理部门制定、调整并公布。

我国允许保健食品声称的保健功能范围是逐步发展的。1996 年卫生部《保健食品功能学评价程序和检验方法》列入的保健功能有 12 项：免疫调节、延缓衰老、改善记忆、促进生长发育、抗疲劳、减肥、耐缺氧、抗辐射、抗突变、抑制肿瘤、调节血脂、改善性功能。1997 年卫生部《关于保健食品管理中若干问题的通知》又增补了 12 项：调节血糖、改善胃肠道功能（具体功能应予明确）、改善睡眠、改善营养性贫血、对化学性肝损伤有保护作用、促进泌乳、美容（具体功能应予明确）、改善视力、促进排铅、清咽润喉、调节血压、改善骨质疏松。2000 年卫生部《关于调整保健食品功能受理和审批范围的通知》取消了抑制肿瘤和改善性功能两项功能，并细化了改善胃肠道功能（调节肠道菌群、促进消化、润肠通便、对胃黏膜有辅助保护作用）和美容（祛痤疮、祛黄褐斑、改善皮肤水分和油分）。2003 年卫生部《关于印发〈保健食品检验与评价技术规范〉（2003 年版）的通知》取消了抗突变功能，并将改善胃肠道功能和美容功能所包含的分项内容作为独立的保健功能单列。

现行保健食品的保健功能有 27 种：增强免疫力、辅助降血脂、辅助降血糖、抗氧化、辅助改善记忆、缓解视疲劳、促进排铅、清咽、辅助降血压、改善睡眠、促进泌乳、缓解体力疲劳、提高缺氧耐受力、对辐射危害有辅助保护功能、减肥、改善生长发育、增加骨密度、改善营养性贫血、对化学性肝损伤有辅助保护作用、祛痤疮、祛黄褐斑、改善皮肤水分、改善皮肤油分、调节肠道菌群、促进消化、通便、对胃黏膜损伤有辅助保护功能。

2020 年国家市场监督管理总局会同国家卫生健康委员会、国家中医药管理局印发《允许保健食品声称的保健功能目录 营养素补充剂（2020 年版）》，明确补充维生素、矿物质范围包括：钙、镁、钾、锰、铁、锌、硒、铜、维生素 A、维生素 D、维生素 B1、维生素 B2、维生素 B6、维生素 B12、烟酸（尼克酸）、叶酸、生物素、胆碱、维生素 C、维生素 K、泛酸、维生素 E、β－胡萝卜素。

三、保健食品原料实行目录管理

保健食品声称的保健功能，是普通食品并不具有的特定保健功能。这些保健功能与所使用的原料有直接关系。为了保证保健食品安全，我国对保健食品原料实行目录管理。《食品安全法》规定，保健食品原料目录，由国务院食品安全监督管理部门会同国务院卫生行政部门、国家中医药管理部门制定、调整并公布。并规定，保健食品原料目录应当包括原料名称、用量及其对应的功效；列入保健食品原料目录的原料只能用于保健食品生产，不得用于其他食品生产。

2002 年卫生部印发《关于进一步规范保健食品原料管理的通知》，公布了《既是食品又是药品的物品名单》、《可用于保健食品的物品名单》和《保健食品禁用物品名单》。《既是食品又是药品的物品名单》共列举了 87 种药食同源物品，包括：丁香、八角茴香、刀豆、小茴香、小蓟、山药、山楂、马齿苋、乌梢蛇、乌梅、木瓜、火麻仁、代代花、玉竹、甘草、白芷、白果、白扁豆、白扁豆花、龙眼肉（桂圆）、决明子、百合、肉豆蔻、肉桂、余甘子、佛手、杏仁（甜、苦）、沙棘、牡蛎、芡实、花椒、赤小豆、阿胶、鸡内金、麦芽、昆布、枣（大枣、酸枣、黑枣）、罗汉果、郁李仁、金银花、青果、鱼腥草、姜（生姜、干姜）、枳实子、枸杞子、栀子、砂仁、胖大海、茯苓、香橼、香薷、桃仁、桑叶、桑椹、桔红、桔梗、益智仁、荷叶、莱菔子、莲子、高良姜、淡竹叶、淡豆豉、菊花、菊苣、黄芥子、黄精、紫苏、紫苏籽、葛根、黑芝麻、黑胡椒、槐米、槐花、蒲公英、蜂蜜、榧子、酸枣仁、鲜白茅根、鲜芦根、蝮蛇、橘皮、薄荷、薏苡仁、薤白、覆盆子、藿香。2014 年又新增 15 种：人参、山银花、芫荽、玫瑰花、松花粉、粉葛、布渣叶、夏枯草、当归、山柰、西红花（藏红花）、草果、姜黄、荜茇、油松。这部分物品，可以在保健食品中使用，也可以在普通食品中使用。2019 年国家卫生健康委、国家市场监督管理总局印发《关于对党参等 9 种物质开展按照传统既是食品又是中药材的物质管理试点工作的通知》，明确党参、肉苁蓉、铁皮石斛、西洋参、黄芪、灵芝、天麻、山茱萸、杜仲叶 9 种物质，作为保健食品原料使用时，按保健食品有关规定进行管理。

《可用于保健食品的物品名单》包括：人参、人参叶、人参果、三七、土茯苓、大蓟、女贞子、山茱萸、川牛膝、川贝母、川芎、马鹿胎、马鹿茸、马鹿骨、丹参、五加皮、五味子、升麻、天门冬、天麻、太子参、巴戟天、木香、木贼、牛蒡子、牛蒡根、车前子、车前草、北沙参、平贝母、玄参、生地黄、生何首乌、白及、白术、白芍、白豆蔻、石决明、石斛（需提供可使用证明）、地骨皮、当归、竹茹、红花、红景天、西洋参、吴茱萸、怀牛膝、杜仲、杜仲叶、沙苑子、牡丹皮、芦荟、苍术、补骨脂、诃子、赤芍、远志、麦门冬、龟甲、佩兰、侧柏叶、制大黄、制何首乌、刺五加、刺玫果、泽兰、泽泻、玫瑰花、玫瑰茄、知母、罗布麻、苦丁茶、金荞麦、金樱子、青皮、厚朴、厚朴花、姜黄、枳壳、枳实、柏子仁、珍珠、绞股蓝、葫芦巴、茜草、荜茇、韭菜子、首乌藤、香附、骨碎补、党参、桑白皮、桑枝、浙贝母、益母草、积雪草、淫羊藿、菟丝子、野菊花、银杏叶、黄芪、湖北贝母、番泻叶、蛤蚧、越橘、槐实、蒲黄、蒺藜、蜂胶、酸角、墨旱莲、熟大黄、熟地黄、鳖甲。这部分可用于保健食品的物品，只可以有限度地用于保健食品之中。

《保健食品禁用物品名单》包括：八角莲、八里麻、千金子、土青木香、山莨菪、川乌、广防己、马桑叶、马钱子、六角莲、天仙子、巴豆、水银、长春花、甘遂、生天南星、生半夏、生白附子、生狼毒、白降丹、石蒜、关木通、农吉痢、夹竹桃、朱砂、米壳(罂粟壳)、红升丹、红豆杉、红茴香、红粉、羊角拗、羊踯躅、丽江山慈姑、京大戟、昆明山海棠、河豚、闹羊花、青娘虫、鱼藤、洋地黄、洋金花、牵牛子、砒石(白砒、红砒、砒霜)、草乌、香加皮(杠柳皮)、骆驼蓬、鬼臼、莽草、铁棒槌、铃兰、雪上一枝蒿、黄花夹竹桃、斑蝥、硫磺、雄黄、雷公藤、颠茄、藜芦、蟾酥。

四、保健食品的注册

注册是保健食品取得合法身份的方法之一。我国对使用保健食品原料目录以外原料生产的保健食品和首次进口的保健食品实行注册管理。这里的保健食品原料目录,包括《既是食品又是药品的物品名单》和《可用于保健食品的物品名单》等。实行注册管理的首次进口保健食品,不包括首次进口的属于补充维生素、矿物质等营养物质的保健食品。

保健食品注册管理由国务院食品安全监督管理部门负责。依法应当注册的保健食品,注册时应当提交保健食品的研发报告、产品配方、生产工艺、安全性和保健功能评价、标签、说明书等材料及样品,并提供相关证明文件。其中,保健食品生产工艺有原料提取、纯化等前处理工序的,生产企业应当具备相应的原料前处理能力。国务院食品安全监督管理部门经组织技术审评,对符合安全和功能声称要求的,准予注册,发给保健食品注册证书,有效期为5年;对不符合要求的,不予注册并书面说明理由。

保健食品注册证书及其附件应当载明的内容包括:产品名称、注册人名称和地址、注册号、颁发日期及有效期、保健功能、功效成分或者标志性成分及含量、产品规格、保质期、适宜人群、不适宜人群、注意事项,以及产品标签、说明书主要内容和产品技术要求等。国产保健食品注册号格式为国食健注G+4位年代号+4位顺序号;进口保健食品注册号格式为国食健注J+4位年代号+4位顺序号。

五、保健食品的备案

备案也是保健食品取得合法身份的方法之一。我国对使用补充维生素、矿物质等营养物质生产的保健食品实行备案管理。备案管理分两种情况:首次进口的保健食品中属于补充维生素、矿物质等营养物质的,由国务院食品安全监督管理部门负责备案。进口的保健食品,无论是注册还是备案,都应当是出口国(地区)主管部门准许上市销售的产品。其他保健食品,由省、自治区、直辖市人民政府食品安全监督管理部门备案。这里的其他保健食品,包括使用保健食品原料目录内的原料生产的保健食品和使用补充维生素、矿物质等营养物质生产的保健食品。《食品安全法》规定，依法应当备案的保健食品，备案时应当提交产品配方、生产工艺、标签、说明书以及表明产品安全性和保健功能的材料等。

食品安全监督管理部门对备案材料符合要求的，发给保健食品备案号，并将备案信息在其网站上予以公布；对不符合要求的，告知备案人补正相关材料。国产保健食品备案号格式为食健备 G+4 位年代号+2 位省级行政区域代码+6 位顺序编号；进口保健食品备案号格式为食健备 J+4 位年代号+00+6 位顺序编号。

根据《食品安全法》的规定，省级以上人民政府食品安全监督管理部门应当及时公布注册或者备案的保健食品目录，并对注册或者备案中获知的企业商业秘密予以保密。

六、保健食品的标签、说明书

保健食品不是药品，所以，它的标签、说明书不得涉及疾病预防、治疗功能。《食品安全法》规定，保健食品标签、说明书内容应当真实，与注册或者备案的内容相一致，载明适宜人群、不适宜人群、功效成分或者标志性成分及其含量等，并声明“本品不能代替药物”。保健食品的功能和成分应当与标签、说明书相一致。

七、保健食品的广告

保健食品广告是食品广告的一种。因此，保健食品广告应当遵守食品广告的一般规定。也就是说，保健食品广告的内容应当真实合法，不得含有虚假内容，不得涉及疾病预防、治疗功能。保健食品生产经营者对保健食品广告内容的真实性、合法性负责。

作为一种特殊的食品广告，保健食品广告除应当声明“本品不能代替药物”外，其内容还应当经生产企业所在地省、自治区、直辖市人民政府食品安全监督管理部门审查批准，取得保健食品广告批准文件。为了方便社会监督，《食品安全法》要求，省、自治区、直辖市人民政府食品安全监督管理部门应当公布并及时更新已经批准的保健食品广告目录以及批准的广告内容。

八、保健食品的生产

保健食品注册或者备案后，食品生产企业应当按照注册或者备案的产品配方、生产工艺等技术要求组织生产。《食品安全法》要求，生产保健食品的企业，应当按照良好生产规范的要求建立与所生产食品相适应的生产质量管理体系，定期对该体系的运行情况进行自查，保证其有效运行，并向所在地县级人民政府食品安全监督管理部门提交自查报告。

九、保健食品的销售

保健食品的标签、说明书内容应当与注册或者备案的标签、说明书一致。为此，销售保健食品的，应当核对其标签、说明书内容是否与注册或者备案的标签、说明书一致，不一致的不得销售。为了方便消费者查询，《食品安全法实施条例》要求，省级以上人民政府食品安全监督管理部门应当在其网站上公布注册或者备案的保健食品的标签、说明书。

根据《食品安全法实施条例》的规定，保健食品不得与普通食品或者药品混放销售。

第二节　特殊医学用途配方食品

一、特殊医学用途配方食品的概念

特殊医学用途配方食品，是指为满足进食受限、消化吸收障碍、代谢紊乱或者特定疾病状态人群对营养或者膳食的特殊需要，专门加工配制而成的配方食品。包括适用于0～12月龄的特殊医学用途婴儿配方食品和适用于1岁以上人群的特殊医学用途配方食品。

历史上我国对这类食品按药品的肠内营养制剂实行注册管理。2010年卫生部发布《食品安全国家标准　特殊医学用途婴儿配方食品通则》，2013年国家卫生计生委发布《食品安全国家标准　特殊医学用途配方食品通则》，将其纳入食品范畴。2015年修订的《食品安全法》明确，特殊医学用途配方食品作为特殊食品，实行注册管理。

目前，临床上既有作为药品的肠内营养制剂在使用，也有作为特殊食品的特殊医学用途配方食品在使用。

二、特殊医学用途配方食品的注册

注册是特殊医学用途配方食品取得合法资格的方式。在我国，生产特殊医学用途配方食品的，应当是食品生产企业外，其生产的特殊医学用途配方食品还应当经依法注册，负责注册的是国务院食品安全监督管理部门。

食品生产企业申请特殊医学用途配方食品注册，应当向国务院食品安全监督管理部门提交下列资料：产品配方、生产工艺、标签、说明书以及表明产品安全性、营养充足性和特殊医学用途临床效果的材料等。2016年国家食品药品监督管理总局发布《特殊医学用途配方食品注册管理办法》，对生产、销售和进口特殊医学用途配方食品的注册管理，包括申请注册条件和程序、产品研制、临床试验、标签和说明书要求等进行了规定。

《食品安全法》规定，省级以上人民政府食品安全监督管理部门应当及时公布注册的特殊医学用途配方食品目录，并对注册中获知的企业商业秘密予以保密。

三、特殊医学用途配方食品的广告

特殊医学用途配方食品不是药品，也不能代替药物的治疗作用，但特殊医学用途配方食品的适用人群是患者。为了保护患者健康，我国对特殊医学用途配方食品广告的管理，适用《广告法》和其他法律、行政法规关于药品广告管理的规定。

《食品安全法实施条例》规定，特殊医学用途配方食品中的特定全营养配方食品广告按照处方药广告管理，其他类别的特殊医学用途配方食品广告按照非处方药广告管理。

四、特殊医学用途配方食品的生产

特殊医学用途配方食品注册后，食品生产企业应当按照注册的产品配方、生产工艺等技术要求组织生产。《食品安全法》要求，特殊医学用途配方食品生产企业应当按照良好生产规范的要求建立与所生产食品相适应的生产质量管理体系，定期对该体系的运行情况进行自查，保证其有效运行，并向所在地县级人民政府食品安全监督管理部门提交自查报告。《食品安全法实施条例》规定，特殊医学用途配方食品生产企业应当按照食品安全国家标准规定的检验项目对出厂产品实施逐批检验。

五、特殊医学用途配方食品的销售

特殊医学用途配方食品可以单独食用，也可以与其他食品配合食用，但应当在医生或者临床营养师指导下食用。为了保护患者利益，《食品安全法实施条例》规定，特殊医学用途配方食品中的特定全营养配方食品应当通过医疗机构或者药品零售企业向消费者销售。同时，为减少不必要的许可，《食品安全法实施条例》特别规定，医疗机构、药品零售企业销售特定全营养配方食品的，不需要取得食品经营许可，但是应当遵守《食品安全法》和该条例关于食品销售的规定。销售特殊医学用途配方食品，医疗机构或者药品零售企业应当核对其标签、说明书内容是否与注册的标签、说明书一致，不一致的不得销售。根据规定，特殊医学用途配方食品不得与普通食品或者药品混放销售。

为了方便消费者查询，《食品安全法实施条例》要求，省级以上人民政府食品安全监督管理部门应当在其网站上公布注册的特殊医学用途配方食品的标签、说明书。

第三节 婴幼儿配方食品

一、婴幼儿配方食品的概念

婴幼儿配方食品是婴儿配方食品、较大婴儿配方食品和幼儿配方食品的统称。

母乳是婴儿最理想的食物。但是，当乳母因疾病、乳汁分泌不足或者无乳汁分泌等原因，不能进行母乳喂养时，需要通过配方食品提供婴幼儿生长发育所需要的营养物质。

所谓婴儿配方食品，也称为 1 段，指适用于正常婴儿食用，其能量和营养成分能满足 0 ~ 6 月龄婴儿正常营养需要的配方食品；较大婴儿配方食品，也称为 2 段，指适用于正常较大婴儿食用，其能量和营养成分能满足 6 ~ 12 月龄较大婴儿部分营养需要的配方食品；幼儿配方食品，也称为 3 段，指适用于正常幼儿食用，其能量和营养成分能满足 12 ~ 36 月龄正常幼儿部分营养需要的配方食品。

目前，调整婴幼儿配方食品的食品安全国家标准是：《食品安全国家标准　婴儿配方食品》《食品安全国家标准　较大婴儿配方食品》《食品安全国家标准　幼儿配方食品》。《食品安全法实施条例》规定，对添加食品安全国家标准规定的选择性添加物质的婴幼儿配方食品，不得以选择性添加物质命名。

二、婴幼儿配方食品生产企业应当履行备案手续

生产婴幼儿配方食品的，应当是食品生产企业。所谓食品生产企业，是指取得食品生产许可的企业。

婴幼儿配方食品属于特殊食品。我国对婴幼儿配方食品实行严格监督管理。根据《食品安全法》的规定，食品生产企业生产婴幼儿配方食品的，应当将食品原料、食品添加剂、产品配方及标签等事项向省、自治区、直辖市人民政府食品安全监督管理部门备案。换句话说，备案是食品生产企业取得所备案产品生产资格的一种制度。

三、婴幼儿配方乳粉实行注册管理

婴幼儿配方乳粉，是指以乳类及乳蛋白制品为主要原料，加入适量维生素、矿物质以及其他成分，仅用物理方法生产加工制成的液态或者粉状产品，适于正常婴幼儿食用的食品。

我国对婴幼儿配方乳粉产品配方实行注册制。《食品安全法》规定，婴幼儿配方乳粉的产品配方应当经国务院食品安全监督管理部门注册。注册时，应当提交配方研发报告和其他表明配方科学性、安全性的材料。省级以上人民政府食品安全监督管理部门应当及时公布注册或者备案的婴幼儿配方乳粉目录，并对注册或者备案中获知的企业商业秘密予以保密。

2016 年国家食品药品监督管理总局发布《婴幼儿配方乳粉产品配方注册管理办法》，对生产、销售和进口的婴幼儿配方乳粉产品配方的注册进行了规定。

四、婴幼儿配方食品的生产

婴幼儿配方食品是母乳替代品，关系婴幼儿生长发育，其质量不仅是经济问

题,更是社会问题。《食品安全法》要求,婴幼儿配方食品生产企业应当实施从原料进厂到成品出厂的全过程质量控制。包括:(1)对出厂的婴幼儿配方食品实施逐批检验,保证食品安全;(2)生产婴幼儿配方食品使用的生鲜乳、辅料等食品原料、食品添加剂等,应当符合法律、行政法规的规定和食品安全国家标准,保证婴幼儿生长发育所需要的营养成分;(3)不得以分装方式生产婴幼儿配方乳粉,同一企业不得用同一配方生产不同品牌的婴幼儿配方乳粉;(4)按照注册或者备案的产品配方、生产工艺等技术要求组织生产;(5)按照良好生产规范的要求建立与所生产食品相适应的生产质量管理体系,定期对该体系的运行情况进行自查,保证其有效运行,并向所在地县级人民政府食品安全监督管理部门提交自查报告。

五、婴幼儿配方食品的销售

婴幼儿配方食品的标签、说明书应当与注册或者备案的标签、说明书一致。为此,《食品安全法实施条例》规定,销售婴幼儿配方食品的,应当核对其标签、说明书内容是否与注册或者备案的标签、说明书一致,不一致的不得销售。为了方便消费者查询,该条例同时规定,省级以上人民政府食品安全监督管理部门应当在其网站上公布注册或者备案的婴幼儿配方食品的标签、说明书。

根据《食品安全法实施条例》的规定,婴幼儿配方食品不得与普通食品或者药品混放销售。

第二十八章　食 品 检 验

第一节　食品检验机构与检验人

一、食品检验机构的概念

食品检验机构是指从事食品检验工作的技术组织。食品检验机构通过对食品、食品添加剂和食品相关产品等进行检验和出具检验报告，为内部食品安全管理或者外部食品安全监管提供重要技术支撑。

我国从20世纪50年代初就开始在各级卫生防疫站建立相关食品检验室，重点开展食品中微生物、重金属和化学污染物检测。到2005年，全国共有食品检验机构5630家，其中卫生部门的食品检验机构达2560家，占全国食品检验机构的45.5%。到20世纪80年代，我国已经形成了以《食品卫生检验方法（理化部分）》、《食品卫生检验方法（微生物部分）》、《食品毒理学安全评价程序和方法》、《保健食品检验与技术评价规范》和食物中毒诊断标准等为基础的食品检验与检测方法体系。

二、食品检验机构的资质

食品检验机构按设立主体，大致可以分为三类：一是企业设立的，为企业自己的食品生产经营提供检验；二是社会力量设立的，通过市场为社会提供检验；三是政府设立的，为政府的公共管理提供检验。《食品安全法》规定，食品检验机构按照国家有关认证认可的规定取得资质认定后，方可从事食品检验活动。但是，法律另有规定的除外。

企业和社会力量设立的食品检验机构，涉及向第三方出具检验报告的，应当依法取得资质认定。为了统一资质认定标准，《食品安全法》明确，食品检验机构的资质认定条件和检验规范，由国务院食品安全监督管理部门规定。

但并不是所有的食品检验机构都需要经资质认定，才可以开展食品检验工作。法律针对政府设立的食品检验机构作了例外处理，这部分政府专门设置的食品检验机构，开展食品检验活动的权力直接来自政府赋予的职责，而不是认证机构的认可。《食品安全法》规定,符合该法规定的食品检验机构出具的检验报告具有同等效力。

三、食品检验人的概念

食品检验人,法律上称为检验人,是指食品检验机构指定的独立进行食品检验的检验人员。

我国对食品检验实行检验人制,即食品检验由食品检验机构指定的检验人独立进行。所谓独立,是指检验人在食品检验中不受任何干扰,目的是保证食品检验的专业性、公正性。法律对检验人的人品和专业素质提出了很高的标准。《食品安全法》规定,检验人应当依照有关法律、法规的规定,并按照食品安全标准和检验规范对食品进行检验,尊重科学,恪守职业道德,保证出具的检验数据和结论客观、公正,不得出具虚假检验报告。

四、食品检验实行双负责制

食品检验是由检验人独立完成的,但检验人进行食品检验是履行职务行为,而且食品检验机构对检验人的职务行为有管理责任。所以,食品检验机构和检验人在食品检验上都享有相应的权利并承担相应的义务。换句话说,在食品检验上他们所享有的权利与承担的义务是相互关联的。

食品检验报告实行食品检验机构和检验人双负责制。具体表现形式是,食品检验报告应当加盖食品检验机构公章,并有检验人的签名或者盖章。食品检验机构和检验人对出具的食品检验报告共同承担法律责任。

凡出具虚假检验报告的,撤销该食品检验机构资质,没收检验费用,并处罚款;给予该食品检验机构直接负责的主管人员和检验人员撤职或者开除处分等。根据《食品安全法》的规定,受到开除处分的食品检验机构人员,10 年内不得从事食品检验工作,直至终身不得从事食品检验工作等。因出具虚假检验报告,使消费者的合法权益受到损害的,食品检验机构应当与食品生产经营者承担连带责任。

第二节 食品抽样检验与复检

一、食品抽样检验

(一)食品抽样检验的概念

食品抽样检验是指从批量食品中抽出部分食品进行检验。目的是通过对部分食品的安全性指标进行检验,包括对食品中各类污染物的限量、致病性微生物含量、食品添加剂的使用量、食品标签标识等检验,以判定进入市场或者将要进入市场的该批量食品是否符合相应食品安全标准等。

从批量食品中抽出部分食品叫抽样或者取样。为了使抽样的食品能真正代表该批量食品，应当正确地进行抽样，也就是要保证该批量食品都有被抽样的同等机会，以确保食品抽样检验结果可以反映该批量食品的基本面貌。

（二）食品抽样检验的依据

食品检验是用一定方法测定食品质量，并与规定标准或者条件要求进行比较，进而作出判断的工作。这里的规定标准或者条件要求，就是食品抽样检验的依据。《食品安全法实施条例》规定，对食品进行抽样检验，应当按照食品安全标准、注册或者备案的特殊食品的产品技术要求以及国家有关规定确定的检验项目和检验方法进行。

对可能掺杂掺假的食品，按照现有食品安全标准规定的检验项目和检验方法等无法检验的，根据《食品安全法实施条例》的规定，国务院食品安全监督管理部门可以制定补充检验项目和检验方法。补充检验项目和检验方法除可以用于食品抽样检验外，还可以用于食品安全案件调查处理和食品安全事故处置等。

（三）食品抽样检验的分类

食品抽样检验是食品安全监督管理部门常用的监管手段。《食品安全法》将食品抽样检验分为定期和不定期两种。定期抽样检验，是指根据事先计划的时间和内容进行的抽样检验；不定期抽样检验，是指根据临时安排的任务进行的抽样检验。前者主要是为了连续观察食品安全形势，后者主要是为了处理投诉举报、食品安全事故等。但无论是定期还是不定期，抽样都应当是随机性的，检验结果都是食品安全监督管理的重要依据。《食品安全法》要求，食品安全监督管理部门应当按照规定公布检验结果。

任何食品生产经营者都不具有免检资格。抽样既可以在生产环节，也可以在流通环节，还可以在餐饮消费环节。食品安全监督管理部门对抽取的样品，应当按购买价格支付费用；委托检验的，除应当委托具有资质的食品检验机构外，还应当支付相关检验费用。为了保证抽样和检验的真实性、公正性，《食品安全法》禁止食品安全监督管理部门向食品生产经营者收取检验费和其他费用。

二、食品抽样检验的复检

（一）复检的概念

复检，顾名思义，就是再次抽取样品进行检验。复检的目的是解决初次检验争议。《食品安全法》规定，复检机构出具的复检结论为最终检验结论。

（二）复检的机构

复检机构是指具有复检资质的食品检验机构。作为食品检验机构都有权开展初次检验工作,但对于有争议的检验结果,《食品安全法》明确规定,复检机构与初检机构不得为同一机构。复检机构由受理复检申请的食品安全监督管理部门在公布的复检机构名录中随机确定。《食品安全法实施条例》规定,复检机构无正当理由不得拒绝承担复检任务。

为了保证复检机构的权威性,《食品安全法》规定,复检机构名录由国务院认证认可监督管理、食品安全监督管理、卫生行政、农业行政等部门共同公布。

(三)复检申请的时限

为了确保正常的食品生产经营秩序,及时解决检验结论争议,《食品安全法》规定,食品生产经营者对检验结论有异议的,可以自收到检验结论之日起7个工作日内向实施抽样检验的食品安全监督管理部门或者其上一级食品安全监督管理部门提出复检申请。

采用国家规定的快速检测方法对食用农产品进行抽查检测,被抽查人对检测结果有异议的,也可以申请复检。因为食用农产品一般是时鲜产品,为不耽误销售,复检申请时限不宜过长,被抽查人可以自收到检测结果时起4小时内申请复检。为确保万无一失,对这类检测结果争议,《食品安全法》明确,复检不得采用快速检测方法。

(四)复检的费用

申请复检,申请人应当向复检机构先行支付费用。复检结论表明食品不合格的,复检费用由复检申请人承担;复检结论表明食品合格的,复检费用由实施抽样检验的食品安全监督管理部门承担。

三、社会委托检验

食品检验机构除接受食品安全监督管理部门的委托检验外,还可以接受来自社会的委托检验。《食品安全法》规定,食品生产企业、食品行业协会、消费者协会和消费者等需要委托检验的,应当委托符合该法规定的食品检验机构进行。

从上述规定看,这既是一种约束,也是一种授权。也就是说,食品生产企业、食品行业协会、消费者协会和消费者有权委托食品检验机构对食品进行检验。食品检验机构没有法定理由不应当拒绝。为了确保食品检验的权威性,切实维护消费者利益,《食品安全法实施条例》规定,任何单位和个人不得发布未依法取得资质认定的食品检验机构出具的食品检验信息,也不得利用这些所谓检验信息对食品、食品生产经营者进行等级评定,欺骗、误导消费者。

第二十九章　食品进出口

第一节　进出口食品的管理

一、进出口食品的概念

进出口食品是进口食品和出口食品的统称，确切地说，是指办理了入境或者出境手续的食品。进出口食品有时也泛指进出口的食品、食品添加剂和食品相关产品。

进出口食品不仅是外贸的一部分，而且是食品安全的一部分。我国对进出口商品实行统一管理体制。《食品安全法》明确，进出口食品安全由国家出入境检验检疫部门实施监督管理。这里的国家出入境检验检疫部门也就是海关。2021 年海关总署制定发布了《进出口食品安全管理办法》。

二、进出口食品的标准

（一）进口食品的标准

在对外贸易中，我国从其他国家或者地区进口食品，是为了满足国内市场需求。在国内市场销售的进口食品，在法律上并没有特殊性，同国内生产的食品一样，适用食品安全国家标准。《食品安全法》规定，进口的食品、食品添加剂、食品相关产品应当符合我国食品安全国家标准。

（二）出口食品的标准

在对外贸易中，我国也有大量食品出口到其他国家或者地区。为了提高国际市场竞争力，根据国际惯例，出口食品应当按照进口国或者地区的标准或者合同要求组织生产。《食品安全法》规定，出口食品生产企业应当保证其出口食品符合进口国（地区）的标准或者合同要求。《食品安全法实施条例》补充规定，我国缔结或者参加的国际条约、协定有要求的，还应当符合国际条约、协定的要求。

三、进口预包装食品的标签、说明书

为了保护消费者的知情权与选择权，进口的预包装食品，包括食品添加剂等，

应当有中文标签;依法应当有说明书的,还应当有中文说明书。标签、说明书内容除应当符合食品安全法外,还应当符合我国其他有关法律、行政法规的规定和食品安全国家标准的要求。我国禁止进口没有中文标签、中文说明书或者标签、说明书不符合有关规定的预包装食品。

进口鲜冻肉类产品的中文标签应当标明的内容主要包括:产地国家(地区)、品名、生产企业注册编号、生产批号;外包装上还应当以中文标明规格、产地(具体到州/省/市)、目的地、生产日期、保质期限、储存温度等内容,必须标注目的地为中华人民共和国,加施出口国家(地区)官方检验检疫标识。

进口水产品的中文标签应当标明的内容主要包括:商品名和学名、规格、生产日期、批号、保质期限和保存条件、生产方式(海水捕捞、淡水捕捞、养殖)、生产地区(海洋捕捞海域、淡水捕捞国家或者地区、养殖产品所在国家或者地区)、涉及的所有生产加工企业(含捕捞船、加工船、运输船、独立冷库)名称、注册编号及地址(具体到州/省/市)、必须标注目的地为中华人民共和国。

进口保健食品、特殊膳食用食品的中文标签必须印制在最小销售包装上,不得加贴。另外,法律、行政法规和食品安全国家标准对进口食品内外包装有特殊标识规定的,应当按照相关规定执行。

四、进口食品的检验

进口食品,包括食品添加剂等,应当经海关检验合格。否则,不得进口。因此,进口商进口食品、食品添加剂,应当依照规定向海关报检,如实申报产品相关信息,并随附法律、行政法规规定的合格证明材料。

海关依法对应当实施入境检疫的进口食品实施检疫。进口食品运达口岸后,应当存放在海关指定或者认可的场所;需要移动的,必须经海关允许,并应当按照海关的要求采取必要的安全防护措施。大宗散装进口食品应当在卸货口岸进行检验。海关根据风险管理需要,可以对部分食品实行指定口岸进口,指定监管场地检查。指定口岸、指定监管场地名单由海关总署公布。

进口“利用新的食品原料生产的食品”或者进口“食品添加剂新品种”“食品相关产品新品种”的检验,海关按照国务院卫生行政部门的要求进行,并公开检验结果。

五、尚无食品安全国家标准食品的进口

进口食品应当是在其他国家或者地区已经批准或者认可上市销售,并且符合我国食品安全国家标准的。进口尚无我国食品安全国家标准食品的,由境外出口商、境外生产企业或者其委托的进口商向国务院卫生行政部门提交所执行的相关国家(地区)标准或者国际标准。国务院卫生行政部门经审查,认为该进口食品所执行的相关标准符合我国食品安全要求的,作出暂予适用决定并予以公布;暂予适用的标准公布前,不得进口该尚无食品安全国家标准的食品。对暂予适用的标准,国务院卫生行政部门应当及时制定为食品安全国家标准。食品安全国家标准中通用标准已经涵盖的食品不属于《食品安全法》规定的尚无食品安全国家标准的食品。

第二节　进出口食品企业的管理

一、进出口食品生产经营企业的备案

这里的进出口食品生产经营企业,是指向我国境内出口食品的境外出口商或者代理商、进口食品的进口商和出口食品生产企业、出口食品原料种植、养殖场等。按照规定,这些企业应当向海关办理备案手续。

(一)境外出口商、代理商和进口食品进口商的备案

为了保证进口食品安全,根据国际惯例,我国对进口食品境外出口商、代理商和进口食品进口商实行备案制。境外出口商、代理商向海关总署备案,食品进口商向住所地海关备案。《食品安全法》要求,海关总署应当定期公布已经备案的境外出口商、代理商和食品进口商备案名单。

出口商、代理商和进口商在办理备案时,应当按照规定提供资料,并对资料的真实性、有效性负责。备案后,备案内容发生变更的,应当在变更发生之日起60日内,向备案机关办理变更手续。海关发现备案信息错误或者备案内容未及时变更的,可以责令其在规定期限内更正。

(二)出口食品生产企业和出口食品原料种植、养殖场的备案

为了便于通关,我国对出口食品生产企业和出口食品原料种植、养殖场实行备案制。出口食品生产企业应当向住所地海关备案,出口食品原料种植、养殖场应当向所在地海关备案。备案程序和要求由海关总署制定。出口食品原料种植、养殖场备案名单由海关总署统一公布。

二、境外食品生产企业的注册

进口食品已经成为国内食品消费的重要组成部分。为了保护消费者健康,根据国际惯例,我国对境外食品生产企业实行注册制。这里的境外食品生产企业包括向我国出口食品的境外生产、加工、贮存企业等。向我国境内出口食品的境外食品生产企业应当经海关总署注册。未经海关总署注册的,境外食品生产企业不得

向我国出口食品。

境外食品生产企业办理注册时,应当按照规定提供资料,并对提供资料的真实性、有效性负责。已经注册的境外食品生产企业提供虚假材料,或者因其自身的原因致使进口食品发生重大食品安全事故的,海关总署应当撤销注册并公告。法律要求,海关总署应当定期公布已经注册的境外食品生产企业名单。

海关发现已经注册的境外食品生产企业不再符合注册要求的,应当责令其在规定期限内整改,整改期间暂停进口其生产的食品;经整改仍不符合注册要求的,海关应当撤销境外食品生产企业注册并公告。

对通过我国良好生产规范、危害分析与关键控制点体系认证的境外生产企业,认证机构应当依法实施跟踪评价。对不再符合认证要求的企业,认证机构应当依法撤销认证并向社会公布。

三、食品进口商的义务

(一)建立境外出口商、境外生产企业审核制度

食品进口商进口的食品,包括食品添加剂、食品相关产品,可以来自境外出口商,也可以来自境外生产企业。境外出口商、境外生产企业应当保证向我国出口的食品、食品添加剂、食品相关产品,符合《食品安全法》以及我国其他有关法律、行政法规的规定和食品安全国家标准的要求,并对标签、说明书的内容负责。

同时,食品进口商应当尽审核义务。《食品安全法》规定,食品进口商应当建立境外出口商、境外生产企业审核制度。重点内容包括审核境外出口商、境外生产企业制定和执行食品安全风险控制措施等情况。其目的是督促食品进口商确保所进口的食品,包括食品添加剂、食品相关产品,来自有资质的境外出口商、境外生产企业,并确保符合食品安全法以及我国其他有关法律、行政法规的规定和食品安全国家标准的要求。经审核不合格的,食品进口商不得进口。

食品进口商发现进口食品不符合我国食品安全国家标准或者有证据证明可能危害人体健康的,应当立即停止进口;已经进口的,应当依照食品召回制度的有关规定,召回在市销售的不合格食品,通知相关生产经营者和消费者,并记录召回和通知情况。有关召回和处理情况,食品进口商应当向所在地县级人民政府食品安全监督管理部门和所在地海关报告。

(二)建立食品进口和销售记录

为了全面反映食品进口和销售的来龙去脉,并便于对进口食品追踪溯源,《食品安全法》要求食品进口商建立食品进口和销售记录制度。并规定,记录和凭证保存期限不得少于产品保质期满后6个月;没有保质期的,保存期限不得少于2年。

食品进口商应当在食品进口和销售记录中如实记录食品名称、净含量/规格、数量、生产日期、生产或者进口批号、保质期、境外出口商和购货者名称、地址及联系方式、交货日期等内容，并保存相关凭证。

四、进出口食品生产经营企业的信用管理

这里的进出口食品生产经营企业是指进出口食品的进口商、出口商和出口食品生产企业。这些企业对进出口食品安全起着最初把关或者最后把关的作用。《食品安全法》要求海关对进出口食品的进口商、出口商和出口食品生产企业实施信用管理，建立信用记录，并依法向社会公布。

信用管理的核心是建立信用记录。对有不良记录的进口商、出口商和出口食品生产企业，海关应当采取相应的措施，加强对其进出口食品的检验检疫，包括增加检验频次、检验项目以及进行评估和审查等。

第三节　进出口食品监管的部门协作

一、境外食品安全事件的通报

经济全球化，使食品安全成为世界共同话题。境外发生的食品安全事件，也有可能波及我国。因此，境外发生的食品安全事件可能对我国境内造成影响，或者在进口等环节发现进口食品、食品添加剂、食品相关产品存在严重食品安全问题时，根据《食品安全法》的规定，海关一方面应当及时采取风险预警或者控制措施，另一方面应当向国务院食品安全监督管理部门、卫生行政、农业行政部门通报。接到通报的部门也应当及时采取相应的风险预警或者控制措施。

海关采取的风险预警措施，包括在海关系统内发布风险警示通报和必要时向消费者发布风险警示通告。海关采取的控制措施，包括对相关的食品、食品添加剂、食品相关产品采取退运或者销毁处理、有条件地限制进口、暂停或者禁止进口等。

二、进口食品严重食品安全问题的通报

进口的食品、食品添加剂等进入国内市场后，统一由县级以上人民政府食品安全监督管理部门负责监督管理。由于进口食品、食品添加剂的行为具有连续性，为了做好预防控制工作，食品安全监督管理部门在监督管理中，发现国内市场上销售的进口食品、食品添加剂等存在严重食品安全问题时，应当按照规定向国务院食品安全监督管理部门报告。国务院食品安全监督管理部门应当及时向海关总署通报。海关总署接到报告后，应当及时采取相应措施。

三、进出口食品安全信息的通报

海关是进出口食品安全监督管理实施部门，有责任收集、汇总进出口食品安全信息。包括:(1)海关对进出口食品实施检验检疫发现的食品安全信息;(2)食品行业协会和消费者协会等组织、消费者反映的进口食品安全信息;(3)国际组织、境外政府机构发布的风险预警信息及其他食品安全信息,以及境外食品行业协会等组织、消费者反映的食品安全信息;(4)其他食品安全信息。根据《食品安全法》的规定,海关应当及时将收集、汇总的上述进出口食品安全信息,通报有关部门以及有关机构和企业。

四、出口食品国家(地区)食品安全管理体系和食品安全状况的评估和审查

食品安全管理体系和食品安全状况,反映了一个国家或者地区的食品安全管理能力。为保障我国消费者健康权益,《食品安全法》明确,海关总署有权对向我国境内出口食品的国家(地区)的食品安全管理体系和食品安全状况进行评估和审查。

可以对境外国家(地区)启动评估和审查的主要情形是:(1)境外国家(地区)申请向中国首次输出某类(种)食品;(2)境外国家(地区)食品安全、动植物检疫法律法规、组织机构等发生重大调整;(3)境外国家(地区)主管部门申请对其输往中国某类(种)食品的检验检疫要求发生重大调整;(4)境外国家(地区)发生重大动植物疫情或者食品安全事件;(5)海关在输华食品中发现严重问题,认为存在动植物疫情或者食品安全隐患;(6)其他需要开展评估和审查的情形。

评估和审查主要是对以下内容的评估、确认:(1)食品安全、动植物检疫相关法律法规;(2)食品安全监督管理组织机构;(3)动植物疫情流行情况及防控措施;(4)致病微生物、农兽药和污染物等管理和控制;(5)食品生产加工、运输仓储环节安全卫生控制;(6)出口食品安全监督管理;(7)食品安全防护、追溯和召回体系;(8)预警和应急机制;(9)技术支撑能力;(10)其他涉及动植物疫情、食品安全的情况。

接受评估和审查的国家(地区)有下列情形之一,海关总署可以终止评估和审查,并通知相关国家(地区)主管部门:(1)收到书面评估问卷12个月内未反馈的;(2)收到海关总署补充信息和材料的通知3个月内未按要求提供的;(3)突发重大动植物疫情或者重大食品安全事件的;(4)未能配合中方完成视频检查或者现场检查、未能有效完成整改的;(5)主动申请终止评估和审查的。

评估和审查完成后,海关总署向接受评估和审查的国家(地区)主管部门通报评估和审查结果,并根据评估和审查结果,确定相应的检验检疫要求。

第三十章　食品安全事故处置

第一节　食品安全事故应急预案

一、食品安全事故应急预案的制定

食品安全事故应急预案，是指经过一定程序制定的紧急应对食品安全事故的指导方案。制定食品安全事故应急预案，目的是建立健全应对食品安全事故的救助体系和运行机制，规范和指导应急处理工作，确保一旦发生食品安全事故，能够有效组织、快速反应、及时控制食品安全事故，高效开展应急救援工作，最大限度地减小食品安全事故的危害，保障人民群众身体健康与生命安全，维护正常经济社会秩序。

食品安全事故应急预案分为国家食品安全事故应急预案和地方食品安全事故应急预案。地方食品安全事故应急预案又分为县级、设区的市级和省级食品安全事故应急预案。根据《食品安全法》的规定，国务院组织制定国家食品安全事故应急预案；县级以上地方人民政府根据有关法律、法规的规定和上级人民政府的食品安全事故应急预案以及本行政区域的实际情况，制定本行政区域的食品安全事故应急预案，并报上一级人民政府备案。《食品安全法实施条例》规定，县级以上人民政府应当根据实际情况及时修改、完善食品安全事故应急预案。

二、食品安全事故应急预案的内容

为了保证食品安全事故应急预案的可操作性，法律从结构上对预案内容进行了规定，主要包括：食品安全事故分级、事故处置组织指挥体系与职责、预防预警机制、处置程序、应急保障措施等部分。这些内容在预案中，缺一不可，而且应当尽可能详细、具体，以适应不同情况的需要。

食品安全事故，是指食源性疾病、食品污染等源于食品，对人体健康有危害或者可能有危害的事故。所谓食源性疾病，是指食品中致病因素进入人体引起的感染性、中毒性等疾病，包括食物中毒。历史上，我们常用食物中毒来表达食用了被有毒有害物质污染的食品或者食用了含有毒有害物质的食品后出现的急性、亚急性疾病。1984 年世界卫生组织将“食源性疾病”一词作为正式的专业术语,以代替曾使用的“食物中毒”一词。

《国家重大食品安全事故应急预案》按食品安全事故的性质、危害程度和涉及范围,将重大食品安全事故分为特别重大食品安全事故(Ⅰ级)、重大食品安全事故(Ⅱ级)、较大食品安全事故(Ⅲ级)和一般食品安全事故(Ⅳ级)。

根据有备无患、常备不懈要求,县级以上人民政府及其有关部门应当根据食品安全事故应急预案,完善食品安全事故应急管理机制,改善应急装备,做好应急物资储备和应急队伍建设,加强应急培训、演练。

三、食品生产经营企业应当制定食品安全事故处置方案

法律将食品生产经营企业定位为食品安全的第一责任人,这是因为食品安全问题,包括食品安全隐患,通常发生在食品生产经营过程中。食品生产经营企业作为食品生产经营活动的主导者,具备在第一时间发现和消除食品安全事故隐患的条件。因此,食品生产经营企业为食品安全的第一责任人是理所当然的。

《食品安全法》规定,食品生产经营企业应当制定食品安全事故处置方案。食品安全事故处置方案是食品生产经营企业食品安全管理制度的重要组成部分,是对食品安全问题提出的目标、办法和对策,包括发生或者可能发生食品安全事故时应当采取的预防和消除食品安全事故的各种手段,是专门性食品安全事故处置工作的计划。

食品安全事故发生后的处置固然重要,但更重要的是食品安全事故发生前的处置。因此,食品安全事故处置的关口要前移,将预防放在首位。上述法律要求,食品生产经营企业应当定期检查本企业各项食品安全防范措施的落实情况,及时消除食品安全事故隐患。

第二节 食品安全事故的报告、通报和上报

一、食品安全事故的报告

食品安全事故报告是开展食品安全事故应急处置工作的重要前提。为了确保食品安全事故报告渠道的通畅,法律将食品安全事故发生单位和接收病人治疗的医疗机构确定为食品安全事故报告人。

(一)食品安全事故单位应当及时报告食品安全事故

食品安全事故可能发生在食品生产经营单位,也可能发生在非食品生产经营

单位。无论是什么性质，任何发生了食品安全事故的单位，根据规定，都应当及时向事故发生地县级人民政府食品安全监督管理、卫生行政部门报告。与此同时，发生食品安全事故的单位应当对导致或者可能导致食品安全事故的食品及原料、工具、设备、设施等，立即采取封存等控制措施。

（二）接收病人治疗的医疗机构应当及时报告食品安全事故

医疗机构对食品安全事故，担负着现场救援和医疗救治等重任，是最早发现或者接触食品安全事故所致病人的单位之一。因此，医疗机构应对食品安全事故保持高度的敏锐性。接收病人进行治疗的单位应当及时向食品安全事故发生地县级人民政府食品安全监督管理、卫生行政部门报告。

（三）接到食品安全事故报告的食品安全监督管理部门应当按规定向本级人民政府和上级食品安全监督管理部门报告

食品安全监督管理部门是接收食品安全事故报告的主要部门，也是向本级人民政府和上级人民政府主管部门报告的法定部门。《食品安全法》规定，发生食品安全事故，接到报告的县级人民政府食品安全监督管理部门应当按照应急预案的规定向本级人民政府和上级人民政府食品安全监督管理部门报告。

二、食品安全事故的通报

食品安全事故不仅会对人民群众的身体健康构成严重威胁，而且会对经济社会发展产生严重影响。因此，政府部门之间建立经常性的信息通报制度，有利于及时采取应对措施，将食品安全事故扼制在萌芽状态。

（一）农业行政等部门在日常监督管理中发现食品安全事故或者接到食品安全事故举报，应当立即向同级食品安全监督管理部门通报

农业行政部门是我国农产品监督管理部门。农产品中的食用农产品是食品安全“从农田到餐桌”的重要环节。根据规定，农业行政等部门在日常监督管理中发现食品安全事故或者接到食品安全事故举报，应当立即向同级食品安全监督管理部门通报。

（二）卫生行政部门认为医疗机构收治的病人与食品安全有关的，应当及时向食品安全监督管理部门通报

医疗机构在日常诊疗活动中会遇到各种各样的病人，其中有一部分病人是食源性疾病病人。这部分病人的致病原因可能与食品安全有关，也可能与食品安全无关。但为了及时发现食品安全问题的苗头，《食品安全法》要求，医疗机构只要发现其接收的病人属于食源性疾病病人或者疑似病人的，都应当及时将相关信息向所在地县级人民政府卫生行政部门报告。至于是不是与食品安全有关，由卫生行

政部门来组织认定。根据规定，县级人民政府卫生行政部门认为与食品安全有关的，应当及时通报本级人民政府食品安全监督管理部门。

（三）卫生行政部门发现与食品安全有关的信息，应当及时向食品安全监督管理部门通报

在传染病中，有一类传染病是食源性传染病，而食源性传染病与食品安全存在一定的关系。从某种角度说，可以通过食品安全存在的问题发现可能存在的食源性传染病，也可以通过食源性传染病发现可能存在的食品安全问题。为了多角度地及时发现食品安全问题的苗头，根据《食品安全法》的规定，县级以上人民政府卫生行政部门在调查处理传染病或者其他突发公共卫生事件中发现与食品安全相关的信息，应当及时通报同级食品安全监督管理部门。

三、食品安全事故的上报

食品安全事故发生之后，任何单位和个人不得对食品安全事故隐瞒、谎报、缓报，不得隐匿、伪造、毁灭有关证据。因此，无论是食品安全事故发生单位，还是接收病人治疗的医疗机构，都应当按照规定及时向食品安全监督管理部门和卫生行政部门等部门报告。接到食品安全事故报告的食品安全监督管理部门还应当向本级人民政府和上级食品安全监督管理部门报告。为了保证报告畅通，根据《食品安全法》的规定，接到食品安全事故报告的县级人民政府和上级人民政府食品安全监督管理部门，应当按照应急预案的规定上报。

第三节 食品安全事故的处理

一、食品安全监督管理部门应当会同有关部门立即采取措施

食品安全事故有大有小，对于发生的食品安全事故，是否需要启动应急预案，应当视具体情况定。对于需要启动应急预案的食品安全事故，县级以上人民政府应当立即成立食品安全事故处置指挥机构，启动应急预案。但无论是否启动应急预案，对发生的食品安全事故，县级以上人民政府食品安全监督管理部门接到食品安全事故报告后，都应当立即会同同级卫生行政、农业行政等部门进行调查处理，并采取措施，防止或者减轻社会危害。

食品安全监督管理部门会同有关部门可以采取的措施包括：(1)开展应急救援工作，组织救治对因食品安全事故导致人身伤害的人员；(2)封存可能导致食品安全事故的食品及其原料，并立即进行检验；对确认属于被污染的食品及其原料，责令食品生产经营者依照《食品安全法》的规定召回或者停止经营；(3)封存被污染的

食品相关产品,并责令进行清洗消毒;(4)做好信息发布工作,依法对食品安全事故及其处理情况进行发布,并对可能产生的危害加以解释、说明。

根据《食品安全法实施条例》的规定,食品安全监督管理部门应当对事故单位封存的食品及原料、工具、设备、设施等予以保护,需要封存而事故单位尚未封存的应当直接封存或者责令事故单位立即封存,并通知疾病预防控制机构对与事故有关的因素开展流行病学调查。

二、有关部门应当协助疾病预防控制机构开展工作

食品安全事故的处理,涉及许多专业性问题。法律将这些专业性工作交给了专业机构即疾病预防控制机构,一方面赋予疾病预防控制机构明确的职责,另一方面为疾病预防控制机构的工作创造部门协助的环境。根据《食品安全法》的规定,县级以上疾病预防控制机构应当对事故现场进行卫生处理,并对与事故有关的因素开展流行病学调查,有关部门应当予以协助。任何单位和个人不得拒绝、阻挠疾病预防控制机构开展流行病学调查。同时法律又要求疾病预防控制机构向食品安全监督管理、卫生行政部门负责。根据《食品安全法实施条例》的规定,疾病预防控制机构应当在调查结束后向同级食品安全监督管理、卫生行政部门同时提交流行病学调查报告。

三、由设区的市级以上食品安全监督管理部门牵头负责食品安全事故责任调查

食品安全事故按照国家食品安全事故应急预案实行分级管理。县级以上人民政府食品安全监督管理部门会同同级有关部门负责食品安全事故调查处理。由于食品的流通性,有的食品安全事故可能涉及两个以上省、自治区、直辖市。根据《食品安全法》的规定,涉及两个以上省、自治区、直辖市的重大食品安全事故由国务院食品安全监督管理部门依照规定组织事故责任调查。

调查食品安全事故,不仅关系当事人的利益,而且关系有关部门的责任,因此,应当坚持实事求是、尊重科学的原则,及时、准确查清事故性质和原因,认定事故责任,提出整改措施。在调查过程中,发现有关部门没有履行职责的,应当督促有关部门履行职责。根据《食品安全法》的规定,负责调查的部门有权向有关单位和个人了解与事故有关的情况,并要求提供相关资料和样品。有关单位和个人应当予以配合,按照要求提供相关资料和样品,不得拒绝。任何单位和个人不得阻挠、干涉食品安全事故的调查处理。

食品安全事故调查结束后,食品安全监督管理部门应当向本级人民政府和上一级人民政府食品安全监督管理部门提交事故责任调查处理报告。报告除了查明

事故单位的责任,还应当查明有关监督管理部门、食品检验机构、认证机构及其工作人员的责任。

《食品安全法实施条例》要求,国务院食品安全监督管理部门会同国务院卫生行政、农业行政等部门定期对全国食品安全事故情况进行分析,完善食品安全监督管理措施,预防和减少事故的发生。

第三十一章　食品安全的监督管理

第一节　食品安全监督管理的职责

一、地方人民政府组织制定食品安全年度监督管理计划

食品安全年度监督管理计划是地方人民政府对年度食品安全监督管理工作的设想和安排。其主要任务是根据食品安全风险监测、风险评估结果和食品安全状况等，确定监督管理的重点、方式和频次，实施风险分级管理。以年为时间长度确定食品安全监督管理的目标和任务，有利于保证食品安全，有利于把食品安全监管工作建立在更加科学、合理的基础之上，对于评估、考核有关部门工作有重大意义。

食品安全年度监督管理计划应当将下列事项作为监督管理的重点：(1)专供婴幼儿和其他特定人群的主辅食品；(2)保健食品生产过程中的添加行为和按照注册或者备案的技术要求组织生产的情况，保健食品标签、说明书以及宣传材料中有关功能宣传的情况；(3)发生食品安全事故风险较高的食品生产经营者；(4)食品安全风险监测结果表明可能存在食品安全隐患的事项等。

《食品安全法》规定，县级以上地方人民政府组织本级食品安全监督管理、农业行政等部门制定本行政区域的食品安全年度监督管理计划，向社会公布并组织实施。

二、食品安全监督管理部门有权采取的措施

食品安全监督管理部门是负责实施食品安全监督管理的专门机构。它包括国家市场监督管理总局和地方各级市场监督管理局。食品安全监督管理是其主要业务活动之一。

县级以上人民政府食品安全监督管理部门履行食品安全监督管理职责时，有权采取下列措施，对食品生产经营者遵守《食品安全法》的情况进行监督检查：(1)进入生产经营场所实施现场检查；(2)对生产经营的食品、食品添加剂、食品相关产品进行抽样检验；(3)查阅、复制有关合同、票据、账簿以及其他有关资料；

(4)查封、扣押有证据证明不符合食品安全标准或者有证据证明存在安全隐患以及用于违法生产经营的食品、食品添加剂、食品相关产品;(5)查封违法从事生产经营活动的场所。

查封、扣押是食品安全监督管理部门对所查处的有违法活动的食品生产经营者采取的一种强制措施。通常查封、扣押的期限不得超过30日;情况复杂的,经实施查封、扣押措施的食品安全监督管理部门负责人批准,可以延长,延长的期限不得超过45日。

三、卫生行政部门负责对餐具饮具集中消毒服务单位监督检查

餐具饮具集中消毒服务单位是指依法成立的开展餐具饮具集中消毒工作的单位。按照目前职责分工,餐具饮具集中消毒服务单位的监督检查由县级以上地方人民政府卫生行政部门负责。

委托第三方的餐具饮具集中消毒服务单位进行餐具饮具集中消毒,是餐饮业较为常见的现象。因此,餐具饮具集中消毒服务单位已经成为餐饮服务环节食品安全的重要一环。对餐具饮具集中消毒服务单位的监督检查主要包括:作业场所;清洗消毒设备或者设施;用水和使用的洗涤剂、消毒剂;餐具、饮具的出厂检验;餐具、饮具包装标识等。

《食品安全法实施条例》规定,县级以上地方人民政府卫生行政部门应当对餐具饮具集中消毒服务单位进行监督检查,发现不符合法律、法规、国家相关标准以及相关卫生规范等要求的,应当及时调查处理,并向社会公布监督检查的结果。

四、上级食品安全监督管理部门的职权

食品安全监督管理部门应当依法履行食品安全监督管理职责。为了促进食品安全监督管理工作,也为了防止地方保护,设区的市级以上人民政府食品安全监督管理部门根据监督管理工作需要,可以对由下级人民政府食品安全监督管理部门负责日常监督管理的食品生产经营者实施随机监督检查,也可以组织下级人民政府食品安全监督管理部门对食品生产经营者实施异地监督检查;认为必要的,还可以直接调查处理下级人民政府食品安全监督管理部门管辖的食品安全违法案件,也可以指定其他下级人民政府食品安全监督管理部门调查处理。

五、卫生行政、食品安全监督管理等部门应当根据需要及时制定临时依据

(一)制定食品中有害物质临时限量值和临时检验方法

食品安全标准的制定或者修订有规定的程序,从提出需求到正式出台,有一定的周期。对食品安全监管来说,食品安全问题不能耽搁。因此,对食品安全风险评

估结果证明食品存在安全隐患,需要制定、修订食品安全标准的,在制定、修订食品安全标准前,国务院卫生行政部门应当及时会同国务院有关部门规定食品中有害物质的临时限量值和临时检验方法,作为生产经营和监督管理的依据。

(二)制定食品中非食品用化学物质名录及检测方法

为了预防食品安全事故,及时查明食品中非食品用化学物质和其他可能危害人体健康的物质,国务院食品安全监督管理部门会同国务院卫生行政等部门根据食源性疾病信息、食品安全风险监测信息和监督管理信息等,对发现的添加或者可能添加到食品中的非食品用化学物质和其他可能危害人体健康的物质,制定名录及检测方法并予以公布。

第二节 食品安全监督管理的实施

一、建立食品生产经营者食品安全信用档案

给食品生产经营者建立食品安全信用档案,是食品安全监督管理部门对食品生产经营者进行长效监管的一种方式,目的是通过信用记录来对付信用风险。对付信用风险的信用方法是建立黑名单制度,将食品安全信用状况与准入、融资、信贷、征信等相衔接,及时向社会公布。

食品生产经营者的食品安全信用档案,是食品安全监督管理部门在日常监管活动中形成的历史记录。主要内容包括:许可颁发、日常监督检查结果、违法行为查处等情况。这些情况应当根据实际变化及时进行更新。根据《食品安全法》的规定,县级以上人民政府食品安全监督管理部门应当建立食品生产经营者食品安全信用档案,并依法向社会公布。食品安全监督管理部门对有不良信用记录的食品生产经营者,应当增加监督检查频次;对违法行为情节严重的食品生产经营者,可以通报投资主管部门、证券监督管理机构和有关的金融机构。

二、进行食品安全责任约谈

(一)食品安全监督管理部门对食品生产经营者的法定代表人或者主要负责人进行责任约谈

食品生产经营者在食品生产经营过程中存在食品安全隐患,未及时采取措施消除的,县级以上人民政府食品安全监督管理部门可以对食品生产经营者的法定代表人或者主要负责人进行责任约谈。被责任约谈的食品生产经营者应当立即采取措施,进行整改,消除隐患。责任约谈情况和整改情况应当纳入食品生产经营者食品安全信用档案。

（二）食品安全监督管理部门对网络食品交易第三方平台提供者的法定代表人或者主要负责人进行责任约谈

网络食品交易第三方平台多次出现入网食品经营者违法经营或者入网食品经营者的违法经营行为造成严重后果的，县级以上人民政府食品安全监督管理部门可以对网络食品交易第三方平台提供者的法定代表人或者主要负责人进行责任约谈。

（三）县级以上人民政府对食品安全监督管理等部门主要负责人进行责任约谈

县级以上人民政府食品安全监督管理等部门未及时发现食品安全系统性风险，未及时消除监督管理区域内的食品安全隐患的，本级人民政府可以对其主要负责人进行责任约谈。被约谈的食品安全监督管理等部门应当立即采取措施，对食品安全监督管理工作进行整改。责任约谈情况和整改情况应当纳入食品安全监督管理等部门食品安全监督管理工作评议、考核记录。

（四）上级人民政府对下级地方人民政府主要负责人进行责任约谈

地方人民政府未履行食品安全职责，未及时消除区域性重大食品安全隐患的，上级人民政府可以对其主要负责人进行责任约谈。被约谈的地方人民政府应当立即采取措施，对食品安全监督管理工作进行整改。责任约谈情况和整改情况应当纳入地方人民政府食品安全监督管理工作评议、考核记录。

三、接受食品安全咨询、投诉、举报

（一）食品安全监督管理等部门应当公布本部门的电子邮件地址或者电话

消费者是食品安全的利益关系人，他们有权了解食品安全情况，并参与食品安全的社会监督。县级以上人民政府食品安全监督管理等部门应当公布本部门的电子邮件地址或者电话，接受咨询、投诉、举报。

（二）食品安全监督管理等部门对咨询、投诉、举报应当及时答复、核实和处理

食品安全监督管理等部门接到属于本部门职责的咨询、投诉、举报，应当受理并在法定期限内及时答复、核实、处理；对不属于本部门职责的咨询、投诉、举报，应当移交有权处理的部门并书面通知咨询、投诉、举报人。有权处理的部门应当在法定期限内及时处理，不得推诿。

（三）对查证属实的举报给予举报人奖励

国家实行食品安全违法行为举报奖励制度，并将举报奖励资金纳入各级人民政府预算。对查证属实的举报，给予举报人奖励。举报人举报所在企业食品安全重

大违法犯罪行为的,加大奖励力度。对举报人的信息,有关部门予以保密。举报人举报所在企业的,该企业不得以解除、变更劳动合同或者其他方式对举报人进行打击报复。

四、加强对食品安全执法人员的培训

食品安全执法人员,包括依托现有资源建立的食品安全检查员,是职业化的执法队伍,其专业化水平的高低直接影响食品安全监督管理工作的质量。因此,强化培训、考核,提高包括食品安全检查员在内的执法队伍的专业化水平,对于提高食品安全监督管理水平至关重要。县级以上人民政府食品安全监督管理等部门应当加强对执法人员食品安全法律、法规、标准和专业知识与执法能力等的培训,并组织考核。不具备相应知识和能力的,不得从事食品安全执法工作。

同时,食品安全监督管理部门还应当加强执法队伍的管理。食品生产经营者、食品行业协会、消费者协会等发现食品安全执法人员在执法过程中有违反法律、法规规定的行为以及不规范执法行为的,可以向食品安全监督管理部门或者监察机关投诉、举报。接到投诉、举报的部门或者机关应当进行核实,并将经核实的情况向食品安全执法人员所在部门通报;涉嫌违法违纪的,依法处理。

五、统一公布食品安全信息

(一)建立统一的食品安全信息平台

食品安全信息是食品安全秩序的重要组成部分。我国对食品安全信息实行统一公布制度,目的是确保食品安全信息公布的准确性、及时性。具体分工是:国家食品安全总体情况、食品安全风险警示信息、重大食品安全事故及其调查处理信息和国务院确定需要统一公布的其他信息,由国务院食品安全监督管理部门统一公布;食品安全风险警示信息和重大食品安全事故及其调查处理信息的影响限于特定区域的,也可以由有关省、自治区、直辖市人民政府食品安全监督管理部门公布;食品安全日常监督管理信息,由县级以上人民政府食品安全监督管理、农业行政部门依据各自职责公布。

(二)向上级主管部门报告需要统一公布的食品安全信息

县级以上地方人民政府食品安全监督管理、卫生行政、农业行政部门除应当相互通报获知的食品安全信息外,对按照规定应当统一公布的信息,还应当依法向其上级主管部门报告,由上级主管部门立即报告国务院食品安全监督管理部门;必要时,可以直接向国务院食品安全监督管理部门报告。

(三)及时消除对食品安全信息的误解

食品安全监督管理等部门公布食品安全信息,应当做到准确、及时,并进行必要的解释说明，避免误导消费者和社会舆论。发现可能误导消费者和社会舆论的食品安全信息，应当立即组织有关部门、专业机构、相关食品生产经营者等进行核实、分析，并及时公布结果。任何单位和个人不得编造、散布虚假食品安全信息。

六、及时移送食品安全犯罪案件

及时查处食品安全犯罪案件，对于维护食品安全法的严肃性具有重要意义。在我国，涉嫌食品安全犯罪案件由公安部门负责侦办。食品安全监督管理等部门发现涉嫌食品安全犯罪的，应当按照有关规定及时将案件移送公安机关。对移送的案件，公安机关应当及时审查，认为有犯罪事实需要追究刑事责任的，应当立案侦查；认为没有犯罪事实，或者犯罪事实显著轻微，不需要追究刑事责任，但依法应当追究行政责任的，应当及时将案件移送食品安全监督管理等部门和监察机关，有关部门应当依法处理。公安机关商请食品安全监督管理、生态环境等部门提供检验结论、认定意见以及对涉案物品进行无害化处理等协助的，有关部门应当及时提供，予以协助。

第七篇

公共卫生应急法

第三十二章　公共卫生应急法概说

第一节　公共卫生应急法的概念和特点

一、公共卫生应急法的概念

公共卫生应急法，是指关于公共卫生应急方面的法律规范的总和。

我国目前还没有一部以公共卫生应急法为名称的法律，有关公共卫生应急方面的法律规范分为两部分：一部分是公共卫生应急方面的专门立法。从专业角度说，主要是《突发公共卫生事件应急条例》；从法律角度说，还包括《突发事件应对法》等。另一部分是与公共卫生应急相关的一般规定。这部分规定分散在不同的法律法规之中。如《传染病防治法》《食品安全法》《职业病防治法》《精神卫生法》等。因此，公共卫生应急工作既要遵循公共卫生应急方面的专门立法，也要依据与公共卫生应急相关的一般规定。

公共卫生应急法调整的是突发事件。《突发事件应对法》将突发事件定义为，突然发生，造成或者可能造成严重社会危害，需要采取应急处置措施予以应对的自然灾害、事故灾难、公共卫生事件和社会安全事件。并按照社会危害程度、影响范围等因素，将自然灾害、事故灾难、公共卫生事件分为四级：特别重大、重大、较大和一般。同时规定，法律、行政法规或者国务院另有规定的，从其规定。

《突发事件应对法》所指的公共卫生事件，就是《突发公共卫生事件应急条例》所称的突发公共卫生事件。根据定义，突发公共卫生事件是指突然发生，造成或者可能造成社会公众健康严重损害的重大传染病疫情、群体性不明原因疾病、重大食物和职业中毒以及其他严重影响公众健康的事件。

二、公共卫生应急法的特点

（一）起步于一般立法

在相当长的一段时间里，我国没有专门的公共卫生应急立法。有关公共卫生应急方面的规定，包含在相应的公共卫生立法之中。在相关体系、制度、机制等安排上，没有特别进行应急或者常态的区分。在发生公共卫生事件时，一般的公共卫生方面的法律、行政法规等，只要有利于公共卫生应急工作，都可以适用。比如，1989年《传染病防治法》规定，传染病暴发、流行时，当地政府应当立即组织力量进行防治，切断传染病的传播途径；必要时，报经上一级地方政府决定，可以采取紧急措施。又如，1995年《食品卫生法》规定，县级以上地方人民政府卫生行政部门对已经造成食物中毒事故或者有证据证明可能导致食物中毒事故的，可以对该食品生产经营者采取临时控制措施等。

（二）发展于专门立法

20世纪90年代后，为适应公共卫生应急工作的需要，卫生部开始尝试专门的公共卫生应急方面的立法。例如，为加强核事故医学应急管理工作，减少和控制核事故的辐射危害，保障核电厂工作人员和公众的健康和安全，1994年发布了《核事故医学应急管理规定》；为提高对灾害事故的应急反应能力和医疗救援水平，避免和减少人员伤亡，保障公民身体健康和生命安全，1995年制定了《灾害事故医疗救援工作管理办法》等。全面启动公共卫生应急专门立法是与抗击"非典"疫情联系在一起的。2003年国务院出台的《突发公共卫生事件应急条例》和2007年第十届全国人大常委会第二十九次会议通过的《突发事件应对法》等，全面构建起了我国公共卫生应急体系、制度框架和机制结构。

第二节 公共卫生应急法的发展历史

一、"非典"疫情前的公共卫生应急法立法

在公共卫生应急上，是先有公共卫生应急措施，后有公共卫生应急立法的。最具有代表性的公共卫生应急措施，是兴起于20世纪50年代初的爱国卫生运动。1953年《政务院关于1953年继续开展爱国卫生运动的指示》指出，这个运动不仅粉碎了美国帝国主义进行的细菌战，加速了我国卫生事业的建设，而且提供了卫生工作与群众运动相结合的丰富经验。并决定，1952年成立的各级领导爱国卫生运动机构今后统称为爱国卫生运动委员会，其职责为领导反细菌战工作及群众性卫生运动。

传染病始终是公共卫生应急法立法的重点。早在1953年和1954年，铁道部、卫生部就先后两次专门对发生烈性传染病时封锁车站的程序作出规定。1954年经政务院批准、卫生部发布的《卫生防疫站暂行办法》第13条规定，在发现急性传染病时，应对疫地实施管制，搜索病源，即时处理；监视病人入院隔离或在家隔离，对接

触者进行检诊、查验和管理带菌者，必要时进行临时检疫。1955 年经政务院批准、卫生部发布的《传染病管理办法》第 13 条规定，遇有传染病流行，当地卫生行政机关认为必要时，可以动员医疗卫生人员参加防疫工作，并可以商借公私医疗机构，作隔离收治病人用。第 17 条规定，在传染病流行时，市、县以上地方人民委员会可以采取的紧急措施是：(1)限制或禁止集会、游艺和其他集体活动；(2)限制或禁止运输可能散布传染病的货物、行李和动物；(3)限制或禁止贩卖可能传布病菌的饮食物，必要时可以销毁。

20 世纪 80 年代之前的卫生立法中，虽然没有应急之名，但有应急之实。进入 20 世纪 90 年代后，卫生部开始加强有关公共卫生应急方面的立法。1994 年《核事故医学应急管理规定》将核事故医学应急状态分为四级：应急待命、厂房应急、厂区应急和场外应急。在核事故处于应急待命、厂房应急、厂区应急时，国家核事故医学应急组织应当根据核电厂或地方政府的要求决定是否赶赴现场协助工作；在核事故处于场外应急状态时，国家核事故医学应急组织应当在国务院的统一指挥下派出人员赴现场指导核事故医学应急响应行动，必要时直接派出救援力量参加医学应急救援工作。

1995 年《灾害事故医疗救援工作管理办法》将现场医疗救援的原则确定为先救命后治伤，先治重伤后治轻伤。要求依据受害者的伤病情况，按轻、中、重、残进行分类。根据规定，各级政府卫生行政部门应当制定医疗救援预案，建立数支救灾医疗队，并配备一定数量的急救医疗药械，由医疗队所在单位保管，定期更换。

二、“非典”疫情后的公共卫生应急法立法

2003 年年初，我国多个地区发生传染性非典型肺炎疫情。为了有效应对这一突发事件，相关部门一方面按照《传染病防治法》及其实施办法全力开展防控工作；另一方面根据抗击“非典”疫情需要，并从长远谋划，紧急启动了新的立法工作。国务院法制办和卫生部一起，经过数周奋战，完成了《突发公共卫生事件应急条例(草案)》的起草工作，并广泛征求意见。2003 年 5 月，国务院审议通过了《突发公共卫生事件应急条例》。该条例分总则、预防与应急准备、报告与信息发布、应急处理、法律责任和附则，共 6 章 54 条。2011 年国务院又对《突发公共卫生事件应急条例》进行了修订。该条例在总结抗击“非典”疫情工作的基础上，回顾历史经验，借鉴国外有益做法，对有效预防、及时控制和全面消除突发公共卫生事件的危害，保障公众身体健康与生命安全，维护正常的社会秩序等进行了全面规划。《突发公共卫生事件应急条例》是中国危机管理制度史上具有标志性的重要法规。

抗击“非典”疫情胜利后，相关部门及时总结经验，于 2004 年对《传染病防治

法》进行了全面修订。在补充增加医疗救治内容的同时，针对重大传染病疫情、群体性不明原因疾病防控需要，增加规定了疾病预防控制机构职责、传染病预防控制预案、疫情控制、保障措施等内容，将《突发公共卫生事件应急条例》中的有关内容上升为法律。除此之外，还结合《食品安全法》《职业病防治法》等法律的修订，对重大食物中毒和职业中毒等公共卫生事件应急工作进行了规范。

为了预防和减少突发事件的发生，控制、减轻和消除突发事件引起的严重社会危害，保护人民生命财产安全，维护国家安全、公共安全、环境安全和社会秩序，2007年8月30日，第十届全国人大常委会第二十九次会议通过了《突发事件应对法》。该法分总则、预防与应急准备、监测与预警、应急处置与救援、事后恢复与重建、法律责任和附则，共7章70条。这部法律虽然制定时间晚于《突发公共卫生事件应急条例》，但它是《突发公共卫生事件应急条例》的上位法。公共卫生事件应急工作除应当遵守《突发公共卫生事件应急条例》外，还应当遵守《突发事件应对法》。

为贯彻实施《突发公共卫生事件应急条例》，2006年国务院发布《国家突发公共事件总体应急预案》《国家突发公共卫生事件应急预案》。为规范突发事件应急预案管理，增强应急预案的针对性、实用性和可操作性，2013年经国务院同意，国务院办公厅印发了《突发事件应急预案管理办法》。2003年最高人民法院、最高人民检察院公布了《关于办理妨害预防、控制突发传染病疫情等灾害的刑事案件具体应用法律若干问题的解释》等。

卫生部单独制定或者与其他部门联合制定了一系列相配套的部门规章及规范性文件。例如，2003年《传染性非典型肺炎防治管理办法》《突发公共卫生事件与传染病疫情监测信息报告管理办法》《国家救灾防病与突发公共卫生事件信息报告管理规范（2003版）》，2004年《突发公共卫生事件交通应急规定》，2005年《卫生部应对流感大流行准备计划与应急预案（试行）》，2006年《国家突发公共事件医疗卫生救援应急预案》《卫生部法定传染病疫情和突发公共卫生事件信息发布方案》《人感染高致病性禽流感应急预案》《非职业性一氧化碳中毒事件应急预案》，2007年《群体性不明原因疾病应急处置方案（试行）》《全国不明原因肺炎病例监测、排查和管理方案》《突发急性传染病预防控制战略》《高温中暑事件卫生应急预案》《全国卫生部门卫生应急管理工作规范（试行）》，2009年《全国自然灾害卫生应急预案（试行）》《卫生部核事故和辐射事故卫生应急预案》，2010年《国家卫生应急队伍管理办法（试行）》，2011年《卫生部突发中毒事件卫生应急预案》，2013年《卫生部食品安全事故应急预案（试行）》等。2017年国家卫生计生委出台了《突发事件卫生应急预案管理办法》等。

第三十三章　公共卫生应急准备

第一节　公共卫生应急准备的含义

一、公共卫生应急准备的概念

公共卫生应急准备，是指为应对可能发生的公共卫生事件等紧急情况而事先做的准备工作。

公共卫生应急准备是公共卫生应急工作不可缺少的重要组成部分。从某种意义上说，公共卫生应急准备是否充分，将直接影响公共卫生应急工作的成效。因为公共卫生事件等紧急情况具有突发性，如果没有提前做好充分准备，仓促应急，就有可能在某个环节或者某一方面陷入被动，造成不必要的损失。我国公共卫生应急工作的方针是预防为主、常备不懈。公共卫生应急准备是贯彻落实“预防为主”的基础性工作，也是衡量是否做到“常备不懈”的标准之一。

二、公共卫生应急准备的范围

公共卫生应急准备的范围，与公共卫生应急任务的范围是紧密联系在一起的。有什么样的公共卫生应急任务，就应当有什么样的公共卫生应急准备。凡是公共卫生应急任务所需要的，都是公共卫生应急准备的内容。

公共卫生应急准备范围大致由两部分组成：一部分是为公共卫生事件应急所准备的。这部分公共卫生应急准备，主要是为了防止可能发生的公共卫生事件、控制已经发生的公共卫生事件直至消除已经发生的公共卫生事件，以及救治因公共卫生事件所导致的伤病人员。另一部分是为公共卫生事件之外的突发事件应急所准备的，主要是为自然灾害、事故灾害和社会安全事件应急准备的。这部分公共卫生应急准备，主要是为了救治因自然灾害、事故灾害和社会安全事件所导致的伤病人员。

对公共卫生来说，公共卫生事件之外的突发事件应急准备，可以包含在公共卫生事件应急准备范围之内。无论是疾病预防控制机构，还是医疗机构等，都有按照职责履行公共卫生应急准备的义务。

三、公共卫生应急准备的责任

公共卫生应急准备是有效开展公共卫生应急工作的基本前提。从某种角度说，没有公共卫生应急准备，就没有公共卫生应急。在公共卫生应急准备中，最重要的是物质（物资、设备、设施）、技术和人才的储备。物质、技术和人才储备的关键，是确定需要储备的物质、技术和人才的范围，以及储备这些物质、技术和人才所需要的经费。

公共卫生应急物质、技术和人才资源的储备，由县级以上人民政府负责。范围包括与公共卫生事件应急流行病学调查、传染源隔离、医疗救护、现场处置、监督检查、监测检验、卫生防护等有关的物质、技术与人才。国务院有关部门和县级以上地方人民政府及其有关部门，应当根据突发事件应急预案的要求，保证物质、技术与人才的储备。根据规定，公共卫生应急准备所需经费，由本级政府财政安排解决。

第二节 公共卫生应急预案的准备

一、公共卫生应急预案的概念

公共卫生应急预案，即突发公共卫生事件应急预案，是指预先制定的应对可能发生的公共卫生事件的方案。

制定公共卫生应急预案主要有两个目的：一是通过制定公共卫生应急预案的过程，对可能发生的公共卫生事件进行分析、研究，做到心中有数；二是通过制定公共卫生应急预案的过程，熟悉公共卫生应急流程、内容和目标，做到游刃有余。总之，制定公共卫生应急预案，有利于在发生或者可能发生公共卫生事件等紧急情况时，全力以赴，沉着应战，有条不紊，将问题解决在萌芽状态，将事态控制在有限范围，将危害缩减到最低程度。

二、公共卫生应急预案的分类

《突发事件应对法》将我国突发事件应急预案，分为总体应急预案、专项应急预案、部门应急预案和地方应急预案。

公共卫生应急预案既可以单独制定，分为总体应急预案、专项应急预案、部门应急预案和地方应急预案；也可以合并制定，成为突发事件应急预案的总体应急预案、专项应急预案、部门应急预案和地方应急预案的一部分。

从实践看，公共卫生应急预案通常是单独制定的，而且是按公共卫生事件分类单独制定的，甚至是按公共卫生事件分类所包含的种类单独制定的，在传染病等疾病方面尤其明显。这样做的优点是预案更具有针对性、更具有可操作性。根据规定，全国突发公共卫生事件应急预案，由国务院卫生行政主管部门制定，报请国务院批准。省、自治区、直辖市突发公共卫生事件应急预案，根据全国突发公共卫生事件应急预案并结合本地区实际情况，由省、自治区、直辖市人民政府制定。

三、公共卫生应急预案的内容

公共卫生应急预案应当按照分类指导、快速反应的要求制定，其内容是法定的。也就是说，法律规定的内容在公共卫生应急预案中是不可缺少的。在现行法律、行政法规中，有关公共卫生应急预案内容的规定比较多。其中，最主要的是《突发事件应对法》和《突发公共卫生事件应急条例》。

《突发事件应对法》规定，应急预案应当根据该法和其他有关法律、法规的规定，针对突发事件的性质、特点和可能造成的社会危害，具体规定突发事件应急管理工作的组织指挥体系与职责和突发事件的预防与预警机制、处置程序、应急保障措施以及事后恢复与重建措施等内容。

《突发公共卫生事件应急条例》规定，全国突发事件应急预案应当包括以下主要内容：(1)突发事件应急处理指挥部的组成和相关部门的职责；(2)突发事件的监测与预警；(3)突发事件信息的收集、分析、报告、通报制度；(4)突发事件应急处理技术和监测机构及其任务；(5)突发事件的分级和应急处理工作方案；(6)突发事件预防、现场控制，应急设施、设备、救治药品和医疗器械以及其他物资和技术的储备与调度；(7)突发事件应急处理专业队伍的建设和培训。这一规定虽然针对的是全国突发公共卫生事件应急预案，但适用于地方突发公共卫生事件应急预案。

《突发事件应对法》和《突发公共卫生事件应急条例》对应急预案内容的要求属于一般性规定。由于公共卫生事件的多样性和特殊性，不少卫生法律、行政法规对应急预案的内容也作出了专门规定，在制定相应的应急预案时应当一并遵守。

《传染病防治法》规定，传染病预防、控制预案应当包括以下主要内容：(1)传染病预防控制指挥部的组成和相关部门的职责；(2)传染病的监测、信息收集、分析、报告、通报制度；(3)疾病预防控制机构、医疗机构在发生传染病疫情时的任务与职责；(4)传染病暴发、流行情况的分级以及相应的应急工作方案；(5)传染病预防、疫点疫区现场控制，应急设施、设备、救治药品和医疗器械以及其他物资和技术的储备与调用。

《食品安全法》规定，食品安全事故应急预案应当对食品安全事故分级、事故处置组织指挥体系与职责、预防预警机制、处置程序、应急保障措施等作出规定。

《精神卫生法》规定，各级人民政府和县级以上人民政府有关部门制定的突发事件应急预案,应当包括心理援助的内容。

《放射性同位素与射线装置安全和防护条例》规定,辐射事故应急预案应当包括下列内容:(1)应急机构和职责分工;(2)应急人员的组织、培训以及应急和救助的装备、资金、物资准备;(3)辐射事故分级与应急响应措施;(4)辐射事故调查、报告和处理程序。

四、公共卫生应急预案的修订

公共卫生应急预案的制定离不开一定的条件,当条件发生变化时,预案就应当适时地进行修订。这既是法律要求,也是顺利开展应急工作的需要。各级人民政府及其卫生等行政部门应当按照规定的职责、要求和程序,根据形势变化,对公共卫生事件应急预案的内容进行不断调整和充实。

《突发事件应对法》规定,应急预案制定机关应当根据实际需要和情势变化,适时修订应急预案。《突发公共卫生事件应急条例》规定,突发事件应急预案应当根据突发事件的变化和实施中发现的问题及时进行修订、补充。

第三节 公共卫生应急的人员准备

一、组建队伍

在公共卫生事件应急工作中,起主力军作用的是卫生专业人员。这些卫生专业人员基本上来自三大机构:疾病预防控制机构、医疗机构和卫生监督机构。这些机构构成了卫生领域的三大体系,即疾病预防控制体系、医疗服务体系和卫生监督体系。2004 年修订的《传染病防治法》根据抗击“非典”疫情所取得的经验,在总则中明确要求,建立健全传染病防治的疾病预防控制、医疗救治和监督管理体系。

在我国,卫生专业人员主要依托于疾病预防控制、医疗救治和监督管理体系。所以,在公共卫生应急队伍建设上,不可能脱离疾病预防控制、医疗救治和监督管理体系而另外建立一支专职于公共卫生应急的队伍。我国公共卫生应急队伍主要是由这些人员“兼职”组成的。确切地说,我国公共卫生应急队伍是一支“平”和“战”相结合的队伍。卫生行政部门应当根据公共卫生应急工作需要,在现有卫生专业人员中,确定全部或者部分人员为公共卫生应急人员的身份,赋予具体任务,并形成梯队。在没有发生公共卫生事件时,他们是平常的疾控人员、医务人员和卫生监督人员;当发生公共卫生事件时,他们就是应急队伍的战士。

《突发事件应对法》规定,人民政府有关部门可以根据实际需要设立专业应急救援队伍。从公共卫生事件的性质和特点来看,专业应急救援队伍建设除人员数量外，重在专业，必须依靠现有的疾病预防控制、医疗救治和监督管理体系。在明确应急职责的基础上，按照公共卫生事件的不同类型，赋予卫生专业人员的应急人员身份，并建立相应的应急队伍梯队。

二、加强培训

我国公共卫生应急队伍主要是由“兼职”人员组成的，而且他们是以本身所具有的专业知识、专业技能参与公共卫生应急工作的。为了应对公共卫生事件应急工作的挑战，他们一方面要不断提升自己的专业知识、专业技能，另一方面要不断熟悉、掌握公共卫生应急知识，包括法律、法规知识。这既是卫生行政部门的责任，也是医疗卫生机构的责任。

对卫生专业人员进行培训，不应当刻意区分是应急培训内容还是日常培训内容。因为这两方面的培训内容，在实践中是难以分开的。日常培训中所了解、掌握的知识、技能，都有可能在应急工作中派上用场。应急培训中所了解、掌握的知识、技能，在日常工作中也是必不可少的，甚至有可能成为发现公共卫生事件苗头的“利器”。

《突发公共卫生事件应急条例》规定，县级以上地方人民政府卫生行政主管部门，应当定期对医疗卫生机构和人员开展突发事件应急处理相关知识、技能的培训。《传染病防治法》规定，疾病预防控制机构、医疗机构应当定期对其工作人员进行传染病防治知识、技能的培训。

三、进行演练

按照规定，一旦发生公共卫生事件，应当根据情况启动应急机制，立即采取控制措施，提供医疗救护和现场救援，一切应急处置都需要有序进行。要做到这些，就需要在平时模拟可能出现的各种紧急场景，以实战的态度，开展经常性的演练。

公共卫生应急工作既涉及现场卫生控制，又涉及现场医疗救援，还包括公共卫生应急人员自身的卫生防护等。公共卫生应急工作涉及方方面面，不可能各自为战，而应当“集成”作战，需要参与公共卫生应急工作的所有部门和人员形成合力。因此，经常性的演练必须是联合演练，以提高合成应急、协同应急的能力。

《突发公共卫生事件应急条例》规定，县级以上地方人民政府卫生行政主管部门，应当定期组织医疗卫生机构进行突发事件应急演练，推广最新知识和先进技术。

第四节　公共卫生应急的物质准备

一、保证工作经费

公共卫生应急工作所需要的经费是多方面的，大致可以分为两部分：一部分是物质、技术和人才等储备工作所需要的经费。《突发公共卫生事件应急条例》规定，县级以上各级人民政府应当组织开展防治突发事件相关科学研究，建立突发事件应急流行病学调查、传染源隔离、医疗救护、现场处置、监督检查、监测检验、卫生防护等有关物资、设备、设施、技术与人才资源储备，所需经费列入本级政府财政预算。另一部分是应对工作所需要的经费。《突发事件应对法》规定，国务院和县级以上地方各级人民政府应当采取财政措施，保障突发事件应对工作所需经费。突发事件发生后需要调动各方面力量，全力以赴，应对各种可能出现的情况，而这些都需要一定的经费作为保障。

公共卫生应急工作与公共卫生日常工作不能截然分开。公共卫生应急工作是以公共卫生日常工作为基础的，而且是以公共卫生日常工作为条件的。所以，要做好公共卫生应急工作，就应当先做好公共卫生日常工作。从这个意义上说，公共卫生日常工作经费是公共卫生应急工作经费的重要组成部分。《传染病防治法》规定，县级以上地方人民政府按照本级政府职责负责本行政区域内传染病预防、控制、监督工作的日常经费。

二、建立战略储备

公共卫生事件具有突发性，无论是从战略上还是从战术上都应当做好随时应对的准备工作。可以说，能否从容应对突发的公共卫生事件，主要取决于是否事先做好了各方面的准备工作。在这些准备工作中，除技术、人才外，还有物质上的战略储备。

物质上的战略储备分为两部分：一部分是实际物质储备，即现实存在的物质储备，包括应急设备、设施、药品和医疗器械以及其他物资的储备。这部分物质的储备范围应当取决于公共卫生应急工作的范围。另一部分是生产能力储备。生产能力储备在战略储备中的重要性不可忽视。

生产能力储备也分为两部分：一部分是实际储备物质的生产能力的储备。这部分生产能力储备是着眼于实际储备物质的后续供应，目的是保证这些物质后续供应。另一部分是没有列入战略储备目录但公共卫生应急必不可少的物质的生产能力的储备。有些公共卫生应急必不可少的物质没有被列入战略储备目录，原因是多方面的，如缺乏经费、不宜储备或者不宜长期储备等。这部分生产能力储备是着眼于公共卫生应急实际需要，目的是确保有需要时供应有保障。

《突发公共卫生事件应急条例》规定，全国突发公共卫生事件应急预案应当包括应急设施、设备、救治药品和医疗器械以及其他物资和技术的储备与调度。《传染病防治法》规定，县级以上人民政府负责储备防治传染病的药品、医疗器械和其他物资，以备调用。《中医药法》规定，县级以上人民政府应当发挥中医药在突发公共卫生事件应急工作中的作用,加强中医药应急物资、设备、设施、技术与人才资源储备。

三、完善机构体系

在公共卫生事件中,需要动用全社会力量进行应急的,最主要的是重大传染病疫情和群体性不明原因疾病。在群体性不明原因疾病中,主要是传染病疫情。对传染病疫情应急来说,从发现到控制再到消除,起主要专业作用的是疾病预防控制机构和医疗机构。

从公共卫生应急角度完善疾病预防控制机构和医疗机构体系,主要目的不仅在于明确它们的职责,而且还在于明确它们的关系。在发挥它们各自作用的基础上,建立一种新型的“医”中有“防”、“防”中有“医”、“医”“防”优势互补的公共卫生应急关系。

疾病预防控制机构和医疗机构的主要职责是由法律、行政法规直接规定的,内容也比较丰富。但对于它们的关系,目前有关规定还比较原则,且比较单一。如《突发公共卫生事件应急条例》规定,医疗机构收治传染病病人、疑似传染病病人,应当依法报告所在地的疾病预防控制机构。接到报告的疾病预防控制机构应当立即对可能受到危害的人员进行调查,根据需要采取必要的控制措施。

第五节 公共卫生应急的信息准备

一、建立监测系统

对公共卫生应急来说,最积极的应急是主动应急,最有效的应急是早期应急。但无论是主动应急还是早期应急,都有赖于早发现公共卫生事件隐患。所谓信息准备,就是做好早发现公共卫生事件隐患的工作。监测系统担负着早发现公共卫生事件隐患的重要使命。《突发公共卫生事件应急条例》规定,县级以上地方人民政府应当建立和完善突发公共卫生事件监测与预警系统。

我国卫生法律、行政法规高度重视对公共卫生事件隐患进行监测。《突发公共卫生事件应急条例》规定,县级以上各级人民政府卫生行政主管部门应当指定机构负责开展突发公共卫生事件的日常监测。但实际上,医疗卫生机构开展公共卫生事件日常监测工作,既是卫生行政部门指定的,也是法定的。在《突发公共卫生事件应急条例》之后,新制定或修订的法律、行政法规,考虑到公共卫生事件日常监测工作的重要性,就直接进行了规定。

《食品安全法》规定,医疗机构发现其接收的病人属于食源性疾病病人或者疑似病人的,应当按照规定及时将相关信息向所在地县级人民政府卫生行政部门报告。《病原微生物实验室生物安全管理条例》规定，医疗机构及其执行职务的医务人员发现由于实验室感染而引起的与高致病性病原微生物相关的传染病病人、疑似传染病病人，应当在2小时内向所在地县级人民政府卫生主管部门报告。

二、开展日常监测

在公共卫生应急诸多准备中，信息准备是最为关键的，因为它直接关系公共卫生应急的成本和效益。

承担公共卫生日常监测任务的医疗卫生机构，应当按照确定的职责开展公共卫生事件隐患监测。例如，《传染病防治法》规定，各级疾病预防控制机构对传染病的发生、流行以及影响其发生、流行的因素，进行监测；对国外发生、国内尚未发生的传染病或者国内新发生的传染病，进行监测。

《突发公共卫生事件应急条例》对监测工作规定了严格的法律责任。医疗卫生机构未依照规定履行突发事件监测职责的，由卫生行政主管部门责令改正、通报批评、给予警告；情节严重的，吊销《医疗机构执业许可证》；对主要负责人、负有责任的主管人员和其他直接责任人员依法给予降级或者撤职的纪律处分；造成传染病传播、流行或者对社会公众健康造成其他严重危害后果，构成犯罪的，依法追究刑事责任。

三、研判形势趋势

根据获得的监测信息，对公共卫生事件隐患进行形势趋势研判，是组织开展公共卫生事件隐患监测的卫生行政部门的责任，也是承担公共卫生事件隐患监测任务的医疗卫生机构的义务。所谓研判形势趋势，是指通过对监测信息科学分析、综合评价，对面临的形势和可能的发展趋势作出判断。它对于早期发现公共卫生事件隐患，意义重大。

公共卫生事件隐患监测收集到的信息，可以用于完善政策措施，也可以用于制订工作计划，还可以用于制定或修订卫生标准，以及用于撰写学术论文等。但无论监测信息用于哪一个方面，都应当将公共卫生事件隐患监测目的放在首位，即应当及时消除发现的公共卫生事件隐患。《突发公共卫生事件应急条例》是从主动、及时消除公共卫生事件隐患进行制度和机制设计的。

早发现才有条件早应急。疾病预防控制机构、医疗机构等开展公共卫生事件隐患监测，认为发现公共卫生事件隐患的，或者认为可能发生公共卫生事件的，应当按照规定的报告程序和时限，及时向卫生行政部门和当地人民政府报告。接到报告的地方人民政府、卫生行政部门应当立即组织力量对报告事项进行调查、核实、确证，采取必要的控制措施，消除隐患。

第三十四章　公共卫生事件应急报告

第一节　公共卫生事件应急报告的含义

一、公共卫生事件应急报告的概念

公共卫生事件应急报告，是指对发生或者可能发生公共卫生事件的紧急报告。通常疫情或者事故是在发生之后报告的，属于事后报告。公共卫生事件应急报告，虽然也包括事后报告，但它更强调在发生之前或者尚未形成危害后果之前报告。

对报告人来说，在公共卫生事件发生之前或者尚未形成危害后果之前，做到正确预判，及时报告，存在一定的难度。这种难度既表现在信息积累上，也体现在技术能力上。为了保证公共卫生事件应急报告制度的实施，国家建立公共卫生事件监测系统，开展日常监测，并通过科学分析、综合评价监测数据等，为早期发现公共卫生事件隐患提供技术支持。

根据规定，国家建立突发事件应急报告制度，国务院卫生行政主管部门制定突发事件应急报告规范，建立重大、紧急疫情信息报告系统。

二、公共卫生事件应急报告的特殊性

（一）时限上有严格要求

公共卫生事件应急报告的范围，与公共卫生事件定义的范围是有所不同的。前者所称的公共卫生事件，包括“发生”和“可能发生”两个部分，而后者仅指“发生”这一部分。对已经“发生”的公共卫生事件，公共卫生事件应急报告的目的是防止该事件发生社会危害；对“可能发生”的公共卫生事件，公共卫生事件应急报告的目的是防止该事件发生，两者角度不同。但无论是哪个角度，对公共卫生事件应急报告而言，最为重要的是时间，因为即使报告的信息是准确的，但错过了一定的时间，也有可能造成严重后果。

（二）主体上有明确责任

公共卫生事件应急报告，对报告人有两个基本要求：一是紧迫性要求。法定报

告人不得延误报告,必须在规定的时限内将公共卫生事件信息报送出去。二是连续性要求。公共卫生事件应急报告是由一系列环节组成的,法定报告人不得擅自中断报告。任何单位和个人对公共卫生事件,不得隐瞒、缓报、谎报或者授意他人隐瞒、缓报、谎报。否则,将承担法律责任。

三、公共卫生事件应急报告的意义

(一)为及时发现问题赢得时间

公共卫生事件有已经发生和可能发生之分,但在公共卫生事件应急报告上,要求是一致的。就公共卫生应急角度而言,接到报告时间越早,卫生行政部门组织调查核实、确证的时间就越充分,需要应急时也就越从容。因此,公共卫生事件应急报告贵在时间。只有严格按照规定的时限报告公共卫生事件,才能实现国家建立公共卫生事件应急报告制度的目的。

(二)为及时采取措施赢得机会

公共卫生事件应急报告制度的意义,不仅在于早报告,还在于早干预。无论是已经发生的公共卫生事件还是可能发生的公共卫生事件,留给我们早期干预的机会都是有限的,或者说留给我们早期干预的时间都是短暂的。对已经发生的公共卫生事件来说,及时采取有效措施,就可以将事态控制在最小规模,将损害减小到最低水平;对可能发生的公共卫生事件来说,及时采取有效措施,就可以避免其发生。早报告为早干预创造了前提条件。否则,机会稍纵即逝。

第二节 公共卫生事件应急报告的范围、主体和时限

一、公共卫生事件应急报告的范围

(一)发生或者可能发生传染病暴发、流行

传染病暴发、流行不仅会给人民群众健康造成严重损害,而且会给经济社会发展造成严重损害。所以,在公共卫生事件应急报告中,传染病事件始终处于最重要的位置。对于传染病的报告,不应当局限于法定传染病。无论是《突发公共卫生事件应急条例》,还是《传染病防治法》,调整范围都包括了非法定传染病。从某种角度说,非法定传染病往往容易被忽视,但实际上其危害性并不低。因此,对非法定传染病暴发、流行尤其要高度重视。

(二)发生或者发现不明原因的群体性疾病

所谓不明原因的群体性疾病,并不是指具体的一种或者一类疾病,而是泛指发生或者发现时暂不清楚病因的两人以上同时罹患的疾病。其既可以是传染性疾

病，也可以是非传染性疾病。这里的不明原因，既相对于疾病，也相对于最初报告的医疗卫生机构的认知。虽然对不熟悉的疾病有一个认识再认识过程，但为了不错过任何一个隐患，医疗卫生机构只要认为是不明原因的群体性疾病，都应当在发生或者发现时，按照规定及时报告。需要指出的是，对不明原因的群体性疾病的报告，并不以暴发、流行为前提条件，即使是传染病。

（三）发生传染病菌种、毒种丢失

传染病菌种、毒种，是指微生物实验室保存的细菌、病毒。在实验室从事与病原微生物有关的研究、教学、检测、诊断等活动中，需要使用传染病菌种、毒种。但传染病菌种、毒种对人体是有害的，如对其保管或者使用不当，都有可能引起实验室感染，甚至引发传染病暴发、流行。所以，我国对传染病菌种、毒种的采集、运输、储存、领取、使用、销毁等有一系列严格规定。任何单位或者个人发生传染病菌种、毒种丢失，都必须按规定立即报告。这里的丢失是广义的，除丢失外，还包括被盗、被抢、泄漏等。

（四）发生或者可能发生重大食物和职业中毒事件

在中毒事件中，食物中毒和职业中毒是最为常见的。就其危害性而言，不仅会造成消费者或者劳动者健康损害，而且重大食物中毒和重大职业中毒还会对经济社会发展产生严重的负面影响。虽然引起食物中毒和职业中毒的原因是多方面的，而且有时还具有一定的隐蔽性，但无论是食物中毒还是职业中毒，都是可以预防的。也就是说，发现可能发生食物中毒或者职业中毒也是有规律可循的。从这个意义上说，及时报告可能发生重大食物或者职业中毒事件，对于及时采取预防措施，防止发生食物中毒或者职业中毒事件意义重大。

二、公共卫生事件应急报告的主体

在我国，公共卫生事件应急报告主体分为义务性报告主体和权利性报告主体。

（一）义务性报告主体

义务性报告主体，是指具有报告义务的主体，也就是法定报告主体。根据规定，主要包括：

（1）疾病预防控制机构。为了有效应对公共卫生事件，《突发公共卫生事件应急条例》要求县级以上地方人民政府建立和完善突发事件监测系统，并规定由县级以上各级人民政府卫生行政主管部门指定机构负责开展突发事件的日常监测。所以，经指定负责公共卫生事件日常监测工作的机构，为公共卫生事件应急报告主体。目前，开展公共卫生事件日常监测工作的主要是疾病预防控制机构。

（2）医疗机构。医疗卫生机构，有时是指医疗机构，有时是指医疗机构和疾病预防控制机构等，但通常是指医疗机构。例如，《突发公共卫生事件应急条例》第17条规定，县级以上人民政府应当“提高医疗卫生机构应对各类突发事件的救治能力”。在我国，能够依法开展“救治”的只有医疗机构。所以，这里的医疗卫生机构并不包含疾病预防控制机构。在实践中，医疗机构往往是最先接触公共卫生事件所涉病人的，因此，法律明确赋予其公共卫生事件应急报告义务。

(3)有关单位。有关单位的范围比较广，《突发公共卫生事件应急条例》没有一一列明。作为法定报告主体，“有关单位”应当是负有履行法定职责的单位和与发生或者可能发生的公共卫生事件有直接关系的单位，如病原微生物实验室、菌种毒种保管单位等。

(4)卫生行政部门。卫生行政部门是履行政府卫生职能的工作部门，属于享有行政主体资格的国家行政机关。在我国，县级以上人民政府都设有卫生行政部门，其职责主要由法律、法规等规定。由于政府机构改革和职能调整，在现行卫生法律、行政法规中，对卫生行政部门表述比较多，除卫生行政部门外，还有卫生行政机关、卫生行政主管部门、卫生主管部门、卫生和计划生育主管部门、卫生健康主管部门等。本书除引用具体条文外，统一使用卫生行政部门。卫生行政部门是当然的公共卫生事件应急报告义务主体。

(5)县级以上地方人民政府。我国地方人民政府分为四级，即乡镇级、县级、设区的市级和省级。由于乡镇级政府规模小，没有专门的卫生行政部门，所以现行卫生法律、行政法规基本上没有直接赋予其卫生行政管理职能。因此，在公共卫生事件应急报告上，主要由县级以上地方人民政府承担。

(二)权利性报告主体

权利性报告主体，是指具有报告权利的主体，也就是非法定报告主体。

为了鼓励社会及时报告公共卫生事件，也为了防止正式的报告系统失灵，法律明确，任何单位和个人都有权向人民政府及其有关部门报告突发事件隐患。换句话说，没有报告义务的单位和个人都有权利向人民政府及其有关部门报告突发公共卫生事件。权利性报告主体行使报告权利，其报告信息是对义务性报告主体报告信息的重要补充，有助于确保信息渠道的畅通。

三、公共卫生事件应急报告的时限

公共卫生事件应急报告时限，即完成公共卫生事件应急报告所限定的时间，或者说是不得超过的时间。根据不同的报告主体，《突发公共卫生事件应急条例》作了四种安排。

(一)2小时内报告

(1)报告。适用于公共卫生事件监测机构、医疗卫生机构和其他有关单位。公共卫生事件监测机构、医疗卫生机构和其他有关单位发现有公共卫生事件应急报告范围情形之一的,应当在2小时内向所在地县级人民政府卫生行政部门报告。

(2)报告和越级报告。适用于县级卫生行政部门和设区的市级卫生行政部门。接到公共卫生事件应急报告的卫生行政部门应当在2小时内向本级人民政府报告,并同时向上级人民政府卫生行政部门和国务院卫生行政部门报告。

(3)向上级报告。适用于县级人民政府和设区的市级人民政府。县级人民政府应当在接到公共卫生事件应急报告后2小时内向设区的市级人民政府或者上一级人民政府报告;设区的市级人民政府应当在接到公共卫生事件应急报告后2小时内向省、自治区、直辖市人民政府报告。

(二)1小时内报告

适用于省、自治区、直辖市人民政府。有公共卫生事件应急报告范围情形之一的,省、自治区、直辖市人民政府应当在接到报告1小时内,向国务院卫生行政部门报告。

(三)立即报告

适用于国务院卫生行政部门。国务院卫生行政部门对可能造成重大社会影响的公共卫生事件,应当立即向国务院报告。

(四)随时报告

适用于任何单位和个人。任何单位和个人有权向人民政府及其有关部门报告公共卫生事件。

第三节　公共卫生事件应急报告后的调查、防控和通报

一、公共卫生事件应急报告后的调查

公共卫生事件应急报告与其他类型报告不同,最鲜明的特点是先报告后调查。在报告的及时性和信息的准确性之间,《突发公共卫生事件应急条例》选择了报告优先。其目的一方面是保证报告信息的原始性,另一方面是保证报告系统的畅通,并在层层报告过程中可以做到争分夺秒。

但是,公共卫生事件应急报告的有效性,归根结底还是要体现在报告信息的准确性、全面性上。因此,地方人民政府及其卫生行政部门在履行公共卫生事件应急报告职责后,还应当履行调查义务,对报告信息进行核实、确证,并将调查情况形成调查报告,包括报告事项的事态状况、严重程度、风险规模等,进行后续报告。《突发公共卫生事件应急条例》规定,接到报告的地方人民政府、卫生行政部门依照本

条例规定报告的同时，应当立即组织力量对报告事项调查核实、确证，并及时报告调查情况。

二、公共卫生事件应急报告后的防控

公共卫生事件应急报告为有效预防、及时控制和消除公共卫生事件的危害，争取了时间，创造了条件。所以，接到公共卫生事件应急报告的地方人民政府及其卫生行政部门除按照规定往上报告、对报告事项展开调查外，还应当根据报告的公共卫生事件的实际情况，立即采取必要的控制措施，防止事态进一步扩大。《突发公共卫生事件应急条例》规定，接到报告的地方人民政府、卫生行政部门应当采取必要的控制措施。

三、公共卫生事件应急报告后的通报

公共卫生事件最初总是在某一地或者某一环节，包括在某一个医疗机构被发现的。但如果对其控制不好，就有可能蔓延，尤其是烈性传染病和不明原因的群体性疾病，其传播速度之快，往往是难以预料的。所以，有针对性地提前做好应急准备十分重要。对公共卫生事件发生地之外的地区或者部门来说，提前做好应急准备的前提条件是，应当事先知晓有关公共卫生事件情况。为此，《突发公共卫生事件应急条例》就通报或者通知问题作了专门规定。

（一）国务院卫生行政部门负责向国务院有关部门、省级卫生行政部门以及军队有关部门通报

国务院卫生行政部门应当根据发生突发事件的情况，及时向国务院有关部门和各省、自治区、直辖市人民政府卫生行政部门以及军队有关部门通报。

（二）事发地省级卫生行政部门负责向毗邻省级卫生行政部门通报

突发事件发生地的省、自治区、直辖市人民政府卫生行政部门，应当及时向毗邻省、自治区、直辖市人民政府卫生行政部门通报。

（三）省级卫生行政部门负责通知本行政区域内的医疗卫生机构

接到通报的省、自治区、直辖市人民政府卫生行政部门，必要时应当及时通知本行政区域内的医疗卫生机构。

（四）县级以上地方人民政府有关部门负责向同级卫生行政部门通报

县级以上地方人民政府有关部门，已经发生或者发现可能引起突发事件的情形时，应当及时向同级人民政府卫生行政部门通报。

四、有关报告、举报的处理

（一）公布统一的公共卫生事件报告、举报电话

公共卫生事件重在预防，关键在早期控制。所以，及时获得相关信息，及时履行

相关职责至为重要。为了确保万无一失,国家在建立专门的报告系统的同时,还建立了开放的公共卫生事件举报制度。有关部门应当公布统一的公共卫生事件报告、举报电话,接受社会的公共卫生事件报告、举报。

(二)任何单位和个人有权报告、举报

任何单位和个人有权向人民政府及其有关部门报告公共卫生事件隐患,有权向上级人民政府及其有关部门举报地方人民政府及其有关部门不履行公共卫生事件应急处理职责,或者不按照规定履行职责的情况。

(三)接到报告、举报的应当立即调查处理

接到报告、举报的有关人民政府及其有关部门,应当立即组织对公共卫生事件隐患、不履行或者不按照规定履行公共卫生事件应急处理职责的情况进行调查处理。县级以上各级人民政府有关部门拒不履行应急处理职责的,由同级人民政府或者上级人民政府有关部门责令改正、通报批评、给予警告;对主要负责人、负有责任的主管人员和其他责任人员依法给予降级、撤职的行政处分;造成传染病传播、流行或者对社会公众健康造成其他严重危害后果的,依法给予开除的行政处分;构成犯罪的,依法追究刑事责任。

(四)对举报有功的单位和个人予以奖励

根据规定,对举报公共卫生事件有功的单位和个人,县级以上各级人民政府及其有关部门应当予以奖励。

第三十五章　公共卫生事件预警

第一节　公共卫生事件预警的含义

一、公共卫生事件预警的概念

公共卫生事件预警，即突发公共卫生事件预警，是指公共卫生事件发生之前的预先警报。公共卫生事件虽然是突然发生的，具有一定的偶然性，但仍然是有迹可循的。根据发现的公共卫生事件隐患或者迹象，及时进行预警，可以提醒有关方面提前做好各项防备工作，一旦发生可以有效应对。

《突发公共卫生事件应急条例》规定，县级以上各级人民政府卫生行政主管部门，应当指定机构负责开展突发事件的日常监测，并确保监测与预警系统的正常运行。

二、公共卫生事件预警的主体

这里的公共卫生事件预警主体，是指法律上明确的可以发布公共卫生事件预警的主体。

《突发公共卫生事件应急条例》规定，县级以上地方人民政府应当建立和完善公共卫生事件预警系统。并规定，县级以上人民政府卫生行政部门应当确保预警系统的正常运行。这些规定表明，公共卫生事件预警主体是县级以上地方人民政府和县级以上人民政府卫生行政部门。

公共卫生事件预警，不仅是公共卫生事件应急工作的需要，而且是安排经济社会生活的需要。但公共卫生事件预警具有较强的技术性和政策性，公共卫生事件预警主体发布相应级别的公共卫生事件预警，应当根据有关法律、行政法规和国务院规定的权限和程序进行。

三、公共卫生事件预警的级别

按照突发事件发生的紧急程度、发展态势和可能造成的危害程度，《突发事件应对法》将自然灾害、事故灾害和公共卫生事件的预警级别分为一级、二级、三级和四级，分别用红色、橙色、黄色和蓝色标示，一级为最高级别。

《突发公共卫生事件应急条例》没有对公共卫生事件预警级别进行规定。公共卫生事件预警级别应当按照《突发事件应对法》规定执行。就大多数情况来说，在公共卫生事件发生之前或者发生之初，较难从紧急程度、发展态势和可能造成的危害程度等方面作出结论性判断。所以，法律并不要求在公共卫生事件预警时必须进行分级判断。而且，法律还允许随着认识的不断深化和事态的发展，连续多次进行公共卫生事件预警。

公共卫生事件预警，既可以在公共卫生事件发生之前，也可以在公共卫生事件发生之后，还可以在公共卫生事件发展过程中。当然，最有效的公共卫生事件预警应当在公共卫生事件发生之前。

四、公共卫生事件预警的目的

公共卫生事件的发生，会给人民群众身体健康和生命安全带来严重威胁，甚至会给经济社会的发展带来严重损害。所以，防止发生公共卫生事件是公共卫生工作的主要任务之一。但公共卫生事件，尤其是传染病疫情、群体性不明原因疾病的发生有其特殊性，从某种程度上说，是不以人的意志为转移的。

在公共卫生事件发生之前或者其危害发生之前，根据监测到的可能性前兆，并结合以往经验，及时向有关地方、部门或者社会发出紧急信号，报告危险情况，提醒各方面做好应对工作，目的就是避免危害在不知情或者准备不足的情况下发生，最大限度地减轻公共卫生事件所造成的损失。

第二节　公共卫生事件预警的形式

公共卫生事件预警需要什么形式要件，法律没有规定。换句话说，公共卫生事件预警的形式可以多种多样，只要能起到预警作用。

一、正式预警与非正式预警

（一）正式预警

正式预警，是指有预警形式的预警行为，主要是指公共卫生事件预警主体以预警形式发布的预警。

（1）发布预警。《突发事件应对法》规定，可以预警的公共卫生事件即将发生或者发生的可能性增大时，县级以上地方各级人民政府应当根据有关法律、行政法规和国务院规定的权限和程序，发布相应级别的警报，决定并宣布有关地区进入预警期，同时向上一级人民政府报告，必要时可以越级上报，并向当地驻军和可能受到危害的毗邻或者相关地区的人民政府通报。

(2)调整预警级别。《突发事件应对法》规定,发布公共卫生事件警报的人民政府应当根据事态的发展,按照有关规定适时调整预警级别并重新发布。

(3)解除预警。《突发事件应对法》规定,有事实证明不可能发生公共卫生事件或者危险已经解除的,发布警报的人民政府应当立即宣布解除警报,终止预警期,并解除已经采取的有关措施。

(二)非正式预警

非正式预警,是指没有预警形式但有预警意义的行为。

在实践中,不少预警是以非正式预警的形式存在的。正式预警的程序比较严格,影响面也比较大。所以,非正式预警容易成为优先选项。通常,非正式预警是以疫情通报等形式出现的。

(1)非正式预警可以在公共卫生事件发生之前。如《传染病防治法》规定,国务院卫生行政部门应当及时向国务院其他有关部门和各省、自治区、直辖市人民政府卫生行政部门通报全国传染病疫情以及监测、预警的相关信息。毗邻的以及相关的地方人民政府卫生行政部门,应当及时互相通报本行政区域的传染病疫情以及监测、预警的相关信息。

(2)非正式预警也可以在公共卫生事件发生之后。如《突发公共卫生事件应急条例》规定,国务院卫生行政主管部门应当根据发生突发事件的情况,及时向国务院有关部门和各省、自治区、直辖市人民政府卫生行政主管部门以及军队有关部门通报。突发事件发生地的省、自治区、直辖市人民政府卫生行政主管部门,应当及时向毗邻省、自治区、直辖市人民政府卫生行政主管部门通报。接到通报的省、自治区、直辖市人民政府卫生行政主管部门,必要时应当及时通知本行政区域内的医疗卫生机构。县级以上地方人民政府有关部门,已经发生或者发现可能引起突发事件的情形时,应当及时向同级人民政府卫生行政主管部门通报。

二、外部预警与内部预警

(一)外部预警

外部预警,是指面向社会的预警。正式预警是外部预警的主要形式。

卫生行政部门向社会发布的疫情信息以及监测、预警的相关信息,在一定条件下也具有预警的意义。例如,《传染病防治法》规定,国务院卫生行政部门定期公布全国传染病疫情信息。省、自治区、直辖市人民政府卫生行政部门定期公布本行政区域的传染病疫情信息。传染病暴发、流行时,国务院卫生行政部门负责向社会公布传染病疫情信息,并可以授权省、自治区、直辖市人民政府卫生行政部门向社会公布本行政区域的传染病疫情信息。又如,《突发公共卫生事件应急条例》规定,国务院卫生行政主管部门负责向社会发布突发事件的信息。必要时,可以授权省、自治区、直辖市人民政府卫生行政主管部门向社会发布本行政区域内突发事件的信息。信息发布应当及时、准确、全面。

(二)内部预警

内部预警,是指面向医疗卫生机构的预警。非正式预警是内部预警的主要形式。

卫生行政部门向医疗卫生机构通报公共卫生事件相关信息,在一定条件下也具有预警的意义。例如,《传染病防治法》规定,县级以上地方人民政府卫生行政部门应当及时向本行政区域内的疾病预防控制机构和医疗机构通报传染病疫情以及监测、预警的相关信息。接到通报的疾病预防控制机构和医疗机构应当及时告知本单位的有关人员。又如,《突发公共卫生事件应急条例》规定,接到通报的省、自治区、直辖市人民政府卫生行政主管部门,必要时应当及时通知本行政区域内的医疗卫生机构。

第三节　公共卫生事件预警的响应

一、加强监测

做好公共卫生事件预警的前提条件,就是要在特殊性中寻找规律性,在偶然性中发现必然性。具有一定提前量的公共卫生事件预警,为各方面提前做好应对准备工作赢得了宝贵的时间。但预警的公共卫生事件是否最终发生还有一定的不确定性。所以,预警之后的监测不但不能放松,而且还应当加强。公共卫生事件监测,为全面认识预警的公共卫生事件,揭示其发展过程创造了条件。无论是制定应对策略还是采取应对措施,包括发现源头病例、密切接触者或者暴露人群等,都应当根据监测情况及时进行调整。监测应当贯穿整个公共卫生事件应急处理全过程,包括医疗机构内和医疗机构外。

《突发公共卫生事件应急条例》规定,县级以上地方人民政府应当建立和完善突发事件监测系统。县级以上各级人民政府卫生行政主管部门,应当指定机构负责开展突发事件的日常监测,并确保监测系统的正常运行。监测工作应当根据突发事件的类别,制定监测计划,科学分析、综合评价监测数据。对早期发现的潜在隐患以及可能发生的突发事件,应当依照规定的报告程序和时限及时报告。

二、开展培训

公共卫生事件不仅种类多,而且差别大。因此,无论是公共卫生事件预警前,还是公共卫生事件预警后，卫生行政部门和医疗卫生机构都应当根据公共卫生事件的特殊性，尤其是重大传染病和群体性不明原因疾病的特异性，组织开展相关知识和技能的培训。帮助参与公共卫生事件应急的部门和人员早期认识公共卫生事件隐患，并积极配合有关部门对公共卫生事件采取预防措施。对医疗卫生机构及其人员的培训，应当将早发现、早诊断、早隔离、早治疗等作为其中最重要的内容。

《突发事件应对法》规定，县级以上人民政府应当建立健全突发事件应急管理培训制度，对人民政府及其有关部门负有处置突发事件职责的工作人员定期进行培训。《突发公共卫生事件应急条例》规定，县级以上地方人民政府卫生行政主管部门，应当定期对医疗卫生机构和人员开展突发事件应急处理相关知识、技能的培训，定期组织医疗卫生机构进行突发事件应急演练，推广最新知识和先进技术。

三、研判形势

公共卫生事件有一个形成过程。早期监测到的征兆为公共卫生事件预警提供了证据，但可能的演变趋势包括危害，还需要综合各方面情况进一步研判。对公共卫生事件预警后的发展趋势进行研判，对采取更有针对性措施意义重大。鉴于启动公共卫生事件应急预案的社会影响，根据既要积极又要慎重的原则，法律在启动公共卫生事件应急预案上专门设置了综合评估等程序。

《突发公共卫生事件应急条例》规定，突发事件发生后，卫生行政主管部门应当组织专家对突发事件进行综合评估，初步判断突发事件的类型，提出是否启动突发事件应急预案的建议。

第三十六章　公共卫生事件应急处理

第一节　公共卫生事件应急预案的启动

一、提出启动公共卫生事件应急预案的建议

发生公共卫生事件，并不意味着必然启动公共卫生事件应急预案。启动公共卫生事件应急预案，说明发生的公共卫生事件如果不迅速采取措施将带来比较严重的危害后果。由于公共卫生事件应急的专业性，法律将启动公共卫生事件应急预案的建议责任赋予了卫生行政部门。根据《突发公共卫生事件应急条例》的规定，公共卫生事件发生后，卫生行政部门应当组织专家对公共卫生事件进行综合评估，初步判断公共卫生事件的类型，提出是否启动公共卫生事件应急预案的建议。

在全国范围内或者跨省、自治区、直辖市范围内启动全国公共卫生事件应急预案，由国务院卫生行政部门报国务院批准后实施。省、自治区、直辖市启动公共卫生事件应急预案，由省、自治区、直辖市人民政府决定，并向国务院报告。公共卫生事件应急预案启动后，省级以上人民政府应当按照规定成立公共卫生事件应急处理指挥部，负责统一领导、统一指挥公共卫生事件应急处理工作，并对公共卫生事件应急处理工作进行督察和指导。

二、指定公共卫生事件应急处理专业技术机构

公共卫生事件应急处理的原则之一是依靠科学。由专业技术机构负责公共卫生事件应急处理中的专业工作，是科学应急的基本保证。但专业技术机构所涉领域众多，并不都具有公共卫生事件应急处理能力。根据前述条例的规定，省级以上人民政府卫生行政部门或者其他有关部门指定的公共卫生事件应急处理专业技术机构，负责公共卫生事件的技术调查、确证、处置、控制和评价工作。

从公共卫生事件应急工作的长期性出发，卫生行政部门或者其他有关部门可以在公共卫生事件发生之前，指定公共卫生事件应急处理专业技术机构，也可以在公共卫生事件发生之后，根据应急工作实际需要，临时指定公共卫生事件应急处理

专业技术机构。被指定的专业技术机构,有权进入公共卫生事件现场进行调查、采样、技术分析和检验,对地方公共卫生事件的应急处理工作进行技术指导。根据规定,有关单位和个人应当予以配合,不得以任何理由拒绝。

三、宣布新发现的传染病为法定传染病

在公共卫生事件中,破坏力最大的是新发现的传染病,包括不明原因的群体性疾病中的传染病。为了适应传染病防治工作的实际需要,我国《传染病防治法》对传染病病种的增加或者减少以及传染病甲、乙、丙类之间的调整等,建立了有效且灵活的法律机制。在公共卫生事件应急处理中,对新发现的传染病,法律授权国务院卫生行政部门及时作出反应,宣布为法定传染病,并根据情况变化适时进行调整。

《突发公共卫生事件应急条例》规定,国务院卫生行政主管部门对新发现的突发传染病,根据危害程度、流行强度,依照《传染病防治法》的规定及时宣布为法定传染病;宣布为甲类传染病的,由国务院决定。并规定,对新发现的突发传染病、不明原因的群体性疾病、重大食物和职业中毒事件,国务院卫生行政主管部门应当尽快组织力量制定相关的技术标准、规范和控制措施。

四、公共卫生事件应急预案启动前后都必须采取必要措施

启动公共卫生事件应急预案,有利于动员全社会力量开展公共卫生事件应急工作。但启动公共卫生事件应急预案对公共卫生事件应急工作来说,并不是前置条件。只要发生或者可能发生公共卫生事件,有责任的部门或者单位就应当立即采取有力措施,将公共卫生事件隐患消除在萌芽状态,或者将公共卫生事件可能造成的危害控制在最低程度。因为等待启动公共卫生事件应急预案后,再采取行动,就有可能贻误时机,造成不可挽回的损失。

公共卫生事件应急预案启动前,县级以上各级人民政府有关部门应当根据公共卫生事件的实际情况,做好应急处理准备,采取必要的应急措施。应急预案启动后,公共卫生事件发生地的人民政府有关部门,应当根据应急预案规定的职责要求,服从公共卫生事件应急处理指挥部的统一指挥,立即到达规定岗位,采取有关的控制措施。

五、集中技术力量开展相关科学研究

公共卫生事件应急工作既应当建立在法律基础之上,也应当建立在科学基础之上,这是《突发公共卫生事件应急条例》的两大基本特点。该条例总则中规定,县级以上各级人民政府应当组织开展防治突发事件相关科学研究。并明确,国家鼓励、支持开展突发事件监测、预警、反应处理有关技术的国际交流与合作。

在公共卫生事件相关科学研究上,最主要的力量是参与公共卫生事件应急工

作的单位,包括医疗卫生机构、监测机构和科学研究机构。它们应当服从公共卫生事件应急处理指挥部的统一指挥,相互配合、协作,集中力量开展相关的科学研究。国务院卫生行政部门应当根据最新的科学研究成果,及时组织力量制定相关的技术标准、规范和控制措施,为公共卫生事件应急工作提供依据。

六、保证应急医疗救援物资的生产供应和运输

公共卫生事件应急的处理不打无准备之战,除应当按要求做好预案准备外,还应当做好人、财、物的准备。根据《突发公共卫生事件应急条例》的规定,国务院有关部门和县级以上地方人民政府及其有关部门应当根据公共卫生事件应急预案的要求,针对公共卫生事件不同特点,保证应急设施、设备、救治药品和医疗器械等物资储备,并建立合理的物资调度制度。

为了保障公众身体健康和生命安全,《突发公共卫生事件应急条例》特别强调,公共卫生事件发生后,国务院有关部门和县级以上地方人民政府及其有关部门,应当保证公共卫生事件应急处理所需的医疗救护设备、救治药品、医疗器械等物资的生产、供应。铁路、交通、民用航空行政主管部门应当保证及时运送。

七、公共卫生事件应急指挥部有调集人员、物资等特别权利

在全国范围或者省、自治区、直辖市范围内,启动公共卫生事件应急预案,国务院或者省、自治区、直辖市人民政府将相应地成立公共卫生事件应急指挥部。为了贯彻统一领导、反应及时、措施果断等原则,《突发公共卫生事件应急条例》授予了公共卫生事件应急指挥部特别权利:一是有权紧急调集人员、储备的物资、交通工具以及相关设施、设备;二是必要时对人员进行疏散或者隔离;三是可以依法对传染病疫区实行封锁;四是根据公共卫生事件应急处理的需要,可以对食物和水源采取控制措施。

这里的公共卫生事件应急指挥部应当是指省级以上人民政府成立的公共卫生事件应急指挥部。在《突发公共卫生事件应急条例》中,对县级和设区的市级人民政府的应急职责进行了规定,但没有规定县级和设区的市级人民政府应当成立公共卫生事件应急指挥部。需要说明的是,《突发事件应对法》规定了县级以上地方各级人民政府设立突发事件应急指挥部。

第二节　公共卫生事件应急措施的实施

一、卫生行政部门应当实施的措施

在公共卫生事件应急工作中,地方卫生行政部门具体负责组织公共卫生事件的调查、控制和医疗救治工作。地方卫生行政部门的职责包含两层意思：一是危害的消除。无论是调查还是控制，目的就是通过采取各种措施防止和减少公共卫生事件带来危害。二是病人的救治。它既包括公共卫生事件发生前的预防工作，又包括公共卫生事件发生中的施救、抢救工作以及公共卫生事件发生后的治疗工作。

《突发公共卫生事件应急条例》规定，县级以上地方人民政府卫生行政主管部门应当对突发公共卫生事件现场等采取控制措施，宣传突发公共卫生事件防治知识，及时对易受感染的人群和其他易受损害的人群采取应急接种、预防性投药、群体防护等措施。

二、交通行政等主管部门应当实施的措施

交通工具的流动性特点，使其成为传染病疫情应急中需要特别注意的环节。根据上述条例规定，交通工具上发现疫情的，交通工具的负责人应当以最快的方式通知前方停靠点，并向交通工具的营运单位报告。交通工具的前方停靠点和营运单位应当立即向交通工具营运单位行政主管部门和县级以上地方人民政府卫生行政部门报告。

根据国务院卫生行政部门的规定，需要采取应急控制措施的传染病病人、疑似传染病病人，由卫生行政部门组织有关人员采取相应的医学处置措施。交通工具上的传染病病人密切接触者，由交通工具停靠点的县级以上人民政府卫生行政部门或者铁路、交通、民用航空行政主管部门，根据各自的职责，依照传染病防治法律、行政法规的规定，采取控制措施。

涉及国境口岸和入出境的人员、交通工具、货物、集装箱、行李、邮包等需要采取传染病应急控制措施的，依照国境卫生检疫法律、行政法规的规定办理。

三、医疗卫生机构应当实施的措施

在预防、控制和消除公共卫生事件危害中，唯一的只能由医疗卫生机构承担的任务是救治因事件所致病人。在我国，有权开展救治业务的医疗卫生机构是医疗机构。医疗机构救治公共卫生事件所致病人是其法定义务。具体包括：一是提供医疗救护和现场救援；二是对就诊病人必须接诊治疗，并书写详细、完整的病历记录；三是对需要转送的病人，应当按照规定将病人及其病历记录的复印件转送至接诊的或者指定的医疗机构。

在传染病疫情应急中，医疗卫生机构应当采取卫生防护措施，防止交叉感染和污染。根据前述条例的规定，医疗卫生机构应当对传染病病人密切接触者采取医学观察措施，传染病病人密切接触者应当予以配合。医疗机构收治传染病病人、疑似传染病病人，应当依法报告所在地的疾病预防控制机构。接到报告的疾病预防

控制机构应当立即对可能受到危害的人员进行调查，根据需要采取必要的控制措施。总的要求是，医疗卫生机构应当对传染病做到早发现、早报告、早隔离、早治疗，切断传播途径，防止扩散。

四、街道、乡镇以及居(村)民委员会应当实施的措施

公共卫生事件应急工作是一项专业性工作，也是一项群众性工作。专业性在于科学，群众性在于参与。公共卫生事件通常发生在工作、学习、娱乐、购物、社区等场所，与人民群众的经济社会生活联系紧密，尤其是重大传染病疫情。因此，需要广大人民群众广泛参与。《突发公共卫生事件应急条例》要求，县级以上各级人民政府卫生行政主管部门和其他有关部门，应当对公众开展突发事件应急知识的专门教育，增强全社会对突发事件的防范意识和应对能力。

传染病暴发、流行时，街道、乡镇以及居民委员会、村民委员会应当组织力量，团结协作，群防群治，协助卫生行政主管部门和其他有关部门、医疗卫生机构做好疫情信息的收集和报告、人员的分散隔离、公共卫生措施的落实工作，向居民、村民宣传传染病防治的相关知识。

五、突发事件发生地人民政府应当实施的措施

在公共卫生事件中，传染病疫情事件不同于事故类事件，如果不能及时控制传染源，切断传播途径，就有可能导致疫情扩散，危害进一步扩大。因此，在传染病疫情应急中，不能分本地户籍和非本地户籍、常住人群和非常住人群等，无论是采取控制措施，还是实施医疗救治，应当一视同仁。

根据规定，对传染病暴发、流行区域内流动人口，突发事件发生地的县级以上地方人民政府应当做好预防工作，落实有关卫生控制措施；对传染病病人和疑似传染病病人，应当采取就地隔离、就地观察、就地治疗的措施；对需要治疗和转诊的，应当依照有关规定执行。

六、县级以上人民政府应当实施的措施

公共卫生事件应急处理的目标是避免或者减少人员伤亡。对因公共卫生事件致病、致残人员，医疗机构应当提供医疗救护和现场救援，并对就诊病人及时给予接诊治疗，所需资金由财政提供。

《突发公共卫生事件应急条例》规定，县级以上各级人民政府应当提供必要资金，保障因突发事件致病、致残的人员得到及时、有效的救治。具体办法由国务院财政部门、卫生行政主管部门和劳动保障行政主管部门制定。

七、病人、疑似病人等应当配合实施的措施

在公共卫生事件应急处理中，根据需要会采取一系列措施，其中有些措施会对人的自由产生一定影响,如会限制人的活动范围。这些措施大部分属于医学措施,而且以一定的国家强制力作后盾,但医疗机构本身并不享有强制实施医学措施的权力。

《突发公共卫生事件应急条例》规定,在突发事件中需要接受隔离治疗、医学观察措施的病人、疑似病人和传染病病人密切接触者在卫生行政主管部门或者有关机构采取医学措施时应当予以配合;拒绝配合的,由公安机关依法协助强制执行。

第八篇

环境卫生法

第三十七章　环境卫生法概说

第一节　环境卫生法的含义

一、环境的概念

环境是个多义词，范围比较宽泛，可以从不同的角度进行理解。我国《环境保护法》将环境保护的“环境”定义为：影响人类生存和发展的各种天然的和经过人工改造的自然因素的总体，包括大气、水、海洋、土地、矿藏、森林、草原、湿地、野生生物、自然遗迹、人文遗迹、自然保护区、风景名胜区、城市和乡村等。

环境卫生中的“环境”，目前没有法律定义。从现行的有关环境卫生的法律、行政法规看，环境卫生关注的是环境暴露与健康损害之间的因果关系。环境暴露可以产生于自然变化，也可以产生于人为干预。所谓暴露，是指人在活动过程中实际接触的毒素量，确切地说，是指有毒有害物质到达人的呼吸系统、消化系统、皮肤、眼睛和耳朵等保护屏障的量。有毒有害物质，包括物理的、化学的和微生物的。它们可以存在于空气、水、食物和土壤中，也可以存在于居住环境、工作场所环境、社区环境等。

环境卫生中的“环境”既包括环境保护的“环境”，也包括环境保护的“环境”之外的环境。环境卫生中的“环境”，并不是从范围大小的角度进行界定的。这里的环境，强调的是环境暴露对人的健康影响过程。由此，我们可以将环境卫生中的“环境”定义为，指经济社会生活中有关物理、化学和微生物暴露对人的健康影响的过程。

二、环境卫生的概念

环境卫生目前没有法定概念。环境卫生就其本意来说，是为了使人免受环境暴露的有害影响。环境卫生关注环境暴露与健康损害之间的因果关系，旨在通过适当的干预措施来降低健康风险。从这个意义上说，我们可以认为，环境卫生是指根据环境暴露与健康损害之间的因果关系采取的旨在降低健康风险的所有措施的总和。

人类所有的经济社会活动都与环境卫生有关,但并非所有与环境卫生有关的经济社会活动都属于环境卫生,只有其中以环境卫生为目的或者具有环境卫生特征的经济社会活动才属于环境卫生。例如,传染病暴发、流行时采取的隔离措施等虽然客观上有利于降低健康风险,但其直接目的是控制传染病疫情的传播,因此它不属于环境卫生的范畴。

环境卫生从内容来看,范围非常广泛。例如,环境卫生既可以针对空气、水、食物、土壤等环境介质,也可以针对居住质量、工作场所、城市空间等具体环境,还可以针对离子辐射、化学物品、垃圾等特定的危险物质等。但由于历史的原因,我国的环境卫生从一开始就没有走“大环境卫生”路子,环境卫生是以“五大”卫生之一的形式发展起来的。所谓“五大”卫生,除环境卫生外,还有职业卫生(原来的劳动卫生、工业卫生)、食品卫生(现在称食品安全)、学校卫生和放射卫生。换句话说,职业卫生、食品卫生、学校卫生和放射卫生之外的环境卫生,才是所谓的环境卫生。

三、环境卫生法的概念

环境卫生法,是指有关环境卫生的法律规范的总和。在我国,环境卫生是有特定范围的,是职业卫生、食品卫生、学校卫生和放射卫生之外的卫生。即使这样,环境卫生法调整的对象仍然可以是非常广泛的。也就是说,环境卫生法还有很大的发展空间。

我国目前还没有一部以环境卫生法为名称的法律。现有的环境卫生法主要由两部分构成:一部分是环境卫生方面的专门法律、法规和规章等;另一部分是分散在其他方面的法律、法规和规章中的有关环境卫生方面的规定等。

第二节 环境卫生法的发展历史

我国环境卫生法发展历程,大致可以划分为以下几个阶段:

一、初建阶段

这一阶段始于20世纪50年代。总体上说,这个阶段是环境卫生的规划阶段,主要成果是初步确定了环境卫生的范围。1956年城市建设部、卫生部印发了《关于城市规划和城市建设中有关卫生监督工作的联合指示》,要求新建和改建的城市,考虑经济、卫生、艺术等方面的要求,在有利于国民经济发展的同时,为人民创造合理方便的文化生活和卫生条件。其中规定,城市建设部门与卫生部门应当就下列事项进行协议:(1)城市功能分区的选择和划分,街坊房屋的合理布置;(2)工业企业和居民住宅区之间的卫生防护地带问题；(3)给水、排水和水源保护的卫生问题；(4)城市大气和土壤保护问题；(5)城市绿化及露天水区的利用和保护问题；(6)公用事业、商业、文化、教育、作坊、医疗保健和清洁卫生设施(如墓地、公厕、垃圾场、火葬场、殡仪馆、粪便、码头、动物掩埋场、焚烧场等)的布置及城市清扫问题；(7)对原有有害工业企业的改建和扩建的卫生防护或迁移问题；(8)对流行病、地方病、多发病的控制及改进居民健康状况的卫生改善措施问题；(9)与居民卫生有关的各项规划定额的合理采用以及其他有关卫生问题。要求各级城市建设部门在制订城市初步规划、总体规划或者详细规划时，应就有关卫生问题与同级卫生部门取得书面协议文件。

这个阶段比较具有代表性的部门规章有：1956 年体育运动委员会、卫生部制定的《游泳场所卫生管理暂行办法》，1957 年国家建设委员会、卫生部制定的《集中式生活饮用水水源选择及水质评价暂行规则》，1959 年建筑工程部、卫生部制定的《生活饮用水卫生规程》等。

二、发展阶段

20 世纪 80 年代和 90 年代是环境卫生法发展最快的阶段。在这个阶段，卫生法立法开始关注环境卫生，并在某些领域取得了突破。其标志是国务院 1987 年制定的《公共场所卫生管理条例》和 1989 年出台的《化妆品卫生监督条例》。

《公共场所卫生管理条例》的意义，不仅在于它是环境卫生领域第一个行政法规，还在于它普遍提高了公共场所的卫生水平。在改革开放大背景下，它为公共场所存在的卫生问题提供了解决方案，同时也为促进第三产业高速发展提供了有力的卫生保障。

《化妆品卫生监督条例》的突破口是迅速发展起来的化妆品产业法治化保障的需求，以及国外化妆品品牌亟须进入中国的法律通道。化妆品产业的发展经验表明，有效的法律制度对提高产品质量可以起到提纲挈领的作用，同时也是维护和保证公平竞争的前提。

为了切实贯彻落实《公共场所卫生管理条例》和《化妆品卫生监督条例》，卫生部在 1991 年分别制定了配套规章《公共场所卫生管理条例实施细则》和《化妆品卫生监督条例实施细则》。

在这个阶段，具有里程碑意义的还有两个部门规章。一是 1992 年卫生部制定的《消毒管理办法》。该办法为开展传染病防治和“五大”卫生所需要的消毒产品建立了卫生监督制度。二是 1996 年建设部、卫生部联合发布的《生活饮用水卫生监督管理办法》。它的实施，象征了我国“饮”和“食”全面迈入了法治化管理新阶段。

三、加强阶段

进入21世纪后，环境卫生更加受到各方面重视，尤其是“非典”疫情的发生，对环境卫生法立法提出了新的要求。为了加强医疗废物的安全管理，防止疾病传播，保护环境，保障人体健康，2003年国务院发布了《医疗废物管理条例》。该条例不仅建立了与传染病防治要求相适应、具有一定约束性的医疗废物集中处置体制，而且为后来推进的生活垃圾分类处理提供了示范。

在这个阶段，卫生部全面启动了已有环境卫生方面的部门规章的修订工作。例如，对1992年的《消毒管理办法》进行了修订，于2002年出台了新的《消毒管理办法》；对1991年的《公共场所卫生管理条例实施细则》进行了修订，于2011年发布了新的《公共场所卫生管理条例实施细则》。根据公共场所新的形势和要求，在不突破《公共场所卫生管理条例》原有框架的前提下，新《公共场所卫生管理条例实施细则》大幅增加了新的内容，为公共场所卫生的“升级换代”提供了依据。

2008年因政府机构改革，卫生部原职责中的化妆品监管职责划转给了药品监督管理部门。为此，卫生部停止了对《化妆品卫生监督条例实施细则》的修订工作。2020年，为了规范化妆品生产经营活动，加强化妆品监督管理，保证化妆品质量安全，保障消费者健康，促进化妆品产业健康发展，国务院公布了《化妆品监督管理条例》，自2021年1月1日起施行。《化妆品卫生监督条例》同时废止。

第三节 环境卫生法的特点

一、体系结构尚未成型

环境卫生法立法起步时间比较早，改革开放后发展也比较快，但从整体角度看，目前还没有形成全面的、相对稳定的框架体系。其主要原因是环境卫生还处在发展变化过程中。环境卫生是环境卫生法立法的前提和基础，环境卫生法立法是环境卫生发展的条件和基础。两者虽然不是因果关系，但却是相辅相成的关系。为了促进环境卫生的发展，应当加快环境卫生法立法步伐。环境卫生内容丰富，不是一部或者几部法律、行政法规可以高度概括的。环境卫生法立法应当根据环境卫生的不同方面，分门别类地制定相应的法律或者行政法规，构建“形散而神不散”的体系。

二、内容范畴有待充实

与环境卫生实际需要相比，环境卫生法立法还有很大的发展空间。从“五大”卫生角度说，职业卫生法、食品卫生法、学校卫生法和放射卫生法不调整的内容，都可以纳入环境卫生法调整范围。所以，环境卫生有已经开展的环境卫生和需要开展的环境卫生之分。在已经开展的环境卫生中，仍有不少法律空白或者短板，如爱国卫生运动、公共场所禁止吸烟等。在需要开展的环境卫生中，立法应当先导，包括找到能够对所有环境毒物对人体健康影响作出适当反应的解决方案，应用科技应对数码时代对环境卫生的新需求。在发挥环境卫生法立法对环境卫生规范作用的同时，发挥环境卫生法立法对环境卫生的推动作用。

三、效力等级亟须提升

环境卫生法目前还没有一部法律，行政法规数量也不多，尤其是生活饮用水卫生和消毒管理还停留在部门规章。《传染病防治法》已经将生活饮用水卫生和消毒管理提高到法律高度，明确“用于传染病防治的消毒产品、饮用水供水单位供应的饮用水和涉及饮用水卫生安全的产品，应当符合国家卫生标准和卫生规定。饮用水供水单位从事生产或者供应活动，应当依法取得卫生许可证”。并且规定“生产用于传染病防治的消毒产品的单位和生产用于传染病防治的消毒产品，应当经省级以上人民政府卫生行政部门审批。具体办法由国务院制定”。环境卫生法立法应当落实相关法律规定。

第三十八章　公共场所卫生

第一节　公共场所卫生概说

一、公共场所卫生的概念

公共场所卫生,可以从广义和狭义两个角度进行理解。广义的公共场所卫生,是指与公共场所相关的所有卫生的总称;狭义的公共场所卫生,是指《公共场所卫生管理条例》规定的卫生。这里的公共场所卫生是狭义的。

公共场所是向公众开放的社会性场所,可以是有偿的,也可以是无偿的;可以是面向特定人群的,也可以是面向非特定人群的。人们的衣、食、住、行等生活大部分是在公共场所进行的。公共场所卫生对于提升人民群众健康水平具有重要意义。

公共场所卫生不仅关系消费者的健康,而且关系公共场所从业人员的健康。因此,公共场所经营者除应当遵守《公共场所卫生管理条例》外,还应当遵守与公共场所相关的《传染病防治法》《职业病防治法》等有关规定。

二、公共场所卫生的对象

公共场所卫生对象,是指《公共场所卫生管理条例》所调整的公共场所。公共场所目前没有法定概念。《公共场所卫生管理条例》没有对公共场所进行概括式定义,而是采用列举式定义,并且没有兜底条款。也就是说,在列举之内的公共场所属于《公共场所卫生管理条例》调整范围,除此之外的其他公共场所不受《公共场所卫生管理条例》约束。

根据规定,《公共场所卫生管理条例》适用于下列公共场所:(1)宾馆、饭店、旅馆、招待所、车马店、咖啡馆、酒吧、茶座;(2)公共浴室、理发店、美容店;(3)影剧院、录像厅(室)、游艺厅(室)、舞厅、音乐厅;(4)体育场(馆)、游泳场(馆)、公园;(5)展览馆、博物馆、美术馆、图书馆;(6)商场(店)、书店;(7)候诊室、候车(机、船)室、公共交通工具。

《公共场所卫生管理条例》制定于1987年,迄今已经30多年。随着第三产业的迅速发展,上述公共场所又有了很多新的名称或者形式。对于名称或者形式不同但实质相同的公共场所,仍然属于上述公共场所范畴。

三、公共场所卫生的范围

公共场所卫生范围,是指公共场所卫生的内容。为了保护和创造合乎健康要求的公共场所环境和条件,《公共场所卫生管理条例》规定的公共场所卫生,既有卫生技术方面的内容也有卫生管理方面的内容。

与公共场所相关的卫生项目很多。《公共场所卫生管理条例》从预防传染病等角度,将其中一部分卫生项目纳入卫生监管范围,要求这些项目必须符合国家卫生标准和要求。

(1)空气、微小气候(湿度、温度、风速)。公共场所通风换气不畅,不仅会造成空气污浊,而且容易使微小气候恶化。因此,公共场所经营者应当保持公共场所空气流通,使空气质量符合国家卫生标准和要求。公共场所采用集中空调通风系统的,还应当符合公共场所集中空调通风系统相关卫生规范和规定的要求。

(2)水质。这里的水质是指公共场所生产经营用水的质量。在公共场所中,有采用集中供水的,也有采用二次供水的。但无论何种形式,公共场所生产经营用的饮用水都应当符合国家《生活饮用水卫生标准》的规定。即使是游泳场(馆)和公共浴室,其水质也应当符合国家相应的卫生标准和要求。

(3)采光、照明。适宜的采光和照明,可以减少视力疲劳。因此,公共场所应当尽量采用自然光。自然采光不足的,公共场所经营者应当配置与其经营场所规模相适应的照明设施。为了保护阅读视力,旅店业、图书馆、博物馆、美术馆、展览馆等公共场所的照度规定为台面照度不低于100lx。

(4)噪声。噪声对人的神经系统、心脏系统、心理和听力等会造成影响,严重的甚至会造成损伤。导致室内公共场所噪声超标的主要原因是场所外道路汽车行驶产生的交通噪声、场所内机械通风(如空调系统)产生的机械性噪声和空气动力性噪声以及场所内娱乐活动产生的噪声。公共场所经营者应当采取措施降低噪声。国家对宾馆饭店、图书馆、展览馆、商场、医院候诊室、影剧院、歌舞厅等公共场所有噪声限制规定。

(5)顾客用具和卫生设施。顾客用具,也称公共用品,是专供消费者反复使用和从业人员专门用于直接为顾客服务的各种用品、用具、设备和设施的总称。根据规定,公共场所经营者提供给顾客使用的用品用具应当保证卫生安全,可以反复使用的用品用具应当一客一换,按照有关卫生标准和要求清洗、消毒、保洁。禁止重复使用一次性用品用具。

四、有关公共场所卫生的立法

公共场所人群稠密，设施公用，其卫生状况的好坏直接影响广大人民群众的身体健康。为创制良好的公共场所卫生条件，预防疾病，保障人体健康，1987 年国务院发布了《公共场所卫生管理条例》。这是中华人民共和国成立以来，由国家最高行政机关发布的第一部公共场所卫生管理法规。2016 年、2019 年国务院对《公共场所卫生管理条例》先后进行了两次修订。

1991 年卫生部发布了《公共场所卫生管理条例实施细则》、《公共场所卫生监督监测要点》和《公共场所从业人员培训大纲》。以后又陆续制定了《旅店业卫生标准》等十几项公共场所国家卫生标准和《公共场所卫生监测技术规范》等。为了更好地实施条例，加强公共场所卫生监督管理，2006 年卫生部发布了《公共场所集中空调通风系统卫生管理办法》。2007 年卫生部与商务部组织制定了《住宿业卫生规范》、《沐浴场所卫生规范》和《美容美发场所卫生规范》，与国家体育总局组织制定了《游泳场所卫生规范》。根据公共场所卫生新形势新要求，2011 年卫生部发布了经过全面修订的《公共场所卫生管理条例实施细则》。2017 年国家卫生计生委对《公共场所卫生管理条例实施细则》进行了修改。

第二节 公共场所经营者的卫生责任

公共场所法定代表人或者负责人是其经营的公共场所卫生安全的第一责任人。明确公共场所法定代表人或者负责人对公共场所卫生负全面责任，目的是确保各项公共场所卫生责任落到实处。公共场所卫生责任，可以分为制度上的责任和经营上的责任。

一、制度上的责任

制度上的责任，是指公共场所经营者对内管理上的责任。概括地说，主要包括以下六个方面。

（一）设立卫生管理机构

《公共场所卫生管理条例》规定的公共场所，主要是营业性场所。因此，公共场所卫生不仅关系从业人员的健康，而且关系消费者的健康。对于公共场所经营者来说，设立专门的卫生管理部门或者配备专、兼职卫生管理人员，是开展公共场所卫生工作，提升本公共场所卫生水平的基本前提和重要保证。

公共场所包括具有法人资格的公共场所和不具有法人资格的公共场所。作为具有法人资格的公共场所，根据规定，应当设立卫生管理部门；作为不具有法人资格的公共场所，且不具备设立卫生管理部门条件的，应当配备专职或者兼职卫生管理人员。

公共场所设立的卫生管理机构是公共场所负责卫生管理的职能机构，公共场所配备的专职或者兼职卫生管理人员是公共场所负责卫生管理的专门人员。他们在公共场所法定代表人或者负责人的领导下，具体负责本单位的公共场所卫生工作。

（二）建立卫生管理档案

卫生管理档案是公共场所经营者在日常工作中形成的反映其公共场所卫生工作情况的原始记录。公共场所卫生是一项系统性、综合性工作，卫生管理档案可以比较全面地反映公共场所经营者开展公共场所卫生工作的真实情况。根据规定，公共场所经营者，不论单位还是个人，应当建立自己的卫生管理档案。

公共场所卫生管理档案应当包括下列内容：(1)卫生管理部门、人员设置情况及卫生管理制度；(2)空气、微小气候（湿度、温度、风速）、水质、采光、照明、噪声的检测情况；(3)顾客用品用具的清洗、消毒、更换及检测情况；(4)卫生设施的使用、维护、检查情况；(5)集中空调通风系统的清洗、消毒情况；(6)安排从业人员健康检查情况和培训考核情况；(7)公共卫生用品进货索证管理情况；(8)公共场所危害健康事故应急预案或者方案；(9)省、自治区、直辖市卫生行政部门要求记录的其他情况。

公共场所卫生管理档案，是公共场所经营者落实公共场所卫生管理责任制的主要证据性材料，也是卫生行政部门检查公共场所经营者落实公共场所卫生管理责任制的主要渠道。因此，公共场所卫生管理档案应当有专人管理，分类记录，至少保存2年。

（三）开展从业人员卫生培训

对从业人员进行卫生培训，旨在提高从业人员的卫生意识，增强从业人员的卫生基本知识、卫生法律知识和卫生操作技能。从业人员的卫生培训包括上岗前的卫生培训、在岗期间的卫生培训和转岗时的卫生培训。

经常性地开展卫生培训，在一定程度上，决定着公共场所卫生管理水平的提高，也决定着公共场所从业人员卫生管理能力的改善。因此，公共场所经营者应当建立卫生培训制度，组织从业人员学习相关卫生法律知识和公共场所卫生知识，并进行考核。

对从业人员卫生培训情况进行考核，并将考核结果作为上岗依据，目的是促进卫生培训更加注重效果，提高从业人员对卫生培训的参与程度。根据规定，考核不合格的，公共场所经营者不得安排上岗。

（四）组织从业人员进行健康检查

这里的健康检查是指职业性体检，主要针对的是传染病。我国《传染病防治法》规定，传染病病人、病原携带者和疑似传染病病人，在治愈前或者在排除传染病嫌疑前，不得从事法律、行政法规和国务院卫生行政部门规定禁止从事的易使该传染病扩散的工作。

病原体的传播形式分为直接接触传播和间接接触传播。在公共场所，应当优先预防从业人员因皮肤、黏膜的直接接触造成疾病的传播。根据《公共场所卫生管理条例实施细则》的规定，患有痢疾、伤寒、甲型病毒性肝炎、戊型病毒性肝炎等消化道传染病的人员，以及患有活动性肺结核、化脓性或者渗出性皮肤病等疾病的人员，治愈前不得从事直接为顾客服务的工作。

健康检查是发现传染病的有效手段。因此，公共场所经营者应当组织从业人员每年进行健康检查。无论是已在岗位上的人员还是新参加工作的人员，都应当按照规定参加健康检查，并取得健康合格证明。没有取得有效健康合格证明的，公共场所经营者不得安排其从事直接为顾客服务的工作。

（五）保持卫生设施设备正常运行

公共场所的规定项目是否符合卫生标准和要求，在很大程度上取决于相关卫生设施设备的运行情况。因此，公共场所经营者除应当建立卫生设施设备维护制度外，还应当定期检查卫生设施设备，确保其正常运行，更不得擅自拆除、改造或者挪作他用。

公共场所经营者应当按照卫生标准、规范的要求对公共场所的空气、微小气候、水质、采光、照明、噪声、顾客用品用具等进行卫生检测，而且卫生检测每年不得少于一次。自己不具备检测能力的，可以委托检测。但无论是自己检测还是委托检测，都应当在公共场所醒目位置如实公示检测结果。检测结果表明不符合国家卫生标准和要求的，公共场所经营者应当及时整改。

（六）制定危害健康事故应急预案

公共场所虽然种类很多，但共同的特点是人员流动大、人群密度高。因此，一旦公共场所发生危害健康事故，如果处理不好，就有可能造成比较严重的后果。开展预防危害健康事故工作，需要准确把握各种不确定因素，综合施策。根据规定，公共场所经营者应当制定危害健康事故应急预案或者方案。

《公共场所卫生管理条例》所称的危害健康事故，是有特定范围的，并不是指所有发生在公共场所内的危害健康的事故。换句话说，这里的危害健康事故是狭义的，指的是公共场所内发生的传染病疫情或者因空气质量、水质不符合卫生标准、用品用具或者设施受到污染导致的危害公众健康事故。

制定公共场所危害健康事故应急预案，目的是有效应对可能发生的危害健康事故。但从成本效益角度说，成本最低、效益最好的应对，是防止发生危害健康事故。因此，公共场所经营者应当制定危害健康事故应急预案或者方案，定期检查公共场所各项卫生制度、措施的落实情况，及时消除危害公众健康的隐患。

发生危害健康事故的，公共场所经营者应当立即处置，及时将受害者送往医疗机构救治，并采取措施，防止危害扩大，同时向县级人民政府卫生行政部门报告。任何单位或者个人对危害健康事故不得隐瞒、缓报、谎报或者授意他人隐瞒、缓报、谎报。

二、经营上的责任

经营上的责任，是指公共场所经营者对外服务上的责任，其主要包括以下几个方面。

（一）保持公共场所空气流通

公共场所经营者应当保持公共场所空气流通，且保证室内空气质量符合国家卫生标准和要求。公共场所空气质量主要取决于室内外空气交换，即通风效果。通风分为自然通风和机械通风。保证室内空气质量，在自然通风的公共场所主要措施是开门开窗，在机械通风的公共场所主要依靠集中空调通风系统。

集中空调通风系统已广泛应用于公共场所，但使用不当，如没有清洁消毒或者清洁消毒不规范，容易成为物理性、化学性和生物性污染物扩散和传播的媒介。因此，公共场所采用集中空调通风系统的，应当符合相关卫生标准和规范的要求。

公共场所的空气污染，可以来自室外，也可以来自室内。在室内污染源中，主要是装修产生的污染物和吸烟释放的污染物等。因此，公共场所室内装饰装修期间不得营业。进行局部装饰装修的，经营者应当采取有效措施，保证营业的非装饰装修区域室内空气质量合格。

吸烟有害人体健康，也污染室内环境。因此，室内公共场所禁止吸烟，也不得设置自动售烟机。公共场所经营者应当设置醒目的禁止吸烟警语和标志，同时配备专（兼）职人员开展吸烟危害健康的宣传，劝阻吸烟。在室外设置的吸烟区，不得位于行人必经的通道上。

（二）提供符合国家卫生标准的生活饮用水

生活饮用水，也称饮用水，是指供人日常生活的饮水和用水。公共场所的生活饮用水卫生,不仅直接影响人的健康,而且关系公共场所的服务品质,还涉及经济社会的公共安全。所以,提高公共场所生活饮用水卫生水平具有重要意义。

公共场所需要使用大量的生活饮用水,除满足顾客饮用外,还有设施用水、环境用水等。公共场所所使用的生活饮用水,主要来自集中式供水和二次供水。根据规定,集中式供水和二次供水都应当符合国家生活饮用水卫生标准。

公共场所经营者应当加强管网、水箱、蓄水池等内部供水设施设备的检测检修、净化消毒、维护管理等,保证提供给顾客使用的生活饮用水,包括游泳场(馆)和公共浴室水质,符合国家生活饮用水卫生标准要求。

(三)尽量采用自然光

公共场所的采光和照明,不仅关系公共场所的格调,更重要的是影响消费者的心理和生理健康。公共场所采用适宜的采光和照明,有助于消费者减少视力疲劳,消除情绪紧张,产生身心愉悦等。

公共场所应当尽量采用自然光。自然光,也就是天然光,如太阳光、月光等。虽然随着科学技术不断发展,新的光源层出不穷,但无论是从人体健康角度还是从环保角度,都应当提倡利用太阳光等自然光照明。

当然,对于室内公共场所来说,因建筑本身原因,自然采光不足是常见的。因此,公共场所经营者应当配置与其经营场所规模相适应的照明设施,并确保采光照明符合国家卫生标准和要求。

(四)采取措施降低噪声

噪声,也称噪音,可以分为空气动力性噪声、机械性噪声和电磁性噪声三种。在日常生活中,通常把影响人们正常生活、工作、学习的声音视为噪声。环境法将噪声确认为一种环境污染。

噪声危害人的健康,轻者使人感到厌倦,精神不集中,工作效率降低;重者表现为耳鸣、耳聋和耳痛,头昏脑痛,胃肠神经官能症和神经衰弱症候群等症状,还可导致心血管系统疾病等。噪声对公共场所建筑物本身也会造成危害。

我国根据公共场所不同的特点,对宾馆、饭店、图书馆、展览馆、商场、医院候诊室以及影剧院、歌舞厅等文化娱乐场所规定了不同的噪声限值。公共场所经营者应当采取措施降低噪声,确保公共场所的噪声符合国家卫生标准和要求。

(五)保证顾客用品用具的卫生安全

顾客用品用具,也称顾客用具,可以分为提供给顾客使用的用品用具和为顾客服务时使用的用品用具。前者如洗漱用品等,后者如理发工具等。在公共场所,顾客用品用具不仅种类多,而且数量大。所以,顾客用品用具的卫生水平对公共场所的卫生意义重大。

公共场所经营者提供给顾客使用的用品用具应当保证卫生安全。在顾客用品用具中,大部分是可以反复使用的。对可以反复使用的用品用具,公共场所经营者应当按照有关卫生标准和要求进行清洗、消毒、保洁,严格做到一客一换。

禁止重复使用一次性用品。一次性用品,也就是供顾客一次性使用的用品用具。在顾客用品用具中,有一些是一次性用品,一次性用品通常不耐用,因此,公共场所经营者不得将一次性用品作为反复使用性用品,提供给顾客反复使用。

(六)配备合适的公共卫生设施设备

公共卫生设施是公共场所不可缺少的组成部分。公共场所经营者应当根据经营规模、项目设置清洗、消毒、保洁、盥洗等设施设备和公共卫生间。其中,卫生间应当有单独通风排气设施,保持清洁无异味。

公共场所负有预防传染病的重任。在我国法定报告的传染病中有许多属于病媒生物性传染病。因此,公共场所经营者应当配备安全、有效的预防控制蚊、蝇、蟑螂、鼠和其他病媒生物的设施设备,并保证相关设施设备的正常使用。

公共场所是废弃物产生的重要来源之一。加强废弃物管理,除有利于合理利用废弃物外,更有利于为顾客营造良好的消费环境。因此,公共场所经营者应当配备废弃物存放专用设施设备,保证相关设施设备的正常使用,并及时清运。

除《公共场所卫生管理条例》外,现行的卫生法律、行政法规对公共场所卫生也有规定。如《艾滋病防治条例》第 29 条规定,省、自治区、直辖市人民政府确定的公共场所的经营者应当在公共场所内放置安全套或者设置安全套发售设施。第 30 条规定,公共场所的服务人员应当依照《公共场所卫生管理条例》的规定,定期进行相关健康检查,取得健康合格证明;经营者应当查验其健康合格证明,不得允许未取得健康合格证明的人员从事服务工作等。公共场所经营者应当一并遵守执行。

第三节 卫生行政部门的监管职责

一、对公共场所实行卫生许可证管理

《公共场所卫生管理条例》规定,国家对公共场所实行卫生许可证制度。根据规定,除公园、体育场(馆)、公共交通工具外的公共场所,经营单位应当及时向卫生行政部门申请办理卫生许可证。

(一)公共场所卫生许可证的申请

公共场所经营者取得市场监督管理部门颁发的营业执照后,还应当按照规定

向县级以上地方人民政府卫生行政部门申请卫生许可证,方可营业。

申请卫生许可证的,应当提交下列资料:(1)卫生许可证申请表;(2)法定代表人或者负责人身份证明;(3)公共场所地址方位示意图、平面图和卫生设施平面布局图;(4)公共场所卫生检测或者评价报告;(5)公共场所卫生管理制度;(6)省、自治区、直辖市卫生行政部门要求提供的其他材料。使用集中空调通风系统的,还应当提供集中空调通风系统卫生检测或者评价报告。

(二)公共场所卫生许可证的审批

县级以上地方人民政府卫生行政部门应当自受理公共场所卫生许可申请之日起20日内,对申报资料进行审查,对现场进行审核,符合规定条件的,作出准予公共场所卫生许可的决定;对不符合规定条件的,作出不予行政许可的决定并书面说明理由。

公共场所卫生许可证应当载明编号、单位名称、法定代表人或者负责人、经营项目、经营场所地址、发证机关、发证时间、有效期限。公共场所卫生许可证有效期限为4年。公共场所卫生许可证应当在经营场所醒目位置公示。

在公共场所卫生许可证有效期内,公共场所经营者变更单位名称、法定代表人或者负责人的,应当向原发证卫生行政部门办理变更手续。但变更经营项目、经营场所地址的,公共场所经营者应当向县级以上地方人民政府卫生行政部门重新申请卫生许可证。公共场所经营者需要延续卫生许可证的,应当在卫生许可证有效期届满30日前,向原发证卫生行政部门提出申请。

二、对公共场所进行经常性卫生监督

(一)对公共场所健康危害因素进行监测、分析

公共场所健康危害因素监测、分析,是公共场所卫生监督中为发现、查处和解决不符合国家卫生标准和要求的卫生问题而进行的专门调查工作。在我国,开展公共场所健康危害因素监测、分析的职权属于县级以上人民政府卫生行政部门,承担具体监测任务的主要是县级以上疾病预防控制机构等。

县级以上人民政府卫生行政部门应当组织对公共场所的健康危害因素进行监测、分析,为制定卫生法律法规、卫生标准和实施卫生监督管理提供科学依据。县级以上疾病预防控制机构应当承担卫生行政部门下达的公共场所健康危害因素监测任务。

(二)对公共场所卫生监督实施量化分级管理

公共场所卫生监督的目的是提高公共场所卫生水平。对公共场所卫生监督实行分级管理,将卫生监督机构的监督频次与公共场所经营者的自身管理结合起来,既有利于调动卫生监督机构的积极性,又有利于调动公共场所经营者的积极性;既有利于约束卫生监督人员,又有利于约束公共场所专(兼)职卫生管理人员,方便社

会监督。

县级以上地方人民政府卫生行政部门应当对公共场所卫生监督实施量化分级管理,根据卫生监督量化评价的结果确定公共场所的卫生信誉度等级和日常监督频次,促进公共场所自身卫生管理,增强卫生监督信息透明度。公共场所卫生信誉度等级应当在公共场所醒目位置公示。

(三)对公共场所进行卫生监督抽检

卫生行政部门对公共场所进行监督检查,主要采取现场卫生监测、采样、查阅和复制文件、询问等方法,其中包括卫生监督抽检。卫生监督抽检是卫生监督的一项调查手段,目的是了解被调查项目是否符合有关卫生标准和要求。

县级以上人民政府卫生行政部门应当依据有关卫生标准和要求,加强公共场所卫生监督抽检,并将抽检结果向社会公布。有关单位和个人不得拒绝或者隐瞒。

(四)及时查处危害健康事故

防止危害健康事故的发生,是公共场所卫生监督的最基本要求。无论是传染病疫情还是其他原因导致的危害健康事故,卫生行政部门接到报告后都应当果断采取措施,防止危害扩大。

县级以上地方人民政府卫生行政部门对发生危害健康事故的公共场所,可以依法采取封闭场所、封存相关物品等临时控制措施。经检验,属于被污染的场所、物品,应当进行消毒或者销毁;对未被污染的场所、物品或者经消毒后可以使用的物品,应当解除控制措施。

三、对违法行为实施行政处罚

公共场所卫生监督的目的是实现《公共场所卫生管理条例》所确立的目标,即“创造良好的公共场所卫生条件,预防疾病,保障人体健康”。因此,实施妨碍公共场所卫生目标实现的违法行为,行为人应当承担相应的法律责任。

《公共场所卫生管理条例》将下列行为确定为违法行为:(1)卫生质量不符合国家卫生标准和要求,而继续营业的;(2)未获得“健康合格证”,而从事直接为顾客服务的;(3)拒绝卫生监督的;(4)未取得“卫生许可证”,擅自营业的。同时,规定了四种行政处罚方式:警告、罚款、停业整顿、吊销“卫生许可证”。

为了使行政处罚更具有可操作性,同时也为了适应新的发展情况,《公共场所卫生管理条例实施细则》对上述四类违法行为进行了细化,并从情节上对行政处罚的适用进行了细分。

公共场所经营者违反其他卫生法律、行政法规规定,应当给予行政处罚的,按照有关卫生法律、行政法规规定进行处罚。

第三十九章　医疗废物管理

第一节　医疗废物概说

一、医疗废物的概念

医疗废物,是指医疗卫生机构在医疗、预防、保健以及其他相关活动中产生的具有直接或者间接感染性、毒性以及其他危害性的废物。

医疗废物作为一种特殊的危险物,如对其管理不当,将带来严重的环境危害和健康风险。针对医疗废物的危险性,我国对医疗废物的收集、运送、贮存、处置等环节建立了严格的监督管理制度。

医疗卫生机构在医疗、预防、保健以及其他相关活动中除产生医疗废物外,还产生生活垃圾。生活垃圾与医疗废物不同,通常生活垃圾可以被回收利用,而医疗废物不可以被回收利用。为从严管理,医疗卫生机构收治的传染病病人或者疑似传染病病人产生的生活垃圾,按照医疗废物进行管理和处置。

药品包括麻醉药品、精神药品、放射性药品和医疗用毒性药品等,有专门的法律、行政法规对其进行规定。因此,医疗卫生机构废弃的麻醉、精神、放射性、毒性等药品及其相关的废物的管理,应当依照有关法律、行政法规和国家有关规定、标准执行。

二、医疗废物的分类

根据《医疗废物分类目录》的规定,医疗废物分为以下五类。

(一)感染性废物

感染性废物是指携带病原微生物具有引发感染性疾病传播危险的医疗废物。常见的有:(1)被患者血液、体液、排泄物等污染的除锐器以外的废物。(2)使用后废弃的一次性使用医疗器械,如注射器、输液器、透析器等。(3)病原微生物实验室废弃的病原体培养基、标本,菌种和毒种保存液及其容器;其他实验室及科室废弃的血液、血清、分泌物等标本和容器。(4)隔离传染病患者或者疑似传染病患者产生的废弃物。

（二）损伤性废物

损伤性废物是指能够刺伤或者割伤人体的废弃的医用锐器。常见的有：(1)废弃的金属类锐器，如针头、缝合针、针灸针、探针、穿刺针、解剖刀、手术刀、手术锯、备皮刀、钢钉和导丝等；(2)废弃的玻璃类锐器，如盖玻片、载玻片、玻璃安瓿等；(3)废弃的其他材质类锐器。

（三）病理性废物

病理性废物是指诊疗过程中产生的人体废弃物和医学实验动物尸体等。常用的有：(1)手术及其他医学服务过程中产生的废弃的人体组织、器官；(2)病理切片后废弃的人体组织、病理蜡块；(3)废弃的医学实验动物的组织和尸体；(4)16周胎龄以下或重量不足500克的胚胎组织等；(5)确诊、疑似传染病或携带传染病病原体的产妇的胎盘。

（四）药物性废物

药物性废物是指过期、淘汰、变质或者被污染的废弃的药物。常见的有：(1)废弃的一般性药物；(2)废弃的细胞毒性药物和遗传毒性药物；(3)废弃的疫苗及血液制品。

（五）化学性废物

化学性废物是指具有毒性、腐蚀性、易燃性、反应性的废弃的化学物品。常见的有：(1)列入《国家危险废物名录》中的废弃危险化学品，如甲醛、二甲苯等；(2)非特定行业来源的危险废物，如含汞血压计、含汞体温计，废弃的牙科汞合金材料及其残余物等。

为了有效预防和控制医疗废物对人体健康和环境产生危害，我国对医疗废物实行八个禁止：(1)禁止任何单位和个人转让、买卖医疗废物；(2)禁止在运送过程中丢弃医疗废物；(3)禁止在非贮存地点倾倒、堆放医疗废物或者将医疗废物混入其他废物和生活垃圾；(4)禁止邮寄医疗废物；(5)禁止通过铁路、航空运输医疗废物；(6)有陆路通道的，禁止通过水路运输医疗废物；(7)禁止将医疗废物与旅客在同一运输工具上载运；(8)禁止在饮用水源保护区的水体上运输医疗废物。

三、医疗废物的责任主体

医疗废物责任主体，是指对医疗废物的收集、运送、贮存和处置负有责任的主体。根据《医疗废物管理条例》的规定，医疗废物的收集和内部贮存、运送由医疗卫生机构负责，医疗废物的外部运送、贮存和处置由医疗废物集中处置单位负责。因此，医疗废物责任主体是产生医疗废物的医疗卫生机构和处置医疗废物的医疗废物集中处置单位。

医疗卫生机构和医疗废物集中处置单位应当建立、健全医疗废物管理责任制，其法定代表人作为第一责任人，应当切实履行职责，防止因医疗废物导致传染病传播和环境污染事故。具体要求包括：(1)制定与医疗废物安全处置有关的规章制度和在发生意外事故时的应急方案；(2)设置监控部门或者专(兼)职人员，负责检查、督促、落实本单位医疗废物的管理工作，防止违反条例的行为发生；(3)对本单位从事医疗废物收集、运送、贮存、处置等工作的人员和管理人员，进行相关法律和专业技术、安全防护以及紧急处理等知识的培训；(4)采取有效的职业卫生防护措施，为从事医疗废物收集、运送、贮存、处置等工作的人员和管理人员，配备必要的防护用品，定期进行健康检查，必要时对有关人员进行免疫接种，防止其受到健康损害；(5)依照《固体废物污染环境防治法》的规定，执行危险废物转移联单管理制度；(6)对医疗废物进行登记，内容包括医疗废物的来源、种类、重量或者数量、交接时间、处置方法、最终去向以及经办人签名等，登记资料至少保存3年；(7)采取有效措施，防止医疗废物流失、泄漏、扩散。发生医疗废物流失、泄漏、扩散时，采取减少危害的紧急处理措施，对致病人员提供医疗救护和现场救援；同时向所在地的县级人民政府卫生行政主管部门、环境保护行政主管部门报告，并向可能受到危害的单位和居民通报。

四、医疗废物的主管部门

医疗废物主管部门，是指对医疗废物依法履行监督管理职责的行政部门。

我国对医疗废物实行统一监督管理与职责范围内监督管理相结合的体制。统一监督管理由卫生、环境保护行政主管部门负责实施。其中，卫生行政主管部门负责对医疗废物收集、运送、贮存、处置活动中的疾病防治工作实施统一监督管理；环境保护行政主管部门负责对医疗废物收集、运送、贮存、处置活动中的环境污染防治工作实施统一监督管理。政府其他有关部门在各自职责范围内负责与医疗废物处置有关的监督管理工作。

五、有关医疗废物的立法

2003年年初发生的“非典”疫情，暴露了医疗废物管理上的法律漏洞。为了加强医疗废物的安全管理，防止疾病传播，保护环境，保障人体健康，2003年6月16日国务院公布了《医疗废物管理条例》，该条例分总则、医疗废物管理的一般规定、医疗卫生机构对医疗废物的管理、医疗废物的集中处置、监督管理、法律责任和附则，共7章57条。该条例规范了医疗卫生机构和医疗废物集中处置单位在医疗废物收集、运送、贮存、处置活动中的行为，明确了卫生行政主管部门和环境保护行政主管部门在医疗废物监督管理中的职责，标志着医疗废物管理走上了法治轨道。2011 年国务院发布了修订之后的《医疗废物管理条例》，并于 2011 年 1 月 8 日起施行。

为贯彻落实《医疗废物管理条例》，卫生、环保行政部门通力合作，在不到 1 年时间里相继出台了一系列配套规章或者规范性文件。例如，2003 年，卫生部、国家环境保护总局印发《医疗废物分类目录》，卫生部发布《医疗卫生机构医疗废物管理办法》，国家环境保护总局发布《医疗废物集中处置技术规范（试行）》《医疗废物专用包装物、容器标准和警示标识规定》，国家环境保护总局、国家质量监督检验检疫总局、国家发展和改革委员会发布《医疗废物转运车技术要求（试行）》（GB 19217 – 2003）、《医疗废物焚烧炉技术要求（试行）》（GB 19218 – 2003）；2004 年，国家环境保护总局、国家发展和改革委员会印发《全国危险废物和医疗废物处置设施建设规划》，国家环境保护总局印发《医疗废物集中焚烧处置工程建设技术要求（试行）》，卫生部、国家环境保护总局发布《医疗废物管理行政处罚办法》等。

第二节　医疗废物的日常处理

这里所称的医疗废物日常处理，是指医疗卫生机构对所产生的医疗废物的日常性的处置行为。医疗废物的日常处理，对于医疗卫生机构来说，既是后勤部门的问题，也是业务部门的问题，更是领导层应当关心的重大问题，因为它是医疗卫生机构防止传染病传播的重点环节之一。

一、及时收集本单位产生的医疗废物

医疗卫生机构应当及时收集本单位产生的医疗废物。根据规定，收集的医疗废物应当按照类别，分别置于防渗漏、防锐器穿透的印有明显警示标识和警示说明的专用包装物或者密闭的容器内。

二、按要求将医疗废物存放于暂时贮存设施、设备

医疗卫生机构应当将当日收集的医疗废物存放于暂时贮存设施、设备。根据规定，医疗卫生机构应当建立医疗废物的暂时贮存设施、设备，不得露天存放医疗废物，而且医疗废物暂时贮存的时间不得超过 2 天。

医疗卫生机构设置的医疗废物暂时贮存设施、设备，应当远离医疗区、食品加工区和人员活动区以及生活垃圾存放场所，并设置明显的警示标识和防渗漏、防鼠、防蚊蝇、防蟑螂、防盗以及预防儿童接触等安全措施。同时，应当定期对医疗废物暂时贮存设施、设备进行消毒和清洁。

三、确保运送医疗废物过程不渗漏、不遗撒

为了防止医疗废物运送过程中渗漏、遗撒，医疗卫生机构应当使用防渗漏、防遗撒的专用运送工具，按照本单位确定的内部医疗废物运送时间、路线，将医疗废物收集、运送至暂时贮存地点。根据规定，运送工具使用后应当在医疗卫生机构内指定的地点及时消毒和清洁。

四、就近将医疗废物交由医疗废物集中处置单位处置

医疗卫生机构应当根据就近集中处置原则，及时地将医疗废物交由医疗废物集中处置单位处置。根据规定，医疗废物中病原体的培养基、标本和菌种、毒种保存液等高危险废物，在交医疗废物集中处置单位处置前应当就地消毒。

五、按规定对污水、排泄物进行消毒

消毒是防止环境污染和疾病传播的有效方法之一。对医疗、预防、保健等活动中产生的污水、传染病病人或者疑似传染病病人的排泄物，医疗卫生机构应当按照国家规定严格消毒。根据规定，达到国家规定的排放标准后，方可排入污水处理系统。

六、农村医疗卫生机构自行处置医疗废物应当符合要求

在不具备集中处置医疗废物条件的农村，医疗卫生机构按照规定要求，可以自行就地处置其产生的医疗废物。根据规定，自行处置医疗废物的基本要求是：(1)使用后的一次性医疗器具和容易致人损伤的医疗废物，应当消毒并作毁形处理；(2)能够焚烧的，应当及时焚烧；(3)不能焚烧的，消毒后集中填埋。

第三节 医疗废物的集中处置

这里所称的医疗废物集中处置是指医疗废物集中处置单位对医疗废物的处置行为。集中处置是医疗废物的主要处理形式。

一、开展医疗废物集中处置活动的单位应当申请领取经营许可证

我国对医疗废物集中处置活动实行许可证制度。根据规定，符合下列条件的，可以向县级以上人民政府环境保护行政主管部门申请领取经营许可证：(1)具有符合环境保护和卫生要求的医疗废物贮存、处置设施或者设备；(2)具有经过培训的技术人员以及相应的技术工人；(3)具有负责医疗废物处置效果检测、评价工作的机构和人员；(4)具有保证医疗废物安全处置的规章制度。凡没有取得经营许可证的单位，不得从事有关医疗废物集中处置的活动。

二、医疗废物集中处置单位的贮存、处置设施应当符合安全防护距离规定

我国对医疗废物集中处置单位的贮存、处置设施采取安全防护距离措施。根

据规定，医疗废物集中处置单位的贮存、处置设施，应当远离居（村）民居住区、水源保护区和交通干道，与工厂、企业等工作场所有适当的安全防护距离，并符合国务院环境保护行政主管部门的规定。

三、医疗废物集中处置单位应当及时到医疗卫生机构收集、运送医疗废物

我国对医疗废物集中处置单位到医疗卫生机构收集、运送医疗废物进行时限约束。根据规定，医疗废物集中处置单位应当至少每 2 天到医疗卫生机构收集、运送一次医疗废物，并负责医疗废物的贮存、处置。

四、经水路运输医疗废物应当经过批准

我国对运送医疗废物实行严格控制制度，明确禁止通过铁路、航空运输医疗垃圾。有陆路通道的，禁止通过水路运输医疗废物。但对于没有陆路通道必须经水路运输医疗废物的，根据规定，应当经设区的市级以上人民政府环境保护行政主管部门批准，并采取严格的环境保护措施后，方可通过水路运输。

五、运送医疗废物应当使用专用车辆

我国对运送医疗废物车辆实行专用制度。根据规定，医疗废物集中处置单位运送医疗废物，除应当遵守国家有关危险货物运输管理规定外，还必须使用有明显医疗废物标识的专用车辆。医疗废物专用车辆应当达到防渗漏、防遗撒以及其他环境保护和卫生要求。运送医疗废物的专用车辆使用后，应当在医疗废物集中处置场所内及时进行消毒和清洁。运送医疗废物的专用车辆不得运送其他物品。医疗废物集中处置单位在运送医疗废物过程中应当确保安全，不得丢弃、遗撒医疗废物。

六、定期对医疗废物处置设施的环境污染防治和卫生学效果进行检测、评价

为了保证医疗废物集中处置单位处置医疗废物符合国家规定的环境保护、卫生标准、规范，国家要求医疗废物集中处置单位按照环境保护行政主管部门和卫生行政主管部门的规定，定期对医疗废物处置设施的环境污染防治和卫生学效果进行检测、评价。检测、评价结果存入医疗废物集中处置单位档案，每半年向所在地环境保护行政主管部门和卫生行政主管部门报告一次。根据规定，医疗废物集中处置单位应当安装污染物排放在线监控装置，并确保监控装置经常处于正常运行状态。

七、对医疗废物集中处置可以收取处置费用

医疗废物集中处置单位处置医疗废物，按照国家有关规定向医疗卫生机构收取医疗废物处置费用。根据规定，医疗卫生机构按照规定支付的医疗废物处置费用，可以纳入医疗成本。

第四节 医疗废物的监督管理

这里的医疗废物监督管理是指卫生行政主管部门、环境保护行政主管部门按照各自职责开展的监督管理活动。根据规定，卫生行政主管部门、环境保护行政主管部门应当依照职责分工，对医疗卫生机构和医疗废物集中处置单位进行监督检查，并定期交换监督检查和抽查结果，发现隐患时，应当责令立即消除隐患。

一、卫生行政主管部门的监督管理职责

县级以上地方人民政府卫生行政部门，负责对医疗卫生机构和医疗废物集中处置单位从事医疗废物的收集、运送、贮存、处置中的疾病防治工作，以及工作人员的卫生防护等情况开展定期监督检查或者不定期的抽查。

二、环境保护行政主管部门的监督管理职责

县级以上地方人民政府环境保护行政主管部门，负责对医疗卫生机构和医疗废物集中处置单位从事医疗废物收集、运送、贮存、处置中的环境污染防治工作开展定期监督检查或者不定期的抽查。

三、卫生、环境保护行政主管部门有权采取的监督管理措施

根据规定，卫生行政主管部门、环境保护行政主管部门履行监督检查职责时，有权采取的措施是：(1)对有关单位进行实地检查，了解情况，现场监测，调查取证；(2)查阅或者复制医疗废物管理的有关资料，采集样品；(3)责令违反《医疗废物管理条例》规定的单位和个人停止违法行为；(4)查封或者暂扣涉嫌违反《医疗废物管理条例》规定的场所、设备、运输工具和物品；(5)对违反《医疗废物管理条例》规定的行为进行查处。

医疗卫生机构和医疗废物集中处置单位，对有关部门的检查、监测、调查取证，应当予以配合，不得拒绝和阻碍，不得提供虚假材料。

四、卫生、环境保护行政主管部门必须采取的临时控制措施

根据规定，发生因医疗废物管理不当导致传染病传播或者环境污染事故，或者有证据证明传染病传播或者环境污染的事故有可能发生时，卫生行政主管部门、环境保护行政主管部门应当采取临时控制措施，疏散人员，控制现场，并根据需要责令暂停导致或者可能导致传染病传播或者环境污染事故的作业。

五、卫生、环境保护行政主管部门有权实施的行政处罚

根据规定，对医疗卫生机构、医疗废物集中处置单位违反《医疗废物管理条例》的行为，县级以上地方人民政府卫生行政主管部门或者环境保护行政主管部门按

照各自职责可以采取行政处理或者实施的行政处罚主要是：责令限期改正、责令立即停止违法行为、警告、罚款、没收违法所得、暂扣或者吊销执业许可证件或者经营许可证件等。

医疗卫生机构、医疗废物集中处置单位构成违反治安管理行为的，由公安机关依法予以处罚；构成犯罪的，依法追究刑事责任。

医疗卫生机构、医疗废物集中处置单位违反《医疗废物管理条例》规定，导致传染病传播或者发生环境污染事故，给他人造成损害的，依法承担民事赔偿责任。

第四十章　化　妆　品

第一节　化妆品概说

一、化妆品的概念

化妆品，是指以涂擦、喷洒或者其他类似的方法，施用于皮肤、毛发、指甲、口唇等人体表面，以清洁、保护、美化、修饰为目的的日用化学工业产品。这一定义，从使用方式、使用部位和使用目的的角度，对化妆品与非化妆品进行了区别。根据该定义，使用方式是口服、注射的产品，进入人体内部的产品，超出清洁、保护、美化、修饰目的的产品，都不属于化妆品范畴。

当然，也不是符合上述定义的产品都要纳入化妆品管理。国际上对化妆品尚无统一的定义，各国纳入化妆品管理的产品范围也不一致。由于历史原因，我国《化妆品卫生监督条例》没有将香皂、牙膏等按化妆品进行管理。现在，《化妆品监督管理条例》明确，牙膏参照该条例有关普通化妆品的规定进行管理。牙膏备案人按照国家标准、行业标准进行功效评价后，可以宣称牙膏具有防龋、抑牙菌斑、抗牙本质敏感、减轻牙龈问题等功效。香皂如果宣称具有特殊化妆品功效的，适用该条例。

二、化妆品的历史分类

化妆品有很多种分类方法。早在2002年我国就出台了一个按照产品功能和使用部位进行化妆品分类的推荐性标准。《化妆品卫生监督条例》曾将化妆品分为特殊用途化妆品和其他化妆品。

所谓特殊用途化妆品，是指用于育发、染发、烫发、脱毛、美乳、健美、除臭、祛斑、防晒的化妆品。这一定义，实际上是划分特殊用途化妆品和非特殊用途化妆品的标准，也是划分此种特殊用途化妆品和彼种特殊用途化妆品的标准。

根据该定义，特殊用途化妆品分为九大类：(1)育发化妆品，指有助于毛发生长、减少脱发和断发的化妆品；(2)染发化妆品，指具有改变头发颜色作用的化妆品;(3)烫发化妆品,指具有改变头发弯曲度,并维持相对稳定的化妆品;(4)脱毛化妆品,指具有减少、消除体毛作用的化妆品;(5)美乳化妆品,指有助于乳房健美的化妆品;(6)健美化妆品,指有助于使体形健美的化妆品;(7)除臭化妆品,指用于消除腋臭的化妆品;(8)祛斑化妆品,指用于减轻皮肤表皮色素沉着的化妆品;(9)防晒化妆品,指具有吸收紫外线作用、减轻因日晒引起皮肤损伤功能的化妆品。

其他化妆品,是相对于特殊用途化妆品而言的,即特殊用途化妆品之外的化妆品。为了更好地区别特殊用途化妆品,在实践中,其他化妆品也称为普通化妆品、一般化妆品,或者非特殊用途化妆品。

三、化妆品的现行分类

现行《化妆品监督管理条例》按照风险程度,继续对化妆品进行分类管理,将化妆品分为特殊化妆品和普通化妆品。特殊化妆品是指用于染发、烫发、祛斑美白、防晒、防脱发的化妆品以及宣称新功效的化妆品;普通化妆品是指特殊化妆品以外的化妆品。

国家对特殊化妆品实行注册管理,对普通化妆品实行备案管理。特殊化妆品,无论是国产还是进口,统一由国务院药品监督管理部门负责注册。未经国务院药品监督管理部门注册,任何特殊化妆品不得生产或者进口。国产普通化妆品实行上市销售前备案,由省级人民政府药品监督管理部门负责备案。进口普通化妆品实行进口前备案,由国务院药品监督管理部门负责备案。

四、对化妆品进行监督管理的意义

对化妆品进行监督管理,不仅是因为化妆品已经成为人们日常生活离不开的消费品,更主要的是因为化妆品安全是重要的公共卫生问题。

通常将正常使用化妆品出现的皮肤及附属器官病变或者损害,称为化妆品不良反应。常见的化妆品不良反应是化妆品皮肤病。化妆品皮肤病是一组有不同临床表现、不同诊断和处理原则的临床症候群。主要包括:化妆品接触性皮炎、化妆品光感性皮炎、化妆品皮肤色素异常、化妆品痔疮、化妆品毛发损害、化妆品甲损害等。

虽然化妆品引起的不良反应,有消费者选用化妆品不当或者使用化妆品不当的原因,但化妆品原料或者产品存在的质量问题、虚假广告宣传等还是主要原因。为了保障消费者的健康,需要从化妆品原料、化妆品产品、化妆品标签标识、化妆品广告等多角度进行全方位管理,并贯穿生产、经营整个过程等。

五、有关化妆品的立法

20世纪80年代,我国化妆品行业进入了快速发展时期,但由于无法可依,出现了许多亟待解决的问题。为此,卫生部、轻工业部等部门牵头,组织起草《化妆品卫生监督条例》。经过广泛调查研究和反复征求意见，于1988年由卫生部上报国务院审议。1989年9月26日国务院批准，同年11月13日卫生部以第3号令发布了《化妆品卫生监督条例》。该条例分总则、化妆品生产的卫生监督、化妆品经营的卫生监督、化妆品卫生监督机构与职责、罚则和附则，共6章35条，自1990年1月1日起施行。

《化妆品卫生监督条例》是我国第一部有关化妆品卫生的专门性行政法规。它的制定填补了公共卫生领域的法律空白，而且为化妆品产业的发展提供了法治化保障。为确保化妆品卫生法律制度能够为化妆品生产经营者和广大消费者提供全方位的保障，1991年3月27日卫生部以第13号令发布了配套性的《化妆品卫生监督条例实施细则》。该细则分总则、审查批准《化妆品生产企业卫生许可证》、化妆品卫生质量和使用安全监督、审查批准进口化妆品、经常性卫生监督、化妆品卫生监督机构与职责、罚则和附则，共8章62条。2005年卫生部对《化妆品卫生监督条例实施细则》第49条、第50条进行了修改。除此之外，卫生部还发布了一系列部门规章或者规范性文件。例如，1996年《化妆品生产企业卫生规范》，1999年《化妆品申报与受理规定》，2000年《化妆品生产企业卫生规范》，2002年《化妆品卫生规范（2002年版）》《化妆品检验规定（2002年版）》，2003年《中国已使用化妆品成分名单（2003年版）》，2007年《化妆品卫生规范（2007年版）》《化妆品卫生行政许可检验规定（2007年版）》《国际化妆品原料标准中文名称目录》等。

2008年化妆品卫生监督职责由卫生部移交国家食品药品监督管理局。之后，国家食品药品监督管理局也先后制定了一系列规章和规范性文件。例如，《化妆品产品技术要求规范》《化妆品行政许可检验管理办法》《化妆品命名规定》《化妆品命名指南》《化妆品生产企业日常监督现场检查工作指南》《化妆品经营企业日常监督现场检查工作指南》等。

2019年国务院以第709号令对《化妆品卫生监督条例》部分条款进行了修改。其中：将“卫生行政部门”修改为“化妆品监督管理部门”；将“卫生许可证”修改为“化妆品生产许可证”，并将有效期4年改为5年；将首次进口的化妆品由“批准”修改为特殊用途化妆品“批准”和其他化妆品“备案”等。

为了规范化妆品生产经营活动，加强化妆品监督管理，保证化妆品质量安全，保障消费者健康，促进化妆品产业健康发展，2015年国家食品药品监督管理总局向国务院报送了《化妆品监督管理条例（修订草案送审稿）》。国务院法制办、司法部先后多次征求有关部门、地方政府和部分企业、行业协会的意见，并向社会公开征求意见，多次召开座谈会听取企业、行业协会意见，赴上海、浙江等地调研。在此基础上,司法部会同国家市场监督管理总局、国家药品监督管理局反复研究、修改,形成《化妆品监督管理条例(草案)》。2020 年 1 月 3 日国务院常务会议审议通过草案,2020 年 6 月 16 日国务院公布了《化妆品监督管理条例》,自 2021 年 1 月 1 日起施行。该条例分总则、原料与产品、生产经营、监督管理、法律责任和附则,共 6 章 80 条。该条例明确,化妆品注册人、备案人对化妆品的质量安全和功效宣传负责。并要求,化妆品新原料和化妆品注册、备案前,注册申请人、备案人应当自行或者委托专业机构开展安全评估。为确保新条例的实施,国家药品监督管理局制定了一系列规章和规范性文件,主要是:2021 年的《化妆品注册备案资料管理规定》《化妆品新原料注册备案资料管理规定》《已使用化妆品原料目录(2021 年版)》《化妆品安全评估技术导则(2021 年版)》《化妆品注册备案资料提交技术指南(试行)》《化妆品分类规则和分类目录》《化妆品功效宣称评价规范》《化妆品标签管理办法》《儿童化妆品监督管理规定》,2022 年的《化妆品生产质量管理规范》《化妆品不良反应监测管理办法》《化妆品生产经营监督管理办法》等。

第二节 化妆品原料与产品

一、化妆品原料的管理

(一)对化妆品原料实行分类管理

我国根据风险程度对化妆品原料实行分类管理。化妆品原料分为化妆品新原料和化妆品已使用的原料。所谓化妆品新原料是指在我国境内首次使用于化妆品的天然或者人工原料。化妆品已使用的原料,顾名思义,是指在《化妆品监督管理条例》实施前已经使用于化妆品的原料,包括《化妆品监督管理条例》实施后列入已使用化妆品原料目录的化妆品原料。

(二)对化妆品新原料实行分类管理

我国对化妆品新原料也实行分类管理。对风险程度较高的化妆品新原料实行注册管理,对其他化妆品新原料实行备案管理。

所谓风险程度较高的化妆品新原料,主要是指具有防腐、防晒、着色、染发、祛斑美白功能的化妆品新原料。根据规定,风险程度较高的化妆品新原料,经国务院药品监督管理部门注册后方可使用;其他化妆品新原料应当在使用前向国务院药品监督管理部门备案。

(三)对风险程度较高的化妆品新原料的调整

化妆品新原料是相对于已使用的化妆品原料而言的,风险程度较高的化妆品新原料是相对于其他化妆品新原料而言的。换句话说,随着时间的推移,化妆品新原料可以成为已使用的化妆品原料;随着认识不断深化,风险程度较高的化妆品新原料可以成为其他化妆品新原料。为了适应情况变化,《化妆品监督管理条例》特别规定,国务院药品监督管理部门可以根据科学研究的发展,调整实行注册管理的化妆品新原料的范围,经国务院批准后实施。

二、化妆品新原料的注册和备案

(一)申请化妆品新原料注册或者备案应当提交的资料

化妆品新原料虽然分为注册和备案两种管理方式,但管理内容是一致的。这是由化妆品新原料的安全性原则所决定的。因此,化妆品新原料注册申请人或者备案人应当对所提交资料的真实性、科学性负责。根据规定,申请化妆品新原料注册或者进行化妆品新原料备案,应当提交下列资料:(1)注册申请人、备案人的名称、地址、联系方式;(2)新原料研制报告;(3)新原料的制备工艺、稳定性及其质量控制标准等研究资料;(4)新原料安全评估资料。

(二)化妆品新原料注册或者备案的程序

化妆品新原料注册分为两个阶段,即技术审评阶段和行政决定阶段。国务院药品监督管理部门受理化妆品新原料注册申请的,应当自受理之日起 3 个工作日内,将申请资料转交技术审评机构。技术审评机构应当自收到申请资料之日起 90 个工作日内完成技术审评,并向国务院药品监督管理部门提交审评意见。国务院药品监督管理部门应当自收到审评意见之日起 20 个工作日内作出决定。对符合要求的,准予注册并发给化妆品新原料注册证;对不符合要求的,不予注册并书面说明理由。

化妆品新原料备案实行即备案即完成制度。根据规定,化妆品新原料备案人通过国务院药品监督管理部门在线政务服务平台提交规定的备案资料后即完成备案。

为便于查阅,也便于社会监督,《化妆品监督管理条例》规定,国务院药品监督管理部门应当自化妆品新原料准予注册之日起、备案人提交备案资料之日起 5 个工作日内向社会公布注册、备案有关信息。

(三)化妆品新原料注册人、备案人应当每年向国务院药品监督管理部门报告化妆品新原料的使用和安全情况

化妆品新原料的安全是否如注册人、备案人提交的资料所声称的,需要经市场检验。因此,经注册、备案的化妆品新原料投入使用后,化妆品新原料的注册人、备案人应当进行跟踪评价。根据规定,化妆品新原料注册人、备案人应当在化妆品新原料投入使用后 3 年内,每年向国务院药品监督管理部门报告新原料的使用和安全

情况。对存在安全问题的化妆品新原料,国务院药品监督管理部门应当撤销注册或者取消备案。3 年期满未发生安全问题的化妆品新原料,由国务院药品监督管理部门按照规定纳入已使用的化妆品原料目录。但在纳入已使用的化妆品原料目录前,经注册、备案的化妆品新原料仍然按照化妆品新原料进行管理。为了化妆品安全,也为了化妆品生产企业少走弯路,条例要求国务院药品监督管理部门制定、公布禁止用于化妆品生产的原料目录。

三、化妆品注册和备案的管理

(一)化妆品注册人、备案人应当具备的条件

化妆品注册申请人、备案人可以是依法设立的企业,也可以是依法设立的其他组织。《化妆品监督管理条例》没有要求化妆品注册申请人、备案人必须具有与申请注册、备案的化妆品相适应的生产场地、环境条件、生产设施设备等。因此,可以认为,化妆品注册申请人、备案人可以是没有取得化妆品生产许可证的企业或者其他组织。境外化妆品注册人、备案人应当指定我国境内的企业法人办理化妆品注册、备案,协助开展化妆品不良反应监测、实施产品召回。根据规定,化妆品注册申请人、备案人应当具备下列条件:(1)是依法设立的企业或者其他组织;(2)有与申请注册、进行备案的产品相适应的质量管理体系;(3)有化妆品不良反应监测与评价能力。

(二)化妆品注册、备案应当提交的资料

化妆品管理分为注册和备案两种。注册针对特殊化妆品,备案针对普通化妆品。但无论是特殊化妆品还是普通化妆品,在安全性要求上是一致的。作为化妆品注册申请人、备案人,应当对所提交资料的真实性、科学性负责。根据规定,申请特殊化妆品注册或者进行普通化妆品备案,应当提交下列资料:(1)注册申请人、备案人的名称、地址、联系方式;(2)生产企业的名称、地址、联系方式;(3)产品名称;(4)产品配方或者产品全成分;(5)产品执行的标准;(6)产品标签样稿;(7)产品检验报告;(8)产品安全评估资料。

此外,注册申请人首次申请特殊化妆品注册的,或者备案人首次进行普通化妆品备案的,还应当提交其符合化妆品注册申请人或者备案人规定条件的证明资料。申请进口特殊化妆品注册或者进行进口普通化妆品备案的,还应当提交产品在生产国(地区)已经上市销售的证明文件以及境外生产企业符合化妆品生产质量管理规范的证明资料;专为向我国出口生产、无法提交产品在生产国(地区)已经上市销售的证明文件的,还应当提交面向我国消费者开展的相关研究和试验的资料。

(三)化妆品注册、备案的程序

化妆品注册分为两个阶段,即技术审评阶段和行政决定阶段。国务院药品监

督管理部门受理化妆品注册申请的，应当自受理之日起 3 个工作日内，将申请资料转交技术审评机构。技术审评机构应当自收到申请资料之日起 90 个工作日内完成技术审评，并向国务院药品监督管理部门提交审评意见。国务院药品监督管理部门应当自收到审评意见之日起 20 个工作日内作出决定。对符合要求的，准予注册并发给特殊化妆品注册证；对不符合要求的，不予注册并书面说明理由。已经注册的特殊化妆品在生产工艺、功效宣称等方面发生实质性变化的，注册人应当向原注册部门申请变更注册。

普通化妆品备案实行即备案即完成制度。根据规定，普通化妆品备案人通过国务院药品监督管理部门在线政务服务平台提交规定的备案资料后即完成备案。

为便于查阅，也便于社会监督，《化妆品监督管理条例》规定，省级以上人民政府药品监督管理部门应当自特殊化妆品准予注册之日起、普通化妆品备案人提交备案资料之日起 5 个工作日内向社会公布注册、备案有关信息。

（四）特殊化妆品注册的延续

特殊化妆品注册证有效期为 5 年。5 年有效期届满，需要延续注册的，特殊化妆品注册证持有人应当在有效期届满 30 个工作日前，提出延续注册的申请。除法定情形外，国务院药品监督管理部门应当在特殊化妆品注册证有效期届满前作出准予延续的决定；逾期未作决定的，视为准予延续。根据规定，有下列情形之一的，不予延续注册：(1)注册人未在规定期限内提出延续注册申请；(2)强制性国家标准、技术规范已经修订，申请延续注册的化妆品不能达到修订后标准、技术规范的要求。

这里的强制性国家标准，是指国务院药品监督管理部门负责项目提出、组织起草、征求意见和技术审查，国务院标准化行政部门负责立项、编号和对外通报的化妆品国家标准；技术规范，是指尚未制定强制性国家标准、国务院药品监督管理部门结合监督管理工作需要制定的化妆品质量安全补充技术要求。根据规定，化妆品国家标准文本应当免费向社会公开。国家鼓励企业制定严于强制性国家标准的企业标准。

四、化妆品的功效宣称

特殊化妆品是宣称功效的化妆品。法律允许宣称新功效化妆品的研究开发。但无论是用于染发、烫发、祛斑美白、防晒、防脱发的化妆品，还是宣称新功效的化妆品，其功效宣称都应当有充分的科学依据。根据规定，化妆品注册人、备案人应当在国务院药品监督管理部门规定的专门网站公布功效宣称所依据的文献资料、研究数据或者产品功效评价资料的摘要，接受社会监督。

国务院药品监督管理部门根据化妆品的功效宣称、作用部位、产品剂型、使用人群等因素,制定、公布化妆品分类规则和分类目录。

第三节　化妆品生产经营

一、从事化妆品生产的企业应当取得化妆品生产许可证

我国对化妆品生产企业实行化妆品生产许可证制度。具备下列条件的,可以向所在地省、自治区、直辖市人民政府药品监督管理部门申请化妆品生产许可证:(1)是依法设立的企业;(2)有与生产的化妆品相适应的生产场地、环境条件、生产设施设备;(3)有与生产的化妆品相适应的技术人员;(4)有能对生产的化妆品进行检验的检验人员和检验设备;(5)有保证化妆品质量安全的管理制度。根据规定,申请化妆品生产许可证的,应当提交其符合上述规定条件的证明资料,并对资料的真实性负责。

省、自治区、直辖市人民政府药品监督管理部门收到申请后,应当对申请资料进行审核,并对申请人的生产场所进行现场核查。根据规定,药品监督管理部门应当自受理化妆品生产许可申请之日起30个工作日内作出决定。对符合规定条件的,准予许可并发给化妆品生产许可证;对不符合规定条件的,不予许可并书面说明理由。化妆品生产许可证有效期为5年。有效期届满需要延续的,依照《行政许可法》的规定办理。

二、化妆品可以自行生产也可以委托生产

化妆品注册人、备案人可以自行生产化妆品,也可以委托其他企业生产化妆品。委托生产化妆品的,化妆品注册人、备案人应当委托取得相应化妆品生产许可的企业,并对受委托企业(以下称受托生产企业)的生产活动进行监督,保证其按照法定要求进行生产。受托生产企业应当依照法律、法规、强制性国家标准、技术规范以及合同约定进行生产,对生产活动负责,并接受化妆品注册人、备案人的监督。

三、化妆品生产者应当建立化妆品生产质量管理体系

无论是自行生产还是委托生产,化妆品注册人、备案人、受托生产企业应当按照国务院药品监督管理部门制定的化妆品生产质量管理规范的要求组织生产化妆品,建立化妆品生产质量管理体系,建立并执行供应商遴选、原料验收、生产过程及质量控制、设备管理、产品检验及留样等管理制度,并应当按照化妆品注册或者备案资料载明的技术要求生产化妆品。化妆品经出厂检验合格后方可上市销售。

化妆品注册人、备案人、受托生产企业应当定期对化妆品生产质量管理规范的

执行情况进行自查；生产条件发生变化，不再符合化妆品生产质量管理规范要求的，应当立即采取整改措施；可能影响化妆品质量安全的，应当立即停止生产并向所在地省、自治区、直辖市人民政府药品监督管理部门报告。

四、化妆品原料、直接接触化妆品的包装材料应当符合强制性国家标准、技术规范

化妆品原料、直接接触化妆品的包装材料，直接影响化妆品质量。《化妆品监督管理条例》明确要求，化妆品原料、直接接触化妆品的包装材料应当符合强制性国家标准、技术规范。国家禁止使用超过使用期限、废弃、回收的化妆品或者化妆品原料生产化妆品。根据规定，化妆品注册人、备案人、受托生产企业应当建立并执行原料以及直接接触化妆品的包装材料进货查验记录制度、产品销售记录制度。进货查验记录和产品销售记录应当真实、完整，保证可追溯，保存期限不得少于产品使用期限届满后1年；产品使用期限不足1年的，记录保存期限不得少于2年。

五、化妆品生产者应当设质量安全负责人

化妆品生产企业的质量安全管理是化妆品生产不可缺少的重要组成部分。从某种角度说，管理决定质量。管理既要落实在制度上，也要落实在人员上。化妆品注册人、备案人、受托生产企业应当设质量安全负责人，承担相应的产品质量安全管理和产品放行职责。根据规定，质量安全负责人应当具备化妆品质量安全相关专业知识，并具有5年以上化妆品生产或者质量安全管理经验。

六、有碍化妆品质量安全疾病的人员不得直接从事化妆品生产活动

在化妆品生产活动中，有一部分人员是直接从事化妆品生产的人员。所谓直接从事化妆品生产的人员，是指在化妆品生产中从事配料、制作、半成品贮存、容器洗涤、灌装、小包装工作，以及经常到生产车间的管理、技术、检验人员等。根据规定，化妆品注册人、备案人、受托生产企业应当建立并执行从业人员健康管理制度。患有国务院卫生主管部门规定的有碍化妆品质量安全疾病的人员不得直接从事化妆品生产活动。

七、化妆品的标签

（一）化妆品最小销售单元应当有标签

化妆品标签是指产品销售包装上用以辨识说明产品基本信息、属性特征和安全警示等的文字、符号、数字、图案等标识，以及附有标识信息的包装容器、包装盒和说明书。根据《化妆品标签管理办法》的规定，化妆品的最小销售单元应当有标签，其内容应当符合相关法律、行政法规、部门规章、强制性国家标准和技术规范要求，应当合法、真实、完整、准确，并与产品注册或者备案的相关内容一致。所谓最小销

售单元是指以产品销售为目的,将产品内容物随产品包装容器、包装盒以及产品说明书等一起交付消费者时的最小包装的产品形式。

（二）进口化妆品应当有中文标签

化妆品应当有中文标签。进口化妆品可以直接使用中文标签,也可以加贴中文标签;加贴中文标签的,中文标签内容应当与原标签内容一致。中文标签应当使用规范汉字,使用其他文字或者符号的,应当在产品销售包装可视面使用规范汉字对应解释说明,但网址、境外企业的名称和地址以及约定俗成的专业术语等必须使用其他文字的除外。加贴中文标签的,中文标签有关产品安全、功效宣称的内容应当与原标签相关内容对应一致。除注册商标之外,中文标签同一可视面上其他文字字体的字号应当小于或者等于相应的规范汉字字体的字号。所谓可视面,是指化妆品在不破坏销售包装的情况下,能被消费者看到的任何面。

（三）化妆品标签应当标注的内容

化妆品标签应当标注的主要内容是:(1)产品名称、特殊化妆品注册证编号;(2)注册人、备案人、受托生产企业的名称、地址;(3)化妆品生产许可证编号;(4)产品执行的标准编号;(5)全成分;(6)净含量;(7)使用期限、使用方法以及必要的安全警示;(8)法律、行政法规和强制性国家标准规定应当标注的其他内容。

为指导化妆品中文标签的标注,国家药品监督管理局《化妆品标签管理办法》规定,化妆品中文标签应当至少包括以下内容:(1)产品中文名称、特殊化妆品注册证书编号;(2)注册人、备案人的名称、地址,注册人或者备案人为境外企业的,应当同时标注境内责任人的名称、地址;(3)生产企业的名称、地址,国产化妆品应当同时标注生产企业生产许可证编号;(4)产品执行的标准编号;(5)全成分;(6)净含量;(7)使用期限;(8)使用方法;(9)必要的安全警示用语;(10)法律、行政法规和强制性国家标准规定应当标注的其他内容。具有包装盒的产品,还应当同时在直接接触内容物的包装容器上标注产品中文名称和使用期限。

（四）化妆品标签禁止标注的内容

《化妆品监督管理条例》将化妆品标签禁止标注的内容归纳为四个方面:明示或者暗示具有医疗作用的内容;虚假或者引人误解的内容;违反社会公序良俗的内容;法律、行政法规禁止标注的其他内容。为便于有效实施,国家药品监督管理局《化妆品标签管理办法》对上述内容进行了细化,明确化妆品标签禁止通过下列方式标注或者宣称:(1)使用医疗术语、医学名人的姓名、描述医疗作用和效果的词语或者已经批准的药品名明示或者暗示产品具有医疗作用;(2)使用虚假、夸大、绝对化的词语进行虚假或者引人误解地描述;(3)利用商标、图案、字体颜色大小、色差、谐音或者暗示性的文字、字母、汉语拼音、数字、符号等方式暗示医疗作用或者进行虚假宣称;(4)使用尚未被科学界广泛接受的术语、机理编造概念误导消费者;(5)通过编造虚假信息、贬低其他合法产品等方式误导消费者;(6)使用虚构、伪造或者无法验证的科研成果、统计资料、调查结果、文摘、引用语等信息误导消费者;(7)通过宣称所用原料的功能暗示产品实际不具有或者不允许宣称的功效;(8)使用未经相关行业主管部门确认的标识、奖励等进行化妆品安全及功效相关宣称及用语;(9)利用国家机关、事业单位、医疗机构、公益性机构等单位及其工作人员、聘任的专家的名义、形象作证明或者推荐;(10)表示功效、安全性的断言或者保证;(11)标注庸俗、封建迷信或者其他违反社会公序良俗的内容;(12)法律、行政法规和化妆品强制性国家标准禁止标注的其他内容。

八、化妆品经营者应当建立并执行进货查验记录制度

化妆品经营者是化妆品生产者和化妆品消费者的纽带。因此,它既向生产者负责,也向消费者负责。对生产者负责,就是要为生产者销售更多的化妆品;对消费者负责,就是要向消费者销售合格的化妆品,两者相辅相成。作为化妆品经营者,首先应当把好进货的质量关。根据规定,化妆品经营者应当建立并执行进货查验记录制度,查验供货者的市场主体登记证明、化妆品注册或者备案情况、产品出厂检验合格证明,如实记录并保存相关凭证。记录和凭证保存期限不得少于产品使用期限届满后 1 年;产品使用期限不足 1 年的,记录和凭证保存期限不得少于 2 年。化妆品经营者不得自行配制化妆品。对于查验合格的化妆品,化妆品经营者应当依照有关法律、法规的规定和化妆品标签标示的要求贮存、运输化妆品,定期检查并及时处理变质或者超过使用期限的化妆品。

九、特定市场经营主体的化妆品相关责任

(一)化妆品集中交易市场开办者、展销会举办者

化妆品集中交易市场开办者、展销会举办者虽然不是直接的化妆品经营者,但入场者中有化妆品经营者。为加强化妆品经营管理,《化妆品监督管理条例》赋予了化妆品集中交易市场开办者、展销会举办者对入场化妆品经营者的管理责任。要求其审查入场化妆品经营者的市场主体登记证明,承担入场化妆品经营者管理责任,定期对入场化妆品经营者进行检查;发现入场化妆品经营者有违反规定行为的,应当及时制止并报告所在地县级人民政府负责药品监督管理的部门。

(二)电子商务平台经营者

电子商务平台活跃着数以万计的化妆品经营者。因此,电子商务平台已经成为化妆品安全的重要组成部分。为加强化妆品经营管理,《化妆品监督管理条例》

赋予了电子商务平台对平台内化妆品经营者的管理责任。要求电子商务平台经营者对平台内化妆品经营者进行实名登记，承担平台内化妆品经营者管理责任，发现平台内化妆品经营者有违反该条例规定行为的，应当及时制止并报告电子商务平台经营者所在地省、自治区、直辖市人民政府药品监督管理部门；发现严重违法行为的，应当立即停止向违法的化妆品经营者提供电子商务平台服务。为了保障消费者知情权，《化妆品监督管理条例》同时要求，平台内化妆品经营者应当全面、真实、准确、及时披露所经营化妆品的信息。

（三）美容美发机构、宾馆等

美容美发机构、宾馆等在经营中使用化妆品或者为消费者提供化妆品的，应当履行《化妆品监督管理条例》规定的化妆品经营者义务。

十、化妆品广告的内容

对化妆品进行广告宣传，有利于传递化妆品信息，但其主要目的还是加速和扩大销售。为了保障公平竞争，应当加强化妆品广告管理。无论是化妆品生产者还是化妆品经营者，都应当对自己的广告内容的真实性负责。违背客观事实，弄虚作假，欺骗消费者的广告，不仅损害消费者利益，也扰乱了市场秩序，应予以禁止。因此，化妆品广告的内容应当真实、合法。其内容不得明示或者暗示产品具有医疗作用，不得含有虚假或者引人误解的内容，不得欺骗、误导消费者。《广告法》规定，除医疗、药品、医疗器械广告外，禁止其他任何广告涉及疾病治疗功能，并不得使用医疗用语或者易使推销的商品与药品、医疗器械相混淆的用语。

十一、化妆品的停止生产经营和召回

（一）化妆品注册人、备案人停止生产和召回

化妆品注册人、备案人发现化妆品存在质量缺陷或者其他问题，可能危害人体健康的，应当立即停止生产，召回已经上市销售的化妆品，通知相关化妆品经营者和消费者停止经营、使用，并记录召回和通知情况。化妆品注册人、备案人应当对召回的化妆品采取补救、无害化处理、销毁等措施，并将化妆品召回和处理情况向所在地省、自治区、直辖市人民政府药品监督管理部门报告。

（二）受托生产企业、化妆品经营者停止生产经营和召回

受托生产企业、化妆品经营者发现其生产、经营的化妆品有上述规定情形的，应当立即停止生产、经营，通知相关化妆品注册人、备案人。化妆品注册人、备案人应当立即实施召回。

（三）药品监督管理部门通知停止生产经营和召回

负责药品监督管理的部门在监督检查中发现化妆品有上述规定情形的，应当

通知化妆品注册人、备案人实施召回,通知受托生产企业、化妆品经营者停止生产、经营。化妆品注册人、备案人实施召回的,受托生产企业、化妆品经营者应当予以配合。

(四)药品监督管理部门责令停止生产经营和召回

化妆品注册人、备案人、受托生产企业、经营者未依照上述规定实施召回或者停止生产、经营的,负责药品监督管理的部门责令其实施召回或者停止生产、经营。

十二、进口化妆品的管理

(一)出入境检验检疫机构负责进口化妆品检验

出入境检验检疫机构依照《进出口商品检验法》的规定对进口的化妆品实施检验;检验不合格的,不得进口。

(二)进口商负责审核进口化妆品信息

进口商应当对拟进口的化妆品是否已经注册或者备案以及是否符合《化妆品监督管理条例》和强制性国家标准、技术规范进行审核;审核不合格的,不得进口。进口商应当如实记录进口化妆品的信息,记录保存期限不得少于产品使用期限届满后1年;产品使用期限不足1年的,记录和凭证保存期限不得少于2年。

此外,出口的化妆品应当符合进口国(地区)的标准或者合同要求。

第四节 化妆品监督管理

一、药品监督管理部门有权采取的措施

在我国化妆品监督管理工作由县级以上药品监督管理部门负责。药品监督管理部门对化妆品生产经营进行监督检查时,有权采取下列措施:(1)进入生产经营场所实施现场检查;(2)对生产经营的化妆品进行抽样检验;(3)查阅、复制有关合同、票据、账簿以及其他有关资料;(4)查封、扣押不符合强制性国家标准、技术规范或者有证据证明可能危害人体健康的化妆品及其原料、直接接触化妆品的包装材料,以及有证据证明用于违法生产经营的工具、设备;(5)查封违法从事生产经营活动的场所。

为了有利于维护化妆品生产经营者的合法权益,药品监督管理部门对化妆品生产经营进行监督检查时,监督检查人员应当不少于2人,并出示执法证件。被检查者对监督检查应当予以配合,不得隐瞒有关情况。监督检查人员对知悉的被检查单位的商业秘密,应当依法予以保密。有关监督检查情况和处理结果应当予以记录,并由监督检查人员和被检查单位负责人签字;被检查单位负责人拒绝签字

的，应当予以注明。

二、药品监督管理部门应当组织化妆品抽样检验

对化妆品进行抽样检验，是了解市场销售的化妆品质量基本面貌的重要方式。根据规定，抽样检验分抽样检验和专项抽样检验。抽样检验由省级以上人民政府药品监督管理部门负责组织；专项抽样检验由县级以上地方人民政府药品监督管理部门负责组织。专项抽样检验主要针对举报反映或者日常监督检查中发现问题较多的化妆品。为了保证抽样检验的公正性，也为了减轻化妆品生产经营者的负担，《化妆品监督管理条例》规定，药品监督管理部门进行抽样检验，应当支付抽取样品的费用，所需费用纳入本级政府预算。药品监督管理部门应当按照规定及时公布化妆品抽样检验结果。

三、化妆品检验机构取得资质认定后方可从事化妆品检验活动

化妆品检验机构作为提供化妆品检验服务的市场主体，除应当依法设立外，还应当按照国家有关认证认可的规定取得资质认定后，方可从事化妆品检验活动。根据规定，化妆品检验机构的资质认定条件由国务院药品监督管理部门、国务院市场监督管理部门制定。并规定，化妆品检验规范以及化妆品检验相关标准品管理规定，由国务院药品监督管理部门制定。对可能掺杂掺假或者使用禁止用于化妆品生产的原料生产的化妆品，按照化妆品国家标准规定的检验项目和检验方法无法检验的，国务院药品监督管理部门可以制定补充检验项目和检验方法，用于对化妆品的抽样检验、化妆品质量安全案件调查处理和不良反应调查处置。

四、对化妆品检验结论有异议可以申请复检

药品监督管理部门依法开展的化妆品检验，包括抽样检验和专项抽样检验等，其不利于化妆品生产经营者的检验结论，将产生一定的法律后果。为此，《化妆品监督管理条例》设置了必要的救济渠道。化妆品生产经营者对相关的检验结论有异议的，可以自收到检验结论之日起 7 个工作日内，向实施抽样检验的部门或者其上一级药品监督管理部门提出复检申请，由受理复检申请的部门在国务院药品监督管理部门公布的复检机构名录中随机确定复检机构进行复检。复检机构出具的复检结论为最终检验结论。为确保中立，复检机构与初检机构不得为同一机构。

五、国家建立化妆品不良反应监测制度

化妆品不良反应是指正常使用化妆品所引起的皮肤及其附属器官的病变，以及人体局部或者全身性的损害。对化妆品不良反应进行监测，目的是及时发现化妆品安全隐患，避免更多人受到危害。药品监督管理部门应当设置或者指定化妆品不良反应监测机构，负责化妆品不良反应信息的收集、分析和评价，并向药品监

督管理部门提出处理建议。根据规定,化妆品注册人、备案人应当主动监测其上市销售化妆品的不良反应,及时开展评价,并按照国务院药品监督管理部门的规定报告化妆品不良反应监测机构。受托生产企业、化妆品经营者和医疗机构发现可能与使用化妆品有关的不良反应的,应当报告化妆品不良反应监测机构。总之,化妆品生产经营者应当配合化妆品不良反应监测机构、药品监督管理部门开展化妆品不良反应调查。鼓励其他单位和个人向化妆品不良反应监测机构、药品监督管理部门报告可能与使用化妆品有关的不良反应。

六、国家建立化妆品安全风险监测和评价制度

对影响化妆品质量安全的风险因素进行监测和评价,为制定化妆品质量安全风险控制措施和标准、开展化妆品抽样检验提供科学依据,是化妆品监督管理的最高形式。根据规定,国家化妆品安全风险监测计划由国务院药品监督管理部门制定、发布并组织实施。该监测计划应当明确重点监测的品种、项目和地域等。国务院药品监督管理部门应当建立化妆品质量安全风险信息交流机制,组织化妆品生产经营者、检验机构、行业协会、消费者协会以及新闻媒体等就化妆品质量安全风险信息进行交流沟通。

七、药品监督管理部门的具体职责

(一)采取责令暂停生产、经营紧急控制措施

对造成人体伤害或者有证据证明可能危害人体健康的化妆品,药品监督管理部门可以采取责令暂停生产、经营的紧急控制措施,并发布安全警示信息;属于进口化妆品的,国家出入境检验检疫部门可以暂停进口。

(二)责令开展安全再评估或者直接组织开展安全再评估

根据科学研究的发展,对化妆品、化妆品原料的安全性有认识上的改变的,或者有证据表明化妆品、化妆品原料可能存在缺陷的,省级以上人民政府药品监督管理部门可以责令化妆品、化妆品新原料的注册人、备案人开展安全再评估或者直接组织开展安全再评估。再评估结果表明化妆品、化妆品原料不能保证安全的,由原注册部门撤销注册、备案部门取消备案,由国务院药品监督管理部门将该化妆品原料纳入禁止用于化妆品生产的原料目录,并向社会公布。

(三)依法公布监督管理信息

药品监督管理部门应当依法及时公布化妆品行政许可、备案、日常监督检查结果、违法行为查处等监督管理信息。公布监督管理信息时,应当保守当事人的商业秘密。

(四)建立化妆品生产经营者信用档案

药品监督管理部门应当建立化妆品生产经营者信用档案。对有不良信用记录

的化妆品生产经营者，增加监督检查频次；对有严重不良信用记录的生产经营者，按照规定实施联合惩戒。

（五）对化妆品生产经营者法定代表人或者主要负责人进行责任约谈

化妆品生产经营过程中存在安全隐患，未及时采取措施消除的，药品监督管理部门可以对化妆品生产经营者的法定代表人或者主要负责人进行责任约谈。化妆品生产经营者应当立即采取措施，进行整改，消除隐患。责任约谈情况和整改情况应当纳入化妆品生产经营者信用档案。

（六）公布部门网站地址、电子邮件地址或者电话

药品监督管理部门应当公布本部门的网站地址、电子邮件地址或者电话，接受咨询、投诉、举报，并及时答复或者处理。对查证属实的举报，按照国家有关规定给予举报人奖励。

第四十一章　生活饮用水卫生

第一节　生活饮用水卫生概说

一、生活饮用水的概念

生活饮用水，简称饮用水，《生活饮用水卫生标准》（GB 5749－2006）将其定义为供人生活的饮水和生活用水，也就是供人生活的饮水和用水。

人的生命离不开水，而且水对健康有直接影响。人体所需要的微量元素不少来自水，但水中的有害物质又会危害人的健康，尤其是介水传染病病原体。所以，生活饮用水卫生一直是公共卫生法立法重点关注的民生问题。

二、生活饮用水卫生立法的发展历史

生活饮用水是人生存和发展所需要的"第一物质"，所以，生活饮用水卫生是社会极为关注的重点领域。我国从20世纪50年代就建立起了生活饮用水卫生监管的框架体系。经过几十年的不懈努力，生活饮用水卫生法律制度已经基本形成。

（一）生活饮用水卫生监管起步于卫生标准

我国生活饮用水卫生监管是由卫生标准推动的。1956年10月，国家建设委员会、卫生部联合颁发的《饮用水水质标准》，是当时卫生部门开展生活饮用水卫生监管最为全面的依据。它吸收了地方生活饮用水卫生管理与监督方面的实践经验，同时统一了各地自行制定的饮用水水质标准，将细菌总数、大肠菌类数、总硬度和铅、钾、氟化物、铜、锌的含量等12项要求列为"供生活饮用的集中供水"的水质标准，并确立了企业自身管理、专业机构监测和卫生部门监督的工作思路。这些工作思路后来都成为卫生监管的基本原则。

1957年1月，国家建设委员会、卫生部联合颁发了《集中式生活饮用水水源选择及水质评价暂行规则》，将生活饮用水卫生监管由"经常供生活饮用的及工业企业中生产用水兼供生活饮用的集中供水"扩大到"经常使用的集中式生活饮用水水源及工业用水兼供生活饮用的水源"。该规则根据国际经验，设立了卫生许可制

度。第一，卫生防护地带的范围及措施应取得卫生机关的同意，要求“新建的水源，不论其水质分析结果如何，都必须设置卫生防护地带”；第二，水的采样及检验，由各级卫生防疫站或就近有条件的检验机构进行，明确检验机构受条件限制不能提出规定资料时，“需与卫生机关研究解决”；第三，由卫生机关负责作出“水源是否适于饮用”结论，规定“卫生机关的结论有效期为 1 年。1 年后，若该水源在此期间内其卫生条件未发生变化，并经卫生机关的许可，则该项结论仍可认为有效”。

为了体现水质与水源之间的紧密关系，建立更加有效的责任体系，1959 年 9 月，建筑工程部、卫生部对《饮用水水质标准》和《集中式生活饮用水水源选择及水质评价暂行规则》进行合并，颁发了《生活饮用水卫生规程》。新规程除细化了水质标准、水源选择和水源卫生保护的要求外，进一步明确了自来水厂和自备水源的厂矿企业作为“供水单位”需要接受监督和承担责任的方面与内容。新规程首次将水源的卫生防护划分为三个地带：戒严地带、限制地带和观察地带。

卫生部从 1972 年开始组织对《生活饮用水卫生规程》修订，决定将“规程”改为“标准”，并于 1976 年 5 月联合国家基本建设委员会颁发了《生活饮用水卫生标准》(TJ 20 - 76)，自同年 12 月 1 日起试行。修订后的标准分为 5 章 21 条和附录。修订的主要内容有：增加了总则，明确制定标准的目的、意义和适用范围；增加了水质标准的指标和供水过程中的卫生要求；强调了选择水源时考虑城乡远近期规划的重要性；对水质检验提出明确要求，并对水源卫生防护地带作了较大的修改。此外，制定了《生活饮用水水质检验方法》。该标准对卫生部门的职责作了新的规定。

1985 年 8 月，卫生部颁发了新的《生活饮用水卫生标准》(GB 5749 - 85)。新标准将水质指标从 1976 年的 23 项增至 35 项，并首次列入了与人体健康有关的有机化合物标准限值和放射性指标的参考水平。同时，根据新的形势，新标准对管理体制作了比较大的调整。其规定：“本标准由供水单位和规划设计等有关单位负责执行。各级卫生防疫站、环境卫生监测站负责监督和检查执行情况。”在新建、扩建、改建集中式给水时，“供水单位的主管部门必须会同卫生、环境保护、规划、城建和水利等单位共同研究用水规划，确定水源选择、水源保护和工程设计方案，认真审查、设计，做好竣工验收，经卫生防疫站同意后，方可投入使用”。

之后，《生活饮用水卫生标准》还经历了两次修订。2001 年 6 月，卫生部颁发了《生活饮用水水质卫生规范》。该规范共设立水质指标 96 项，其中常规检测项目 34 项、非常规检测项目 62 项。2006 年 12 月，国家标准化管理委员会和卫生部联合颁发了《生活饮用水卫生标准》(GB 5749 - 2006)。该标准的水质指标增至 106 项，且指标限量与发达国家具有了可比性。由于 1996 年已经出台了《生活饮用水卫生监督管理办法》，所以，新标准并没有涉及相关的监管体制方面的内容。

（二）生活饮用水卫生监管发展于部门规章

生活饮用水一直是卫生立法关注的重点问题之一。早在1956年5月，国务院发布的《工厂安全卫生规程》就曾作出专门规定：工厂应该保证生活用水和工业用水的充分供给。饮水非经当地卫生部门检验许可，不许使用（第65条）；水源、水泵、贮水池和水管等都应该妥善管理，保证饮水不受污染（第66条）。但在相当长的时期里，卫生立法对生活饮用水的规定，主要限于相关生产经营活动所使用或者提供的水质，而没有针对饮用水的供水单位。例如，1965年国务院批准发布的《食品卫生管理试行条例》、1979年国务院《食品卫生管理条例》、1982年《食品卫生法（试行）》、1995年《食品卫生法》等规定，用水应当符合国家有关饮用水卫生规定或者用水必须符合国家规定的城乡生活饮用水卫生标准等；1987年《公共场所卫生管理条例》规定，水质应当符合国家卫生标准和要求；1990年《学校卫生工作条例》规定，学校应当为学生提供充足的符合卫生标准的饮用水等。

这一状况直到《传染病防治法》才开始改变。1989年《传染病防治法》第25条规定，在传染病暴发、流行时，经上一级地方政府批准，可以采取"封闭被传染病病原体污染的公共饮用水源"的紧急措施；第35条规定，对"供水单位供应的饮用水不符合国家规定的卫生标准的"，可以处以罚款，甚至采取强制措施。1991年《传染病防治法实施办法》第9条规定，集中式供水必须符合国家《生活饮用水卫生标准》。各单位自备水源，未经城市建设部门和卫生行政部门批准，不得与城镇集中式供水系统连接。因此，《传染病防治法》及其实施办法成为《生活饮用水卫生监督管理办法》的立法依据。

1996年7月，建设部、卫生部联合发布的《生活饮用水卫生监督管理办法》，作为生活饮用水卫生领域第一个专门立法，旨在保证生活饮用水卫生安全，保障人体健康，要求集中式供水、二次供水单位和涉及饮用水卫生安全的产品的生产单位和个人共同努力，防止生活饮用水污染，方便生活饮用水设施的清洗和消毒等。虽然从立法层级上说，该办法属于部门规章，但因对改善和提高生活饮用水卫生水平所产生的良好效果，仍不失为我国生活饮用水卫生立法史上的一个里程碑。其意义包括：

第一，扩大了监管范围。由原先的仅对生活饮用水水质的监管扩大到对生活饮用水水质有直接影响的相关产品。这一改变不仅简便易行，符合预防为主的要求，而且在短时间内扭转了我国生产以及使用涉及饮用水卫生安全的产品的无序状态。

第二，使生活饮用水卫生监管具有了可操作性。我国是较早制定生活饮用水卫生标准的国家，但相关的法律规范并不完备。所以，在生活饮用水卫生监管中，实际上存在不协调的问题。《生活饮用水卫生监督管理办法》既解决了生活饮用水卫生标准“管理能力弱”的“短板”，也延长了法律制度的“稳定性”。

第三，推动了生活饮用水卫生的国家立法。我国生活饮用水卫生监管曾长期处于先于立法的发展状态。《生活饮用水卫生监督管理办法》的实践为国家立法积累了丰富的经验。从实际效果看，该办法的一些内容已经成为国家法律规范的重要组成部分。

(三) 生活饮用水卫生监管完善于法律法规

目前，我国虽然还没有一部生活饮用水卫生方面的专门法律或者法规，但有关生活饮用水卫生的主要措施在相应的卫生立法中已经基本体现，而且从整体上初步形成了生活饮用水卫生监管的法律框架。概括来说，主要有以下几个特点：

1. 确立生活饮用水卫生标准的法律地位

生活饮用水卫生标准既是国家有关生活饮用水的卫生政策，也是国家有关生活饮用水的卫生治理措施。经过多次修订，生活饮用水卫生标准对水质指标作了详细规定，控制范围也进一步扩大，对保障人体健康和促进经济社会发展发挥了重要作用。为此，国家通过相应的卫生立法，将生活饮用水卫生标准的管理纳入了法律和法规，成为法律规范的一部分。一是将生活饮用水卫生标准作为饮用水生产供应的法定要求。《传染病防治法》规定，饮用水供水单位供应的饮用水，应当符合国家卫生标准。二是将生活饮用水卫生标准作为相关生产经营活动的法定要求。《食品安全法》规定：“用水应当符合国家规定的生活饮用水卫生标准。”三是将生活饮用水卫生标准作为认定违法犯罪的尺度。《刑法》规定，“供水单位供应的饮用水不符合国家规定的卫生标准的”，“引起甲类传染病传播或者有传播严重危险的，处三年以下有期徒刑或者拘役；后果特别严重的，处三年以上七年以下有期徒刑”。

2. 确立生活饮用水卫生监管的内容

为应对生活饮用水面临的卫生问题，采取措施改善生活饮用水水质，国务院有关部门率先制定了《生活饮用水卫生监督管理办法》。这一部门规章设立了供水单位卫生许可制、涉及饮用水卫生安全的产品审批制以及水质检验制等制度。这些制度后来都得到了法律的确认或者肯定，成为生活饮用水卫生国家立法的基本内容。一是关于饮用水供水单位。2004 年修订的《传染病防治法》规定：“饮用水供水单位从事生产或者供应活动，应当依法取得卫生许可证。”二是关于涉及饮用水卫生安全的产品。《传染病防治法》规定，涉及饮用水卫生安全的产品，应当符合国家卫生标准和卫生规范。三是关于饮用水供水单位供应的饮用水。《传染病防治法》规定,饮用水供水单位供应的饮用水,应当符合国家卫生标准和卫生规范。

3. 强化生活饮用水卫生的行政法律责任

由于部门规章的立法权限制,《生活饮用水卫生监督管理办法》只设置了罚款这一种行政处罚措施,且罚款的幅度也在3万元之内。为了有效地治理生活饮用水卫生面临的问题,国家在出台了一系列措施的同时,也对饮用水供水单位供应的饮用水不符合国家卫生标准和卫生规范的行为、涉及饮用水卫生安全的产品不符合国家卫生标准和卫生规范的行为,加大了处罚力度。一是增加行政处罚种类。《传染病防治法》设立的行政处罚有没收违法所得、罚款和暂扣或者吊销许可证。二是提高行政处罚数额标准。《传染病防治法》设立的没收违法所得处罚没有规定上限,换句话说,有多少违法所得就没收多少违法所得。罚款的上限也由3万元提高到5万元。

4. 明确生活饮用水卫生的监管主体

世界上80%的疾病与水有关。伤寒、霍乱、胃肠炎、痢疾、传染性肝病是人类五大疾病,均由水的不洁引起。所以,生活饮用水卫生是防病的重要切入点。为保障行政的有效性和适应性,《传染病防治法》列明的六项县级以上人民政府卫生行政部门在传染病防治工作中应当履行的监督检查职责,其中第四项特别规定,“并对饮用水供水单位从事生产或者供应活动以及涉及饮用水卫生安全的产品进行监督检查”。

为确保城乡居民饮用水安全,修订后的《水污染防治法》在立法宗旨中明确增加了“保障饮用水安全”的规定,并专门增设了“饮用水水源和其他特殊水体保护”一章,进一步完善饮用水水源保护区的管理制度。一是完善饮用水水源保护区分级管理制度。规定国家建立饮用水水源保护区制度,并将其划分为一级和二级保护区,必要时可在饮用水水源保护区外围划定一定的区域作为准保护区。二是对饮用水水源保护区实行严格管理。规定禁止在饮用水水源保护区内设置排污口。禁止在饮用水水源一级保护区内新建、改建、扩建与供水设施和保护水源无关的建设项目。禁止在饮用水水源二级保护区内新建、改建、扩建排放污染物的建设项目;已建成的,要责令拆除或者关闭。三是在准保护区内实行积极的保护措施。规定县级以上地方政府应当根据保护饮用水水源的实际需要,在准保护区内采取工程措施或者建造湿地、水源涵养林等生态保护措施,防止水污染物直接排入饮用水水体。四是明确了饮用水水源保护区划定机关和争议解决机制。对城乡居民的饮用水安全进行特殊保护,体现了以人为本的理念。

第二节 生活饮用水供应卫生

一、生活饮用水供水单位的概念

生活饮用水供水单位，简称供水单位，是指生产经营生活饮用水的企业或者设施。其主要分为集中式供水单位和二次供水单位。

所谓集中式供水，是指由水源集中取水，经统一净化处理和消毒后，由输水管网送至用户的供水方式，包括公共供水和单位自建设施供水。二次供水，是指将来自集中式供水的管道水另行加压、贮存，再送至水站或用户的供水设施，包括客运船舶、火车客车等交通运输工具上的供水（有独自制水设施者除外）。

生活饮用水供水单位应当建立饮用水卫生管理规章制度，配备专职或者兼职人员，负责饮用水卫生管理工作。根据《生活饮用水卫生监督管理办法》的规定，城市自来水供水企业和自建设施对外供水的企业，其生产管理制度的建立和执行、人员上岗的资格和水质日常检测工作，由城市建设行政主管部门负责管理。

二、集中式供水单位应当依法取得卫生许可证

《传染病防治法》规定，饮用水供水单位从事生产或者供应活动，应当依法取得卫生许可证。一般而言，集中式供水单位应当具有法人资格，而二次供水单位不要求具有法人资格。通常情况下，二次供水单位是一种供水设施。集中式供水单位取得市场监督管理部门颁发的营业执照后，还应当取得县级以上地方人民政府卫生行政主管部门发放的卫生许可证，方可供水。

根据规定，供水单位的供水范围在本行政区域内的，由该本行政区域的卫生行政主管部门负责发放卫生许可证；供水单位的供水范围超出其所在本行政区域的，由供水单位所在行政区域的上一级卫生行政主管部门负责发放卫生许可证；供水单位的供水范围超出其所在省、自治区、直辖市的，由该供水单位所在省、自治区、直辖市卫生行政主管部门负责发放卫生许可证。供水单位的卫生许可证有效期为4年，每年复核一次。有效期满前6个月，供水单位应当重新提出申请换发新证。

三、供水单位供应的生活饮用水应当符合国家卫生标准和卫生规范

《传染病防治法》规定，饮用水供水单位供应的饮用水，应当符合国家卫生标准和卫生规范。这里的国家卫生标准和卫生规范主要是指国家生活饮用水卫生标准。《生活饮用水卫生监督管理办法》规定，供水单位供应的饮用水必须符合国家生活饮用水卫生标准。根据《生活饮用水卫生标准》的规定，生活饮用水的卫生要求主要是：(1)生活饮用水中不得含有病原微生物；(2)生活饮用水中化学物质不得

危害人体健康;(3)生活饮用水中放射性物质不得危害人体健康;(4)生活饮用水的感官性状良好;(5)生活饮用水应经消毒处理;(6)生活饮用水水质应当符合常规指标、非常规指标及其限值要求等。

四、供水单位应当做好取水口和出水口的水质检测工作

饮用水水源地应当设置水源保护区。保护区内严禁修建任何可能危害水源水质卫生的设施及严禁实施一切有碍水源水质卫生的行为。《水污染防治法》规定,饮用水供水单位应当做好取水口和出水口的水质检测工作。发现取水口水质不符合饮用水水源水质标准或者出水口水质不符合饮用水卫生标准的,应当及时采取相应措施,并向所在地市、县级人民政府供水主管部门报告。饮用水供水单位应当对供水水质负责,确保供水设施安全可靠运行,保证供水水质符合国家有关标准。

集中式供水单位必须有水质净化消毒设施及必要的水质检验仪器、设备和人员,对水质进行日常性检验,并向当地人民政府卫生行政主管部门和建设行政主管部门报送检测资料。二次供水设施选址、设计、施工及所用材料,应当保证不使饮用水水质受到污染,并有利于清洗和消毒。各类蓄水设施要加强卫生防护,定期清洗和消毒。当饮用水被污染,可能危及人体健康时,有关单位或责任人应当立即采取措施,消除污染并向当地人民政府卫生行政主管部门和建设行政主管部门报告。

五、供水单位应当加强对直接从事供、管水人员的健康管理和卫生知识培训

直接从事供、管水的人员,是指从事净化、取样、化验、二次供水卫生管理及水池、水箱清洗人员。这部分人员直接与饮用水接触,其良好的健康状况和卫生习惯对饮用水安全关系重大。因此,应当加强对直接从事供、管水人员的健康管理和卫生知识培训。

《传染病防治法》规定,传染病病人、病原携带者和疑似传染病病人,在治愈前或者排除传染病嫌疑前,不得从事法律、行政法规和国务院卫生行政部门规定禁止从事的易使该传染病扩散的工作。《生活饮用水卫生监督管理办法》规定,直接从事供、管水的人员必须取得体检合格证后方可上岗工作,应当每年进行一次健康检查。凡患有痢疾、伤寒、甲型病毒性肝炎、戊型病毒性肝炎、活动性肺结核、化脓性或渗出性皮肤病及其他有碍生活饮用水卫生的疾病的和病原携带者,不得直接从事供、管水工作。直接从事供、管水的人员,未经卫生知识培训也不得上岗工作。

第三节　涉及饮用水卫生安全产品

一、涉及饮用水卫生安全产品的概念

涉及饮用水卫生安全产品，简称涉水产品，是指在饮用水生产和供水过程中，与饮用水接触的连接止水材料、塑料及有机合成管材、管件、防护涂料、水处理剂、除垢剂、水质处理器及其他新材料和化学物质。

根据卫生部《涉及饮用水卫生安全产品分类目录（2011 年版）》的规定，涉及饮用水卫生安全产品主要是：（1）输配水设备；（2）防护材料；（3）水处理材料；（4）化学处理剂；（5）水质处理器；（6）与饮用水接触的新材料和新化学物质。

二、涉及饮用水卫生安全产品的生产实行卫生许可

我国从 1997 年开始对涉及饮用水卫生安全产品的生产，实行卫生许可制度。凡是生产涉及饮用水卫生安全产品的单位或者个人，必须按规定向卫生行政主管部门申请办理产品卫生许可批准文件，取得批准文件后，方可生产和销售。卫生许可批准文件的有效期为 4 年。任何单位和个人不得生产、销售或者使用应当取得而没有取得卫生许可批准文件的涉及饮用水卫生安全的产品。

2004 年国务院以第 412 号令公布的《国务院对确需保留的行政审批项目设定行政许可的决定》，将涉及饮用水卫生安全产品卫生许可保留并设定为行政许可。根据该决定，国务院卫生行政主管部门应当对涉水产品卫生许可的条件等作出具体规定，并予以公布。涉及饮用水卫生安全产品卫生许可的程序和期限，依照《行政许可法》的有关规定执行。

2011 年卫生部《关于印发〈涉及饮用水卫生安全产品分类目录（2011 年版）〉的通知》规定，省级以上卫生行政主管部门对列入该目录的产品进行卫生行政许可，对已受理但未列入该目录的产品不予发放卫生行政许可批件。已获得卫生行政许可批件，但未列入该目录的产品可继续使用卫生行政许可批件，卫生行政许可批件到期后予以注销。

根据《生活饮用水卫生监督管理办法》的规定，利用新材料、新工艺和新化学物质生产的涉及饮用水卫生安全产品，应当取得国务院卫生行政主管部门颁发的卫生许可批准文件；除利用新材料、新工艺和新化学物质生产的其他涉及饮用水卫生安全产品，应当取得省级卫生行政主管部门颁发的卫生许可批准文件。2013 年国家卫生计生委发布通告，对利用新材料、新工艺和新化学物质生产的涉及饮用水卫生安全产品的卫生许可制定了判定依据。所谓新材料、新工艺和新化学物质，是指

在《涉水产品分类目录》范围内，使用了未列入输配水设备、防护材料、水处理材料所用材料主要成分清单和化学处理剂主要成分清单，并未列入现行涉水产品国家卫生标准、规范的材料、化学物质和未列入水处理工艺清单的水质处理器水处理工艺。

取得卫生许可批准文件的涉及饮用水卫生安全的产品，经日常监督检查，发现已不符合卫生许可批准文件颁发要求的，原批准机关有权收回有关批准文件。

三、涉及饮用水卫生安全产品的卫生安全性评价

涉及饮用水卫生安全产品，应当按照有关规定进行卫生安全性评价。卫生安全性评价，旨在证明将要上市销售的涉及饮用水卫生安全产品，是否符合卫生标准和卫生规范的要求。对于涉及饮用水卫生安全产品来说，一是要保证产品本身的卫生安全，也就是产品含有的有害物质在与水接触过程中不会溶解到饮用水中，不会对饮用水造成二次污染；二是要保证声称的净化水功能真实有效，也就是水处理剂、水质处理器等产品的净化水、去除水中有害物质的效率可以实现预定目的或者规定用途。

目前，有关涉及饮用水卫生安全产品卫生安全性评价的主要依据是：2001 年卫生部《生活饮用水输配水设备及防护材料卫生安全评价规范》《生活饮用水化学处理剂卫生安全评价规范》《生活饮用水水质处理器卫生安全与功能评价规范》；2005 年卫生部《生活饮用水消毒剂和消毒设备卫生安全评价规范（试行）》等。

第四节 生活饮用水卫生监督

一、生活饮用水卫生监督检测的性质

对生活饮用水进行卫生监督，目的是保证生活饮用水卫生。生活饮用水是否卫生，取决于生活饮用水是否符合国家生活饮用水卫生标准。法律要求供水单位对所供应的生活饮用水开展经常性检测，确保所供应的生活饮用水符合国家生活饮用水卫生标准。供水单位开展的生活饮用水卫生检测，虽然是法律要求的，但性质上是企业行为。

为了与企业开展的生活饮用水卫生检测相区别，法律将卫生行政主管部门开展的生活饮用水卫生检测，称为生活饮用水卫生监测。生活饮用水卫生监测是政府行为，具有强制性，供水单位应当无条件接受，并积极予以配合。同时，它还具有处罚性，生活饮用水卫生监测发现不符合国家生活饮用水卫生标准，是进行卫生行政处罚的依据。

生活饮用水卫生监督监测，是生活饮用水卫生监督和生活饮用水卫生监测的合称，具有监督和监测两方面的含义。县级以上人民政府卫生行政主管部门负责本行政区域内生活饮用水卫生监督监测工作，具体分工是：供水单位的供水范围在本行政区域的，由该行政区域的卫生行政主管部门负责监督监测；供水范围超出所在行政区域的，由供水单位所在行政区域的上一级卫生行政主管部门负责监督监测；供水范围超出所在省、自治区、直辖市的，由供水单位所在省、自治区、直辖市卫生行政主管部门负责监督监测。卫生行政主管部门应当加强对新建、改建、扩建集中式供水项目的预防性卫生监督工作，并负责本行政区域内饮用水的水源水质监测和评价。

二、医疗单位涉饮用水病例的报告

医疗单位的特殊性不仅在于医疗，还在于预防。从某种角度说，医疗单位是预防的最前沿。因为病人往往是向医疗单位集中的，在发现病人方面，医疗单位比任何单位都有优势。为此，无论是法律还是行政法规，都赋予了医疗单位报告的义务。根据规定，医疗单位发现因饮用水污染出现的介水传染病或化学中毒病例时，应当及时向当地人民政府卫生行政主管部门和卫生防疫机构报告。

三、饮用水污染事故的处置

饮用水发生污染，轻者影响人的日常生活，重者威胁人的健康。因此，防止饮用水污染是供水单位的基本责任，也是生活饮用水卫生监督的底线。当饮用水被污染，可能危及人体健康时，有关单位及其责任人应当立即采取措施，消除污染，并向当地人民政府卫生行政主管部门和建设行政主管部门报告。当发现饮用水污染危及人体健康，须停止使用时，卫生行政主管部门对二次供水单位应当责令其立即停止供水；对集中式供水单位应当会同城市建设行政主管部门报同级人民政府批准后停止供水。同时做好饮用水污染事故对人体健康影响的调查。

第四十二章　消 毒 卫 生

第一节　消 毒 概 说

一、消毒的概念

根据《传染病防治法》的定义，消毒是指用化学、物理、生物的方法杀灭或者消除环境中的病原微生物。

这一定义表明，消毒主要有三种方法，即化学消毒法、物理消毒法和生物消毒法。化学消毒法，是指利用化学药物杀灭或者清除病原微生物的方法，主要有浸泡法、擦拭法、喷雾法和熏蒸法等；物理消毒法，是指利用物理方法杀灭或者清除病原微生物的方法，常用的物理消毒法有自然净化、机械力清除、热力消毒、辐射消毒、超声波消毒和微波消毒等；生物消毒法，是指利用动植物、微生物及其代谢产物杀灭或者清除病原微生物的方法，主要用于水、土壤和生物体表面包括粪便、垃圾的消毒处理。

这一定义还表明，消毒主要目的是杀灭或者消除环境中的病原微生物。这里的环境，是指相对于社会环境而言的自然环境，包括生活环境、生产环境和食物链环境等在内的人所处的理化环境和生物环境。传染病的传播，包括呼吸道传播、消化道传播和日常生活接触传播，都与环境生物性污染有关。在环境生物性污染物中，最主要的是病原微生物。病原微生物，是指能够使人或者动物致病的微生物。杀灭或者消除环境中的病原微生物，目的是切断传播途径，以预防和控制感染性疾病，包括传染性疾病。

二、消毒的意义

消毒是卫生措施之一，其目的是预防和控制感染性疾病的传播。感染性疾病是由病原微生物引起的疾病的统称。感染性疾病种类很多，包括：细菌感染，如大叶性肺炎、布病、细菌性痢疾等；病毒感染，如病毒性肝炎、乙脑、出血热等；寄生虫感染，如蛔虫病、肝吸虫病等；真菌感染，如隐球菌病、念珠菌病等；还有立克次氏体引起的疾病、斑疹伤寒等。

病原微生物可以通过空气、飞沫、接触、媒介、生物媒介等多种途径传播疾病。在预防感染性疾病上，应当根据不同病原体的不同传播方式，采取相应的措施。无论是在隔离感染源方面，还是在切断传播途径方面，甚至是保护易感者方面，消毒都是其中不可缺少的措施。或者说，消毒始终是最锐利的武器之一。

消毒可以分为高水平消毒、中水平消毒和低水平消毒。高水平消毒，要求杀灭一切细菌繁殖体、分支杆菌、病毒、真菌和致病性细菌芽孢的消毒处理。中水平消毒，要求杀灭细菌繁殖体、分支杆菌、病毒和真菌的消毒处理。低水平消毒，要求杀灭一般细菌繁殖体和亲脂病毒的消毒处理。在实践中，应当根据消毒对象的危险性分别采取不同水平的消毒方法进行消毒。

《传染病防治法》规定，对被传染病病原体污染的污水、污物、场所和物品，有关单位和个人必须在疾病预防控制机构的指导下或者按照其提出的卫生要求，进行严格消毒处理；拒绝消毒处理的，由当地卫生行政部门或者疾病预防控制机构进行强制消毒处理。医疗机构对本单位内被传染病病原体污染的场所、物品以及医疗废物，必须依照法律、法规的规定实施消毒和无害化处置。医疗机构应当按照规定对使用的医疗器械进行消毒。

三、有关消毒的立法

消毒是重要的传染病预防控制手段。所以，消毒卫生方面的立法，始终与传染病防治工作结合在一起。可以这样说，传染病防治立法有多久，消毒卫生立法就有多久。

消毒卫生立法在起步阶段是零星的，或者说是依附于相关立法的。例如，1954年经政务院批准发布的《卫生防疫站暂行办法》第14条第1款规定，对传染源及传染媒介物进行随时、最终及预防性消毒工作。又如，1955年经国务院批准发布的《传染病管理办法》第9条、第12条、第15条等分别对甲类乙类传染病病人的消毒治疗、居家隔离消毒、甲类传染病尸体消毒等进行了规定。

对消毒卫生进行综合性立法是从20世纪80年代开始的。为加强消毒管理，改善卫生条件，防止疾病传播，保障人民身体健康，1987年卫生部制定了《消毒管理办法》，分总则，医疗卫生单位的消毒，疫源地消毒，预防性消毒，医疗、卫生用品的消毒，消毒监督管理，罚则和附则，共8章35条。之后，卫生部于1992年对《消毒管理办法》进行了小范围修改，保持了原有的框架结构，仍为8章35条，最重要的是首次确立了“国家对生产、经营、使用消毒药剂、消毒器械和一次性使用的医疗、卫生用品实行卫生许可证制度”。2002年卫生部对《消毒管理办法》再次进行了修改。这次修改对框架结构作了大幅调整，分总则、消毒的卫生要求、消毒产品的生产经营、消毒服务机构、监督、罚则和附则，共7章51条。最新两次修订是在2016年和2017年，其中根据“放管服”改革要求，对消毒产品的行政许可项目和程序进行了调整。此外，卫生部还相继发布了《消毒产品生产企业卫生许可规定》《消毒产品生产企业卫生规范》《消毒产品检验规定》《消毒产品标签说明书管理规范》《消毒产品卫生安全评价规定》等规范性文件。

虽然《消毒管理办法》的内容是综合性的，但法律性质是部门规章。因此，在实践中，一方面积极推动更高层次的立法，另一方面也努力在相关法律、行政法规中增加消毒卫生方面的内容，为《消毒管理办法》提供更多的法律依据。例如，2004年《传染病防治法》规定，用于传染病防治的消毒产品应当符合国家卫生标准和卫生规范。生产用于传染病防治的消毒产品的单位和生产用于传染病防治的消毒产品，应当经省级以上人民政府卫生行政部门审批。具体办法由国务院制定。这一规定既为卫生行政部门的消毒管理提供了依据，也为制定消毒行政法规提供了依据。又如，《食品安全法实施条例》规定，餐饮服务提供者委托餐具饮具集中消毒服务单位提供清洗消毒服务的，应当查验、留存餐具饮具集中消毒服务单位的营业执照复印件和消毒合格证明。保存期限不得少于消毒餐具饮具使用期限到期后6个月。餐具饮具集中消毒服务单位应当建立餐具饮具出厂检验记录制度，如实记录出厂餐具饮具的数量、消毒日期和批号、使用期限、出厂日期以及委托方名称、地址、联系方式等内容。出厂检验记录保存期限不得少于消毒餐具饮具使用期限到期后6个月。消毒后的餐具饮具应当在独立包装上标注单位名称、地址、联系方式、消毒日期和批号以及使用期限等内容。这是目前法律对消毒服务单位作出的最为细致的规定。其实，如果将现行法律、行政法规中有关消毒方面的规定集中起来看，其不仅涵盖了《消毒管理办法》所规范的内容，而且更加全面。

第二节 消毒的卫生要求

一、医疗卫生机构

医疗卫生机构可以泛指，也可以专指。这里的医疗卫生机构，是专指医疗保健、疾病控制、采供血机构及与上述机构业务活动相同的单位。对于医疗卫生机构来说，消毒是一项日常工作，而且是一项日常的业务性工作。没有消毒，就没有医疗卫生机构的业务活动。

（一）建立组织管理体系

医疗卫生机构应当建立消毒管理组织。消毒管理组织是医疗卫生机构根据消毒工作需要设立的专门工作机构,可以是常设性的机构,也可以是非常设性的机构。通常该机构的职责是审议本单位消毒工作年度计划或者安排;定期研究相关消毒工作;检查、督促各部门落实消毒管理制度情况等。

医疗卫生机构应当制定消毒管理制度。消毒管理制度是有关消毒方面的管理制度的总称。医疗卫生机构制定消毒管理制度的依据,是国家有关消毒卫生的规范、标准和规定。对医疗卫生机构来说,消毒管理可以分为行政管理和技术管理两部分。行政管理主要是落实消毒管理责任制,技术管理主要是落实消毒、灭菌等措施。

医疗卫生机构应当定期开展消毒与灭菌效果检测工作。在预防控制感染性疾病方面,世界卫生组织曾推荐了五类措施:消毒、隔离、无菌操作、合理使用抗菌药物、监测并通过监测进行感染控制的效果评价。定期开展消毒与灭菌效果检测工作,不仅可以促进上述五类措施的落实,还可以及时发现消毒与灭菌工作中存在的问题。

(二)开展消毒技术培训

医疗卫生机构工作人员应当接受消毒技术培训,掌握消毒知识。随着消毒产品不断升级,消毒技术和消毒知识更新步伐明显加快。因此,医疗卫生机构应当将消毒技术和消毒知识等作为在职培训的重要内容,开展专门教育和训练,以提高工作人员的消毒技术业务水平和操作技能。

医疗卫生机构工作人员应当按规定严格执行消毒隔离制度。导致医院感染的因素有很多,但通过控制传染病病原体,切断传播途径,保护易感人群,可以大大降低交叉感染的危险性,有效预防控制感染性疾病。其中,严格执行消毒隔离制度最为关键。

(三)医疗器械达到灭菌消毒要求

医疗卫生机构使用的进入人体组织或无菌器官的医疗用品必须达到灭菌要求。按照风险程度,我国将医疗器械分为风险程度低、具有中度风险和具有较高风险三类。进入人体组织或无菌器官的医疗用品属于第三类,具有较高风险。因此,必须达到灭菌保障水平。

医疗卫生机构使用的各种注射、穿刺、采血器具应当一人一用一灭菌。医疗器械大致分为一次性使用的和重复使用的医疗器械。注射、穿刺、采血器具属于一次性使用的医疗器械,应当一人一用,不得重复使用。特殊情况下,需要重复使用的,必须达到灭菌保障水平。

医疗卫生机构使用的接触皮肤、黏膜的器械和用品必须达到消毒要求。接触分为直接接触和间接接触。直接接触的医疗器械消毒一般难度大，而间接接触的医疗器械又因结构不同分为不易消毒和易消毒。因此，对接触皮肤、黏膜的医疗器械要根据不同类型达到相应的消毒水平。

医疗卫生机构使用的一次性使用医疗用品用后应当及时进行无害化处理。一次性使用医疗用品，包括一次性使用的注射器、输液(血)器、手术巾、手术衣、帽、口罩、一次性口腔镜、一次性手套、指套及其他需要消毒的医疗用品等，但不包括人工关节、心脏瓣膜、心脏起搏器、血管支架以及明胶海绵、几丁质等临床用于人体支持的一次性使用医疗用品。

(四)采取有效消毒措施

医疗卫生机构不仅是消毒产品的主要用户，而且消毒效果直接关系公众健康。影响消毒效果的最主要原因是消毒产品的质量。因此，医疗卫生机构采购消毒产品，必须按照要求索证，并严格执行进货检查验收制度。

对被污染的环境、场所、物品以及医疗废物进行消毒和无害化处理。医疗卫生机构的环境、物品应当符合国家有关规范、标准和规定。对本单位内被传染病病原体污染的场所、物品以及排放废弃的污水、污物等医疗废物，应当依照法律、法规的规定实施消毒和无害化处置。

对被污染的车辆、工具随时进行消毒处理。大多数医疗卫生机构承担着传染病救治任务。所以，无论是在医疗卫生机构外运送传染病病人，还是在医疗卫生机构内运送传染病病人，医疗卫生机构对运送传染病病人的车辆、工具以及运送传染病病人污染物品的车辆、工具，必须随时进行消毒处理。

发生感染性疾病暴发、流行时立即采取有效消毒措施。医疗卫生机构承担着控制传染病在本单位内传播的职责。因此，一旦发生感染性疾病暴发、流行时，医疗卫生机构除应当按照规定报告当地卫生行政部门外，还应当及时采取有效消毒措施，保障医患双方的安全。

二、托幼机构

托幼机构，包括托儿所和幼儿园。托幼机构属于教学机构。《传染病防治法》对各级各类学校提出的要求，适用于托幼机构。而且，儿童作为易感人群，更应该受到格外保护。托幼机构应当健全和执行消毒管理制度，对室内空气、餐(饮)具、毛巾、玩具和其他幼儿活动的场所及接触的物品定期进行消毒，确保万无一失。

三、病原微生物实验单位

病原微生物实验单位的生物安全管理，既关系实验室工作人员的健康，也关系公众的健康。所以，从事致病微生物实验的单位应当严格执行有关的管理制度、操作规程，并对实验的器材、污染物品等按规定进行严格消毒，防止实验室感染和致病微生物的扩散。

四、用工单位

用工单位，也称用人单位，广义的用工单位包括企业、事业单位和个体经济组织。用工单位有以招用本地人员为主的，也有以招用流动人员为主的。招用流动人员的用工单位，往往提供集中生活条件。从风险性角度考虑，要求招用流动人员200人以上的用工单位，应当对流动人员集中生活起居的场所及使用的物品定期进行消毒。

五、特定场所和物品

（一）疫源地

疫源地，即自然疫源地，是指某些可引起人类传染病的病原体在自然界的野生动物中长期存在和循环的地区。与自然疫源地相关的，还有可能是自然疫源地，指在自然界中具有自然疫源性疾病存在的传染源和传播媒介，但尚未查明的地区。《传染病防治法》及其实施办法对自然疫源地和可能是自然疫源地的卫生防疫有明确规定，其消毒应当执行国家有关规范、标准和规定。

（二）病原体污染皮毛

传染病病原体污染的皮毛，或者来自疫区可能被传染病病原体污染的皮毛，是或者可能是传染病的传播媒介，依法应当实施控制和卫生处理。卫生处理既包括隔离、留验和就地诊验等医学措施，也包括消毒、除鼠、除虫等卫生措施。这里的卫生处理主要是指消毒措施。经消毒可以使用的，应当在当地疾病预防控制机构的指导下，进行消毒处理。未经消毒处理的，不得加工、出售和运输。

（三）出租、洗涤衣服

传染病暴发、流行并不是经常发生的，但预防传染病暴发、流行的各项措施并不能因此而松懈。衣物是病原体易污染的物品。换句话说，商业性的出租衣物和洗涤衣物，存在一定的交叉感染风险。因此，出租衣物及洗涤衣物的单位和个人，应当对相关物品及场所进行消毒。

（四）殡仪馆、火葬场

因病死亡是人最主要的死亡原因。在因病死亡者中，不乏因传染病死亡。《传染病防治法》规定，患甲类传染病、炭疽死亡的，应当将尸体立即进行卫生处理，就近火化；患其他传染病死亡的，必要时，应当将尸体进行卫生处理后火化或者按照规定深埋。为了防止殡仪馆、火葬场内与遗体接触的物品及运送遗体的车辆，成为病原体扩散的媒介，殡仪馆、火葬场内与遗体接触的物品及运送遗体的车辆应当及时消毒。

《消毒管理办法》主要适用的是医疗卫生机构、消毒服务机构以及消毒产品的生产经营者，并没有将公共场所、食品、生活饮用水、血液制品等消毒纳入其中。因此，公共场所、食品、生活饮用水、血液制品的消毒管理，按有关法律、法规的规定执行。

第三节 消毒产品

一、消毒产品的范围

消毒产品，目前法律没有定义。所谓消毒产品，实际上是指纳入《消毒管理办法》管理的产品。主要包括消毒剂、消毒器械、卫生用品和一次性使用医疗用品。

消毒剂，是指用于消毒、灭菌或洗涤消毒的制剂；消毒器械，是指用于消毒、灭菌的各种器械和装置，包括生物指示物、化学指示物和灭菌物品包装物；卫生用品，是指需要消毒的卫生用品，包括棉签、口罩、避孕工具、妇女卫生纸、妇女卫生巾、妇女卫生栓（杯）、消毒纸巾、隐形眼镜保存液和直接用于病人的漱口杯、一次性卫生餐具等。

二、消毒产品生产企业应当取得卫生许可证

消毒产品是预防控制传染病的重要工具。所以，消毒产品生产企业实际上是公共卫生力量不可缺少的组成部分。对消毒产品生产企业实行卫生许可证制度，目的就是提高准入门槛，以确保消毒产品质量。

消毒产品生产企业作为一般企业，它应当按照规定取得市场监督管理部门颁发的营业执照；作为消毒产品的专业企业，它还应当按照规定取得所在地省级卫生行政部门发放的卫生许可证。

2009 年卫生部出台了《消毒产品生产企业卫生规范》。该规范对消毒产品生产企业的厂区环境与布局、生产区卫生要求、设备要求、物料和仓储要求、卫生质量管理、人员要求等进行了规定。凡符合《消毒产品生产企业卫生规范》要求的，由省级卫生行政部门发给卫生许可证，有效期为 4 年。

卫生许可证有效期内，消毒产品生产企业变更企业名称、法定代表人或者生产类别的，应当向原发证机关提出变更申请，经审查同意，换发新的消毒产品生产企业卫生许可证；迁移厂址或者另设分厂、车间的，应当按照申请消毒产品生产企业卫生许可证的程序，向生产场所所在地的省级卫生行政部门申请消毒产品生产企业卫生许可证。

消毒产品生产企业应当按照卫生许可证上注明的生产项目组织生产。生产项目分为消毒剂类、消毒器械类和卫生用品类。消毒产品生产企业应当确保所生产的消毒产品符合国家有关规范、标准和规定,并按照要求进行检验,不合格的消毒产品不得出厂。

三、生产、进口新消毒产品应当取得卫生许可批件

我国曾对生产、进口消毒剂和消毒器械实行卫生许可批件制度。为了减少行政许可,促进市场经济发展,2016 年开始对消毒剂和消毒器械实行分类管理,分为新消毒产品和新消毒产品外的消毒产品。

新消毒产品,是指利用新材料、新工艺技术和新杀菌原理生产的消毒剂和消毒器械;新消毒产品外的消毒产品,是指新消毒产品外的消毒剂、消毒器械和卫生用品中的抗(抑)菌制剂。对新消毒产品,继续实行卫生许可批件制度。生产、进口新消毒产品应当取得卫生许可批件;对新消毒产品外的消毒产品,改为卫生安全评价报告备案制度。新消毒产品外的消毒产品上市前,生产企业或者进口单位应当将卫生安全评价报告向省级卫生行政部门进行备案。

卫生许可批件是国务院卫生行政部门发放的允许生产、进口新消毒产品的证明文件。取得卫生许可批件的单位和个人,应当按卫生许可批件规定的新消毒产品进行生产、进口。卫生许可批件主要有两种:(1)新消毒产品卫生许可批件;(2)进口新消毒产品卫生许可批件。

生产企业申请新消毒产品卫生许可批件、在华责任单位申请进口新消毒产品卫生许可批件的,应当按照新消毒产品卫生行政许可管理规定的要求,向国务院卫生行政部门提出申请。对批准的新消毒产品,国务院卫生行政部门发给卫生许可批件,有效期为 4 年。

国务院卫生行政部门可以对批准的新消毒产品进行重新审查。有下列情形之一的,国务院卫生行政部门有权注销新消毒产品卫生许可批件:(1)新消毒产品卫生许可批件持有者未在规定期限提交重新审查所需要的材料;(2)产品原料、杀菌原理和生产工艺不符合利用新材料、新工艺技术和新杀菌原理生产消毒剂和消毒器械的判定依据;(3)产品安全性、消毒效果达不到要求。

国务院卫生行政部门定期公告取得卫生行政许可的新消毒产品批准内容。公告发布之日起,列入公告的同类产品不再按新消毒产品进行卫生行政许可。

四、卫生用品不再实行备案

我国曾对生产、进口卫生用品实行备案制度。卫生用品生产企业在产品投放市场前,按规定向省级卫生行政部门进行备案;进口卫生用品在首次进口时,进口

单位应当向国务院卫生行政部门进行备案。为了减少行政许可,促进市场经济发展,2016 年取消了有关生产、进口卫生用品实行备案的规定。

五、消毒产品的名称、标签、说明书、包装标识应当符合相关规定

消毒产品的名称、标签、说明书、包装标识是消毒产品质量的重要组成部分。对消费者而言,消毒产品的质量不仅体现在消毒产品本身,而且体现在消毒产品使用目的的实现程度上。所以,消毒产品生产企业既要加强对出厂产品的检验,保证不合格产品不出厂,又要采取切实措施,确保消费者正确选用其所生产的消毒产品。

2001 年卫生部制定了《健康相关产品命名规定》。消毒产品的名称应当符合其中的命名原则和要求,禁止出现下列内容:(1)消费者不易理解的专业术语及地方方言;(2)虚假、夸大和绝对化的词语,如"特效""高效""奇效""广谱""第 × 代"等;(3)庸俗或者带有封建迷信色彩的词语;(4)已经批准的药品名;(5)外文字母、汉语拼音、符号表(表示型号的除外)。如为注册商标或者必须使用外文字母、符号的,应当在说明书中用中文说明。

卫生部于 2006 年 5 月起实施了《消毒产品标签说明书管理规范》。该规范分门别类地对消毒产品的标签、说明书内容及书写要求等作了详细规定。总的原则是消毒产品标签、说明书标注的有关内容应当真实,不得有虚假夸大、明示或者暗示对疾病的治疗作用和效果的内容。总的要求有八个方面,包括中文标识、产品名称、与卫生许可或备案的一致性、执行标准、杀灭微生物类别、储存运输等特殊性要求、生产企业信息、卫生许可证号等。同时,还具体规定了禁止标注的内容。

《消毒管理办法》规定,消毒产品包装上标注的厂址、卫生许可证号应当是实际生产地的地址和其卫生许可证号。

六、经营者采购消毒产品应当索取有效证件

我国禁止无生产企业卫生许可证的企业生产消毒产品和无新消毒产品卫生许可批件的企业生产(进口)新消毒产品,也禁止产品卫生安全评价不合格的消毒产品出厂和产品卫生质量不符合要求的消毒产品出厂。因此,经营者在采购消毒产品时必须索证,无有效证件的,禁止经营。

索证是消毒产品经营者在销售消毒产品前对消毒产品生产(进口)者所进行的取得其有效证明的活动,其目的在于决定是否销售。目前,经营者采购消毒产品应当索取下列有效证件:(1)生产企业卫生许可证复印件;(2)新消毒产品卫生许可批件复印件;(3)产品卫生安全评价报告复印件。复印件上应当加盖原件持有者的印章,否则无效。

第四节 消毒服务机构

一、消毒服务机构的概念

消毒服务机构,是指为社会提供可能被污染的物品及场所、卫生用品和一次性使用医疗用品等进行消毒与灭菌服务的单位。这里的消毒服务机构是专门从事消毒活动的企业,它为消毒客户服务。

消毒服务机构按其开展的业务范围,可以分为综合性消毒服务机构和专门性消毒服务机构。综合性消毒服务机构是开展多项消毒业务的消毒服务机构,专门性消毒服务机构是开展单一消毒业务的消毒服务机构。

目前消毒服务机构开展的消毒与灭菌服务,主要采用的方法是环氧乙烷消毒与灭菌、电离辐射消毒与灭菌以及其他方法消毒与灭菌等。

二、消毒服务机构应当具备的条件

消毒服务机构是经营性企业,不是公共卫生机构,但它所提供的消毒与灭菌服务与公共卫生密切相关。换句话说,低质量的消毒与灭菌服务有可能成为公共卫生的隐患。因此,加强对消毒服务机构的卫生监督,是提高公共卫生管理水平的需要。

开设消毒服务机构,除了需要具备企业的一般条件,根据《消毒管理办法》的规定,还应当具备以下条件:(1)具备符合国家有关规范、标准和规定的消毒与灭菌设备;(2)其消毒与灭菌工艺流程和工作环境必须符合卫生要求;(3)具有能对消毒与灭菌效果进行检测的人员和条件,建立自检制度;(4)用环氧乙烷和电离辐射的方法进行消毒与灭菌的,其安全与环境保护等方面的要求按国家有关规定执行。

2002 年卫生部印发了《消毒服务机构卫生规范》,对消毒服务机构应当具备的条件和要求进行了细化。

三、消毒服务机构不再需要取得卫生许可

我国曾对消毒服务机构实行卫生许可证制度,对从事消毒服务的人员实行资格证书制度。为了依法推进行政审批制度改革和政府职能转变,根据国务院关于取消、下放和调整行政审批项目的决定,2016 年国家卫生计生委对《消毒管理办法》等部门规章进行了清理,决定删去《消毒管理办法》第 35 条"消毒服务机构应当向省级卫生行政部门提出申请,取得省级卫生行政部门发放的卫生许可证后方可开展消毒服务"等,和第 36 条第 5 项"从事用环氧乙烷和电离辐射进行消毒服务的人员必须经过省级卫生行政部门的专业技术培训,以其他消毒方法进行消毒服务的

人员必须经过设区的市(地)级以上卫生行政部门组织的专业技术培训,取得相应资格证书后方可上岗工作”等。

对消毒服务机构不再实行卫生许可证管理,对消毒服务人员不再实行资格证书管理,并不意味着对他们放松管理要求。这只是管理方式的调整。卫生行政部门应当加强对消毒服务活动的事中和事后监督管理。作为消毒服务机构,除自觉不购置和不使用不符合规定的消毒产品外,在不具备消毒服务机构条件时,还应当自觉停止开展相应的消毒业务;同时应当加强对消毒服务人员的专业技术培训和考核,不安排未经专业技术培训并考核合格的人员上岗工作。卫生行政部门对消毒服务机构违反规定,消毒后的物品未达到卫生标准和要求的,除责令限期改正外,可以给予行政处罚。

第九篇

学校卫生法

第四十三章　学校卫生法概说

第一节　学校卫生法的含义

一、学校的概念

学校，也称各级各类学校，是指实施学前教育、普通初等教育、普通中等教育、职业教育、普通高等教育以及特殊教育、成人教育的教育机构。除学校外，我国还有其他教育机构，如少年宫以及地方教研室、电化教育机构等。

在我国，学校和其他教育机构的基本特征或者条件是相同的，即有组织机构和章程、有合格的教师、有符合规定标准的教学场所及设施设备、有必备的办学资金和稳定的经费来源等。

二、学校卫生的概念

学校卫生有广义和狭义之分。广义的学校卫生，是指与学校相关的卫生。这个意义上的学校卫生，注重的是学校这一身份，凡是以学校为范围开展的卫生，或者以学校名义开展的卫生，都归为学校卫生。狭义的学校卫生，是指与学生相关的卫生。这个意义上的学校卫生，强调的是学生这一对象，在学校开展的卫生中，凡是直接或者间接与学生相关的卫生，都归为学校卫生。狭义的学校卫生，也可以称为学生卫生。通常学校卫生是狭义的。

三、学校卫生法的概念

所谓学校卫生法，是指关于学校内学生卫生的法律规范的总和。学校作为一个社会成员，从法律上说，除非特别说明，现有卫生方面的法律规范都适用于学校。这里所称的学校卫生法是专门为学校卫生设定的，其法律规范所适用的对象是特定的。从法律规范来看，有的要求是向学校提出的，有的要求是向教师提出的，有的要求是向学生提出的，但最终的受益者是学生或者包括学生。

我国目前还没有一部以学校卫生法为名称的法律。有关学校卫生的法律规范分散在不同的法律、行政法规和规章之中，主要代表是1990年的《学校卫生工作条例》。需要指出的是,《学校卫生工作条例》调整的学校,是指普通中小学、农业中学、职业中学、中等专业学校、技工学校、普通高等学校。其中包括了小学、中学和大学,但没有包括学前教育机构。学校卫生与托儿所、幼儿园密切相关,但按照目前的分工,托儿所、幼儿园卫生是学龄前儿童保健的组成部分,属于妇幼卫生。从这个意义上说,学校卫生以《学校卫生工作条例》为主要依据,但并不局限于《学校卫生工作条例》。

第二节 学校卫生法的发展历史

从学校卫生法发展过程来看,大致可以分为以下三个阶段。

一、初建阶段

这一阶段经历了20多年时间,从20世纪50年代持续到70年代中期。学校卫生作为“五大”卫生之一,在整个公共卫生中,一直受到高度重视。早在1951年,政务院就作出了《关于改善各级学校学生健康状况的决定》,要求各级教育行政部门和各级学校立即纠正忽视学生健康的思想和对学生健康不负责任的态度,切实改善各级学校学生健康状况。该决定对调整学生日常学习及生活的时间、减轻学生课间学习与社团活动的负担、改进学校卫生工作、注重体育娱乐活动、改善学生伙食管理办法、学校经费应适当照顾保健工作需要等,作出了明确规定。

教育、卫生行政部门在学校卫生上的职责分工是在这一时期基本确定的。为了开展和加强学校卫生工作,1951年教育部和卫生部以[51]教卫保联字第3号联合下发通知,明确规定,学校卫生工作的方针任务,由教育、卫生两部门商同订定;学校卫生工作的组织机构和人事行政工作由教育部门统一规定,由校长负责领导;有关学校卫生工作的具体业务,由卫生部门负责领导。

总体来说,这一时期学校卫生法立法还处在不断积累经验的阶段,有关学校卫生工作主要是由卫生、教育等行政部门以通知的形式推动的。例如,1954年《高等教育部、教育部、卫生部、体育运动委员会关于开展学校保健工作的联合指示》,1956年《教育部、卫生部关于建立高中学生健康记录卡片制度的补充联合通知》《卫生部、高等教育部为试行“高等学校学生健康情况学期报表”的联合通知》《教育部、卫生部为试行“中等学校学生健康状况学期报表”的联合通知》,1958年《教育部、卫生部关于进一步加强学校保健工作领导的联合指示》,1959年《教育部、卫生部关于保护学生视力的通知》,1960年《教育部、卫生部关于进一步加强学校伙食管理和保护学生视力的通知》,1961年《教育部、卫生部关于防治学生肺结核、肝炎传染病的通知》等。部门规章主要有：1954 年卫生部、高等教育部、教育部《全国高等学校招生健康检查办法》，1964 年卫生部、教育部、文化部等八部门《中小学校保护学生视力暂行办法（草案）》等。1964 年国务院还批转了教育部、体育运动委员会、卫生部《关于中、小学学生的健康状况和改进学校体育、卫生工作的报告》。

1954 年《高等教育部、教育部、卫生部、体育运动委员会关于开展学校保健工作的联合指示》中，规定了学校卫生医务人员职责：(1)在学校行政直接领导下进行工作，业务上受当地卫生机关之指导，在每学期开始时应负责依照学校保健指导委员会之方针及教育行政机关关于学校保健工作的指示拟定该校之保健工作计划及实施办法，并制订经常工作制度，提请校行政或学校保健委员会审查通过，列入学校总计划内；(2)向校长或学校保健委员会提供有关学校卫生之改进设施及卫生经费使用之意见；(3)应经常结合季节及学校各种活动进行卫生宣传教育，应有系统地灌输学生卫生知识，培养卫生习惯，以提高学生健康水平；(4)对传染病患者应尽力早期发现并采取各种预防措施；(5)督导改善学校环境卫生；(6)指导并监督检查学生伙食之卫生管理，对伙食管理人员、炊事员进行必要的卫生教育；(7)应掌握学生健康情形，对影响学生健康之学习、生活各方面应随时向校长反映，在校务会议或学校保健委员会上提出改进意见；(8)实施健康检查及缺点矫治；(9)实施简易治疗、急救及转诊，并与附近医疗机关（医院或门诊部）建立联系；(10)应注意体育与卫生的结合，经常进行体育卫生教育及对体育之卫生监督工作，并协助对参加体育锻炼之学生实施体格检查工作。当时确定的这些学校卫生职责在今天看来，仍然具有先进性和可操作性。

二、发展阶段

20 世纪 70 年代后期至 90 年代末，是我国学校卫生法发展最快也是发展最好的时期之一。在这一阶段，我国学校卫生基本实现了有法可依。其中具有标志性意义的是教育部、卫生部 1979 年制定的《中、小学卫生工作暂行规定（草案）》和 1980 年制定的《高等学校卫生工作暂行规定（草案）》。这两个暂行规定从制度层面形成了相对比较科学和完整的学校卫生工作体系和学校卫生管理体系，使学生的健康利益得到了比较充分的体现。为调动学校卫生技术人员的积极性，教育部、卫生部还联合印发了《关于学校卫生技术人员考核、晋升问题的通知》，进一步明确，学校卫生技术人员职称的确定和晋升，应当结合学校卫生技术人员的特点进行，以教育部门为主，由教育部门和卫生部门共同组织领导。1979 年卫生部还制定了《高等学校招生健康检查标准及执行细则》，1980 年国家劳动总局发布了《技工学校招生体检标准及执行细则（试行）》等。

经过十年的实践和总结,1990 年国务院批准发布了《学校卫生工作条例》。这是我国历史上第一部有关学校卫生的专门行政法规,具有里程碑意义。该条例整合了《中、小学卫生工作暂行规定(草案)》和《高等学校卫生工作暂行规定(草案)》,确立了学校卫生工作的目标是提高学生健康水平,突出了学生健康在学校的教育教学中的优先保护地位,明确了学校卫生纳入学校工作计划的重要性,客观上将学校卫生法治化水平提高到了一个新的高度。根据规定,学校卫生工作的任务是,监测学生的健康水平;对学生进行健康教育,培养学生良好的卫生习惯;改善学校卫生环境和教学卫生条件;加强对传染病、学生常见病的预防和治疗。

为贯彻落实《学校卫生工作条例》,针对学生常见病防治规划,卫生部联合有关部委出台了一系列防治方案。例如,1991 年卫生部、国家教委《全国学生常见肠道蠕虫感染综合防治方案(试行)》,1992 年卫生部、国家教委、全国爱卫会《全国学生贫血综合防治方案(试行)》《全国学生龋齿与牙周疾病综合防治方案(试行)》《全国学生营养不良综合防治方案(试行)》《全国学生沙眼综合防治方案(试行)》等。

学龄前儿童保健是妇幼卫生的一部分。有关托儿所、幼儿园的卫生保健立法,目前是作为妇幼卫生法的一部分。但学前教育机构作为学校的一种类型,其卫生也可以认为是学校卫生的一部分。1980 年卫生部制定了《城市托儿所工作条例(试行草案)》《托儿所、幼儿园卫生保健制度(草案)》。1985 年卫生部经过修订,出台了新的《托儿所、幼儿园卫生保健制度》等。1994 年,为提高托儿所、幼儿园卫生保健工作质量,保证儿童的身心健康,卫生部、国家教委联合制定了《托儿所、幼儿园卫生保健管理办法》,对托儿所幼儿园卫生保健工作范围、托儿所幼儿园工作人员健康检查要求等作出了具体规定,并要求根据接受儿童的数量配备儿童保健人员。根据规定,托儿所幼儿园园舍、桌椅、教具、采光、照明、卫生设施、娱乐器具及运动器械等必须安全并适合儿童健康发育的需要,符合国家规定的卫生标准和安全标准要求。

为加强对学生集体用餐的管理,保证饮食卫生,改善学生营养状况,保障学生的健康成长,1996 年卫生部制定了《学生集体用餐卫生监督办法》,明确学生集体用餐是指集中供应中小学校、中等专科学校、技工学校学生,以供学生用餐为目的而配置的膳食和食品。包括学生普通餐、学生营养餐和学生课间餐。

三、完善阶段

进入 21 世纪以来,学校卫生法立法又有重大发展。虽然在学校卫生方面还没有新的专门法律或者行政法规出台,但在相关的卫生法律和行政法规中对学校卫生的补充性和完善性规定,直接推动了学校卫生新的制度的产生,大大促进了我国学校卫生法立法向前发展。

例如,在查验预防接种证方面,先是《疫苗流通和预防接种管理条例》,后是《疫苗管理法》,规定了儿童入托、入学时,托幼机构、学校有查验预防接种证并配合预防接种的义务。又如,在心理援助方面,《精神卫生法》规定了发生自然灾害、意外伤害、公共安全事件等可能影响学生心理健康的事件,学校有及时组织专业人员对学生进行心理援助的义务。再如,在食品安全方面,《食品安全法》规定了学校、托幼机构订餐的,有从取得食品生产经营许可的企业订购,并按照要求对订购的食品进行查验的义务。还如,在健康教育方面,《艾滋病防治条例》规定了高等学校、中等职业学校和普通中学有组织学生学习艾滋病防治知识的义务等。

卫生规章等规范性文件也成果显著。为不断改善学生营养状况,促进青少年学生健康成长,2001 年国家经济贸易委员会、教育部、卫生部印发《关于推广学生营养餐的指导意见》,要求把推广学生营养餐作为推进素质教育、提高中华民族素质的重要措施列入工作计划,纳入教育工作之中。为防止学校食物中毒或者其他食源性疾患事故的发生,保障师生员工身体健康,2002 年教育部、卫生部发布了《学校食堂与学生集体用餐卫生管理规定》,对食堂建筑、设备与环境卫生要求,食品采购、贮存及加工的卫生要求,食堂从业人员卫生要求以及管理与监督等进行了规定。为加强学校食品卫生管理,预防学校食物中毒事故发生,落实管理责任,保护学校师生身体健康和生命安全,2005 年卫生部、教育部制定了《学校食物中毒事故行政责任追究暂行规定》。为进一步加强托幼机构卫生保健工作,2010 年卫生部、教育部发布了新的《托儿所幼儿园卫生保健管理办法》,将“预防和减少疾病发生”增加为立法目的之一。为创建安全健康的生活与学习环境,保障学校师生的身心健康,2011 年教育部、卫生部印发《农村寄宿制学校生活卫生设施建设与管理规范》,对饮用水设施、宿舍、食堂、浴室、厕所、垃圾和污水设施等学校生活卫生设施的建设与管理提出了明确要求。

为全面履行卫生监督工作职责,指导规范学校卫生监督工作,促进学校卫生安全,2012 年经商教育部,卫生部依据相关法律法规制定了《学校卫生监督工作规范》,将学校卫生监督职责确定为以下几个方面:(1)教学及生活环境的卫生监督;(2)传染病防控工作的卫生监督;(3)生活饮用水的卫生监督;(4)学校内设医疗机构和保健室的卫生监督;(5)学校内公共场所的卫生监督;(6)配合相关部门对学校突发公共卫生事件应急处置工作落实情况的卫生监督;(7)根据教育行政部门或学校申请,开展学校校舍新建、改建、扩建项目选址、设计及竣工验收的预防性卫生监督指导工作;(8)上级卫生行政部门交办的其他学校卫生监督任务。根据规定,行使学校卫生监督工作职责时,应当根据各级各类学校卫生特点,突出中小学校教学环境、传染病防控、饮用水卫生等监督工作重点,依据法律、法规规定,认真落实本规范要求。

第三节 学校卫生法的特点

一、依托法律提高学校卫生法的地位

在学校卫生法中,从数量上说由法律直接规定的学校卫生内容还不多,但这些为数不多的法律规定,对学校卫生法十分重要。通常一个领域的法律体系,主要有两种构建方式:一种是由高到低,另一种是由低到高。由于各种原因,学校卫生法立法没有走一步到位的模式,而是由规章开始,到行政法规,再到法律的。在法律上,学校卫生法立法也没有立足于制定一部综合性的法律,而是依托相关法律,将学校卫生作为其中法律制度的一部分。这是因为客观上还不具备制定一部名称为学校卫生法的条件。通过分散立法、整体反映的形式,将有关学校卫生的重要内容体现在相应的法律之中,进而使各项学校卫生制度都有上位法的依据。这既满足了不同阶段对学校卫生法立法的需求,又提高了学校卫生法在整个卫生法体系中的地位。

二、依据行政法规构建学校卫生法的体系

我国学校卫生法的核心,目前是《学校卫生工作条例》。这部行政法规虽然是在 20 世纪 90 年代初制定的,从实践来看,有的内容需要根据新形势新变化适时进行必要的修改、补充和完善,但该条例所确立的学校卫生法律制度仍然保持着旺盛的生命力,还在发挥重要作用。例如,学校卫生的目的、学校卫生的对象、学校卫生的主要任务、学校卫生的基本范围、学校卫生的总体要求、学校卫生的学校责任、学校卫生的教师责任、学校卫生的医疗卫生机构责任、学校卫生的主管部门责任、学校卫生的监管部门责任等。除此之外,后来制定的一些行政法规也对学校卫生内容作了进一步细化,如要求学校对学生开展特定传染病防治知识的宣传教育、要求学校加强对学生集中用餐的食品安全管理等。这些规定共同构成了学校卫生法体系的主要部分。

三、依靠部门规章充实学校卫生法的内容

学校卫生法是从部门规章起步的,部门规章在学校卫生法发展过程中曾起了十分重要的推动作用。可以说,从 20 世纪 50 年代起,部门规章包括规范性文件就是学校卫生法中最活跃的因素。除卫生部门的规章外,还有教育部门的规章。例

如,2004 年教育部在各级各类学校全面实施《学生体质健康标准》,2008 年教育部颁布了《中小学健康教育指导纲要》,将有关营养科学知识纳入其中。需要特别指出的是,学校卫生标准在学校卫生法中异军突起,不仅起到了部门规章的作用,而且使学校卫生更具有可操作性。目前已经发布的学校卫生标准达数十个之多,包括:《中小学校教室采光和照明卫生标准》《铅笔涂漆层中含铅量卫生标准》《电视教室座位布置范围和照度卫生标准》《黑板安全卫生要求》《学生营养餐生产企业卫生规范》《儿童少年矫正眼镜卫生要求》等。

第四十四章　学 校 卫 生

第一节　学校卫生的学校责任

学校是学校卫生的责任主体。对于学校应当承担的学校卫生责任,《学校卫生工作条例》有明确规定。近年来,一些法律和行政法规又增加了许多新的学校卫生要求。

一、为学生提供良好的学习环境

学校是学生接受教育的主要场所。在校学习阶段,是学生成长发育的重要时期。为学生提供良好的学习环境,是学校最基本的义务。其中,最重要的是保证学生对学习环境有安全感。

(一)校舍的选址、设计应当符合国家卫生标准

校舍,是指学校的房屋,既包括教学用的房屋也包括住宿用的房屋。校舍卫生是法律为学生设立的免受建筑物伤害的最基本防线。《学校卫生工作条例》规定,新建、改建、扩建校舍,其选址、设计应当符合国家的卫生标准。《未成年人保护法》规定,学校不得在危及未成年人人身安全、身心健康的校舍和其他设施、场所中进行教育、教学活动。《义务教育法》规定,学校建设,应当符合国家规定的选址要求和建设标准,确保学生和教职工安全。《教育法》规定,明知校舍或者教育教学设施有危险,而不采取措施,造成人员伤亡或者重大财产损失的,对直接负责的主管人员和其他直接责任人员,依法追究刑事责任。

(二)环境质量和黑板、课桌椅的设置应当符合国家有关标准

教学活动主要是在室内进行的。室内环境质量以及黑板、课桌椅的设置,不仅影响学生的学习,而且影响学生的身心健康。所以,为学生提供符合卫生要求的学习环境和学习条件,应当是学校的经常性任务。《学校卫生工作条例》规定,学校教学建筑、环境噪声、室内微小气候、采光、照明等环境质量以及黑板、课桌椅的设置应当符合国家有关标准。《教育法》规定,学校应当提供符合国家安全标准的教育教

学设施和设备。

二、合理安排学生的作息时间

学生到学校接受教育的主要目的是学习知识和技能，以适应未来的学习、工作和生活。所以，学校应当把促进人的全面发展作为教学目标。

（一）合理安排学生的学习时间

体育运动、文化活动在学生的学习生活中占有重要位置。为了有利于学生健康成长，确保学生有更多的课余生活，学校应当为学生参与更多的户外活动提供条件。《学校卫生工作条例》规定，学校应当合理安排学生的学习时间。学生每日学习时间（包括自习），小学不超过6个学时，中学不超过8个学时，大学不超过10个学时。《基本医疗卫生与健康促进法》规定，学校应当按照规定开设体育与健康课程，组织学生开展广播体操、眼保健操、体能锻炼等活动。

（二）学校或者教师不得加重学生学习负担

课程学习是学校教育的一部分，而不是全部。学校应当采取多样化的教学方法，满足不同背景、爱好和能力的学生的需要，而不是简单地增加课时或者作业量。发现教师加重学生学习负担的，应当及时予以制止。《学校卫生工作条例》规定，学校或者教师不得以任何理由和方式，增加授课时间和作业量，加重学生学习负担。

三、为学生提供良好的生活环境

学校除了要为学生创造良好的学习环境，还应当为学生创造良好的生活环境。良好的生活环境，最主要的应当体现在公共卫生上。

（一）学校应当设置必要的公共卫生设施

对学生来说，学校的公共卫生设施具有不可替代的价值。其作用不仅在于满足学生日常的生活需要，而且有助于学生在心理上或者精神上形成对社会的归属感。《学校卫生工作条例》规定，学校应当按照有关规定为学生设置厕所和洗手设施。寄宿制学校应当为学生提供相应的洗漱、洗澡等卫生设施。

（二）学校应当为学生提供符合标准的生活饮用水

饮用水是确保学生在校期间正常学习的必要生活条件。向学生提供符合标准的生活饮用水，学校不仅负有道义上的责任，更负有法律上的责任。《学校卫生工作条例》规定，学校应当为学生提供充足的符合卫生标准的饮用水。

四、为学生提供健康保护

这里的健康保护，是指学校作为学生健康管理主体，根据学校特点采取有针对性的卫生措施，预防疾病，避免伤害，促进学生健康成长。

(一)学校应当配备卫生机构或者人员

学生健康应当获得优先保护。因此,学校应当建立和配备专门的卫生机构和卫生人员。根据规定,卫生机构分为两类:一类是卫生管理机构,另一类是医疗保健机构。

(1)学校可以设立卫生管理机构。《学校卫生工作条例》规定,普通高等学校、中等专业学校、技工学校和规模较大的农业中学、职业中学、普通中小学,可以设立卫生管理机构,管理学校的卫生工作。

(2)学校应当设置医疗保健机构或者配备卫生技术人员。《学校卫生工作条例》规定,普通高等学校设校医院或者卫生科。校医院应当设保健科(室),负责师生的卫生保健工作。城市普通中小学、农村中心小学和普通中学设卫生室,按学生人数600∶1的比例配备专职卫生技术人员。中等专业学校、技工学校、农业中学、职业中学,可以根据需要,配备专职卫生技术人员。学生人数不足600人的学校,可以配备专职或者兼职保健教师,开展学校卫生工作。《教育法》规定,教育、体育卫生行政部门和学校及其他教育机构应当完善体育、卫生保健设施,保护学生的身心健康。《基本医疗卫生与健康促进法》规定,学校按照规定配备校医,建立和完善卫生室、保健室等。

(二)学校应当加强卫生管理

学校应当有教学秩序,也应当有卫生秩序。这是因为教学秩序的基础是卫生秩序。也就是说,没有良好的卫生秩序就没有良好的教学秩序。加强卫生管理,旨在培养学生良好的卫生习惯,为学生创造更有利于学习、成长的环境,从而激发学生爱学习、爱生活的热情。《学校卫生工作条例》规定,学校应当建立卫生制度,加强对学生个人卫生、环境卫生以及教室、宿舍卫生的管理。

(三)学校应当开展健康教育

学校必须肩负培养学生良好健康素质的任务。健康教育不仅可以使学生获得健康知识,而且可以使学生树立正确的健康意识。学校应当提供适合学生年龄特点的健康教育。《学校卫生工作条例》规定,学校应当把健康教育纳入教学计划。普通中小学必须开设健康教育课,普通高等学校、中等专业学校、技工学校、农业中学、职业中学应当开设健康教育选修课或者讲座。《传染病防治法》规定,各级各类学校应当对学生进行健康知识和传染病预防知识的教育。《人口与计划生育法》规定,学校应当在学生中,以符合受教育者特征的适当方式,有计划地开展生理卫生教育、青春期教育或者性健康教育。《基本医疗卫生与健康促进法》规定,学校应当利用多种形式实施健康教育,普及健康知识、科学健身知识、急救知识和技能,提高学生主动防病的意识，培养学生良好的卫生习惯和健康的行为习惯，减少、改善学生近视、肥胖等不良健康状况。《艾滋病防治条例》规定，高等院校、中等职业学校和普通中学应当组织学生学习艾滋病防治知识。《血吸虫病防治条例》规定，各级各类学校应当对学生开展血吸虫病防治知识教育。

（四）学校应当开展健康咨询

不良饮食习惯、吸烟、喝酒甚至自杀，都与心理异常问题有关。有效地预防学生心理疾病，需要开展经常性的健康咨询，主要是心理咨询，并有针对性地进行心理辅导。《学校卫生工作条例》规定，学校应当开展学生健康咨询活动。《精神卫生法》规定，各级各类学校应当对学生进行精神卫生知识教育；配备或者聘请心理健康教育教师、辅导人员，并可以设立心理健康辅导室，对学生进行心理健康教育。学前教育机构应当对幼儿开展符合其特点的心理健康教育。发生自然灾害、意外伤害、公共安全事件等可能影响学生心理健康的事件，学校应当及时组织专业人员对学生进行心理援助。教师应当学习和了解相关的精神卫生知识，关注学生心理健康状况，正确引导、激励学生。学校应当重视教师心理健康。学校和教师应当与学生父母或者其他监护人、近亲属沟通学生心理健康情况。

（五）学校应当给予女学生生理照顾

女学生因生理特点，需要学校给予特殊照顾。这类特殊照顾措施应该融入学校日常的教学活动中。对女学生来说，预防性的照顾措施和发生问题后的援助措施都是需要的。《学校卫生工作条例》规定，学校在安排体育课以及劳动等体力活动时，应当注意女学生的生理特点，给予必要的照顾。

（六）学校应当建立学生健康管理制度

学校有责任建立有效的学生健康管理系统。这个系统应该包括预防疾病和伤害、促进健康等工作。对残疾、体弱学生给予必要的支持。

（1）学校应当定期对学生进行体格检查。《学校卫生工作条例》规定，学校应当建立学生健康管理制度。根据条件定期对学生进行体格检查，建立学生体质健康卡片，纳入学生档案。

（2）学校应当配合做好对有器质性疾病学生的转诊治疗。《学校卫生工作条例》规定，学校对体格检查中发现学生有器质性疾病的，应当配合学生家长做好转诊治疗。

（3）学校应当对残疾、体弱学生加强医学照顾和心理卫生工作。《学校卫生工作条例》规定，学校对残疾、体弱学生，应当加强医学照顾和心理卫生工作。

（七）学校应当做好学生常见病的预防和矫治工作

对学生常见病包括传染病采取早期干预措施，最主要的是开展群体性预防和矫治工作。虽然这些干预措施需要专业机构的参与,但学校应当为学生提供综合帮助。

(1)学校应当做好学生常见病的群体预防和矫治工作。《学校卫生工作条例》规定,学校应当积极做好近视眼、弱视、沙眼、龋齿、寄生虫、营养不良、贫血、脊柱弯曲、神经衰弱等学生常见疾病的群体预防和矫治工作。

(2)学校应当查验预防接种证。《传染病防治法实施办法》规定,托幼机构、学校在办理入托、入学手续时,应当查验预防接种证。《疫苗管理法》规定,儿童入托、入学时,托幼机构、学校应当查验预防接种证,发现未按照规定接种免疫规划疫苗的,应当向儿童居住地或者托幼机构、学校所在地承担预防接种工作的接种单位报告,并配合接种单位督促其监护人按照规定补种。

(3)学校应当做好急、慢性传染病的预防和控制管理工作。《学校卫生工作条例》规定,学校应当认真贯彻执行传染病防治法律、法规,做好急、慢性传染病的预防和控制管理工作,同时做好地方病的预防和控制管理工作。

(八)学校应当加强学生饮食质量和营养指导

不健康的饮食习惯和方式会导致一系列学生健康问题,如学生的体重、身高就与学生的饮食关系密切。改善学生饮食,可以预防学生体重超重或者营养不良。《学校卫生工作条例》规定,学校应当认真贯彻执行食品卫生法律、法规,加强饮食卫生管理,办好学生膳食,加强营养指导。《食品安全法》规定,学校、托幼机构等集中用餐单位的食堂应当严格遵守法律、法规和食品安全标准;从供餐单位订餐的,应当从取得食品生产经营许可的企业订购,并按照要求对订购的食品进行查验。《食品安全法实施条例》规定,学校、托幼机构等集中用餐单位的食堂应当执行原料控制、餐具饮具清洗消毒、食品留样等制度,并依照《食品安全法》有关规定定期开展食堂食品安全自查。

五、积极预防学校事故

学校事故是指学生在校期间所发生的人身伤害事故。学校应当积极预防学校事故。

(一)学校应当配备伤病事故医疗用品

学校事故重在预防,但也应当做好应急处理准备。除进行必要的应急处理演练外,还要进行必要的应急物资储备。《学校卫生工作条例》规定,学校应当配备可以处理一般伤病事故的医疗用品。

(二)学校应当预防运动事故

学校事故的种类比较多,其中与学校的设施、设备有关的学校事故最为常见。

体育教学活动中,不适当的活动安排也是造成学生人身伤害事故的重要原因之一。《学校卫生工作条例》规定,学校体育场地和器材应当符合卫生和安全要求。运动项目和运动强度应当适合学生的生理承受能力和体质健康状况,防止发生伤害事故。

(三)学校应当预防劳动事故

组织学生参加与其年龄和能力相适应的劳动,有利于锻炼学生的意志和品质。但学校对参加劳动的学生应当提供必要的保护条件和安全的劳动环境。

(1)学校应当为学生参加劳动提供必要的安全和卫生防护措施。《学校卫生工作条例》规定,学校应当根据学生的年龄,组织学生参加适当的劳动,并对参加劳动的学生,进行安全教育,提供必要的安全和卫生防护措施。

(2)普通中小学校不得组织学生参加接触有毒有害物质的劳动。《学校卫生工作条例》规定,普通中小学校组织学生参加劳动,不得让学生接触有毒有害物质或者从事不安全工种的作业,不得让学生参加夜班劳动。《尘肺病防治条例》规定,中、小学校各类校办的实行工厂或车间,禁止从事有粉尘的作业。

(3)学校应当定期对参加劳动的学生进行体格检查。《学校卫生工作条例》规定,普通高等学校、中等专业学校、技工学校、农业中学、职业中学组织学生参加生产劳动,接触有毒有害物质的,按照国家有关规定,提供保健待遇。学校应当定期对他们进行体格检查,加强卫生防护。

(4)学校应当建立健全安全制度和应急机制。《义务教育法》规定,学校应当建立、健全安全制度和应急机制,对学生进行安全教育,加强管理,及时消除隐患,预防发生事故。学校不得聘用曾经因故意犯罪被依法剥夺政治权利或者其他不适合从事义务教育工作的人担任工作人员。

第二节 学校卫生的部门职责

《学校卫生工作条例》规定,教育行政部门负责学校卫生工作的行政管理。卫生行政部门负责学校卫生工作的监督指导。对在学校卫生工作中成绩显著的单位或者个人,各级教育、卫生行政部门和学校应当给予表彰、奖励。

一、教育行政部门的职责

(一)把学校卫生工作纳入学校工作计划

学校卫生工作是学校工作的一个组成部分。在学校工作中,学校卫生工作既要保证学校教学秩序,又要保障学生身心健康,并且把两者有机地结合起来。《学校卫生工作条例》规定，各级教育行政部门应当把学校卫生工作纳入学校工作计划，作为考评学校工作的一项内容。

（二）组织实施学校卫生技术人员专业技术职称考核、评定

学校卫生技术人员是卫生技术人员不可缺少的组成部分。维护好学校卫生技术人员的合法利益，是做好学校卫生工作的重要条件。《学校卫生工作条例》规定，学校卫生技术人员的专业技术职称考核、评定，按照卫生、教育行政部门制定的考核标准和办法，由教育行政部门组织实施。学校卫生技术人员按照国家有关规定，享受卫生保健津贴。

（三）将培养学校卫生技术人员工作列入招生计划

学校卫生是一项长期工作，应当有一支稳定的学校卫生技术人员队伍，并创造条件不断提高他们的业务能力。《学校卫生工作条例》规定，教育行政部门应当将培养学校卫生技术人员的工作列入招生计划，并通过各种教育形式为学校卫生技术人员和保健教师提供进修机会。

（四）将学校卫生经费纳入年度教育经费预算

学校卫生需要一定的经费投入，包括人员经费和工作经费。从某种程度上说，没有学校卫生经费就没有高质量的学校卫生工作。《学校卫生工作条例》规定，各级教育行政部门和学校应当将学校卫生经费纳入核定的年度教育经费预算。

（五）重视教师心理健康

教师心理健康问题，不是教师个人问题，而是社会问题。因为教师的言行，直接影响学生的学习和精神状况。重视教师心理健康，就是重视学生心理健康。全社会应当将教师心理健康问题提高到教育安全的高度。《精神卫生法》规定，地方各级人民政府教育行政部门应当重视教师心理健康。县级以上人民政府教育行政部门对教师进行上岗前和在岗培训，应当有精神卫生的内容，并定期组织心理健康教育教师、辅导人员进行专业培训。

（六）加强对学校食堂的食品安全教育和日常管理

食品安全是校园安全的重要内容。在食品安全上，教育是中心，管理是本。《食品安全法》规定，学校、托幼机构等集中用餐单位的主管部门应当加强对集中用餐单位的食品安全教育和日常管理，降低食品安全风险，及时消除食品安全隐患。

（七）将学生健康水平纳入学校考核体系

对于处在生长发育关键阶段的学生来说，学习成绩固然重要，但更重要的还是身体健康成绩。因为学习成绩可以后补，而身体健康成绩往往难以后补。学校应当优先关注学生的身体健康成绩。《基本医疗卫生与健康促进法》规定，县级以上人

民政府教育主管部门应当按照规定将学生体质健康水平纳入学校考核体系。

（八）组织开展传染病防治知识教育

总体来说，对学生健康威胁最大的还是传染病。开展传染病防治知识教育，用传染病防治知识指导学生提高自我保护能力，是保护学生健康的重要措施之一。《艾滋病防治条例》规定，县级以上人民政府教育主管部门应当指导、督促高等院校、中等职业学校和普通中学将艾滋病防治知识纳入有关课程，开展有关课外教育活动。《血吸虫病防治条例》规定，血吸虫病防治地区县级以上地方人民政府教育主管部门应当组织各级各类学校对学生开展血吸虫病防治知识教育。

二、卫生行政部门的职责

（一）组织进行学生健康检查、传染病防治和常见病矫治

卫生行政部门是医疗卫生机构的行业管理部门，也是医疗卫生活动的行政监督部门。在学校卫生上，卫生行政部门要发挥行业管理作用，组织开展医疗卫生活动；也要发挥行政监督作用，确保医疗卫生机构开展的各项活动依法依规。《学校卫生工作条例》规定，各级卫生行政部门应当组织医疗单位和专业防治机构对学生进行健康检查、传染病防治和常见病矫治，接受转诊治疗。

（二）对学校卫生实施监督

学校卫生工作的目的是保护和促进学生身心健康。其内容较多，但总体来说就是两个方面：一是为学生提供有利于身心健康的服务；二是为学生提供有利于身心健康的环境或者条件。卫生行政部门的主要任务，就是依据自己的职责促使这两个方面的实现。《学校卫生工作条例》规定，县以上卫生行政部门对学校卫生工作行使监督职权。其职责是：(1)对新建、改建、扩建校舍的选址、设计实行卫生监督；(2)对学校内影响学生健康的学习、生活、劳动、环境、食品等方面的卫生和传染病防治工作实行卫生监督；(3)对学生使用的文具、娱乐器具、保健用品实行卫生监督。

（三）批准成立区域性中小学生卫生保健机构

开展学校卫生，尤其是开展学生保健，原则上应当利用现有的医疗卫生资源。但经过批准，可以成立具有归口管理性质的区域性中小学生卫生保健机构。《学校卫生工作条例》规定，经本地区卫生行政部门批准，可以成立区域性中小学生卫生保健机构。区域性的中小学生卫生保健机构的主要任务是：(1)调查研究本地区中小学生体质健康状况；(2)开展中小学生常见疾病的预防与矫治；(3)开展中小学卫生技术人员的技术培训和业务指导。

（四）督促疾病预防控制机构履行职责

学校卫生工作具有很强的技术性，需要发挥专业机构的作用。卫生防疫站（现

在的疾病预防控制机构），长期致力于常见病、传染病、地方病等疾病的预防控制，具有丰富的理论和实践经验。作为主管部门，卫生行政部门应当督促其履行好职责。《学校卫生工作条例》规定，各级卫生防疫站对学校卫生工作承担下列任务：(1)实施学校卫生监测，掌握本地区学生生长发育和健康状况，掌握学生常见病、传染病、地方病动态；(2)制定学生常见病、传染病、地方病的防治计划；(3)对本地区学校卫生工作进行技术指导；(4)开展学校卫生服务。

第十篇

放射卫生法

第四十五章　放射卫生法概说

第一节　放射卫生法的含义

一、放射的概念

放射，通常称为辐射，是指物质以电磁波（光子）或者粒子形式向外发射能量。一般分为电离辐射和非电离辐射。电离辐射是可以引起物质发生电离反应的辐射，包括所有的粒子辐射和高能电磁辐射。非电离辐射是不能引起电离作用的电磁辐射。一般认为，电离辐射对人体的危害大于非电离辐射。

电离辐射的来源有天然辐射和人工辐射两大类。天然辐射源，包括宇宙射线、宇生放射性核素和原生放射性核素。人工辐射源，包括核武器的生产、试验和使用，核能生产，核技术应用和核事故等。人们在日常生活中受到的辐射绝大部分来源于天然辐射。

医疗照射是普通民众接触到的人工辐射的最大来源。医疗照射包括放射诊断、放射治疗、核医学检查和核医学治疗等。20 世纪 90 年代以来，X 射线诊断学、介入放射学、核医学、放射肿瘤学等电离辐射在临床中的广泛使用，使医疗照射及其防护成为重要的公共卫生问题。

二、放射卫生的概念

放射卫生，也称放射防护、放射卫生防护，是指根据辐射对人体健康的影响，对辐射进行管理，以防止辐射危害的一种综合性的卫生活动。其内容有二：一是要研究辐射影响人体健康的规律；二是要掌握保护人体免受辐射危害的方法。放射卫生的目的是保障人体健康，也是为了保护环境，进而促进经济社会发展。

放射卫生主要是对照射而言的。照射可以分为正常照射和潜在照射。正常照射是指在设施或者辐射源正常运行条件下受到的照射。潜在照射是指因设施或者辐射源的事故或者偶然事件（包括设备故障或者操作失误）等情况下受到的照射。放射卫生的主要任务是控制正常照射，防止潜在照射的发生。

放射卫生的原则是:(1)辐射实践的正当性。在进行辐射实践前,应当进行利益与代价分析,只有利益大于代价,才被认为是合理的、正当的。(2)放射防护的最优化。辐射照射应当保持在可合理达到的尽可能低的水平。(3)个人剂量限值。保证个人受到的所有照射实践的剂量总和不超过规定的限值。上述原则通常称为放射防护三原则。

与放射防护三原则相配套的是放射防护措施。根据受到照射的方式,放射防护措施可以分为外照射的防护措施和内照射的防护措施。前者包括时间防护、距离防护、屏蔽防护、控制照射强度和受照面积等。后者包括操作防护、隔离稀释、个人防护和妥善处理放射性废物等。

三、放射卫生法的概念

放射卫生法,也称放射防护法或者放射卫生防护法,是指关于放射卫生的法律规范的总和。对从事放射卫生的工作人员来说,放射卫生也是职业卫生法的重要组成部分。《职业病防治法》规定,医疗机构可能产生放射性职业病危害的建设项目竣工验收时,其放射性职业病防护设施经卫生行政部门验收合格后,方可投入使用。向用人单位提供可能产生职业病危害的放射性同位素和含有放射性物质的材料的,应当提供中文说明书。进口放射性同位素、射线装置和含有放射性物质的物品的,按照国家有关规定办理。该法同时规定,国家对从事放射性等作业实行特殊管理。具体管理办法由国务院制定。

我国目前还没有一部以放射卫生法或者放射防护法、放射卫生防护法为名称的法律。现有放射卫生法的主要代表是2005年国务院发布的《放射性同位素与射线装置安全和防护条例》。除此之外,在相应的法律、行政法规中也有不少有关放射卫生的规定。国务院有关部门也制定了许多有关放射卫生的部门规章等规范性文件。

第二节 放射卫生法的发展历史

在放射卫生法立法史上,先后有三部专门的行政法规,按照发布时间,可以将我国放射卫生法发展历程分为三个阶段。

一、放射性工作卫生防护暂行规定的阶段

我国的放射卫生法立法始于20世纪50年代。1957年卫生部《职业病范围和职业病患者处理办法的规定》,将放射性疾病纳入职业病范围。为了适应和平利用原子能事业的迅速发展,保证从事放射性工作的人员和居民的健康和安全,1960年

经国务院批准，卫生部、国家科委发布了《放射性工作卫生防护暂行规定》，共 15 条。该规定适用于一切从事放射性工作的单位。其中规定，进行放射性工作和设立贮存放射性物质的仓库，必须经卫生部门核准、公安部门登记。从事放射性工作的人员应当进行定期的健康检查，所受照射的剂量应尽可能减少，最多不得超过规定的最大容许剂量。从事放射性工作的单位应当建立专门机构，或者设置专兼职人员负责防护工作。年龄在 18 岁以下者，不得参加放射性工作。孕妇和授乳妇一般不应当参加放射性工作。为贯彻实施该暂行规定，经多年酝酿，1964 年卫生部、国家科委制定了《放射性同位素工作卫生防护管理办法》。该管理办法分总则，放射性同位素实验室基建工程的预防性监督，放射性同位素工作的申请、许可和登记，放射性同位素运输与保管，放射性同位素的废物处理，放射性工作单位的卫生防护组织和剂量监督，放射性事故的处理，共 7 章 26 条。为保护放射性工作人员的身体健康，1965 年卫生部下发《关于从事放射线工作人员的工时和休假的意见》，明确从事放射线工作人员每天工作时间可以少于 8 小时，同时保证他们每年有 2 ~ 4 周的休假时间。1974 年国家计划委员会、国家基本建设委员会、国防科学技术委员会和卫生部共同颁发了《放射防护规定》（GBJ - 74）。该标准参考了国外电离辐射的剂量标准，在 1960 年《放射性工作卫生防护暂行规定》基础上制定。其目的是促进我国原子能事业的发展，并保护环境、保障从事放射性工作人员和居民的健康与安全。

改革开放后，放射卫生法立法步伐明显加快。1978 年卫生部颁发《医用诊断 X 线卫生防护规定》。1979 年卫生部、公安部、国家科委对 1964 年《放射性同位素工作卫生防护管理办法》进行了修改，发布了新的《放射性同位素工作卫生防护管理办法》。新办法维护了多部门监督检查体制，并将原办法的“许可证”和“登记证”合并为“许可登记证”。同年，卫生部、四机部还颁发了《微波辐射暂行卫生标准》。1980 年卫生部发布《省（市、自治区）级放射卫生防护机构的基本任务》。卫生部、公安部、国家科委下达《关于进一步做好放射性同位素卫生防护管理工作的通知》，要求对重大放射事故做到“三不放过”：事故原因分析不清不放过，事故责任者和群众没有受到教育不放过，没有防范措施不放过。卫生部印发《关于专职从事放射线工作的人员脱离放射线工作后，继续享受医疗卫生津贴的通知》。根据规定，临时调离放射线工作岗位的，可继续享受医疗卫生津贴，但最长不得超过 3 个月；正式调离放射线工作岗位的，可继续享受医疗卫生津贴 1 个月，从第二个月起停发。该年卫生部还颁发了《放射病诊断标准及处理原则》（GBW - 1 - 80）、《医用治疗 X 线卫生防护规定》（GBW - 2 - 80）、《医用远距治疗 γ 线卫生防护规定》（GBW - 3 - 80）

等标准。为确保放射免疫测定盒邮寄安全，1983 年卫生部、邮电部根据有关规定，并参照国际原子能机构推荐的《放射性物质安全运输规程》，制定了《放射免疫测定盒邮寄办法（试行）》，对邮寄范围、包装规格、放射防护要求、邮寄手续、事故处理等作出规定。1984 年卫生部颁发了《放射卫生防护基本标准》（GB 4792－84）、《核电站放射卫生防护标准》（ZBC 57001－84）。1985 年国家计量局、卫生部发布《关于肿瘤放射治疗剂量学的若干规定》。为提高放射卫生防护管理水平，为放射工作人员个人的健康和防护评价提供剂量依据，1985 年卫生部发布《放射工作人员个人剂量监测管理规定》以及《核电站环境放射卫生监测及公众健康状况调查规范》。1986 年卫生部制定了《“七五”期间全国放射卫生防护发展规划》，提出建立健全全国放射卫生监督、监测网，建立健全严格的放射性工作单位同位素与射线装置的申请、审查和许可登记制度。为保证辐照食品卫生安全，保障消费者健康，1986 年卫生部制定了《辐照食品的人体试食试验暂行规程》《辐照食品卫生管理暂行规定》。明确辐照食品是指用钴－60、铯－137 产生的 γ 射线或电子加速器产生的低于 10Mev 电子束照射加工保藏的食品。同年，卫生部、公安部、国家核安全局发布《放射性同位素及射线事故管理规定》，将事故性质分为：责任事故、技术事故、其他事故；将事故等级分为：一般事故、重大事故、特大事故；将事故类别分为：人员受超剂量照射事故；撒、漏、丢放射性物质事故；超过年摄入量限制事故；超过表面污染控制水平事故和其他事故。卫生部、石油工业部发布《油（气）田测井用封闭型放射源使用管理办法》。针对时有发生的丢失放射源、安全装置失灵等情况，1987 年国务院印发《关于加强放射性同位素和射线装置放射防护管理工作的通知》，明确规定，对违反规定导致事故者，除由肇事单位承担全部经济责任外，要根据情节追究肇事者本人及直接领导人的法律责任，按照《治安管理处罚条例》给予处罚，构成犯罪的要依法追究刑事责任。1988 年卫生部发布《放射工作人员健康管理规定》《射线防护器材防护质量管理规定》等。

二、放射性同位素与射线装置放射防护条例的阶段

1984 年卫生部向国务院上报《放射卫生防护条例（报批稿）》。之后，卫生部于 1987 年 3 月成立了《放射性同位素与射线装置放射防护条例》起草小组。经过两个多月的调查研究，形成了征求意见稿，5 月向有关部门、行业征求意见。在充分吸收部门、行业意见后，修改形成送审稿。11 月国务院法制办召集了卫生部、公安部、国家科委、核工业部、国家核安全局、国家环保局等部门，对送审稿进行了讨论、修改，并决定由卫生部进一步修改完善后上报国务院审议。1989 年国务院以第 44 号令发布《放射性同位素与射线装置放射防护条例》，分总则、许可登记、放射防护管理、

放射事故管理、放射防护监督、处罚和附则，共7章37条。该条例适用于所有从事生产、使用、销售放射性同位素与射线装置的单位和个人。根据规定，国务院卫生、环境保护和公安部门按照各自职能和该条例，对放射性同位素与射线装置生产、使用、销售中的放射防护实施监督管理。

为贯彻实施《放射性同位素与射线装置放射防护条例》，卫生部制定了一系列配套规章等规范性文件，主要有：1990年《放射防护监督员管理规定》，1991年《非医用加速器放射卫生管理办法》、《γ辐照加工装置放射卫生防护管理规定》、《电离辐射计量检定员管理规定》和《关于调整和加强卫生系统放射性污染监测工作的意见》，1992年《核设施正常运行和事故期间公众受照剂量监测与评价规范》《核设施放射卫生防护管理规定》，1993年《医用X射线诊断放射卫生防护及影像质量保证管理规定》，1994年《核事故医学应急管理规定》，1995年《放射治疗卫生防护与质量保证管理规定》，1996年《辐照食品卫生管理办法》，1997年卫生部《放射工作人员健康管理规定》，1998年《卫生部核事故医学应急方案》，2001年《放射工作卫生防护管理办法》《放射防护器材与含放射性产品卫生管理办法》，2002年《辐射损伤医学处理规范》，2003年《卫生部核事故与放射事故应急预案》等。

与此同时，卫生部会同有关部门也出台了许多配套规章和规范性文件。主要是：1991年卫生部、中国石油天然气集团公司发布《油（气）田非密封型放射源测井放射卫生管理办法》，1992年卫生部、国家核安全局《核事故医学应急准备和响应安全导则》，1995年卫生部、国家质量技术监督局《含放射性物质消费品卫生防护管理规定》，卫生部、公安部《放射事故管理规定》，2001年卫生部、公安部《放射事故管理规定》，2003年国防科学技术工业委员会、卫生部《核应急管理导则——放射源和辐射技术应用应急准备与响应》等。

三、放射性同位素与射线装置安全和防护条例的阶段

为加强对放射源安全的统一监管，保障社会公共安全，2003年中央机构编制委员会办公室对放射源安全监管部门职责分工进行了调整。根据规定，环保部门（核安全主管部门）负责放射源的生产、进出口、销售、使用、运输、贮存和废弃处置安全的统一监管等。卫生部门负责放射源的职业病危害评价管理工作，负责放射源诊疗技术和医用辐射机构的准入管理，参与放射源的放射性污染事故应急工作，负责放射源的放射性污染事故的医疗应急。公安部门负责对放射源的安全保卫和道路运输安全的监管，负责丢失和被盗放射源的立案、侦查和追缴，参与放射源的放射性污染事故应急工作。

为了加强对放射性同位素、射线装置安全和防护的监督管理，促进放射性同位位

素、射线装置的安全应用,保障人体健康,保护环境,根据新的部门职责分工,2005年国务院颁布了《放射性同位素与射线装置安全和防护条例》,并废止了《放射性同位素与射线装置放射防护条例》。2014年和2019年国务院先后两次进行了修订。其中包括将"环境保护主管部门"调整为"生态环境主管部门"。目前该条例分总则、许可和备案、安全和防护、辐射事故应急处理、监督检查、法律责任和附则,共7章69条。

2005年卫生部印发《关于加强放射卫生防护监督管理工作的通知》。通知指出,放射卫生防护监督管理工作是职业病防治工作的一个重要组成部分。各级卫生行政部门要深入学习《职业病防治法》和《放射性同位素与射线装置安全和防护条例》等法律法规,按照调整后的职能,依法履行卫生部门的放射卫生防护监督管理职责。对放射工作人员健康监护和个人剂量监测的监督检查重点是:就业前、从业中、离岗时的健康检查和应急健康检查,岗前放射防护知识的培训记录、职业健康监护档案,剂量监测、防护用品以及防护措施的落实情况等。对医疗机构放射诊疗工作准入监督检查的重点是:放射诊疗许可范围与开展诊疗服务范围的相符情况;对法律、法规、规章及规范的执行情况;放射诊疗规章制度和工作人员岗位责任制的落实情况;对放射从业人员的健康监护制度和放射防护措施的落实情况;放射事件应急处理和报告情况等。要求凡新建、改建和扩建涉及职业性放射性疾病危害的建设项目,在可行性论证(设计)阶段及竣工验收前,必须按照《职业病防治法》的规定,进行放射性职业病危害预评价和控制效果评价,经卫生行政部门审核批准后,方可立项、施工或者投入使用。

为实施《放射诊疗管理规定》,规范放射诊疗许可证发放工作,2006年卫生部制定了《放射诊疗许可证发放管理程序》。为保障放射工作人员的职业健康与安全,根据《职业病防治法》和《放射性同位素与射线装置安全和防护条例》,2007年卫生部制定了《放射工作人员职业健康管理办法》。目前放射卫生相关技术标准,包括基本标准、职业照射的卫生防护标准、公众照射的卫生防护标准、医疗照射的卫生防护标准(涉及通用标准、放射学、核医学、放射肿瘤学等)、放射病诊断标准及核与放射事故医学应急处理原则以及监测规范、方法等标准,已达数百个。

第三节 放射卫生法的特点

一、以许可备案为基本管理方式

放射性同位素和射线装置应用范围日益广泛,但放射性同位素和射线装置的特殊性，决定了对放射性同位素和射线装置的管理，应当从生产到废弃实行全过程管理。我国放射性同位素和射线装置的主管部门虽然几经调整，但对放射性同位素和射线装置的管理方式基本保持稳定。不仅准入门槛越来越高，而且管理衔接也越来越细。从生产、销售、使用放射性同位素和射线装置应当取得许可证，到进口放射性同位素应当取得进口许可证，再到转让、转移放射性同位素以及处置废旧放射源应当办理备案手续等，在管理和被管理两个方面明确了要求，压实了责任。

二、以安全防护为核心管理内容

电离辐射可以造成人体损伤，导致各种放射性疾病。按照受照剂量和发病时间划分，放射性疾病可以分为急性放射病和慢性放射病。但无论是急性放射病，还是慢性放射病，既可能发生在职业活动中，也可能发生在诊疗活动中，还可能发生在日常生活中。所以，电离辐射的"安全"和"防护"至关重要。管理的主要任务，就是将放射性同位素和射线装置生产、销售、使用以及进口等环节涉及的安全要素及其防护措施，按照一定要求作出有系统的安排，包括外部和内部两个方面，使之形成一个基于共同原则、有内在联系的统一体。没有"安全隐患"，也没有"防护"死角。

三、以事故应急为主要管理准备

在辐射危害中，最有可能造成后果的是辐射事故。所谓辐射事故，是指放射源丢失、被盗、失控，或者放射性同位素和射线装置失控，导致人员受到意外的异常照射。意外的异常照射分为外照射和内照射。外照射是指来自体外辐射源对人体造成的照射。内照射是指进入体内的放射性核素作为辐射源对人体造成的照射。辐射事故虽然具有偶发性，是否实际发生有很大的不确定性，但对待辐射事故，应当根据可能出现的任何情况进行应急处理准备。因为在放射性同位素和射线装置的监督管理中，最体现能力水平的是辐射事故应急处理。它与许可和备案有关，是安全和防护的最后形式。

第四十六章　放射性同位素与射线装置

第一节　概念及分类

一、放射性同位素和射线装置的概念

（一）放射性同位素的概念

放射性同位素，是指某种发生放射性衰变的元素中具有相同原子序数但质量不同的核素。这里的放射性同位素，包括放射源和非密封放射性物质。

放射源，是指除研究堆和动力堆核燃料循环范畴的材料以外，永久密封在容器中或者有严密包层并呈固态的放射性材料。非密封放射性物质，是指非永久密封在包壳里或者紧密地固结在覆盖层里的放射性物质。

在元素周期表中，一个元素占一个位置。但科学家发现，同一位元素的原子并不完全一样，有的原子重些，有的原子轻些；有的原子很稳定，不会变，有的原子有放射性，会变化，衰变后成了另一种元素的原子。把这些处于同一位元素但有不同性质的原子称为同位素。同位素中有的会放出射线，因此称放射性同位素。

放射性同位素有三个特性：一是能放出各种不同的射线。有的放出 α 射线，有的放出 β 射线，有的放出 γ 射线或者同时放出其中的两种射线，还有中子射线。其中，α 射线是一束 α 粒子流，带正电荷，β 射线就是电子流，带有负电荷。二是放出的射线由不同原子核本身决定。例如，钴－60 原子核每次发生衰变时，都要放射出三个粒子，即一个 β 粒子和两个光子，钴－60 最终变成了稳定的镍－60。三是具有一定的寿命。人们将开始存在的放射性同位素的原子核数目减少到一半时所需的时间，称为半衰期。例如，钴－60 的半衰期大约是 5 年。

（二）射线装置的概念

射线装置，通常是指 X 线机、加速器、中子发生器以及含放射源的装置。射线装置分为医用射线装置和非医用射线装置。

X 线机的核心部件是 X 射线管。它是一个内真空的玻璃管，一端作为电子源

的阴极，另一端是嵌有靶材料的阳极。当两端加有高压时，阴极的灯丝热致发射电子，经加速后电子向阳极运动，撞击靶材料，产生 X 射线。加速器是使电子在高真空场中受磁场力控制、电场力加速而获得高能量的特种电磁、高真空装置，是人工产生各种高能电子束或 X 射线的装置。当加速器产生的带电粒子能量高于 10MeV 时，在加速器周围的物体及空气中也会产生中子。射线装置只有在工作时才会发出放射性，是安全和防护的重点。

二、放射源和射线装置的分类

我国对放射源和射线装置实行分类管理。根据规定，放射源的具体分类办法由国务院生态环境主管部门制定；射线装置的具体分类办法由国务院生态环境主管部门商国务院卫生主管部门制定。

（一）放射源的分类

按照放射源对人体健康和环境的潜在危害程度，从高到低，我国将其分为Ⅰ类、Ⅱ类、Ⅲ类、Ⅳ类、Ⅴ类。Ⅰ类放射源为极高危险源，没有防护情况下，接触这类源几分钟至 1 小时可致人死亡；Ⅱ类放射源为高危险源，没有防护情况下，接触这类源几小时至几天可致人死亡；Ⅲ类放射源为危险源，没有防护情况下，接触这类源几小时可对人造成永久性损伤，接触几天至几周也可致人死亡；Ⅳ类放射源为低危险源，基本不会对人造成永久性损伤，但长时间、近距离接触可能造成可恢复的临时性损伤；Ⅴ类放射源为极低危险源，不会对人造成永久性损伤。

（二）射线装置的分类

根据射线装置对人体健康和环境可能造成危害的程度，从高到低，我国将其分为Ⅰ类、Ⅱ类、Ⅲ类。Ⅰ类为高危险射线装置，事故时可以使短时间受照射人员产生严重放射损伤，甚至死亡，或对环境造成严重影响，如能量大于 100 兆电子伏的加速器；Ⅱ类为中危险射线装置，事故时可以使受照射人员产生较严重放射损伤，大剂量照射可造成死亡，如放射治疗用 X 射线、电子束加速器；Ⅲ类为低危险射线装置，事故时一般不会造成受照射人员的放射损伤，如医用 X 射线机、CT 机等。

第二节 许可和备案

一、放射性同位素与射线装置的许可

《放射性同位素与射线装置安全和防护条例》规定，生产、销售、使用放射性同位素与射线装置的单位（以下简称辐射工作单位），应当依照规定取得许可证。

（一）申请领取许可证的条件

这里的许可证，是指辐射工作单位的辐射安全许可证。《放射性同位素与射线

装置安全和防护条例》对辐射工作单位申请领取许可证规定了统一的条件：有与所从事的生产、销售、使用活动规模相适应的，具备相应专业知识和防护知识及健康条件的专业技术人员；有符合国家环境保护标准、职业卫生标准和安全防护要求的场所、设施和设备；有专门的安全和防护管理机构或者专职、兼职安全和防护管理人员，并配备必要的防护用品和监测仪器；有健全的安全和防护管理规章制度、辐射事故应急措施；产生放射性废气、废液、固体废物的，具有确保放射性废气、废液、固体废物达标排放的处理能力或者可行的处理方案。

根据生产、销售、使用放射性同位素和射线装置的不同要求，国务院生态环境主管部门制定了《放射性同位素与射线装置安全许可管理办法》，对上述条件进行了细化，对申请领取许可证的辐射工作单位实行分类管理。具体是：

1. 生产放射性同位素的单位

生产放射性同位素的单位申请领取许可证，应当具备下列条件：①设有专门的辐射安全与环境保护管理机构。②有不少于 5 名核物理、放射化学、核医学和辐射防护等相关专业的技术人员，其中具有高级职称的不少于 1 名。生产半衰期大于 60 天的放射性同位素的单位，相关专业技术人员应当不少于 30 名，其中具有高级职称的不少于 6 名。③从事辐射工作的人员必须通过辐射安全和防护专业知识及相关法律法规的培训（以下简称辐射安全培训）和考核，其中辐射安全关键岗位应当由注册核安全工程师担任。④有与设计生产规模相适应，满足辐射安全和防护、实体保卫要求的放射性同位素生产场所、生产设施、暂存库或暂存设备，并拥有生产场所和生产设施的所有权。⑤具有符合国家相关规定要求的运输、贮存放射性同位素的包装容器。⑥具有符合国家放射性同位素运输要求的运输工具，并配备有 5 年以上驾龄的专职司机。⑦配备与辐射类型和辐射水平相适应的防护用品和监测仪器，包括个人剂量测量报警、固定式和便携式辐射监测、表面污染监测、流出物监测等设备。⑧建立健全的操作规程、岗位职责、辐射防护制度、安全保卫制度、设备检修维护制度、人员培训制度、台账管理制度和监测方案。⑨建立事故应急响应机构，制定应急响应预案和应急人员的培训演习制度，有必要的应急装备和物资准备，有与设计生产规模相适应的事故应急处理能力。⑩具有确保放射性废气、废液、固体废物达标排放的处理能力或者可行的处理方案。

2. 销售放射性同位素的单位

销售放射性同位素的单位申请领取许可证，应当具备下列条件：①设有专门的辐射安全与环境保护管理机构，或者至少有 1 名具有本科以上学历的技术人员专职负责辐射安全与环境保护管理工作；②从事辐射工作的人员必须通过辐射安全培训和考核;③需要暂存放射性同位素的,有满足辐射安全和防护、实体保卫要求的暂存库或设备;④需要安装调试放射性同位素的,有满足防止误操作、防止工作人员和公众受到意外照射要求的安装调试场所;⑤具有符合国家相关规定要求的贮存、运输放射性同位素的包装容器;⑥运输放射性同位素能使用符合国家放射性同位素运输要求的运输工具;⑦配备与辐射类型和辐射水平相适应的防护用品和监测仪器,包括个人剂量测量报警、便携式辐射监测、表面污染监测等仪器;⑧有健全的操作规程、岗位职责、安全保卫制度、辐射防护措施、台账管理制度、人员培训计划和监测方案;⑨有完善的辐射事故应急措施。

3. 生产、销售射线装置的单位

生产、销售射线装置的单位申请领取许可证,应当具备下列条件:①设有专门的辐射安全与环境保护管理机构,或至少有1名具有本科以上学历的技术人员专职负责辐射安全与环境保护管理工作;②从事辐射工作的人员必须通过辐射安全培训和考核;③射线装置生产、调试场所满足防止误操作、防止工作人员和公众受到意外照射的安全要求;④配备必要的防护用品和监测仪器;⑤有健全的操作规程、岗位职责、辐射防护措施、台账管理制度、培训计划和监测方案;⑥有辐射事故应急措施。

4. 使用放射性同位素、射线装置的单位

使用放射性同位素、射线装置的单位申请领取许可证,应当具备下列条件:①使用Ⅰ类、Ⅱ类、Ⅲ类放射源,使用Ⅰ类、Ⅱ类射线装置的,应当设有专门的辐射安全与环境保护管理机构,或者至少有1名具有本科以上学历的技术人员专职负责辐射安全与环境保护管理工作;其他辐射工作单位应当有1名具有大专以上学历的技术人员专职或者兼职负责辐射安全与环境保护管理工作;依据辐射安全关键岗位名录,应当设立辐射安全关键岗位的,该岗位应当由注册核安全工程师担任。②从事辐射工作的人员必须通过辐射安全培训和考核。③使用放射性同位素的单位应当有满足辐射防护和实体保卫要求的放射源暂存库或设备。④放射性同位素与射线装置使用场所有防止误操作、防止工作人员和公众受到意外照射的安全措施。⑤配备与辐射类型和辐射水平相适应的防护用品和监测仪器,包括个人剂量测量报警、辐射监测等仪器。使用非密封放射性物质的单位还应当有表面污染监测仪。⑥有健全的操作规程、岗位职责、辐射防护和安全保卫制度、设备检修维护制度、放射性同位素使用登记制度、人员培训计划、监测方案等。⑦有完善的辐射事故应急措施。⑧产生放射性废气、废液、固体废物的,还应具有确保放射性废气、废液、固体废物达标排放的处理能力或者可行的处理方案。根据规定,使用放射性同位素和射线装置开展诊断和治疗的单位，还应当配备质量控制检测设备，制定相应的质量保证大纲和质量控制检测计划，至少有1名医用物理人员负责质量保证与质量控制检测工作。

将购买的放射源装配在设备中销售的辐射工作单位，按照销售和使用放射性同位素申请领取许可证。根据规定，凡申请领取许可证的，应当向有审批权的生态环境主管部门提交有关材料，以证明其具备上述规定的条件。包括：①辐射安全许可证申请表；②企业法人营业执照正、副本或者事业单位法人证书正、副本及法定代表人身份证原件及其复印件，审验后留存复印件；③经审批的环境影响评价文件；④满足申请领取许可证规定条件的证明材料；⑤申请领取许可证单位现存的和拟新增加的放射源和射线装置明细表。

这里的"经审批的环境影响评价文件"，是指根据《放射性同位素与射线装置安全许可管理办法》的规定，在申请领取许可证前按要求组织编制或者填报的环境影响评价文件，包括对申请领取许可证的单位从事相应辐射活动的技术能力、辐射安全和防护措施进行评价的内容。根据规定，从事下列活动的，申请领取许可证应当组织编制环境影响报告书：①生产放射性同位素的（制备PET用放射性药物的除外）；②使用Ⅰ类放射源的（医疗使用的除外）；③销售（含建造）、使用Ⅰ类射线装置的。从事下列活动的，申请领取许可证应当组织编制环境影响报告表：①制备PET用放射性药物的；②销售Ⅰ类、Ⅱ类、Ⅲ类放射源的；③医疗使用Ⅰ类放射源的；④使用Ⅱ类、Ⅲ类放射源的；⑤生产、销售、使用Ⅱ类射线装置的。从事下列活动的，申请领取许可证应当填报环境影响登记表：①销售、使用Ⅴ类放射源的；②生产、销售、使用Ⅲ类射线装置的。但转让放射性同位素和射线装置的活动，不需要编制环境影响评价文件。

（二）许可证的发放

除医疗使用Ⅰ类放射源、制备正电子发射计算机断层扫描用放射性药物自用的单位外，生产放射性同位素、销售和使用Ⅰ类放射源、销售和使用Ⅰ类射线装置的辐射工作单位的许可证，由国务院生态环境主管部门审批颁发。除国务院生态环境主管部门审批颁发的许可证外，其他辐射工作单位的许可证，由省、自治区、直辖市人民政府生态环境主管部门审批颁发。必要时，省级以上人民政府生态环境主管部门可以委托下一级人民政府生态环境主管部门审批颁发许可证。生态环境主管部门应当将审批颁发许可证的情况通报同级公安部门、卫生主管部门。

根据规定，生态环境主管部门应当自受理申请之日起20个工作日内完成审查，符合条件的，颁发许可证，并予以公告；不符合条件的，书面通知申请单位并说明理由。许可证包括下列主要内容:①单位的名称、地址、法定代表人;②所从事活动的种类和范围;③有效期限;④发证日期和证书编号。这里的"活动的种类",分为生产、销售和使用三类;"活动的范围",是指辐射工作单位生产、销售、使用的所有放射性同位素的类别、总活度和射线装置的类别、数量。许可证有效期为5年。

取得许可证的单位变更单位名称、地址和法定代表人的,应当自变更登记之日起20日内,向原发证机关申请办理许可证变更手续,并提供许可证变更申请报告。原发证机关审查同意后,换发许可证。许可证5年有效期届满,需要延续许可证的单位,应当于许可证有效期届满30日前向原发证机关提出延续申请,并提供下列材料:①许可证延续申请报告;②监测报告;③许可证有效期内的辐射安全防护工作总结。原发证机关应当自受理延续申请之日起,在许可证有效期届满前完成审查,符合条件的,予以延续,换发许可证,并使用原许可证的编号;不符合条件的,书面通知申请单位并说明理由。许可证有效期内的单位,部分终止或者全部终止生产、销售、使用放射性同位素与射线装置活动的,应当向原发证机关提出部分变更或者注销许可证申请,由原发证机关核查合格后,予以变更或者注销许可证。许可证有效期内的单位,有下列情形之一的,应当按照规定的许可证申请程序,重新申请领取许可证:①改变许可证规定的活动的种类或者范围的;②新建或者改建、扩建生产、销售、使用设施或者场所的。

法律禁止伪造、变造、转让许可证,也禁止无许可证或者不按照许可证规定的种类和范围从事放射性同位素和射线装置的生产、销售、使用活动。

(三)进出口许可证的发放

我国对放射性同位素的进出口实行目录管理。目录分为限制进出口放射性同位素目录和禁止进出口放射性同位素目录。由国务院对外贸易主管部门会同国务院生态环境主管部门、海关总署和生产放射性同位素的单位的行业主管部门制定并公布。

国务院生态环境主管部门负责对列入限制进出口目录的放射性同位素的进口进行审批,并依照我国有关法律和缔结或者参加的国际条约、协定的规定,办理列入限制进出口目录的放射性同位素出口的有关手续。进口列入限制进出口目录的放射性同位素的申请,获得国务院生态环境主管部门批准后,由国务院对外贸易主管部门依据国家对外贸易的有关规定签发进口许可证。根据规定,进口限制进出口目录和禁止进出口目录之外的放射性同位素,依据国家对外贸易的有关规定办理进口手续。海关验凭放射性同位素进口许可证办理有关进口手续。根据规定,进口放射性同位素的包装材料依法需要实施检疫的,依照国家有关检疫法律、法规的规定执行。

申请进口列入限制进出口目录的放射性同位素的单位，应当向国务院生态环境主管部门提交放射性同位素进口审批表，并提交相关材料。

申请出口列入限制进出口目录的放射性同位素的单位，应当向国务院生态环境主管部门提交放射性同位素出口表，并提交相关材料。出口放射性同位素的单位应当遵守国家对外贸易的有关规定。

根据规定，国务院生态环境主管部门应当自受理申请之日起10个工作日内完成审查，符合条件的，予以批准；不符合条件的，书面通知申请单位并说明理由。对进口的放射源，国务院生态环境主管部门还应当同时确定与其标号相对应的放射源编码。

（四）放射性同位素的转让

转让放射性同位素，是指除进出口、回收活动之外，放射性同位素所有权或者使用权在不同持有者之间的转移。无论是转出单位还是转入单位，都应当保证放射性同位素的安全。

根据规定，转入放射性同位素的单位应当在转让前向所在地省级生态环境主管部门提交放射性同位素转让审批表，并提交下列材料：①放射性同位素使用期满后的处理方案；②转让双方签订的转让协议。生态环境主管部门应当自受理申请之日起15个工作日内完成审查，符合条件的，予以批准；不符合条件的，书面通知申请单位并说明理由。

二、放射性同位素与射线装置的备案

（一）转让放射性同位素应当向所在地省级生态环境主管部门备案

放射性同位素的转出、转入单位应当在转让活动完成之日起20日内，分别向其所在地省级生态环境主管部门备案。根据规定，转入、转出放射性同位素的单位应当分别将放射性同位素转让审批表报送所在地省级生态环境主管部门。

（二）放射性同位素产品台账和放射源编码清单应当报国务院生态环境主管部门备案

生产放射性同位素的单位，应当建立放射性同位素产品台账，并按照国务院生态环境主管部门制定的编码规则，对生产的放射源统一编码。放射性同位素产品台账和放射源编码清单应当报国务院生态环境主管部门备案。未列入产品台账的放射性同位素和未编码的放射源，不得出厂和销售。根据规定，国务院生态环境主管部门负责建立放射性同位素备案信息管理系统，与有关部门实行信息共享。

（三）持有放射源的单位对废旧放射源进行处置后应当向省级生态环境主管部门备案

持有放射源的单位将废旧放射源交回生产单位、返回原出口方或者送交放射性废物集中贮存单位贮存的，应当在该活动完成之日起 20 日内向其所在地省、自治区、直辖市人民政府生态环境主管部门备案。

（四）跨省转移使用放射性同位素应当向使用地省级生态环境主管部门备案

使用放射性同位素的单位需要将放射性同位素转移到外省、自治区、直辖市使用的，应当于活动实施前 10 日内向使用地省级生态环境主管部门备案，书面报告移出地省级生态环境主管部门，并接受使用地生态环境主管部门的监督管理。书面报告的内容应当包括该放射性同位素的核素、活度、转移时间和地点、辐射安全负责人和联系电话等内容；转移放射源的，还应当提供放射源标号和编码。根据规定，使用单位应当在活动结束后 20 日内，到使用地省级生态环境主管部门办理备案注销手续，并书面告知移出地省级生态环境主管部门。

（五）进出口放射性同位素应当向所在地省级生态环境主管部门备案

《放射性同位素与射线装置安全许可管理办法》规定，进口单位和使用单位应当在进口活动完成之日起 20 日内，分别将批准的放射性同位素进口审批表报送各自所在地的省级生态环境主管部门。出口单位应当在出口活动完成之日起 20 日内，将放射性同位素出口表报送所在地的省级生态环境主管部门。

第三节　安全和防护

对于放射性同位素和射线装置而言，生产、销售或者使用的前提是安全，而安全的有效保证是做好各项防护。无论是安全还是防护，辐射工作单位都是第一责任人，对本单位的放射性同位素、射线装置的安全和防护工作负责，并依法对其造成的放射性危害承担法律责任。实践中，在具体问题上，安全和防护的着力点有所不同，但这不意味着可以分开来对待两者。实际上是安全中有防护，防护中有安全。根据规定，生产放射性同位素的单位的行业主管部门，应当加强对生产单位安全和防护工作的管理，并定期对其执行法律、法规和国家标准的情况进行监督检查。

一、人员的安全和防护

（一）对直接从事生产、销售、使用活动的工作人员进行辐射安全培训

直接从事生产、销售、使用活动的工作人员既享有安全和防护的权利，也有履

行安全和防护的义务。从一定意义上说，他们的安全和防护意识及其行为，对放射性同位素、射线装置的安全应用起着十分重要的作用。因此，辐射工作单位应当对直接从事生产、销售、使用活动的工作人员进行辐射安全培训，并进行考核；考核不合格的，不得安排上岗。

辐射安全培训分为高级、中级和初级三个级别。从事下列活动的辐射工作人员，应当接受中级或者高级辐射安全培训：①生产、销售、使用Ⅰ类放射源的；②在甲级非密封放射性物质工作场所操作放射性同位素的；③使用Ⅰ类射线装置的；④使用伽玛射线移动探伤设备的。其中包括辐射防护负责人，以及从事装置、设备和场所设计、安装、调试、倒源、维修以及其他与辐射安全相关技术服务活动的人员。上述规定以外的其他辐射工作人员，应当接受初级辐射安全培训。

（二）由注册核安全工程师担任辐射安全关键岗位

核安全工程师，即注册核安全工程师，是指通过国家统一考试，取得《中华人民共和国注册核安全工程师执业资格证书》，并经注册登记后，从事核安全相关专业技术工作的人员。根据规定，辐射安全关键岗位应当由注册核安全工程师担任。辐射安全关键岗位名录由国务院生态环境主管部门商国务院有关部门制定并公布。

通常生产放射性同位素（放射性药物除外）的单位，辐射安全关键岗位有 4 个，分别为辐射防护负责人、辐射防护专职人员、质量保证专职人员和辐射环境监测与评价专职人员；使用半衰期大于 60 天的放射性同位素且场所等级达到甲级的单位，辐射安全关键岗位有 2 个，分别为辐射防护负责人、辐射环境监测与评价专职人员；生产、使用放射性药物且场所等级达到甲级的单位，非医疗使用Ⅰ类源单位，销售（含建造）、使用Ⅰ类射线装置单位，辐射安全关键岗位有 1 个，为辐射防护负责人。

（三）进行个人剂量监测和职业健康检查

个人剂量监测是指用辐射工作人员个人佩戴的剂量计进行的测量或者对其体内及排泄物中放射性核素种类和活度所作的测量，以及对测量结果进行的分析和解释。其主要目的是对主要受照射的器官或者组织所接受的平均当量剂量或者有效剂量作出估算，进而限制工作人员个人接受的剂量，并且证明工作人员接受的剂量是符合有关国家标准的。辐射工作单位应当按照法律、行政法规以及国家生态环境保护和职业卫生标准等，对本单位直接从事生产、销售、使用活动的工作人员进行个人剂量监测和职业健康检查，并安排专人负责个人剂量监测管理，建立个人剂量档案和职业健康监护档案。个人剂量档案应当包括个人基本信息、工作岗位、剂量监测结果等材料。个人剂量档案应当保存至辐射工作人员年满 75 周岁，或者停止辐射工作满 30 年。发现个人剂量监测结果异常的，应当立即核实和调查，并将有关情况及时报告辐射安全许可证发证机关。

根据规定，辐射工作单位不具备个人剂量监测能力的，应当委托具备条件的机构进行个人剂量监测。接受委托进行个人剂量监测的机构应当按照国家有关技术规范的要求进行个人剂量监测，并对监测结果负责。辐射工作人员有权查阅和复制本人的个人剂量档案。辐射工作人员调换单位的，原用人单位应当向新用人单位或者辐射工作人员本人提供个人剂量档案的复制件。

二、场所的安全和防护

（一）对本单位放射性同位素与射线装置的安全和防护状况进行年度评估

对放射性同位素与射线装置的安全和防护状况进行年度评估，主要目的是及时发现安全隐患。辐射工作单位应当对本单位的放射性同位素、射线装置的安全和防护状况进行年度评估。发现安全隐患的，应当立即进行整改。

安全和防护状况年度评估报告应当包括下列内容：①辐射安全和防护设施的运行与维护情况；②辐射安全和防护制度及措施的制定与落实情况；③辐射工作人员变动及接受辐射安全培训情况；④放射性同位素进出口、转让或者送贮情况以及放射性同位素、射线装置台账；⑤场所辐射环境监测和个人剂量监测情况及监测数据；⑥辐射事故及应急响应情况；⑦核技术利用项目新建、改建、扩建和退役情况；⑧存在的安全隐患及其整改情况；⑨其他有关法律、法规规定的落实情况。

（二）生产、销售、使用放射性同位素与射线装置的单位需要终止的应当进行清理登记

辐射工作单位依法被撤销、解散、破产或者因其他原因需要终止的，应当事先对本单位的放射性同位素和放射性废物进行清理登记，作出妥善处理，不得留有安全隐患。需要依法实施退役的，应当按照有关规定执行。根据规定，辐射工作单位发生变更的，由变更后的单位承担处理责任。变更前当事人对此另有约定的，从其约定；但是，约定中不得免除当事人的处理义务。这里的放射性废物是指含有放射性核素或者被放射性核素所污染，其放射性核素或者比活度高于规定的免管水平，预期不会再利用的废弃物。

（三）使用Ⅰ类、Ⅱ类、Ⅲ类放射源的场所和生产放射性同位素的场所以及终结运行后产生放射性污染的射线装置应当依法实施退役

退役，是指采取去污、拆除和清除等措施，使核技术利用项目不再使用的场所或者设备的辐射剂量满足国家相关标准的要求，主管部门不再对这些核技术利用项目进行辐射安全与防护监管。根据规定，使用Ⅰ类、Ⅱ类、Ⅲ类放射源的场所和生产放射性同位素的场所，按照《电离辐射防护与辐射源安全基本标准》确定的甲级、

乙级非密封放射性物质使用场所，以及终结运行后产生放射性污染的射线装置，应当依法实施退役。具体要求是：

（1）实施退役前完成转让或者交返回等。辐射工作单位在实施退役前，应当完成下列工作：①将有使用价值的放射源按照《放射性同位素与射线装置安全和防护条例》的规定转让；②将废旧放射源交回生产单位、返回原出口方或者送交放射性废物集中贮存单位（以下简称废旧放射源收贮单位）贮存。

（2）实施退役前编制环境影响评价文件。辐射工作单位在实施退役前，应当编制环境影响评价文件，报原辐射安全许可证发证机关审查批准；未经批准的，不得实施退役。

（3）退役工作完成后申请退役核技术利用项目终态验收。辐射工作单位在退役工作完成后60日内，应当向原辐射安全许可证发证机关申请退役核技术利用项目终态验收，并提交退役项目辐射环境终态监测报告或者监测表。

（4）终态验收合格后办理辐射安全许可证变更或者注销手续。辐射工作单位在终态验收合格之日起20日内，应当到原辐射安全许可证发证机关办理辐射安全许可证变更或者注销手续。

（四）按照要求设置警示和安全设施

有放射性同位素与射线装置的场所，是需要高度注意安全和防护的场所。除无关人员不得随意出入或者接触外，有关人员也应当时刻受到安全提醒和辐射保护。所以，生产、销售、使用、贮存放射性同位素与射线装置的场所，应当按照国家有关规定设置明显的放射性标志，其入口处应当按照国家有关安全和防护标准的要求，设置安全和防护设施以及必要的防护安全联锁、报警装置或者工作信号。放射性同位素的包装容器、含放射性同位素的设备和射线装置，应当设置明显的放射性标识和中文警示说明；放射源上能够设置放射性标识的，应当一并设置。运输放射性同位素和含放射源的射线装置的工具，应当按照国家有关规定设置明显的放射性标志或者显示危险信号。根据规定，射线装置的生产调试和使用场所，应当具有防止误操作、防止工作人员和公众受到意外照射的安全措施。同时，采取措施，防止运行故障，并避免故障导致次生危害。

（五）贮存、领取、使用、归还放射性同位素应当执行相关制度

放射性同位素的安全重在细节管理。贮存、领取、使用、归还等环节，往往容易因疏忽大意而造成管理漏洞。因此，必须高度重视。根据规定，放射性同位素，包括被放射性污染的物品，应当单独存放，不得与易燃、易爆、腐蚀性物品等一起存放，并指定专人负责保管。贮存、领取、使用、归还放射性同位素时，应当进行登记、检查，

做到账物相符。对放射性同位素贮存场所应当采取防火、防水、防盗、防丢失、防破坏、防射线泄漏的安全措施。对放射源还应当根据其潜在危害的大小，建立相应的多层防护和安全措施，并对可移动的放射源定期进行盘存，确保其处于指定位置，具有可靠的安全保障。

（六）室外、野外使用放射性同位素和射线装置应当按要求划出安全防护区域

在室外、野外使用放射性同位素和射线装置的，应当按照国家安全和防护标准的要求划出安全防护区域，设置明显的放射性标志，必要时设专人警戒。在野外进行放射性同位素示踪试验的单位，应当在每次试验前编制环境影响报告表，并经试验所在地省级生态环境主管部门商同级有关部门审查批准后方可进行。放射性同位素野外示踪试验有可能造成跨省界环境影响的，其环境影响报告表应当报国务院生态环境主管部门商同级有关部门审查批准。

（七）不合格产品不得出厂和销售

辐射防护器材、含放射性同位素的设备和射线装置，以及含有放射性物质的产品和伴有产生X射线的电器产品，应当符合辐射防护要求。不合格的产品不得出厂和销售。所谓伴有产生X射线的电器产品，是指不以产生X射线为目的，但在生产或者使用过程中产生X射线的电器产品。

三、废旧放射源的管理

（一）销售Ⅰ类、Ⅱ类、Ⅲ类放射源应当与使用单位签订废旧放射源返回协议

废旧放射源，是指已超过生产单位或者有关标准规定的使用寿命，或者由于生产工艺的改变、生产产品的更改等因素致使不再用于初始目的的放射源。废旧放射源处置不当，会污染环境，甚至危害人体健康。因此，加强废旧放射源管理，应当从销售等环节开始。根据规定，生产、进口放射源的单位销售Ⅰ类、Ⅱ类、Ⅲ类放射源给其他单位使用的，应当与使用放射源的单位签订废旧放射源返回协议，明确废旧放射源返回方式和相关费用。转让Ⅰ类、Ⅱ类、Ⅲ类放射源的，转让双方应当签订废旧放射源返回协议。进口放射源转让时，转入单位应当取得原出口方负责回收的承诺文件副本。

（二）闲置或者废弃Ⅰ类、Ⅱ类、Ⅲ类放射源的应当执行废旧放射源返回协议

放射源成为废旧放射源，有多种原因。但无论何种原因，使用放射源的单位都应当按照废旧放射源返回协议规定将废旧放射源交回生产单位或者返回原出口

方。其中：

1. 使用单位闲置或者废弃放射源

生产、进口放射源的单位销售Ⅰ类、Ⅱ类、Ⅲ类放射源给其他单位使用的，应当与使用放射源的单位签订废旧放射源返回协议。使用Ⅰ类、Ⅱ类、Ⅲ类放射源的单位应当在放射源闲置或者废弃后3个月内，按照废旧放射源返回协议规定，将废旧放射源交回生产单位或者返回原出口方。因年代久远等原因，确实无法交回生产单位或者返回原出口方的，使用放射源的单位应当将废旧放射源送交废旧放射源收贮单位贮存，并承担相关费用。对于Ⅳ类、Ⅴ类废旧放射源，使用放射源的单位应当按照国务院生态环境主管部门的规定，将Ⅳ类、Ⅴ类废旧放射源进行包装整备后送交废旧放射源收贮单位贮存。这里的废旧放射源收贮单位，是指依法取得生态环境主管部门颁发的辐射安全许可证，并在资质许可范围内收贮废旧放射源和被放射性污染物品的单位。

2. 使用单位依法被撤销、解散、破产或者因其他原因终止

使用放射源的单位依法被撤销、依法解散、依法破产或者因其他原因终止的，应当事先将本单位的放射源依法转让、交回生产单位、返回原出口方或者送交废旧放射源收贮单位贮存，并承担上述活动完成前所有的安全责任。根据规定，使用放射源的单位应当在废旧放射源交回生产单位或者送交废旧放射源收贮单位贮存活动完成之日起20日内，报其所在地的省级人民政府生态环境主管部门备案。废旧放射源返回原出口方的，应当在返回活动完成之日起20日内，将放射性同位素出口表报其所在地的省级人民政府生态环境主管部门备案。

（三）废旧放射源收贮单位应当建立收贮台账和相应的计算机管理系统

废旧放射源收贮单位应当具备计算机管理系统。对收贮废旧放射源，实行台账管理。每季度末，对已收贮的废旧放射源进行汇总统计；每年年底，对已贮存的废旧放射源进行核实，并将统计和核实结果按规定报告省级以上生态环境主管部门。任何单位和个人发现废弃放射源或者被放射性污染物品，应当及时报告所在地县级以上地方人民政府生态环境主管部门；经所在地省级人民政府生态环境主管部门同意后，送废旧放射源收贮单位贮存。废旧放射源收贮单位应当对废弃放射源或者被放射性污染物品妥善收贮。法律禁止擅自转移、贮存、退运废弃放射源或者被放射性污染物品。

（四）收贮或者交回的放射源仍有使用价值的可以按规定履行手续后再利用

不再使用的放射源，应当送交废旧放射源收贮单位贮存，或者交回生产单位。

在这些收贮或者交回的放射源中，有的仍有使用价值。根据规定，对已经收贮入库或者交回生产单位的仍有使用价值的放射源，可以按照《放射性同位素与射线装置安全和防护条例》的规定办理转让手续后进行再利用。对拟再利用的放射源，放射源生产单位应当按照生产放射源的要求进行安全性验证或者加工，满足安全和技术参数要求后，出具合格证书，明确使用条件，并进行放射源编码。

（五）废旧金属回收熔炼企业应当建立辐射监测系统

金属冶炼厂，特别是废旧金属回收熔炼企业，应当采取必要的监测措施，防止放射性物质熔入产品中，因此，废旧金属回收熔炼企业，应当建立辐射监测系统，配备足够的辐射监测人员，在废旧金属原料入炉前、产品出厂前进行辐射监测，并将放射性指标纳入产品合格指标体系中。发现并确认辐射监测结果明显异常时，应当立即采取相应控制措施并在4小时内向所在地县级以上人民政府生态环境主管部门报告。生态环境主管部门接到报告后，应当对辐射监测结果进行核实，查明导致辐射水平异常的原因，并责令废旧金属回收熔炼企业采取措施，防止放射性污染。废旧金属回收熔炼企业送贮废弃放射源或者被放射性污染物品所产生的费用，由废弃放射源或者被放射性污染物品的原持有者或者供货方承担。无法查明来源的，送贮费用由废旧金属回收熔炼企业承担，或者按规定酌情减免相关处理费用。

第四节　辐射事故应急处理

一、辐射事故的概念和分级

（一）辐射事故的概念

辐射事故，是指放射源丢失、被盗、失控，或者放射性同位素和射线装置失控导致人员受到意外的异常照射。

（二）辐射事故的分级

根据辐射事故的性质、严重程度、可控性和影响范围等因素，从重到轻，辐射事故分为特别重大辐射事故、重大辐射事故、较大辐射事故和一般辐射事故四个等级。

特别重大辐射事故，是指Ⅰ类、Ⅱ类放射源丢失、被盗、失控造成大范围严重辐射污染后果，或者放射性同位素和射线装置失控导致3人以上（含3人）急性死亡；重大辐射事故，是指Ⅰ类、Ⅱ类放射源丢失、被盗、失控，或者放射性同位素和射线装置失控导致2人以下（含2人）急性死亡或者10人以上（含10人）急性重度放射病、局部器官残疾；较大辐射事故，是指Ⅲ类放射源丢失、被盗、失控，或者放射性同位素和射线装置失控导致9人以下（含9人）急性重度放射病、局部器官残疾；一般辐射事故，是指Ⅳ类、Ⅴ类放射源丢失、被盗、失控，或者放射性同位素和射线装置失控导致人员受到超过年剂量限值的照射。

二、辐射事故应急预案和应急方案的制定

（一）辐射事故应急预案的制定

县级以上人民政府生态环境主管部门应当会同同级公安、卫生、财政等部门编制辐射事故应急预案，报本级人民政府批准。辐射事故应急预案应当包括下列内容：(1)应急机构和职责分工；(2)应急人员的组织、培训以及应急和救助的装备、资金、物资准备；(3)辐射事故分级与应急响应措施；(4)辐射事故调查、报告和处理程序。

（二）辐射事故应急方案的制定

生产、销售、使用放射性同位素和射线装置的单位，应当根据可能发生的辐射事故的风险，制定本单位的应急方案，做好应急准备。

三、辐射事故应急预案和应急方案的启动

（一）发生辐射事故的单位应当立即启动应急方案

发生辐射事故时，生产、销售、使用放射性同位素和射线装置的单位应当立即启动本单位的应急方案，采取应急措施，并立即向当地生态环境主管部门、公安部门、卫生主管部门报告。

（二）发生辐射事故后有关人民政府应当按照辐射事故等级启动应急预案

辐射事故发生后，有关县级以上人民政府应当按照辐射事故的等级，启动并组织实施相应的应急预案。生态环境主管部门、公安部门、卫生主管部门，应当按照职责分工做好相应的辐射事故应急工作：①生态环境主管部门负责辐射事故的应急响应、调查处理和定性定级工作，协助公安部门监控追缴丢失、被盗的放射源；②公安部门负责丢失、被盗放射源的立案侦查和追缴；③卫生主管部门负责辐射事故的医疗应急。

四、辐射事故报告的处理

（一）部门接到辐射事故报告后立即采取措施并向本级政府和上级部门报告

生态环境主管部门、公安部门、卫生主管部门接到辐射事故报告后，应当立即派人赶赴现场，进行现场调查，采取有效措施，控制并消除事故影响，同时将辐射事故信息报告本级人民政府和上级人民政府生态环境主管部门、公安部门、卫生主管

部门。

（二）地方政府及其部门接到报告后应当按规定报告上级政府及其有关部门

县级以上地方人民政府及其有关部门接到辐射事故报告后，应当按照事故分级报告的规定及时将辐射事故信息报告上级人民政府及其有关部门。其中：发生特别重大辐射事故和重大辐射事故后，事故发生地省、自治区、直辖市人民政府和国务院有关部门应当在4小时内报告国务院；特殊情况下，事故发生地人民政府及其有关部门可以直接向国务院报告，并同时报告上级人民政府及其有关部门。禁止缓报、瞒报、谎报或者漏报辐射事故。

（三）生态环境主管部门、公安部门、卫生主管部门应当及时相互通报情况

生态环境主管部门、公安部门、卫生主管部门应当及时相互通报辐射事故应急响应、调查处理、定性定级、立案侦查和医疗应急情况。国务院指定的部门根据生态环境主管部门确定的辐射事故的性质和级别，负责有关国际信息通报工作。

五、生态环境主管部门可以采取的临时控制措施

在发生辐射事故或者有证据证明辐射事故可能发生时，县级以上人民政府生态环境主管部门有权采取下列临时控制措施：①责令停止导致或者可能导致辐射事故的作业；②组织控制事故现场。

六、辐射事故单位应当采取的送医措施

发生辐射事故的单位应当立即将可能受到辐射伤害的人员送至当地卫生主管部门指定的医院或者有条件救治辐射损伤病人的医院，进行检查和治疗，或者请求医院立即派人赶赴事故现场，采取救治措施。

第五节 放射诊疗

一、放射诊疗的概念

放射诊疗，是指使用放射性同位素、射线装置进行临床医学诊断、治疗和健康检查的活动。

放射诊疗工作按照诊疗风险和技术难易程度，分为放射治疗、核医学、介入放射学和X射线影像诊断四类进行管理。所谓放射治疗，是指利用电离辐射的生物效应治疗肿瘤等疾病的技术；核医学，是指利用放射性同位素诊断或治疗疾病或进行医学研究的技术；介入放射学，是指在医学影像系统监视引导下，经皮针穿刺或引入导管做抽吸注射、引流或对管腔、血管等做成型、灌注、栓塞等，以诊断与治疗疾

病的技术;X 射线影像诊断,是指利用 X 射线的穿透等性质取得人体内器官与组织的影像信息以诊断疾病的技术。

为加强放射诊疗工作的管理,保证医疗质量和医疗安全,保障放射诊疗工作人员、患者和公众的健康权益,2006 年卫生部发布了《放射诊疗管理规定》,自 2006 年 3 月 1 日起施行。

二、放射诊疗机构的条件

《放射性同位素与射线装置安全和防护条例》规定,使用放射性同位素和射线装置进行放射诊疗的医疗卫生机构,还应当获得放射源诊疗技术和医用辐射机构许可。根据《放射诊疗管理规定》的规定,医疗机构开展放射诊疗工作,应当具备与其开展的放射诊疗工作相适应的条件,经所在地县级以上地方卫生行政部门的放射诊疗技术和医用辐射机构许可(以下简称放射诊疗许可)。

(一)基本条件

医疗机构开展放射诊疗工作,应当具备以下基本条件:①具有经核准登记的医学影像科诊疗科目;②具有符合国家相关标准和规定的放射诊疗场所和配套设施;③具有质量控制与安全防护专(兼)职管理人员和管理制度,并配备必要的防护用品和监测仪器;④产生放射性废气、废液、固体废物的,具有确保放射性废气、废物、固体废物达标排放的处理能力或者可行的处理方案;⑤具有放射事件应急处理预案。

(二)人员要求

医疗机构开展不同类别放射诊疗工作,应当分别具有下列人员:

(1)开展放射治疗工作的,应当具有:①中级以上专业技术职务任职资格的放射肿瘤医师;②病理学、医学影像学专业技术人员;③大学本科以上学历或中级以上专业技术职务任职资格的医学物理人员;④放射治疗技师和维修人员。

(2)开展核医学工作的,应当具有:①中级以上专业技术职务任职资格的核医学医师;②病理学、医学影像学专业技术人员;③大学本科以上学历或中级以上专业技术职务任职资格的技术人员或核医学技师。

(3)开展介入放射学工作的,应当具有:①大学本科以上学历或中级以上专业技术职务任职资格的放射影像医师;②放射影像技师;③相关内、外科的专业技术人员。

(4)开展 X 射线影像诊断工作的,应当具有专业的放射影像医师。

(三)设备要求

医疗机构开展不同类别放射诊疗工作,应当分别具有下列设备:①开展放射治疗工作的，至少有1台远距离放射治疗装置，并具有模拟定位设备和相应的治疗计划系统等设备；②开展核医学工作的，具有核医学设备及其他相关设备；③开展介入放射学工作的，具有带影像增强器的医用诊断X射线机、数字减影装置等设备；④开展X射线影像诊断工作的，有医用诊断X射线机或CT机等设备。

（四）安全防护装置、辐射检测仪器和个人防护用品要求

医疗机构应当按照下列要求配备并使用安全防护装置、辐射检测仪器和个人防护用品：①放射治疗场所应当按照相应标准设置多重安全联锁系统、剂量监测系统、影像监控、对讲装置和固定式剂量监测报警装置；配备放疗剂量仪、剂量扫描装置和个人剂量报警仪。②开展核医学工作的，设有专门的放射性同位素分装、注射、储存场所，放射性废物屏蔽设备和存放场所；配备活度计、放射性表面污染监测仪。③介入放射学与其他X射线影像诊断工作场所应当配备工作人员防护用品和受检者个人防护用品。

（五）警示标志要求

医疗机构应当对下列设备和场所设置醒目的警示标志：①装有放射性同位素和放射性废物的设备、容器，设有电离辐射标志；②放射性同位素和放射性废物储存场所，设有电离辐射警告标志及必要的文字说明；③放射诊疗工作场所的入口处，设有电离辐射警告标志；④放射诊疗工作场所应当按照有关标准的要求分为控制区、监督区，在控制区进出口及其他适当位置，设有电离辐射警告标志和工作指示灯。

三、放射诊疗的许可

（一）设置放射诊疗项目应当向卫生行政部门提出申请

医疗机构设置放射诊疗项目，应当按照其开展的放射诊疗工作的类别，分别向相应的卫生行政部门提出建设项目卫生审查、竣工验收和设置放射诊疗项目申请：①开展放射治疗、核医学工作的，向省级卫生行政部门申请办理；②开展介入放射学工作的，向设区的市级卫生行政部门申请办理；③开展X射线影像诊断工作的，向县级卫生行政部门申请办理。

根据规定，医疗机构同时开展不同类别放射诊疗工作的，向具有高类别审批权的卫生行政部门申请办理。

（二）新建、扩建、改建放射诊疗建设项目应当在施工前提交职业病危害放射防护预评价报告

新建、扩建、改建放射诊疗建设项目，医疗机构应当在建设项目施工前，向相应的卫生行政部门提交职业病危害放射防护预评价报告，申请进行建设项目卫生审

查。立体定向放射治疗、质子治疗、重离子治疗、带回旋加速器的正电子发射断层扫描诊断等放射诊疗建设项目，还应当提交卫生部指定的放射卫生技术机构出具的预评价报告技术审查意见。

根据规定，卫生行政部门应当自收到预评价报告之日起30日内，作出审核决定。经审核符合国家相关卫生标准和要求的，方可施工。

（三）项目竣工验收前应当进行职业病危害控制效果评价

医疗机构在放射诊疗建设项目竣工验收前，应当进行职业病危害控制效果评价，并向相应的卫生行政部门提交下列资料，申请进行卫生验收：①建设项目竣工卫生验收申请；②建设项目卫生审查资料；③职业病危害控制效果放射防护评价报告；④放射诊疗建设项目验收报告。

根据规定，立体定向放射治疗、质子治疗、重离子治疗、带回旋加速器的正电子发射断层扫描诊断等放射诊疗建设项目，应当提交卫生部指定的放射卫生技术机构出具的职业病危害控制效果评价报告技术审查意见和设备性能检测报告。

（四）申请放射诊疗许可应当按照规定提交资料

医疗机构在开展放射诊疗工作前，应当提交下列资料，向相应的卫生行政部门提出放射诊疗许可申请：①放射诊疗许可申请表；②《医疗机构执业许可证》或《设置医疗机构批准书》（复印件）；③放射诊疗专业技术人员的任职资格证书（复印件）；④放射诊疗设备清单；⑤放射诊疗建设项目竣工验收合格证明文件。

（五）卫生行政部门对符合条件的发给《放射诊疗许可证》

卫生行政部门对符合受理条件的申请应当即时受理；不符合要求的，应当在5日内一次性告知申请人需要补正的资料或者不予受理的理由。根据规定，卫生行政部门应当自受理之日起20日内作出审查决定，对合格的予以批准，发给《放射诊疗许可证》；不予批准的，应当书面说明理由。

（六）医疗机构取得《放射诊疗许可证》后应当办理诊疗科目登记

医疗机构取得《放射诊疗许可证》后，应当到核发《医疗机构执业许可证》的卫生行政执业登记部门办理相应诊疗科目登记手续。未取得《放射诊疗许可证》或者未按规定进行诊疗科目登记的，不得开展放射诊疗工作。根据规定，医学影像科为二级诊疗科目。

（七）《放射诊疗许可证》与《医疗机构执业许可证》同时校验

医疗机构办理《放射诊疗许可证》校验时，应当提交本周期有关放射诊疗设备性能与辐射工作场所的检测报告、放射诊疗工作人员健康监护资料和工作开展情况报告。根据规定，《放射诊疗许可证》与《医疗机构执业许可证》同时校验。

（八）放射诊疗项目的变更

医疗机构变更放射诊疗项目的，应当向放射诊疗许可批准机关提出许可变更申请，并提交变更许可项目名称、放射防护评价报告等资料；同时向卫生行政执业登记部门提出诊疗科目变更申请，提交变更登记项目及变更理由等资料。

根据规定，卫生行政部门应当自收到变更申请之日起 20 日内作出审查决定。未经批准不得变更。

（九）注销放射诊疗许可卫生行政部门应当登记存档并公告

有下列情况之一的，由原批准部门注销放射诊疗许可，并登记存档，予以公告：①医疗机构申请注销的；②逾期不申请校验或者擅自变更放射诊疗科目的；③校验或者办理变更时不符合相关要求，且逾期不改进或者改进后仍不符合要求的，④歇业或者停止诊疗科目连续 1 年以上的；⑤被卫生行政部门吊销《医疗机构执业许可证》的。

四、放射诊疗的管理

《放射性同位素与射线装置安全和防护条例》规定，使用放射性同位素与射线装置进行放射诊疗工作的医疗卫生机构，应当依照国务院卫生主管部门有关规定和国家标准，制定与本单位从事的诊疗项目相适应的质量保证方案，遵守质量保证监测规范，按照医疗照射正当化和辐射防护最优化的原则，避免一切不必要的照射，并事先告知患者和受检者辐射对健康的潜在影响。

（一）医疗机构的放射诊疗工作职责

医疗机构应当配备专（兼）职的管理人员，负责放射诊疗工作的质量保证和安全防护。其主要职责是：①组织制定并落实放射诊疗和放射防护管理制度；②定期组织对放射诊疗工作场所、设备和人员进行放射防护检测、监测和检查；③组织本机构放射诊疗工作人员接受专业技术、放射防护知识及有关规定的培训和健康检查；④制定放射事件应急预案并组织演练；⑤记录本机构发生的放射事件并及时报告卫生行政部门。

（二）放射诊疗设备和检测仪表应当符合要求

医疗机构的放射诊疗设备和检测仪表，应当符合下列要求：①新安装、维修或更换重要部件后的设备，应当经省级以上卫生行政部门资质认证的检测机构对其进行检测，合格后方可启用；②定期进行稳定性检测、校正和维护保养，由省级以上卫生行政部门资质认证的检测机构每年至少进行一次状态检测；③按照国家有关规定检验或者校准用于放射防护和质量控制的检测仪表；④放射诊疗设备及其相关设备的技术指标和安全、防护性能，应当符合有关标准与要求。

根据规定，不合格或国家有关部门规定淘汰的放射诊疗设备不得购置、使用、转让和出租。

（三）放射诊疗场所的安全防护要求

放射诊疗场所的防护要求，主要是：①医疗机构应当定期对放射诊疗工作场所、放射性同位素储存场所和防护设施进行放射防护检测，保证辐射水平符合有关规定或者标准。②放射性同位素不得与易燃、易爆、腐蚀性物品同库储存；储存场所应当采取有效的防泄漏等措施，并安装必要的报警装置。③放射性同位素储存场所应当有专人负责，有完善的存入、领取、归还登记和检查的制度，做到交接严格，检查及时，账目清楚，账物相符，记录资料完整。

（四）放射诊疗人员的安全保护

放射诊疗工作人员应当按照有关规定佩戴个人剂量计。医疗机构应当按照有关规定和标准，对放射诊疗工作人员进行上岗前、在岗期间和离岗时的健康检查，定期进行专业及防护知识培训，并分别建立个人剂量、职业健康管理和教育培训档案。

（五）对患者和受检者的安全保护

1. 医疗机构应当制定质量保证方案

医疗机构应当制定与本单位从事的诊疗项目相适应的质量保证方案，并遵守质量保证监测规范。

2. 放射诊疗工作人员进行医疗照射应当遵守相关制度

放射诊疗工作人员对患者和受检者进行医疗照射时，应当遵守医疗照射正当化和放射防护最优化的原则，有明确的医疗目的，严格控制受照剂量；对邻近照射野的敏感器官和组织进行屏蔽防护，并事先告知患者和受检者辐射对健康的影响。

3. 医疗机构应当优先采用对人体健康影响较小的诊断技术

医疗机构在实施放射诊断检查前应当对不同检查方法进行利弊分析，在保证诊断效果的前提下，优先采用对人体健康影响较小的诊断技术。实施检查应当遵守下列规定：①严格执行检查资料的登记、保存、提取和借阅制度，不得因资料管理、受检者转诊等原因使受检者接受不必要的重复照射。②不得将核素显像检查和X射线胸部检查列入对婴幼儿及少年儿童体检的常规检查项目。③对育龄妇女腹部或骨盆进行核素显像检查或X射线检查前，应问明是否怀孕；非特殊需要，对受孕后8至15周的育龄妇女，不得进行下腹部放射影像检查。④应当尽量以胸部X射线摄影代替胸部荧光透视检查。⑤实施放射性药物给药和X射线照射操作时，应当禁止非受检者进入操作现场；因患者病情需要其他人员陪检时，应当对陪检者采取防护措施。

4. 使用放射影像技术进行健康普查应当经过充分论证

医疗机构使用放射影像技术进行健康普查的，应当经过充分论证，制定周密的普查方案，采取严格的质量控制措施。

5. 对放射治疗应当制订科学的治疗计划

开展放射治疗的医疗机构，在对患者实施放射治疗前，应当进行影像学、病理学及其他相关检查，严格掌握放射治疗的适应证。对确需进行放射治疗的，应当制订科学的治疗计划，并按照下列要求实施：①对体外远距离放射治疗，放射诊疗工作人员在进入治疗室前，应首先检查操作控制台的源位显示，确认放射线束或放射源处于关闭位时，方可进入。②对近距离放射治疗，放射诊疗工作人员应当使用专用工具拿取放射源，不得徒手操作；对接受敷贴治疗的患者采取安全护理，防止放射源被患者带走或丢失。③在实施永久性籽粒插植治疗时，放射诊疗工作人员应随时清点所使用的放射性籽粒，防止在操作过程中遗失；放射性籽粒植入后，必须进行医学影像学检查，确认植入部位和放射性籽粒的数量。④治疗过程中，治疗现场至少应有 2 名放射诊疗工作人员，并密切注视治疗装置的显示及病人情况，及时解决治疗中出现的问题；严禁其他无关人员进入治疗场所。⑤放射诊疗工作人员应当严格按照放射治疗操作规范、规程实施照射；不得擅自修改治疗计划。⑥放射诊疗工作人员应当验证治疗计划的执行情况，发现偏离计划现象时，应当及时采取补救措施并向本科室负责人或者本机构负责医疗质量控制的部门报告。

6. 防止放射性同位素污染人体、设备、工作场所和环境

开展核医学诊疗的医疗机构应当遵守相应的操作规范、规程，防止放射性同位素污染人体、设备、工作场所和环境；按照有关标准的规定，对接受体内放射性药物诊治的患者进行控制，避免其他患者和公众受到超过允许水平的照射。

根据规定，核医学诊疗产生的放射性固体废物、废液及患者的放射性排出物应当单独收集，与其他废物、废液分开存放，按照国家有关规定处理。

7. 医疗机构应当制定防范和处置放射事件的应急预案

发生放射事件后，应当立即采取有效应急救援和控制措施，防止事件的扩大和蔓延。发生下列情形之一的，医疗机构应当及时进行调查处理，如实记录，并按照有关规定及时报告卫生行政部门和有关部门：①诊断放射性药物实际用量偏离处方剂量 50% 以上的；②放射治疗实际照射剂量偏离处方剂量 25% 以上的；③人员误照或误用放射性药物的；④放射性同位素丢失、被盗和污染的；⑤设备故障或人为失误引起的其他放射事件。